Manual de
Prática Forense Civil

LUIS FERNANDO RABELO CHACON

Manual de Prática Forense Civil

- Capítulo sobre: o uso da IA Generativa no contencioso e Visual Law aplicado ao contencioso
- **PARA ADVOGADOS:**
  Revisão teórica atualizada, dicas práticas e modelos
- **PARA ESTUDANTES:**
  Revisão teórica atualizada, passo a passo para a 2ª fase da OAB
- Resolução completa dos Exames de Direito Civil (petições e questões)

12ª edição
2025

■ O autor deste livro e a editora empenharam seus melhores esforços para assegurar que as informações e os procedimentos apresentados no texto estejam em acordo com os padrões aceitos à época da publicação, *e todos os dados foram atualizados pelo autor até a data de fechamento do livro.* Entretanto, tendo em conta a evolução das ciências, as atualizações legislativas, as mudanças regulamentares governamentais e o constante fluxo de novas informações sobre os temas que constam do livro, recomendamos enfaticamente que os leitores consultem sempre outras fontes fidedignas, de modo a se certificarem de que as informações contidas no texto estão corretas e de que não houve alterações nas recomendações ou na legislação regulamentadora.

■ Data do fechamento do livro: 26/12/2024

■ O autor e a editora se empenharam para citar adequadamente e dar o devido crédito a todos os detentores de direitos autorais de qualquer material utilizado neste livro, dispondo-se a possíveis acertos posteriores caso, inadvertida e involuntariamente, a identificação de algum deles tenha sido omitida.

■ Direitos exclusivos para a língua portuguesa
Copyright ©2025 by
Saraiva Jur, um selo da SRV Editora Ltda.
Uma editora integrante do GEN | Grupo Editorial Nacional
Travessa do Ouvidor, 11
Rio de Janeiro – RJ – 20040-040

■ **Atendimento ao cliente:** https://www.editoradodireito.com.br/contato

■ Reservados todos os direitos. É proibida a duplicação ou reprodução deste volume, no todo ou em parte, em quaisquer formas ou por quaisquer meios (eletrônico, mecânico, gravação, fotocópia, distribuição pela Internet ou outros), sem permissão, por escrito, da **SRV Editora Ltda.**

■ Capa: Tiago Fabiano Dela Rosa
Diagramação: Rafael Cancio Padovan

■ **DADOS INTERNACIONAIS DE CATALOGAÇÃO NA PUBLICAÇÃO (CIP)
VAGNER RODOLFO DA SILVA - CRB-8/9410**

C431m   Chacon, Luis Fernando Rabelo
Manual de prática forense civil / Luis Fernando Rabelo Chacon. – 12. ed. – São Paulo : Saraiva Jur, 2025.

600 p.
ISBN 978-85-5362-513-0 (Impresso)

1. Direito. 2. Direito Processual Civil. 3. Prática forense civil. I. Título.

	CDD 341.46
2024-4410	CDU 347.9

Índices para catálogo sistemático:
1. Direito Processual Civil   341.46
2. Direito Processual Civil   347.9

Sumário

CAPÍTULO I – Petição inicial 1
1 Noções processuais 1
2 Recapitulação de conceitos gerais 2
3 Estudo teórico dos requisitos e técnicas de elaboração da petição inicial segundo o Código de Processo Civil 12
    3.1 O juiz ou tribunal a que é dirigida (endereçamento) ... 13
    3.2 Os nomes, os prenomes, o estado civil, a existência de união estável, a profissão, o número no cadastro de pessoas físicas ou no cadastro nacional da pessoa jurídica, o endereço eletrônico, o domicílio e a residência do autor e do réu (qualificação das partes) 17
    3.3 Os fatos e fundamentos jurídicos do pedido 21
    3.4 O pedido e suas especificações 30
    3.5 O valor da causa 36
    3.6 As provas com que o autor pretende demonstrar a verdade dos fatos alegados 40
    3.7 Da dispensabilidade do requerimento para a citação do réu 42
    3.8 Opção pela realização ou não de audiência de conciliação ou de mediação 44
    3.9 Outros requisitos eventualmente necessários 45
    3.10 Da tutela provisória (urgência e evidência) 48
    3.11 Conclusão 53
4 Esquema simplificado para a elaboração da petição inicial .. 54
    4.1 Exercício padrão com a aplicação do esquema 59

5	Explicações sobre os processos e procedimentos, seguidos de modelos de petições	62
	5.1 Processo de conhecimento	63
	5.2 Processo de execução	74
	5.3 Tutela provisória	100
	5.4 Procedimentos especiais do Código de Processo Civil	124
	5.5 Procedimentos especiais da legislação civil extravagante	164

CAPÍTULO II – Resposta do réu 171

1	Noções processuais	171
2	Recapitulação de conceitos gerais	176
3	Estudo dos requisitos, técnicas e esquema simplificado de elaboração das possíveis respostas do réu	178
	3.1 Contestação	178
	3.1.1 Arguição de preliminares e impugnações	183
	3.1.2 Reconvenção	187
4	Revelia e providências preliminares	189
5	Modelos de petições relacionadas à resposta do réu	193
	5.1 Contestação sem preliminar	194
	5.2 Contestação com preliminar	199
	5.3 Contestação com preliminar – XVI Exame da OAB	203

Capítulo III – Do processo nos Tribunais 207

1	Noções processuais	207
2	Características gerais dos recursos	207
3	Juízo de admissibilidade, requisitos, princípios e efeitos dos recursos	211
4	Dos recursos em espécie	214
	4.1 Apelação	214
	4.2 Agravo de instrumento	219
	4.3 Agravo interno	228

	4.4	Embargos de declaração	232
	4.5	Dos recursos para o STF e para o STJ	236
		4.5.1 Do recurso ordinário	236
		4.5.2 Do recurso extraordinário e do recurso especial	237

CAPÍTULO IV – Como se preparar para a prova da 2ª fase da OAB 245

1	A escolha da disciplina...	245
2	Estudar de modo direcionado e focado é fundamental	246
3	Na hora da prova	247
4	Conheça o gabarito de exames anteriores...................	249
5	Aprovação...	251

CAPÍTULO V – VISUAL LAW: uma mudança necessária que deve ser adotada com equilíbrio 253

1	Introdução...	253
2	Definição de Visual Law...	254
3	Breve Histórico e Desenvolvimento do Visual Law	256
4	A Importância do Visual Law no Contencioso Processual...	257
5	Benefícios do Visual Law para os Resultados dos Processos Judiciais	259
6	Exemplos Práticos de Uso do Visual Law: Imagens, Figuras e Desenhos em Cenários Complexos	260
7	Desafios e Cuidados na Aplicação do Visual Law	261

CAPÍTULO VI – IA GENERATIVA: uma ferramenta que propicia aumento de produtividade e de abrangência na advocacia 263

Introdução 263

1	IA Generativa no Contexto Jurídico	263
	1.1 O que é IA Generativa?..	263
	1.2 Evolução da IA no Direito...................................	264
	1.3 Benefícios da IA Generativa.................................	264

2	Técnicas de Utilização da IA na Elaboração de Petições	265
	2.1 Definição Clara do Objetivo	265
	2.2 Elaboração de "Prompts" Eficazes	266
	2.3 Revisão e Adaptação do Conteúdo Gerado	266
	2.4 Considerações Éticas e de Confidencialidade	267
3	Dicas Práticas para Maximizar os Benefícios	268
	3.1 Familiarize-se com a Ferramenta	268
	3.2 Atualização Contínua e Aprendizado	268
	3.3 Integração com Fluxos de Trabalho Existentes....	269
	3.4 Gestão do Tempo e Produtividade	269
Conclusão..		270

CAPÍTULO VII – Resolução de Exames da OAB (peças e questões) 273

1	X Exame de ordem unificado	274
	Peça profissional...	274
	Questões..	279
2	XI Exame de ordem unificado	281
	Peça profissional...	281
	Questões..	285
3	XII Exame de ordem unificado	288
	Peça profissional...	288
	Questões..	293
4	XIII Exame de ordem unificado	297
	Peça profissional...	297
	Questões..	302
5	XIV Exame de ordem unificado....................................	306
	Peça profissional...	306
	Questões..	310
6	XV Exame de ordem unificado	314
	Peça profissional...	314
	Questões..	319

7	XVI Exame de ordem unificado...............................	323
	Peça profissional..	323
	Questões...	328
8	XVII Exame de ordem unificado	332
	Peça profissional..	332
	Questões...	337
9	XVIII Exame de ordem unificado............................	341
	Peça profissional..	341
	Questões...	346
10	XIX Exame de ordem unificado...............................	350
	Peça profissional..	350
	Questões...	356
11	XX Exame de ordem unificado	360
	Peça profissional..	360
	Questões...	366
12	XXI Exame de ordem unificado...............................	369
	Peça profissional..	369
	Questões...	375
13	XXII Exame de ordem unificado	379
	Peça profissional..	379
	Questões...	385
14	XXIII Exame de ordem unificado............................	388
	Peça profissional..	388
	Questões...	395
15	XXIV Exame de ordem unificado	398
	Peça profissional..	398
	Questões...	405
16	XXV Exame de ordem unificado	408
	Peça profissional..	408
	Questões...	414
17	XXVI Exame de ordem unificado............................	417
	Peça profissional..	417
	Questões...	423

18	XXVII Exame de ordem unificado...............................	428
	Peça profissional..	428
	Questões...	433
19	XXVIII Exame de ordem unificado	437
	Peça profissional..	437
	Questões...	443
20	XXIX Exame de ordem unificado................................	447
	Peça profissional..	447
	Questões...	453
21	XXX Exame de ordem unificado	456
	Peça profissional..	456
	Questões...	463
22	XXXI Exame de ordem unificado................................	467
	Peça profissional..	467
	Questões...	474
23	XXXII Exame de ordem unificado...............................	477
	Peça profissional..	477
	Questões...	484
24	XXXIII Exame de ordem unificado	487
	Peça profissional..	487
	Questões...	493
25	XXXIV Exame de ordem unificado	497
	Peça profissional..	497
	Questões...	503
26	XXXV Exame de ordem unificado...............................	507
	Peça profissional..	507
	Questões...	512
27	XXXVI – Exame de ordem unificado..........................	516
	Peça profissional..	516
	Questões...	521
28	XXXVII – Exame de ordem unificado........................	526
	Peça profissional..	526
	Questões...	532

29	XXXVIII Exame de ordem unificado	537
	Peça profissional	537
	Questões	544
30	XXXIX Exame de ordem unificado	549
	Peça profissional	549
	Questões	555
31	XL Exame de ordem unificado	559
	Peça profissional	559
	Questões	566
32	XLI Exame de ordem unificado	570
	Peça profissional	570
	Questões	576

Índice remissivo de modelos de petições 581

Referências 585

CAPÍTULO I
Petição inicial

1 Noções processuais

O objetivo deste item é recapitular os temas de processo civil necessários ao estudo das técnicas de elaboração de petições, ou seja, utilizar os conceitos do estudo da disciplina Processo Civil como ferramenta a ser dominada para a boa construção das petições iniciais e/ou outras peças processuais.

Certamente, quanto maior o domínio sobre o processo civil, mais fácil serão o aprendizado e a evolução da prática. Aprender prática sem conhecer processo civil é o mesmo que desejar andar de bicicleta sem uma das rodas.

O processo não se inicia se o poder jurisdicional não é provocado. É preciso, portanto, tirar o juiz da inércia que lhe é inerente. Isso se faz por meio de um complexo requerimento, qual seja a petição inicial, que fixará os fatos, os fundamentos jurídicos, os pedidos e a causa de pedir, utilizados pelo ente jurisdicional para o julgamento da lide então instaurada, nos moldes e limites da legislação.

O aluno e o profissional do Direito não devem esquecer de que a boa escrita, ao lado da organização das palavras, da lógica do texto e do bom domínio da técnica forense, viabiliza a pretensão pretendida pela parte por meio de seu advogado, pois certamente o convencimento será algo mais evidente quando o pedido (leia-se a petição) estiver bem elaborado.

A Ordem dos Advogados do Brasil, Seção de São Paulo, apresenta os apontamentos necessários à boa elaboração de uma petição inicial na planilha de correção das peças elaboradas na segunda fase do Exame. Os chamados espelhos de prova mostram como o examinador corrigirá sua petição, qual critério utilizará para dar ou não a pontuação prevista para cada item. A partir de uma análise generalizada de tais itens, podemos ter uma ideia, um perfil para elaborar uma peça vestibular com a melhor técnica possível, baseada numa lógica processual que pode ser assim organizada:

- adequação da peça ao problema apresentado;
- raciocínio jurídico;
- fundamentação e sua consistência;
- capacidade de interpretação e exposição;
- correção gramatical;
- técnica profissional.

Não obstante isso, o aluno e o profissional precisam lembrar de que sempre estamos em busca de uma petição perfeita, pois a cada nova elaboração descobrimos algo diferenciador.

Podemos concluir que a *experiência e a prática cotidiana são os melhores instrumentos para o progresso nesta tarefa*. É preciso treinar. Quem estuda para aprender a redigir petições, quem estuda para prestar a segunda fase do Exame da OAB ou mesmo o advogado no início de carreira que está em busca de aprimoramento possuem uma única saída: treinar.

2 Recapitulação de conceitos gerais

O direito processual civil é: "o ramo do direito público que consiste no conjunto sistemático de normas e princípios que regula a atividade da jurisdição, o exercício da ação e o processo, diante de uma pretensão civil, entendida esta como toda aquela cuja decisão esteja fora da jurisdição penal, penal militar, do trabalho, eleitoral"[1] etc. Segundo o nobre e mais novo processualista "de mão cheia" Cassio Scarpinella Bueno, "é o ramo do direito que se volta a estudar a forma de o Poder Judiciário (Estado-Juiz) exercer a sua atividade-fim, isto é, prestar a tutela jurisprudencial a partir do conflito de interesses (potencial ou já existente) que exista entre duas ou mais pessoas"[2].

Os litígios, então, nascem no seio da sociedade e devem ser resolvidos, pondo-se fim ao conflito de interesses por meio do processo,

---

1 GRECO FILHO, Vicente. *Direito processual civil brasileiro.* 17. ed. São Paulo: Saraiva, 2003. v. 1. p. 66.
2 BUENO, Cassio Scarpinella. *Manual de direito processual civil.* 4. ed. São Paulo: Saraiva, 2018. p. 45.

regulamentado pelo direito processual. Instaurada a lide, o particular deve provocar a prestação jurisdicional, provocar o Estado, para que se pronuncie sobre a causa, por meio da ação. É seu direito, é o direito de ação.

Várias são as conceituações clássicas ou modernas de ação. Em síntese, "é o direito subjetivo público de pleitear ao Poder Judiciário uma decisão sobre uma pretensão"[3]. "Sendo a ação o direito à sentença de mérito, isto é, formulando-se por meio dela um pedido, providência concreta, para que se cumpra a obrigação correspectiva, é mister que ocorram certas condições"[4].

A autotutela é exceção. "Daí a afirmação corrente de que a jurisdição é uma das funções do Estado, mediante a qual ele substituiu os titulares dos interesses em conflito e atua a vontade concreta da lei, sempre por meio do processo, ora expressando imperativamente o preceito (pela sentença de mérito), ora realizando o que o preceito estabelece (via execução forçada)"[5]. Contemporaneamente podemos afirmar que "a ação é assim um direito exercitável contra o Estado, uma verdadeira contrapartida da vedação de se fazer "justiça pelas próprias mãos"[6].

Outro nobre contemporâneo processualista amarra o assunto da seguinte forma: "O processo é o instrumento da jurisdição, o meio de que se vale o juiz para aplicar a lei ao caso concreto. Não é um fim em si, já que ninguém deseja a instauração do processo por si só, mas meio de se conseguir determinado resultado: a prestação jurisdicional, que tutelará determinado direito, solucionando o conflito"[7].

Na nova organização sistematizada pelo CPC em vigor podemos perceber que o legislador teve a grande preocupação de capitular de forma específica os princípios gerais que orientarão as práticas processuais a partir de 2016, praticamente todas elas insertas na Constituição Federal e que agora fazem parte também do diploma processual. E, como princípios, devemos reconhecer e conhecer o seu conteúdo antes de efetivamente compreender questões mais específicas das ações ou dos procedimentos.

---

3   GRECO FILHO, Vicente. *Direito processual civil brasileiro* cit., v. 1, p. 75.
4   SANTOS, Ernani Fidélis dos. *Manual de direito processual civil*. 11. ed. São Paulo: Saraiva, 2006. v. 1. p. 49.
5   AMENDOEIRA JR., Sidnei. *Manual de direito processual civil*. 2. ed. São Paulo: Saraiva, 2012. v. 1. p. 17.
6   BUENO, Cassio Scarpinella. *Manual de direito processual civil* cit., p. 76.
7   GONÇALVES, Marcus Vinicius Rios. *Direito processual civil esquematizado*. 9. ed. São Paulo: Saraiva, 2018. p. 40.

Destaca-se o seguinte: (i) o direito de ação (art. 3º do CPC); (ii) o princípio da razoável duração do processo (art. 4º do CPC); (iii) o contraditório e a ampla defesa, bem como da isonomia (arts. 7º, 9º e 10 do CPC); (iv) o princípio da publicidade (art. 11 do CPC); e (v) o princípio da fundamentação (art. 11 do CPC). Da mesma forma torna-se imperioso ressaltar que está fortalecido o princípio do livre convencimento do juiz, ressaltado pelo art. 370 do CPC, sobretudo com a indicação agora expressa de que poderão ser indeferidas diligências inúteis ou meramente protelatórias por decisão fundamentada do juiz.

Sem prejuízo da nossa sugestão de que o leitor compreenda tais princípios antes de avançar sobre detalhes dos procedimentos, voltemos à análise mais específica da inércia jurisdicional e da sua movimentação após ato do interessado. O CPC assim pontua em seu art. 2º: "O processo começa por iniciativa da parte e se desenvolve por impulso oficial, salvo as exceções previstas em lei" (esse texto substitui os arts. 2º e 262 do CPC de 1973). Dentro desse raciocínio, para que o autor da ação movimente a máquina da jurisdição, é preciso que tenha condições de agir, processualmente. *São condições da ação:* legitimidade e interesse de agir.

Quanto à "legitimidade, o autor deve estar legitimado para agir em relação ao objeto da demanda, e deve propô-la contra o outro polo da relação jurídica discutida, ou seja, o réu deve ser aquele que, por força da ordem jurídica material, deve, adequadamente, suportar as consequências da demanda"[8]. Tal posicionamento está em consonância com o que deriva da interpretação dos arts. 17 e 18 do CPC, ou seja, "para postular em juízo é necessário ter interesse e legitimidade", bem como, que "ninguém poderá pleitear direito alheio em nome próprio, salvo quando autorizado pelo ordenamento jurídico". Na doutrina atual, verifica-se quanto ao art. 18 do CPC: "esse dispositivo diz que, em regra, as pessoas só podem ir a juízo, na condição de partes, para postular e defender direitos que alegam ser próprios e não alheios"[9], salvo os casos de legitimação extraordinária (quando alguém atua em juízo para defender direito alheio).

A intervenção estatal não deve ser inútil, pelo que se exige *interesse de agir*. Ninguém deve iniciar um processo judicial à toa, movimentando

---

8   GRECO FILHO, Vicente. *Direito processual civil brasileiro* cit., v. 1, p. 77.
9   GONÇALVES, Marcus Vinicius Rios. *Direito processual civil esquematizado* cit., p. 162.

a jurisdição desnecessariamente. Realmente, *o Estado se obriga à prestação jurisdicional*. "Ao cumpri-la, evidente que deva fazê-lo movido pela necessidade ou, pelo menos, pela utilidade de sua intervenção"[10]. Aqui, "interesse processual é, portanto, a necessidade de recorrer ao Judiciário para a obtenção do resultado pretendido, independentemente da legitimidade ou da legalidade da pretensão"[11]. Novamente os arts. 17 e 18 do CPC complementam essa análise. No que tange ao interesse de agir, assim se manifesta a atual doutrina: "O interesse de agir exige o preenchimento do binômio: necessidade e adequação. É preciso que a pretensão só possa ser alcançada por meio de aforamento da demanda e que esta seja adequada para a postulação formulada"[12].

O pedido feito pela parte legitimada deve ser possível juridicamente, pois a *possibilidade jurídica do pedido* também é condição da ação. O direito pretendido pode até não existir, pois o julgamento eventualmente pode ser improcedente, mesmo com possibilidade jurídica do pedido. Entretanto, o pedido deve ser permitido pelo direito. Sendo assim, "se o processo é instrumento de composição das lides e de efetivação do direito, sem razão fica o exercício da ação, quando o pedido, a providência invocada pelo autor, não tem permissibilidade, em abstrato, no ordenamento jurídico respectivo"[13]. Exemplo clássico é o da mulher que viveu maritalmente com um homem por 35 anos e quer que seja declarado o matrimônio por decurso de tempo, o que é impossível em nosso ordenamento.

Devemos registrar que, depois de distribuída a ação, "o magistrado realizará o juízo de admissibilidade da petição inicial. Para fins didáticos, é importante identificar três alternativas que podem ocorrer: a primeira é a de a petição inicial preencher adequadamente seus requisitos. Nesse caso o magistrado determinará a citação do réu. A segunda é a de a petição inicial não preencher seus requisitos. A hipótese é de emenda da petição inicial. A terceira, que pode até decorrer, mas não necessariamente, da segunda, é o indeferimento liminar, isto é, desde logo, da petição inicial"[14].

---

10 SANTOS, Ernani Fidélis dos. *Manual de direito processual civil* cit., v. 1, p. 52.
11 GRECO FILHO, Vicente. *Direito processual civil brasileiro* cit., v. 1, p. 80.
12 GONÇALVES, Marcus Vinicius Rios. *Direito processual civil esquematizado* cit., p. 167.
13 SANTOS, Ernani Fidélis dos. *Manual de direito processual civil* cit., v. 1, p. 50.
14 BUENO, Cassio Scarpinella. *Manual de direito processual civil* cit., p. 351.

O art. 330 do CPC estabelece as hipóteses *de indeferimento da petição inicial*: – inépcia da inicial conforme definido nos §§ 1º a 3º do referido artigo; – ausência de "condições da ação", hoje, "requisitos de admissibilidade do julgamento de mérito", institutos idênticos segundo a melhor doutrina. "Tanto assim que a petição inicial será indeferida de plano quando a parte for manifestamente ilegítima ou quando autor carecer de interesse processual"[15].

E, ainda, sobre o mesmo cenário: "É nessa ordem que o juiz deve proceder ao seu exame. Primeiro, os pressupostos processuais, se o processo teve um desenvolvimento válido e regular. Em caso negativo, deve, se possível, determinar que o vício seja sanado; se não, deve julgar extinto o processo sem resolução do mérito, como manda o art. 485, IV, do CPC. Preenchidos os pressupostos processuais, o juiz verificará se o autor tem direito à resposta de mérito, se ele preenche as condições da ação. Se não, o processo será extinto sem resolução de mérito. Portanto, somente se preenchidos os pressupostos processuais e as condições da ação é que o juiz finalmente poderá examinar o mérito"[16].

Outros conceitos imprescindíveis ao bom andamento dos estudos da prática processual civil quanto à elaboração das petições iniciais são **os elementos da ação: as partes, o pedido e a causa de pedir.**

O processo gera direitos e deveres ao que dele participa, quais sejam o polo ativo e o polo passivo da demanda posta em juízo. São as *partes* do processo. Autor é aquele que pede a tutela jurisdicional; réu, aquele diante de quem se pede.

Vale recordar que a capacidade de estar em juízo é diferente da capacidade de ser parte. São capazes de ser parte a pessoa física e a pessoa jurídica, bem como, pela exceção, outras figuras especiais, como a massa falida, o espólio, a sociedade irregular, entes dotados de direitos e deveres no âmbito social. Os civilmente incapazes são dotados da capacidade de ser parte, entretanto não podem estar em juízo, uma vez que não têm capacidade para exercer pessoalmente os atos da vida civil, pelo que são representados na forma da lei (Código Civil).

Outra distinção importante é a capacidade postulatória do advogado, portador do registro profissional competente. A parte, em juízo, salvo quando expressamente previsto o contrário, deverá estar

---

15 Idem, ibidem, p. 353.
16 GONÇALVES, Marcus Vinicius Rios. *Direito processual civil esquematizado* cit., p. 187.

representada por advogado devidamente habilitado pela ordem de classe (Ordem dos Advogados do Brasil). Vale ressaltar que em 19 de outubro de 2015 foi aprovado o texto do Novo Código de Ética da OAB, cujo conteúdo pode ser avaliado no site da OAB: <www.oab.org.br>.

O segundo elemento da ação é o *pedido*, que, "de acordo com a doutrina moderna, é o objeto da ação, isto é, a matéria sobre a qual incidirá a atuação jurisdicional. (...) O pedido deve ser formulado claramente desde logo, na petição inicial, e estabelecerá perfeitamente a limitação objetiva da sentença"[17].

O terceiro elemento é a *causa de pedir* (*causa petendi*), ou seja, o fato que o autor coloca como fundamento de sua demanda, do qual surge o direito que pretende fazer valer (o CPC exige, pelo art. 319, III, como requisitos da petição inicial, o fato e os fundamentos jurídicos do pedido). Causa de pedir remota são os fatos constitutivos, e causa de pedir próxima é o conjunto dos fundamentos jurídicos que justifica o pedido[18].

"São eles as partes (sujeito ativo e passivo), a causa de pedir (fundamentos de fato e de direito que embasam a pretensão inicial) e o pedido (provimento jurisdicional postulado e o bem da vida que se almeja). A indicação dos elementos já deve figurar na petição inicial e respeitar as exigências do art. 319 do CPC. Os elementos devem ser indicados em todos os tipos de ação, nos processos de conhecimento, de jurisdição voluntária e contenciosa e nos de execução"[19].

Então, aquele que se sentir preterido de algum direito, observada a presença do conflito de interesses, deverá movimentar a prestação jurisdicional, utilizando-se de seu direito de ação. A parte legítima, detentora do interesse de agir e pretendendo algo possível, dirigir-se-á ao Estado, apontando as partes que formarão a demanda (polo ativo e polo passivo) e indicando, ainda, seu pedido (o que exatamente pretende da atuação jurisdicional) e a causa de pedir, quais sejam os fatos e os fundamentos jurídicos de sua demanda (descrevendo os fatos ocorridos e as consequências jurídicas dos fatos, que lhe permitem elaborar o pedido).

Em tese, o autor vai indicar na petição inicial: as partes, o que ocorreu, no que consiste a lide, o que o direito traz como solução para

---

17 Idem, ibidem, p. 79.
18 GRECO FILHO, Vicente. *Direito processual civil brasileiro* cit., v. 1, p. 90.
19 GONÇALVES, Marcus Vinicius Rios. *Novo curso de direito processual civil*. 15. ed. São Paulo: Saraiva, 2018. v. 1. p. 126.

esta e o pedido decorrente. Logicamente que esses pontos serão alterados de acordo com o processo em que se vai ingressar, seja de conhecimento (comum ou especial) seja de execução. Essa organização apresentada pelo CPC deve ser bem compreendida antes de efetivamente entrarmos na prática processual.

Entenda qual é a nova estrutura de organização dos procedimentos no Código:

PARTE GERAL
PARTE ESPECIAL
Livro I – Do Processo de Conhecimento e Do Cumprimento de Sentença
Título I – (procedimento comum)
Título II – (cumprimento de sentença)
Título III – (procedimentos especiais)
Livro II – Do Processo de Execução
Livro III – Dos Processos nos Tribunais e Dos Meios de Impugnação das Decisões Judiciais

Perceba a nova estrutura. Se possível folheie seu CPC no sumário e organize seu raciocínio. Veja que não temos mais a figura do processo cautelar. Veja que não temos mais o rito sumário, apenas o rito comum no processo de conhecimento. Veja que os procedimentos especiais estão todos vinculados ao processo de conhecimento, como subespécies. Perceba que a exigência do cumprimento de obrigações previstas em títulos judiciais está toda alinhada com o cumprimento de sentença e, por outro lado, quanto aos títulos extrajudiciais, organizados no processo de execução. Percebeu? Organizou-se? Agora vamos em frente!

Sendo assim, por exemplo, mesmo que simploriamente, para que possamos iniciar a visão de um raciocínio lógico processual, por meio de suposta carta encaminhada por pessoa que sofreu prejuízos em acidente de trânsito, podemos expor a seguinte ideia como paradigma da petição inicial que dá início ao processo:

ELEMENTOS E CONDIÇÕES DA AÇÃO	
Provocação do poder jurisdicional	Prezado Juiz,
Polo ativo. Legitimidade	Eu sou João.
Polo passivo. Legitimidade / Fato (causa de pedir remota)	Pedro passou no sinal vermelho, bateu no meu carro e me trouxe prejuízos financeiros.

Interesse de agir	Ele não quer arcar com os prejuízos.
Fundamento jurídico (causa de pedir próxima)	Não acho justo que ele cause prejuízos e fique desobrigado de repará-los.
Pedido.	Portanto, solicito que Pedro seja obrigado a reparar meus danos. Obrigado. João.

Em resumo, é importante que o leitor revise os seguintes institutos para que possa compreender melhor toda a estrutura técnica da elaboração das peças processuais: legitimidade e interesse de agir (fatores das condições da ação); e os conceitos de parte, pedido e causa de pedir (elementos da ação). Esses conceitos serão empregados no decorrer desta obra, em conjunto com outros aspectos que veremos a seguir.

Não se esqueça da possibilidade de haver litisconsórcio, assistência e intervenção de terceiros.

Muito bem. Se a ação é o meio processual adequado para solucionar os conflitos, certo é que a petição inicial é o meio adequado para iniciar o processo (art. 2º do CPC), que, em tese, é a materialização desse direito de ação.

Portanto, precisamos recapitular conceitos relacionados com a petição inicial, notadamente os requisitos apontados pelo art. 319 do CPC, no que tange ao processo de conhecimento, que se aplica subsidiariamente aos demais processos, ao lado da peculiaridade de cada um deles.

Inicialmente, com apoio em Ernani Fidélis dos Santos, friso que a petição inicial pode ser oral, quando a lei não exigir que seja escrita, como no caso da legislação trabalhista e dos Juizados Especiais. No processo civil, salvo a exceção mencionada, será escrita, datilografada ou digitada, com preenchimento de claros, e até mesmo manuscrita. O uso do vernáculo, da língua portuguesa é obrigatório (art. 192 do CPC) e a escrita deve ser feita com tinta escura e indelével, na forma do art. 209 do CPC, interpretado de forma ampliada[20].

Ressaltem-se, ainda, algumas particularidades da petição inicial: deve ser lógica, precisa, concisa, objetiva, sem omissões, com estilo claro e convincente[21]. É essencial, pelo bom domínio da técnica de

---

20 SANTOS, Ernani Fidélis dos. *Manual de direito processual civil* cit., v. 1, p. 417.
21 CASELLA, José Erasmo. *Manual de prática forense*. 5. ed. São Paulo: Saraiva, 2005. p. 2.

elaboração de petições iniciais, que o profissional não se alongue demais e, havendo necessidade de escrever vários parágrafos, que organize suas ideias de forma clara e objetiva, sem redundância.

A petição inicial é a peça técnica que formaliza o ato do autor e introduz a causa em juízo, devendo conter os requisitos do art. 319 do CPC e sob pena de indeferimento, conforme as hipóteses descritas nos §§ 1º a 3º do citado artigo. Na mesma linha, sobre a petição inicial, diz a doutrina contemporânea ao novo CPC: "Ela, como qualquer ato processual, deve observar certos requisitos para que, do ponto de vista formal, seja bem praticada e, também, viabilize a devida prática dos atos processuais subsequentes"[22].

Segundo o mencionado artigo, são requisitos da petição inicial (estão em negrito as novidades do Código atual, e não é mais requisito o pedido de citação do réu):

I – o juízo a que é dirigida;

II – os nomes, os prenomes, o estado civil, **a existência de união estável**, a profissão, **o número no Cadastro de Pessoas Físicas ou no Cadastro Nacional de Pessoa Jurídica, o endereço eletrônico**, o domicílio e a residência do autor e do réu;

III – o fato e os fundamentos jurídicos do pedido;

IV – o pedido com suas especificações;

V – o valor da causa;

VI – as provas com que o autor pretende demonstrar a verdade dos fatos alegados;

VII – a opção do autor pela realização ou não de audiência de conciliação ou de mediação.

De acordo com a melhor doutrina, no que tange à formação da petição inicial, "na sua composição é necessário observar os requisitos previstos no CPC, os quais são essenciais e não devem faltar em qualquer espécie de ação. Seja qual for o rito processual previsto, ela se fará homogênea, somente se alterando no que tange aos fatos e fundamentos jurídicos, que são próprios a cada ação proposta"[23].

Devemos aqui considerar, como reforço ao artigo acima mencionado (inciso II do art. 319), a previsão renovada do art. 77 do CPC, em

---

22 BUENO, Cassio Scarpinella. *Manual de direito processual civil* cit., p. 345.
23 CASELLA, José Erasmo. *Manual de prática forense* cit., p. 1.

seu inciso VI, ao apontar que se considera dever das partes no processo: informar e manter atualizados seus dados cadastrais perante os órgãos do Poder Judiciário para recebimento de citações e intimações. Sua violação pode configurar ato atentatório à dignidade da Justiça.

Acrescento um pequeno ponto: o pedido, com suas especificações, em sua concepção prática, ou seja, quando for escrito, poderá ser diferente para cada ação. Realmente, o pedido de despejo não é idêntico ao de condenação ao pagamento de indenização, e diferem ambos do pedido de reintegração de posse. O pedido pode variar de acordo com o bem pretendido, principalmente se a pretensão é condenatória, se é constitutiva ou se é declaratória.

Vamos, a partir dos requisitos do art. 319 do CPC, melhorar a *carta de João*, formando em nosso raciocínio a lógica da petição inicial:

ELEMENTOS DA AÇÃO + CONDIÇÕES DA AÇÃO + REQUISITOS DO art. 319	
Provocação do poder jurisdicional. Endereçamento	Prezado Juiz da Comarca de Paranapiacaba – SP.
Polo ativo. Legitimidade. Qualificação	Eu sou João de Tal, casado, mecânico, domiciliado na Rua Tal.
Polo passivo. Legitimidade / Fato (causa de pedir remota)	Pedro de Tal, solteiro, estudante, domiciliado na Rua Tal, passou no sinal vermelho, de forma culposa, e pela negligência verificada bateu no meu carro e me trouxe prejuízos materiais no importe de R$.
Interesse de agir	Ele não quer arcar com os prejuízos, não restando alternativa senão buscar na tutela jurisdicional a solução deste litígio, com a consequente reparação dos prejuízos.
Fundamento jurídico (causa de pedir próxima)	O direito diz que a ninguém se deve lesar e que quem causa danos a outrem tem o dever de repará-los. Portanto, como consequência lógica dos fatos narrados, Pedro deve reparar os danos que causou com sua atitude culposa.
Pedido. Valor da causa As provas	Portanto, solicito que Pedro seja obrigado a reparar meus danos, no valor de R$, acrescidos de juros e correção monetária desde a data do fato. O que se pretende proteger neste processo, ou seja, os danos, são de R$.

> O alegado está comprovado pelos orçamentos e notas fiscais anexos, e poderei provar com testemunhas a culpa de Pedro no acidente.
>
> Portanto, condenando-o ao final a reparar meus prejuízos.
>
> Obrigado. João.

Sobre as mudanças na estrutura da petição inicial segundo o texto do art. 319 do CPC podemos considerar efetivamente três itens mais significativos:

1 – No preâmbulo, na qualificação das partes, a previsão de que o autor deverá indicar a existência de união estável das partes e, também, informar endereço eletrônico (e-mail); [entendemos que não é motivo para indeferimento da inicial, até porque nem sempre o autor terá domínio sobre os dados e informações do réu].

2 – Nos requerimentos, na parte final da petição, previsão de que o autor deverá informar se tem ou não interesse na realização de audiência de tentativa de conciliação ou mediação; [a busca pela solução intermediada, conciliada ou mediada dos conflitos é princípio do novo Código, e será etapa quase obrigatória em todos os processos, sendo certo que não preencher esse requisito permitirá ao juiz determinar a emenda da inicial, e podemos afirmar que a audiência não será praticada somente quando ambos revelarem o não interesse].

3 – Nos pedidos, no final da petição, tornou-se desnecessário colocar o pedido de citação do réu, pois não é mais item fixado pelo legislador como requisito da petição inicial [trata-se de uma modificação adequada à lógica processual, pois realmente a citação é ato para ser praticado de ofício pelo juízo].

Perceba que estamos, de forma muitíssimo simples, revisitando alguns conceitos importantes, bem como demonstrando como é formada a petição inicial, desde seus elementos até seus requisitos essenciais. O raciocínio lógico processual simplificado acima nos ajudará, e muito, a compreender cada vez mais aquilo que realizamos ao elaborar uma petição inicial.

3 Estudo teórico dos requisitos e técnicas de elaboração da petição inicial segundo o Código de Processo Civil

Vamos então, um a um, estudar os requisitos da petição inicial, com ênfase, neste momento, sobre o plano do processo de conhecimento, vistos os arts. 318 até 538 do CPC. Em outra etapa faremos comentários complementares aos demais processos do Código, quais sejam processo de execução e procedimentos especiais.

3.1 O juiz ou tribunal a que é dirigida (endereçamento)

O endereçamento da petição inicial é o primeiro tópico do preâmbulo, sendo certo que o advogado, ao elaborar a petição, deverá analisar as regras de competência para o preenchimento de tal requisito, ou seja, avaliar qual é o foro competente para a propositura da ação, visando fazer o endereçamento correto e evitando a declaração, de ofício ou não, da incompetência do juízo.

> A competência é sempre determinada no momento em que a ação é proposta. Em razão dos vários critérios adotados pelo Código e pelas Leis Especiais e de Organização Judiciária, é necessário ter prévio conhecimento do assunto, verificando desde logo a competência, antes da propositura de uma ação qualquer[24].

Conforme nos ensina a atual doutrina: "Conclusão importante a ser apresentada é a de que a disciplina de competência do CPC de 2015 (e já era assim com o de 1973) é verdadeiramente residual"[25].

Segundo o mesmo autor, podemos dizer que antes mesmo da análise dos dispositivos do CPC de 2015 é importante que o leitor se recorde da distinção entre "competência absoluta" e "competência relativa". A principal distinção existente está na existência ou não do interesse público que justifica a sua fixação. Então, recomendamos, se necessário, que o leitor faça uma revisão temática nos livros de processo civil sobre os conceitos de competência (pois não é objeto desta obra o esgotamento dos temas teóricos).

De todo modo, vamos abaixo traçar apontamentos rápidos que são necessários para a elaboração e o endereçamento correto da petição inicial.

As regras de competência estão expostas a partir do art. 42 do CPC, mas os artigos comumente mais utilizados são: 46 (ação fundada em direito pessoal ou em direito real sobre bens móveis), 47 (ação fundada em direito real sobre imóveis) e 53 (regras específicas voltadas à proteção da mulher, do alimentando, do devedor, bem como regras para

---

24 CASELLA, José Erasmo. *Manual de prática forense* cit., p. 14.
25 BUENO, Cassio Scarpinella. *Manual de direito processual civil* cit., p. 144.

fixação de competência no lugar do estabelecimento empresarial, do lugar do ato ou fato nas hipóteses que especifica etc.). Não se esqueça das regras da Constituição Federal e da Lei de Organização Judiciária dos Estados. Oriento meus leitores a, sempre que possível, esquematizar as regras de competência, indicando seus respectivos artigos, para utilizar em nossas aulas. Esse material é útil nos treinamentos, e, com o passar do tempo, cotidianamente usados, acabam sendo incorporados no raciocínio e no domínio da técnica. O mesmo se aplica aos profissionais iniciantes.

Para facilitar nosso trabalho, vamos desde então fixar os parâmetros gerais de competência.

A regra geral é a seguinte: a ação fundada em direito pessoal e a ação fundada em direito real sobre bens móveis serão propostas, em regra, no foro do domicílio do réu – art. 46, *caput*; e as ações fundadas em direito real sobre imóveis serão propostas no foro da situação da coisa – art. 47, *caput*, todos aqui citados do CPC. Observe que direitos reais são aqueles do rol taxativo do art. 1.225 do Código Civil. Atente que os artigos citados neste item possuem exceções em seus parágrafos.

Entretanto, temos outras regras especiais que fixam a competência com exceção às regras gerais, vejamos isso de forma organizada:

- Nas causas em que a União for autora, será o foro de domicílio do réu – art. 51, *caput* [mudança significativa].
- O domicílio do guardião do filho incapaz para as ações de divórcio, separação, anulação de casamento e reconhecimento ou dissolução de união estável – art. 53, I, *a*.
- O último domicílio do casal, caso não haja filho incapaz, para as ações de divórcio, separação, anulação de casamento e reconhecimento ou dissolução de união estável – art. 53, I, *b*.
- O domicílio do réu, se nenhuma das partes residirem no antigo endereço do casal – art. 53, I, *c*.
- O domicílio ou residência do alimentando para a ação em que se pedem alimentos – art. 53, II.
- Quanto à pessoa jurídica, o lugar de sua sede – art. 53, III, *a*.
- O lugar da agência ou sucursal para as obrigações que contraiu – art. 53, III, *b*.
- O lugar onde exerce suas atividades, quando a ré for sociedade ou associação sem personalidade jurídica – art. 53, III, *c*.
- O lugar onde a obrigação deve ser satisfeita para a ação que lhe exigir o cumprimento – art. 53, III, *d*.

- O lugar onde residir o idoso, para a causa que verse sobre direito previsto no respectivo estatuto – art. 53, III, *e*. [novidade]
- O lugar da serventia notarial ou de registro, para a ação de reparação de dano por ato praticado em razão do ofício – art. 53, III, *f*. [novidade]
- O lugar do ato ou do fato para a ação de reparação do dano – art. 53, IV, *a*.
- O lugar do ato ou fato para a ação em que o réu for administrador ou gestor de negócios alheios – art. 53, IV, *b*.
- O domicílio do autor ou do local do fato, para a ação de reparação de dano sofrido em razão de delito ou acidente de veículos, inclusive aeronaves – art. 53, V.

As partes podem modificar a competência em razão do valor e do território, elegendo o foro onde deverá a ação ser proposta, vinculando herdeiros e sucessores do contrato (art. 63). A eleição do foro somente produz efeito quando feita por escrito, referir-se ao negócio jurídico pactuado e tiver pertinência com o domicílio ou residência de uma das partes, ou o local da obrigação (§ 1º do referido artigo), sendo a distribuição em juízo aleatório considerada como prática abusiva, passível de declinação de competência de ofício pelo juízo.

Outras questões pontuais serão observadas em nossos exercícios práticos. Não podemos nos esquecer de que a competência é absoluta quando fixada em razão da matéria, da pessoa e do critério funcional. Entretanto, é relativa quando fixada em razão do território e do valor.

Diz a doutrina atual com base no CPC/2015, com uma visão prática: "A Constituição Federal contém as normas que permitem identificar se determinada demanda deve ser proposta perante a justiça comum, estadual ou federal, ou perante as especiais. Verificando-se que a competência é civil, cumpre apurar em que comarca a demanda deverá ser proposta e é o Código de Processo Civil que vai formular as regras gerais para a apuração do foro competente (alguns tipos especiais de ação, regulamentados por legislação própria, podem ter regras específicas). Por meio das regras do CPC o interessado identificará em que foro a sua demanda ocorrerá"[26].

---

26 GONÇALVES, Marcus Vinicius Rios. *Direito processual civil esquematizado* cit., p. 117.

Feitas essas análises resumidas, que logicamente não esgotam o conteúdo, exigindo do aluno uma revisão da disciplina processo civil, vamos verificar a questão específica e técnica do endereçamento da peça exordial (petição inicial).

A pergunta, quanto ao endereçamento, é: a quem é dirigida minha petição? A resposta deve ser pautada nas regras de competência. Nos Exames da OAB o equívoco quanto à competência pode tirar do candidato pontos importantíssimos.

No endereçamento indica-se o juiz ou o tribunal competente para processar e julgar a ação que está sendo proposta[27]. A indicação não é da pessoa física do juiz, identificada pelo nome, mas sim da pessoa que exerce a função na comarca ou na vara respectiva. O tratamento deve seguir a tradição forense. Pela boa técnica redacional, não se deve abreviar o endereçamento. Alguns autores entendem desnecessária a indicação de DOUTOR, porque o "EXCELENTÍSSIMO" traz tratamento suficientemente adequado e/ou porque *Doutor* é título acadêmico, que o juiz nem sempre possui[28].

Para verificar a existência de varas especializadas ou de foros regionais, o profissional deve consultar a Lei de Organização Judiciária do seu Estado.

Vejamos então como ficaria a redação na concepção técnica do endereçamento da petição inicial:

- *Comarca com uma única vara:* EXCELENTÍSSIMO SENHOR DOUTOR JUIZ DE DIREITO DA VARA CÍVEL DA COMARCA DE VARGINHA – MG.
- *Comarca com mais de uma vara:* EXCELENTÍSSIMO SENHOR DOUTOR JUIZ DE DIREITO DE UMA DAS VARAS CÍVEIS DA COMARCA DE ANGATUBA – SP.
- *Comarca com varas especializadas:* EXCELENTÍSSIMO SENHOR DOUTOR JUIZ DE DIREITO DE UMA DAS VARAS DE FAMÍLIA DA COMARCA DE NITERÓI – RJ.
- *Comarca com foros regionais:* EXCELENTÍSSIMO SENHOR DOUTOR JUIZ DE DIREITO DE UMA DAS VARAS DE FAMÍLIA DO FORO REGIONAL DE SANTANA, COMARCA DA CAPITAL – SP.

---

27 GRECO FILHO, Vicente. *Direito processual civil brasileiro* cit., v. 1, p. 99.
28 CALANZI, José João. *Sua Excelência, o processo.* Belo Horizonte: Del Rey, 2005. p. 41.

- *Comarca com foro distrital:* EXCELENTÍSSIMO SENHOR DOUTOR JUIZ DE DIREITO DA VARA ÚNICA DO FORO DISTRITAL DE PIQUETE DA COMARCA DE LORENA – SP.

Após a elaboração do endereçamento, o profissional deve deixar um intervalo de aproximadamente 10 centímetros, ou 8 linhas, onde restará espaço suficiente para que o cartório de distribuição aponha o carimbo de protocolo, ou mesmo para que o juiz, em despacho pessoal na própria petição, possa anotar o que for de direito. Mesmo com a incidência do processo eletrônico o espaçamento respeita a tradição forense, razão pela qual se sugere seja mantido.

Em seguida, inicia-se a qualificação das partes, ainda compondo o preâmbulo da petição inicial.

3.2 Os nomes, os prenomes, o estado civil, a existência de união estável, a profissão, o número no cadastro de pessoas físicas ou no cadastro nacional da pessoa jurídica, o endereço eletrônico, o domicílio e a residência do autor e do réu (qualificação das partes)

Quanto ao polo ativo da demanda a ser apontado na peça inaugural, devemos nos concentrar em responder à seguinte pergunta: quem pode pedir? A resposta fixa a legitimidade ativa de parte e permite a indicação do autor da ação que se propõe. Assim, por exemplo, parte legítima para propor ação reivindicatória é o proprietário, e não o possuidor; legitimado para pleitear alimentos do pai é o filho, quando o caso, representado pela mãe etc.

Quanto ao polo passivo, a pergunta define a legitimidade passiva da demanda, ou seja, diante de quem ela pode ser proposta. Então, legitimado para compor no polo passivo a demanda reivindicatória é aquele que detém a coisa injustamente, em detrimento do poder de domínio do proprietário; na separação judicial, um dos cônjuges; o locatário na ação de despejo; o locador na ação revisional de aluguel; o causador do dano nas ações de reparação etc.

Observações de ordem prática, notadamente para o Exame da Ordem, são necessárias.

No Exame da OAB não é permitida qualquer identificação da prova, ou seja, o candidato não pode colocar nesta quaisquer formas de sinal, nome, dado ou indicativo que possa demonstrar que está ou pretende se identificar para algum examinador. Portanto, use os nomes indicados no enunciado da questão, mas não preencha o restante da qualificação com dados fictícios; não use *profissão tal*, ou *Rua Tamandaré*, a não ser que esses dados tenham sido fornecidos pelo enunciado. Evite identificar ou tornar identificável sua prova, pois a penalidade é a reprovação. É muito comum o aluno indicar seu nome como o do advogado, o que anula sua petição.

Outras observações de ordem técnica são importantes.

Em certos casos, se possível, é importante destacar o título de eleitor, pois ação popular só pode ser promovida por eleitor. Quando a parte é casada, pode ser obrigatória a presença litisconsorcial do cônjuge, quando for o caso. Quando dados de qualificação forem desconhecidos, o profissional indicará isso em sua petição, "consignando então o que for possível"[29].

Tanto é verdade que assim diz a doutrina ao comentar as regras do atual CPC para os casos em que as informações do réu são de difícil obtenção ou mesmo desconhecidas:

> Caso o autor desconheça um ou mais dos dados exigidos pelo dispositivo, cabe a ele, também na inicial, requerer ao magistrado a realização de diligências para obtê-los (parágrafo 1º), sendo certo que a petição inicial não será indeferida quando a obtenção daquelas informações "tornar-se impossível ou excessivamente oneroso o acesso à justiça" (parágrafo 3º). Mesmo não ocorrendo este quadro extremo, contudo, a falta dos elementos não leva ao indeferimento da inicial quando, suficiente a identificação do réu, for possível a citação do réu (parágrafo 2º)[30].

Após a qualificação do autor é importante qualificar o advogado que o representa, indicando o nome e a identificação profissional (número de inscrição na OAB), salvo atue em causa própria (*vide* art. 106 do CPC).

Vejamos alguns exemplos de como redigiremos nossa petição inicial, com a menção de aspectos peculiares, de situações especiais:

Tratando-se de pessoa física:

Fulano, estado civil, profissão, portador do CPF n., endereço eletrônico,

---

29 GRECO FILHO, Vicente. *Direito processual civil brasileiro* cit., v. 1, p. 99.
30 BUENO, Cassio Scarpinella. *Manual de direito processual civil* cit., p. 345.

domicílio e residência na Rua n., Cidade, Estado, por intermédio de seu bastante procurador signatário, conforme instrumento de procuração anexo, portador da carteira profissional n. vem, (...).

Tratando-se de autor incapaz:

Fulano, menor impúbere, estado civil, neste ato representado (se fosse relativamente incapaz seria assistido) por sua genitora, Fulana, estado civil, profissão, portadora do CPF n., endereço eletrônico, ambos residentes e domiciliados na Rua n., Cidade, Estado, por intermédio de seu bastante procurador signatário, conforme instrumento de procuração anexo, portador da carteira profissional n., vem, (...).

Tratando-se de pessoa jurídica:

Empresa Beta Ltda., pessoa jurídica de direito privado, devidamente inscrita no Cadastro Nacional de Pessoas Jurídicas sob o n., com sede na Rua n., Cidade, Estado, representada pelo Diretor, conforme Estatuto Social anexo, por intermédio de seu bastante procurador signatário, conforme instrumento de procuração anexo, portador da carteira profissional n., vem, (...).

Quanto ao réu, tratando-se de qualificação ignorada:

Em face de Fulano, de qualificação ignorada, residente e domiciliado na Rua n., Cidade, Estado (...).

Havendo litisconsórcio passivo:

Em face de Fulano, estado civil, profissão, portador do CPF n., endereço eletrônico, e Beltrano, estado civil, profissão, portador do CPF n., endereço eletrônico, ambos com domicílio e residência na Rua n., Cidade, Estado (...).

Numa visão da prática real, segundo o CPC a indicação do CPF, do CNPJ e do endereço eletrônico é obrigatória. Entretanto, reiteramos que isso não será caso de pronto indeferimento ou inépcia da inicial, ao contrário, em alguns cenários, caso seja realmente necessário, dever-se-á provocar a emenda da inicial, em outros, caso não seja possível a obtenção de tais dados ou caso eles inexistam, sugere-se que desde o início o advogado indique na petição a impossibilidade de fazê-lo.

A partir disso, podemos formalizar o preâmbulo de nossa petição fictícia, indicando pormenorizadamente os requisitos legalmente exigidos.

REQUISITOS DA PETIÇÃO INICIAL	
Endereçamento	Excelentíssimo Senhor Doutor Juiz de Direito de uma das Varas Cíveis da Comarca de Paranapiacaba – SP.
Polo ativo. Legitimidade. Qualificação	João de Tal, estado civil, profissão, portador do RG n. e do CPF n., endereço eletrônico, com domicílio e residência na Rua n., Cidade, Estado, por intermédio de seu bastante procurador signatário, portador da carteira profissional n., vem, (...).
Polo passivo. Legitimidade	Em face de Pedro de Tal, estado civil, profissão, portador do CPF n., endereço eletrônico, com domicílio e residência na Rua n., Cidade, Estado.

Visualizamos o endereçamento, a qualificação do autor e a qualificação do réu. Para compor a petição inicial, esse conjunto de requisitos organiza-se, de acordo com a boa técnica, da seguinte forma:

EXCELENTÍSSIMO SENHOR DOUTOR JUIZ DE DIREITO DE UMA DAS VARAS CÍVEIS DA COMARCA DE PARANAPIACABA – SP.

Fulano de Tal, estado civil, profissão, portador do RG n. e do CPF n., endereço eletrônico, com domicílio e residência na Rua n., Cidade, Estado, por intermédio de seu bastante procurador signatário, conforme instrumento de procuração anexo, portador da carteira profissional n., vem, perante Vossa Excelência, com todo o acatamento e respeito, com fundamento nos arts. 318 e seguintes do Código de Processo Civil, propor a presente

Ação de Indenização

Em face de Pedro de Tal, estado civil, profissão, portador do CPF n., endereço eletrônico, com domicílio e residência na Rua n., Cidade, Estado, pelos motivos de fato e de direito a seguir deduzidos.

Perceba que não foram usadas abreviaturas para que se mantenha uma boa técnica processual, mesmo considerando que não há mais proibição expressa no CPC/2015 (ao contrário do que previa o CPC/73, art. 169, § 1º). Indicou-se, essencialmente, o que a legislação processual exige; apontou-se, de forma clara e precisa, cada um dos requisitos até agora estudados.

No mesmo sentido, observe que é obrigatória a indicação dos artigos processuais que fundamentam a ação e o rito a ser perseguido (por exemplo: *com fundamento nos arts. 318 e seguintes do Código de Processo Civil, propor a presente AÇÃO DE INDENIZAÇÃO*).

O fechamento do preâmbulo indica o que vem pela frente (e é por isso que se escreve ao final "diante dos fatos e direitos a seguir deduzidos"), o que imprime uma visão lógica e sistemática da petição, fator importante para que ela se torne um instrumento de convencimento adequado.

3.3 Os fatos e fundamentos jurídicos do pedido

Primeiro, vamos analisar a exposição dos fatos. "Sem a ocorrência de um fato de caráter jurígeno, inexiste causa de pedir"[31]. Afinal, o direito nasce do fato: *ex facto oritur jus*.

Segundo o mestre Miguel Reale, essa é a visão correta deste brocardo:

> Devemos entender, pois, que o Direito se origina do fato, porque, sem que haja um acontecimento ou evento, não há base para que estabeleça um vínculo de significação jurídica. Isto, porém, não implica a redução do Direito ao fato, tampouco em pensar que o fato seja mero fato bruto, pois os fatos, dos quais se origina o Direito, são fatos humanos ou fatos naturais objeto de valorações humanas[32].

Certamente que os fatos declinados na petição inicial são de suma importância, tendo em vista que deles decorre a consequência imposta pela lei; por fim, eles convergem para a pretensão do autor.

Ainda quanto ao exemplo de João de Tal, o fato é que Pedro, culposamente, bateu no veículo de João, causando danos. A lei, por consequência,

---

31 CALANZI, José João. *Sua Excelência, o processo* cit., p. 45.
32 REALE, Miguel. *Lições preliminares de direito*. 27. ed. São Paulo: Saraiva, 2003. p. 200.

apresenta a valoração jurídica desse fato, dizendo que o causador do dano é obrigado a reparar o prejuízo. Converge disso a pretensão de João, qual seja a de que Pedro seja obrigado a reparar o dano causado.

Então, os fatos são importante peça no quebra-cabeça da petição inicial. Até porque o juiz julgará a demanda "diante de uma situação descrita e como descrita"[33]. A descrição fática trata mesmo do que chamamos de "causa de pedir", ou seja, por que se pede. Complementa a atual doutrina: "O autor deve indicar quais são os fatos e os fundamentos jurídicos em que se embasa o pedido, a causa de pedir. Esse é um dos requisitos de maior importância da petição inicial, sobretudo a descrição dos fatos, que, constituindo um dos elementos da ação, vincula o julgamento (teoria da substanciação). O juiz não pode se afastar dos fatos declinados da inicial, sob pena de a sentença ser *extra petita*"[34].

Do fato decorre a relação jurídica valorizada pela norma, por isso o autor precisa descrever de forma perfeita e completa os fatos pertinentes e relevantes que constituem a relação jurídica. Trata-se da chamada causa de pedir remota, que, na petição inicial, passa a identificar a causa.

No relato do fato o advogado:

a) deve dizer apenas o necessário, nem mais, nem menos;
b) não deve alargar-se em argumentos para a seguir desfazê-los;
c) não deve escrever muito, mas só o necessário;
d) deve ter todo o cuidado e não se arriscar demais, pois não sabe ainda até onde vai a capacidade do adversário;
e) deve evitar sustentações doutrinárias, salvo quando cabíveis[35].

Acrescento que a citação de doutrina e/ou jurisprudência é desnecessária na fundamentação jurídica, tanto quanto, e muito menos correto, incluir tais fontes do direito nos fatos. No mesmo sentido, acrescento que a petição, nos fatos, deve conter o essencial para o julgamento da demanda.

"O fato é que se denomina causa remota e constitui a narração daquilo que ocorreu, ou está ocorrendo, com as necessárias

---

33 GRECO FILHO, Vicente. *Direito processual civil brasileiro* cit., v. 1, p. 100.
34 GONÇALVES, Marcus Vinicius Rios. *Direito processual civil esquematizado* cit., p. 443.
35 CASELLA, José Erasmo. *Manual de prática forense* cit., p. 72.

circunstâncias de individualização"[36]. Do exemplo de João, extraímos que o fato é o acidente e o dano ocasionado.

Então, "quando se vai elaborar a petição inicial, procede-se a um histórico do fato ou dos acontecimentos que caracterizam: a) a relação jurídica entre as partes; b) as infrações ou violações de que resultaram as pretensões agora *sub judice*"[37].

Por exemplo, numa relação de locação onde ocorra inadimplemento culposo que autorize o despejo, na petição inicial da ação que pretenda a desocupação do imóvel deverão ser indicados, como conjunto de fatos essenciais: o imóvel, o contrato, o aluguel, o vencimento e a impontualidade. Na ação de indenização são fatos essenciais: a descrição do ato culposo com suas características, a indicação do nexo causal e a apresentação do dano, quanto à sua existência e extensão. Quanto aos fatos, também são dicas gerais para a atividade profissional, segundo Rizzatto Nunes:

- Nunca se alongue demais.
- Caso seja necessário escrever algumas laudas, quer para descrever os fatos, quer para explicar o direito em jogo, deixe claro cada ponto, abrindo itens e subitens e até intitulando cada um deles.
- Seja sintético.
- Se a questão envolver contratos, recibos, títulos etc., eles devem ser citados na parte dos fatos.
- Se se tratar de fato que tenha pessoa para testemunhar, diga o nome dela desde já e o que ela estava fazendo no local.
- Sempre que possível, coloque as datas e os horários dos eventos[38].

Vale ressaltar, por fim, que não mais serão as partes referidas por seus nomes ou prenomes na petição. A partir dos fatos, a terminologia processual deve ser observada. A regra geral é a indicação das partes por *autor* e *réu*. Usam-se também *requerente* e *requerido*. Mas, em algumas ações especiais, a terminologia é aquela indicada pelo legislador ou, então, pela prática forense, como: *alimentante* e *alimentando*, *reivindicante* e *reivindicado* etc. A terminologia correta é aquela utilizada pelo

---

36 SANTOS, Ernani Fidélis dos. *Manual de direito processual civil* cit., v. 1, p. 419.
37 CASELLA, José Erasmo. *Manual de prática forense* cit., p. 73.
38 NUNES, Rizzatto. *Modelos jurídicos* – área cível. 2. ed. São Paulo: Saraiva, 2004. CD-ROM.

Código de Processo Civil. Não tenha dúvida, consulte o Código, leia os artigos que tratam do procedimento que dirige a petição que está elaborando e use o mesmo termo que o Código usa ao se referir às partes. Exemplo: no art. 555 do CPC, que trata das ações possessórias, o legislador usou o termo "é lícito ao autor"; então use autor e réu nesse tipo de procedimento.

Sempre é prudente citar que anexados à petição inicial seguem os documentos essenciais à propositura da demanda (art. 320 do CPC). Documentos que existam na época da propositura da ação e que comprovem os fatos narrados devem acompanhar o petitório. Por exemplo, o termo circunstanciado como prova do acidente de trânsito, a certidão de nascimento como prova da relação familiar, o orçamento como prova do dano, as fotos como prova circunstancial de fatos que envolvam a ação, cópia do contrato social que prova o poder de representação daquele que assina a procuração em nome da pessoa jurídica, cópia do contrato, o título que se executa etc.

Então, precisamos colocar mais este item a nosso modelo. **A carta de João está tomando forma de petição inicial!** Vejamos:

EXCELENTÍSSIMO SENHOR DOUTOR JUIZ DE DIREITO DE UMA DAS VARAS CÍVEIS DA COMARCA DE PARANAPIACABA – SP.

João de Tal, estado civil, profissão, portador do RG n. e do CPF n., endereço eletrônico, domicílio e residência na Rua, Cidade, Estado, por intermédio de seu bastante procurador signatário, conforme instrumento de procuração anexo, portador da carteira profissional n., vem, perante Vossa Excelência, com todo o acatamento e respeito, com fundamento nos arts. 318 e seguintes do Código de Processo Civil, propor a presente

Ação de Indenização

Em face de Pedro de Tal, estado civil, profissão, portador do CPF n., endereço eletrônico, com domicílio e residência na Rua, Cidade, Estado, pelos motivos de fato e de direito a seguir deduzidos.

Dos Fatos

No dia __/__/__ o Autor estacionou seu veículo, marca __, placas __, em local permitido, próximo à esquina, em frente ao número tal da

Rua Tal, tudo conforme documentação anexa e descrição no Termo Circunstanciado da Polícia Militar.

Aproximadamente às ___ horas, o Autor foi avisado em sua residência de que o Réu, dirigindo outro veículo, havia colidido com o seu. Chegando ao local, acionou a Polícia Militar, que constatou, por meio da oitiva das testemunhas presentes (arroladas no Termo Circunstanciado), que o Réu, em alta velocidade, não conseguiu fazer a conversão para a esquerda e veio a colidir seu veículo com o do Autor.

Segundo o relato das testemunhas, o Réu fazia a conversão para a esquerda, mas por ter avançado o sinal vermelho em alta velocidade e por ter cruzado com outro veículo que seguia prudentemente (cujos dados são ignorados), desviou a direção abruptamente e colidiu a dianteira esquerda de seu veículo com toda a lateral direita do veículo do Autor (fotos anexas).

O Autor acionou um serviço de guincho, que rebocou seu veículo até uma oficina especializada, ao custo de R$ 200,00 (duzentos reais). Obteve três orçamentos diferentes, todos anexados, sendo certo que o de menor valor indicou, entre serviços e peças necessários, o custo de R$ 18.000,00 (dezoito mil reais), executado conforme a Nota Fiscal anexa.

Assim, os danos materiais emergentes evidenciados no acidente e causados exclusivamente pela conduta culposa do Réu totalizam R$ 18.200,00 (dezoito mil e duzentos reais).

Vistos os fatos, *devemos agora nos preocupar com os* **fundamentos jurídicos do pedido** *e* compor mais um tópico obrigatório da petição inicial.

Antes de mais nada é preciso observar que fundamento jurídico é diferente de fundamento legal; este é a indicação (facultativa, porque o juiz conhece o direito) dos dispositivos legais a serem aplicados para que seja decretada a procedência da ação; aquele (que é de descrição essencial) refere-se à relação jurídica e ao fato contrário do réu que, vão justificar o pedido de tutela jurisdicional[39].

Não é obrigatório que se expresse o direito objetivo na formulação da demanda. Nesse sentido é o entendimento de nossa jurisprudência[40]. Sobre esse aspecto, assim pondera a doutrina contemporânea: "Além dos fatos o autor deve indicar qual o direito aplicável ao caso posto à apreciação do juiz. Não é necessária a indicação do dispositivo legal,

---

39 GRECO FILHO, Vicente. *Direito processual civil brasileiro* cit., v. 1, p. 100.
40 CASELLA, José Erasmo. *Manual de prática forense* cit., p. 92.

mas das regras gerais e abstratas das quais se pretende extrair a consequência jurídica postulada"[41].

Como vimos, trata-se da causa de pedir próxima. Somados fatos e fundamentos, tem-se a *causa petendi*. Costumo dizer aos estagiários e aos alunos que o fundamento jurídico é exatamente a consequência daqueles fatos que foram inicialmente narrados. Realmente, dos fatos "decorre uma conclusão", uma consequência jurídica. É isso que precisa ser escrito nesse espaço da petição inicial.

Vejamos o apontamento doutrinário e um exemplo prático:

> Os fundamentos jurídicos vêm a ser a própria demonstração de que o fato narrado pode ter consequências, das quais se pode concluir a existência de uma ou mais pretensões. O autor relata que é proprietário de um imóvel, de acordo com a titulação apresentada, e que o réu, injustamente, o detém. A propriedade titulada e a posse injusta são os fatos narrados. Mas, como o resultado do que é narrado, já se demonstra que o fato pode ter consequências jurídicas. O réu pode ser acionado para devolver a coisa (um pedido) e também para pagar perdas e danos (outro pedido)[42].

A narrativa da *causa petendi*, incluídos o fato e o fundamento jurídico, deve compor um texto lógico e preciso que justifique, ou demonstre, de maneira inequívoca, o que vem a seguir, ou seja, o pedido. Como ressaltado alhures, diz-se que "da exposição do fato e do fundamento jurídico da demanda deverão transparecer as condições da ação"[43] (possibilidade jurídica do pedido, legitimidade e interesse de agir).

Numa ação de cobrança, por exemplo, o fato é o título que se executa, vencido e não pago; o fundamento jurídico é o direito de crédito que se origina do título, ou seja, a posição do autor como credor; o pedido é o pagamento da dívida pelo réu e/ou o recebimento do crédito pelo autor[44]. Corretamente, na esteira da interpretação do art. 319 do CPC, "não basta dizer que é credor, mas é preciso dizer também por que é credor..."[45]. Ou seja, escreveríamos: é credor, pois o título de crédito assinado entre as

---

41 GONÇALVES, Marcus Vinicius Rios. *Direito processual civil esquematizado* cit., p. 443.
42 SANTOS, Ernani Fidélis dos. *Manual de direito processual civil* cit., v. 1, p. 419.
43 CASELLA, José Erasmo. *Manual de prática forense* cit., p. 93.
44 Idem, ibidem, p. 74.
45 Idem, p. 97.

partes e pelas testemunhas, atendendo aos dispositivos e formalidades legais, é título executivo, concedendo-lhe o direito de crédito.

Por isso, dizemos que os fatos, quando jurídicos, apresentam consequências jurídicas; portanto, os fundamentos jurídicos são as consequências que as fontes do direito impõem ao fato que foi narrado. Na mesma esteira de raciocínio, dos fundamentos jurídicos decorrerá, certamente, o pedido. O leitor da petição inicial deve, mesmo sem perceber, extrair essa conclusão lógica da petição, que por isso deve ter começo, meio e fim.

Como diz a doutrina: "os fundamentos jurídicos do pedido consistem em demonstrar que os fatos narrados devem produzir, em razão da ordem jurídica, determinada consequência"[46].

O advogado deve demonstrar que o fato é adequado a determinado direito e, portanto, o julgamento deve ser de procedência. Ressalto que para cada pedido deve-se elaborar um parágrafo a título de fundamentação jurídica ou, pelo menos, organizar o texto de forma a identificar perfeitamente o domínio sobre a lógica necessária que interliga fato A – fundamento A – pedido A; fato B – fundamento B – pedido B.

Importante ressaltar, como fiz em outras passagens, as dicas relacionadas ao corpo do texto. Rizzatto Nunes expõe algumas delas:

- Da Constituição Federal e das leis federais, transcreva apenas o essencial.
- Se se tratar de lei estadual, municipal ou de portarias, circulares etc., é sempre importante transcrever a(s) norma(s) que interessa(m).
- Se for caso de norma de difícil busca (lei municipal, portaria etc.), junte cópia do texto como documento e faça referência na peça. No documento, grife o(s) artigo(s) que interessa(m).
- Na petição inicial, como regra, não se deve citar doutrina e/ou jurisprudência.
- Tanto doutrina como jurisprudência devem ser utilizadas apenas nos casos que não forem corriqueiros[47].

Vamos continuar elaborando a petição inicial do caso do João de Tal, de modo a aplicar os apontamentos acima:

---

46 CASELLA, José Erasmo. *Manual de prática forense* cit., p. 92.
47 NUNES, Rizzatto. *Modelos jurídicos* – área cível cit.

EXCELENTÍSSIMO SENHOR DOUTOR JUIZ DE DIREITO DE UMA DAS VARAS CÍVEIS DA COMARCA DE PARANAPIACABA – SP.

João de Tal, estado civil, profissão, portador do RG n. e do CPF n., endereço eletrônico, domicílio e residência na Rua, Cidade, Estado, por intermédio de seu bastante procurador signatário, conforme instrumento de procuração anexo, portador da carteira profissional n., vem, perante Vossa Excelência, com todo o acatamento e respeito, com fundamento nos arts. 318 e seguintes do Código de Processo Civil, propor a presente

Ação de Indenização

Em face de Pedro de Tal, estado civil, profissão, portador do CPF n., com domicílio e residência na Rua n., Cidade, Estado, pelos motivos de fato e de direito a seguir deduzidos.

Fatos

No dia __/__/__ o Autor estacionou seu veículo, marca __, placas __, em local permitido, próximo à esquina, em frente ao número tal da Rua Tal, tudo conforme documentação anexa e descrição no Termo Circunstanciado da Polícia Militar.

Aproximadamente às __ horas, o Autor foi avisado em sua residência de que o Réu, dirigindo outro veículo, havia colidido com o seu. Chegando ao local, acionou a Polícia Militar, que constatou, por meio de oitiva das testemunhas presentes (arroladas no Termo Circunstanciado), que o Réu, em alta velocidade, não conseguiu fazer a conversão para a esquerda e veio a colidir seu veículo com o do Autor.

Segundo o relato das testemunhas, o Réu fazia a conversão para a esquerda, mas, por ter avançado o sinal vermelho em alta velocidade e por ter cruzado com outro veículo que seguia prudentemente (cujos dados são ignorados), desviou a direção abruptamente e colidiu a dianteira esquerda de seu veículo com toda a lateral direita do veículo do Autor (fotos anexas).

O Autor acionou um serviço de guincho, que rebocou seu veículo até uma oficina especializada, com custo de R$ 200,00 (duzentos reais). Obteve três orçamentos diferentes, todos anexados, sendo certo que o de menor valor indicou, entre serviços e peças necessários, o custo de R$ 18.000,00 (dezoito mil reais), sendo executado conforme Nota Fiscal anexa.

Assim, os danos materiais emergentes evidenciados no acidente e causados exclusivamente pela conduta culposa do Réu totalizam R$ 18.200,00 (dezoito mil e duzentos reais).

Fundamento Jurídico

Diante dos fatos narrados, verifica-se que os prejuízos suportados pelo patrimônio do Autor foram causados diretamente pela atitude culposa do Réu, que, neste caso, constitui ilícito civil. Sendo assim, como ninguém está autorizado a lesar o patrimônio de outrem, é justo e necessário que o Réu seja compelido a indenizar os valores dos danos materiais emergentes do Autor, reparando os prejuízos e permitindo que a situação patrimonial deste retorne *ao status quo ante*.

Considerando que o Réu, instado a cumprir com seu dever de reparar os danos causados, permaneceu inerte, não há outra maneira de o Autor ser ressarcido senão por meio da tutela jurisdicional, com a total procedência da presente demanda, nos termos do que abaixo segue.

Ressalto que fica nitidamente separado o fato do fundamento jurídico, de modo a demonstrar exatamente quais as consequências que o direito impõe ao fato narrado. Não há necessidade de indicar artigos de lei, não obstante a leitura atenta permitir visualizar a aplicabilidade dos arts. 186 e 927 do CC, que, respectivamente, conceituam o ato ilícito e trazem a obrigação de reparar o dano.

Não citei doutrina ou jurisprudência, pois o assunto simples e a aplicabilidade direta das normas do CC não exigem, mas isso pode ser feito em petições mais complexas. O juiz sabe o direito, mas precisa conhecer os fatos.

Perceba que o fundamento jurídico apontou os elementos mais importantes dos fatos, quais sejam a ocorrência de ato culposo, do dano e do nexo causal entre eles; ou seja, indiquei exatamente os requisitos que configuram a obrigação de reparar o dano, que é a consequência jurídica dos fatos. Por fim, indiretamente, a petição frisa o pedido que vem adiante, demonstrando uma conclusão lógico-causal necessária à boa petição.

O treinamento é necessário neste momento. O fundamento jurídico ligado ao fato e apontando para o pedido só será bem escrito na medida em que o advogado treinar fazê-lo em petições das mais variadas espécies. Nosso próximo passo é o pedido.

3.4 O pedido e suas especificações

Ainda na esteira do conteúdo do art. 319 do CPC, o pedido e suas especificações são requisito obrigatório e, talvez, o tema que mais se altera entre uma petição e outra. Vale inicialmente lembrar que o pedido tem dois aspectos: o imediato e o mediato.

"O pedido imediato é o tipo de providência jurisdicional pretendida, que, nos termos da natureza das sentenças de conhecimento, pode ser declaratória, constitutiva ou condenatória. O pedido mediato é o bem jurídico de direito material que se pretende seja tutelado pela sentença (ex.: a entrega da coisa, a desocupação do imóvel, o pagamento etc.)"[48]. Portanto, teríamos, num pedido condenatório a pagar indenização, a visibilidade de ambos os aspectos: que seja o réu condenado ao pagamento; pedido imediato: condenação; pedido mediato: pagamento.

De maneira geral, o pedido pode buscar uma sentença de cunho condenatório, como também pode pretender uma decisão final declaratória ou ainda, simplesmente, uma sentença constitutiva de direito.

"É preciso que o autor indique com clareza o pedido imediato, o tipo de provimento jurisdicional (condenatório, constitutivo, declaratório) e o mediato (bem da vida almejado). Ambos vincularão o juiz, já que servem para identificar a ação"[49].

"A regra é que o julgador não possa conceder nada além e nem diferente do que foi pedido e pelas razões que foi pedido. É o princípio da vinculação do juiz ao pedido (art. 492), que vincula, do ponto de vista objetivo, a qualidade e a quantidade de tutela jurisdicional passível de ser concedida pelo magistrado"[50].

Por conta disso, o ensinamento da doutrina, nas palavras de José Erasmo Casella, indica como deve ser a especificação de pedidos, conforme o tipo da ação que se propõe:

a) Nas ações declaratórias, deve-se formular o pedido meramente declaratório, precisando que o objeto é a simples declaração, já que esta basta para assegurar o bem da vida pretendido pelo autor.

---

48 GRECO FILHO, Vicente. *Direito processual civil brasileiro* cit., v. 1, p. 104.
49 GONÇALVES, Marcus Vinicius Rios. *Direito processual civil esquematizado* cit., p. 443.
50 BUENO, Cassio Scarpinella. *Manual de direito processual civil* cit., p. 346.

b) Nas ações constitutivas, deve-se formular o pedido de forma precisa: que visa ou pretende a modificação, criação ou extinção de uma relação jurídica ou de um estado, dizendo o bem da vida que deseja alcançar: a separação judicial, a anulação do contrato etc.

c) Nas ações condenatórias, deve-se formular o pedido de forma que não haja qualquer dúvida: deseja uma prestação certa por parte do réu, seja ela uma obrigação de dar, de fazer ou não fazer qualquer coisa, devendo sempre tornar certo e determinado o bem da vida que pretende[51].

Atente para o fato de que, por exemplo, nos procedimentos especiais, de jurisdição voluntária ou não, a formulação escrita dos pedidos será diferente daquela exposta no procedimento comum, ordinário ou sumário. A diferença também é notada no pedido da ação de despejo, pois a citação não é para, de imediato, apresentar defesa, tendo em vista que se propõe ao réu purgar a mora e evitar a rescisão do contrato; por consequência, o pedido de desocupação do imóvel dependerá da opção adotada pelo réu, o que alterará a forma da elaboração do pedido, devendo mostrar-se coerente com o teor processual. Essas diferenças são, entretanto, notadas, quase de forma absoluta, por meio da leitura atenta dos artigos da lei processual.

Mesmo nas ações com características peculiares, o pedido deve ser formulado de acordo com o procedimento e nos moldes que o próprio legislador apontou, sempre com lógica e coerência. Para descobrir como fazer a leitura crítica dos artigos e encontrar os pedidos de sua petição é preciso treinar e, com o tempo, adquirir experiência.

De maneira geral, a dica está em manter a lógica do texto, indicando o pedido como conclusão lógica do que se expôs anteriormente na petição. O fato tem como consequência o fundamento jurídico; e o pedido é a solução pretendida pelo autor diante daquelas premissas. É o que ensina a doutrina:

> Do fato e fundamento jurídico deve logicamente decorrer o pedido, que deve ser expressamente formulado também com clareza e precisão. Sobre ele vai incidir a decisão e consequentemente a coisa julgada. Ele define a lide e é objeto do processo[52].

Com base nisso, o pedido é o parâmetro do juiz para o julgamento. Ou seja, a "limitação objetiva da lide encontra-se no pedido, que,

---

51 CASELLA, José Erasmo. *Manual de prática forense* cit., p. 101.
52 GRECO FILHO, Vicente. *Direito processual civil brasileiro* cit., v. 1, p. 101.

por isso mesmo, vai com ela identificar-se. O juiz decide a lide nos limites em que foi proposta (art. 141 do CPC) e não pode proferir sentença, a favor do autor, de natureza diversa da pedida, bem como condenar o réu em quantidade superior ou em objeto diverso do que lhe foi demandado (art. 492 do CPC)"[53]. Por isso, o pedido é essencialmente relevante na petição inicial e na própria solução da lide.

Ainda, de forma geral, o "pedido deve ser certo e determinado e não certo **ou** determinado, como está na lei (arts. 322 e 324 do CPC). A certeza e determinação referem-se não só ao objeto mediato do pedido como também ao imediato. É preciso que haja absoluta certeza de que o autor pretende uma declaração, uma condenação ou uma constitutividade. (...) Se reivindico o bem, devo identificá-lo com clareza. Se cobro uma importância, devo determiná-la em números concretos"[54].

Há momentos em que o pedido poderá ser genérico, como o de condenação ao pagamento em perdas e danos, sempre que for impossível fixar de antemão tais valores; como o de condenação ao dever de prestar contas; a condenação ao pagamento do saldo apurado e em hipóteses indicadas pelo próprio CPC. Genéricos são pedidos com objeto determinável, pois nunca poderá ser indeterminável o objeto pretendido.

Também poderá ser alternativo, como nas obrigações alternativas; pode ainda ser alternativo e subsidiário, por exemplo, na hipótese de o juiz, ao não acolher o primeiro pedido, analisar e julgar a questão de procedência do segundo.

Esses aspectos especiais serão abordados na realização de exercícios, como a elaboração da petição inicial de ação de despejo cumulada com cobrança de aluguéis, a que me referi linhas acima.

Vale ainda ressaltar a diferença entre "requerimento e pedido *propriamente dito*: requerimento é tudo aquilo que a parte pede de caráter processual: pedido de citação e intimação da parte, intimação da testemunha, designação de audiência, expedição de alvará etc. Pedido constitui o objeto da ação, aquilo que se pretende obter com a prestação da tutela jurisdicional reclamada"[55].

Por fim, há pedidos, como o de correção monetária e juros legais, que independem da vontade das partes, pois são provenientes da

---

53 SANTOS, Ernani Fidélis dos. *Manual de direito processual civil* cit., v. 1, p. 421.
54 Idem, ibidem, p. 425.
55 CALANZI, José João. *Sua Excelência, o processo* cit., p. 47.

aplicação da lei no que diz respeito aos efeitos do atraso das dívidas, por exemplo, na ação de cobrança.

Elaboraremos alguns exemplos de ordem prática:

Pedido condenatório

- *Que o Réu seja condenado ao pagamento de R$ ___ (--) a título de danos morais, devidamente corrigidos e atualizados desde a data da prática do ato ilícito até a data do efetivo pagamento.*

- *Que o Réu seja condenado a cumprir o contrato, passando em definitivo o imóvel descrito na inicial para o nome do Autor, no prazo de 15 (quinze) dias, a contar da data da intimação da sentença, sob pena de multa cominatória diária no valor de R$ ___ (--).*

- *Que o Réu seja condenado a desocupar o imóvel de propriedade do Autor, devidamente descrito nos fatos, deixando-o livre de pessoas e bens.*

- *Que o Réu seja condenado a regularizar a estrutura da edícula de seu imóvel, no prazo de 10 (dez) dias, sob pena de pagamento de multa cominatória no valor de R$ ___ (--) por dia de descumprimento.*

Pedido declaratório

- *Que seja declarada a nulidade das duplicatas n. 000 e n. 000 emitidas pela Ré, com fundamento no saque indevido, visto que foi feito sem a efetiva prestação de serviços, expedindo-se, de pronto, ofício ao Cartório de Protestos de Títulos e Documentos informando a decisão e determinando a baixa dos referidos títulos.*

- *Que seja ao final decretada a nulidade dos apontamentos do Registro de Nascimento do Autor, quanto à paternidade do primeiro corréu, declarando-se, ato contínuo, a paternidade do segundo corréu, com expedição de ofícios ao Cartório de Registro Civil com determinação das retificações necessárias.*

- *Que seja decretada a revisão da pensão alimentícia devida à Autora, fixando-se nova pensão no valor de R$ ___ (--), oficiando-se ao empregador, cujos dados constam dos fatos, determinando que proceda ao desconto em folha de pagamento conforme o novo valor e deposite na conta corrente da Autora.*

- *Que seja declarada a anulação do casamento havido entre as partes, com a expedição dos mandados competentes para as averbações necessárias no Cartório de Registro Civil.*

Pedido declaratório e condenatório

▶ *Que seja declarada extinta a relação locatícia, com fundamento na falta de pagamento dos aluguéis e seus acessórios, condenando-se o Réu à desocupação voluntária, para que, no prazo legal, desocupe de pessoas e bens o imóvel, sob pena da decretação efetiva do despejo forçado.*

Pedido constitutivo

▶ *Que seja decretada a separação judicial dos Requerentes, emitindo-se o competente mandado para o Cartório de Registro Civil, homologando-se os termos do acordo apontado na petição inicial, por sentença, para que surta seus regulares efeitos.*

Com base nesse estudo, vamos continuar elaborando a petição inicial do caso de João de Tal, de modo a aplicar os apontamentos acima:

EXCELENTÍSSIMO SENHOR DOUTOR JUIZ DE DIREITO DE UMA DAS VARAS CÍVEIS DA COMARCA DE PARANAPIACABA – SP.

João de Tal, estado civil, profissão, portador do RG n. e do CPF n., endereço eletrônico, domicílio e residência na Rua n., Cidade, Estado, por intermédio de seu bastante procurador signatário, conforme instrumento de procuração anexo, portador da carteira profissional n., vem, perante Vossa Excelência, com todo o acatamento e respeito, com fundamento nos arts. 318 e seguintes do Código de Processo Civil, propor a presente

Ação de Indenização

Em face de Pedro de Tal, estado civil, profissão, portador do CPF n., endereço eletrônico, com domicílio e residência na Rua n., Cidade, Estado, pelos motivos de fato e de direito a seguir deduzidos.

Fatos

No dia __/__/__, o Autor estacionou seu veículo, marca __, placas __, em local permitido, próximo à esquina, em frente ao número tal da Rua Tal, tudo conforme documentação anexa e descrição no Termo Circunstanciado da Polícia Militar.

Aproximadamente às __ horas, o Autor foi avisado em sua residência de que o Réu, dirigindo outro veículo, havia colidido com o seu.

Chegando ao local, acionou a Polícia Militar, que constatou, por meio de oitiva das testemunhas presentes (arroladas no Termo Circunstanciado), que o Réu, em alta velocidade, não conseguiu fazer a conversão para a esquerda e veio a colidir seu veículo com o do Autor.

Segundo o relato das testemunhas, o Réu fazia a conversão para a esquerda, mas, por ter avançado o sinal vermelho em alta velocidade e por ter cruzado com outro veículo que seguia prudentemente (cujos dados são ignorados), desviou a direção abruptamente e colidiu a dianteira esquerda de seu veículo com toda a lateral direita do veículo do Autor (fotos anexas).

O Autor acionou um serviço de guincho, que rebocou seu veículo até uma oficina especializada, com custo de R$ 200,00 (duzentos reais). Obteve três orçamentos diferentes, todos anexados, sendo certo que o de menor valor indicou, entre serviços e peças necessários, o custo de R$ 18.000,00 (dezoito mil reais), sendo executado conforme a Nota Fiscal anexa.

Assim, os danos materiais emergentes evidenciados no acidente e causados exclusivamente pela conduta culposa do Réu totalizam R$ 18.200,00 (dezoito mil e duzentos reais).

Fundamento Jurídico

Diante dos fatos narrados, verifica-se que os prejuízos suportados pelo patrimônio do Autor foram causados diretamente pela atitude culposa do Réu, que, neste caso, constitui ilícito civil. Sendo assim, como ninguém está autorizado a lesar o patrimônio de outrem, é justo e necessário que o Réu seja compelido a indenizar os valores dos danos materiais emergentes do Autor, reparando os prejuízos e permitindo que a situação patrimonial deste retorne ao *status quo ante*.

Considerando que o Réu, instado a cumprir com seu dever de reparar os danos causados, permaneceu inerte, não há outra maneira de o Autor ser ressarcido senão por meio da tutela jurisdicional, com a total procedência da presente demanda, nos termos do que abaixo segue.

Pedidos

Diante do exposto, requer a Vossa Excelência:

a) que o Réu seja condenado ao pagamento dos danos materiais suportados pelo Autor, no valor de R$ 18.200,00 (dezoito mil e duzentos reais), a título de danos emergentes, devidamente corrigidos, atualizados e acrescidos de juros desde a data do acidente;

b) que a presente ação seja julgada totalmente procedente, nos termos requeridos, condenando-se, ainda, o Réu ao pagamento das custas, despesas e honorários advocatícios de sucumbência.

3.5 O valor da causa

O próximo requisito indicado pelo art. 319 do CPC é o valor da causa. Toda causa deve ter indicado, na petição inicial, o seu valor. "Do valor atribuído decorrem algumas consequências legais: pagamento de custas, condenação em honorários, definição do procedimento etc."[56].

Realmente, os efeitos do valor da causa são: a determinação da competência; a determinação do procedimento, conforme possibilidade de ajuizamento no Juizado Especial Cível, por exemplo; a determinação do valor proporcional das despesas, das custas, conforme os arts. 82 e seguintes do CPC e a Lei de Custas; e o cálculo dos honorários advocatícios[57]. Os honorários advocatícios são arbitrados nos termos do art. 85 do CPC, ou seja, sobre o valor da condenação; "não havendo, porém, condenação, o arbitramento procura orientar-se pelo proveito efetivo que a parte teve na demanda, o que é realizado quase sempre com base no valor da causa"[58].

Acerca dos honorários advocatícios é relevante observar as questões relativas à sua fixação por equidade, o que foi recentemente definido pela reformulação do conteúdo dos parágrafos 6º-A e 8º do CPC, conforme Lei n. 14.341 de 2022 que teve justamente este objetivo, com a seguinte sistematização que deve ser observada pelo aplicador do direito, principalmente, o advogado: *"6º-A Quando o valor da condenação ou do proveito econômico obtido ou o valor atualizado da causa for líquido ou liquidável, para fins de fixação dos honorários advocatícios, nos termos dos §§ 2º e 3º, é proibida a apreciação equitativa, salvo nas hipóteses expressamente previstas no § 8º deste artigo".* Ou seja, quando o valor da causa é líquido ou liquidável não se aplica a fixação de honorários por equidade, o que só ocorrerá nas causas de valor irrisório ou que não possam ser liquidadas.

---

56 CALANZI, José João. *Sua Excelência, o processo* cit., p. 50.
57 CASELLA, José Erasmo. *Manual de prática forense* cit., p. 122.
58 SANTOS, Ernani Fidélis dos. *Manual de direito processual civil* cit., v. 1, p. 435.

O valor da causa está tratado pelos arts. 291 a 293 do CPC, bem como, pode ser salientado, em lei especial de eventuais procedimentos especiais (caso da Lei de Locação).

A toda causa será atribuído um valor certo, ainda que não tenha conteúdo econômico imediatamente aferível: é a regra geral do CPC, em seu art. 291. "Em princípio, o valor da causa é o valor do pedido, mas nas causas em que o pedido não tem conteúdo econômico imediato o valor será atribuído"[59]. Veja, por exemplo, o valor da causa nas ações de investigação de paternidade, reivindicação de guarda de filhos, separação judicial etc.[60]. A atribuição será feita em dinheiro, ainda que o valor seja fictício, conforme a *praxe* forense, indicando, no próprio texto da inicial, que se atribui aquele valor para fins de alçada ou para fins meramente fiscais, ou seja, real que não há correspondência com o pedido.

Na sequência, especificamente para alguns casos, diz o art. 292 do mesmo Código:

Art. 292. O valor da causa constará da petição inicial ou da reconvenção e será:

I – na ação de cobrança de dívida, a soma monetariamente corrigida do principal, dos juros de mora vencidos e de outras penalidades, se houver, até a data de propositura da ação;

II – na ação que tiver por objeto a existência, a validade, o cumprimento, a modificação, a resolução, a resilição ou a rescisão de ato jurídico, o valor do ato ou o de sua parte controvertida;

III – na ação de alimentos, a soma de 12 (doze) prestações mensais pedidas pelo autor;

IV – na ação de divisão, de demarcação e de reivindicação, o valor de avaliação da área ou do bem objeto do pedido; [MUDANÇA SIGNIFICATIVA]

V – na ação indenizatória, inclusive a fundada em dano moral, o valor pretendido; [MUDANÇA SIGNIFICATIVA]

VI – na ação em que há cumulação de pedidos, a quantia correspondente à soma dos valores de todos eles;

VII – na ação em que os pedidos são alternativos, o de maior valor;

---

59 GRECO FILHO, Vicente. *Direito processual civil brasileiro* cit., v. 1, p. 102.
60 SANTOS, Ernani Fidélis dos. *Manual de direito processual civil* cit., v. 1, p. 434.

VIII – na ação em que houver pedido subsidiário, o valor do pedido principal.

§ 1º Quando se pedirem prestações vencidas e vincendas, considerar-se-á o valor de umas e outras.

§ 2º O valor das prestações vincendas será igual a uma prestação anual, se a obrigação for por tempo indeterminado ou por tempo superior a 1 (um) ano, e, se por tempo inferior, será igual à soma das prestações.

§ 3º O juiz corrigirá, de ofício e por arbitramento, o valor da causa quando verificar que não corresponde ao conteúdo patrimonial em discussão ou ao proveito econômico perseguido pelo autor, caso em que se procederá ao recolhimento das custas correspondentes.

Em resumo: "A petição inicial deverá indicar o valor da causa (art. 319, V) que, em geral, corresponde à expressão econômica do direito reclamado pelo autor. A exigência prevalece mesmo quando o direito sobre o qual o autor requer que recaia a tutela jurisdicional não tenha expressão econômica imediata (art. 291). Seja quando se trata de direito que não tem expressão patrimonial ou quando não for possível ao autor, desde logo, precisar as consequências do dano e, consequentemente, sua expressão econômica. Nestes casos cabe ao autor estimar o valor da causa, justificando sua iniciativa, o que viabilizará adequada manifestação do réu (art. 293) e do próprio magistrado a respeito (art. 292, parágrafo 3º)"[61].

O artigo seguinte (art. 293 do CPC) indica a possibilidade de o réu impugnar o valor da causa como preliminar de contestação, quando entender desrespeitadas as regras respectivas. Observa-se mudança significativa, na medida em que atualmente a impugnação é feita em autos apartados, em incidente processual de impugnação e, agora, ao contrário, se trata como preliminar da própria peça de defesa!

A aplicação do art. 291 do CPC se dá por exclusão, ou seja, sempre que não estiver prevista a regra nos arts. 292 e seguintes ou em algum artigo de legislação especial, aplica-se o conteúdo da regra geral.

Frise-se, a consequência da fixação do valor da causa, em algumas circunstâncias, pode influenciar no tipo de procedimento que será adotado, o caso do Juizado Especial Cível (Lei n. 9.099/95), por exemplo.

---

61 BUENO, Cassio Scarpinella. *Manual de direito processual civil* cit., p. 348.

Nos pedidos possessórios, à falta de critérios expressos, deve-se seguir o mesmo para a reivindicação, já que, de qualquer forma, é o bem que se reclama[62].

Desde a interpretação feita acerca dos artigos do CPC/73 (art. 258) sobre o valor da causa percebíamos algumas dificuldades de enquadramento. Realmente, nem todas as causas estavam previstas naquele CPC e não estão também delineadas em sua totalidade no CPC no seu art. 291 que manteve basicamente a mesma redação. Então, os comentários da doutrina permanecem válidos, como se vê neste exemplo de citação, baseada em obra escrita com análise do CPC/73: É grande o número de decisões jurisprudenciais a respeito do valor da causa porque o Código não esgota, nem poderia esgotar, a grande variedade de causas que não se enquadra com perfeição em nenhum dos incisos do art. 291 do CPC. Assim, por exemplo, a Súmula 449 do Supremo Tribunal Federal define que o valor da causa na consignatória de aluguel corresponde a uma anuidade. O mesmo critério tem sido seguido em ações de despejo[63].

Atenção: de forma emblemática e usando a citação acima, reiteramos que o leitor fique atento nas citações utilizadas durante esta obra, pois algumas citações foram mantidas mesmo quando escritas antes da vigência do CPC/2015, pela aplicabilidade prática e não prejudicial de seu conteúdo.

No inventário e partilha, o valor será a soma dos bens, tanto quanto o será nas separações e divórcios com partilha de bens, pois é o proveito econômico que se tira da causa. Inclusive, talvez seja, com a redação do art. 292 do CPC, IV, como paradigma, que neste caso as ações devem ser fixadas, quanto ao valor, com base no valor comercial e não apenas no valor de base para recolhimento de tributos. Nos embargos do executado, será o valor da ação de execução, salvo os embargos que tratem de parte dos bens, seguindo-se o mesmo critério para embargos de terceiro. **A forma de redação mais adequada é a seguinte**: *Dá-se à presente causa o valor de R$ ___ (valor por extenso).*

Quando não há conteúdo econômico imediato: *Dá-se à presente causa o valor de R$ ___ (--), para efeitos meramente fiscais. Imagine, por exemplo, uma ação de regulamentação de visitas ou de investigação de paternidade, cujo objeto ou bem da vida almejado não tem valor econômico imediato. Nesses casos, como toda causa deve ter um valor, atribui-se um valor somente para fins de recolhimento de custas e despesas processuais, uma estimativa que*

---

62 SANTOS, Ernani Fidélis dos. *Manual de direito processual civil* cit., v. 1, p. 435.
63 GRECO FILHO, Vicente. *Direito processual civil brasileiro* cit., v. 1, p. 102.

a práxis forense indica em cada região, foro ou tribunal. Vale ao advogado consultar eventuais normas do Tribunal onde atuará nos casos em comento, para conhecer se existe valor de custas mínimas a recolher, por exemplo.

3.6 As provas com que o autor pretende demonstrar a verdade dos fatos alegados

O processo serve, também, para permitir a prova do alegado, pois só são verdadeiros os fatos efetivamente provados nos autos. O que não está nos autos do processo não está no mundo! E o juiz só poderá considerar a prova dos autos para seu julgamento, mesmo que de ofício determine a realização de provas, em busca da verdade real e atendendo o princípio do livre convencimento.

"Ao autor incumbe a prova do fato constitutivo de seu direito; assim, deve desde logo indicar os meios de prova que pretende produzir"[64]. Portanto, o autor, na petição inicial, deverá indicar com quais provas pretende demonstrar o que alegou.

Ernani Fidélis aponta que essa exigência ainda se mantém no Código por tradição, tendo em vista que hoje vige entre nós o princípio do livre convencimento e o da verdade real. Sustenta ainda que a prova tem momento processual adequado para ser indicada e que o juiz, independentemente das indicações na petição inicial, poderá determinar a realização de provas complementares[65].

Diz ainda a doutrina, com foco no princípio da cooperação, que não são e nunca foram admissíveis os protestos genéricos por prova na petição inicial, pois que nada significam em termos de eficiência processual, tendo em vista que o art. 434 do CPC continua a ser claro no sentido de fazer tal exigência (que o protesto por provas não seja genérico)[66].

Por outro lado, pondera parte da doutrina que sua omissão não é razão para indeferir a inicial, já que só após a contestação é que o autor teria condições efetivas de saber o que será preciso provar em juízo[67].

---

64 GRECO FILHO, Vicente. *Direito processual civil brasileiro* cit., v. 1, p. 103.
65 SANTOS, Ernani Fidélis dos. *Manual de direito processual civil* cit., v. 1, p. 437.
66 BUENO, Cassio Scarpinella. *Manual de direito processual civil* cit., p. 349.
67 GONÇALVES, Marcus Vinicius Rios. *Direito processual civil esquematizado* cit., p. 447.

Calanzi ensina que na especificação de provas é necessário verificar qual o rito procedimental que se segue. O ordinário tem suas regras, mas possivelmente podem ser alteradas nos procedimentos especiais do CPC ou da legislação extravagante. Esteja atento! Basta, na petição inicial do rito ordinário, a indicação generalizada das provas que pretende produzir, o que significa dizer que no momento oportuno se especificará o que for necessário[68], inclusive, levando em conta os pontos controvertidos fixados após a apresentação de defesa.

Entendo que é necessário o apontamento prévio, a indicação prévia das provas que pretende produzir, o que permitirá ao juiz e ao réu conhecer, amplamente, as intenções probatórias do autor, evitando surpresas e permitindo o exercício da ampla defesa. O protesto por provas será complementado em ato processual posterior, como a indicação e o arrolamento de testemunhas, a juntada de novos documentos etc., tanto que no protesto feito na petição inicial basta a indicação da natureza da prova[69].

As provas podem ser documentais, orais (oitiva de testemunhas e depoimento pessoal), periciais, exibição de documento ou coisa e inspeção judicial, realizadas na forma dos arts. 369 a 484 do CPC. "Além das provas específicas à disposição das partes, a lei diz que todos os meios legais e moralmente legítimos são hábeis para provar a verdade dos fatos"[70]. Diz o art. 369 do CPC que "as partes têm o direito de empregar todos os meios legais, bem como os moralmente legítimos, ainda que não especificados neste código, para provar a verdade dos fatos em que se funda o pedido ou a defesa e influir eficazmente na convicção do juiz".

Nesta parte da petição inicial a forma de redação mais adequada é a seguinte:

No rito ordinário temos a seguinte proposta de redação:
Protesta-se provar o alegado por todos os meios de prova em direito admitidos, principalmente juntada de novos documentos, prova oral e pericial, sem exceção de outras que possam ser indicadas no momento oportuno.

---

68 CALANZI, José João. *Sua Excelência, o processo* cit., p. 52.
69 GRECO FILHO, Vicente. *Direito processual civil brasileiro* cit., v. 1, p. 103.
70 CALANZI, José João. *Sua Excelência, o processo* cit., p. 51.

3.7 Da dispensabilidade do requerimento para a citação do réu

No CPC tornou-se dispensável o pedido de citação do réu. Não é mais listado como requisito da petição inicial, sendo certo que o legislador, considerando a lógica processual, entende que este ato é atributo do Juízo, decorrente do dever de dar andamento na provocação que lhe foi feita, convocando a parte contrária para fazer parte da lide, salvo hipóteses de extinção ou indeferimento da inicial de forma prévia. O objetivo da citação, sendo ou não requerida pela inicial, é formalizar a demanda, constituindo, efetivamente, a lide judicial, com a formação tripartite da relação processual (autor – Estado – réu). Também trará a possibilidade do exercício da ampla defesa e do contraditório, e poderá ter como consequência os efeitos de revelia e confissão, a partir da recepção válida e regular do mandado citatório.

> A relação processual só se completa, formando o contraditório, após a citação do réu. Por isso, o autor deve requerer a citação dele, para que compareça e se defenda, sob pena de, não o fazendo, serem tidos como verdadeiros os fatos alegados na inicial[71].

A citação é opcional, mas orientamos que em certos casos deverá aparecer entre os pedidos, talvez ao final deles, como um requerimento, sobretudo, quando for preciso ilustrar, designar, indicar, esclarecer situações fora do padrão que digam respeito ao endereço, ao horário, ao ambiente onde deverá ser praticado o ato, sobretudo, quando se trata de ato do Oficial de Justiça. E foi por isso que mantivemos este item neste capítulo de nosso livro, pois sabemos que na prática ele ainda será útil. O CPC trata da citação entre os arts. 238 e 258.

Em recente reforma, encontramos uma redação ampliativa e modificativa dos arts. 231, 246 e 247 do CPC, com alto impacto neste conteúdo, a partir da Lei n. 14.195, de 26 de agosto de 2021. A principal consequência é a alteração da regra geral do mecanismo de citação que deverá privilegiar o meio eletrônico, em detrimento das outras modalidades clássicas (correios, oficial de justiça etc.).

A nova redação ampliativa do art. 231 diz que o prazo pode se iniciar a partir do recebimento da mensagem de citação por meio eletrônico (e-mail).

---

71 CALANZI, José João. *Sua Excelência, o processo* cit., p. 52.

Segundo o texto atual do art. 246, a citação far-se-á preferencialmente "por meio eletrônico", sendo que como exceção, nos termos do acrescido parágrafo 1º, pelo correio, por oficial de justiça, pelo escrivão ou chefe de secretaria, se o citando comparecer em cartório ou por edital. A regra geral foi alterada, com as exceções apontadas no artigo subsequente (art. 247 do CPC) e no art. 249 do CPC, que, inclusive, faculta ao credor requerer de outra forma. O edital será utilizado nas hipóteses do art. 256 do Código em vigor.

Do ponto de vista prático o leitor deve verificar o conteúdo dos parágrafos acrescidos pela Lei n. 14.195, de 26 de agosto de 2021, no art. 246 para compreender a sistemática de obrigação legal das regras de alteração, manutenção e atualização de cadastros perante o Poder Público para fins de comunicação dos atos processuais. A mudança é significativa e pretende, obviamente, agilizar em médio prazo os atos citatórios em vistas de celeridade processual.

Temos, em regra, a seguinte redação: *requer-se a citação do réu para apresentar a defesa que tiver, no prazo legal, sob pena de confissão e revelia*. Contudo, as formas de transcrição do pedido de citação podem variar de acordo com o rito. Costumo afirmar que, ao elaborar a petição inicial, o profissional deve responder à seguinte pergunta: *citação para quê?* A resposta quase sempre está no próprio texto da lei. Isso porque no procedimento ordinário o objetivo da citação é um, na execução, outro. Veja, por exemplo, o art. 829 do CPC, que afirma "o executado será citado para pagar a dívida no prazo de 3 (três) dias contados da citação". Então, ao elaborar o requerimento de citação consulte o texto da lei e ele será sua grande bússola, indicando "para quê?", para qual finalidade a parte adversária deve ser citada, se para apresentar defesa, se para apresentar contestação somente, se para pagar etc.

Outros exemplos podem ser apontados: nas ações de despejo por falta de pagamento, o pedido seria para purgar a mora ou apresentar defesa; nas ações de consignação em pagamento, para que o réu venha levantar o depósito realizado ou apresentar sua defesa; na execução, para que venha pagar ou nomear bens à penhora[72].

Devemos ressaltar que no contexto do CPC não é mais necessário requisitar os benefícios para o oficial de justiça praticar atos fora dos

---

72 CASELLA, José Erasmo. *Manual de prática forense* cit., p. 114.

horários previstos para a realização dos atos processuais. Realmente, o art. 212, § 2º, do CPC indica que "independentemente de autorização judicial, as citações, intimações e penhoras poderão realizar-se no período de férias forenses, onde as houver, e nos feriados ou dias úteis fora do horário estabelecido no artigo, observado o disposto no art. 5º, XI, da Constituição Federal". Se for necessário destacar isso na inicial, conforme orientamos anteriormente, no caso concreto, o autor pode requerer que a citação seja feita com tais benefícios, mostrando ao juízo que de fato isso será necessário.

Outra situação em que aconselhamos seja feito o pedido de citação está no cenário em que o autor da ação pretende que seja realizado por uma das formas excepcionais, como por oficial de justiça ou edital, por exemplo. Assim, se o advogado for preparar a petição inicial e perceber que a citação deverá ocorrer por edital – porque prevista uma das hipóteses do art. 256 do CPC, deverá mesmo incluir o requerimento de citação com destaque para tal informação, garantindo a assertividade e a celeridade do ato processual, evitando confusões, atrasos etc.

Diante disso, mesmo que dispensável, *a forma de elaboração do pedido de citação* irá variar, portanto: em razão da forma como se pretende seja realizada (correio, oficial, edital); e em razão do procedimento (citação para quê?). Vejamos um exemplo para procedimento ordinário:

> *A citação do Réu, no endereço declinado, por Oficial de Justiça, para, querendo, ofereça a defesa que tiver, no prazo legal, sob as penas da lei.*

3.8 Opção pela realização ou não de audiência de conciliação ou de mediação

Levando em conta que um dos principais norteadores do CPC é a conciliação e a mediação, o art. 319 do CPC apontou como requisito da petição inicial a opção do autor pela realização ou não da audiência de conciliação ou mediação.

Na prática a maior consequência da realização ou não de tal audiência é o início da contagem do prazo para o réu oferecer contestação, conforme expõe o art. 335, I, do CPC, pois a contestação será ofertada, em havendo audiência em 15 dias a contar da data da audiência, sempre que não houver composição.

Veja que a audiência pode interferir consideravelmente na ordem procedimental, pois poderá interferir no ato de citação e na contagem do prazo para defesa. Sendo assim, eleito como requisito da petição inicial, entendemos que é obrigatória essa manifestação sob pena de que o juízo determine a "emenda à inicial", atrasando logicamente o andamento do feito.

Sugerimos que a redação deste item seja feita após o pedido de procedência antes de outros requerimentos processuais, com a seguinte terminologia:

Requer-se a designação da audiência de conciliação nos termos do art. 319, inciso VII, do Código de Processo Civil.

Requer-se não seja designada a audiência de conciliação nos termos do art. 319, inciso VII, do Código de Processo Civil, pois inúmeras foram as tratativas infrutíferas realizadas pelas partes com seus advogados, conforme comprovam os documentos anexos, mostrando que o ato seria infrutífero e atrasaria o andamento do feito.

3.9 Outros requisitos eventualmente necessários

Além dos requisitos apontados, outros poderão ser necessários à elaboração da petição inicial, como os requerimentos de intimação do Ministério Público para acompanhamento do feito até seu julgamento final, naquelas causas em que isso se faz necessário; o requerimento da concessão dos benefícios da Justiça Gratuita; o requerimento de expedição de ofício ao empregador do réu-alimentante para que proceda aos descontos da pensão alimentícia em folha de pagamento de salário etc.

Outra observação importantíssima refere-se à juntada de documentos essenciais, quando mencionados nos fatos. Segundo o art. 434 do CPC "incumbe à parte instruir a petição inicial ou a contestação com os documentos destinados a provar suas alegações". Portanto, sempre que um fato descrito na inicial ou na contestação for provado por documento, a menção deste fato deve ser seguida, entre parênteses, da indicação de que está sendo anexado tal documento. No preâmbulo, por exemplo, um documento essencial é a procuração, que legitima o procurador. Portanto, no preâmbulo se deve mencionar: *conforme procuração anexa*. O mesmo se diga da menção à juntada de cópia de documentos, como boletim de ocorrência, fotos, orçamentos, contratos etc. E, também, por exemplo, da juntada obrigatória da certidão de nascimento na ação de alimentos. No Exame da Ordem a não indicação de que os documentos estão sendo juntados pode ser motivo de redução na pontuação do candidato, principalmente, quando forem documentos essenciais à prova daqueles fatos.

Estudamos os aspectos do valor da causa, do protesto por provas, do requerimento de citação que no CPC é dispensável e outros requerimentos e juntada de documentos. Vamos finalizar nossa petição do caso de João de Tal:

EXCELENTÍSSIMO SENHOR DOUTOR JUIZ DE DIREITO DE UMA DAS VARAS CÍVEIS DA COMARCA DE PARANAPIACABA – SP.

João de Tal, estado civil, profissão, portador do RG n. e do CPF n., endereço eletrônico, domicílio e residência na Rua n., Cidade, Estado, por intermédio de seu bastante procurador signatário, conforme instrumento de procuração anexo, portador da carteira profissional n., vem, perante Vossa Excelência, com todo o acatamento e respeito, com fundamento nos arts. 318 e seguintes do Código de Processo Civil, propor a presente

Ação de Indenização

Diante de Pedro de Tal, estado civil, profissão, portador do RG n. e do CPF n., endereço eletrônico, com domicílio e residência na Rua n., Cidade, Estado, pelos motivos de fato e de direito a seguir deduzidos.

Fatos

No dia __/__/__, o Autor estacionou seu veículo, marca __, placas __, em local permitido, próximo à esquina, em frente ao número tal da Rua Tal, tudo conforme documentação anexa e descrição no Termo Circunstanciado da Polícia Militar.

Aproximadamente às __ horas, o Autor foi avisado em sua residência de que o Réu, dirigindo outro veículo, havia colidido com o seu. Chegando ao local, acionou a Polícia Militar, que constatou, por meio de oitiva das testemunhas presentes (arroladas no Termo Circunstanciado), que o Réu, em alta velocidade, não conseguiu fazer a conversão para a esquerda e veio a colidir seu veículo com o do Autor.

Segundo o relato das testemunhas, o Réu fazia a conversão para a esquerda, mas, por ter avançado o sinal vermelho em alta velocidade e por ter cruzado com outro veículo, que seguia prudentemente (cujos dados são ignorados), desviou a direção abruptamente e colidiu a dianteira esquerda de seu veículo com toda a lateral direita do veículo do Autor (fotos anexas).

O Autor acionou um serviço de guincho, que rebocou seu veículo até uma oficina especializada, ao custo de R$ 200,00 (duzentos reais). Obteve três orçamentos diferentes, todos anexados, sendo certo que o de menor valor indicou, entre serviços e peças necessários, o custo de R$ 18.000,00 (dezoito mil reais), sendo executado conforme a Nota Fiscal anexa.

Assim, os danos materiais emergentes evidenciados no acidente e causados exclusivamente pela conduta culposa do Réu totalizam R$ 18.200,00 (dezoito mil e duzentos reais).

Fundamento Jurídico

Diante dos fatos narrados, verifica-se que os prejuízos suportados pelo patrimônio do Autor foram causados diretamente pela atitude culposa do Réu, que, neste caso, constitui ilícito civil. Sendo assim, como ninguém está autorizado a lesar o patrimônio de outrem, é justo e necessário que o Réu seja compelido a indenizar os valores dos danos materiais emergentes do Autor, reparando os prejuízos e permitindo que a situação patrimonial deste retorne ao *status quo ante*.

Considerando que o Réu, instado a cumprir com seu dever de reparar os danos causados, permaneceu inerte, não há outra maneira de o Autor ser ressarcido senão por meio da tutela jurisdicional, com a total procedência da presente demanda, nos termos do que abaixo segue.

Pedidos

Diante do exposto, requer a Vossa Excelência:

a) a citação do Réu, no endereço declinado, excepcionalmente por Oficial de Justiça, para que apresente no prazo legal, a defesa que tiver, sob as penas da lei;

b) que o Réu seja condenado ao pagamento dos danos materiais suportados pelo Autor, no valor de R$ 18.200,00 (dezoito mil e duzentos reais), a título de danos emergentes, devidamente corrigidos, atualizados e acrescidos de juros desde a data do acidente;

c) que a presente ação seja julgada totalmente procedente, nos termos requeridos, condenando-se ainda o Réu ao pagamento das custas, despesas e honorários advocatícios de sucumbência.

Requer-se a designação da audiência de conciliação nos termos do art. 319, inciso VII, do Código de Processo Civil.

Protesta provar o alegado por todos os meios de prova em direito admitidos, principalmente juntada de novos documentos e prova oral, cujo rol será oportunamente apresentado.

Dá-se à presente causa o valor de R$ 18.200,00 (dezoito mil e duzentos reais).

Nestes termos,
pede deferimento.
Local, data.
Advogado.
OAB n.

3.10 Da tutela provisória (urgência e evidência)

No meu ponto de vista, a grande mudança no sistema processual civil oriunda do CPC em vigor foi a exclusão do procedimento cautelar e a inclusão de mecanismos que serão utilizados no próprio processo de conhecimento (tutelas provisórias) como substituto que pretende concentrar atos, reduzir tempo de duração dos processos e simplificar os procedimentos judiciais. *Vide* o art. 294 do CPC, que trouxe tal mudança.

"É correto entender a tutela provisória, tal qual disciplinada pelo CPC de 2015, como o conjunto de técnicas que permite ao magistrado, na presença de determinados pressupostos, que gravitam em torno da presença da 'urgência' ou da 'evidência', prestar tutela jurisdicional, antecedente ou incidentalmente, com base em decisão instável (por isso, provisória) apta a assegurar e/ou satisfazer, desde logo, a pretensão do autor, até mesmo de maneira liminar, isto é, sem prévia oitiva do réu"[73].

Devemos considerar que o grande objetivo dessas medidas é assegurar a efetividade do processo. O legislador criou uma bipartição levando em conta o perigo de dano de um lado (urgência) e a verossimilhança de outro (evidência). Diz a doutrina: "Se presente o perigo de

---

73 BUENO, Cassio Scarpinella. *Manual de direito processual civil* cit., p. 238.

dano, temos a tutela de urgência. Verificadas as situações em que, ao ver do legislador, a verossimilhança do direito afirmado mostra-se elevada, concede-se à parte a tutela de evidência"[74].

As tutelas de urgência poderão ser apresentadas com a própria petição inicial, numa só peça ou, então, serão aquelas, apresentadas de forma antecedente, ou seja, a petição inicial será apresentada apenas com o pedido de tutela para, depois, segundo o que dispõe o CPC, ser complementada com o pedido principal. As tutelas de evidência sempre virão acompanhando o pedido principal, numa só peça.

Diz a doutrina:

> O novo CPC substitui a ação cautelar pela tutela de urgência, e a tutela antecipada pela tutela da evidência, que passam a ser solicitadas no interior do processo único, não mais exigindo, no caso da primeira, a formação sucessiva de dois processos (cautelar e principal). São pedidos que podem ser formulados de forma antecedente (inaugurando o processo) ou no curso da relação processual[75].

Não existem mais, então, no CPC, as cautelares típicas ou atípicas, como o arresto, o sequestro ou a sustação de protestos, por exemplo. O nome da ação não terá mais razão de ser aplicado, até porque foi afastado pelo legislador do novo texto.

Observe o quadro a seguir para organizar as TUTELAS PROVISÓRIAS (art. 294 do CPC):

TUTELA DE URGÊNCIA (art. 300)	TUTELA DE EVIDÊNCIA (art. 311)
Neste caso o direito é plausível e, sobretudo urgente, existe fumaça do bom direito e, sobretudo perigo da demora.	Neste caso o direito é fortemente verossímil (quase certo), tornando tão evidente o direito que é possível assegurar desde o início do processo, mas não há perigo na demora.

---

74 BEDAQUE, José Roberto dos Santos. Tutela provisória. *Revista do Advogado*, ano XXXV, maio 2015; e *O novo Código de Processo Civil*. São Paulo: Associação dos Advogados de São Paulo, p. 141.
75 MONTENEGRO FILHO, Misael. *Novo Código de Processo Civil*. São Paulo: Atlas, 2015. p. 214.

1 – Tutelas antecipadas (art. 303 CPC): também chamadas de satisfativas, onde se busca alcançar algo no início do processo sob pena de não ser possível alcançar o mesmo futuramente. 2 – Tutelas cautelares (art. 305 CPC): também chamadas de conservativas, onde se busca proteger algo no início do processo para garantir a sua efetividade futura.	Os requisitos são definidos de forma exaustiva e taxativa na lei (incisos do art. 311 CPC), onde se busca alcançar algo que é tão certo que é possível entregar antes do fim do processo.
Momento e forma de requerer: podem ser requeridas com a própria petição inicial do processo de conhecimento (procedimento comum) ou podem ser requeridas de forma antecedente em petições iniciais que depois serão complementadas com o pedido principal.	Momento e forma de requerer: deve ser requerida com a própria petição inicial do processo de conhecimento (procedimento comum), sendo admissível a concessão da liminar somente nas hipóteses dos incisos II e III do art. 311 CPC).

No CPC *a tutela de urgência* será deferida sempre que forem comprovados os requisitos ensejadores e autorizadores da concessão de tal proteção jurídica processual. Devemos, nas petições iniciais, requerer então a concessão da medida de urgência sempre que os fatos e fundamentos demonstrarem ser cabível.

Os requisitos, nesse caso, se mantêm conforme texto do art. 300, *caput*, do CPC: "A tutela de urgência será concedida quando houver elementos que evidenciem a probabilidade do direito e o perigo de dano ou o risco ao resultado útil do processo". Trata-se, respectivamente, da fumaça do bom direito e do perigo da demora. O perigo da demora revela uma situação de risco e precisa ser atendido pelo Poder Jurisdicional de forma célere.

Conforme vimos no quadro supra, a tutela de urgência poderá ser requerida como "tutela antecipada requerida em caráter antecedente" (art. 303 do CPC) ou como "tutela cautelar requerida em caráter antecedente" (art. 305 do CPC).

A "tutela antecipada em caráter antecedente" será requerida em petição inicial dirigida ao juízo com requerimento limitado ao da tutela antecipada (exposição da lide, do direito que se busca realizar e do perigo de dano ou do risco ao resultado útil do processo) e simples indicação do pedido de tutela final. Esta primeira etapa, esta primeira petição só tratará da questão a ser antecipada, apenas indicando o que se pretende ao final. Sendo deferida a tutela pretendida, o Autor será intimado para aditar a petição inicial, nos mesmos autos, com argumentos, documentos e fundamentos para o pedido final. Então, esta segunda etapa, esta segunda petição será um complemento da outra, nos mesmos autos. Vale ressaltar que o valor da causa deverá ser, desde o início, o da tutela final. No mesmo sentido, é obrigatório que na primeira petição o autor indique que pretende valer-se do que prevê este procedimento, ou seja, complementar o pedido principal após a avaliação do pedido inaugural de tutela antecipada. Sendo negada a tutela antecipada, o autor será intimado para a emenda da petição inicial, para complementar o processo com seu pleito principal. Esse procedimento está definido no art. 303 e seus parágrafos.

Atenção: na tutela antecipada o autor pede ao juiz que antecipe o mesmo objetivo que pretende seja atendido ao final do processo. O juiz antecipa aquilo que em tese confirmará no final.

Exemplo prático: obrigue a cooperativa médica a custear o tratamento médico de forma imediata, custeando a cirurgia agendada (pedido de tutela antecipada) e confirme que ela é obrigada a assumir este custo conforme contrato entre as partes (pedido principal).

A "tutela cautelar em caráter antecedente" será apresentada em petição inicial que indicará a lide, seu fundamento e a exposição sumária do direito que se objetiva assegurar, e o perigo de dano ou o risco ao resultado útil do processo. Aqui o autor apresentará uma petição inicial que é muito próxima das "medidas cautelares preparatórias". Na sequência, neste caso o réu será citado para contestar o pedido e indicar provas. Se o pedido for contestado segue-se o rito comum, se não for contestado presumem-se verdadeiros e será decidido pelo juízo em 5 dias. Diz o Código que efetivada a tutela cautelar o pedido principal deverá ser apresentado em 30 dias pelo autor da ação, nos mesmos autos, portanto, não haverá um processo principal como antes ocorria com os procedimentos cautelares. Inclusive, o próprio Código permite que o autor formule desde logo o pedido de tutela cautelar e o pedido principal. Neste cenário entrarão pedidos como o de antecipação da realização de provas, o arresto, o sequestro etc. Serão pedidos vinculados ao pedido principal e não procedimentos autônomos. Ressalta-se que foi adotada a fungibilidade entre os institutos, portanto, se o juízo entender que a tutela cautelar em caráter antecedente é verdadeira tutela antecipada, receberá um como o outro para decidir, sem necessidade de intimação ou manifestação do autor.

Atenção: na tutela cautelar o autor pede ao juiz alguma coisa que é diferente daquilo que ele pretende com o pedido principal. O juiz concede o pedido inicial para garantir que no futuro o pedido principal seja atendido, seja possível.

> **Exemplo prático:** atenda meu pedido inicial de sustação do protesto do cheque para evitar danos maiores (pedido inicial de tutela cautelar) para que depois possamos anular o referido título com o pedido anulatório (pedido principal).

Por outro lado, *a tutela de evidência* teve sua aplicação restringida. Dependerá da efetiva demonstração do preenchimento de requisito previsto no art. 311 do CPC. Verifica-se facilmente e pela leitura do texto que não é mais necessário nesses casos alegar e comprovar o perigo da demora. Vejamos:

TÍTULO III
DA TUTELA DA EVIDÊNCIA

Art. 311. A tutela da evidência será concedida, independentemente da demonstração de perigo de dano ou de risco ao resultado útil do processo, quando:

I – ficar caracterizado o abuso do direito de defesa ou o manifesto propósito protelatório da parte;

II – as alegações de fato puderem ser comprovadas apenas documentalmente e houver tese firmada em julgamento de casos repetitivos ou em súmula vinculante;

III – se tratar de pedido reipersecutório fundado em prova documental adequada do contrato de depósito, caso em que será decretada a ordem de entrega do objeto custodiado, sob cominação de multa;

IV – a petição inicial for instruída com prova documental suficiente dos fatos constitutivos do direito do autor, a que o réu não oponha prova capaz de gerar dúvida razoável.

Parágrafo único. Nas hipóteses dos incisos II e III, o juiz poderá decidir liminarmente.

Verifica-se, numa análise mais apurada do referido artigo, que na prática, a tutela de evidência dependerá da formação prévia da relação processual, ou seja, deverá o réu ser chamado ao processo para que, somente depois, verificada a "evidência", seja concedida a tutela. Não haverá, salvo na hipótese apontada pelo legislador no parágrafo único do referido artigo, possibilidade de decisão liminar (sem a oitiva da parte contrária) o que permitirá decisões mais seguras, mais equilibradas.

Este segundo modelo (tutela de evidência) não deixa de ter uma conotação, uma ligação com a tutela antecipada, pois o juiz, diante das evidências não afastadas pelo réu ou diante dos fortes fatores que evidenciam o direito, concederá ao autor hoje aquilo que ele confirmará provavelmente no futuro, na sentença final.

Concluindo, podemos afirmar que se sua petição inicial compreenda algum pedido de TUTELA PROVISÓRIA (seja tutela de urgência: tutela antecipada ou tutela cautelar) (seja tutela de evidência) é preciso observar que isso mudará a estrutura de sua petição inicial, conforme veremos nos modelos desta obra.

Observe que nas tutelas de urgência posso apresentar uma petição inicial mais breve, mais sucinta, apenas apontando a questão inicial a ser tutelada e, depois, complementar essa petição com meus fatos, fundamentos e pedidos principais. Entretanto, a estrutura da primeira petição, por mais simplificada que seja em virtude deste desmembramento, no nosso ponto de vista, ressalvadas as exceções que a própria lei traz nos seus artigos deverá respeitar a ordem de requisitos do art. 319 do CPC.

Atenção: Tendo em vista uma melhor sistematização da leitura, decidimos que, nesta primeira parte do livro, somente colocaremos modelos sobre o processo de conhecimento, procedimento comum, sem qualquer apontamento sobre a tutela provisória. Continuaremos dedicando para tal questão um capítulo próprio, com modelos próprios, sobretudo para que o leitor possa se organizar melhor no estudo do tema, dado que a sistemática ainda precisa ser melhor digerida por todos nós.

3.11 Conclusão

Desde o início deste livro vislumbramos um caso concreto ocorrido entre João e Pedro. Verificamos como é possível estabelecer uma lógica específica para construir, a partir de um caso concreto, uma petição inicial.

Abordamos algumas noções processuais específicas, recapitulamos conceitos gerais e realizamos o estudo teórico e prático dos requisitos da petição inicial, apontados pelo art. 319 do CPC. Ao final, construímos nossa primeira petição inicial, propondo uma ação de indenização pelo rito comum, ordinário.

As dicas e regras serão absorvidas durante a atividade do profissional, e este livro é um referencial que não tem, nem poderia ter, o propósito de esgotar todas as hipóteses possíveis. Portanto, esse referencial de leitura precisa ser aprimorado, em suas atividades profissionais e/ou estudos.

A partir de agora podemos simplificar a elaboração da petição inicial por meio de um esquema lógico que o auxiliará em toda a atividade profissional, seja como estudante que se prepara para o Exame da OAB, seja como estagiário, seja como profissional.

4 Esquema simplificado para a elaboração da petição inicial

Tenho enfatizado que o leitor, estudante ou profissional do direito precisa criar seu próprio estilo de elaboração da petição inicial. Contudo, sem prejuízo de que isso seja desenvolvido ao longo de suas atividades e/ou estudos, pretendo facilitar o início dessa formação com a indicação de um esquema simplificado para elaborar a petição inicial, baseado nos conceitos e requisitos que vimos até aqui, com o objetivo de facilitar nosso trabalho.

O maior desafio na elaboração da petição inicial seria, para muitos, o grande volume de ritos e ações no processo civil. Alguns calculam mais de 51 ações possíveis, com aspectos diferenciados. Se incluirmos as defesas e os recursos, estaremos diante de um número bem maior. Isso, entretanto, não deve assustar.

Para o aluno ou profissional que está disposto a enfrentar essa aparente dificuldade, posso dizer que o próprio Código e as leis extravagantes dão conta de mostrar as diferenças que surgem entre uma e outra petição inicial, tomando como base ou guia referencial o processo de conhecimento pelo rito ordinário. Portanto, o bom usuário do Código e das leis poderá certamente perceber, com o tempo, que todas as petições são originadas de um tronco comum. Dominado esse tronco basilar, facilitado estará o nosso trabalho.

Outra dificuldade está na solução do caso apresentado, ou seja, em descobrir qual é a ação adequada para resolver o problema exposto pelo cliente! A identificação da peça! Para o aluno ou profissional atento, algumas técnicas poderão auxiliá-lo; com a prática tudo se mostra perfeitamente realizável, como pretendo expor neste livro.

Sugiro um esquema principal, subdividido em três etapas, que identificaremos a seguir.

(1) A **primeira etapa** é o conhecimento do caso concreto que se expõe ao profissional ou ao examinando da OAB. A consulta do cliente, com questionários previamente elaborados e leitura de documentos trazidos por ele, é uma excelente ferramenta para o advogado. Não se preocupe, leva um tempo para que o profissional fique bem craque e saiba o que e como perguntar ao cliente sobre as informações de que realmente precisa. Para os que pretendem enfrentar o Exame da OAB, a leitura é ferramenta essencial para a segunda fase.

A leitura do problema ou dos documentos e informações trazidos pelo cliente se realizará da seguinte forma:

- A **primeira leitura** será *superficial*, para conhecer o problema de forma geral – nesta fase o aluno se familiarizará com a história.
- A **segunda leitura** será *crítica*; você poderá, criteriosamente, separar pontos, essenciais ou não à solução do problema exposto, que podem ter passado despercebidos na primeira leitura. Esta fase poderá ser repetida sempre que necessário até que você tenha domínio sobre a história.
- A **terceira leitura** *fixará os pontos essencialmente relevantes* para a solução do problema, quando então você terá uma noção da solução adequada e, quando for o caso, identificará a ação a ser proposta ou a medida judicial a ser intentada. Algumas perguntas simples a serem respondidas na terceira leitura são: qual o direito que foi violado? Qual é a forma de proteger esse direito? O que seu cliente pretende? Qual é o foro competente? Quais as provas documentais essenciais para o caso?

Com os dados da primeira etapa, o profissional e/ou o aluno poderão preencher o esquema exposto em seguida, da segunda etapa, que os orientará na elaboração da petição inicial, indicando os pontos essenciais do caso.

(2) Na **segunda etapa** devemos indicar o *assunto* envolvido, a *pretensão* do cliente e a *solução* adequada ao caso.

O assunto envolvido: neste momento você indicará o que subtraiu da leitura, por exemplo: *um casal, cujo matrimônio ocorreu em __/__/__, que tem 2 (dois) filhos menores impúberes, possuindo bens, casados pelo regime da comunhão universal, não estando morando mais sob o mesmo teto há 30 (trinta) dias, em virtude da falta de afeto dos últimos anos, situação que a mãe vem omitindo da família. Os filhos estão com o pai, e a mãe não aceita a separação. Esta mora em São José do Rio Preto – SP e os demais em Taubaté – SP.*

A *pretensão*: neste momento você deve indicar exatamente qual é a intenção de seu cliente: *o marido procurou seus serviços porque pretende se divorciar e ter a guarda dos filhos.*

A *solução*: a ação adequada, neste caso, para obter o divórcio e a fixação de guarda é a *ação de divórcio judicial litigiosa com pedido de guarda dos filhos, indicação de partilha de bens e regulamentação de visitas*. Se for possível, durante essa etapa, anote artigos de lei e/ou comentários doutrinários ou jurisprudenciais sobre o problema. O pedido será de declaração do divórcio do casal e homologação dos termos de partilha, de guarda e visitas, descritos na petição. Quanto maior o número de detalhes da solução, mais requisitos da petição inicial se anteciparão. Portanto, aqui, eu também indicaria o foro competente como algo essencial e oportuno; a juntada de documentos essenciais, como as certidões de casamento e nascimento dos filhos, os títulos de propriedade dos bens; a necessidade de intimação do Ministério Público etc.

A escolha da ação não pode prescindir da observação de que precisamos ter uma noção dos processos e ritos possíveis, conforme se identifica abaixo:

- *processo de conhecimento (rito comum);*
- *processo de execução (execuções típicas);*
- *procedimentos especiais do CPC (jurisdição voluntária e involuntária);*
- *procedimentos especiais de leis extravagantes (Juizado Especial, ação de despejo etc.).*

De maneira mais completa, inclusive com os nomes jurídicos das ações, você pode encontrar esse rol no sumário de seu Código de Processo Civil.

A escolha da ação adequada se faz por exclusão. Você deve começar verificando os procedimentos mais especiais e, por exclusão, migrar para os menos especiais, até chegar, caso não ocorra enquadramento anterior, ao rito comum ordinário.

Mas, como identificar o rito e a ação? Entenda que preciso de um processo de conhecimento quando estou diante de uma lide, um conflito de interesses e que preciso do Poder Judiciário para definir quem tem razão nesse conflito e que direitos derivam dele. Neste caso preciso de um processo de conhecimento. Por outro lado, se tenho um crédito que não foi pago na data prevista representado por um documento, como um contrato ou uma nota promissória, por exemplo, posso avaliar que não preciso do Poder Judiciário para conhecer meu direito, mas apenas para determinar que meu direito previsto naquele documento seja cumprido. Neste segundo caso, preciso de um processo de execução. Por fim, diante de algumas situações peculiares, pode ser que efetivamente nem o processo de conhecimento nem o de execução resolvam o problema, e para isso existem os procedimentos especiais, como a consignação em pagamento, as ações possessórias, a ação monitória etc.

Por exemplo, se nos depararmos com um caso de acidente de trânsito envolvendo veículos, precisamos, por exclusão, verificar se se enquadra no Juizado Especial ou no procedimento ordinário do CPC vindo do rito especial até onde encontrarmos parâmetros de identificação da ação a ser proposta. Caso exista um documento escrito que não é um título executivo, mas revela a existência de uma dívida, e o cliente pretenda receber seu crédito, sabemos que não podemos ingressar com um processo de execução, pois existe uma situação fora do comum que é resolvida pela ação monitória, de procedimento especial.

Então, até agora, temos duas etapas perfeitamente definidas:

- PRIMEIRA ETAPA = execução de uma primeira leitura simples, depois uma leitura crítica e, por fim, uma leitura com fixação de pontos essenciais.
- SEGUNDA ETAPA = definição do assunto, da pretensão e da solução.

(3) A **terceira etapa** é o preenchimento dos dados basilares que formarão a petição inicial, indicando seus elementos e requisitos essenciais por meio de um esquema facilitador. Este demonstra os elementos formadores da petição inicial, com seus aspectos individualizados, que servirão de guia na elaboração efetiva da peça. Antes de redigir a

petição propriamente dita, o aluno e/ou o profissional precisam preencher esse esquema, e depois a elaboração será essencialmente facilitada.

O roteiro a seguir demonstra os pontos que devem ser considerados pelo profissional ou aluno nesta terceira etapa. A tabela abaixo considera os itens da regra geral de formação a petição inicial, com base nos requisitos do art. 319 do CPC. No processo comum, de conhecimento, haverá possíveis variações ao considerarmos as "tutelas de urgência". No mesmo sentido, como veremos à frente desta obra, a estrutura mudará nas petições iniciais do processo de execução e/ou dos procedimentos especiais. Sobre cada um deles faremos um estudo especial nos subitens deste capítulo.

PREÂMBULO
- Endereçamento (competência) (arts. 42/115 do CPC)
- Autor (legitimidade ativa)
- Ação
- Réu (legitimidade passiva)

FATOS E FUNDAMENTOS JURÍDICOS
- Fatos
- Fundamentos jurídicos

PEDIDOS
- Pedido específico da demanda (arts. 322/329 do CPC)
- Pedido de procedência e de condenação em verbas de sucumbência
- Manifestação sobre audiência de conciliação (art. 334 do CPC)
- Outros requerimentos
- Protesto por provas
- Valor da causa (arts. 258/261 CPC)
- Fechamento

Vamos fazer agora, com base em tudo o que já foi visto, recorrendo às três etapas de facilitação da construção de nossa petição inicial, um exercício específico, retirado de um problema do Exame da Ordem da OAB/SP. Indicaremos o raciocínio que o aluno poderia empenhar para encontrar as soluções, principalmente na terceira etapa.

Não se esqueça:

Primeira etapa = faça leituras para compreender o problema.

Segunda etapa = defina com detalhes o assunto, a pretensão e a solução.

Terceira etapa = preenchimento do esquema da petição padrão.

4.1 Exercício padrão com a aplicação do esquema

Levando em conta as etapas anteriormente identificadas vamos aplicar referido esquema num Exame da OAB, apenas como paradigma. Mesmo o Exame sendo anterior ao das atuais provas elaboradas pela FGV e anterior ao CPC é possível compreender perfeitamente o que pretendemos ensinar neste capítulo. Vejamos:

(OAB/SP – 2ª fase – Exame 124)

Alberto, residente e domiciliado no bairro de Pinheiros, na Capital do Estado de São Paulo, é proprietário de um sítio situado em Campinas – SP e, em um final de semana, nota que a cerca de arame que faz divisa com o sítio de seu vizinho Mário foi deslocada cinco metros para dentro de seu terreno, reduzindo sua área. Prontamente, Alberto providencia o deslocamento da cerca para a sua posição originária. Um mês depois, o vizinho Mário, residente e domiciliado em Santos – SP, desloca, novamente, a cerca de lugar, para usar aquela faixa de terra para passagem de seu gado e, no final do mesmo dia, providencia o deslocamento da cerca para a sua posição originária. Passado mais um mês, o vizinho Mário repete a sua mesma conduta do mês anterior, providenciando, no final do dia, o deslocamento da cerca para a sua posição originária. Passados mais três meses, aproveitando que Alberto está indo poucas vezes ao sítio, e como, até então, não houve reclamação por parte dele, Mário avisa ao funcionário de Alberto que irá deslocar, novamente, a cerca, mantendo-a nessa posição pelo período de seis meses, para que possa usar aquela faixa de terra para passagem de suas novas cabeças de gado, adquiridas recentemente em um leilão.

Questão: Como advogado de Alberto, promova a ação judicial cabível.

PRIMEIRA ETAPA:

> Primeira leitura (conhecimento).
> Segunda leitura (crítica).
> Terceira leitura (fixação dos pontos essenciais ou relevantes).

SEGUNDA ETAPA:

> **Assunto**: Proprietário que observa terceiro perturbando sua posse por meio de atos reiterados de deslocamento de cerca e utilização indevida para passagem. Ocorre uma ameaça real de agressão da posse pelo terceiro por mais tempo do que das outras vezes.
> **Pretensão**: Impedir que a agressão seja configurada, ou seja, que se efetive a prática da turbação.
> **Solução**: Medida judicial que tenha por objetivo impedir que a agressão se realize, ou seja, obrigar o terceiro a abster-se da prática do ato, conforme direito previsto no art. 1.210 do CC. Encontram-se no rol de procedimentos especiais contenciosos do próprio CPC as ações de caráter possessório, sendo a mais adequada o interdito proibitório (arts. 567 e 568 do CPC). Observe que, como alguns atos de efetiva turbação ocorreram antes da ameaça e, como a ameaça pode concretizar-se no decorrer da demanda, vale considerar a fungibilidade das ações possessórias (art. 554 do CPC), isto é, que seja a ação recebida como de manutenção de posse caso assim seja entendido pelo magistrado.

TERCEIRA ETAPA:

Endereçamento: Ser possuidor é exercer sobre a coisa pelo menos um dos direitos inerentes ao proprietário. Considerando que a posse, nesse caso, é exercida pelo proprietário, sendo baseada no direito de propriedade, trata-se de direito real exercido sobre bem imóvel; portanto, o foro de competência é aquele apontado pelo art. 47 do CPC, devendo a ação ser promovida em Campinas – SP.

Legitimidade ativa: O proprietário, pois tem direito de posse sobre o bem. No caso, Alberto.

Ação: Ação de interdito proibitório.

Legitimidade passiva: O terceiro que ameaça agredir a posse, no caso, Mário.

Fatos: Além dos descritos no próprio enunciado, deve-se atentar para o conteúdo do art. 1.210 do CC e, analogicamente, do art. 561 do CPC. O autor da ação deve demonstrar que é proprietário e, por isso, possuidor; que vem sendo agredido na posse de maneira reiterada; que sua posse foi ameaçada de maneira real e convincente pelo réu, pois, tendo-a já agredido outras vezes, é nitidamente provável que venha a realizar o ato pretendido; apontando que ainda não foi concretizado o ato, portanto subsiste somente a ameaça.

Fundamentos jurídicos: Diante da ameaça real verificada e da indiscutível probabilidade de se configurar a agressão pretendida, ou seja, diante dos fatos narrados, ao autor é dado o direito de impedir que tal se constitua, por meio de medida judicial que o segure de violência iminente, pois existe justo receio de que será molestado, haja vista os atos agressivos anteriores praticados pelo réu, tudo conforme o art. 560 do CPC.

Pedidos: Os pedidos seguirão o estabelecido no próprio CPC, entre os arts. 560 e seguintes do CPC. Primeiro, que a ação seja recebida como manutenção de posse caso seja do entendimento do juízo. Num segundo ponto, que seja concedida a liminar de mandado proibitório, com ou sem audiência de justificação, mas sem a oitiva da parte contrária, determinando ao réu que se abstenha de ameaçar e/ou agredir a posse do autor, sob pena de multa cominatória para o caso de descumprimento (art. 562 do CPC). Por fim, pedido de total procedência dos pedidos (ou da ação), confirmando-se a condenação do réu à abstenção, sob pena de multa cominatória para o caso de descumprimento, com a condenação do réu ao pagamento das custas, despesas processuais e honorários advocatícios de sucumbência.

Protesto: Neste caso: além dos documentos obrigatórios (procuração, prova da propriedade e posse etc.), teremos a juntada de novos documentos, prova oral e pericial.

Valor da causa: Pelos requisitos gerais (art. 319 do CPC), toda ação terá a indicação de seu valor. Nesse caso, o bem da vida almejado é o valor econômico do bem a ser protegido. Assim, o valor da causa é o valor do imóvel.

Observe, novamente, que, com o preenchimento das etapas, você obtém um quadro nítido de todos os fatores que utilizará na montagem de sua petição inicial. Agora fica mais fácil redigir sua petição, pois todas as informações estão organizadas e distribuídas conforme os requisitos do art. 319 do CPC!

Agora, a partir da edição de 2024 nosso livro contará com um capítulo exclusivo sobre Visual Law ou Direito Visual. Assim, além da competência de desenvolver suas petições a partir de critérios técnicos legislativos e da prática forense, estamos propondo uma reflexão atual para a necessária transformação da comunicação escrita a partir de instrumentos jurídicos particulares, públicos, administrativos e judiciais. Veja mais no capítulo específico e transforme a forma de peticionar para algo mais assertivo e efetivo para os dias atuais!

5 Explicações sobre os processos e procedimentos, seguidos de modelos de petições

Neste momento, passaremos a outra jornada de nosso estudo, com temas particularizados e indicação de modelos. Algumas vezes as petições serão baseadas em situações fictícias, criadas por mim; em outros casos foram extraídas do Exame da OAB. O maior objetivo aqui é manter a consulta a modelos específicos, visando preparar o leitor para a melhor prática processual possível.

Sem prejuízo disso, elaboramos nesta terceira edição um capítulo específico com a solução das petições e das questões subjetivas dos últimos Exames realizados pela FGV para o Exame da OAB. Portanto, além de consultar os modelos que constam deste capítulo o nosso leitor ainda em preparação para o Exame da OAB poderá se preparar adequadamente em capítulo próprio!

Aqui neste capítulo, visando a formação de alunos e advogados tentarei, na medida do possível, apresentar modelos sugestivos de *grande parte* dos procedimentos previstos no Código de Processo Civil e na legislação especial. Não é possível indicar com precisão e certeza todas as variações, sobretudo da praxe forense, pois cada profissional irá, no decorrer e no aprimoramento de seus trabalhos, desenvolver seu próprio estilo. Ademais, os casos são simples; na prática da advocacia, a complexidade fática e/ou mesmo o emaranhado de ramos do direito envolvidos numa única situação podem trazer a necessidade de elaborar uma petição mais organizada, mais completa, com mais argumentos. Treine e com o tempo tudo será melhorado!

5.1 Processo de conhecimento

Toda a explicação dos tópicos anteriores (com base nos arts. 318 e seguintes do CPC) refere-se ao processo de conhecimento, meio pelo qual o pretendente provoca o Estado-juiz para ver conhecido o seu direito, por meio de uma sentença condenatória, declaratória ou constitutiva.

Deixarei de indicar a aplicabilidade e os comentários específicos de cada ação, tendo em vista que nos tópicos anteriores nos dedicamos com mais afinco ao processo de conhecimento.

Vejamos alguns modelos práticos que tratam da elaboração da petição inicial com base no processo de conhecimento.

- **Ação de indenização (rito comum)**
- **Exercício elaborado pelo autor**

EXCELENTÍSSIMO SENHOR DOUTOR JUIZ DE DIREITO DE UMA DAS VARAS CÍVEIS DA COMARCA DE LORENA – SP.

Fulano, nacionalidade, estado civil, profissão, portador do RG n. e do CPF n., endereço eletrônico, residente e domiciliado na Rua n., Bairro, Cidade, por intermédio de seu bastante procurador signatário, conforme instrumento de procuração anexo, portador da inscrição profissional OAB, vem, perante Vossa Excelência, com todo o acatamento e respeito, com fundamento nos arts. 318 e seguintes do Código de Processo Civil, propor a presente

Ação de Indenização

Em face de Beltrana, nacionalidade, estado civil, profissão, portadora do RG n. e do CPF n., endereço eletrônico, residente e domiciliada na Rua n., Bairro, Cidade, pelos motivos de fato e de direito a seguir deduzidos.

Fatos

No dia 15 de janeiro de XXXX, o Autor estacionou seu veículo marca CC, placas, em frente ao prédio de apartamentos denominado Joia de Ouro, na altura do n. da Rua. O carro ficaria ali estacionado, regularmente, por aproximadas 2 (duas) horas, enquanto o autor realizava atendimento técnico de informática na empresa Notorious, num prédio em frente ao local, tudo conforme documentação anexa (cópia de orçamento e nota fiscal do serviço realizado).

Ao retornar para o local do estacionamento de seu veículo, percebeu o Autor que estava ele cercado por outras pessoas e nitidamente danificado. Chegando mais perto, verificou que o capô e o vidro do teto solar estavam danificados, bem como quebrado estava o para-brisa, e a lataria amassada e arranhada em diversos pontos (fotos anexas). O Autor verificou ainda que dentro do veículo estava um vaso grande de barro com terra e planta, sendo certo que ficou constatado que o objeto caiu da janela de algum apartamento do prédio em frente ao estacionamento, ocasionando referidos danos, tudo conforme relatado na cópia anexa do Termo Circunstanciado lavrado pela Autoridade Policial.

Conversando com o síndico do condomínio, e conforme as declarações prestadas por ele no Termo Circunstanciado, o vaso caiu da janela central do apartamento da Ré, sendo que esta, no mesmo documento, afirma que se descuidou ao colocá-lo no beiral da janela.

Diante do ocorrido, o Autor suportou vários prejuízos. Além dos danos materiais emergentes no valor de R$ 12.000,00 (doze mil reais), conforme orçamentos de três concessionárias e nota fiscal de peças e serviços anexos, o Autor deixou de atender, durante o período em que o veículo esteve na oficina, aproximadamente 25 (vinte e cinco) clientes, acarretando um prejuízo de R$ 20.000,00 (vinte mil reais) a título de lucros cessantes, conforme declarações, pedidos de visita técnica e orçamentos anexos.

Fundamentos Jurídicos

A atitude da Ré deu causa aos danos suportados pelo Autor, configurando ilícito civil e gerando o dever de reparar o dano por parte daquela. Inclusive, apesar de estar nitidamente demonstrada a culpa da Ré, na modalidade de imprudência, ao deixar o vaso no beiral da janela, certo é que sua responsabilidade é objetiva, ou seja, a sua responsabilidade pela reparação dos danos ocorre independente de culpa, conforme previsão do art. 938 do Código Civil brasileiro.

A Ré, instada extrajudicialmente a cumprir com sua obrigação de reparar os danos causados, quedou-se inerte até o presente momento, não havendo outra maneira de o Autor ver respeitado seu direito e reparados seus prejuízos senão por meio da tutela jurisdicional.

Portanto, considerando que o causador dos prejuízos é obrigado a reparar os danos causados, isto é o que deverá ser feito pela Ré, na melhor forma de direito e nos moldes abaixo apontados.

Pedidos

Diante de todo o exposto, é a presente para requerer a Vossa Excelência:

a) a condenação da Ré ao pagamento de R$ 32.000,00 (trinta e dois mil reais) a título de danos materiais emergentes e lucros cessantes, tal qual descrito acima, devidamente atualizados e corrigidos, bem como acrescidos de juros desde a data do fato;

b) que ao final os pedidos da presente ação sejam julgados totalmente procedentes, bem como seja a Ré condenada ao pagamento das custas, das despesas processuais e dos honorários advocatícios de sucumbência.

Requer-se a designação da audiência de conciliação nos termos do art. 319, VII, do Código de Processo Civil.

Protesta provar o alegado por todos os meios de prova em direito admitidos, principalmente prova oral, com depoimento pessoal e oitiva de testemunhas, prova documental e prova pericial.

Dá-se à presente causa o valor de R$ 32.000,00 (trinta e dois mil reais).

Nestes termos,
pede deferimento.
Local e data.
Advogado.
OAB n.

- **Ação estimatória** (*quanti minoris*)
- **(Exame 125 OAB/SP)**[76]

EXCELENTÍSSIMO SENHOR DOUTOR JUIZ DE DIREITO DE UMA DAS VARAS CÍVEIS DA COMARCA DE CAMPINAS – SP.

José Maria, nacionalidade, estado civil, profissão, portador do RG n. e do CPF n., endereço eletrônico, residente e domiciliado na Rua n., Bairro, Cidade, por intermédio de seu bastante procurador signatário, conforme instrumento de procuração anexo, portador da inscrição profissional OAB, vem, perante Vossa Excelência, com todo o acatamento e respeito, com fundamento nos arts. 318 e seguintes do Código de Processo Civil, propor a presente

---

76 *Texto oficial da prova:* José Maria, residente e domiciliado em São Paulo, comprou de Marco Antônio, residente e domiciliado em Campinas, uma imagem de Santa

Ação Estimatória

Em face de Beltrana, nacionalidade, estado civil, profissão, portadora do RG n. e do CPF n., endereço eletrônico, residente e domiciliado na Rua n., Bairro, Cidade, pelos motivos de fato e de direito a seguir deduzidos.

Fatos

Conforme documentação anexa, o Autor comprou do Réu uma imagem de Santa Rita de Cássia, de vinte e cinco centímetros de altura, sendo que, segundo as informações do vendedor e o constante da própria nota fiscal anexa, tal imagem seria constituída toda em ouro. O preço de R$ 58.000,00 (cinquenta e oito mil reais) foi pago à vista e em dinheiro, sendo que consta também do recibo que a imagem era inteiramente forjada em ouro 18k.

Ao receber a imagem em sua residência, entretanto, o Autor pôde conferir que ela não era em ouro maciço, e sim forjada em um metal inferior e banhada a ouro. Receoso, o Autor levou a estátua a um especialista, que a avaliou em R$ 20.000,00 (vinte mil reais), conforme laudo técnico anexo.

Procurado pelo Autor, o Réu recusa-se a devolver a quantia paga a maior, não havendo outra forma de solução do presente litígio senão por meio da tutela jurisdicional.

Fundamentos Jurídicos

Considerando que a relação jurídica estabelecida entre as partes é um contrato de compra e venda, certo é que o alienante tem o dever jurídico de garantir que o objeto transferido não apresente qualquer dos vícios legais contratuais, quais sejam: a evicção e o vício redibitório.

Rita de Cássia, de 25 cm de altura, toda em ouro, pelo valor de R$ 58.000,00. O pagamento foi feito à vista e em dinheiro e consta do recibo que a imagem era inteiramente forjada em ouro 18k. Ao receber a imagem em sua residência, entretanto, José Maria pôde conferir que a mesma não era em ouro maciço, e sim forjada em um metal inferior e banhada a ouro. José Maria levou a estátua a um especialista, que a avaliou em R$ 20.000,00. Então, José Maria contatou Marco Antônio, que se recusou a devolver a quantia paga a maior.

Questão: Sabendo que José Maria deseja ficar com a imagem, como seu advogado, tome a providência judicial indicada para que ele receba a quantia paga a maior, obtendo, assim, abatimento no preço.

Especificamente em relação ao vício redibitório, certo é que o vendedor deve garantir que o objeto alienado não apresente defeito oculto que torne a coisa imprópria ao uso a que é destinada, ou lhe diminua o valor.

Sendo assim, considerando que a imagem não apresenta as características mencionadas no ato da formalização da compra, bem como que o comprador não conhecia tal defeito, e, ainda, que este diminuiu sensivelmente o valor do objeto, o Autor tem o direito de redibir o contrato, rejeitando a coisa, ou, então, solicitar o abatimento proporcional do preço, nos termos da legislação civil em vigor, como abaixo requererá.

Pedidos

Diante de todo o exposto, é a presente para requerer a Vossa Excelência:

a) que seja revisto o preço do contrato de compra e venda celebrado entre as partes, tendo em vista que o autor pretende ficar com o objeto, abatendo-se a diferença de R$ 38.000,00 (trinta e oito mil reais), condenando-se a Ré à sua devolução, acrescido de juros e correção monetária desde a data do pagamento;

b) que ao final os pedidos da presente ação sejam julgados totalmente procedentes, bem como seja a Ré condenada ao pagamento das custas, das despesas processuais e dos honorários advocatícios de sucumbência.

Protesta-se provar o alegado por todos os meios de prova em direito admitidos, principalmente prova oral, com depoimento pessoal e oitiva de testemunhas, prova documental e prova pericial.

Dá-se à presente causa o valor de R$ 38.000,00 (trinta e oito mil reais).

Nestes termos,
pede deferimento.
Local e data.
Advogado.
OAB n.

- **Ação de nunciação de obra nova**
- **(OAB/SP 125 – ponto 2)**[77]

Aplicabilidade: A ação de nunciação de obra nova tem por objetivo impedir ou evitar que alguém viole os direitos de vizinhança com

---

77 João é proprietário de prédio residencial localizado no Bairro de Santana, na capital de São Paulo. O prédio vizinho ao seu é de propriedade de Flávio, que

uma construção. Não há invasão, esbulho ou turbação, mas a posse regular fica prejudicada porque a conduta de alguém, em seu próprio imóvel, vai atingir, por ser nociva, o prédio vizinho[78]. NÃO HÁ MAIS PREVISÃO TÍPICA DESTA AÇÃO NO CPC, sendo que no antigo CPC era regulada pelos arts. 934 e seguintes e dizia que compete esta ação: ao proprietário ou possuidor, a fim de impedir que a edificação de obra nova em imóvel vizinho lhe prejudique o prédio, suas servidões ou fins a que é destinado; ao condômino, para impedir que o coproprietário execute alguma obra com prejuízo ou alteração da coisa comum; ao município, a fim de impedir que o particular construa em contravenção da lei, do regulamento ou de postura. Saliente-se que a obra deve ser nova, ou seja, não acabada. Se finda a obra, a ação será a demolitória, pelo rito ordinário. É preciso efetuar uma leitura do CC no que diz respeito ao direito de vizinhança e ao direito de construir, temas incluídos no direito das coisas. Exemplos de problemas dessa natureza estão relacionados à abertura de janela a menos de metro e meio da divisão do imóvel, à construção de muro em desacordo com as normas municipais (código de obras do município), à alteração da fachada de apartamento em condomínio edilício etc. Diante da ausência de tratamento específico não se trata mais de uma ação de rito especial, mas sim a ser promovida com base no rito comum que discute questões possessórias e, havendo necessidade, o autor deverá fazer uso da tutela provisória de urgência, seja antecedente ou não, seja de tutela cautelar seja de tutela antecipada.

Comentários específicos: O antigo art. 936 do CPC já afirmava que a inicial respeitaria o art. 282 daquele antigo CPC, revelando, por si, que o rito já não deveria mesmo estar inserido como especial. Na análise daquele artigo é possível alcançar os elementos e requisitos que continuarão certamente sendo avaliados pela doutrina e pela jurisprudência em casos concretos, sendo que a petição inicial, em especial

---

reside na cidade de Campinas. Há dois meses, Flávio iniciou a construção de uma edícula nos fundos de seu terreno. Em vez de implantar novos alicerces para a estrutura, Flávio aproveitou antigas colunas que faziam parte do terreno, tornando temerária a construção, que ameaça cair sobre o prédio de João.

Questão: Como advogado de João, promova a medida judicial cabível para obstar a construção e garantir que o mesmo não terá prejuízos no caso de ruína dos prédios.

78 GRECO FILHO, Vicente. *Direito processual civil brasileiro*. 16. ed. São Paulo: Saraiva, 2003. v. 3. p. 228.

deverá conter os seguintes requerimentos: o embargo para que fique suspensa a obra e que se mande ao final realizar o que for necessário para regularizar o problema; a cominação de pena para o caso de inobservância da ordem e, se o caso, pedido de perdas e danos. Além disso, usando o mesmo raciocínio de adotar como paradigma o CPC anterior, deve-se pedir que se intime o construtor e que seja citado o dono da obra para contestar, agora conforme o rito comum do CPC. Também é possível a concessão de liminar, com ou sem justificação, como dito acima, nos moldes de tutela de urgência.

EXCELENTÍSSIMO SENHOR DOUTOR JUIZ DE DIREITO DE UMA DAS VARAS CÍVEIS DO FORO REGIONAL DE SANTANA, COMARCA DE SÃO PAULO – SP.

João, nacionalidade, estado civil, profissão, portador do RG n. e do CPF n., endereço eletrônico, residente e domiciliado na Rua n., Bairro, Cidade, por intermédio de seu bastante procurador signatário, conforme instrumento de procuração anexo, portador da inscrição profissional OAB, vem, perante Vossa Excelência, com todo o acatamento e respeito, com fundamento nos arts. 319 e seguintes do Código de Processo Civil, propor a presente

Ação de Nunciação de Obra Nova

Em face de Flávio, nacionalidade, estado civil, profissão, portador do RG n. e do CPF n., endereço eletrônico, residente e domiciliado na Rua n., Bairro, Cidade, pelos motivos de fato e de direito a seguir deduzidos.

Fatos

O Autor é proprietário e possuidor do imóvel situado na Rua n., nesta Cidade, conforme demonstra a documentação anexa. O Réu é proprietário do imóvel vizinho, sendo certo que iniciou, há dois meses, a construção de uma edícula nos fundos de seu terreno, conforme fotos anexas.

Entretanto, em vez de implantar novos alicerces para levantar a nova estrutura, o Réu está se aproveitando de antigas colunas que faziam parte do terreno, inclusive com partes soltas e ferragens enferrujadas, conforme se verifica nas fotos anexas, tornando temerária a construção, que ameaça cair sobre o prédio do Autor, colocando em risco sua propriedade e a vida das pessoas que ali residem.

O risco de desabamento é imediato, conforme laudo técnico assinado por engenheiro civil que se encontra anexado, demonstrando que o perigo é iminente. O Réu, mesmo tendo acesso ao laudo, não tomou nenhuma providência, mantendo o mesmo ritmo da construção.

Fundamentos Jurídicos

Verificado está que a construção levantada pelo Réu desrespeita o ordenamento civil e os direitos de vizinhança, bem como coloca em risco o patrimônio e a vida do Autor e de seus familiares.

Está configurado o uso anormal da propriedade por parte do Réu, sendo certo que o Autor tem direito de exigir a demolição ou a reparação do prédio vizinho diante da iminente ameaça de ruína, nos termos do art. 1.280 do Código Civil.

Inclusive, é necessária a concessão de tutela de urgência, na forma liminar, tendo em vista que há evidência da probabilidade do direito, diante dos documentos e fotos anexos, bem como perigo de dano, pois a ruína é iminente, tudo conforme autoriza o art. 300 do CPC.

Pedidos

Diante de todo o exposto, é a presente para requerer a Vossa Excelência:

a) a concessão de liminar, a título de tutela de urgência (art. 300 do CPC) sem a oitiva da parte contrária, determinando que o Réu cesse a construção, suspendendo a obra imediatamente, sob pena do pagamento de multa diária no valor de R$, bem como intimando o construtor e operários para que não continuem a obra, sob pena de desobediência;

b) a citação do Réu, no endereço acima declinado, para que, no prazo legal, apresente a defesa que tiver, sob as penas de revelia e confissão;

c) a conversão do mandado liminar em definitivo, suspendendo-se a obra e obrigando-se o Réu a regularizar e/ou demolir o que necessário, sob pena de multa diária no valor de R$, e, ainda, condenando-o ao pagamento de eventuais perdas e danos verificados no decorrer da demanda;

d) que ao final os pedidos da presente ação sejam julgados totalmente procedentes, bem como seja o Réu condenado ao pagamento das custas, das despesas processuais e dos honorários advocatícios de sucumbência.

Protesta provar o alegado por todos os meios de prova em direito admitidos, principalmente prova documental e pericial.

Dá-se à presente causa o valor de R$ (valor por extenso).

Nestes termos,
pede deferimento.
Local e data.
Advogado.
OAB n.

- **Ação de usucapião**
- **Problema elaborado pelo autor**

Aplicabilidade: A usucapião é uma das formas de aquisição da propriedade. Adquire-se esse direito pelo decurso do tempo, por meio da chamada prescrição aquisitiva. Sendo assim, é a ação pela qual o possuidor pede que se declare o domínio do imóvel nos termos dos arts. 1.238 a 1.244 do CC. A usucapião do Código Civil pode ser extraordinária ou ordinária, cada qual com requisitos específicos, que devem ser conhecidos pelo profissional.

Na Constituição Federal de 1988 encontramos duas modalidades de usucapião previstas e reiteradas pelo CC, chamadas usucapião constitucional urbano e usucapião constitucional rural. Verifique e confronte os requisitos do CC e da CF. Veja a exigência no que diz respeito ao tempo da posse mansa e pacífica e a exigência da documentação a ser juntada com a petição inicial, dispensando-se, em alguns casos, o justo título e a boa-fé. No mesmo sentido, deve-se ter em mente a usucapião coletiva, inserida pelo Estatuto da Cidade – Lei n. 10.275/2001.

Atenção: No CPC não há mais previsão de ação de usucapião dentre os ritos processuais especiais. Não há artigos correspondentes aos anteriores, do CPC antigo, mas apenas uma regulamentação para a ação de usucapião judicial nos termos do conteúdo do art. 1.071 do CPC. Referido artigo não alterou nem nada incluiu no CPC em relação ao anterior, na verdade, reformulou o art. 216 da Lei de Registros Públicos que foi acrescido do art. 216-A dizendo em seu *caput* que sem prejuízo da via jurisdicional é admitido o pedido de reconhecimento extrajudicial de usucapião, representando por advogado, inclusive, em seu § 9º afirmando que a rejeição do pedido administrativo não afastará o direito de ajuizamento da ação de usucapião.

Comentários específicos: Podemos dizer que no próprio CPC antigo o rito previsto já era o ordinário, com algumas observações específicas. Portanto, mesmo agora, se a opção ou a necessidade do possuidor for de promover a ação de usucapião, deverá fazer isso pelo rito comum do CPC. A prova documental é essencial em algumas circunstâncias e as orientações sobre isso estão no art. 1.071 do CPC. Os requisitos da ação de usucapião ordinária estão estabelecidos no art. 1.242 do CC; e, os da ação de usucapião extraordinária, no art. 1.238 do mesmo Código. O valor da causa é o valor do bem que está sendo usucapido. O foro é o da localização do imóvel. Devem ser citados (a) aqueles em cujo nome está registrado o imóvel objeto da usucapião; (b) as Fazendas Públicas; (c) os eventuais interessados (por edital); e (d) os confrontantes do imóvel.

EXCELENTÍSSIMO SENHOR DOUTOR JUIZ DE DIREITO DE UMA DAS VARAS CÍVEIS DO FORO REGIONAL DE SANTANA, COMARCA DE SÃO PAULO – SP.

João, nacionalidade, estado civil, profissão, portador do RG e do CPF, endereço eletrônico, residente e domiciliado na Rua n., Bairro, Cidade, por intermédio de seu bastante procurador signatário, conforme instrumento de procuração anexo, portador da inscrição profissional OAB, vem, perante Vossa Excelência, com todo o acatamento e respeito, com fundamento nos arts. 319, 1.071 e seguintes do Código de Processo Civil propor a presente

Ação de Usucapião Extraordinária

Em face de Flávio, nacionalidade, estado civil, profissão, portador do RG n. e do CPF n., endereço eletrônico, residente e domiciliado na Rua n., Bairro, Cidade, pelos motivos de fato e de direito a seguir deduzidos.

Fatos

O Autor promoveu procedimento administrativo perante o respeitável Cartório de Registro de Imóveis competente, nos termos permitidos pelo art. 216-A da Lei de Registros Públicos, contudo, diversas exigências descabidas foram realizadas e, como não atendidas, o pedido foi arquivado sem o deferimento da usucapião, tornando necessária e imprescindível esta ação, nos moldes que permite o atual ordenamento jurídico.

O Autor, conforme vasta documentação anexa, exerce posse mansa e pacífica sobre o imóvel situado na Rua n., Bairro, nesta Cidade, tendo exercido referida posse de forma contínua e ininterrupta há mais de 12 (doze) anos. Inclusive, sua posse encontra-se justificada pelo contrato particular de compra e venda anexo, considerando-se justo título.

O imóvel apresenta as características encartadas no Memorial Descritivo e na Planta anexos, com suas respectivas identificações que o individualizam, tal qual sua localização, suas divisas etc. Além disso, vale ressaltar a existência das construções e benfeitorias apontadas nos citados documentos e o pagamento de tributos e encargos devidamente demonstrados.

A boa-fé da posse, que é exercida há mais de 10 (dez) anos, inicia-se no justo título apresentado e comprova-se também pelos demais elementos de instrução probatória documental, podendo tudo isso ser corroborado por outros meios de prova, inclusive ata notarial comprobatória do tempo de posse dos antecessores e do autor da ação. Todos os demais requisitos do art. 1.071 também foram cumpridos pelo autor da ação, inclusive, estão comprovados documentalmente anexos.

Infelizmente, o Cartório de Registro de Imóveis questionou o teor do conteúdo das atas notariais por diversas vezes, pretendendo que os declarantes afirmassem aquilo que não poderiam afirmar, e com base nisso arquivou o procedimento sem reconhecer o direito do autor, tornando necessária a presente ação.

Fundamento Jurídico

Verifica-se que todo possuidor terá direito de se tornar efetivo proprietário de bem imóvel por meio da prescrição aquisitiva, ou seja, da aquisição da propriedade pelo usucapião.

O Autor comprovou documentalmente que os requisitos exigidos pela lei estão demonstrados e presentes neste caso, configurando-se seu direito de propriedade por meio da usucapião, após o exercício da posse mansa e pacífica, ininterrupta e de boa-fé por prazo superior a 10 (dez) anos.

Não há nenhuma justificativa ou exigência possível de ser apresentada perante a farta e robusta prova documental anexa, sendo evidente o direito do autor.

Pedidos

Diante de todo o exposto, é a presente para requerer a Vossa Excelência:

a) a intimação por via postal as Fazendas Públicas Municipal, Estadual e Federal, para que se manifestem nos termos da lei;

b) que ao final os pedidos da presente ação sejam julgados totalmente procedentes, declarando-se judicialmente a usucapião pelo Autor do bem imóvel apontado, expedindo-se o competente mandado de averbação ao Cartório de Registros Imobiliários, bem como, se o caso, seja o Réu ou outros que se manifestarem condenados nas verbas de praxe.

Requer-se a designação da audiência de conciliação nos termos do art. 319, VII, do Código de Processo Civil.

Protesta provar o alegado por todos os meios de prova em direito admitidos, principalmente prova documental, oral e pericial.

Dá-se à presente causa o valor de R$ (valor venal do imóvel).

Nestes termos,
pede deferimento.
Local e data.
Advogado.
OAB n.

5.2 Processo de execução

Considerando que fiz longa explanação na abertura deste livro sobre o processo de conhecimento, tratarei, à medida que falar de cada um dos demais processos (execução e procedimentos especiais), de salientar, para cada tópico e/ou petição, suas características específicas.

No começo da obra me preocupei com a boa explicação focada no rito comum do processo de conhecimento. Considerando isso, nos demais ritos procedimentais, antes de cada um dos modelos, apresentarei detalhes específicos como orientação e dica para o leitor. Isso se dará em dois tópicos: aplicabilidade e comentários específicos da petição.

Certamente que este capítulo precisa ser lido com atenção e visão prática sobre as mudanças advindas com o Código de Processo Civil em vigor, mesmo se considerarmos que não foram tão profundas, notadamente porque aquelas decorrentes da Lei n. 11.232/2005 são recentes e já haviam inserido no procedimento de execução mudanças significativas e modernas.

Dentre as mudanças apresentadas com o CPC podemos destacar como mais latentes a reorganização de alguns tópicos e a exclusão de alguns itens o que poderá ser avaliado no quadro que virá a seguir.

Sabemos que via de regra o início da solução de um litígio é o processo de conhecimento, sendo certo que nele o Estado-juiz reconhece ou não determinado direito.

Entretanto, no processo de execução não há mais propriamente lide, mas apenas se busca o cumprimento de direito já reconhecido, seja por título de valor extrajudicial, conforme declarado pela legislação, seja por título judicial (cumprimento de sentença), sempre que houver não cumprimento espontâneo da prestação.

Apenas recordando a importante distinção prática entre execução por título judicial e extrajudicial: "Título judicial é, em regra, aquele que se forma em processo de conhecimento anterior (em regra, porque há títulos não procedidos de processo de conhecimento, como a sentença arbitral); o extrajudicial é um documento, produzido fora de procedimento jurisdicional, ao qual a lei atribui a eficácia executiva"[79]. No primeiro cenário a exigência se dá pelo procedimento de cumprimento de sentença; no segundo caso, pelo processo de execução.

A título de defesa, em breve apontamento, dizemos que o devedor, na nova forma de execução vinculada ao cumprimento de sentença, deverá promover uma impugnação, semelhante aos embargos do devedor, como forma de se opor ao pedido do credor de cumprimento da sentença. No mais, o processo para execução de títulos extrajudiciais no CPC mantém-se quase como antes, com algumas alterações.

Analisar os artigos do CPC, antes de atuar na prática das execuções, é importantíssimo. É preciso ter em mente os artigos e os assuntos que são tratados por eles. Logo abaixo está um quadro facilitador, um guia para o estudo e elaboração de petições:

LIVRO II

DO PROCESSO DE EXECUÇÃO (arts. 771 a 925)

Execução em geral (arts. 771 a 796)

(ASSUNTO TRATADO: disposições gerais; partes; competência; requisitos necessários para realizar qualquer execução; do título executivo; da exigibilidade da obrigação; da responsabilidade patrimonial)

Das diversas espécies de execução (arts. 797 a 913)

▸ Disposições gerais (arts. 797 a 805)

▸ Da execução para entrega de coisa (arts. 806 a 813)

---

[79] GONÇALVES, Marcus Vinicius Rios. *Novo curso de direito processual civil*. 11. ed. São Paulo: Saraiva, 2018. v. 3. p. 27.

> Da execução das obrigações de fazer e de não fazer (arts. 814 a 823)
> Da execução por quantia certa (arts. 824 a 909) (disposições gerais; citação do devedor e arresto; penhora, depósito e avaliação; expropriação de bens; da satisfação do crédito)
> Da execução contra a Fazenda Pública (art. 910)
> Da execução de alimentos (arts. 911 a 913)
> Dos Embargos à execução (arts. 914 a 920)
> **Da suspensão e da extinção do processo de execução** (arts. 921 a 925)

Neste capítulo nosso foco está na execução, ou seja, no processo que busca a efetiva satisfação de um direito reconhecido em título judicial, diferentemente da fase de cumprimento de sentença, em que o título exigido é uma decisão judicial.

Devemos mesmo nos ater ao tema "processo de execução". "A expressão, consagradíssima, deve ser compreendida no sentido de processo em que são praticados predominantemente atos de execução, isto é, atos visando à satisfação do direito suficientemente reconhecido em título executivo extrajudicial. Um processo que tem início para aquele fim a partir da apresentação daquele título ao Estado-juiz, que, bem entendido, marca as atividades executivas a serem desempenhadas no exercício da função jurisdicional"[80].

Vale ainda considerar o bom apontamento doutrinário, advertindo-nos das nuances do CPC de 2015 acerca da interferência dos dispositivos legais do processo de execução perante outros procedimentos executivos, sejam aqueles oriundos de lei especial (exemplo, execução fiscal), sejam aqueles oriundos de *título judicial (cumprimento de sentença)*. O art. 771 (complementando o *caput* do art. 513) deixa evidente que as regras do processo de execução aplicam-se, no que couber, aos demais cenários. Em contrapartida, as regras do procedimento comum e do cumprimento de sentença aplicam-se subsidiariamente ao processo de execução[81].

---

80 BUENO, Cassio Scarpinella. *Manual de direito processual civil* cit., p. 612.
81 Idem, ibidem, p. 613.

Sobre as partes, ou seja, sobre a legitimidade ativa e passiva, deve-se verificar o conteúdo dos arts. 778 a 780. Sobre a competência, deve-se observar o conteúdo dos arts. 781 e 782. O art. 784 enumera os títulos executivos extrajudiciais. Observe as novidades relacionadas ao tema no que tange, primeiro, a título executivo extrajudicial derivado de contragarantia tomada entre seguradoras e segurados (inciso XI – A do art. 784). Além disso, segundo ponto, mais relevante na prática, altera significativamente a prática contratual, na medida em que, para a celebração de contratos eletrônicos, dispensa a assinatura de testemunhas para sua validade e eficácia, na forma do atual parágrafo 4º do mesmo art. 784[82]. A lei das assinaturas eletrônicas pode ser consultada caso necessário compreender o cenário de requisitos aplicáveis (Lei n. 14.063/2020) e o mesmo para a chamada lei da desburocratização (Lei n. 13.726/2018), sobretudo para compreender os tipos de assinatura eletrônica e suas diversidades práticas.

O art. 790 aponta quais bens ficam sujeitos à execução, salientando-se nos artigos seguintes as exceções e os direitos aplicáveis à pessoa do fiador, dos sócios e do espólio. Lembramos ao leitor que o escopo desta obra é eminentemente prático. Então, se preciso, recomendamos no mínimo a leitura dos artigos referidos acima, bem como, se necessário, a consulta ao seu autor doutrinário preferido.

Agora, no que tange ao conteúdo da *petição inicial*, o que é mais importante observar? É o que se depreende dos arts. 798 e seguintes, inclusive, com algumas alterações importantes no CPC.

As *Disposições Gerais das Diversas Espécies de Execução* estipulam regras para a elaboração de petições iniciais. Segundo o art. 798, cumpre ao credor pedir a citação do devedor e instruir a petição inicial com o título executivo extrajudicial, com demonstrativo do débito atualizado até a data da propositura da ação, quando se tratar de execução por quantia certa, bem como com a prova de que se verificou a condição, ou ocorreu o termo, quando necessário.

Também como requisito da petição inicial, deverá estar atento ao conteúdo do inciso II do art. 798, que traz obrigações ao credor no

---

[82] § 4º Nos títulos executivos constituídos ou atestados por meio eletrônico, é admitida qualquer modalidade de assinatura eletrônica prevista em lei, dispensada a assinatura de testemunhas quando sua integridade for conferida por provedor de assinatura. (Incluído pela Lei n. 14.620, de 2023.)

sentido de exigir que indique a espécie de execução que prefere quando por mais de um modo puder ser efetuada; que prove que adimpliu com sua contraprestação; de indicar os nomes completos do exequente e do executado e seus números de inscrição no Cadastro de Pessoas Físicas ou no Cadastro Nacional da Pessoa Jurídica; de indicar os bens suscetíveis de penhora, sempre que for possível.

Em destaque o parágrafo único do art. 798 revela a formatação e os itens obrigatórios a constar no demonstrativo de débito! Isso é muito importante para a prática processual, pois poderá ser usado pelo devedor para facilmente, quando não for atendido, embargar. O demonstrativo deve conter: o índice de correção monetária adotado, a taxa de juros aplicada, os termos inicial e final de incidência do índice de correção monetária e da taxa de juros utilizados, a periodicidade da capitalização dos juros, se for o caso, e a especificação de desconto obrigatório realizado.

Na sequência, o art. 799 ainda exige que o credor requeira a intimação de terceiros possivelmente atingidos pelo pedido do credor, como, por exemplo, o credor pignoratício, hipotecário ou anticrético, ou usufrutuário, quando a penhora recair sobre bem gravado; a intimação da sociedade quando penhorada quota social; do proprietário de terreno sobre o qual recai direito de superfície etc.

Por fim, assinale-se que o mesmo art. 799 (IX) permite ao exequente, no ato da distribuição, obter certidão comprobatória do ajuizamento da execução, com identificação das partes e do valor da causa, para fins de averbação no registro público do ato da propositura da execução e dos atos de constrição realizados, para conhecimentos de terceiros.

Sobre o momento para a averbação da propositura da execução, instrumento importante para evitar fraudes, veja o comentário da doutrina: "O inciso IX do art. 799 do CPC não trata do momento a partir de quanto o exequente terá condições materiais de realização da averbação, o que dependerá de expedição de certidão comprobatória por parte do cartório. Esse momento é exclusivamente tratado pelo art. 828, *caput* do CPC, e por essa razão deve ser considerado na interpretação do art. 799, IX do CPC"[83].

---

83 NEVES, Daniel Amorim Assumpção. *Código de Processo Civil comentado*. 4. ed. São Paulo: JusPodium, 2019. p. 1367.

Tal ferramenta é essencial para evitar a fraude contra credores e/ou a fraude à execução, inclusive, porque possivelmente ocorrida antes da citação do devedor. O mesmo artigo (799, VIII) permite ao credor solicitar também na petição inicial medidas urgentes para evitar prejuízos decorrentes de atos praticados pelo devedor que possam prejudicar seu direito de crédito.

A Lei n. 13.465 de julho de 2017 alterou o CPC e tratou de diversos pontos de regularização fundiária no Brasil. Especificamente, no processo civil, ampliou o rol do art. 799 indicando como passível de penhora o "direito de laje" e regulando diretrizes sobre isso, inclusive no que diz respeito ao envolvimento processual do proprietário ou detentor de direito da construção base sobre a qual se sustenta o imóvel que faz surgir o direito de laje. Diz referidos incisos acrescidos como orientação de requerimentos que deverão ser providenciados pelo credor exequente: "X – requerer a intimação do titular da construção-base, bem como, se for o caso, do titular de lajes anteriores, quando a penhora recair sobre o direito real de laje; XI – requerer a intimação do titular das lajes, quando a penhora recair sobre a construção-base".

O "direito real de laje", neste cenário, revela pelo art. 1.225 do Código Civil que é possível a "um proprietário de uma construção-base ceder a superfície superior ou inferior de sua construção para que o titular da laje mantenha unidade distinta daquela originalmente construída sobre o solo (art. 1.510-A do Código Civil, também incluído pela Lei n. 13.465/2017)"[84].

Do ponto de vista prático outra mudança legislativa relevante se deu no conteúdo do artigo 921 do CPC que trata de hipóteses de suspensão da execução e seus efeitos. A relevância se dá pelo fato de que tais alterações derivadas da Lei n. 14.195 de 2021 aponta a efetivação da prescrição intercorrente nos processos de execução a ser aplicado, ouvindo-se as partes, de ofício, pelo juízo, nos termos dos parágrafos 4º e 5º. Recomendamos a leitura atenta de tais parágrafos, pois se revela importante a atenção redobrada do advogado para evitar que tal ocorra em prejuízo de seu cliente, exequente, ou então, se o caso, para provocar o juízo em favor do seu cliente, executado, se o caso.

---

84 BUENO, Cassio Scarpinella. *Manual de direito processual civil* cit., p. 631.

A principal dica é a seguinte: antes de elaborar sua petição, após ter identificado sua peça e o procedimento a ser adotado, leia primeiro os artigos declinados pelo Código de Processo Civil às disposições gerais (797 a 805). Depois leia os artigos destinados ao procedimento específico, por exemplo, execução de alimentos (911 a 913). Verifique se no texto das disposições gerais ou nos artigos do procedimento específico há alguma determinação ou orientação sobre os requisitos da petição inicial. Veja, por exemplo, os arts. 798 e 815 do CPC, ambos influenciam na formatação e no conteúdo da petição inicial da execução.

Outra dica! A petição inicial da execução é muito mais simples que a de conhecimento, sobretudo, nos fatos e nos fundamentos jurídicos! Por conta disso vamos concentrar tudo num único item na petição! Afinal, basta apontar que existe um crédito não pago, comprovado por um título e que isso precisa ser cumprido pelo devedor!

Enfim, resumidamente, diz a doutrina sobre a petição inicial do processo de execução: "A petição inicial exterioriza a manifestação do exequente de obter tutela jurisdicional do Estado-juiz consistente na satisfação de seu direito retratado no título executivo. É ela, como qualquer outra de sua espécie, que romperá a inércia da jurisdição e dará início ao processo vocacionado àquele fim"[85].

> Vejamos os modelos que seguem. Lembre-se! Aqui faremos pequenos comentários antes de cada modelo, pois que no início da obra nos preocupamos apenas com o processo comum de conhecimento.

- **Execução para entrega de coisa certa**
- **Problema elaborado pelo autor**

Aplicabilidade: Na relação obrigacional, estabelecida por meio de título executivo extrajudicial, o credor poderá propor a execução prevista no art. 806 do CPC sempre que o devedor estiver obrigado a entregar coisa certa (arts. 233 e seguintes do Código Civil). Coisa certa é aquela perfeitamente individualizada que não se confunde com as demais do mesmo gênero. Só haverá execução para entrega de coisa certa, por processo autônomo, quando fundada em título executivo extrajudicial.

---

85 Idem, ibidem, p. 630

Comentários específicos: O devedor, então executado, será citado para entregar a coisa em 15 dias, podendo o juiz no despacho inicial fixar multa pelo descumprimento. "Na execução de entrega de coisa por título extrajudicial, são também aplicáveis as formas de coerção e sub-rogação do art. 536, parágrafo 1º, do CPC, porque se deve buscar sempre o cumprimento específico da obrigação, reservando para o último caso a conversão em perdas e danos"[86]. Atenção para a regra do parágrafo único do art. 499: valoriza o cumprimento da tutela específica antes da conversão em perdas e danos em casos de responsabilidade contratual decorrente de vícios redibitórios, empreitada e seguro, bem como nas hipóteses de obrigações solidárias, garantindo que o juízo primeiramente dê oportunidade para o cumprimento da tutela específica.

EXCELENTÍSSIMO SENHOR DOUTOR JUIZ DE DIREITO DE UMA DAS VARAS CÍVEIS DA COMARCA DE LORENA – ESTADO DE SÃO PAULO.

Antônio, nacionalidade, casado, profissão, inscrito sob o CPF n. e RG n., endereço eletrônico residente e domiciliado na Rua n., Bairro, na cidade de São Paulo – SP, por intermédio de seu bastante procurador signatário, conforme instrumento de procuração anexo, portador da inscrição profissional OAB, vem, perante Vossa Excelência, com todo o acatamento e respeito, com fundamento nos arts. 806 e seguintes do Código de Processo Civil, propor a presente

Execução para Entrega de Coisa Certa

Em face de Maria, nacionalidade, casada, profissão, inscrita sob o CPF n. e RG n., endereço eletrônico, residente e domiciliada na Rua n., Bairro, na Cidade de, pelos fundamentos de fato e de direito a seguir expostos.

Fatos e Fundamentos Jurídicos

Conforme documentação anexa, o Exequente firmou com a Executada um contrato de comodato da motocicleta marca, placa, pelo prazo de dois anos. Ao final do contrato a obrigação era a devolução do objeto.

---

86 GONÇALVES, Marcus Vinicius Rios. *Novo curso de direito processual civil* cit., v. 3, p. 142.

O Exequente, terminado o prazo contratual sem que a Executada se manifestasse sobre a devolução do bem espontaneamente, procurou por esta e realizou ato formal e inequívoco de notificação extrajudicial (documento anexo), demonstrando seu interesse de receber o objeto do comodato. Apesar disso, a Executada, sem qualquer explicação, recusa-se a devolver a motocicleta conforme o art. 233 do Código Civil, estando esgotadas as alternativas do Exequente senão a utilização da tutela jurisdicional, por meio da presente ação executiva, sendo que o contrato firmado pelas partes constitui-se em título executivo extrajudicial, nos termos da legislação em vigor.

Estão provados os requisitos indicados no art. 798 do CPC, pois a inicial está instruída com o título executivo e demais itens exigidos naquele artigo.

Pedido

Diante de todo o exposto, é a presente para requerer a Vossa Excelência:

a) a citação da Executada nos termos do art. 806 do CPC para entrega do bem objeto do contrato, dentro do prazo legal, satisfazendo sua obrigação, sob as penas da lei, inclusive fixando-se multa cominatória diária para o caso de não cumprimento do preceito;

b) que ao final a Executada seja condenada ao pagamento das custas, das despesas processuais e dos honorários advocatícios.

Dá-se à presente o valor de R$ (valor do objeto).

Nestes termos,

pede deferimento.

Local e data.

Advogado.

OAB n.

- **Execução para entrega de coisa incerta**
- **Problema elaborado pelo autor**

Aplicabilidade: Na relação obrigacional, estabelecida por meio de título executivo, o credor poderá propor a execução prevista no art. 811 do CPC sempre que o devedor estiver obrigado a entregar coisa incerta, ou seja, estabelecida pelo gênero e quantidade (arts. 243 e seguintes do Código Civil). Coisa incerta é aquela definida parcialmente no contrato, pela quantidade e gênero, sem que tal definição a torne perfeitamente individualizada. Sendo assim, é imprescindível o ato de escolha, conforme previsto no direito das obrigações (CC).

Comentários específicos: Aplicam-se subsidiariamente as regras da entrega de coisa certa (art. 813 do CPC). Quanto ao fator de escolha entre os objetos daquele gênero e a elaboração da petição inicial, "o art. 811 do CPC estabelece que, no processo de execução, o devedor será citado para entregar a coisa, determinada pelo gênero e quantidade, já individualizada, se a ele competir a escolha. Quando couber ao credor, ele já a indicará na petição inicial"[87].

EXCELENTÍSSIMO SENHOR DOUTOR JUIZ DE DIREITO DE UMA DAS VARAS CÍVEIS DA COMARCA DE LORENA – ESTADO DE SÃO PAULO.

Antônio, nacionalidade, casado, profissão, inscrito sob o CPF n. e RG n., endereço eletrônico, residente e domiciliado na Rua n., Bairro, na cidade de São Paulo – SP, por intermédio de seu bastante procurador signatário, conforme instrumento de procuração anexo, portador da inscrição profissional OAB, vem, perante Vossa Excelência, com todo o acatamento e respeito, com fundamento nos arts. 811 e seguintes do Código de Processo Civil, propor a presente

Execução para Entrega de Coisa Incerta

Em face de Maria, nacionalidade, casada, profissão, inscrita sob o CPF n. e RG n., endereço eletrônico, residente e domiciliada na Rua n., Bairro, na Cidade de, pelos fundamentos de fato e de direito a seguir expostos.

Fatos e Fundamentos Jurídicos

Conforme documentação anexa, o Exequente firmou com a Executada um contrato de compra e venda de três bezerros da raça tal, que nasceria de qualquer animal da Fazenda Tal, o que deveria ser cumprido em no máximo seis meses a partir da assinatura do contrato.

Expirado o prazo contratual, o Exequente compareceu à Fazenda Tal e tomou conhecimento de que vários bezerros nasceram nos últimos seis meses sem que a Executada realizasse a escolha pactuada e, concentrados os objetos, realizasse a entrega devida destes, cumprindo sua obrigação.

---

[87] GONÇALVES, Marcus Vinicius Rios. *Novo curso de direito processual* cit., v. 3, p. 143.

O Exequente, terminado o prazo contratual sem que a Executada se manifestasse sobre o cumprimento da avença, procurou por ela e realizou ato formal e inequívoco de notificação extrajudicial, demonstrando seu interesse de receber os objetos.

Apesar disso, a Executada, sem qualquer explicação, recusa-se a cumprir o ato de escolha e entrega conforme prevê o art. 245 do Código Civil, estando esgotadas as alternativas do Exequente senão a utilização da tutela jurisdicional, por meio da presente ação executiva, sendo que o contrato firmado pelas partes constitui-se em título executivo extrajudicial, nos termos da legislação em vigor.

Estão provados os requisitos indicados no art. 798 do CPC, pois a inicial está instruída com o título executivo e demais itens exigidos naquele artigo.

Pedido

Diante de todo o exposto, é a presente para requerer a Vossa Excelência:

a) a citação da Executada, para que, após o ato de concentração e individualização entregue ao Exequente os objetos do contrato, dentro do prazo legal, satisfazendo sua obrigação, sob as penas da lei, inclusive fixando-se multa cominatória diária para o caso de não cumprimento do preceito;

b) que ao final a Executada seja condenada ao pagamento das custas, das despesas processuais e dos honorários advocatícios.

Dá-se à presente o valor de R$ (valor do objeto).

Nestes termos,

pede deferimento.

Local e data.

Advogado.

OAB n.

- **Execução de obrigação de fazer**
- **Problema elaborado pelo autor**

Aplicabilidade: Quando o objeto da execução for obrigação de fazer (arts. 247 e seguintes do Código Civil), estabelecida em título executivo extrajudicial, o devedor será citado para satisfazer a prestação no prazo assinalado pelo juiz, salvo apontamento de prazo no próprio título que se executa, conforme os arts. 814 e 815 do CPC. Aqui o art. 814 trata de disposições gerais e determina que o juiz ao despachar a inicial deverá fixar de pronto multa por período de atraso no cumprimento da obrigação e a data a partir da qual será devida. É preciso recordar que há obrigações de fazer fungíveis e infungíveis (personalíssimas). "As primeiras são as que podem ser cumpridas por qualquer pessoa, não necessariamente o devedor. As segundas, aquelas que ou o devedor obrigou-se a, por si, cumprir ou, diante da natureza da prestação, só por ele podem ser adimplidas"[88].

Comentários específicos: Aqui, se o devedor não fizer, além da multa cominatória (art. 814 do CPC), permite-se que o credor, nos próprios autos do processo, requeira seja ela executada à custa do devedor ou então seja convertida em perdas e danos, a ser apurada em liquidação, seguindo-se como execução de quantia certa (art. 816 do CPC). "No âmbito das disposições gerais, o art. 814 prevê a possibilidade de cominação de multa (não necessariamente diária) para compelir o executado a fazer ou não fazer, cabendo ao magistrado fixá-la desde o recebimento da petição inicial, estipulando, ademais, a data a partir da qual será ela devida"[89]. Os artigos posteriores ao art. 816 do CPC demonstram situações processuais que dependem do cumprimento ou não cumprimento da obrigação pelo devedor; aliás, mesmo que preste, será possível ao credor impugnar o que se realizou de forma incompleta ou defeituosa. É preciso também, quando for o caso, analisar as disposições do direito material no CC, no direito das obrigações e no direito contratual, por exemplo, se a obrigação de fazer se tratar de declaração de vontade, como ocorre na alienação de imóveis e veículos (ver art. 501 do CPC). Atenção para a regra do parágrafo único do art. 499, incluído pela Lei n. 14.833/2024: valoriza o cumprimento da tutela específica antes da conversão em perdas e danos em casos de responsabilidade contratual decorrente de vícios redibitórios, empreitada e seguro, bem como nas hipóteses de obrigações solidárias, garantindo que o juízo primeiramente dê oportunidade para o cumprimento da tutela específica.

---

88 GONÇALVES, Marcus Vinicius Rios. *Novo curso de direito processual civil* cit., v. 3, p. 144.
89 BUENO, Cassio Scarpinella. *Manual de direito processual civil* cit., p. 635.

EXCELENTÍSSIMO SENHOR DOUTOR JUIZ DE DIREITO DE UMA DAS VARAS CÍVEIS DA COMARCA DE LORENA – ESTADO DE SÃO PAULO.

Antônio, nacionalidade, casado, profissão, inscrito sob o CPF n. e RG n., endereço eletrônico, residente e domiciliado na Rua n., Bairro, na cidade de São Paulo – SP, por intermédio de seu bastante procurador signatário, conforme instrumento de procuração anexo, portador da inscrição profissional OAB, vem, perante Vossa Excelência, com todo o acatamento e respeito, com fundamento nos arts. 815 e seguintes do Código de Processo Civil, propor a presente

Execução de Obrigação de Fazer

Em face de Maria, nacionalidade, casada, profissão, inscrita sob o CPF n. e RG n., endereço eletrônico, residente e domiciliada na Rua n., Bairro, na Cidade de, pelos fundamentos de fato e de direito a seguir expostos.

Fatos e Fundamentos Jurídicos

O Exequente, nos termos da documentação anexa, devidamente registrada em cartório, firmou com a Executada contrato de compra e venda do imóvel descrito na matrícula e no contrato anexos, com o compromisso da Executada de transferir formalmente o domínio do imóvel após o pagamento da última parcela, que ocorreu no último mês de janeiro, conforme instrumento de quitação anexo.

Não obstante isso, a Executada, mesmo após sua notificação formal e inequívoca, realizada por carta com aviso de recebimento, nega-se, sem qualquer justificativa, a efetuar a transferência imobiliária devida (obrigação de fazer prevista no art. 247 do CC), não restando outra alternativa senão a propositura da presente ação executiva, na forma do Código de Processo Civil em vigor.

Considerando que a obrigação de fazer estipulada no contrato é verdadeira declaração de vontade, justa é a fixação de multa diária pelo descumprimento na forma do art. 814 do CPC, bem como, em razão do interesse do Exequente em manter o contrato, lícito é que, na omissão da Executada, sua vontade seja substituída por sentença emitida por este ilustre Juízo na forma do art. 501 do CPC, conforme abaixo se requer.

Pedido

Diante de todo o exposto, é a presente para requerer a Vossa Excelência:

a) a citação da Executada, para que efetue a transferência em cartório competente do referido bem imóvel, no prazo máximo de 3 (três) dias úteis, sob pena de multa no valor de 10% (dez por cento) do referido contrato;

b) na omissão da Executada, por meio de sentença, remeta-se ofício ao cartório competente para que efetue a transferência da propriedade do imóvel, em todos os seus termos e efeitos legais (art. 501 do CPC), conforme contratualmente celebrado, ou, caso não seja possível, que a ação se converta em perdas e danos a que deve ser condenada a Executada (art. 821 do CPC);

c) que ao final a Executada seja condenada ao pagamento das custas, das despesas processuais e dos honorários advocatícios. Dá-se à presente o valor de R$ (valor do contrato).

Nestes termos,
pede deferimento.
Local e data.
Advogado.
OAB n.

- **Execução de obrigação de não fazer**
- **Problema elaborado pelo autor**

Aplicabilidade: Quando o objeto da execução for obrigação de não fazer (arts. 250 e 251 do Código Civil) estabelecida em título executivo extrajudicial, e o devedor tiver realizado o ato, será citado para desfazê-lo em prazo assinalado pelo juiz, conforme o art. 822 do CPC. Ressalta-se que não sendo possível desfazer o ato a obrigação se converte em perdas e danos, seguindo o rito do procedimento de execução de quantia certa (art. 823 do CPC). O art. 822 "autoriza o magistrado a assinar prazo ao executado para desfazer o que não deveria, por força de lei ou de contrato, ter feito. Também aqui é plenamente justificável a cominação da multa coercitiva do art. 814, que poderá ser adotada em combinação e sem prejuízo de outras medidas de apoio"[90].

Comentários específicos: Aqui também se permite que o credor, nos próprios autos do processo, além da multa cominatória, requeira que seja desfeito à custa do devedor, respondendo ele ainda por perdas

---

90 BUENO, Cassio Scarpinella. *Manual de direito processual civil* cit., p. 637.

e danos. Sempre que for impossível desfazer o ato praticado, não se aplicará a execução, pois a obrigação se converte em perdas e danos, devendo ser executada como quantia pecuniária (art. 823 do CPC). No que tange à conversão em perdas e danos, observe o atual conteúdo do parágrafo único do art. 499 quando o caso.

EXCELENTÍSSIMO SENHOR DOUTOR JUIZ DE DIREITO DE UMA DAS VARAS CÍVEIS DA COMARCA DE ITAPETININGA – ESTADO DE SÃO PAULO.

Antônio, nacionalidade, casado, profissão, inscrito sob o CPF n. e RG n., endereço eletrônico, residente e domiciliado na Rua n., Bairro, na cidade de São Paulo – SP, por intermédio de seu bastante procurador signatário, conforme instrumento de procuração anexo, portador da inscrição profissional OAB, vem, perante Vossa Excelência, com todo o acatamento e respeito, com fundamento nos arts. 822 e seguintes do Código de Processo Civil, propor a presente

Execução de Obrigação de Não Fazer

Em face de Maria, nacionalidade, casada, profissão, inscrita sob o CPF n. e RG n., endereço eletrônico, residente e domiciliada na Rua n., Bairro, na Cidade de, pelos fundamentos de fato e de direito a seguir expostos.

Fatos e Fundamentos Jurídicos

O Exequente, nos termos da documentação anexa, devidamente registrada em cartório, firmou com a Executada, em instrumento público, o dever de não construir muro divisório, entre os imóveis vizinhos dos quais são proprietários, acima de 1,5 m (um metro e meio) de altura.

Entretanto, considerando que são casas de veraneio, a Executada, aproveitando-se da ausência do Exequente, construiu um muro de 3 m (três metros) de altura, em total descumprimento do contrato, conforme se comprova nas fotos e no laudo técnico anexos, elaborado por engenheiro civil.

Não obstante isso, a Executada, mesmo após sua notificação formal e inequívoca, realizada por carta com aviso de recebimento, nega-se, sem qualquer justificativa, a desmanchar o muro ou reduzi-lo à medida adequada o que é exigível consoante o art. 251 do CC, não restando outra alternativa senão a propositura da presente ação executiva, na forma do Código de Processo Civil em vigor.

Pedido

Diante de todo o exposto, é a presente para requerer a Vossa Excelência:

a) a citação da Executada, para que regularize o ato praticado, reduzindo o muro à altura prevista no contrato, na forma do art. 822 do CPC, no prazo máximo de 3 (três) dias úteis, sob pena de multa no valor de 10% (dez por cento) do referido contrato;

b) na omissão da Executada, mediante sentença, seja permitido ao Exequente desfazer e reduzir a altura do muro por terceiros, convertendo-se a ação em perdas e danos a que deve ser condenada a Executada, nos termos do art. 823 do CPC;

c) que ao final a Executada seja condenada ao pagamento das custas, das despesas processuais e dos honorários advocatícios.

Dá-se à presente o valor de R$ (valor do contrato).

Nestes termos,
pede deferimento.
Local e data.
Advogado.
OAB n.

- **Execução por quantia certa**
- **Problema elaborado pelo autor**

Aplicabilidade: Quando o objeto da execução for obrigação de pagar quantia pecuniária, ou seja, pagamento de dívida indicada em título executivo extrajudicial, a execução terá por objetivo expropriar bens do devedor para satisfação do crédito, citando-o para pagar em três dias **contados da citação**, nos termos do art. 829 do CPC, sob pena de penhora de bens. É fundamental lembrar que os títulos executivos judiciais deverão ser exigidos e cumpridos na forma dos arts. 509 e seguintes do CPC (quando a sentença não determinar o valor devido) e 523 e seguintes do CPC (quando a sentença determinar valor devido, dependendo apenas de cálculo aritmético) – trata-se do pedido de cumprimento de sentença, fase posterior e imediata ao processo de conhecimento.

Sobre a petição inicial podemos afirmar que "O credor a elaborará com os requisitos dos arts. 319 e 320, acrescidos das especificações do art. 798 do CPC. Além de indicar o juízo ao qual é dirigida, deve apresentar as partes e sua qualificação. É fundamental que o exequente exponha a causa de pedir e formule o pedido de que o devedor seja citado para efetuar o pagamento, sob pena de lhe serem penhorados os bens necessários para a garantia do débito, para posterior excussão e pagamento do credor. É necessário que a quantia indicada na petição seja líquida, possa ser verificada de plano, ou por simples cálculo aritmético"[91]. Continua o autor afirmando que "o exequente deverá indicar o valor da causa, que corresponderá ao do débito atualizado, acrescido dos encargos apontados no demonstrativo discriminado de cálculo que acompanha a inicial, requisito indispensável, conforme art. 798, I, do CPC"[92].

Comentários específicos: O objetivo deste procedimento é expropriar bens do devedor (art. 824 do CPC) seja por meio da adjudicação, da alienação ou da apropriação de frutos e rendimentos de empresa ou de estabelecimentos e de outros bens (art. 825 do CPC). O credor pode, desde a inicial, indicar bens passíveis de penhora (art. 798, II, c, do CPC). O valor da causa é o que se cobra. O detalhamento das hipóteses de fraude contra credores e fraude à execução está disposto no art. 792 do CPC.

EXCELENTÍSSIMO SENHOR DOUTOR JUIZ DE DIREITO DE UMA DAS VARAS CÍVEIS DA COMARCA DE SANTOS – SP.

Dagoberto, nacionalidade, estado civil, profissão, portador do RG n. e do CPF n., endereço eletrônico, residente e domiciliado na Rua n., Bairro, Cidade, por intermédio de seu bastante procurador signatário, conforme instrumento de procuração anexo, portador da inscrição profissional OAB, vem, perante Vossa Excelência, com todo o acatamento e respeito, com fundamento nos arts. 824 e seguintes do Código de Processo Civil, propor a presente

Ação de Execução por Quantia Certa

Em face de Carlino, nacionalidade, estado civil, profissão, portador do RG n. e do CPF n., endereço eletrônico, residente e domiciliado na Rua n., Bairro, Cidade, pelos motivos de fato e de direito a seguir deduzidos.

---

91 GONÇALVES, Marcus Vinicius Rios. *Novo curso de direito processual civil* cit., v. 3, p. 149.

92 Idem, ibidem, v. 3, p. 150.

Fatos e Fundamentos Jurídicos

O Exequente é credor do Executado da importância de R$ 50.000,00 (cinquenta mil reais), conforme duplicata de prestação de serviços emitida pelo credor contra o Executado, vencido em tal data.

O Exequente prestou os serviços previstos no contrato, conforme relatório de entrega, bem como o respectivo comprovante de prestação de serviços, assinado pelo sacado devedor, sendo que todos os documentos estão anexos.

A duplicata não foi aceita pelo Executado, embora se saiba que ele não se opôs expressamente a essa providência. Vencido o título e não pago promoveu-se o protesto no dia tal, dentro do prazo legal, sem qualquer vício.

Caracterizado está, de forma cristalina, o crédito do Exequente diante do Executado, sendo-lhe lícito exigir o cumprimento da dívida, sob pena de cumprimento forçado mediante coação estatal e constrição de bens, conforme abaixo se requer.

Pedido

Diante do exposto, requer seja citado o Executado para que pague a dívida apontada, no valor de R$ 50.000,00 (cinquenta mil reais), conforme planilha de atualização de débito anexa (art. 798, I, *b*, do CPC), devidamente corrigida e atualizada até a data do efetivo pagamento, no prazo de 3 (três) dias após a citação, prosseguindo-se nos moldes dos arts. 829 e seguintes do CPC para o caso de não cumprimento, até final solução da prestação devida.

Dá-se à presente o valor de R$ (valor da dívida).

Nestes termos,
pede deferimento.
Local e data.
Advogado.
OAB n.

- **Execução contra a Fazenda Pública**
- **Problema elaborado pelo autor**

Aplicabilidade: Quando o objeto da execução for obrigação de pagar quantia pecuniária prevista em título executivo extrajudicial e o devedor se tratar de Fazenda Pública seguir-se-á o conteúdo do art. 910 do CPC. Veja que o CPC encerra qualquer discussão sobre o assunto, ou seja, a execução contra a Fazenda Pública pode se dar por título executivo extrajudicial. Se for o caso de cumprimento de sentença (título executivo judicial) consulte o conteúdo dos arts. 534 e 535 do CPC. Leia também o art. 100 da CF.

Neste caso, de execução de título extrajudicial, "a Fazenda Pública deverá ser citada para, querendo, apresentar embargos à execução no prazo de trinta dias (art. 910, *caput*). Aqui não se trata de citação para pagamento, excepcionando o que ocorre quando o executado é particular"[93].

Comentários específicos: Atenção para o fato de que a dívida é prevista para este caso em título executivo extrajudicial, apenas! O pedido da ação é diferenciado, e é preciso estar atento às regras de citação que não é para que pague a dívida, mas para oposição de embargos em 30 dias; não sendo opostos ou transitada em julgado a sua rejeição, deverá o juiz expedir precatório ou requisição de pequeno valor em favor do exequente (art. 910, § 1º, do CPC).

EXCELENTÍSSIMO SENHOR DOUTOR JUIZ DE DIREITO DE UMA DAS VARAS CÍVEIS DA COMARCA DE SUCUPIRA – SP.

Dagoberto, nacionalidade, estado civil, profissão, portador do RG n. e do CPF n., endereço eletrônico, residente e domiciliado na Rua n., Bairro, Cidade, por intermédio de seu bastante procurador signatário, conforme instrumento de procuração anexo, portador da inscrição profissional OAB, vem, perante Vossa Excelência, com todo o acatamento e respeito, com fundamento no art. 910 do Código de Processo Civil, propor a presente

Ação de Execução por Quantia Certa contra a Fazenda Pública

Em face da Prefeitura Municipal de Sucupira, na pessoa de seu representante legal, o Sr. Prefeito Carlino, nacionalidade, estado civil,

---

93 BUENO, Cassio Scarpinella. *Manual de direito processual civil* cit., p. 666.

profissão, portador do RG n. e do CPF n., endereço eletrônico, com sede e domiciliada na Rua n., Bairro, Cidade, pelos motivos de fato e de direito a seguir deduzidos.

Fatos e Fundamentos Jurídicos

O Exequente é credor da executada da importância de R$ 50.000,00 (cinquenta mil reais), conforme duplicata de prestação de serviços emitida contra a Executada, vencida em tal data.

O Exequente prestou os serviços previstos no contrato, conforme relatório de entrega, bem como o respectivo comprovante de prestação de serviços, assinado pelo sacado devedor, sendo que todos os documentos estão anexos.

A duplicata não foi aceita pela Executada, embora se saiba que ela não se opôs expressamente a essa providência. Vencido o título e não pago, promoveu-se o protesto no dia tal, dentro do prazo legal, sem qualquer vício.

Caracterizado está, de forma cristalina, o crédito do Exequente diante da Executada, sendo-lhe lícito exigir o cumprimento da dívida, conforme abaixo se requer.

Pedido

Diante do exposto, requer seja citada a Executada, Fazenda Pública do Município de Sucupira, na pessoa de seu representante legal, para que oponha embargos no prazo legal, observando-se, no caso de não oposição ou rejeição destes, o conteúdo do § 1º do art. 910 do CPC, visando a satisfação do crédito.

Dá-se à presente o valor de R$ (valor da dívida).

Nestes termos,
pede deferimento.
Local e data.
Advogado.
OAB n.

- **Execução de alimentos**
- **Problema elaborado pelo autor**

Aplicabilidade: Aqui também temos uma inovação, ou seja, está prevista a execução de prestação alimentícia estabelecida em título executivo extrajudicial consoante regras dos arts. 911 a 913 do CPC. Não se trata, portanto, de execução de alimentos consagrada em sentença ou acordo judicial homologado por sentença, já que para isso estão consagradas regras próprias na fase de cumprimento de sentença (arts. 528 a 533 do CPC). A execução de alimentos por título extrajudicial consiste em execução contra quantia certa diferenciada, assim como o é a execução contra a Fazenda Pública.

Comentários específicos: O devedor será citado para pagar em três dias as parcelas vencidas antes e durante a execução, provar que o fez ou justificar a impossibilidade de fazer. O parágrafo único do art. 911 manda aplicar, no que couber, as regras do art. 528, §§ 2º a 7º, ou seja, regras sobre o funcionamento da alegação de impossibilidade de fazer ou até mesmo da hipótese da prisão civil, por exemplo. O art. 912 prevê as hipóteses e formas para desconto em folha de pagamento etc. Por fim e tão importante quanto os demais comentários, veja que o credor precisa solicitar expressamente que a execução corra nos termos do capítulo (da execução de alimentos), sob pena de a execução ser tratada como execução por quantia certa (arts. 824 e seguintes), sem a pena de prisão, por exemplo. Do ponto de vista prático se aplicará tal procedimento, por exemplo, nos alimentos fixados em divórcio realizado em cartório extrajudicial (escritura pública prevendo pagamento de alimentos entre o casal que se divorcia). Podemos finalizar abordando o seguinte: "que tipos de alimentos podem ser executados pelas técnicas dos arts. 911 a 913? Penso que quaisquer alimentos. Tanto os decorrentes de direito de família (art. 1.694 do CC) como também os decorrentes dos atos ilícitos (arts. 948, 950 e 951 do CC) e, mais amplamente, qualquer verba inerente a subsistência de uma pessoa como, por exemplo, salários, subsídios, vencimentos e honorários de quaisquer profissionais liberais"[94]. Por fim, "aplicam-se à execução de alimentos por título extrajudicial as mesmas regras do cumprimento de sentença, que serão examinadas em capítulo próprio, com a ressalva de que a defesa deverá ser veiculada por embargos e não por impugnação"[95].

---

94 BUENO, Cassio Scarpinella. *Manual de direito processual civil* cit., p. 670.
95 GONÇALVES, Marcus Vinicius Rios. *Novo curso de direito processual civil* cit., v. 3, p. 181.

EXCELENTÍSSIMO SENHOR DOUTOR JUIZ DE DIREITO DE UMA DAS VARAS CÍVEIS DA COMARCA DE LORENA – SP.

Maria, nacionalidade, estado civil, profissão, inscrita no CPF n. e RG n., endereço eletrônico, residente e domiciliada na Rua n., Bairro, na Cidade de Lorena – SP, por seu bastante procurador, que a esta subscreve, conforme instrumento de procuração anexo, vem respeitosamente à presença de Vossa Excelência, com todo o acatamento e respeito, com fundamento nos arts. 911 e seguintes do Código de Processo Civil, propor a presente

Ação de Execução de Alimentos

Em face de Carlino, nacionalidade, estado civil, profissão, portador do RG n. e do CPF n., endereço eletrônico, residente e domiciliado na Rua n., Bairro, Cidade de Taubaté, pelos motivos de fato e de direito a seguir deduzidos.

Fatos e Fundamentos Jurídicos

O Executado fixou com a genitora do Exequente, na escritura pública devidamente formalizada e registrada em Cartório (documento anexo) que este pagaria alimentos para a Exequente, em virtude da necessidade reconhecida de forma voluntária e fixada livremente pelas partes naquele documento, na presença de testemunhas, no valor mensal de R$ 500,00 (quinhentos reais).

Ocorre que o Executado deixou de cumprir sua obrigação de prestar alimentos nos últimos 3 (três) meses, deixando à mercê a Exequente, que necessita e muito de tais valores para se manter, inclusive, para a mantença e para o tratamento médico para o qual dedica praticamente todo referido valor, o que está também declarado e reconhecido pelo Executado no título executivo extrajudicial que ora se executa.

Diante disso, verifica-se que há um crédito pendente em favor da Exequente no valor de R$ 1.500,00 (mil e quinhentos reais), bem como que tal crédito tem natureza alimentar, estando atrasado em 3 (três) meses, o que autoriza, nos termos da redação dos arts. 911, parágrafo único, e 528, §§ 3º a 7º, todos do CPC, a possibilidade de prisão civil do devedor, caso não pague ou não apresente justificativa para deixar de fazê-lo, o que se requer.

Pedido

Diante do exposto, requer seja citado o Executado para que pague a dívida de R$ 1.500,00 (mil e quinhentos reais), bem como para que pague as parcelas que vencerem no curso do processo até a data do pagamento, tudo devidamente corrigido e atualizado até a data do efetivo pagamento, no prazo de 3 (três) dias, ou prove a impossibilidade de fazê-lo, justificando-se nos termos da lei.

Em caso de não pagamento no prazo legal ou ausência de justificativa, que seja imediatamente expedido o mandado de prisão civil do Executado, nos termos do § 2º do art. 528 do Código de Processo Civil.

Dá-se à presente o valor de R$ (valor da dívida).

Nestes termos,
pede deferimento.
Local e data.
Advogado.
OAB n.

- **Embargos à execução**
- **Problema elaborado pelo autor**

Aplicabilidade: Quando o devedor é citado ele tem a oportunidade de apresentar sua defesa processual, os chamados embargos (arts. 914 e seguintes do CPC). O Código bem inclui tal procedimento ao final das ações executivas por título extrajudicial, determinando ali uma lógica de continuidade: ou paga, ou embarga. Ademais, lembre-se que no que tange aos títulos judiciais (cumprimento de sentença) teremos impugnação (art. 523 do CPC) e não embargos à execução. "O art. 914 mantém o prazo de 15 dias para apresentação dos embargos à execução – embora, no CPC, prazos processuais como este, fluam apenas em dias úteis (art. 219, *caput*)"[96]. Os embargos são o meio de defesa do executado. "A defesa é feita, em regra, por meio da ação autônoma de embargos à execução, diferentemente do que ocorre no cumprimento de sentença, em que ela deve ser veiculada por impugnação"[97].

Comentários específicos: Os embargos não dependem de penhora, depósito ou caução, ou seja, devem ser oferecidos mesmo sem qualquer garantia do juízo (art. 914 do CPC) no prazo de 15 dias

---

96 BUENO, Cassio Scarpinella. *Novo Código de Processo Civil anotado*. São Paulo: Saraiva. 2015. p. 558.
97 GONÇALVES, Marcus Vinicius Rios. *Novo curso de direito processual civil* cit., v. 3, p. 181.

contados conforme a regra do art. 231 do CPC (art. 915, *caput*, do CPC). Distribuídos por dependência, autuados em apartado, devem ser acompanhados de cópias das peças processuais da execução relevantes para o deslinde da causa (art. 914, § 1º). Não se deve deixar de observar que agora também, conforme nova redação ampliativa do art. 231, o prazo pode se iniciar a partir do recebimento da mensagem de citação por meio eletrônico (e-mail), o que passará a ser adotado como mecanismo principal (sugere-se leitura do art. 246 do CPC, reformulado pela Lei n. 14.195, de 26 de agosto de 2021).

Regras especiais: quando há mais de um executado o prazo é contado individual e independentemente, salvo no caso de cônjuges ou companheiros quando se contará da juntada do último (art. 915, § 1º, do CPC). Quando a execução se der por carta fique atento às regras específicas do § 2º do art. 915 do CPC. Inclusive, fique atento ao fato de que na comunicação por carta o juízo deprecante informará eletronicamente ao juízo deprecado a realização da citação (art. 915, § 4º, do CPC).

Possibilidade de parcelamento: o art. 916 do CPC permite que o devedor deposite 30% do débito no prazo de embargos, reconhecendo a dívida, e efetue o pagamento do restante acrescido de custas e honorários em até 6 parcelas, sendo que "o pedido de parcelamento significa renúncia ao direito de o executado embargar à execução"[98].

Alegações em sede de embargos: o art. 917 define os temas que podem ser alegados pelo devedor nos embargos (leia atentamente as hipóteses e as temáticas). A principal regra é a de que ao alegar excesso de execução o devedor tem que apresentar memória de cálculo apontando o valor que entende devido, sob pena de possivelmente serem rejeitados (§§ 3º e 4º do art. 917 do CPC). Outro ponto e segunda principal regra é a hipótese expressa de configuração de embargos protelatórios como ato atentatório à dignidade da Justiça, o que pode gerar penalidade (parágrafo único do art. 918 do CPC).

Questionamentos sobre a penhora e avaliação: podem ser "realizados por meras petições, independente dos embargos"[99].

Tutela provisória: a apresentação dos embargos não suspende a execução, como regra, porém, pode ser fundamentada a suspensão na urgência e na evidência (art. 294, *caput*).

---

98 BUENO, Cassio Scarpinella. *Novo Código de Processo Civil anotado* cit., p. 559.
99 BUENO, Cassio Scarpinella. *Novo Código de Processo Civil anotado* cit., p. 561.

EXCELENTÍSSIMO SENHOR DOUTOR JUIZ DE DIREITO DA 2ª VARA CÍVEL DA COMARCA DE ANGATUBA – ESTADO DE SÃO PAULO.

Distribuição por dependência
Autos do Processo n. 0000. 0000.000-00

EMPRESA REDONDA Ltda., pessoa jurídica de direito privado, devidamente inscrita no CNPJ sob o n., endereço eletrônico, com sede na Rua n., Cidade, Estado, representada neste ato pelo seu Diretor, qualificado e legitimado conforme contrato social anexo, por intermédio de seu bastante procurador signatário, conforme instrumento de procuração anexo, portador da carteira profissional n., vem, perante Vossa Excelência, com todo o acatamento e respeito, com fundamento nos arts. 914 e seguintes do Código de Processo Civil, opor

Embargos à Execução

Proposta por Pedro de Tal, estado civil, profissão, portador do RG n. e do CPF n., endereço eletrônico, com domicílio e residência na Rua n., Cidade, Estado, pelos motivos de fato e de direito a seguir deduzidos.

Fatos e Fundamentos Jurídicos

O Embargado propôs a ação de execução em epígrafe com o objetivo de receber o valor de R$ 55.555,00 (cinquenta e cinco mil, quinhentos e cinquenta e cinco reais), atualizado e acrescido de juros, fundamentando sua ação em cheque que haveria sido emitido pela Embargante. A Execução, entretanto, não atendeu aos requisitos estabelecidos em lei, pelo que deve ter seu prosseguimento embargado para, ao final, extinguir-se o pretenso crédito perseguido, nos termos que se requer.

O procedimento executivo expressamente prevê que, quando da distribuição da ação, a inicial seja instruída com demonstrativo do débito atualizado até a data da efetiva propositura da demanda – o que não se verifica no presente caso, nos termos do art. 798, I, b, do Código de Processo Civil. Realmente, de se notar o descumprimento do aludido dispositivo legal pelo simples cotejo do documento juntado às fls. Da Execução ajuizada, ora anexos nos presentes embargos, com a data da efetiva distribuição da demanda.

Ora, o ajuizamento da ação de execução se deu no dia tal, os títulos executivos datam de mais de ano de sua emissão, entretanto, não há nos autos nenhuma memória que possa ser avaliada e com isso contestada, o que, sem sombra de dúvidas, significa violação do indigitado dispositivo legal e, consectário lógico, deve acarretar a extinção do feito, sem resolução do mérito, com supedâneo no art. 485, I, do Código de Processo Civil.

Além disso, conforme documentos anexos (contrato de prestação de serviços e recibos), a dívida representada pelo valor original do título apresentado pelo Embargado foi paga parcialmente em quase sua totalidade, nos exatos termos dos recibos anexos que detalham o local, a data, o valor e o necessário abatimento de tais pagamentos no valor do débito original que era, exatamente, representado pelo cheque que instrui a inicial, ou seja, há nítido excesso de execução (art. 917, § 2º, do CPC).

A prova documental é clara no sentido de que houve pagamento praticamente total do débito (probabilidade do direito alegado), restando apenas a quantia de R$ 1.234,00 (mil duzentos e trinta e quatro reais), conforme está demonstrado na planilha de atualização de débito anexa nos termos do art. 917, § 3º, do CPC. A continuidade da execução, por conta disso, pode gerar sérios prejuízos à Embargante, portanto, existe perigo da demora, razão pela qual a ação de execução deve ser suspensa, como abaixo se requer.

Pedido

Por todo o exposto, requer a Vossa Excelência:

a) sejam recebidos e encartados aos autos os presentes Embargos à Execução, intimando-se o Embargado para que se manifeste nos termos da lei;

b) a suspensão do processo de Execução, porquanto, a continuidade do processo executivo pode significar amargos e irreversíveis prejuízos ao Embargante, tendo em vista que está presente o perigo da demora e a probabilidade do direito alegado (art. 300 do CPC);

c) sejam acolhidos estes Embargos com o fito de extinguir o processo de execução, nos termos do art. 485, I, do Código de Processo Civil, ou então, seja reconhecido o excesso de exceção mencionado, nos termos e valores acima apontados, condenando o Embargado ao pagamento das custas processuais e dos honorários advocatícios sucumbenciais.

Protesta-se provar o alegado por todos os meios de prova em direito admitidos, inclusive, documental ulterior, testemunhal e pericial.

Dá-se à causa o valor de R$ 55.555,00 (cinquenta e cinco mil quinhentos e cinquenta e cinco reais).

Nestes Termos,
Pede Deferimento.
Local, data.
Advogado.
OAB n.

5.3 Tutela provisória

Podemos relembrar e observar que, no Código de Processo Civil em vigor, o processo de conhecimento serve para que, diante da lide, possa a pretensão ser atendida, reconhecendo-se o direito mediante sentença. Noutra ponta, o processo de execução se aplica aos casos em que o direito esteja reconhecido, por títulos judiciais ou extrajudiciais, objetivando que a pretensão seja realmente satisfeita com o cumprimento da prestação.

Mas nem sempre aquilo é suficiente para realmente proteger o bem da vida pretendido pela parte. Isso, sobretudo, quando houver risco de perecimento ou inviabilidade no recebimento da prestação em razão do decurso do tempo. Diz a doutrina sobre a função assecuratória das cautelares: "formam um tipo de atividade jurisdicional destinada a proteger bens jurídicos envolvidos no processo"[100].

Portanto, para evitar que a sentença de conhecimento do direito seja inútil diante da demora do processo comum, mesmo que necessária à construção de uma decisão justa, bem como para evitar que o processo de execução também não atinja a satisfação desejada, existem medidas processuais que minimizam ou afastam os riscos decorrentes da demora ou do perigo da demora do processo, visando alcançar a efetividade da prestação jurisdicional. Do mesmo modo, no CPC, medidas que visam garantir um direito hoje, no começo do processo, de tão evidente que é o resultado da ação.

---

100 GRECO FILHO, Vicente. *Direito processual civil brasileiro* cit., v. 1, p.153.

Talvez a grande mudança no sistema processual advinda com a reforma que passa a vigorar em 2015 é a extinção do "processo cautelar" e a sua inclusão como parte do processo de conhecimento, de forma antecedente ou não, como veremos. A competência é a mesma do juiz competente para a ação principal.

A partir do CPC em vigor não há, portanto, medidas cautelares típicas, mas mero procedimento inserido no processo de conhecimento. Logicamente, a nomenclatura que sempre foi usual no anterior CPC continuará a refletir no cotidiano forense. Entenda: as medidas cautelares não desapareceram do Código, foram reformuladas em termos de procedimentos, mas foram realocadas e não extintas do ordenamento jurídico. Acredito que seja interessante repassar a parte teórica das tutelas provisórias, com foco na esfera prática de sua aplicação, mesmo considerando que o conteúdo foi apontado em capítulo anterior, quando tratamos de processo de conhecimento. E, no mesmo sentido, lembrar o leitor de que neste capítulo traremos modelos de petições que comportem processo de conhecimento com pedidos de tutelas provisórias e que, no capítulo anterior sobre o processo de conhecimento, apenas lançamos modelos sem qualquer pedido de tutela provisória, organizando e sistematizando o estudo de uma forma lógica e não tão agressiva do ponto de vista da mudança ocorrida no CPC. Vejamos novamente a abordagem temática, antes dos modelos.

Devemos considerar que o grande objetivo dessas medidas é assegurar a efetividade do processo. O legislador criou uma bipartição levando em conta o perigo de dano de um lado (urgência) e a verossimilhança de outro (evidência). Diz a doutrina: "Se presente o perigo de dano, temos a tutela de urgência. Verificadas as situações em que, ao ver do legislador, a verossimilhança do direito afirmado mostra-se elevada, concede-se à parte a tutela de evidência"[101].

"Tanto a tutela antecipada quanto a cautelar podem ser úteis para afastar uma situação de perigo de prejuízo irreparável ou de difícil reparação. Mas diferem quanto à maneira pela qual alcançam esse

---

101 BEDAQUE, José Roberto dos Santos. Tutela provisória. *Revista do Advogado*, ano XXXV, maio de 2015; *O novo Código de Processo Civil*. São Paulo: Associação dos Advogados de São Paulo, p. 141.

resultado: enquanto a primeira afasta o perigo atendendo ao que foi postulado, a segunda o afasta tomando alguma providência de proteção"[102].

As tutelas de urgência poderão ser apresentadas com a própria petição inicial, numa só peça, ou então, serão aquelas, apresentadas de forma antecedente, ou seja, a petição inicial será apresentada apenas com o pedido de tutela para, depois, segundo o que dispõe o CPC, ser complementada com o pedido principal. As tutelas de evidência sempre virão acompanhando o pedido principal, numa só peça.

Diz a doutrina:

> O CPC substitui a ação cautelar pela tutela de urgência, e a tutela antecipada pela tutela da evidência, que passam a ser solicitadas no interior do processo único, não mais exigindo, no caso da primeira, a formação sucessiva de dois processos (cautelar e principal). São pedidos que podem ser formulados de forma antecedente (inaugurando o processo) ou no curso da relação processual[103].

Não existem mais, então, no CPC, as cautelares típicas ou atípicas, como o arresto, o sequestro ou a sustação de protestos, por exemplo. O nome da ação não terá mais razão de ser aplicado, até porque foi afastado pelo legislador do novo texto.

Observe o quadro a seguir para organizar as *tutelas provisórias* (art. 294 do CPC):

TUTELA DE URGÊNCIA (art. 300)	TUTELA DE EVIDÊNCIA (art. 311)
Neste caso o direito é plausível e, sobretudo urgente, existe fumaça do bom direito e, sobretudo perigo da demora.	Neste caso o direito é fortemente verossímil (quase certo), tornando tão evidente o direito que é possível assegurar desde o início do processo, mas não há perigo na demora.

---

102 GONÇALVES, Marcus Vinicius Rios. *Novo curso de direito processual civil* cit., v. 1, p. 326.
103 MONTENEGRO FILHO, Misael. *Novo Código de Processo Civil*: modificações substanciais. São Paulo: Atlas, 2015. p. 214.

1 – Tutelas antecipadas (art. 303 do CPC): também chamadas de satisfativas onde se busca alcançar algo no início do processo sob pena de não ser possível alcançar o mesmo futuramente.	Os requisitos são definidos de forma exaustivos e taxativos na lei (incisos do art. 311 do CPC), onde se busca alcançar algo que é tão certo que é possível entregar antes do fim do processo.
2 – Tutelas cautelares (art. 305 do CPC): também chamadas de conservativas onde se busca proteger algo no início do processo para garantir a efetividade futura deste.	
Momento e forma de requerer: podem ser requeridas com a própria petição inicial do processo de conhecimento (procedimento comum) **ou** podem ser requeridas de forma antecedente em petições iniciais que depois serão complementadas com o pedido principal.	Momento e forma de requerer: deve ser requerida com a própria petição inicial do processo de conhecimento (procedimento comum), sendo admissível a concessão da liminar somente nas hipóteses dos incisos II e III do art. 311 do CPC).

Tivemos a oportunidade de tratar detalhadamente desses temas em momento anterior nesta obra. Como se trata de um assunto de extrema relevância prática, bem como um dos tópicos que sofreu maior modificação no CPC, é imprescindível que o leitor, se sentir necessário, retome a leitura dos apontamentos que fizemos, nesta obra no item 3.10 – Da tutela provisória (urgência e evidência).

É muito importante para o advogado ou o aluno de Direito compreender esta nova dinâmica, derivados de uma sistemática realmente diferente daquilo que estávamos acostumados com o sistema separado das cautelares e das tutelas antecipadas do CPC/73. Basicamente, aquele sistema está integrado ao processo de conhecimento, aplicável também a outros procedimentos que não só o comum do CPC. As tutelas provisórias divididas em tutelas de urgência e tutelas de evidência dão lugar a uma nova concepção prática, sobretudo porque podem ser requeridas em caráter antecedente, contudo, não se trata de ação autônoma, como ocorria com as "cautelares preparatórias", por exemplo. Ademais, as tutelas de urgência são divididas em tutelas antecipadas e tutelas cautelares, aquelas com pedido de antecipação daquilo que se pretende ao final do processo, estas com pedido que pretende assegurar o resultado final do processo, mas que não se confunde com o pedido deste.

Realmente, uma das maiores mudanças atribuídas ao CPC é sem dúvida o tema das tutelas antecipadas e cautelares, começando pela localização dos institutos.

No CPC/73 a tutela antecipada estava inserida no começo do Código (art. 273, no Livro I, Processo de Conhecimento) e as tutelas cautelares no final do Código (Livro III, em capítulo próprio, a partir do art. 796). Agora, no CPC estão todas concentradas na parte inicial do Código, apesar de aplicável indistintamente a todos os procedimentos, no Livro V da Parte Geral do CPC (arts. 294 em diante).

Como estamos num livro de prática processual que visa ensinar aos leitores a visão de algo realmente novo no nosso sistema processual e considerando que antes, nesta mesma obra, me preocupei com mais detalhes teóricos, aqui neste momento não vou citar nem transcrever artigos, quero provocar uma experiência que antecede à análise dos artigos do Código, certamente, visando lhes permitir compreender melhor quando se declinar à leitura destes.

Na terminologia também houve mudança significativa, com algumas críticas que, com o tempo, se resolverão com a boa interpretação dos institutos, o que se acomodará e se alinhará pela doutrina e pela jurisprudência. Atualmente tudo está centralizado como "Tutela Provisória" e subdividido em tutelas urgentes e tutelas não urgentes (de evidência). Veja-se que o requisito ou a característica urgência é o primeiro passo para dividir os institutos: tutela de urgência e tutela de evidência, esta última, não urgente.

A tutela de urgência novamente se subdivide em tutelas cautelares (visam assegurar ou conservar uma situação em prol da parte) e tutelas antecipadas (visam satisfazer desde o início o interesse da parte). A *Tutela Provisória* está relacionada com decisões que visam assegurar a efetividade do processo, protegendo o interesse, sobretudo, do autor da ação, para evitar que com o tempo torne-se inócua a prestação jurisdicional. Na *Tutela de Urgência* o direito é plausível e urgente (constituindo-se dos institutos históricos perigo na demora e fumaça do bom direito).

A tutela de urgência na sua forma de tutela cautelar é chamada de tutela conservativa, pois visa assegurar ao autor da ação a sua pretensão futura com o processo. O juiz entrega para a parte alguma coisa que visa lhe assegurar e dar acesso ao seu pedido principal. Aqui o risco ao resultado útil do processo é a principal característica. É o que acontece, por exemplo, com o pedido cautelar de arresto que visa assegurar que no futuro o autor da ação tenha bens para satisfazer o seu direito de crédito, evitando desde o início da ação que o devedor dilapide seu patrimônio de forma furtiva. A tutela cautelar é arrestar bens, o pedido principal é a penhora sobre tais bens para satisfazer um direito de crédito, ou seja, o autor diz: "me entregue algo agora para garantir o que quero depois".

A tutela de urgência na sua forma de tutela antecipada é chamada de tutela satisfativa, pois satisfaz a pretensão do autor desde o início da ação, sendo que a pretensão entregue no começo do processo coincide com a pretensão final ou pelo menos parte dela. Aqui o perigo de dano é a principal característica. É o que acontece, por exemplo, numa ação anulatória de título de crédito com o pedido de retirada do CPF do cadastro de devedores, sendo certo que este pedido é feito de forma antecipada, entregando agora algo que também será entregue no final do processo ao se confirmar a antecipação da tutela. A tutela antecipada é retirar o nome do cadastro de devedores, o pedido principal também, ou seja, o autor diz: "me dê antes tal direito porque senão não consigo pegar depois ou torna-se inútil pegar depois".

Nos dois casos mencionados (tutela cautelar e tutela antecipada) o pedido pode ser feito antes da propositura da ação, em caráter antecedente, ou com a propositura da ação, compreendendo neste caso um pedido dentro da própria petição inicial. Podem ser apresentados ainda na forma incidental, no meio do curso do processo, entendemos que por mera petição intermediária que preencha os requisitos exigidos pelo CPC. Quando for apresentada em caráter antecedente a petição inicial deverá preencher certos requisitos definidos no Código e, após, ser complementada – ou seja, não existirão duas petições iniciais, apenas uma apresentada em duas etapas distintas.

Por fim, a tutela não urgente é chamada de tutela de evidência. Neste caso o direito é verossímil ou "quase certo", mas não há perigo na demora. A decisão do juiz está focada na verossimilhança da alegação e do direito, mesmo que não exista perigo na demora. Os requisitos são fechados pela lei, visando gerar segurança jurídica, e quase sempre estão definidos pelo alinhamento pacificado na jurisprudência. Aqui o autor da ação diz: "me dê antes de tão certo que é".

Observe que nas tutelas de urgência posso apresentar uma petição inicial mais breve, mais sucinta, apenas apontando a questão inicial a ser tutelada (*tutela requerida em caráter antecedente*) e, depois, complementar essa petição com meus fatos, fundamentos e pedidos principais. Entretanto, a estrutura da primeira petição, por mais simplificada que seja em virtude deste desmembramento, no nosso ponto de vista, ressalvadas as exceções que a própria lei traz nos seus artigos deverá respeitar a ordem de requisitos do art. 319 do CPC.

No anterior CPC tínhamos as medidas cautelares nominadas e as medidas cautelares inominadas. Continuaremos a nos organizar neste emaranhado de informações, para organizar o estudo prático do tema. Esse foi, por exemplo, o mesmo desenho que o legislador do CPC adotou no art. 301, quando apontou: "A tutela de urgência de natureza cautelar pode ser efetivada mediante arresto, sequestro, arrolamento de bens, registro de protesto contra alienação de bem e qualquer outra medida idônea para asseguração do direito".

Inclusive, continuaremos, por conta disso, no que tange aos modelos, a fazer possíveis remissões aos artigos do CPC anterior, ou pelo menos aos seus conceitos, que certamente continuarão sendo paradigmas para a prática processual e até mesmo para as decisões judiciais.

Veja, inclusive, que o art. 297 do CPC deixa claro: "O juiz poderá determinar as medidas que considerar adequadas para efetivação da tutela provisória". Portanto, continuaremos a usar tudo o que foi construído ao longo de décadas com base no Código antigo.

Atenção: as tutelas provisórias estão previstas no Livro V da Parte Geral do CPC, que estabelece regras aplicáveis aos processos em geral, de conhecimento ou de execução. "Em princípio, elas podem ser deferidas em qualquer tipo de processo seja ele de conhecimento, seja de execução. Eventualmente é possível haver incompatibilidade entre determinado tipo de tutela provisória e o tipo do processo em que ela é postulada, pois abrangem tanto as medidas satisfativas quanto as cautelares"[104].

"A tutela de urgência, antecipada ou cautelar, pode ser deferida em caráter antecedente, isto é, antes que tenha sido formulado o pedido principal, ou antes que ele tenha sido formulado acompanhado de todos os argumentos e os documentos necessários. Só a situação de urgência, jamais a de evidência, justifica a concessão em caráter antecedente"[105].

---

104 GONÇALVES, Marcus Vinicius Rios. *Novo curso de direito processual civil* cit., v. 1, p. 339.
105 GONÇALVES, Marcus Vinicius Rios. *Novo curso de direito processual civil* cit., v. 1, p. 358.

Neste capítulo vamos verificar alguns modelos relacionados com **pedidos de tutela cautelar requeridas em caráter antecedente** (art. 305 do CPC). Outros modelos relacionados com pedidos de tutelas não antecedentes, ou seja, que acompanham a petição inicial completa do processo de conhecimento, tiveram seus modelos apresentados no começo deste livro, no espaço reservado ao processo de conhecimento, ao qual remetemos o leitor, caso necessário.

- **Arresto**
- **(Exame 123 OAB/SP)**[106]

Aplicabilidade: O arresto é aplicado basicamente quando o devedor procura ausentar-se e/ou furtar-se a suas obrigações perante o credor, tendo por objetivo primordial assegurar o resultado prático e útil do processo principal – de conhecimento ou de execução. Geralmente, então, é um pedido que será feito para garantir o sucesso futuro de uma nova ação judicial. Na estrutura do CPC podemos aferir que seria feito nos moldes "Do procedimento da tutela cautelar requerida em caráter antecedente". Ou seja, preciso de uma cautela hoje a ser concedida pelo juízo para garantir a efetividade do meu pedido principal que ainda trarei ao juízo. Ou seja, arrestar bens para que o credor, no futuro, em pedido posterior, a ser manejado *nos mesmos autos*,

---

[106] Antônio é credor de Benedito, pelo valor de R$ 140 mil, por força de contrato de mútuo celebrado há 30 dias e com vencimento no próximo dia 30. Sabe-se que Benedito, que reside na Comarca de Santos – SP, tenciona mudar de Estado e está oferecendo à venda seus bens. Antônio, inclusive, teve acesso a uma proposta de venda escrita, em que Benedito oferece a Caio um de seus imóveis, localizado em Guarujá – SP, pelo valor de R$ 120 mil. Ao que consta esse é o imóvel de maior valor de Benedito e a venda pode comprometer sua solvabilidade. Além disso, seu valor real de mercado deve superar R$ 150 mil.

Questão: Como advogado de Antônio, exerça o instrumento judicial adequado para inibir a dilapidação do patrimônio de Benedito e assegurar o recebimento do crédito decorrente do mútuo. Considere, para tanto, que o contrato de mútuo foi devidamente formalizado.

Observação do autor: Os artigos específicos do arresto não tratam de competência. A aplicação do art. 796 do CPC, que trata das cautelares de modo geral, indica que a ação cautelar acompanhará o foro de competência da ação principal. Esta será a execução da obrigação contratual, qual seja pagamento do mútuo. Trata-se de um direito de crédito, dito pessoal, portanto segue a regra do art. 94 do CPC, devendo a ação, nesse caso, ser proposta na comarca de Santos – SP.

na mesma ação (art. 308 do CPC), possa ter bens penhoráveis para permitir que a responsabilidade patrimonial do devedor seja aplicada de forma útil. Na prática a tutela requerida em caráter antecedente permitirá ao autor que, futuramente, "emende" sua petição inicial, na verdade, "complemente" a petição e formule o seu pedido principal.

Comentários específicos: A tutela provisória, neste caso, apresenta-se focada na urgência (arts. 294 e 297 do CPC) estando autorizado o juiz a adotar as medidas adequadas para efetivar a tutela provisória. Como se trata de tutela antecedente, será ajuizada no juízo competente para conhecer do pedido principal (art. 299 do CPC). Mais especificamente, é preciso, para toda e qualquer tutela de urgência, que estejam presentes os requisitos do art. 300 do CPC: probabilidade do direito e perigo de dano ou o risco ao resultado útil do processo. O § 1º aponta que o juiz pode exigir caução para conceder o pedido de tutela, bem como ressalta o § 2º do mesmo artigo, que a tutela de urgência pode ser concedida liminarmente (sem a oitiva da parte contrária) ou após justificação prévia.

EXCELENTÍSSIMO SENHOR DOUTOR JUIZ DE DIREITO DE UMA DAS VARAS CÍVEIS DA COMARCA DE SANTOS – SP.

Antônio, nacionalidade, estado civil, profissão, portador do RG n. e do CPF n., endereço eletrônico, residente e domiciliado na Rua n., Bairro, Cidade, por intermédio de seu bastante procurador signatário, conforme instrumento de procuração anexo, portador da inscrição profissional OAB, vem, perante Vossa Excelência, com todo o acatamento e respeito, com fundamento nos arts. 305 e seguintes do Código de Processo Civil, propor o presente

Procedimento de Tutela Cautelar Requerida em Caráter Antecedente

Em face de Benedito, nacionalidade, estado civil, profissão, portador do RG n. e do CPF n., endereço eletrônico, residente e domiciliado na Rua n., Bairro, Cidade, pelos motivos de fato e de direito a seguir deduzidos.

Fatos

O Requerente é credor do Requerido pelo valor de R$ 140.000,00 (cento e quarenta mil reais), por força de contrato de mútuo celebrado há 30 (trinta) dias e com vencimento no próximo dia 30, conforme se depreende da farta documentação anexa.

Sabe-se que o Requerido, que reside nesta Comarca, tenciona mudar de Estado e está oferecendo à venda seus bens. O Requerente, inclusive, teve acesso a uma proposta de venda escrita, em que o Requerido oferece a Caio um de seus imóveis, localizado no Guarujá – SP, pelo valor de R$ 120.000,00 (cento e vinte mil reais).

Mas, conforme levantamento nos Cartórios de Registro de Imóveis da Comarca de Guarujá e desta Comarca, nos termos das certidões imobiliárias anexas, esse é o imóvel de maior valor do Requerido, e a venda pode comprometer sua solvabilidade. Além disso, seu valor real de mercado supera R$ 150.000,00 (cento e cinquenta mil reais), conforme pareceres de Corretores Imobiliários anexos.

Fica constatado que existe dívida líquida e certa entre as partes, bem como existe nítida intenção de desfazimento do patrimônio por parte do Requerido, isto também comprovado documentalmente. Há, assim, fumaça do bom direito e perigo na demora, pois a prova documental demonstra os elementos necessários à procedência da presente medida, bem como sugere que a demora na resposta jurisdicional pode inviabilizar o recebimento do crédito por parte do Requerente.

Tanto é verdade que a prova literal da dívida, somada à prova documental da venda de bem de raiz, acaba por indicar tais requisitos, tornando verossímil a alegação de que há intenção de prejudicar o crédito do autor da ação e intenção do devedor de se furtar a suas obrigações, inclusive pela possível mudança de Estado.

Fundamentos Jurídicos

Diante de tudo o que foi narrado acima, considerando a presença de crédito líquido e certo, comprovado documentalmente, bem como a intenção de prática de atos para prejudicar o Requerente com a venda de bem de raiz, que tornará o Requerido insolvente, é direito do Requerente ver o arresto do bem abaixo apontado, como meio de impedir que a dilapidação do patrimônio ocorra e também para assegurar o recebimento do crédito correspondente pelo Requerente.

Inclusive, tal direito e pretensão devem ser protegidos de forma liminar, tendo em vista a prova inequívoca dos fatos alegados, ou seja, fumaça do bom direito, aliada ao perigo evidente que a demorar poderá causar, nos termos exigidos pela legislação processual. Visando garantir o juízo o autor apresenta como caução uma propriedade imóvel avaliada por profissional competente do ramo imobiliário que é suficiente para ser recebida como caução real, nos termos do § 1º do art. 300 do CPC, o que se requer.

Realmente, estão presentes os requisitos dos arts. 300 e 305 do CPC, pois existe urgência e estamos diante da presença dos requisitos da probabilidade do direito e do perigo da demora, autorizando a propositura desta medida que será futuramente complementada, com o pedido principal que será formulado pelo autor nos termos do art. 308 do CPC.

Pedidos

Diante de todo o exposto, é a presente para requerer a Vossa Excelência:

a) a concessão de liminar, sem a oitiva da parte contrária, com ou sem justificação prévia, concedendo-se e expedindo-se o competente mandado de arresto, que deverá recair sobre os imóveis descritos e individualizados nos fatos e nos documentos anexos, expedindo-se ofícios ao Cartório de Registro de Imóveis desta Comarca para que sejam feitas as anotações nos termos da legislação em vigor;

b) a citação do Réu no endereço acima declinado, para que, no prazo de 5 (cinco) dias, apresente contestação e indique as provas que pretende produzir, nos termos do art. 306 do CPC;

c) que ao final seja a presente medida cautelar julgada totalmente procedente, tornando definitivo o arresto concedido, visando garantir, com as penhoras dos bens arrestados, o pedido futuro que será apresentado pelo autor nos termos do art. 308 do CPC;

d) que ao final o Requerido seja condenado ao pagamento das custas, das despesas processuais e dos honorários advocatícios de sucumbência.

Protesta provar o alegado por todos os meios de prova em direito admitidos, principalmente prova oral, com depoimento pessoal e oitiva de testemunhas, prova documental e prova pericial.

Dá-se à presente causa o valor de R$ (valor do contrato).

Nestes termos,
pede deferimento.
Local e data.
Advogado.
OAB n.

- **Sequestro**
- **Problema elaborado pelo autor**

Aplicabilidade: Todos os bens do devedor podem ser arrestados, contudo, quando o credor tem interesse em determinado bem, sobre o qual, portanto, recaia litígio, poderá lançar mão do sequestro, para apreensão e depósito de bem determinado para garantir o resultado efetivo e útil de direito futuro. Isso para evitar que, até o fim do procedimento instaurado ou a instaurar, ocorra dissipação, extravio ou danificação do bem, em detrimento dos interesses do credor[107].

Comentários específicos: Ao contrário do arresto, aqui se fará o depósito dos bens, que precisam ser retirados da posse do requerido, devendo ser depositados para que se assegure sua integridade A tutela provisória, neste caso, apresenta-se focada na urgência (arts. 294 e 297 do CPC) estando autorizado o juiz a adotar as medidas adequadas para efetivar a tutela provisória. Como se trata de tutela antecedente, será ajuizada no juízo competente para conhecer do pedido principal (art. 299 do CPC). Mais especificamente, é preciso, para toda e qualquer tutela de urgência, que estejam presentes os requisitos do art. 300 do CPC: probabilidade do direito e perigo de dano ou o risco ao resultado útil do processo. O § 1º aponta que o juiz pode exigir caução para conceder o pedido de tutela, bem como ressalta o **§ 2º** do mesmo artigo, que a tutela de urgência pode ser concedida liminarmente (sem a oitiva da parte contrária) ou após justificação prévia.

EXCELENTÍSSIMO SENHOR DOUTOR JUIZ DE DIREITO DE UMA DAS VARAS CÍVEIS DA COMARCA DE LORENA – SP.

Antônio, nacionalidade, estado civil, profissão, portador do RG n. e do CPF n., endereço eletrônico, residente e domiciliado na Rua n., Bairro, Cidade, por intermédio de seu bastante procurador signatário, conforme instrumento de procuração anexo, portador da inscrição profissional OAB, vem, perante Vossa Excelência, com todo o acatamento e

---

107 SANTOS, Ernani Fidélis dos. *Manual de direito processual civil*. 10. ed. São Paulo: Saraiva, 2006. v. 2, p. 329.

respeito, com fundamento nos arts. 305 e seguintes do Código de Processo Civil, propor o presente

Procedimento da Tutela Cautelar Requerida em Caráter Antecedente

Em face de Benedita, nacionalidade, estado civil, profissão, portadora do RG n. e do CPF n., endereço eletrônico, residente e domiciliada na Rua n., Bairro, Cidade, pelos motivos de fato e de direito a seguir deduzidos.

Fatos

O Autor é casado com a Ré, conforme documentação anexa. Contudo, há 9 (nove) meses estão separados de fato, tendo o Autor deixado o lar conjugal, ficando a Ré de posse de todos os bens móveis do casal, que ainda serão objeto de partilha em ação de separação judicial litigiosa, haja vista que as partes não encontraram meios de solucionar pacificamente o desenlace matrimonial.

Ocorre que, conforme documentação anexa, sobretudo textos de classificados dos jornais da cidade, bem como propostas por escrito efetuadas pela Ré, ela está dilapidando o patrimônio móvel do casal, sobretudo pretendendo vender o veículo marca, placa, chassi, cujo documento consta em seu nome, como proprietária, mas que deverá ser partilhado juntamente com os demais bens do casal.

Considerando que a Ré se desfez de objetos de menor valor, certo é que efetuará a venda do veículo em detrimento do interesse do casal, prejudicando a posição do Autor.

Fundamentos Jurídicos

Diante de todo o exposto, verifica-se que, considerando o direito de partilha de bens do Autor, bem como a conduta de dilapidação do patrimônio por parte da Ré, é necessária a decretação imediata do sequestro do referido bem, sob pena de se tornar inviável pretender recebê-lo no pedido de divórcio que será apresentado nestes mesmos autos, nos moldes do art. 308 do CPC, justificando a tutela de urgência, que deverá ser deferida conforme abaixo segue.

Inclusive, tal direito e pretensão devem ser protegidos de forma liminar, tendo em vista a prova inequívoca dos fatos alegados, ou seja, fumaça do bom direito, aliada ao perigo evidente que a demora poderá causar, nos termos exigidos pela legislação processual.

Realmente, estão presentes os requisitos dos arts. 300 e 305 do CPC, pois existe urgência e estamos diante da presença dos requisitos da probabilidade do direito e do perigo da demora, autorizando a propositura desta medida que será futuramente complementada, com o pedido principal que será formulado pelo autor nos termos do art. 308 do CPC.

Pedidos

Diante de todo o exposto, é a presente para requerer a Vossa Excelência:

a) a concessão de liminar, sem a oitiva da parte contrária, com ou sem justificação prévia, concedendo-se e expedindo-se o competente mandado de sequestro, que deverá recair sobre o veículo acima descrito, nomeando-se o Autor seu fiel depositário;

b) a citação da Ré, no endereço acima declinado, para que, no prazo de 5 (cinco) dias, apresente contestação e indique as provas que pretende produzir nos termos do art. 306 do CPC;

c) que ao final seja a presente medida cautelar julgada totalmente procedente, tornando definitivo o sequestro concedido, visando impedir a dilapidação patrimonial e com isso assegurando o direito que será postulado com o pedido futuro que será apresentado pelo autor nos termos do art. 308 do CPC;

d) que ao final a Requerida seja condenada ao pagamento das custas, das despesas processuais e dos honorários advocatícios de sucumbência.

Protesta provar o alegado por todos os meios de prova em direito admitidos, principalmente prova oral, com depoimento pessoal e oitiva de testemunhas, prova documental e prova pericial.

Dá-se à presente causa o valor de R$ (valor do bem).

Nestes termos,
pede deferimento.
Local e data.
Advogado.
OAB n.

- **Busca e apreensão**
- **Problema elaborado pelo autor**

Aplicabilidade: O direito processual permite a busca e a apreensão cautelar de pessoas ou de coisas. O arresto e o sequestro foram diferenciados anteriormente e também se referem à apreensão de coisas. Aqui, na busca e apreensão, existem bens ou pessoas que precisam ser apreendidos justificadamente para garantir a eficácia de determinada tutela futura, como no caso da apreensão de livros e revistas sobre as quais recai discussão de direito autoral a ser resolvida em futuro pedido de indenização. Veja que o litígio não recai sobre o objeto em si, mas é preciso apreendê-lo para garantir a eficácia do direito que se discute ou impedir que sua violação se perpetue. A medida de busca e apreensão poderá ser, excepcionalmente, de pessoas, notadamente quando forem incapazes, para os fins de guarda e proteção, com interesse do próprio apreendido, portanto. Vale ressaltar que essas medidas não se confundem com aquelas aplicáveis aos casos de alienação fiduciária de bens móveis, geralmente praticadas pelas financiadoras de compra de veículos automotores (Dec.-lei n. 911/69).

Comentários específicos: Neste pedido de tutela provisória feito em caráter antecedente ou não é preciso respeitar as regras previstas nos arts. 294 e seguintes do CPC. A tutela provisória, neste caso, apresenta-se focada na urgência (arts. 294 e 297 do CPC) estando autorizado o juiz a adotar as medidas adequadas para efetivar a tutela provisória. Como se trata de tutela antecedente, será ajuizada no juízo competente para conhecer do pedido principal (art. 299 do CPC). Mais especificamente, é preciso, para toda e qualquer tutela de urgência, que estejam presentes os requisitos do art. 300 do CPC: probabilidade do direito e perigo de dano ou o risco ao resultado útil do processo. O § 1º aponta que o juiz pode exigir caução para conceder o pedido de tutela, bem como ressalta o § 2º do mesmo artigo, que a tutela de urgência pode ser concedida liminarmente (sem a oitiva da parte contrária) ou após justificação prévia. O valor da causa é o da coisa a ser apreendida, e, se for pessoa, dar-se-á valor para fins de alçada.

EXCELENTÍSSIMO SENHOR DOUTOR JUIZ DE DIREITO DE UMA DAS VARAS CÍVEIS DA COMARCA DE SANTOS – SP.

Empresa Beta Ltda., pessoa jurídica de direito privado, devidamente inscrita no Cadastro Nacional de Pessoas Jurídicas sob o n., endereço eletrônico, com sede na Rua n., Cidade, Estado, representada pelo Diretor, conforme Estatuto Social anexo, por intermédio de seu bastante procurador signatário, conforme instrumento de procuração anexo, portador da carteira profissional n., vem perante Vossa Excelência, com todo o acatamento e respeito, com fundamento nos arts. 305 e seguintes do Código de Processo Civil, propor a presente

Procedimento da Tutela Cautelar Requerida em Caráter Antecedente de Busca e Apreensão

Em face de Empresa Alfa Ltda., pessoa jurídica de direito privado, devidamente inscrita no Cadastro Nacional de Pessoas Jurídicas sob o n., endereço eletrônico, com sede na Rua n., Cidade, Estado, pelos motivos de fato e de direito a seguir deduzidos.

Fatos

Conforme se depreende da documentação anexa, a Autora é produtora e comercializa, com exclusividade em todo o território nacional, o produto denominado TULIUS, boneco e brinquedo infantil, cujos direitos intelectuais em sua inteireza são por ela detidos.

Ocorre que, nos termos do aviso recebido pela fiscalização alfandegária, a Ré pretende importar 20.000 (vinte mil) unidades de produto proveniente da China, em total desrespeito aos direitos da Autora, uma vez que o brinquedo objeto da pretendida importação é cópia integral do produto da Autora, conforme se verifica nas fotos anexas, tiradas dentro do espaço alfandegário na data da retenção administrativa do contêiner.

Fundamentos Jurídicos

A Autora tem o direito de impedir que sejam violados seus direitos intelectuais concernentes à fabricação, comercialização e ao uso de produtos piratas, nos termos do direito da propriedade intelectual e da própria Constituição Federal, bem como apreender objetos que estejam ferindo tais direitos e buscar, via pedido complementar futuro a ser apresentado nesta ação, indenização por eventuais perdas e danos causados.

Neste caso, os objetos estão todos retidos administrativamente no posto alfandegário desta Comarca, conforme endereço e dados incluídos na documentação anexa.

Os requisitos do art. 305 do CPC estão preenchidos no presente caso e autorizam o pedido cautelar em caráter antecedente. Estão indicadas a lide e o seu fundamento, o direito que se objetiva assegurar está totalmente fundamentado e comprovado, bem como está evidente o perigo de dano e até mesmo o risco ao resultado útil do processo, pois que se os brinquedos ingressarem no território nacional e forem comercializados pela Ré não se atingirá o resultado final do processo e isso causará danos severos à Autora.

Há fumaça do bom direito diante da farta documentação acostada aos autos, notadamente comprovadora da titularidade do direito intelectual envolvido, da intenção de importação e comercialização no território nacional, por parte da Ré, de produto evidentemente pirata.

Há perigo na demora, na medida em que a Autora não pode aguardar o final do trâmite de ação ordinária de conhecimento, sob pena de tornar-se inviável a tutela pretendida, sendo, portanto, necessária a busca e apreensão dos objetos, liminarmente, como adiante será requerido.

Realmente, estão presentes os requisitos dos arts. 300 e 305 do CPC, pois existe urgência e estamos diante da presença dos requisitos da probabilidade do direito e do perigo da demora, autorizando a propositura desta medida que será futuramente complementada, com o pedido principal que será formulado pelo autor nos termos do art. 308 do CPC.

Pedidos

Diante de todo o exposto, é a presente para requerer a Vossa Excelência:

a) a concessão de liminar, sem a oitiva da parte contrária, com ou sem justificação prévia, concedendo-se e expedindo-se o competente mandado de busca e apreensão, que deverá recair sobre a totalidade dos bonecos do interior do contêiner n. XXX, retido pela administração portuária do Porto de Santos, onde deverão permanecer armazenados até decisão final;

b) a citação da Requerida, no endereço acima declinado, para que, no prazo de 5 (cinco) dias, apresente contestação e indique as provas que pretende produzir nos termos do art. 306 do CPC;

c) que ao final seja a presente medida cautelar julgada totalmente procedente, tornando definitiva a medida concedida, visando garantir a eficácia do pedido de obrigação de não fazer cumulado com o pedido de perdas e danos a ser apresentado pela Autora nos termos do art. 308 do CPC;

d) que ao final a Requerida seja condenada ao pagamento das custas, das despesas processuais e dos honorários advocatícios de sucumbência, a serem exigidos no pedido futuro.

Protesta provar o alegado por todos os meios de prova em direito admitidos, principalmente prova documental e prova pericial.

Dá-se à presente causa o valor de R$ (valor por extenso).

Nestes termos,
pede deferimento.
Local e data.
Advogado.
OAB n.

- **Exibição**
- **Problema elaborado pelo autor**

Aplicabilidade: O cabimento do pedido de exibição tem lugar nas hipóteses apontadas pelos arts. 396 e 397 do CPC, tratando basicamente de documentos ou coisas que estejam na posse de outrem e que são do requerente ou este tem o direito/interesse de conhecer seu conteúdo. O leitor deve verificar que recente modificação legislativa melhorou o texto do art. 397 (Lei n. 14.195, de 2021), facilitando, certamente, a elaboração de petições deste tipo e o alcance da medida jurisdicional pretendida.

Atenção: Geralmente o objetivo é fazer prova com tal documento ou coisa para fundamentar algum outro pedido que se pretende contra o mesmo réu.

Atualmente, podemos apontar que será aplicável ao caso a *tutela de provisória de urgência*. Inclusive, se a hipótese for de urgência, poderá ser formulado como verdadeiro pedido de produção antecipada de provas (art. 381 do CPC). "Se a hipótese for de urgência, não há como negar a possibilidade de o pedido de exibição ser formulado antes do processo, aplicando-se para tanto, o procedimento aqui analisado, subsidiado pelo que o CPC chama de "produção antecipada de provas" (art. 381), hipótese em que o réu será necessariamente citado, não meramente intimado. É irrecusável, outrossim, que o pedido possa assumir a feição de alguma tutela provisória antecedente, seja ela de cunho antecipado (art. 303) ou cautelar (arts. 305 a 310)"[108]. Tem lugar a exibição de coisa móvel em poder de outrem e que o requerente repute sua ou tenha interesse em conhecer; a exibição de documento próprio ou comum em poder de cointeressado, sócio, condômino, credor ou devedor, ou em poder de terceiro que o tenha em sua guarda, como inventariante, testamenteiro, depositário ou administrador de bens alheios; a exibição da escrituração comercial por inteiro, balanços e documentos de arquivo, nos casos expressos em lei. Verifica-se que

---

108 BUENO, Cassio Scarpinella. *Novo Código de Processo Civil anotado* cit., p. 284.

há no CPC procedimento próprio regulado dentro do Capítulo XII, Seção VI, do CPC, que trata "Das Provas" (arts. 369 e seguintes). Como o objetivo da exibição é em regra preparatório, torna-se importante que esteja inserido no contexto de se revelar por meio de um pedido de tutela provisória, conforme explicado anteriormente. Por esta razão, mesmo o assunto estando tratado no CPC na esfera "Das Provas", no processo de conhecimento, mantém-se este modelo entre as outras petições com o mesmo objetivo (procedimentos especiais). Com a leitura do art. 396 do CPC também podemos afirmar que o pedido, além de ser possível na forma de pedido de tutela de urgência, poderá ser feito pela parte no próprio processo, na forma de petição simples dirigida ao juiz da causa. Portanto, mantém-se a ideia prática de que ora será feito com caráter preparatório (antecedente) ora será feito como pedido incidental, sempre respeitando os requisitos e diretrizes do CPC.

Comentários específicos: O interesse da parte é de apenas conhecer a coisa ou o conteúdo do documento, nada mais, porém utilizar a informação ou o conteúdo obtido em pedido futuro a ser ofertado. O pedido feito, seja na forma preparatória ou incidental, deve contemplar os requisitos do art. 397 do CPC em seus três incisos, sobretudo, a individuação da coisa ou do documento, a finalidade da prova, a afirmação que justifique a alegação de que está na posse da outra parte ou do réu. Recebido o pedido o juiz intimará a parte contrária para dar sua resposta no prazo de cinco dias (não se trata de citação nem de contestação). A contextualização dos efeitos da entrega, da recusa e suas consequências efetivas estão previstas nos arts. 399 e seguintes do CPC, inclusive, quando se tratar de documento ou coisa na posse de terceiro.

EXCELENTÍSSIMO SENHOR DOUTOR JUIZ DE DIREITO DE UMA DAS VARAS CÍVEIS DA COMARCA DE LORENA – SP.

Antônio, nacionalidade, estado civil, profissão, portador do RG n. e do CPF n., endereço eletrônico, residente e domiciliado na Rua n., Bairro, Cidade, por intermédio de seu bastante procurador signatário, conforme instrumento de procuração anexo, portador da inscrição profissional OAB, vem, perante Vossa Excelência, com todo o acatamento e respeito, com fundamento nos arts. 305, 396 e seguintes do Código de Processo Civil, apresentar o presente

Pedido de Tutela Provisória de Exibição de Documentos

Em face de Benedita, nacionalidade, estado civil, profissão, portadora do RG n. e do CPF n., endereço eletrônico, residente e domiciliada na Rua n., Bairro, Cidade, pelos motivos de fato e de direito a seguir deduzidos.

Fatos

O Autor é sócio da Ré na empresa LAVATUR Ltda., conforme documentação societária anexa, sendo certo que esta última é quem de fato exerce a administração da empresa.

Ocorre que o convívio societário tornou-se insuportável, diante de desavenças que colocaram em xeque a necessária confiança para manutenção do negócio empresarial em comum, sendo necessário que se efetue a dissolução e liquidação da sociedade nos termos da legislação civil.

Mas a Ré é quem detém a posse e o controle sobre os documentos de escrituração comercial, sendo certo que, não obstante a notificação extrajudicial encaminhada pelo Autor (documento anexo), ela se recusa a fornecer cópia daqueles, tornando-se necessário o presente pedido de tutela de evidencia consistente na entrega e exibição dos referidos documentos.

Com o passar do tempo o Autor perde todo o conhecimento de como a empresa está funcionando, bem como permite que a Ré possa a partir disso alterar documentos e/ou adotar medidas furtivas que retirem do Autor o direito não somente de inspecionar e avaliar os documentos como também de evitar possíveis prejuízos.

Fundamentos Jurídicos

Vistos os fatos acima, verifica-se que a Ré é obrigada a exibir toda a escrituração comercial da empresa para o Autor (art. 381 do CC), visando permitir que o Autor conheça o conteúdo e se o caso promova a instrução e a própria propositura da dissolução e liquidação societária que se pretende, conforme abaixo se requer.

Está comprovado que o documento pretendido está no poder da Ré (art. 396 do CPC), bem como estão preenchidos os requisitos do art. 397 do CPC, com a perfeita individualização do documento e a indicação da finalidade que se pretende com a prova que se produzirá com a exibição de tal documento que é de interesse comum dos sócios, bem como diante das circunstâncias que justificam o pedido em face da Ré, administradora da pessoa jurídica, portanto, portadora de tais documentos pretendidos.

Em complemento, verifica-se que há no presente caso perigo de demora ou risco ao resultado útil do processo, devendo ser permitido ao Autor ter acesso imediato aos documentos a que se referem os atos da pessoa jurídica, sob pena de, com o passar do tempo, o controle tornar-se ineficiente ou ineficaz, prejudicando o Autor, sócio, nos direitos que possui frente a sociedade. Assim, o risco ao resultado útil do pedido futuro que poderá ser apresentado é evidente, pois a Autora poderá extraviar, alterar ou manipular documentos em detrimento da verdade.

Pedidos

Diante de todo o exposto, é a presente para requerer a Vossa Excelência:

a) a intimação da Ré, no endereço acima declinado, para que, no prazo de 5 (cinco) dias, exiba a escrituração comercial da empresa, relacionada com os últimos 5 (cinco) exercícios financeiros prosseguindo-se nos termos dos arts. 398 e seguintes do CPC;

b) que ao final a Ré seja condenada ao pagamento das custas, das despesas processuais e dos honorários advocatícios de sucumbência.

Protesta provar o alegado por todos os meios de prova em direito admitidos, principalmente prova oral, com depoimento pessoal e oitiva de testemunhas, prova documental e prova pericial.

Dá-se à presente causa o valor de R$ (valor por extenso), para fins de alçada.

Nestes termos,

pede deferimento.

Local e data.

Advogado.

OAB n.

- **Produção antecipada de provas**
- **Problema elaborado pelo autor**

Aplicabilidade: Considerando que a audiência de instrução é o momento em que se concentra a realização das provas no processo, sua demora pode obstar à realização de algumas provas, seja porque até lá os vestígios desaparecerão, seja porque a testemunha que se pretende ouvir faleceu, seja porque o imóvel que se pretende analisar desabou etc. O perigo de perecimento da prova permite que esta seja realizada antes do momento processual geralmente oportuno. Mesmo antes do CPC em vigor havia doutrina apontando que, quando o problema ocorre com o processo em andamento, o caso será tratado como mera antecipação da instrução, não necessitando de pedido cautelar antecedente, mas de simples petição[109]. Diz o art. 369 do CPC que as partes têm o direito de empregar todos os meios legais, bem como os moralmente legítimos para provar a verdade dos fatos. Contudo, este direito pode, em alguns casos, encontrar-se prejudicado pela demora da instrução processual e, por isso, legitimaria o pedido de tutela cautelar antecedente (art. 305 do CPC). Atualmente o pedido de produção antecipada de provas está inserido na Seção II do Capítulo XII do Livro I do Processo de Conhecimento, ou seja, não está mais indicado em ações cautelares que, sabemos, nem constam mais no CPC. Considerando a posição em que tal pedido está indicado no CPC podemos afirmar que ele terá razão preparatória ou incidental, conforme prevê o art. 294 em seu parágrafo único que afirma que a tutela provisória de urgência pode ser concedida em caráter antecedente ou incidental. Assim, podemos fazer este pedido para realizar uma prova a ser utilizada no pedido futuro, ou então, no curso do processo pretender que ela se realize de forma antecipada.

A produção antecipada de provas pode consistir em interrogatório da parte, inquirição de testemunhas e exame pericial (neste último, *ad perpetuam rei memoriam*). O objetivo geral é, portanto, realizar prova que será usada no pedido principal que ainda será apresentado ou em virtude de necessária antecipação daquela fase processual, sempre que a realização daquela prova não possa esperar o momento oportuno (é o que encontramos no art. 381, I, do CPC).

Atenção: A grande novidade do CPC está no fato de que outras justificativas podem ser utilizadas para justificar a antecipação da prova e isso está alinhado ao objetivo conciliatório do presente Código. Diz o art. 381, II, do CPC: "a produção antecipada de provas será admitida nos casos em que a prova a ser produzida seja suscetível de viabilizar a autocomposição ou outro meio adequado de solução do conflito". Diz, no mesmo artigo, o inc. III: "a produção antecipada de provas será admitida nos casos em que o prévio conhecimento dos fatos possa justificar ou evitar o ajuizamento de ação". Observação: a produção antecipada de provas poderá transformar a prova oral em prova escrita para fins de ação monitória no CPC.

---

109 SANTOS, Ernani Fidélis dos. *Manual de direito processual civil* cit., v. 2, p. 362.

Comentários específicos: É sempre obrigatório justificar sumariamente a necessidade da realização da prova antecipada, destacando os requisitos dos três incisos do art. 381 do CPC, basicamente, impossibilidade de se realizar a prova no futuro, viabilização de composição entre as partes ou o conhecimento pretendido possa justificar ou evitar ação judicial futura. Além disso, a petição deverá contemplar os requisitos indicados no art. 382 do CPC, em seu *caput*: o requerente apresentará as razões que justificam a necessidade da antecipação da prova e mencionará com precisão os fatos sobre os quais a prova há de recair. Verifica-se que, quando promovido pedido em ação autônoma, os autos permanecerão em cartório e depois serão entregues ao promovente da ação (art. 383 do CPC).

EXCELENTÍSSIMO SENHOR DOUTOR JUIZ DE DIREITO DE UMA DAS VARAS CÍVEIS DA COMARCA DE LORENA – SP.

Antônio, nacionalidade, estado civil, profissão, portador do RG n. e do CPF n., endereço eletrônico, residente e domiciliado na Rua n., Bairro, Cidade, por intermédio de seu bastante procurador signatário, conforme instrumento de procuração anexo, portador da inscrição profissional OAB, vem, perante Vossa Excelência, com todo o acatamento e respeito, com fundamento nos arts. 305 e 381 e seguintes do Código de Processo Civil, propor o presente

Procedimento da Tutela Cautelar Requerida em Caráter Antecedente

Em face de Benedito, nacionalidade, estado civil, profissão, portador do RG n. e do CPF n., endereço eletrônico, residente e domiciliado na Rua n., Bairro, Cidade, pelos motivos de fato e de direito a seguir deduzidos.

Fatos

O Autor foi vítima de acidente de trânsito no dia 10, próximo passado, quando atravessava a Av. regularmente, pela faixa de pedestres e com o sinal verde para pedestres, tudo conforme consta do Termo Circunstanciado anexo.

O Réu foi quem, conduzindo seu veículo em alta velocidade, ultrapassou o sinal vermelho e acabou por dar causa ao acidente, atropelando o Autor e causando-lhe sérias lesões físicas, conforme documentação médica e exame de corpo de delito anexos.

A única testemunha presencial foi o Sr. Alaor de Tal, que poderá esclarecer os fatos acima narrados, configuradores da imprudência do Réu e, por consequência, determinantes do dever de reparar os danos causados ao Autor.

Ocorre que a testemunha está gravemente enferma, nos termos da documentação médica anexa, sendo certo que não se sabe ao certo quanto tempo de vida lhe resta, o que pode frustrar sua oitiva em juízo em eventual ação de indenização a ser promovida pelo Autor. Outrossim, pode ser que com o conteúdo do depoimento levado a efeito as partes encontrem a autocomposição mesmo antes da distribuição de possível futura ação de indenização, o que também justifica a medida ora pretendida, como abaixo veremos.

Fundamento Jurídico

Diante dos fatos narrados, observa-se que o Autor tem direito de pleitear a produção antecipada da prova oral, concernente na oitiva da testemunha apontada, visando comprovar a culpa no acidente, haja vista que há justo receio de que ao tempo da prova a testemunha já tenha falecido.

A fumaça do bom direito está declinada na documentação anexa, pois realmente se trata de única testemunha, que se encontra tomada por moléstia gravíssima. O perigo da demora reside no fato de que a doença pode lhe impedir de ser inquirida na ação de indenização a ser proposta pelo Requerente, prejudicando o direito deste último de realizar a prova e de ser indenizado pelos danos causados pelo Requerido.

Estão presentes os requisitos estampados no art. 305 do CPC, bem como aqueles encontrados no art. 381, incisos I e II, do mesmo diploma legal, pois há perigo na demora caso o Autor tenha que aguardar o decorrer do andamento do processo de conhecimento visando a condenação do Réu, bem como poderá interferir no resultado útil do pedido que se pretende fazer caso a prova não seja antecipadamente realizada.

Pedidos

Diante de todo o exposto, é a presente para requerer a Vossa Excelência:
a) a designação imediata de audiência de instrução, com a devida urgência que o caso exige, para que se realize a oitiva da testemunha Alaor de Tal, brasileiro, viúvo, aposentado, portador do RG n. residente e domiciliado na Rua n., Bairro, Cidade, visando fixar a situação fática do evento narrado acima e apontar a culpa do Réu no acidente;
b) a citação do Réu, no endereço acima declinado, para que acompanhe a realização da prova nos termos do art. 382 do CPC;

c) que ao final seja a presente medida homologada por sentença, confirmando-se a regularidade da produção de referida prova, que possivelmente será utilizada na futura ação de indenização a ser promovida pelo Autor;

d) que ao final o Requerido seja condenado ao pagamento das custas, das despesas processuais e dos honorários advocatícios de sucumbência, a serem exigidos na ação futura, se o caso.

Protesta provar o alegado por todos os meios de prova em direito admitidos, principalmente documental e pericial.

Dá-se à presente causa o valor de R$ (valor por extenso), para fins de alçada.

Nestes termos,
pede deferimento.
Local e data.
Advogado.
OAB n.

5.4 Procedimentos especiais do Código de Processo Civil

Nem todas as hipóteses de fato e de direito estampadas no cotidiano social são solucionáveis via processo de conhecimento ou de execução. Algumas circunstâncias precisam ser mais bem trabalhadas pelo aplicador do direito, diante das inúmeras peculiaridades que o caso pode trazer, por exemplo, as disputas possessórias e, agora neste CPC, as ações de família e dissolução parcial de sociedade, entre outras. Para atender a esses preceitos diferenciadores, o legislador criou procedimentos especiais, ora reduzindo prazos, ora fundindo o conhecimento com a execução, ora estabelecendo regras processuais próprias, instituindo a natureza dúplice das ações, alterando regras de competência etc.

Realmente, o procedimento deve ser o mais adequado para a postulação de direitos. Nem sempre o processo de conhecimento ou o de execução permite a efetiva postulação, sendo necessária a existência de procedimentos especiais.

> As peculiaridades de cada um dos procedimentos especiais só poderão ser explicadas se se levar em consideração o direito material que está sendo discutido e a proteção jurídica que a lei lhe atribui. As ações possessórias, por exemplo, são dotadas de liminar, porque a lei civil

estabelece que o esbulhado ou turbado há menos de ano e dia tem o direito de reaver a coisa desde logo[110].

Aplicam-se os princípios do processo de conhecimento e a teoria geral do processo, mormente quando omisso o CPC ao tratar dos procedimentos especiais. Tanto mais agora no CPC, pois o legislador deixou o item "procedimentos especiais" no mesmo Livro onde está o item "procedimento comum". O Livro I (Do processo de conhecimento e do cumprimento de sentença) engloba o Título I (Do procedimento comum) e o Título III (Dos procedimentos especiais).

Parte da doutrina entende que não é tecnicamente acertado se referir a procedimentos especiais de jurisdição contenciosa e de outro lado de jurisdição voluntária, e que tal distinção não traria muitas consequências práticas. Isso porque "Tanto nos procedimentos de jurisdição contenciosa como nos de jurisdição voluntária, a atuação do Estado-juiz é (e deve ser) moldada desde o 'modelo constitucional do direito processual civil', sendo de pouca (ou nenhuma) importância a circunstância de não haver, no âmbito da chamada 'jurisdição voluntária', conflito, atual ou potencial, entre as partes ou, se o prezado leitor preferir, entre os interessados. Ausência esta que, de resto, nem sempre se confirmará"[111].

Atenção: é muito importante observar que no CPC os "procedimentos especiais" estão inseridos dentro do mesmo capítulo do procedimento comum, antes do processo de execução. Na verdade, então, podemos considerá-los como variantes do procedimento comum, que assim o são construídas, de forma diferenciada, a título de procedimento processual, seja por razões históricas seja por razões alicerçadas em suas peculiaridades fáticas ou jurídicas, inclusive, do próprio direito material envolvido[112]. Por fim, diz o mesmo autor que o rol do CPC/2015 não é exaustivo, pois "há diversos procedimentos especiais diversos na legislação extravagante, isto é, fora do Código de Processo Civil"[113].

---

110 GONÇALVES, Marcus Vinicius Rios. *Novo curso de direito processual civil*. 3. ed. São Paulo: Saraiva, 2007. v. 2.
111 BUENO, Cassio Scarpinella. *Manual de direito processual civil* cit., p. 557.
112 Idem, ibidem, p. 558.
113 Idem, p. 561.

Outro ponto relevante é perceber que para cada ação a ser estudada dentro dos procedimentos especiais o profissional precisa conhecer e dominar também o conteúdo do direito material envolvido. Por exemplo, na ação de reintegração de posse é essencial conhecer o conteúdo estabelecido pelo CC para a proteção possessória advinda do esbulho; na ação de prestação de contas, conhecer o tratamento jurídico da gestão de bens alheios; na consignação em pagamento, as hipóteses previstas no CC etc.

Na ação de prestação de contas ou na ação de consignação em pagamento, ou, ainda, na ação monitória, o que o procedimento especial espelha é justamente uma necessidade ou aplicabilidade diferenciada de procedimento, que não seria atendida de forma satisfatória por outro procedimento ou pelo procedimento comum, exigindo-se a criação de procedimentos especiais, que serão de natureza contenciosa (arts. 539 a 718 do CPC) ou voluntária (arts. 719 a 770), neste último caso, por exemplo, como ocorre com os testamentos, a herança jacente ou a interdição.

Ao contrário do que ocorre no processo de execução nos procedimentos especiais não há "disposições gerais", pois cada um tem sua própria peculiaridade e particularidade. Assim, por exemplo, o art. 542 do CPC indica os requisitos da petição inicial da ação de consignação em pagamento; o art. 561 do mesmo Código indica requisitos da petição inicial da ação possessória de manutenção e reintegração de posse etc. Não há disposições gerais, pois cada procedimento é muito peculiar e detém regras especialíssimas que não se confunde com as regras dos demais. Sem prejuízo disso, na omissão ou havendo necessidade o procedimento comum será subsidiariamente utilizado.

As primeiras petições são exemplos de **procedimentos especiais de jurisdição contenciosa.**

- **Ação de consignação em pagamento**
- **(Exame 117 da OAB/SP)**[114]

Aplicabilidade: Nas relações obrigacionais e contratuais o devedor tem interesse e direito de cumprir sua prestação, ou seja, efetuar

---

114 Romálio contratou, para auxiliá-lo no gerenciamento de seu patrimônio pessoal, os serviços da Canarinho Contabilidade Ltda. O contrato previra a possibilidade de sua denúncia unilateral, por qualquer das partes, "mediante a concessão de um pré-aviso de 30 (trinta) dias". Frustrados seus planos profissionais para o futuro próximo, Romálio resolveu, por conveniência própria, denunciar o contrato, convocando os representantes legais da Canarinho Contabilidade Ltda. e

o pagamento e manter-se adimplente. O credor, em contrapartida, deve não somente receber como fornecer a quitação regular, tudo conforme dispositivos do CC. Sendo assim, caso o credor se recuse a receber, não compareça para receber, exija mais do que o devido, ou, então, caso exista dúvida sobre quem realmente deva receber, é possível que o devedor cumpra indiretamente sua obrigação, realizando um pagamento indireto denominado "consignação em pagamento". As hipóteses exemplificativas do cabimento da ação de consignação estão apontadas no art. 335 do CC. Isso pode ser feito extrajudicialmente, nos moldes do § 1º do art. 539 do CPC, ou judicialmente, nos moldes dos arts. 540 e seguintes do mesmo Código. Não se restringe às obrigações em dinheiro, devendo o credor ser citado para receber a prestação. Lembre-se que com a consignação efetuada cessa para o devedor os efeitos da mora.

Comentários específicos: O art. 540 do CPC celebra a regra de competência – será o juízo do lugar do pagamento –, bem como aponta os efeitos da ação: cessam para o devedor os juros e os riscos, salvo se improcedente a ação. O artigo seguinte (art. 541 do CPC) indica a possibilidade de depósito de prestações periódicas no mesmo processo. O art. 542 do CPC trata de apontar os requisitos especiais da inicial quanto ao requerimento do autor: (i) requererá lhe seja permitido realizar o depósito no prazo de 5 dias; e (ii) a citação do réu para levantar o depósito ou oferecer resposta.

EXCELENTÍSSIMO SENHOR DOUTOR JUIZ DE DIREITO DE UMA DAS VARAS CÍVEIS DO FORO REGIONAL DA LIBERDADE DA COMARCA DE SÃO PAULO – ESTADO DE SP.

Romálio, nacionalidade, estado civil, profissão, inscrito sob o CPF n., e RG n., endereço eletrônico, residente e domiciliado na Rua n., Bairro, na

entregando-lhes carta, mediante recibo, notificando-os de sua intenção. Passados trinta dias, Romálio procurou a Canarinho Contabilidade Ltda. em sua sede (local do pagamento, segundo o contrato), para viabilizar o pagamento da última parcela e, para sua surpresa, a sociedade negou-se ao recebimento porque pretendia indenização maior, por lucros cessantes.

Questão: Na qualidade de advogado de Romálio, diligencie no afã de seus interesses. Atente que Romálio é domiciliado no Rio de Janeiro, ao passo que a Canarinho Contabilidade Ltda. tem sede em São Paulo, no bairro da Liberdade. O valor pretendido pela Canarinho é de R$ 10.000,00 (dez mil reais).

cidade do Rio de Janeiro, por intermédio de seu bastante procurador signatário, conforme instrumento de procuração anexo, portador da inscrição profissional OAB, vem, perante Vossa Excelência, com todo o acatamento e respeito, com fundamento nos arts. 539 e seguintes do Código de Processo Civil, propor a presente

Ação de Consignação em Pagamento

Em face de Canarinho Contabilidade LTDA., inscrito no CNPJ n., endereço eletrônico, situada na Rua n., Bairro, na cidade de São Paulo, representada por seu sócio, X, residente e domiciliado na Rua n., Bairro, na Cidade, pelos fundamentos de fato e de direito a seguir expostos.

Fatos

O Consignante contratou o Consignatário para auxiliá-lo no gerenciamento de seu patrimônio pessoal, conforme contrato anexo. Nos termos da cláusula X, ficou estipulada no contrato a possibilidade de denúncia unilateral por qualquer das partes com a devida observância de aviso prévio de 30 (trinta) dias.

Dessa forma, o Consignante, no exercício de seu direito e faculdade contratual, resolveu denunciar o contrato e, para isso, convocou os representantes legais da Consignatária, entregando-lhes uma carta para notificá-los da decisão tomada, que por eles foi recebida, conforme documento anexo.

Passados 30 (trinta) dias da denúncia do contrato, o Consignante procurou os representantes para efetuar o pagamento da última parcela devida, mas a Consignatária negou-se a receber quaisquer valores, sob a alegação de que pretendia indenização por perdas e danos, impedindo que o Consignante realize o cumprimento de sua prestação obrigacional.

Fundamentos Jurídicos

Diante dos fatos acima narrados, existindo dívida líquida e certa, bem como pretendendo o Consignante cumprir sua obrigação contratual, nos termos do art. 335 do Código Civil, tem ele o direito de consignar o pagamento mediante depósito judicial da quantia devida, evitando os efeitos da mora, tendo em vista que a Consignatária se recusa a receber os devidos valores sem qualquer justificativa.

Pedidos

Diante de todo o exposto, requer a Vossa Excelência:

a) a autorização para o depósito da quantia devida, no valor de R$, no prazo de 5 (cinco) dias, nos termos do art. 542, I, do Código do Processo Civil;

b) a citação da Consignatária para levantar o depósito ou oferecer contestação, sob pena de sofrer os efeitos da revelia;

c) a total procedência da ação para fins de declarar extinta a obrigação do Consignante, nos termos do art. 546 do CPC, disponibilizando-se o valor para o levantamento pela Consignatária da quantia depositada em juízo, com a condenação desta ao pagamento das custas, despesas e honorários advocatícios da sucumbência.

Protesta pela produção de todas as provas em direito admitidas, principalmente pela produção da prova oral, documental e testemunhal.

Dá-se à causa o valor de R$ (valor por extenso).

Nestes termos,
pede deferimento.
Local e data.
Advogado.
OAB n.

- **Ação de exigir contas**
- **(Exame 118 da OAB/SP)**[115]

Aplicabilidade: Os atos de gestão ou administração de bens, negócios ou interesses alheios gera o dever de prestar contas do que

---

115 Silas decidiu, por questões particulares, ausentar-se do país pelo período de um ano e, nesse ínterim, constituiu Alcebíades como seu bastante procurador, com poderes gerais para representá-lo nos atos da vida civil. A procuração foi outorgada pelo mesmo prazo e, passado esse tempo, Silas, de volta ao país, procurou Alcebíades para se inteirar das novidades. Este, muito solícito, disse que não havia sido necessário utilizar o mandato e disse a Silas que ficasse tranquilo, pois nada havia ocorrido. Contudo, dirigindo-se ao banco em que mantinha conta corrente, Silas percebeu que seu saldo estava devedor em R$ 100.000,00 (cem mil reais), pois a conta havia sido movimentada por Alcebíades, com uso da procuração. Buscando explicações, Silas novamente procurou Alcebíades, mas este vem se esquivando de dar qualquer demonstração das despesas pagas no período.

ocorreu e se efetuou. O vínculo não precisa ser contratual ou expresso, bastando que, de fato, a gestão ou administração ocorra, mesmo que diante do mero controle de dinheiro alheio, entradas e saídas de caixa etc., podendo ser decorrente, por exemplo, de mandato ou representação comercial[116]. A ação na atual conjuntura do CPC só pode ser apresentada por quem tem o direito de exigir as contas (art. 550 do CPC). Imagina-se, como exemplo, como devedor de tal obrigação exigível em juízo o presidente de um clube associativo, o sócio administrador de uma pessoa jurídica ou até mesmo o inventariante em relação ao inventário. Neste último caso, havendo procedimento judicial, a prestação de contas se dará, inclusive, como apenso (art. 553 CPC). "Trata-se de processo bifásico em que, primeiro, discute-se o direito do autor de exigir as contas e, depois, desde que o direito seja reconhecido que se criam condições para que as contas sejam efetivamente prestadas, seguindo-se, conforme o caso, a cobrança de eventuais valores em aberto"[117].

Comentários específicos: Para todos os casos é preciso provar o vínculo existente, ou seja, de onde surge a obrigação de prestar ou o direito de exigir as contas, fundamentando-se nas regras de direito civil. O art. 550, *caput* e parágrafo primeiro, do CPC, estabelece os critérios da petição inicial para quem pretende exigir a prestação de contas: requererá a citação do réu para que apresente as contas ou conteste a ação no prazo de 15 dias, especificando detalhadamente as razões pelas quais exige as contas instruindo a inicial com documentos comprobatórios desta necessidade. Segundo o art. 551 do CPC, as contas devem ser apresentadas de forma adequada, especificando-se as receitas, a aplicação das despesas e os investimentos, se houver. O art. 553 esclarece que as contas do inventariante, do tutor, do curador, do depositário e de outro qualquer administrador serão prestadas apensas aos autos do processo em que tiver sido nomeado.

Questão: Constituído advogado de Silas, atue em prol de seu cliente. Atente para o fato de que ambos são domiciliados na Comarca de Canhambebe e o saldo credor anterior à viagem de Silas era de R$ 20.000,00 (vinte mil reais).

116 GRECO Filho, Vicente. *Direito processual civil brasileiro* cit., v. 3, p. 219.
117 BUENO, Cassio Scarpinella. *Manual de direito processual civil* cit., p. 564.

EXCELENTÍSSIMO SENHOR DOUTOR JUIZ DE DIREITO DE UMA DAS VARAS CÍVEIS DA COMARCA DE CANHAMBEBE – SP.

Silas, nacionalidade, estado civil, profissão, portador do RG n. e do CPF n., endereço eletrônico, residente e domiciliado na Rua n., Bairro, Cidade, por intermédio de seu bastante procurador signatário, conforme instrumento de procuração anexo, portador da inscrição profissional OAB, vem, perante Vossa Excelência, com todo o acatamento e respeito, com fundamento nos arts. 550 e seguintes do Código de Processo Civil, propor a presente

Ação de Exigir Contas

Em face de Benedito, nacionalidade, estado civil, profissão, portador do RG n. e do CPF n., endereço eletrônico, residente e domiciliado na Rua n., Bairro, Cidade, pelos motivos de fato e de direito a seguir deduzidos.

Fatos

O Autor, por questões particulares e nos termos da documentação anexa ausentou-se do país pelo período de um ano, constituindo o Réu como seu procurador, com poderes gerais para representá-lo na vida civil.

De volta ao país na data combinada, quando se encerraram os direitos concedidos pela procuração, o Autor recebeu do Réu a notícia de que nada havia sido feito em seu nome durante o período do mandato.

Contudo, dirigindo-se ao banco em que mantinha conta corrente, o Autor percebeu que havia um saldo devedor de R$ 100.000,00 (cem mil reais), pois a conta havia sido movimentada pelo Réu mediante apresentação da procuração, não tendo localizado também o valor patrimonial deixado na quantia de R$ 20.000,00 (vinte mil reais).

Buscando explicações, o Autor notou que o Réu está se esquivando de seus deveres contratuais, negando-se a fornecer qualquer demonstração das despesas do período, não havendo outra forma de exigir referidas contas senão por meio da presente ação.

Fundamentos Jurídicos

Diante dos fatos narrados, é consequência natural que o Autor tem direito de exigir do Réu a prestação de contas, sendo dever deste prestá-las, conforme se depreende do conteúdo exposto no art. 550 do Código de Processo Civil e bem delineado pelo conteúdo do art. 668 do Código Civil.

Ademais, sabe-se que, caso não sejam prestadas, poderá o Autor prestá-las da forma mais justa que entender, tendo em vista a responsabilidade do Réu na condução do mandato a que esteve vinculado.

Sabe-se que, na ausência de justificativas, ou seja, determinada a má administração do patrimônio do Réu, ter-se-á direito à recuperação do valor perdido (R$ 20.000,00 – vinte mil reais), bem como ao pagamento da verba negativa que provocou no patrimônio do Autor (R$ 100.000,00 – cem mil reais).

Pedidos

Diante do exposto, é a presente para requerer a Vossa Excelência:
a) a citação do Réu, para que conteste a ação ou apresente as contas cabíveis, conforme o art. 550 do CPC, no prazo legal e sob as penas da lei;
b) a condenação do Réu à prestação das contas devidas, sob as penas da lei, bem como caso não sejam prestadas ou sejam rejeitadas, sua condenação ao pagamento do valor total de R$ 120.000,00 (cento e vinte mil reais), devidamente acrescido de juros, corrigido e atualizado nos termos da lei;
c) que ao final os pedidos da presente ação sejam julgados totalmente procedentes, condenando-se ainda o Réu ao pagamento das custas, das despesas processuais e dos honorários advocatícios de sucumbência.

Protesta provar o alegado por todos os meios de prova em direito admitidos, principalmente prova oral, com depoimento pessoal e oitiva de testemunhas, prova documental e prova pericial.

Dá-se à presente causa o valor de R$ (valor por extenso).

Nestes termos,
pede deferimento.
Local e data.
Advogado.
OAB n.

- **Ação de reintegração de posse**
- **(Exame 124 OAB/SP)**[118]

Aplicabilidade: A posse é direito distinto da propriedade, exercitável de maneira autônoma e assim protegido pelo ordenamento. Além

---

118 Alberto, residente e domiciliado no bairro de Pinheiros, na Capital do Estado de São Paulo, é proprietário de um sítio situado em Campinas – SP. Como Alberto

da possibilidade da legítima defesa da posse (defesa direta e desforço imediato), o CC traz, entre os efeitos da posse, o direito de o possuidor propor as ações possessórias típicas de proteção: reintegração, manutenção e interdito proibitório, e ações afins aos interditos possessórios, por exemplo, a nunciação de obra nova. A reintegração de posse é a ação daquele que perdeu a posse para outrem e precisa recuperá-la de quem injustamente a detenha. Diz o CPC que o possuidor tem direito de ser reintegrado na posse em caso de esbulho (art. 560). A inicial deverá conter prova da posse do autor, do esbulho praticado, da data do esbulho, da perda da posse, conforme o art. 561 do CPC.

É preciso que o profissional faça uma leitura criteriosa dos arts. 554 a 559 do CPC, compreendendo as particularidades processuais aplicadas aos procedimentos possessórios, principalmente: a fungibilidade dos interditos – art. 554; a possibilidade de cumulação do pedido possessório com o de perdas e danos, multa cominatória e desfazimento de obras ou construções, bem como indenização dos frutos e imposição de medida necessária e adequada para evitar novo esbulho ou para cumprir-se a tutela provisória ou final – art. 555 do CPC; direito de o réu fazer pedidos em face do autor na contestação, nos termos do art. 556 do CPC; a regra de proibição da exceção de domínio – art. 557 do CPC; a regra de que os procedimentos possessórios só se aplicam quando a ação for intentada antes de ano e dia da agressão à posse; sendo superior,

---

vai poucas vezes ao sítio, Mário, proprietário do sítio vizinho, e residente e domiciliado em Santos – SP, avisa ao funcionário de Alberto que irá deslocar a cerca de arame que divisa os dois terrenos, para usar aquela faixa de terra para passagem de seu gado, pelo período de dois meses. Um mês depois, o vizinho Mário desloca a cerca de arame cinco metros para dentro do terreno de Alberto, reduzindo sua área. Prontamente, Alberto providencia o deslocamento da cerca para a sua posição originária. Passado um mês, o vizinho Mário desloca, novamente, a cerca de lugar, para passagem de seu gado, e, no final do mesmo dia, providencia o deslocamento da cerca para a sua posição originária. Passado mais um mês, o vizinho Mário repete a sua mesma conduta do mês anterior, providenciando, no final do dia, o deslocamento da cerca para a sua posição originária. Passados mais três meses, como, até então, não houve reclamação por parte de Alberto, seu vizinho Mário desloca, mais uma vez, a cerca de lugar, mantendo-a nessa posição, para passagem de seu gado, naquela faixa de terra.
Questão: Como advogado de Alberto, promova a ação judicial cabível.

deverá seguir o rito comum – art. 558 do CPC (só cabe o procedimento especial para as "ações de força nova espoliativa").

Comentários específicos: O pedido da ação é, além da citação, o de que seja deferida, sem a oitiva do réu, a expedição do mandado de reintegração de posse ou, caso entenda necessário, que seja expedido após audiência de justificação, nos termos do art. 562 do CPC. A audiência é obrigatória nas hipóteses em que o réu é pessoa jurídica de direito público (art. 562, parágrafo único). O pedido de citação é feito desde o início na petição, mas o autor deverá promover a citação conforme o conteúdo do art. 564 do CPC. O valor da causa é o valor do bem em litígio com a seguinte observação citada por Cassio Scarpinella Bueno[119]: "Enunciado do Fórum Permanente de Processualistas Civis n. 178: O valor da causa nas ações fundadas em posse, tais como as ações possessórias, os embargos de terceiro e a oposição, deve considerar a expressão econômica da posse, que não obrigatoriamente coincide com o valor da propriedade".

EXCELENTÍSSIMO SENHOR DOUTOR JUIZ DE DIREITO DE UMA DAS VARAS CÍVEIS DA COMARCA DE CAMPINAS – SP.

Alberto, nacionalidade, estado civil, profissão, portador do RG n. e do CPF n., endereço eletrônico, residente e domiciliado na Rua n., Bairro, Cidade, por intermédio de seu bastante procurador signatário, conforme instrumento de procuração anexo, portador da inscrição profissional OAB, vem, perante Vossa Excelência, com todo o acatamento e respeito, com fundamento nos arts. 560 e seguintes do Código de Processo Civil, propor a presente

Ação de Reintegração de Posse

Em face de Mário, nacionalidade, estado civil, profissão, portador do RG n. e do CPF n., endereço eletrônico, residente e domiciliado na Rua n., Bairro, Cidade, pelos motivos de fato e de direito a seguir deduzidos.

Fatos

Conforme se depreende da anexa escritura pública imobiliária, o Autor é proprietário do sítio, situado na cidade de Campinas, neste Estado,

---

119 BUENO, Cassio Scarpinella. *Novo Código de Processo Civil anotado* cit., p. 378.

exercendo plena posse dele há tantos anos, como se verifica na documentação acostada aos autos.

O Réu, aproveitando-se do fato de que o Autor não frequentava assiduamente o sítio, avisou ao funcionário do Autor que deslocaria a cerca para dentro da propriedade deste para a passagem de seu gado pelo período de seis meses.

Conforme fotos anexas, passado um mês, o Réu tinha deslocado a cerca divisória em 5 m (cinco metros), avançando na propriedade do Autor e perturbando sua posse. Ao observar a conduta do Réu, o Autor voltou a cerca para a posição original com a ajuda de seu funcionário. O Autor registrou boletins de ocorrência para fixação do fato e resguardo de seus direitos, conforme documentos anexos.

Independentemente disso, durante um mês, o Réu continuou deslocando a cerca e a retornando para a sua posição ao final do dia. Passados mais 3 (três) meses sem reclamação por parte do Autor, o Réu desloca a cerca e a mantém nesta posição para a passagem de seu gado, violando a posse do Autor, sem permitir que este exercite a posse sobre o local.

Fundamentos Jurídicos

No caso em tela, vislumbra-se o esbulho da posse do Autor, promovido pelas atitudes agressivas do Réu, haja vista que, no último deslocamento da cerca, não foi esta reposta para seu lugar original, restando-se retirada a posse do Autor em relação àquela faixa de terra.

Desse modo, o Autor perdeu a posse em relação à faixa de terra ocupada pelo Réu para passagem do gado, sendo certo que, diante do esbulho, o possuidor tem direito de ser restituído em sua posse, nos termos dos arts. 560 do Código de Processo Civil e 1.210 do Código Civil brasileiro. Realmente, o possuidor tem o direito de ser reintegrado na hipótese de perda da posse de seu bem, como ocorre no presente caso, exigindo-se as providências que abaixo se requerem.

Vale ressaltar que a perda da posse data de menos de ano e dia; portanto, o Autor tem a seu favor uma ação de força nova espoliativa, permitindo-se a concessão de liminar de reintegração de posse, tal qual dispõe o art. 558 do CPC.

Pedido

Diante de todo o exposto, requer a Vossa Excelência:
a) a expedição de mandado de reintegração de posse, liminarmente, sem oitiva da parte contrária ou, se melhor entender Vossa Excelência, após a realização da audiência da justificação;

b) a aplicação da fungibilidade das ações possessórias, recebendo a presente ação como manutenção de posse, se o caso conforme o art. 554 do CPC;

c) considerando a reiterada conduta agressiva do Réu, a cominação de pena de multa no valor de R$ para o caso de haver novo esbulho ou turbação praticados pelo Réu com fundamento no art. 555, parágrafo único, inciso I, do CPC;

d) a citação do Réu, mediante carta precatória, para responder à ação, no prazo legal, sob as penas da lei;

e) a total procedência da ação, convertendo-se a decisão liminar em sentença definitiva, reintegrando a posse do Autor, bem como condenando o Réu ao pagamento das custas, das despesas e dos honorários advocatícios de sucumbência.

Protesta pela produção de todas as provas em direito admitidas, principalmente pela produção da prova documental e testemunhal.

Dá-se à causa o valor de R$ (valor por extenso).

Rol de testemunhas:
X (qualificação)

Nestes termos,
pede deferimento.
Local, data.
Advogado.
OAB n.

- **Ação de manutenção de posse**
- **(Exame 124 da OAB/SP)**[120]

Aplicabilidade: A posse é direito distinto da propriedade, exercitável de maneira autônoma, protegido pelo ordenamento. Além da

---

120 Alberto, residente e domiciliado no bairro de Pinheiros, na Capital do Estado de São Paulo, é proprietário de um sítio situado em Campinas – SP e, em um final de semana, nota que a cerca de arame que faz divisa com o sítio de seu vizinho Mário foi deslocada cinco metros para dentro de seu terreno, reduzindo sua área. Prontamente, Alberto providencia o deslocamento da cerca para a sua posição originária. Aproveitando que Alberto está indo poucas vezes ao sítio, e como não houve reclamação por parte dele, Mário avisa ao funcionário de Alberto que irá deslocar, novamente, a cerca, mantendo-a nessa posição pelo período de seis meses, para que possa usar aquela faixa de terra para passagem de suas cabeças

possibilidade da legítima defesa da posse (defesa direta e desforço imediato), o CC traz, entre os efeitos da posse, as ações possessórias típicas de proteção: reintegração, manutenção e interdito proibitório, e ações afins aos interditos possessórios, como a nunciação de obra nova. A manutenção de posse é a ação daquele que está sendo prejudicado no livre exercício de seu direito de posse sem, contudo, perder a posse. Ou seja, está sendo turbado, embaraçado em sua posse. Diz o CPC que o possuidor tem direito de ser mantido na posse em caso de turbação (art. 560). A inicial deverá conter prova da posse do Autor, da turbação praticada, da data da agressão e da continuidade da posse, conforme incisos do art. 561 do CPC.

É preciso que o profissional faça uma leitura criteriosa dos arts. 554 até 559 do CPC, compreendendo as particularidades processuais aplicadas aos procedimentos possessórios, principalmente: a fungibilidade dos interditos – art. 554; a possibilidade de cumulação do pedido possessório com o de perdas e danos, multa cominatória e desfazimento de obras ou construções, bem como indenização dos frutos e imposição de medida necessária e adequada para evitar novo esbulho ou para cumprir-se a tutela provisória ou final – art. 555 do CPC; direito de o réu fazer pedidos em face do autor na contestação, nos termos do art. 556 do CPC; a regra de proibição da exceção de domínio – art. 557 do CPC; a regra de que os procedimentos possessórios só se aplicam quando a ação for intentada antes de ano e dia da agressão à posse; sendo superior, deverá seguir o rito comum – art. 558 do CPC (só cabe o procedimento especial para as "ações de força nova espoliativa").

Comentários específicos: O pedido da ação é, além da citação, o de que seja deferida, sem a oitiva do réu, a expedição do mandado de manutenção de posse ou, caso entenda necessário, que seja expedido após audiência de justificação, nos termos do art. 562 do CPC. A audiência é obrigatória nas hipóteses em que o réu é pessoa jurídica de direito público (art. 562, parágrafo único). O pedido de citação é feito desde o início na petição, mas o autor deverá promover a citação

---

de gado. Passado um mês, o vizinho Mário desloca, novamente, a cerca de lugar, para passagem de seu gado, e, no final do mesmo dia, providencia o deslocamento da cerca para a sua posição originária. Passado mais um mês, o vizinho Mário repete a sua mesma conduta do mês anterior, providenciando, no final do dia, o deslocamento da cerca para a sua posição originária.
Questão: Como advogado de Alberto, promova a ação judicial cabível.

conforme o conteúdo do art. 564 do CPC. O valor da causa é o valor do bem em litígio com a seguinte observação citada por Cassio Scarpinella Bueno[121]: "Enunciado do Fórum Permanente de Processualistas Civis n. 178: O valor da causa nas ações fundadas em posse, tais como as ações possessórias, os embargos de terceiro e a oposição, deve considerar a expressão econômica da posse, que não obrigatoriamente coincide com o valor da propriedade".

EXCELENTÍSSIMO SENHOR DOUTOR JUIZ DE DIREITO DE UMA DAS VARAS CÍVEIS DA COMARCA DE CAMPINAS – SP.

Alberto, nacionalidade, estado civil, profissão, inscrito sob o CPF n., e RG n., endereço eletrônico, residente e domiciliado na Rua n., Bairro, na cidade de São Paulo – SP, por intermédio de seu bastante procurador signatário, conforme instrumento de procuração anexo, portador da inscrição profissional OAB, vem, perante Vossa Excelência, com todo o acatamento e respeito, com fundamento nos arts. 560 e seguintes do Código de Processo Civil, propor a presente

Ação de Manutenção de Posse

Em face de Mário, nacionalidade, estado civil, profissão, portador do RG n. e do CPF n., endereço eletrônico, residente e domiciliado na Rua n., Bairro, Cidade, pelos motivos de fato e de direito a seguir deduzidos.

Fatos

O Autor é proprietário de um sítio na cidade de Campinas, conforme matrícula do imóvel e escritura pública anexas, exercendo a posse do imóvel desde o ano xxxx, demonstrada pelo recolhimento de tributos e documentação a produção bovina e leiteira no recinto rural lá estabelecido.

Na data de __/__/__ o Autor observou que seu vizinho, ora Réu, havia avançado 5 m (cinco metros) com a cerca divisória dos imóveis para dentro de seu sítio, em agressão à sua posse. Indignado, o Autor imediatamente colocou a cerca em sua posição original, ou seja, para fora de sua propriedade, em cima da linha divisória, tal qual deveria permanecer.

Não obstante, o Réu, aproveitando-se do fato de que o Autor não estava indo frequentemente para o sítio, avisa ao funcionário do Autor,

---

121 *Novo Código de Processo Civil anotado*, cit., p. 378.

Sr. Fulano de Tal, que iria novamente deslocar a cerca para a passagem de seu gado.

O Réu repete o mesmo procedimento todos os dias, qual seja: desloca a cerca para dentro da propriedade do autor, turbando sua posse, e ao final do dia a retorna para sua posição originária.

Diante de tais fatos, as providências judiciais se tornaram necessárias em virtude do quanto segue.

Fundamentos Jurídicos

A conduta do Réu, de deslocar reiteradas vezes a cerca, invadindo a propriedade e agredindo a posse do Autor, para passagem do gado daquele, mesmo que na sequência a posição originária seja restabelecida, demonstra que os direitos do Autor estão sendo violados pela turbação do Réu, que prejudica sensivelmente seu direito de posse. O Autor efetivamente não perdeu a posse, mas seu direito resta embaraçado pelo Réu, exigindo proteção jurídica.

Por conta disso, de acordo com o art. 1.210 do Código Civil, o Autor deverá ser mantido liminarmente em sua posse, sobretudo diante da força nova espoliativa de seu pedido, por se tratar de agressão datada de menos de ano e dia, conforme pedidos que seguem.

Pedidos

Diante de todo o exposto, requer a Vossa Excelência:

a) a expedição de mandado de manutenção de posse, liminarmente, sem oitiva da parte contrária, ou, se melhor entender Vossa Excelência, após a realização da audiência da justificação;

b) a aplicação da fungibilidade das ações possessórias, recebendo a presente ação como interdito proibitório ou reintegração de posse, se o caso, conforme o art. 554 do CPC;

c) a cominação de pena de multa no valor de R$ para o caso de haver nova turbação ou esbulho praticados pelo Réu, nos termos do art. 555, parágrafo único, I, do CPC;

d) a citação do Réu, mediante carta precatória, para responder à ação, no prazo legal, sob as penas da lei;

e) a total procedência da ação, convertendo-se a decisão liminar em sentença definitiva, mantendo a posse do Autor, bem como condenando o Réu ao pagamento das custas, das despesas e dos honorários advocatícios de sucumbência.

Protesta pela produção de todas as provas em direito admitidas, principalmente pela produção da prova documental e testemunhal.

Dá-se à causa o valor de R$ (valor por extenso).

Rol de testemunhas:
X (qualificação)

Nestes termos,
pede deferimento.
Local, data.
Advogado.
OAB n.

- **Ação de interdito proibitório**
- **(129 OAB/SP – ponto 1)**[122]

Aplicabilidade: A posse é direito distinto da propriedade, exercitável de maneira autônoma, protegido pelo ordenamento. Além da possibilidade da legítima defesa da posse (defesa direta e desforço imediato), o CC traz, entre os efeitos da posse, as ações possessórias típicas de proteção: reintegração, manutenção e interdito proibitório, e ações afins aos interditos possessórios, por exemplo, a nunciação de obra nova.

O possuidor direto ou indireto que tenha justo receio de ser molestado na posse poderá requerer ao juiz que o segure da turbação ou esbulho iminente, mediante mandado proibitório, em que se comine

---

[122] Israel Lima, proprietário e possuidor de uma fazenda em Presidente Prudente (SP), depara-se, no dia 18-10-2005, com uma barraca montada em frente à sua Fazenda. Nesse dia, apenas uma família chega ao local, monta a barraca e passa a ali "residir". Uma semana depois, chegam ao local mais duas famílias e, ao final de um mês, o acampamento conta com pelo menos quarenta famílias, todas com bandeiras e designações do Movimento dos Trabalhadores Sem-Terra. Israel toma conhecimento de que a maioria das fazendas, naquela região, já sofreu invasões do grupo. Preocupado, Israel procura um advogado para realizar uma consulta e saber se é possível precaver-se contra a ameaça que está sentindo. Na consulta, informa o advogado que, até aquele momento, nenhum dos trabalhadores do movimento atravessou sua propriedade ou chegou até ela. Em fevereiro de 2006, Israel já não consegue prever o número de pessoas que moram no acampamento. Israel é domiciliado em Campinas e decide tomar uma medida que possa lhe dar proteção.

Questão: Elabore a ação cabível.

ao réu pena pecuniária caso transgrida o preceito, tudo conforme o art. 567 do CPC. No mais, se aplica o conteúdo das ações de manutenção e reintegração. O interdito proibitório visa obter uma decisão para impedir que o agressor cometa atos de perturbação da posse e evite que tais atos se transformem em turbação ou esbulho. É uma ação contra uma ameaça concreta contra o direito de posse.

É preciso que o profissional faça uma leitura criteriosa dos arts. 554 até 559 do CPC, compreendendo as particularidades processuais aplicadas aos procedimentos possessórios, principalmente: a fungibilidade dos interditos – art. 554; a possibilidade de cumulação do pedido possessório com o de perdas e danos, multa cominatória e desfazimento de obras ou construções, bem como indenização dos frutos e imposição de medida necessária e adequada para evitar novo esbulho ou para cumprir-se a tutela provisória ou final – art. 555 do CPC; direito de o réu fazer pedidos em face do autor na contestação, nos termos do art. 556 do CPC; a regra de proibição da exceção de domínio – art. 557 do CPC; a regra de que os procedimentos possessórios só se aplicam quando a ação for intentada antes de ano e dia da agressão à posse; sendo superior, deverá seguir o rito comum – art. 558 do CPC (só cabe o procedimento especial para as "ações de força nova espoliativa").

Comentários específicos: O pedido da ação é, além da citação, o de que seja deferida, sem a oitiva do réu, a expedição do mandado proibitório, gerando uma obrigação de não fazer, bem como que seja fixada multa cominatória para o caso de descumprimento. Caso o julgador entenda necessário, que seja expedido o mandado após audiência de justificação. A audiência é obrigatória nas hipóteses em que o réu é pessoa jurídica de direito público. É criterioso demonstrar na petição a qualidade de possuidor e a prova do justo receio de agressão iminente.

EXCELENTÍSSIMO SENHOR DOUTOR JUIZ DE DIREITO DE UMA DAS VARAS CÍVEIS DA COMARCA DE PRESIDENTE PRUDENTE – SP.

Israel, nacionalidade, estado civil, profissão, portador do RG n. e do CPF n., endereço eletrônico, residente e domiciliado na Rua n., Bairro, Cidade, por intermédio de seu bastante procurador signatário, conforme instrumento de procuração anexo, portador da inscrição profissional OAB, vem, perante Vossa Excelência, com todo o acatamento e respeito, com fundamento nos arts. 567 e seguintes do Código de Processo Civil, propor o presente

Interdito Proibitório

Em face do Movimento dos Sem-Terra (MST), representados por João de Tal (sem qualificação conhecida) e José de Tal (sem qualificação conhecida), bem como todas as pessoas, cuja qualificação também é ignorada, que estão acampadas na Rodovia – altura do Km –, no acostamento daquela estrada, em frente à propriedade rural denominada Fazenda, em Presidente Prudente, pelos motivos de fato e de direito a seguir deduzidos.

Fatos

O Autor é proprietário e legítimo possuidor do imóvel rural denominado Fazenda, conforme demonstram os vários documentos e fotos anexos, sendo certo que a entrada de sua fazenda se dá pelo Km – da Rodovia, onde estão acampados os componentes da Ré.

Ocorre que, no dia 18 de outubro de 2005, o Autor deparou-se com uma barraca montada em frente à sua Fazenda. Nesse dia, apenas uma família chegou ao local e passou a residir ali. Contudo, com o passar do tempo, outras e outras famílias fizeram o mesmo, e hoje, ao final de um mês, há mais de 40 (quarenta) famílias acampadas e residindo no local, todas com bandeiras e apetrechos do Movimento dos Sem-Terra – MST.

É do conhecimento do Autor, bem como público e notório, conforme notícias veiculadas em jornais (cópias anexas), que várias fazendas foram invadidas pelo mesmo grupo nesta região.

Os corréus João e José são os líderes do acampamento, conforme se verifica no conteúdo do último Boletim de Ocorrência lavrado pelo Autor quando seu veículo foi danificado por uma pedra arremessada por um dos Réus (cópia anexa).

Atualmente, conforme fotos anexas, não é possível mais prever quantas famílias estão residindo no local, sendo certo que até mesmo o acesso de funcionários, veículos e do próprio Autor ao interior de sua propriedade está sendo prejudicado. Inclusive, alguns dos Réus estão permanecendo na frente da porteira central da Fazenda, fiscalizando e reconhecendo o fluxo de pessoas e veículos, amedrontando moradores, funcionários e o próprio Autor.

Fundamentos Jurídicos

Diante dos fatos narrados, é consequência natural que o Autor tem o justo receio de ser molestado em sua posse, sentindo-se ameaçado de forma real e clara por parte dos Réus.

Todo aquele que tiver justo receio de ser molestado em sua posse tem direito de ser segurado de violência iminente nos termos dos arts. 1.210 do Código Civil e 567 do Código de Processo Civil.

A prova é verossímil e há fumaça do bom direito diante das demais invasões praticadas pelo mesmo grupo e diante do número de pessoas que ali se encontram, vigiando constantemente a Fazenda do Autor. O perigo da demora, por sua vez, reside em que a qualquer momento a Fazenda pode ser invadida e tornar-se inócua à tutela jurisdicional.

Portanto, a medida de proteção deve ser expedida liminarmente, dando ao Autor o direito de ser segurado da violência real que sua posse está sofrendo, conforme abaixo se requererá.

Pedidos

Diante do exposto, é a presente para requerer a Vossa Excelência:

a) liminarmente, sem oitiva da parte contrária, seja expedido mandado proibitório contra os Réus, estipulando-se multa diária de R$ para o caso de descumprimento e sob pena de crime de desobediência e uso de força policial, com fundamento no art. 558 do CPC;

b) a citação dos Réus, por Oficial de Justiça e por edital, nos termos do art. 554, § 1º e seguintes do Código de Processo Civil, após a expedição da liminar, para que contestem a ação no prazo legal e sob as penas da lei;

c) que ao final os pedidos da presente ação sejam julgados totalmente procedentes, convertendo-se e confirmando-se o mandado liminar em mandado proibitivo definitivo, bem como sejam os Réus condenados ao pagamento das custas, das despesas processuais e dos honorários advocatícios de sucumbência.

Requer-se a intimação do Ministério Público conforme o art. 554, § 1º, do CPC.

Requer-se seja dada ampla publicidade da existência do conflito conforme o art. 554, § 3º, do CPC.

Protesta provar o alegado por todos os meios de prova em direito admitidos, principalmente prova oral, com depoimento pessoal e oitiva de testemunhas, prova documental e prova pericial.

Dá-se à presente causa o valor de R$ (valor por extenso).

Nestes termos,
pede deferimento.
Local e data.
Advogado.
OAB n.

- **Ação de inventário**
- **Problema elaborado pelo autor**

Aplicabilidade: Falecendo a pessoa, a posse e o domínio da herança se transmitem, desde logo, aos seus sucessores, consoante o art. 1.784 do CC. "O 'inventário e partilha' deve ser compreendido como o procedimento especial destinado a identificar os bens deixados pelo falecido, verificar sua exatidão, inclusive na perspectiva de herdeiros preteridos ou de bens que devam ser trazidos à colação, quantificar seu valor, apurar e providenciar o recolhimento do tributo incidente pela transferência de bens em virtude da morte, pagar seus credores e compartilhá-los (no sentido de dividi-los) entre os herdeiros e legatários.[123]" Prevalecia entre nós a regra da judicialidade do inventário, mas atualmente alguns inventários podem ser objeto de procedimento administrativo perante o cartório de registros competente (Lei n. 11.441/2006). Porém, há restrições quanto ao uso da forma extrajudicial, conforme dispõe o art. 610 do CPC indicando que "havendo testamento ou interessado incapaz, proceder-se-á ao inventário judicial". Chama-se inventário negativo aquele pelo qual, apesar da falta de bens, pretende-se declarar tal situação e a relação de herdeiros, para efeito de segundo casamento do cônjuge sobrevivente, por exemplo. Em tese, tudo deve ser resolvido no inventário, sejam questões de fato ou de direito, mas as de alta indagação serão remetidas ao juízo ordinário, como as que dependam de prova testemunhal ou pericial complexa, como a negativa da paternidade do habilitante, a anulação do casamento etc.

Comentários específicos: A legitimidade processual para abertura do inventário é ampla, definida nos termos dos arts. 615 e 616 do CPC. A certidão de óbito é documento essencial à distribuição da ação. Os arts. 23 e 48 do mesmo Código fixam regras de competência – em regra é competente o foro do domicílio do autor da herança –, tratando-se de

---

123 BUENO, Cassio Scarpinella. *Manual de direito processual civil* cit., p. 573.

competência relativa. O processo é dividido em duas fases, o inventário e a partilha. Basicamente é iniciado o procedimento com a notícia e prova do falecimento, e o pedido de nomeação de inventariante (art. 617 do CPC), para, depois, se promoverem as primeiras declarações e, na sequência, se providenciarem as citações. O valor da causa será o dos bens, quando existirem, ou valor fictício para fins de alçada, quando inexistirem. Havendo testamento, ele instruirá também a inicial. Sendo requerido por herdeiro ou credor, deve-se fazer prova de tais qualidades por meio de documentos a serem juntados com a inicial.

EXCELENTÍSSIMO SENHOR DOUTOR JUIZ DE DIREITO DE UMA DAS VARAS CÍVEIS DA COMARCA DE LORENA – SP.

Fulana, nacionalidade, estado civil, profissão, portadora do RG n. e do CPF n., endereço eletrônico, residente e domiciliada na Rua n., Bairro, Cidade, por intermédio de seu bastante procurador signatário, conforme instrumento de procuração anexo, portador da inscrição profissional OAB, vem, perante Vossa Excelência, com todo o acatamento e respeito, apresentar suas primeiras declarações, para que sejam iniciados o Inventário e o arrolamento de bens que seguem, conforme dispõem os arts. 610 e seguintes do CPC.

A declarante é herdeira de Belarmino, que, nos termos da documentação anexa, faleceu aos dias do mês do ano, nesta Cidade e Comarca, não deixando testamento ou qualquer disposição de última vontade, deixando cônjuge sobrevivente e duas filhas, a ora declarante, solteira, e sua irmã, conforme documentos anexos, menor impúbere, tudo conforme certidões públicas e demais documentos que instruem a presente. Deixou também os bens delineados a seguir.

i) um imóvel de moradia, situado na Rua n., Bairro, nesta, conforme certidão da matrícula imobiliária anexa, adquirida pelo casal por compromisso de compra e venda, mediante instrumento público devidamente quitado;

ii) um automóvel placa, modelo, cor, chassi, conforme cópia do certificado de registro e licenciamento anexa, estando com todas as taxas e emolumentos pagos, nos termos dos recibos que também acompanham a presente.

Pedidos

Diante do exposto, na qualidade de filha, herdeira do *de cujus*, requer, para todos os efeitos jurídicos:

a) o arrolamento dos referidos bens, perfazendo um valor total de R$;

b) seja a declarante nomeada inventariante, nos termos da legislação em vigor, para que apresente, no momento oportuno, o plano de partilha com as primeiras declarações, para que sejam estas homologadas e julgadas por sentença, regularizada a situação tributária dos bens;

c) seja intimado o ilustre representante da Fazenda Pública, nos termos da lei;

d) seja intimado o ilustre representante do Ministério Público, pela presença de interesse de menor impúbere no feito;

e) seja autuada e juntada aos autos a documentação anexa, inclusive procuração, certidões e demais documentos que acompanham esta petição.

Protesta provar o alegado por todos os meios de prova em direito admitidos, principalmente prova documental.

Dá-se à presente o valor de R$ (valor por extenso).

Nestes termos,
pede deferimento.
Local e data.
Advogado.
OAB n.

- **Embargos de terceiro**
- **(Exame 128 OAB/SP – ponto 1)**[124]

Aplicabilidade: Este procedimento tem a finalidade de proteger a posse e/ou a propriedade de bens ou direitos de quem verifica que seu

---

124 Empresa de Cosméticos Cara-Pintada, situada na cidade de Osasco (SP) é fabricante de toda a linha de maquilagem Beija-Flor e fornece produtos para MM Loja de Departamentos, localizada em São Paulo (SP). Suzana Costa adquire o kit vendido pela loja contendo batom, sombra, rímel, perfume, cremes para o corpo e rosto e paga pelo produto R$ 1.000,00. Todavia, o uso dos produtos provoca grave alergia em Suzana, que se vê obrigada a custear um tratamento dispendioso, necessitando de internação hospitalar e repouso de duas semanas. Ingressa com ação de reparação de danos contra as empresas e obtém a condenação solidária que as obriga à indenização de R$ 300.000,00 em razão dos danos morais e materiais sofridos. A ação é proposta em Santos (SP), local onde reside Suzana. Na fase de execução definitiva do julgado, tem-se conhecimento de que as empresas confundiram seus patrimônios com os dos sócios, baixaram suas portas e encerraram suas atividades de modo irregular. O juiz, aplicando o art. 28 do

bem foi indevidamente apreendido por ato originário de processo do qual não fez ou faz parte; geralmente o bem é apreendido por penhora, depósito, arresto etc., causando verdadeiro esbulho ou turbação possessória. O art. 674 deixa claro "que terceiro deve ser entendido amplamente como quem não é parte no processo"[125]. Tem caráter eminentemente possessório, objetivando a reintegração ou manutenção de posse. São pressupostos desta ação: a apreensão judicial de determinado bem, a condição de senhor ou possuidor do bem, a qualidade de terceiro em relação ao feito no qual veio a decisão de apreensão e respeito ao prazo do art. 1.048 do (antigo) CPC (atual art. 675 do CPC) (grifo nosso)[126]. Basta a simples ordem de apreensão para que surja o interesse de agir, mas, se não chega a se efetivar, a agressão à posse não chega a existir[127]. "Os embargos de terceiro podem ser apresentados a qualquer tempo na etapa de conhecimento do processo enquanto não transitada em julgado a sentença. Na etapa de cumprimento de sentença ou no processo de execução fundado em título extrajudicial, os embargos de terceiro podem ser apresentados até cinco dias depois da efetivação de qualquer um dos meios expropriatórios do bem penhorado (adjudicação, alienação por iniciativa particular ou arrematação), sempre antes, contudo, da assinatura da respectiva carta (art. 675, *caput*).[128]"

Comentários específicos: O réu será o exequente, mesmo quando não tenha dado diretamente causa à apreensão. Correm os autos por

---

Código de Defesa do Consumidor entende por bem desconsiderar a pessoa jurídica, ordenando que a execução prossiga contra seus sócios, entendendo que todos eles são responsáveis secundários pela dívida. Tal decisão foi proferida em janeiro de 2005. No ato de penhora, é apreendido um imóvel residencial situado em São Paulo, na Vila Olímpia, avaliado em R$ 400.000,00, de propriedade de Adriana Cruz, que vive em regime de união estável há três anos com Paulo Torto, sócio que detém 80% do capital social da 1ª empresa e 40% da 2ª. Adriana adquiriu o imóvel quando era namorada de Paulo Torto, em 2001, por meio de doação que ele lhe fez. Após o nascimento dos filhos gêmeos, hoje com dois anos, gravou o imóvel com usufruto em favor deles.

Questão: Como advogado(a) de Adriana e dos filhos menores, promova a ação cabível, observando que Paulo e dois filhos menores do casal residem no mesmo imóvel.

125 BUENO, Cassio Scarpinella. *Manual de direito processual civil* cit., p. 578.
126 GRECO FILHO, Vicente. *Direito processual civil brasileiro* cit., v. 3, p. 256.
127 SANTOS, Ernani Fidélis dos. *Manual de direito processual civil* cit., v. 1, p. 139.
128 BUENO, Cassio Scarpinella. *Manual de direito processual civil* cit., p. 579.

dependência do processo principal no qual foi realizada a apreensão, tratando-se de competência improrrogável (art. 676 do CPC) (observar regra quando a apreensão ocorrer por carta precatória constante do parágrafo único do referido art. 676). Na elaboração da petição inicial deverá o autor observar o conteúdo do art. 677 do CPC: prova sumária da posse ou do domínio, prova da qualidade de terceiro em relação ao processo onde ocorreu a constrição, oferecendo desde já os documentos e rol de testemunha. A prova da posse, quando oral, poderá ser feita em audiência preliminar a ser designada pelo juízo (§ 1º do artigo citado). Quando o réu tiver procurador constituído nos autos a sua citação poderá ser feita na pessoa do procurador, por intimação pelo Diário Oficial, mas quando não tiver procurador deverá ser citado pessoalmente (§ 3º do artigo citado). O valor da causa é o valor da expressão econômica da posse que se pretende liberar (ver enunciado 178 do Fórum Permanente de Processualistas Civis – FPPC).

EXCELENTÍSSIMO SENHOR DOUTOR JUIZ DE DIREITO DA VARA CÍVEL DA COMARCA DE SANTOS – SP.

Distribuição por dependência
Autos n. XXX.xxx.xxxx.xx

Adriana Cruz, nacionalidade, estado civil, profissão, portadora do RG n. e do CPF n., endereço eletrônico, FILHO, nacionalidade, menor impúbere, e FILHO, nacionalidade, menor impúbere, os dois últimos representados neste ato por sua genitora, Adriana Cruz, acima qualificada, todos residentes e domiciliados na Rua n., Bairro, Cidade, por intermédio de seu bastante procurador signatário, conforme instrumento de procuração anexo, portador do registro profissional OAB, vêm, perante Vossa Excelência, com todo o acatamento e respeito, com fundamento nos arts. 674 e seguintes do Código de Processo Civil, propor os presentes

Embargos de Terceiro

Em face de Suzana Costa, nacionalidade, estado civil, profissão, portadora do RG n. e do CPF n., endereço eletrônico, residente e domiciliada na Rua n., Cidade, pelos motivos de fato e de direito a seguir apontados.

Fatos

Verifica-se nos autos anexos que a Embargada promove ação de execução em face dos sócios da empresa. No ato da penhora foi apreendido o bem imóvel situado em São Paulo, na Vila Olímpia, avaliado em R$, de propriedade e usufruto dos Embargantes, conforme cópia da matrícula imobiliária do respectivo Cartório de Registro de Imóveis e demais documentos anexos.

Considera-se que o sócio Paulo Torto vive em regime de união estável com a primeira Embargante e que desta relação surgiram dois filhos, ora Embargantes. Entretanto, o imóvel em questão foi adquirido pela primeira Embargante do referido Paulo Torto, enquanto ainda eram namorados e não tinham filhos, por doação, no ano de 2001. Após o nascimento, os filhos, gêmeos, hoje com dois anos, receberam o imóvel com gravame de usufruto, no ano de 2003, ou seja, também muito antes do surgimento da dívida executada pela Embargada, tudo conforme documentação anexa.

Verifica-se, portanto, que o ato da penhora causou agressão à posse e ao domínio dos Embargantes, exigindo-se plena e imediata liberação, por ser medida de justiça, haja vista que o respectivo bem não é patrimônio de nenhum dos executados, mas sim de terceiros sem qualquer vínculo jurídico obrigacional com a Embargada.

Fundamentos Jurídicos

A constrição do patrimônio de terceiros não pode ocorrer em execução ou para cumprimento de dívidas não relacionadas com estes. A desconsideração da personalidade jurídica não autoriza bens de terceiros, que não os dos sócios, a serem penhorados.

Assim, a apreensão e penhora daquele bem acima identificado afrontaram a titularidade e a posse e o domínio dos Embargantes sobre ele, não podendo subsistir, pois afronta o ordenamento em vigor.

Os Embargantes, na aquisição do bem, agiram de acordo com a lei e com boa-fé, sem intenção alguma de prejudicar quem quer que fosse, ademais, porque receberam a propriedade do bem muito antes da decisão judicial, que só ocorreu em 2005.

Na qualidade de proprietários, usufrutuários e possuidores, estão diante de uma agressão que deve cessar, sendo justo que se desfaçam os atos praticados no processo de execução, liberando-se referido bem, pois os direitos que detêm são exclusivos e adquiridos de forma legítima, tudo conforme lhe garante os arts. 674 e 681 do CPC.

Pedidos

Diante de todo o exposto, é a presente para requerer a Vossa Excelência:

a) a citação da Embargada, por meio da intimação por Diário Oficial na pessoa de seu procurador constituído no processo de execução para que apresente a contestação que tiver, no prazo legal e sob as penas da lei, na forma do art. 679 do CPC;

b) seja liminarmente suspensa a ação principal em relação ao ato de constrição do respectivo bem;

c) seja declarada a nulidade da penhora realizada a fls. dos autos principais, liberando-se o bem descrito acima e expedindo-se o competente mandado de manutenção na posse em favor dos Embargantes;

d) que ao final sejam os pedidos da presente ação julgados totalmente procedentes, bem como seja a Embargada condenada ao pagamento das custas, das despesas processuais e dos honorários advocatícios de sucumbência.

Protesta provar o alegado por todos os meios de prova em direito admitidos, principalmente prova oral, com depoimento pessoal e oitiva de testemunhas, prova documental.

Dá-se à presente causa o valor de R$ (valor por extenso).

Nestes termos,
pede deferimento.
Local e data.
Advogado.
OAB n.

- **Ação monitória**
- **(Exame 125 OAB/SP)**[129]

Aplicabilidade: A ação monitória tem cabimento sempre que um credor afirmar com base em prova escrita sem eficácia de título

---

[129] José Pedro, residente e domiciliado na cidade de São Paulo, vendeu, em 15 de maio de 2003, por R$ 22.000,00 (vinte e dois mil reais), um automóvel a André Luiz, residente e domiciliado na cidade de São Paulo. José Pedro recebeu um sinal, no valor de R$ 5.500,00 (cinco mil e quinhentos reais), e firmou com André Luiz documento escrito, no qual este último comprometia-se a pagar o restante do preço devido, mediante depósito em dinheiro a ser efetuado direto na conta corrente de José Pedro, em três parcelas, cada uma no valor de R$ 5.500,00 (cinco mil e quinhentos reais), com vencimento para os dias 15 de maio, 15 de julho e

executivo, ter direito de exigir do devedor capaz determinada obrigação não cumprida conforme incisos I a III do art. 700 do CPC. Veja que não se trata apenas de obrigação pecuniária, podendo ser também obrigação de fazer ou não fazer. Atualmente até a prova oral reduzida a termo (prova oral documentada) mediante produção antecipada de provas (art. 381 do CPC) permitirá o ingresso com a ação monitória. O objetivo desta ação é facilitar a cobrança de obrigação inadimplida por quem não tem título executivo, mas tem prova escrita ou oral da dívida. O foco do procedimento é permitir a expedição de ordem condenatória contra o devedor (de pagamento ou entrega da coisa, de fazer ou não fazer), sob pena de conversão do mandado de pagamento em mandado executivo. Sobre tudo isso consulte o art. 700 do CPC. "É procedimento que fica no meio do caminho das hipóteses em que há necessidade de criação de um título executivo judicial (conducentes, destarte, ao chamado 'processo de conhecimento e cumprimento de sentença') e daquelas situações em que quem se afirma credor dispõe de um título executivo extrajudicial.[130]"

Comentários específicos: Via de regra o foro é do domicílio do réu. O valor da causa é o valor econômico pretendido (art. 700, **§ 3º**, do CPC), sendo certo que competirá ao autor explicitar na inicial, sob pena de indeferimento, conforme o caso: a importância devida com memória de cálculo, o valor da coisa reclamada, o conteúdo patrimonial ou o valor econômico em discussão (art. 700, **§ 3º**). Observe que os pedidos devem ser construídos conforme a lógica exposta no art. 701 do CPC. A prova documental é essencial. Atualmente é possível mover ação monitória contra a Fazenda Pública.

EXCELENTÍSSIMO SENHOR DOUTOR JUIZ DE DIREITO DE UMA DAS VARAS CÍVEIS DE SÃO PAULO – SP.

José Pedro, nacionalidade, estado civil, profissão, portador do RG n. e do CPF n., endereço eletrônico, residente e domiciliado na Rua n., Bairro,

---

15 de setembro de 2003. Ocorre, entretanto, que José Pedro, até o presente momento, não recebeu qualquer das parcelas avençadas, embora tenha se esforçado para tanto, constituindo, portanto, em mora o devedor. De assinalar-se que o documento foi assinado somente pelas partes.

Questão: Como advogado de José Pedro, tome a correta providência judicial para que seu cliente receba a quantia a que tem direito, com os acréscimos devidos, ou constitua o título executivo.

130 BUENO, Cassio Scarpinella. *Manual de direito processual civil* cit., p. 584.

Cidade, por intermédio de seu bastante procurador signatário, conforme instrumento de procuração anexo, portador da inscrição profissional OAB, vem, perante Vossa Excelência, com todo o acatamento e respeito, com fundamento nos arts. 700 e seguintes do Código de Processo Civil, propor a presente

Ação Monitória

Em face de André Luiz, nacionalidade, estado civil, profissão, portador do RG n. e do CPF n., endereço eletrônico, residente e domiciliado na Rua n., Bairro, Cidade, pelos motivos de fato e de direito a seguir deduzidos.

Fatos

O Autor vendeu, em 15 de maio próximo passado, por R$ 22.000,00 (vinte e dois mil reais), um automóvel ao Réu, sendo certo que recebeu como sinal um cheque no valor de R$ 5.500,00 (cinco mil e quinhentos reais) e firmou em documento escrito, assinado somente pelas partes, cuja cópia segue anexa, que o Réu se comprometia a pagar o restante do preço mediante depósito em dinheiro a ser efetuado diretamente na conta corrente do autor, em 3 (três) parcelas, cada uma de R$ 5.500,00 (cinco mil e quinhentos reais), com vencimentos em 15 de junho, 15 de julho e 15 de agosto, respectivamente.

Ocorre que referidos pagamentos não foram efetuados até a presente data, embora tenha o Autor tentado receber tais valores amigavelmente, sem êxito, inclusive constituindo em mora o devedor mediante notificação extrajudicial, cujo comprovante de recebimento está anexo.

Não houve pagamento, conforme fica demonstrado pelas cópias do extrato bancário do Autor, sendo certo que o montante atualizado da dívida é de R$, conforme memória de cálculo que segue anexa.

Fundamentos Jurídicos

Verifica-se que o contrato existente não configura título executivo extrajudicial, pois não foi assinado por testemunhas. Entretanto, por se tratar de documento escrito, é possível que o Autor o apresente para cumprimento da obrigação por parte do Réu com fundamento na ação monitória, conforme previsto no art. 700 do CPC.

Realmente, nos termos do Código de Processo Civil, o Autor tem direito a promover a presente ação monitória, pois pretende o pagamento de soma em dinheiro baseado em documento escrito que não constitui título executivo. Por conseguinte, o Réu deve ser compelido a cumprir as prestações devidas, com os acréscimos legais.

Pedidos

Diante de todo o exposto, é a presente para requerer a Vossa Excelência:

a) a expedição de mandado de pagamento no valor de R$, conforme memória de cálculo anexa, com o prazo de 15 (quinze) dias para que o Réu pague ou ofereça embargos no mesmo prazo, conforme o art. 701 do CPC, consignando-se que, em não sendo pago ou não sendo oferecidos embargos, bem como, após a rejeição dos embargos eventualmente opostos, converter-se-á o mandado inicial em mandado executivo, prosseguindo-se na forma prevista em lei;

b) caso não seja cumprido o mandado de pagamento, que o Réu seja condenado ao pagamento das custas, despesas e honorários advocatícios de sucumbência.

Protesta-se provar o alegado por todos os meios de prova em direito admitidos, principalmente prova documental e prova oral.

Dá-se à causa o valor de R$ (valor por extenso).

Nestes termos,
pede deferimento.
Local e data.
Advogado.
OAB n.

- **Ação de investigação de paternidade combinada com petição de herança**
- **(Exame 117 da OAB/SP)**[131]

Aplicabilidade: O CPC criou um procedimento especial específico para todas as "ações de família". Diz o art. 693 que "as normas

---

[131] João e Maria, casados, tiveram três filhos, atualmente maiores. Pretendendo o casal aumentar a prole, mas diagnosticada leucemia em João, este, mais que depressa, depositou amostras de seu sêmen no Hospital "New Hope". Falecido, sua mulher, seis meses após, respeitando a vontade do finado marido, submeteu-se ao processo de inseminação artificial, vindo a engravidar e dar à luz uma menina, registrada como filha do casal, por declaração materna. Aberto, posteriormente, o inventário de João e nomeado inventariante um dos filhos, a habilitação da filha menor impúbere foi impugnada por parte dos colaterais.

Questão: Como advogado da menor, exercite o meio judicial conveniente à tutela completa de todos os seus interesses.

deste capítulo, aplicam-se aos processos contenciosos de divórcio, separação, reconhecimento e extinção de união estável, guarda, visitação e filiação". O Enunciado 72 do Fórum Permanente de Processualistas Civis aponta que o rol é exemplificativo e que o rito especial deverá ser observado em todas as ações de caráter contencioso que envolver o "direito de família". O grande objetivo do procedimento especial em apreço é concentrar esforços no início do processo em busca de autocomposição. Determina o art. 694 que todos os esforços serão empreendidos para a solução consensual da controvérsia, inclusive, com o apoio de profissionais de outras áreas. O primeiro ato, após a distribuição e o recebimento da inicial é justamente a audiência de conciliação e mediação, conforme prevê o art. 695 do CPC, sendo que não havendo acordo o prazo de defesa correrá após encerrada tal audiência (conforme o art. 335 do CPC). A citação deverá ser pessoal! O Ministério Público somente intervirá quando houver interesse de incapaz e deverá ser ouvido previamente à homologação do acordo (art. 698 do CPC).

Comentários específicos: Considerando a identidade de rito, não há muitas abordagens específicas para cada um dos modelos vinculados ao procedimento especial "das ações de família". Apenas salientamos ao leitor que é imprescindível consultar a legislação especial envolvida, sobretudo, para avaliar possível exigência além das regras dos arts. 693 a 699 do CPC. Veja, por exemplo, o conteúdo da Lei n. 8.560 de 1992 que trata da investigação de paternidade. "O art. 731 trata dos requisitos da petição inicial em que o divórcio, a separação ou a extinção da união estável são pleiteados consensualmente: disposições relativas à descrição e à partilha dos bens comuns; disposições relativas à pensão alimentícia entre os cônjuges; o acordo relativo à guarda dos filhos incapazes (expressão genérica a ser interpretada em conformidade com os arts. 3º e 4º do CC, na redação que lhes deu a Lei n. 13.146/2015) e ao regime de visitas; e o valor da contribuição para criar e educar os filhos. As duas últimas exigências previstas nos incisos III e IV do art. 731 são fundamentais em tempos de guarda compartilhada.[132]" A petição deve ser assinada por ambos os cônjuges ou companheiros, por se tratar de demanda, neste campo, consensual. É possível deixar a divisão patrimonial de fora da petição inicial conforme art. 731, inciso

---

132 BUENO, Cassio Scarpinella. *Manual de direito processual civil* cit., p. 592.

I, sendo que o procedimento futuro será o dos arts. 647 a 658 do CPC (partilha no âmbito do inventário). O art. 733 permite a desjudicialização do assunto, para que o divórcio ou separação consensuais e o desfazimento consensual da união estável sejam realizados em cartório quando não houver nascituro ou filhos incapazes, como mecanismo alternativo de solução de conflitos[133]. Observe que nos casos de possível violência doméstica ou familiar nova regra determina que isso deverá ser questionado pelo juiz na abertura da audiência de conciliação e mediação (art. 695) das ações que envolvam a disputa da guarda dos filhos[134]. Assim, na propositura da ação ou na preparação para a defesa, caso o tema tenha sido ventilado pelo cliente nos atendimentos ou seja documentalmente registrado (boletim de ocorrência, por exemplo), sugere-se que o advogado elabore tópico específico sobre o assunto, requerendo-o e se o caso fundamentando-o.

EXCELENTÍSSIMO SENHOR DOUTOR JUIZ DE DIREITO DE UMA DAS VARAS CÍVEIS DA COMARCA DE (...) – ESTADO.

"A", nacionalidade, nascida aos __/__/__ (conforme certidão de nascimento anexa), menor impúbere, neste ato representada por sua genitora, Maria, nacionalidade, estado civil, profissão, portadora do CPF n. e do RG n., endereço eletrônico, residentes e domiciliadas na Rua n., Bairro, na cidade de, por seu bastante procurador, que esta subscreve, conforme instrumento de procuração anexo, vem respeitosamente à presença de Vossa Excelência, com fundamento na Lei n. 8.560/92 e nos arts. 693 e seguintes do Código de Processo Civil, propor

**Ação de Investigação de Paternidade
Cumulada com Petição de Herança**

Em face de seus irmãos, X, nacionalidade, estado civil, profissão, portador do RG n. e do CPF n., endereço eletrônico, e Y, nacionalidade,

---

133 Idem, ibidem, p. 593.
134 Art. 699-A. Nas ações de guarda, antes de iniciada a audiência de mediação e conciliação de que trata o art. 695 deste Código, o juiz indagará às partes e ao Ministério Público se há risco de violência doméstica ou familiar, fixando o prazo de 5 (cinco) dias para a apresentação de prova ou de indícios pertinentes. (Incluído pela Lei n. 14.713, de 2023.)

estado civil, profissão, portador do RG n. e do CPF n., endereço eletrônico e Z, nacionalidade, estado civil, profissão, portador do RG n. e do CPF n., endereço eletrônico, residentes e domiciliados na Rua n., Bairro, na cidade de, pelos fundamentos de fato e de direito a seguir expostos.

Fatos

A genitora da Autora, Maria de Tal, conforme a certidão de casamento anexa, foi casada com o Sr. João de Tal, suposto pai da Autora e também pai dos Réus.

Na constância do casamento, e antes do falecimento de João de Tal, conforme certidão de óbito anexa, a genitora da Autora e João de Tal tiveram 3 (três) filhos, quais sejam os Réus da presente ação.

Ocorre que a genitora da Autora, após a morte de João de Tal, e para atender a desejo expresso deste, apontado no documento manuscrito anexo, por meio de inseminação artificial, utilizando-se do sêmen de João de Tal, conforme documentação da clínica médica anexa, engravidou e gerou a Autora mediante inseminação artificial.

Não obstante os esclarecimentos prestados perante os demais herdeiros, após a abertura do inventário de João de Tal e a nomeação do filho mais velho como inventariante, houve impugnação por parte dos Réus da habilitação da Autora no inventário.

Fundamentos Jurídicos

Pelos fatos narrados acima, depreende-se, de maneira inexorável, que a Autora é filha de João, uma vez que foi concebida por inseminação análoga artificial após a morte deste, nos moldes do art. 1.597, inciso III, do Código Civil, inclusive, comprovado pela documentação médica anexa.

Dessa forma, na qualidade de filha de João, a Autora tem todos os direitos hereditários pertinentes, inclusive, neste momento, sua habilitação no inventário para o recebimento de seu quinhão hereditário.

A consequência, portanto, é o reconhecimento da paternidade e o acesso ao quinhão hereditário, que devem ser garantidos nesta ação, conforme se pedirá a seguir.

Pedidos

Diante de todo o exposto, requer a Vossa Excelência:

a) a citação dos Réus, no endereço acima declinado, para que, compareçam à audiência de mediação e conciliação nos moldes do art. 695 do CPC, e, caso não ocorra acordo, apresentem a defesa que tiverem, sob as penas da lei, nos moldes do art. 335 do CPC;

b) a realização de exame pericial de DNA, para comprovar, de modo definitivo e técnico, a paternidade da Autora;

c) a intimação do nobre representante do Ministério Público para acompanhar o feito nos termos da lei;

d) a expedição de ofício ao juízo em que tramita o inventário, solicitando a suspensão de seu andamento e reservando-se à Autora o valor de seu quinhão hereditário, até o julgamento final da presente lide;

e) que ao final os pedidos da presente ação sejam julgados totalmente procedentes, declarando-se a Autora filha de João, para todos os efeitos legais, procedendo-se à averbação no competente cartório de registros, bem como sejam os Réus condenados ao pagamento das custas, das despesas processuais e dos honorários advocatícios de sucumbência.

Protesta pela produção de todas as provas em direito admitidas, especialmente pela produção da prova oral, documental, testemunhal e pericial.

Dá-se à causa o valor de R$ (valor por extenso), para efeitos meramente fiscais.

Nestes termos,
pede deferimento.
Local e data.
Advogado.
OAB n.

- **Ação negatória de paternidade**
- **Problema elaborado pelo autor**

Aplicabilidade: O CPC criou um procedimento especial específico para todas as "ações de família". Diz o art. 693 que "as normas deste capítulo, aplicam-se aos processos contenciosos de divórcio, separação, reconhecimento e extinção de união estável, guarda, visitação e filiação". O Enunciado 72 do Fórum Permanente de Processualistas Civis aponta que o rol é exemplificativo e que o rito especial deverá ser observado em todas as ações de caráter contencioso que envolver o "direito de família". O grande objetivo do procedimento especial em apreço é concentrar esforços no início do processo em busca de autocomposição. Determina o art. 694 que todos os esforços serão empreendidos para a solução consensual da controvérsia, inclusive, com o apoio de profissionais de outras áreas. O primeiro ato, após a distribuição e o recebimento da inicial é justamente a audiência de conciliação e mediação, conforme prevê o art. 695 do CPC, sendo que não havendo acordo o prazo de defesa correrá após encerrada tal audiência (conforme o art. 335 do CPC). A citação deverá ser pessoal! O Ministério Público somente intervirá quando houver interesse de incapaz e deverá ser ouvido previamente à homologação do acordo (art. 698 do CPC).

Comentários específicos: Considerando a identidade de rito, não há muitas abordagens específicas para cada um dos modelos vinculados ao procedimento especial "das ações de família". Apenas salientamos ao leitor que é imprescindível consultar a legislação envolvida, sobretudo, para avaliar possível exigência além das regras dos arts. 693 a 699 do CPC. Veja, por exemplo, no caso abaixo, o regramento que o art. 1.601 do CC traz sobre o direito de negar-se a paternidade, aplicado por interpretação extensiva no caso abaixo.

EXCELENTÍSSIMO SENHOR DOUTOR JUIZ DE DIREITO DE UMA DAS VARAS CÍVEIS DA COMARCA DE LORENA – SP.

João, nacionalidade, estado civil, profissão, portador do RG n. e do CPF n., endereço eletrônico, residente e domiciliado na Rua n., Bairro, Cidade, por intermédio de seu bastante procurador signatário, conforme instrumento de procuração anexo, portador da inscrição profissional OAB, vem, perante Vossa Excelência, com todo o acatamento e respeito, com fundamento nos arts. 693 e seguintes do Código de Processo Civil, propor a presente

Ação Negatória de Paternidade combinada com Retificação de Registro Civil

Em face de Joãozinho, menor impúbere, representado por sua genitora, Joanita, nacionalidade, estado civil, profissão, portadora do RG e do CPF, endereço eletrônico, ambos residentes e domiciliados na Rua n., Bairro, Cidade, pelos motivos de fato e de direito a seguir deduzidos.

Fatos

A genitora detém a guarda do Réu, menor impúbere, que possui atualmente 4 (quatro) anos de idade, dispensando aquela os cuidados necessários para a subsistência do menor, contando com a ajuda financeira do Autor, que paga, mensalmente, uma pensão alimentícia estipulada em ação própria, conforme se comprova pelos documentos anexos.

Ocorre que o Autor, apesar de ter tido um relacionamento de fato com a genitora do Réu, somente foi morar sob o mesmo teto com ela depois que esta noticiou a gravidez, não sendo antes disso estável nem tampouco duradouro o relacionamento de ambos.

Quando do nascimento do Réu, o Autor o registrou em seu nome, apenas baseado na informação da genitora de que o filho era seu, conforme se comprova pela Certidão de Nascimento anexa.

O relacionamento do Autor e da genitora do Réu não foi duradouro após a tentativa de convivência comum, sendo que ambos, por absoluta incompatibilidade de gênios, optaram por não dar continuidade ao relacionamento.

Todavia, após o fim da convivência comum do casal, o Autor foi procurado por inúmeras pessoas que o alertaram sobre a possibilidade de o menor impúbere, ora Réu, não ser seu filho, já que a genitora tinha vários relacionamentos com outros parceiros antes da convivência em comum sem que ele soubesse, bem como pelo fato de que os dois somente passaram a morar sob o mesmo teto após a confirmação da gravidez.

Fundamento Jurídico

Assim, o Autor, avaliando com mais maturidade como ocorreu a situação, quando se tornou pai, somente por meros indícios e pela afirmação da genitora do menor, decidiu confirmar tal situação, tendo em vista que tanto ele quanto o menor impúbere aqui envolvido têm direito a buscar a verdade dos fatos.

Dessa forma, todos os fatos ora mencionados levam a crer que o Autor foi claramente induzido a erro no momento do registro de nascimento do Réu, devendo tal equívoco ser corrigido.

Sendo assim, uma vez que a relação entre pai e filho é duvidosa, há de impor-se o esclarecimento da situação, sob pena de o Autor ficar responsável por uma criança com a qual não possui qualquer vínculo genético, e de o menor nunca conhecer o verdadeiro genitor, interesse maior deste, inclusive.

Sobretudo, ressalta-se que é direito do marido contestar a paternidade, sendo tal ação imprescritível, nos termos do atual Código Civil.

Pedidos

Diante de todo o exposto, é a presente para requerer a Vossa Excelência:

a) sejam concedidos ao Autor os benefícios da gratuidade da Justiça, haja vista não ter condições de arcar com as custas processuais e advocatícias sem prejuízo de seu sustento, conforme comprova os documentos e a declaração de pobreza anexos;

b) a citação do Réu, na pessoa de sua representante legal, no endereço acima declinado, para que compareça à audiência de conciliação e mediação prevista no art. 695 do CPC, e, caso não ocorra acordo, apresentem a defesa que tiverem, sob as penas da lei, nos moldes do art. 335 do CPC;

c) que seja declarada por sentença a negatória da paternidade do Autor em relação ao Réu, liberando aquele de todos os deveres e direitos fundados na relação de poder familiar (pátrio poder);

d) a intimação do ilustre Representante do Ministério Público para que acompanhe o feito, nos termos da legislação em vigor;

e) a expedição de Mandado de Averbação ao competente Cartório de Registro Civil desta Comarca para que proceda às anotações necessárias, a fim de que se faça a competente alteração no registro de nascimento do Réu, retirando-se o patronímico do Autor, bem como o seu nome e o dos avós paternos;

f) que ao final os pedidos da presente ação sejam julgados totalmente procedentes, bem como seja o Réu condenado ao pagamento das custas, das despesas processuais e dos honorários advocatícios de sucumbência.

Protesta provar o alegado por todos os meios de prova em direito admitidos, principalmente prova oral, com depoimento pessoal e oitiva de testemunhas, prova documental e prova pericial, inclusive análise de DNA, se o caso.

Dá-se à presente causa o valor de R$ (valor por extenso), para fins de alçada.

Nestes termos,
pede deferimento.
Local e data.
Advogado.
OAB n.

- **Ação anulatória de casamento**
- **(Exame 123 da OAB/SP)**[135]

Aplicabilidade: O CPC criou um procedimento especial específico para todas as "ações de família". Diz o art. 693 que "as normas deste capítulo, aplicam-se aos processos contenciosos de divórcio, separação, reconhecimento e extinção de união estável, guarda, visitação e filiação". O Enunciado 72 do Fórum Permanente de Processualistas Civis aponta que o rol é exemplificativo e que o rito especial deverá ser observado em todas as ações de caráter contencioso que envolver o "direito de família". O grande objetivo do procedimento especial em apreço é concentrar esforços no início do processo em busca de autocomposição. Determina o art. 694 que todos os esforços serão empreendidos para a solução consensual da controvérsia, inclusive, com o apoio de profissionais de outras áreas. O primeiro ato, após a distribuição e o recebimento da inicial é justamente a audiência de

---

[135] Antônio e Maria contraíram núpcias, estabelecendo, por pacto antenupcial, o regime da separação de bens. Com dinheiro proveniente de doação de seu pai, Antônio comprou alguns bilhetes de loteria, um dos quais lhe atribuiu o prêmio de R$ 2.000.000,00, com o qual o premiado comprou um apartamento que se achava alugado por R$ 20.000,00, mensais. Passados vinte e três meses do casamento, Antônio não pretende mais continuar casado, sob alegação de que
a) não sabia que Maria já havia sido interditada, antes do casamento, por ser alcoólatra;
b) Maria sempre se negou a conceber filho seu;
c) Maria se nega a manter relações sexuais com ele;
d) não sabia que Maria é portadora de impotência *coeundi*, desde a adolescência; e
e) Maria se nega a qualquer espécie de separação de Antônio.
Questão: Diante desses fatos, promova a ação judicial tendente à defesa dos direitos de Antônio, inclusive quanto aos bens.

conciliação e mediação, conforme prevê o art. 695 do CPC, sendo que não havendo acordo o prazo de defesa correrá após encerrada tal audiência (conforme art. 335 do CPC). A citação deverá ser pessoal! O Ministério Público somente intervirá quando houver interesse de incapaz e deverá ser ouvido previamente à homologação do acordo (art. 698 do CPC).

Comentários específicos: Considerando a identidade de rito, não há muitas abordagens específicas para cada um dos modelos vinculados ao procedimento especial "das ações de família". Apenas salientamos ao leitor que é imprescindível consultar a legislação envolvida, sobretudo, para avaliar possível exigência além das regras dos arts. 693 a 699 do CPC. Veja, por exemplo, o conteúdo do art. 1.557 do CC que trata da anulação do casamento.

EXCELENTÍSSIMO SENHOR DOUTOR JUIZ DE DIREITO DE UMA DAS VARAS CÍVEIS DA COMARCA DE (DOMICÍLIO DA MULHER) – ESTADO.

Antônio, nacionalidade, casado, profissão, inscrito sob o CPF n. e RG n., endereço eletrônico, residente e domiciliado na Rua n., Bairro, na cidade de São Paulo – SP, por intermédio de seu bastante procurador signatário, conforme instrumento de procuração anexo, portador da inscrição profissional OAB, vem, perante Vossa Excelência, com todo o acatamento e respeito, com fundamento nos arts. 693 e seguintes do Código de Processo Civil, propor a presente

Ação de Anulação de Casamento

Em face de Maria, nacionalidade, casada, profissão, inscrita sob o CPF n. e RG n., endereço eletrônico, residente e domiciliada na Rua n., Bairro, na Cidade de, pelos fundamentos de fato e de direito a seguir expostos.

Fatos

O Autor é casado com a Ré pelo regime da separação de bens, convencionado por pacto antenupcial, tudo conforme documentação anexa.

O Autor, após ser beneficiado pela doação de seu pai, conforme documentação anexa, comprou bilhetes de loteria e acabou ganhando um prêmio de R$ 2.000.000,00 (dois milhões de reais). Com o dinheiro do referido prêmio adquiriu um apartamento e o locou pelo aluguel de

R$ 20.000,00 (vinte mil reais) mensais, nos termos da documentação encartada nos autos.

Entretanto, após vinte e três meses de contraído o casamento, o Autor descobriu que a Ré fora interditada antes do casamento por ser alcoólatra, conforme documentação anexa; não sabia também o Autor que a Ré é portadora de impotência *coeundi*, desde a adolescência.

No mesmo sentido, desde a celebração do casamento, a Ré sempre se negou a manter relações sexuais com o Autor, negando também a concepção de filhos. O Autor, de toda forma, tentou amigavelmente desfazer o vínculo matrimonial para evitar maiores prejuízos, contudo não obteve êxito.

Fundamentos Jurídicos

Os fatos apontados acima, nos termos da legislação em vigor, sobretudo a aplicação do art. 1.557 do Código Civil, permitem a anulação do casamento, por existir vício de vontade que recai sobre a pessoa, seja pela impotência *coeundi*, seja pelo alcoolismo.

Esses fatos, conhecidos pelo Autor somente após o casamento, possuem o condão de tornar insuportável a vida em comum, bem como retiram toda possibilidade da realização em comum do que supostamente pretendiam, mas que, por desconhecimento do Autor, é impossível realizar, sobretudo o desejo de ter filhos.

Em relação à partilha dos bens, em razão do regime de separação adotado, cada consorte ficará com os adquiridos antes e durante o casamento, conforme arrolamento anexo.

Pedidos

Diante de todo o exposto, é a presente para requerer a Vossa Excelência:

a) a citação da Ré, no endereço indicado acima, para que compareça à audiência de conciliação e mediação prevista no art. 695 do CPC, e, caso não ocorra acordo, apresente a defesa que tiver, sob as penas da lei, nos moldes do art. 335 do CPC;

b) a total procedência da ação, declarando-se nulo o casamento realizado entre as partes e realizando a separação dos bens conforme requerido anexo, condenando ainda a Ré ao pagamento das custas, despesas e honorários advocatícios;

Protesta provar o alegado por todos os meios de prova em direito admitidos, principalmente prova oral, com depoimento pessoal e oitiva de testemunhas, prova documental e pericial.

Dá-se à presente o valor de R$ (valor por extenso), para fins de alçada.

Nestes termos,
pede deferimento.
Local e data.
Advogado.
OAB n.

5.5 Procedimentos especiais da legislação civil extravagante

Alguns procedimentos especiais estão previstos em legislação extravagante. Geralmente é preciso uma leitura atenta do conteúdo da referida legislação, sobretudo, porque trata de direito material e de direito processual, como é o caso, por exemplo, da lei do inquilinato, do mandado de segurança etc. Abaixo, os principais casos práticos que podem ser úteis para alunos e advogados.

- **Ação revisional de aluguel**
- **(Exame 126 OAB/SP)**

Aplicabilidade: A ação revisional de aluguel tem rito especial definido pela Lei do Inquilinato (Lei n. 8.245, de 18-10-1991, alterada pela Lei n. 12.112/2009). Segundo a dicção desta lei o procedimento seguiria o rito sumário, descrito no antigo CPC a partir do art. 275 daquele código. Diante da revogação deste procedimento sumário no CPC em vigor, imagina-se que agora seguirá o rito comum do CPC. Sempre que uma das partes na relação contratual locatícia entender que o valor pago a título de locação não está de acordo com a realidade econômica do contrato, poderá solicitar sua revisão judicial, ou seja, é preciso haver desequilíbrio econômico-financeiro do contrato, proveniente do fato de o aluguel pago ser maior ou menor que o valor de mercado, trazendo enriquecimento injustificado para uma das partes. A nova lei contempla a possibilidade de que tanto locador quanto locatário estão legitimados para propor a ação.

Atenção: a contestação será apresentada em audiência de conciliação (art. 68, IV). O valor do reajuste a título de aluguel provisório está regulamentado no art. 68, II, *a* e *b*.

Comentários específicos: Os requisitos processuais, além daqueles estabelecidos pelo rito comum, estão declinados nos incisos e parágrafos do art. 68, inclusive o valor e os efeitos da decisão liminar. O procedimento é o comum, mas, em razão da possibilidade de fixação liminar do aluguel, torna-se especialíssimo segundo a doutrina[136]. Outro requisito peculiar essencial é a indicação, na inicial, do valor do aluguel pretendido e suas condições.

EXCELENTÍSSIMO SENHOR DOUTOR JUIZ DE DIREITO DE UMA DAS VARAS CÍVEIS DO FORO REGIONAL DA PENHA NA COMARCA DE SÃO PAULO – SP.

José, nacionalidade, estado civil, profissão, portador do RG n. e do CPF n., endereço eletrônico, residente e domiciliado na Rua n., Bairro, na cidade de São Paulo, por intermédio de seu bastante procurador signatário, conforme instrumento de procuração anexo, portador da inscrição profissional OAB, vem, perante Vossa Excelência, com todo o acatamento e respeito, com fundamento no art. 19 da Lei do Inquilinato, propor a presente

Ação Revisional de Aluguel

Em face de Juscelino, nacionalidade, estado civil, profissão, portadora do RG n. e do CPF n., endereço eletrônico, residente e domiciliada na Rua n., Bairro, Cidade, pelos motivos de fato e de direito a seguir deduzidos.

Fatos

O Autor é locatário do imóvel do Réu há 6 (seis) meses, pagando um valor de R$ 5.000,00 (cinco mil reais) a título de aluguel, tudo conforme demonstrado pelo contrato de locação não residencial de imóvel urbano anexo.

Contudo, observou o Autor que houve significativa queda do preço de mercado das locações nas vizinhanças do imóvel locado, como

---

136 SANTOS, Ernani Fidélis dos. *Manual de direito processual civil* cit., v. 3, p. 353.

comprovam as várias avaliações de imóveis vizinhos, lançadas por imobiliárias que atuam no referido bairro, o que acarretaria visível desequilíbrio na contraprestação contratual e enriquecimento sem causa. Em contato com o Réu não houve meios de resolver a questão de forma amigável, tornando necessária a presente medida judicial.

Fundamentos Jurídicos

Diante dos fatos narrados acima e, de acordo com o disposto no art. 19 da Lei de Locações, o Autor tem o direito de pedir a revisão judicial dos aluguéis para ajustá-los ao preço de mercado, mantendo justa e equilibrada a relação contratual estabelecida entre as partes.

Os valores atualmente pagos causam desequilíbrio na relação contratual, pois refletem sensível enriquecimento por parte do Réu em detrimento do patrimônio do Autor.

Desse modo, é pretensão do Autor, ora locatário, o pagamento do aluguel no montante de R$ 3.000,00 (três mil reais), que, assim, corresponderão ao valor da realidade do mercado, tudo documentalmente comprovado.

Pedidos

Diante de todo o exposto, requer de Vossa Excelência:

a) a fixação, liminarmente, de aluguel provisório, nos termos e limites da Lei do Inquilinato, intimando-se o Réu da referida decisão;

b) que ao final seja a presente ação julgada totalmente procedente, fixando-se o aluguel no valor máximo de R$ 3.000,00 (três mil reais), conforme condições de mercado comprovadas, retroagindo à data da citação, condenando-se ainda o réu ao pagamento das custas, despesas e verbas de sucumbência.

Requer-se a designação da audiência de conciliação nos termos do art. 319, inciso VII, do Código de Processo Civil.

Protesta pela produção de todas as provas em direito admitidas, especialmente pela produção da prova oral, documental e testemunhal.

Dá-se à causa o valor de R$ (valor por extenso).

Nestes termos,
pede deferimento.
Local e data.
Advogado.
OAB n.

- **Ação de despejo**
- **(Exame 126 OAB/SP)**

Aplicabilidade: Segundo a Lei de Locações (Lei n. 8.245/91, alterada pela Lei n. 12.112/2009), a ação de despejo passa a seguir o rito ordinário, agora rito comum no CPC. A ideia do despejo está vinculada à retomada de imóvel. As ações de despejo seguirão rito comum, mas há particularidades práticas evidenciadas no próprio art. 59, em seus incisos e parágrafos, que devem ser consultadas pelo leitor. O § 1º do art. 59 é mais significativo ao permitir a concessão de liminar para a desocupação em 15 dias, independentemente de audiência da parte contrária e desde que prestada caução no valor equivalente a 3 meses de aluguel, nas ações que tiveram por fundamento um de seus 9 incisos (vale a leitura no CPC).

Comentários específicos: O valor da causa será, em regra, 12 vezes o valor mensal devido a título de aluguel. Há hipóteses na lei que permitem o despejo liminar, principalmente aquelas dos arts. 59 e 47. Leia-os na íntegra. A prova essencial é a da relação locatícia, que gera legitimidade para o locador ou quem o represente. Quando o pedido de despejo fundamentar-se no atraso do pagamento de aluguéis, será possível cumular pedido de cobrança destes. Há novas hipóteses de despejo liminar com desocupação em 15 dias, mediante caução de 3 alugueres como apontado acima (art. 59): (i) reparos necessários e urgentes não permitidos pelo inquilino ou que seja impossível realizar com o imóvel ocupado; (ii) não apresentação de nova garantia satisfatória pelo locatário no prazo de 30 dias do art. 40; e (iii) também caberá liminar quando findo o prazo de locação não residencial, se a medida for proposta em até 30 dias do vencimento original ou, no contrato por prazo indeterminado, do término do prazo da notificação do art. 57 (denúncia vazia ou imotivada).

EXCELENTÍSSIMO SENHOR DOUTOR JUIZ DE DIREITO DE UMA DAS VARAS CÍVEIS DO FORO REGIONAL DA PENHA NA COMARCA DE SÃO PAULO – SP.

José, nacionalidade, estado civil, profissão, portador do RG n. e do CPF n., endereço eletrônico, residente e domiciliado na Rua n., Bairro, na cidade de São Paulo, por intermédio de seu bastante procurador signatário, conforme instrumento de procuração anexo, portador da inscrição profissional OAB, vem, perante Vossa Excelência, com todo o acatamento e respeito, com fundamento no art. 9º, combinado com o art. 62, da Lei do Inquilinato, propor a presente

Ação de Despejo por Falta de Pagamento

Em face de Juscelino, nacionalidade, estado civil, profissão, portadora do RG n. e do CPF n., endereço eletrônico, residente e domiciliada na Rua n., Bairro, Cidade, pelos motivos de fato e de direito a seguir deduzidos.

Fatos

O Autor celebrou com o Réu um contrato de locação residencial de bem imóvel, conforme demonstram os documentos anexos, com prazo determinado e vencimento em tal data. O contrato anexo evidencia o prazo da relação locatícia e comprova as demais obrigações das partes, inclusive, o pagamento do aluguel.

Verificou-se, entretanto, que nos últimos 4 (quatro) meses o Réu não efetuou o pagamento dos valores devidos a título de aluguel, apesar de ter cumprido as demais obrigações contratuais, estando evidente a inadimplência. Contatado, o Réu não aceitou nenhuma proposta de acordo, tornando inevitável a propositura da presente ação.

Fundamentos Jurídicos

Verifica-se nos fatos acima narrados que o Réu infringiu a norma legal, pois não cumpriu suas obrigações contratuais com a inadimplência do dever de pagar os aluguéis devidos, estabelecido contratualmente.

Assim, conforme cálculo demonstrado anexo, o Réu, ora locatário, é devedor da quantia de R$, a título de aluguel, devendo ser obrigado a desocupar o imóvel, bem como ao pagamento dos aluguéis em atraso, acrescidos do efeito da mora.

Pedidos

Diante do exposto, vem perante Vossa Excelência requerer:
a) a notificação de eventuais interessados sublocatários e do fiador apontado no contrato para que tenham conhecimento da presente demanda e providenciem o que de direito;

b) a total procedência da presente ação, rescindindo-se a relação locatícia e expedindo-se o competente mandado de desocupação do imóvel, permitindo a retomada pela pessoa do Autor, condenando-se o Réu ao pagamento das custas, despesas e honorários advocatícios de sucumbência, tal qual fixado no contrato entre as Partes.

Requer-se a designação da audiência de conciliação nos termos do art. 319, inciso VII, do Código de Processo Civil.

Protesta-se provar o alegado por todos os meios de prova em direito admitidos, principalmente documental e oral.

Dá-se à presente causa o valor de R$ (doze vezes o valor do aluguel).

Nestes termos,
pede deferimento.
Local e data.
Advogado.
OAB n.

CAPÍTULO II
Resposta do réu

1 Noções processuais

O objetivo deste item é recapitular os temas de processo civil focados no estudo teórico para permitir ao leitor que retome o conteúdo mínimo necessário para absorver a técnica processual de elaboração das petições atinentes ao réu do processo quando da pertinência da apresentação da sua resposta processual, ou seja, da sua contestação (art. 335 do CPC). Obviamente a leitura deste item não dispensa, se o leitor reconhecer e achar necessário, a retomada dos estudos do processo civil em obras declinadas ao aprofundamento e à análise mais teórica dos respectivos tópicos da resposta do réu, inclusive, fica indicada a lista de obras que utilizamos nas referências bibliográficas deste livro.

Reitero todos os apontamentos que fiz no item 1 do capítulo Petição inicial: boa escrita, organização das palavras, lógica textual e bom domínio da técnica forense são fundamentais para que o aluno possa ser aprovado na segunda fase do Exame da Ordem dos Advogados do Brasil, mas **principalmente** para que os profissionais, advogados, tenham sucesso e excelência na elaboração facilitada, porém precisa, das petições processuais.

Mais do que isso! Reforçando o parágrafo anterior: o CPC reuniu toda a matéria de defesa numa única petição com o objetivo de concentrar o ato e reduzir o número de incidentes. Assim, por exemplo, ampliou o rol das preliminares, tomou como regra a possibilidade de reconvenção na própria peça de defesa etc. Isso exigirá na prática processual, para os advogados, um texto muito organizado, muito coeso, com tópicos e itens que permitam ao juiz compreender exatamente aquilo que se pretende desenvolver com a única peça de defesa prevista pelo Código em vigor.

A resposta do réu consiste em apresentar as questões fáticas e jurídicas que levarão ao julgamento de improcedência da ação proposta pelo autor. Porém, o CPC modificou totalmente a sistemática da apresentação de defesa. Veja o comentário da melhor doutrina:

"O CPC modifica essas regras, o que se explica pela nova dinâmica do processo, que não se inicia mediante a apresentação da petição inicial, o aperfeiçoamento da citação e a apresentação de defesa, mas a distribuição da petição inicial, a designação de dia e hora para realização da audiência de tentativa de conciliação ou da sessão de mediação e a apresentação de contestação, como modalidade única de defesa"[1].

Ainda sobre a dinâmica renovada do atual CPC:

> Com a citação surge para o réu o ônus de oferecer contestação. Ele pode simplesmente defender-se das alegações contidas na petição inicial por meio da contestação, mas pode também contra-atacar, formulando pretensões em face do autor, por meio de uma nova lide, contida no bojo da contestação, denominada reconvenção. Outras formas de resposta, que havia no CPC anterior, como a ação declaratória incidental, as exceções rituais e a impugnação ao valor da causa foram extintas no CPC atual[2].

Para elaborar uma boa defesa, o advogado deve ler atentamente os termos da petição inicial, identificar aquilo que é essencial ao pedido do autor, avaliar documentos apresentados e, com isso, pensar no ônus probatório e desenhar sua linha de defesa, ou mesmo de contra-ataque (reconvenção – pedido contraposto), inclusive, na mesma petição impugnar o valor da causa, a assistência judiciária gratuita e/ou arguir quaisquer preliminares. Agora, mais do que nunca, a peça de defesa deve ser criada com cuidado e atenção redobrada. É uma estratégia e deve ser jogado como se fosse xadrez: peças movimentadas, peças por movimentar, em busca do xeque-mate!

Realmente, o advogado deve estar atento a temas outros que não só a defesa direta de mérito (substancial), nem mesmo apenas a defesa processual (com a alegação das preliminares, cujo rol foi significativamente ampliado no CPC/2015, em seu art. 337 comentado mais detalhadamente abaixo). A defesa agora é um único conteúdo

---

1 MONTENEGRO FILHO, Misael. *Novo Código de Processo Civil*: modificações substanciais cit., p. 37.
2 GONÇALVES, Marcus Vinicius Rios. *Novo curso de direito processual civil* cit., v. 1, p. 422.

formado por um conjunto de várias respostas e contra-ataques possíveis: contestar, arguir exceções de incompetência, de impedimento ou suspeição, reconvir, impugnar o valor e a assistência judiciária etc. A peça de defesa, contestação, escrita, deve agregar toda a matéria num único ato e num único prazo.

As atuais defesas de ordem processual (preliminares) exigem dicas práticas a que o advogado deve ater-se para reagir por intermédio do instrumento de contestação: avaliar o valor da causa para impugná-lo, se o caso; o pedido de gratuidade de Justiça, para impugnar tal benefício, se o caso. As duas manifestações permitirão ao réu exercer de maneira processualmente ampla seu direito de defesa, constitucionalmente garantido, tudo isso como preliminar da peça única de defesa, a contestação. Pode ainda o advogado atentar-se em providenciar a propositura de um pedido declaratório incidental (inclusive, a de falsidade dos documentos e as hipóteses do § 1º do art. 503 do CPC que trata da decisão incidental que resolve questão prejudicial). Ao avaliar uma petição inicial na qualidade de defensor pense nisso tudo!

Lembre-se, também, de estar ciente do **prazo processual para a apresentação da resposta**. Na dúvida, não corra risco, protocole no menor prazo. Perceba que há uma regra geral (art. 335) e possíveis exceções (arts. 230 e 231) no CPC e é preciso ter atenção!

O art. 335 define a contagem do prazo para o oferecimento da contestação, mantendo o prazo de 15 dias para a oferta de defesa, com algumas questões relevantes que devem ser consultadas pelo leitor, sobretudo, acerca da fluência de tal prazo. "O art. 335 se ocupa com a fluência do prazo de quinze dias para o réu apresentar a contestação a partir dos diversos eventos e hipóteses que descreve em seus incisos e parágrafos.[3]"

Atenção, pois o prazo só flui em dias úteis (art. 219, *caput*, do CPC) e a contagem do prazo não flui da data da citação, pois atualmente o pedido de citação não é para apresentar defesa, mas para que o réu compareça à audiência de conciliação ou mediação.

Vale aproveitar a oportunidade para consignar que nos termos da Lei n. 13.363, de 25 de novembro de 2016, que alterou o art. 313 do CPC, acrescentando os incisos IX e X, bem como os §§ 6º e 7º, temos

---

3   BUENO, Cassio Scarpinella. *Novo Código de Processo Civil anotado* cit., p. 252.

que o processo será suspenso quando o advogado ou a advogada que atuarem sozinhos como procuradores num processo judicial se tornarem pai ou mãe, mesmo que por adoção. No caso das advogadas que se tornarem mães, o processo ficará suspenso por 30 dias; no caso dos advogados que se tornarem pais, por oito dias, a contar da data do parto ou da adoção.

Enfim, voltando especificamente para a questão da contestação, olhando a linha lógica processual mais prática possível, pergunta-se: para que serve a resposta do réu? Ora, defender-se, contra-atacar, impedir o avanço processual do autor etc. A contestação é o contra-argumento, a defesa pura, a defesa processual e o espaço para qualquer temática de defesa, direta ou indireta. Vale literalmente o texto do art. 336 do CPC: "incumbe ao réu alegar, na contestação, toda a matéria de defesa". Na mesma peça o réu exercerá o direito de reconvenção, que é o contra-ataque, colocar o autor na posição de réu, no mesmo processo. As impugnações são defesas de ordem puramente processual para impedir que o julgamento se efetue, ou, pelo menos, da forma como o autor pretende, afastando aquele juízo, aumentando o valor da causa para que se recolham custas de forma correta etc.

O art. 337 do CPC colocou ordem nas questões preliminares que devem ser atacadas pela defesa, na contestação. Veja o conteúdo do artigo:

> Art. 337. Incumbe ao réu, antes de discutir o mérito, alegar:
>
> **I – inexistência ou nulidade da citação;**
>
> **II – incompetência absoluta e relativa;**
>
> **III – incorreção do valor da causa;**
>
> **IV – inépcia da petição inicial;**
>
> **V – perempção;**
>
> **VI – litispendência;**
>
> **VII – coisa julgada;**
>
> **VIII – conexão;**
>
> **IX – incapacidade da parte, defeito de representação ou falta de autorização;**
>
> **X – convenção de arbitragem;**

XI – ausência de legitimidade ou de interesse processual;

XII – falta de caução ou de outra prestação que a lei exige como preliminar;

XIII – indevida concessão do benefício de gratuidade de justiça.

§ 1º Verifica-se a litispendência ou a coisa julgada quando se reproduz ação anteriormente ajuizada.

§ 2º Uma ação é idêntica a outra quando possui as mesmas partes, a mesma causa de pedir e o mesmo pedido.

§ 3º Há litispendência quando se repete ação que está em curso.

§ 4º Há coisa julgada quando se repete ação que já foi decidida por decisão transitada em julgado.

§ 5º Excetuadas a convenção de arbitragem e a incompetência relativa, o juiz conhecerá de ofício das matérias enumeradas neste artigo.

§ 6º A ausência de alegação da existência de convenção de arbitragem, na forma prevista neste Capítulo, implica aceitação da jurisdição estatal e renúncia ao juízo arbitral.

Observe também que os seus parágrafos definem de maneira muito clara alguns aspectos antes controvertidos na prática, como a definição de coisa julgada, de identidade de ação, de litispendência etc. Esses temas também podem ser arguidos na contestação, e agora a aplicação está mais facilitada com a redação encontrada no CPC.

Outra questão importante e inovadora está na exigência que se faz ao réu, no art. 339 do CPC, ao alegar sua ilegitimidade, de "indicar o sujeito passivo da relação jurídica discutida sempre que tiver conhecimento, sob pena de arcar com as despesas processuais e de indenizar o autor pelos prejuízos decorrentes da falta de indicação", com modificações processuais consideráveis previstas nos parágrafos do referido artigo.

Se houver alegação de ilegitimidade passiva, o autor será intimado para se manifestar e poderá, em síntese, discordar ou silenciar e com isso aguardar a decisão sobre tal tema. Pode também concordar e aceitar a substituição processual, com a mudança no polo passivo da demanda. Por fim, pode ainda recusar a substituição e, ao contrário, solicitar a inclusão do indicado, ou seja, constituir um processo com litisconsórcio passivo, conforme prevê o art. 338 do CPC.

Não se esqueça do essencial: procuração e recolhimento de guias conforme as regras do Tribunal onde se litiga além da juntada de todos os documentos pertinentes e existentes ao tempo da apresentação da defesa, sob pena de preclusão, bem como arguição de toda a matéria de defesa num único ato e único momento, o da contestação. Em tempos de processo e peticionamento eletrônico fique atento a como os prazos são contados no Tribunal em que está atuando, bem como à forma correta de peticionar.

Vamos, agora, lembrar alguns elementos teóricos.

2 Recapitulação de conceitos gerais

O Código de Processo Civil trata do tema Resposta do Réu a partir do art. 335 até o art. 343, sendo que em tais artigos regulamenta a defesa a ser apresentada em única peça englobando os seus diversos aspectos de defesa direta e indireta, de mérito ou processual, inclusive, a possibilidade de reconvir e/ou impugnar. Não é muito extenso, portanto, o conjunto das regras, dos dispositivos legais que tratam do assunto objeto deste capítulo.

O referido Código define como único meio de resposta a contestação, uma peça única! Estipula prazo de 15 dias cujo termo inicial será um daqueles previstos em seus três incisos:

Art. 335. O réu poderá oferecer contestação, por petição, no prazo de 15 (quinze) dias, cujo termo inicial será a data:

I – da audiência de conciliação ou de mediação, ou da última sessão de conciliação, quando qualquer parte não comparecer ou, comparecendo, não houver autocomposição;

II – do protocolo do pedido de cancelamento da audiência de conciliação ou de mediação apresentado pelo réu, quando ocorrer a hipótese do art. 334, § 4º, inciso I;

III – prevista no art. 231, de acordo com o modo como foi feita a citação, nos demais casos.

§ 1º No caso de litisconsórcio passivo, ocorrendo a hipótese do art. 334, § 6º, o termo inicial previsto no inciso II será, para cada um dos réus, a data de apresentação de seu respectivo pedido de cancelamento da audiência.

§ 2º Quando ocorrer a hipótese do art. 334, § 4º, inciso II, havendo litisconsórcio passivo e o autor desistir da ação em relação a réu ainda não citado, o prazo para resposta correrá da data de intimação da decisão que homologar a desistência.

O CPC aponta que a contestação e a reconvenção se apresentarão em peça única (arts. 336 e 343). Isso inclui, preferivelmente, nesta ordem: alegações de incompetência, impugnações sobre o valor da causa ou sobre o benefício da gratuidade de justiça, todas as demais questões preliminares apontadas no já citado art. 337; depois disso, na mesma petição, entrará a defesa direta, a defesa de mérito; no final, possível reconvenção.

Então, pense que é possível, em tese, num único caso, no momento da defesa, ser apresentado numa única petição três possíveis quadros a título de defesa: preliminares, mérito e reconvenção.

Perceba que "Além das preliminares constantes do CPC/73, o legislador infraconstitucional elevou esta condição a incompetência relativa, a incorreção do valor da causa e a indevida concessão do benefício da gratuidade de justiça"[4].

Sobre o local de protocolo da petição de contestação há uma importante e inovadora regra no art. 340 do CPC. "Quanto ao local de protocolo da petição, embora se mantenha a regra geral de que deve ser oferecida na sede do juízo, a nova lei processual inova, ao estabelecer que, se o réu suscitar a incompetência absoluta ou a incompetência relativa, pode protocolar a contestação no foro do seu domicílio.[5]"

Um assunto muito relevante na prática e que exige sempre uma abordagem direta é o que dispõe a Lei n. 9.099/95 – Juizados Especiais – que em seu art. 31 dispõe sobre a possibilidade de o réu fazer pedidos em face do autor na própria defesa, por meio do "pedido contraposto".

---

4   MONTENEGRO FILHO, Misael. *Novo Código de Processo Civil*: modificações substanciais cit., p. 47.
5   MONTENEGRO FILHO, Misael. *Novo Código de Processo Civil*: modificações substanciais cit., p. 45.

3 Estudo dos requisitos, técnicas e esquema simplificado de elaboração das possíveis respostas do réu

3.1 Contestação

O art. 336 do CPC determina o que deve conter uma peça de contestação: *alegação de toda a matéria de defesa* no que tange ao mérito da causa (esgotamento dos termos da defesa naquela peça), *com exposição de fatos e fundamentos jurídicos* (direito) com que impugna o pedido do autor, bem como *especificação das provas que pretende produzir*.

Além disso, o artigo seguinte do mesmo Código (337) aponta que na mesma petição o réu deverá fazer valer o seu direito de defesa e alegar, antes das matérias que atacam o mérito, *os temas relacionados com as "preliminares"*.

O mérito é chamado de "defesa substancial", quando se ataca o cerne da lide. As preliminares, que na petição são alegadas antes de se alegar o mérito, são as chamadas "defesas processuais", elencadas no art. 337:

I – inexistência ou nulidade da citação;

II – incompetência absoluta e relativa;

III – incorreção do valor da causa;

IV – inépcia da petição inicial;

V – perempção;

VI – litispendência;

VII – coisa julgada;

VIII – conexão;

IX – incapacidade da parte, defeito de representação ou falta de autorização;

X – convenção de arbitragem;

XI – ausência de legitimidade ou de interesse processual;

XII – falta de caução ou de outra prestação que a lei exige como preliminar;

XIII – indevida concessão do benefício de gratuidade de justiça.

As preliminares (defesas processuais) podem ou não ser prejudiciais à análise do mérito nos termos dos arts. 485 (quando "o juiz não resolverá o mérito") e 487 (quando "haverá resolução de mérito") do CPC. Estas são fortes ferramentas da defesa, pois evitam que o juízo avalie o mérito da causa e, mesmo assim, dê por encerrado o processo e, em alguns casos, resolvendo o mérito, ou seja, extinguindo o processo sem que ele possa ser proposto novamente, colocando fim ao litígio.

Uma questão relevante do ponto de vista prático no CPC está em que os temas de "prescrição e decadência" não serão reconhecidos pelo juiz sem que antes seja dada às partes oportunidade de manifestar-se (art. 487, parágrafo único).

O art. 341 do CPC aponta que o réu deve efetivamente se utilizar da contestação para rebater ponto a ponto, de forma ordenada e individualizada, os argumentos fáticos lançados na inicial "presumindo-se verdadeiras as não impugnadas", contando obviamente sua versão, determinando a inexistência de tais fatos etc., mas sempre sob pena de que os fatos narrados na inicial, que não tenham sido impugnados, sejam considerados verdadeiros, nos moldes e limites apontados pelo próprio Código nos incisos e parágrafo único do mencionado artigo. É a aplicação do princípio da concentração ou eventualidade que impõe ao réu alegar toda a matéria de defesa na contestação, como regra geral. As exceções estão indicadas no mesmo art. 341, nos incisos de I a III e no parágrafo único, vale conferir!

Realmente, sobre tais exceções, na prática processual civil é costume dizer que se a petição da defesa (contestação) em seu todo for contraditória aos fatos e argumentos da inicial não haverá que se considerar os fatos como não impugnados, ou seja, é aceitável a contestação generalizada, não se exigindo obrigatoriamente que se ataque cada detalhe fático (inciso III do artigo supracitado). No mesmo sentido, tal penalidade acima exposta não se aplica ao advogado dativo, ao curador especial, ao defensor público e ao órgão do Ministério Público (parágrafo único do artigo acima citado).

Para complementar é preciso lembrar o conceito e os efeitos da revelia apresentados pelo legislador nos arts. 344 a 346 do CPC. Enfim, o réu deve contestar, sob pena de revelia, mas contestando deve atacar todos os fatos alegados pelo autor, pois os não impugnados serão considerados presumidamente verdadeiros.

Como regra geral estipulada pelo art. 342 do CPC, depois de apresentada a petição de contestação em juízo não é mais lícito ao réu formular qualquer argumento ou tese de defesa, salvo se relativos a direito ou fato superveniente (*vide* art. 493 do CPC), se competir ao juiz conhecer deles de ofício (o principal exemplo atual é a prescrição, mas no geral se trata de temas de ordem pública), e quando a lei autorizar que tal argumento novo seja utilizado em qualquer tempo e grau de jurisdição.

Vejamos de forma organizada o que dispõe o Código de Processo Civil até agora e, com isso, perceber que já é perfeitamente possível construir, mesmo que de maneira ainda grosseira, um roteiro de elaboração da peça de contestação:

Petição dirigida ao juiz da causa (arts. 335 e 336).
Alegação das matérias relacionadas com as preliminares da causa (art. 337).
Exposição de forma a esgotar todos os elementos da defesa: fatos e fundamentos jurídicos de impugnação ao pedido do autor (art. 336) e manifestação precisa sobre os fatos narrados na inicial, sob pena de serem presumidos verdadeiros (art. 341).
Especificação das provas que pretende produzir (art. 336).

Vejamos o comentário da doutrina sobre a estrutura, requisitos e forma da peça de contestação, apontando que devem ser respeitados alguns elementos quanto à forma da peça de defesa, que deve ser escrita, conter os elementos que vimos no quadro acima, e:

Deve ainda conter nome e prenome das partes, requisito dispensável se na inicial já tiver sido feito corretamente; endereçamento ao juízo da causa; documentos necessários; requerimento de produção de provas além da impugnação dos fatos alegados pelo autor[6].

Considerando que a contestação é uma petição em andamento (que será inserida e numerada na sequência dos autos do processo principal), dirigida, portanto, ao juiz da causa e, ainda, cujo objetivo principal é ver o julgamento de improcedência ao final da demanda e cujo objetivo secundário pode estar relacionado com alguma impugnação ou reconvenção podemos complementar o quadro acima da seguinte forma, visando estruturar de maneira lógica o argumento da defesa e, principalmente, facilitar a elaboração das petições de contestação pelo advogado:

---

6 PINHO, Humberto Dalla Bernardina de. *Direito processual civil contemporâneo*. São Paulo: Saraiva, 2012. v. 2. p. 132.

Endereçamento ao juiz da causa (com indicação da Vara, da numeração processual etc.).

Preâmbulo com qualificação resumida das partes (em tese as partes estão qualificadas na petição inicial) e indicação de que se trata de "contestação".

Resumo da inicial (fatos e pedidos do autor).

Preliminares (com pedido de que sejam acatadas e o processo seja extinto, com ou sem resolução do mérito).

Mérito (fatos impeditivos, modificativos e extintivos do direito do autor com a devida argumentação jurídica pertinente) + **fatos e fundamentos jurídicos da reconvenção** (quando for o caso).

Pedido de improcedência da ação, bem como: (i) reiteração do pedido de acatamento das preliminares (quando for o caso), **(ii)** pedido de procedência da reconvenção e **(iii) eventuais requerimentos de ordem processual** (exemplos: expedição de ofício, pedido de concessão do benefício da gratuidade, pedido de condenação em litigância de má-fé etc.).

Protesto por provas (especificar e observar as regras próprias do procedimento do Juizado Especial Cível e de outros procedimentos especiais, se o caso).

Fechamento (local, data, nome e assinatura do advogado, com número de inscrição na OAB).

Agora vou sugerir um quadro facilitador! Use-o **para elaboração de peças de contestação**, como um guia até que se adquira a prática necessária:

Endereçamento ao juiz da causa
Preâmbulo com qualificação resumida das partes
Resumo da inicial
Preliminares
Mérito da contestação
Fatos e fundamentos jurídicos da reconvenção
Pedido de improcedência da ação + preliminares + pedido de procedência da reconvenção e requerimentos
Protesto por provas
Fechamento

Esse quadro é seu guia na hora de elaborar uma contestação! Para elaborar uma petição de qualidade, a ser notada pelo juiz na sua vida prática profissional, acompanhe o seguinte roteiro:

1. Leia a petição inicial e os documentos juntados pela parte autora.
2. Ouça seu cliente e depois indague sobre aquilo que ficou omisso ou que exija mais aprofundamento, mostrando-lhe documentos ou mesmo dizendo o que está disposto na petição inicial, e com isso faça suas anotações.
3. Leia os documentos que o cliente lhe trouxe, questione-o sobre o conteúdo e se necessário peça outros documentos complementares. Verifique que documentos e provas são necessários para comprovar as preliminares e para sustentar eventual pedido de reconvenção.
4. Se o conteúdo jurídico da lide for complexo, faça antes de qualquer coisa uma leitura doutrinária e jurisprudencial, ou seja, posicione-se acerca daquilo que já foi dito ou decidido sobre o assunto, tomando nota do que for preciso.
5. Organize fatos e argumentos jurídicos necessários à elaboração da peça de contestação e que sustentarão toda a sua tese de defesa.
6. Use o quadro facilitador acima e redija sua petição. Se for preciso, consulte modelos de petições, mas não se esqueça: uma petição nunca é igual a outra!

Muitos advogados incluem de forma detalhada e transcrita integralmente em sua contestação o texto ou o trecho da legislação que pretende utilizar como fundamento da defesa. Citar lei ou normativos é fazer uso de "fundamento legal". Isso é desnecessário, pois o juiz tem código e pode consultá-lo! Então, cite o artigo da lei, mas não o transcreva!

A utilização de doutrina ou jurisprudência é mais usual na prática real da elaboração das peças de contestação do que na elaboração das petições iniciais. Contudo, não abuse de citações doutrinárias, salvo em uma situação excepcional, fora do comum, um posicionamento realmente relevante que precisa ser destacado. Não ocupe espaço na petição para citar trechos básicos da doutrina.

O mesmo vale para a jurisprudência. Use-a e cite-a na petição de defesa somente quando for realmente pertinente, um assunto controvertido, uma posição jurisprudencial relevante para sustentar sua tese. Fora isso, evite.

Com os modelos que serão apresentados ao final deste capítulo e a utilização sistematizada do referido quadro facilitador e do roteiro indicado acima, o leitor poderá compreender melhor o sistema e a lógica indicada, de modo a, com o tempo, aperfeiçoá-los de acordo com suas próprias diretrizes.

Em continuidade, antes de partirmos para os modelos de petições, vamos avaliar algumas posições relacionadas com as preliminares e outros institutos envolvidos na peça de contestação, de forma individualizada, permitindo uma melhor compreensão de cada item.

3.1.1 Arguição de preliminares e impugnações

Não vamos neste livro recapitular e esgotar todos os temas relativos às preliminares, mas apenas aquele conteúdo que, na peça de defesa, ou seja, na contestação, exigirá maior atenção na estrutura e na formatação e/ou nas consequências advindas ao procedimento propriamente dito. Mesmo que não se trate neste item da "ausência de caução ou de outra prestação que a lei exige" (art. 337, XII), podemos afirmar que do ponto de vista prático a estruturação desta será feito no mesmo molde que estamos, abaixo, sugerindo aos tópicos que trataremos. Lembre-se que as preliminares estão todas indicadas no art. 337, em seus incisos!

A contestação é o meio puro de defesa, impedir o autor de ver reconhecido seu direito e procedente a sua ação em face do réu. As exceções, agora a serem pontuadas na mesma peça da contestação, buscam nessa esteira de responder à ação algo um pouco diferente, ou seja, alterar o juízo ao qual está inicialmente distribuída a causa: por incompetência, impedimento ou suspeição. Por outro lado, também na peça de contestação poderá ser impugnado o benefício de gratuidade de justiça ou o valor da causa, sempre a ser feito como preliminar.

Quanto às exceções de incompetência, impedimento ou suspeição é bom apontar que não haverá, portanto, solução da demanda, nem pela improcedência, nem pela procedência, mas apenas discussão sobre a necessidade, nos termos da lei, de alterar o foro ou o juízo que exercerá o poder jurisdicional sobre o caso, julgar o processo, resolver a lide.

Não se trata de relação processual autônoma, inclusive, porque apresentada na mesma petição de contestação, como matéria preliminar. Não é o caso de ser procedente ou improcedente, e sim acolhida ou não acolhida (rejeitada). Do mesmo modo, quanto à impugnação, entendemos que não será julgada procedente ou improcedente, mas apenas os pedidos serão ou não acolhidos para alterar a condição da parte (retirando o benefício da gratuidade) ou então alterando o valor da causa, nos dois casos com os reflexos processuais respectivos, por exemplo, exigindo-se o recolhimento de custas processuais.

Assim, o advogado deve perceber que a lógica processual reflete na forma de produzir o texto, pois não interessa ao julgamento de uma exceção ou de uma impugnação nada mais do que apontar os fatos e o direito relevantes para a questão. No caso da incompetência (arts. 64 e seguintes do CPC), do impedimento (art. 144 do CPC) ou da suspeição (art. 145 do CPC). Se necessário, indica-se uma recapitulação dos conceitos envolvidos nessas temáticas de modo a se compreender quando se utilizará a ferramenta da exceção como meio de resposta do réu no processo civil, na forma de preliminar na própria peça de contestação. Na prática, sugere-se abrir um tópico para "Preliminares" e um subtópico para "Exceção de..." ou "Impugnação ao...".

Vejamos alguns detalhes mais específicos de cada item:

O CPC trata da sistematização da arguição do impedimento e da suspeição no art. 146. Verifique o seu conteúdo e compreenda toda a sistemática relacionada ao conteúdo que deve se seguir da apresentação de tais exceções, sejam com a contestação, seja como petição intermediária: "No prazo de 15 dias, a contar do conhecimento do fato, a parte alegará o impedimento ou a suspeição, em petição específica dirigida ao juiz do processo, na qual indicará o fundamento da recusa, podendo instruí-la com documentos em que se fundar a alegação e com rol de testemunhas".

A primeira observação é que não só o réu pode arguir as exceções de impedimento ou de suspeição, mas é lícito a qualquer das partes fazê-lo (art. 146 do CPC). Isso porque no meio do processo algo pode ocorrer contra o interesse do autor e diante disso ele pretender ingressar com uma exceção, o que será feito por petição simples dirigida ao juiz do processo, nos autos do processo, seja feita por ele, seja feita pelo réu. Além disso, não é só no momento da defesa, e sim em qualquer momento e grau de jurisdição que qualquer das partes pode arguir exceções, sempre no prazo de 15 dias contados do fato que originou o impedimento ou a suspeição (art. 146 do CPC).

O CPC trata da sistematização da arguição de ilegitimidade de parte no art. 338. Arguida em contestação o autor será intimado para que, facultativamente, se o caso, altere o polo passivo, solicitando a substituição do réu, contando com os encargos previstos no parágrafo único do referido artigo. Inclusive, o art. 339 revela que incumbe ao réu, ao alegar sua ilegitimidade, indicar o sujeito passivo da relação jurídica discutida sempre que tiver conhecimento, sob pena de arcar com as despesas processuais e de indenizar o autor pelos prejuízos decorrentes da falta de indicação. O autor terá prazo para alterar a petição inicial, substituindo o réu, ou então, poderá ainda incluir o indicado no polo passivo, como litisconsorte (**§ 2º** do art. 339).

O Enunciado 296 do Fórum Permanente dos Processualistas Civis aponta que a ilegitimidade passiva pode ser reconhecida de ofício: "Quando conhecer liminarmente e de ofício a ilegitimidade passiva, o juiz facultará ao autor a alteração da petição inicial, para substituição do réu, nos termos dos arts. 339 e 340, sem ônus sucumbenciais".

Outrossim, o Enunciado 42, aponta que o dispositivo em comento se aplica também nos procedimentos especiais, mesmo quando não admitam intervenção de terceiros: "O dispositivo se aplica mesmo a procedimentos especiais que não admitem intervenção de terceiros, bem como aos juizados especiais cíveis, pois se trata de mecanismo saneador, que excepciona a estabilização do processo".

O CPC trata da sistematização da arguição da incompetência no art. 340. De cunho prático o referido artigo determina que o réu poderá, quando se tratar de exceção de incompetência absoluta ou relativa, protocolizar a petição no juízo de seu domicílio, com requerimento de que seja imediatamente noticiado o fato ao juízo da causa. Observe as regras de distribuição da contestação, se o caso, conforme parágrafo único do citado artigo.

Alegada a incompetência "será suspensa a realização de audiência de conciliação ou de mediação, se tiver sido designada" (art. 340, **§ 3º**) e após definida a competência o juiz competente designará nova data para referida audiência (**§ 4º** do mesmo artigo, ambos do CPC).

Além das exceções, é possível observar que agora, na contestação, deverão ser arguidas, como preliminares, as impugnações previstas no art. 337, inciso III – incorreção do valor da causa, e inciso XIII – indevida concessão do benefício da gratuidade de justiça.

O valor da causa pode atrair uma consequência processual mais ou menos privilegiada, pois tal valor reflete possivelmente na competência (exemplo, para o Juizado Especial Cível), no valor das custas a serem recolhidas, em algumas circunstâncias relacionadas ao ônus da sucumbência etc.

> Cabe ao réu, em preliminar de contestação (art. 337, III), alegar que o valor da causa, tal qual indicado pelo autor em sua petição inicial (art. 319, V), é incorreto. Seja porque ele não representa, a contento, a expressão econômica do(s) pedido(s) formulado(s) pelo autor, seja porque ele se desvia daqueles casos em que o próprio art. 292 impõe a observância de um valor certo[7].

Portanto, é importante que a contestação seja elaborada de modo a, também, atacar esta questão meramente processual. Isso será feito como preliminar, e caberá ao réu indicar seu inconformismo, bem como a incorreção no valor da causa. Pedimos ao leitor que retome, no primeiro capítulo desta obra, quando falamos dos requisitos da petição inicial, a leitura do item dedicado ao valor da causa e suas regras.

Quanto ao conteúdo do art. 337, XIII, a última preliminar listada pelo CPC, diz a doutrina:

> Uma vez mais, o CPC de 2015 descarta a forma exigida até seu advento, revogando expressamente os dispositivos da defasada Lei n. 1.060/1950 que, até então, disciplinava o assunto (art. 1.072, III). E o faz sem prejuízo, muito pelo contrário, do conteúdo[8].

Numa análise prática devemos dizer que a gratuidade de justiça, igualmente, poderá refletir em diversos aspectos ao dispensar a parte de recolher custas e arcar com despesas processuais, como perícias, por exemplo, bem como ao final dispensar a parte dos ônus da sucumbência, como o pagamento de honorários advocatícios. Então, do mesmo modo que o valor da causa, ao réu cabe avaliar o cenário e verificar o cabimento do benefício e, caso não esteja de acordo, deverá arguir como preliminar para que o mesmo seja revogado. Deve-se indicar o inconformismo, inclusive, fazendo prova ou requerendo prova para que se prove a alegação de que a concessão é indevida. Com a revogação, se o caso, o autor deverá ser intimado para regularizar eventuais benefícios já alcançados, como as custas iniciais, por exemplo.

---

7   BUENO, Cassio Scarpinella. *Manual de direito processual civil* cit., p. 367.
8   Idem, ibidem, p. 372.

3.1.2 Reconvenção

Reconvir é agir contra, portanto, o réu pode, ao apresentar sua resposta, nos limites e condições legais, apresentar um pedido em face do autor no próprio processo em que é demandado, na mesma peça de defesa, como um "pedido contraposto" ou mesmo um contra-ataque. "Ela é, pois, uma nova ação, mas que ocupa o mesmo processo. O seu autor é o réu da ação originária, que passa a denominar-se reconvinte"[9]. A título de sugestão imagine uma arena de luta romana. O soldado, gladiador, empunha uma espada e um escudo. Quando ele é atacado por seu oponente, ficando numa posição defensiva e levanta o escudo para se defender dos golpes do adversário, está usando a "contestação" como método único de defesa do mérito. Mas, quando ele percebe que pode contra-atacar e golpeia o adversário com sua espada, usa a "reconvenção", tudo na mesma luta. Essas são as duas principais e mais comuns respostas do réu no processo e devem ser feitas na mesma petição: a defesa propriamente dita e o contra-ataque (reconvenção).

Se reconvir é agir, obviamente estamos falando de exercer o direito de ação, portanto, tudo o que já foi estudado sobre o direito de ação e a petição inicial como seu instrumento apropriado aqui deve ser recordado. A reconvenção é apresentada no procedimento comum como um item da peça de contestação, preferencialmente, ao final, depois de esgotados os tópicos de defesa propriamente dita, sendo que o julgamento final daquela demanda deverá resolver as duas ações (ação e reconvenção).

A reconvenção se apresenta na peça de contestação (art. 343 do CPC). Se contestar e não reconvir, precluso está este último direito. Então, não é possível contestar no décimo dia e depois reconvir no décimo primeiro, contando com os 15 dias de prazo da defesa, pois que a reconvenção é matéria a ser apontada conjuntamente com a contestação.

Diz o art. 343 do CPC que "na contestação, é lícito ao réu propor reconvenção para manifestar pretensão própria, conexa com a ação principal ou com o fundamento da defesa".

---

9   GONÇALVES, Marcus Vinicius Rios. *Novo curso de direito processual civil* cit., v. 1, p. 431.

A conexão sugere que a ação e a reconvenção tenham algo em comum, portanto, essa similaridade exige que o mesmo juiz julgue as duas causas, evitando, inclusive, decisões conflitantes, gerando economia processual. Correrão as duas pretensões no mesmo processo, portanto, haverá uma única instrução e uma só sentença. A conexão está relacionada ao pedido e à causa de pedir; não haverá conexão se o único ponto em comum são as partes[10].

O réu não está impedido de utilizar-se de ação autônoma em vez de reconvir. Porém, reconvindo permitirá a economia processual e evitará possíveis contradições nas decisões que serão proferidas. Segundo o § 3º do art. 343 do CPC "a reconvenção pode ser proposta contra o autor e terceiro", indicando que num único processo será possível encontrar como réus da reconvenção (reconvindos) não somente o autor como também terceira pessoa que, logicamente, deverá ser citada com as formalidades processuais. Também o § 6º do referido artigo ressalta que o réu pode apenas reconvir, independente apresentar sua contestação, ou seja, pedido de improcedência da ação.

A apresentação em outra peça, autônoma, mas feita no mesmo prazo da contestação, não trará prejuízo e deverá ser recebida. Realmente, diz a doutrina: "De resto, caso a reconvenção seja ofertada em peça diferente que a contestação, não haverá, na iniciativa, à falta de qualquer prejuízo, nenhum vício formal, desde que apresentada no mesmo prazo da contestação"[11].

Sobre a estrutura do pedido de reconvenção que será feito na própria peça de contestação, frise-se, devemos ter em mente os parâmetros necessários para propor qualquer ação, que foi objeto de estudo do capítulo inicial deste livro, pelo menos no que tange aos fatos e fundamentos jurídicos do pedido e o pedido com as suas especificações. Além disso, com maior relevância prática, é o caso de requerer a intimação do autor do pedido de reconvenção, por intermédio do seu procurador constituído, para que apresente resposta (e não contestação!) no prazo de quinze dias, conforme o § 1º do art. 343 do CPC. A lide já está formada com a ação, sendo desnecessário chamar para compor a lide o autor, pois ele próprio iniciou a demanda.

---

10 GONÇALVES, Marcus Vinicius Rios. *Novo curso de direito processual civil*. 4. ed. São Paulo: Saraiva, 2007. p. 78-79.
11 BUENO, Cassio Scarpinella. *Manual de direito processual civil* cit., p. 375.

Por fim o Código de Processo Civil determina que há parcial autonomia da reconvenção que prosseguirá mesmo quando houver desistência da ação ou existência de qualquer causa que a extinga (art. 343, § 2º).

4 Revelia e providências preliminares

Apesar de alguns temas não serem relacionados diretamente com a técnica da elaboração da petição, são importantes para a boa compreensão lógica do procedimento e, consequentemente, do que se escreve ou não, do que se pede ou não, nas petições, bem como os riscos inerentes ao trabalho do advogado ao conduzir o processo em nome do cliente. A petição inicial e a contestação, principalmente, são as peças-chave mais importantes para o resultado da demanda e, então, o advogado deve realmente estar atento a sua elaboração, decidir o que, como e quando escrever pode ser a solução da vitória processual.

Após os artigos referentes aos meios de resposta do réu propriamente ditos (contestação), o Código de Processo Civil inaugura um espaço dedicado à revelia, seus efeitos, algumas regras específicas que começam com o art. 344 (se o réu não contestar a ação, será considerado revel e presumir-se-ão verdadeiras as alegações de fato formuladas pelo autor).

> Inclusive, como já se observava na leitura do CC anterior, a revelia se dá, também, quando a contestação é apresentada fora do prazo. De acordo com o art. 319, CPC, ocorre a revelia quando o réu não contesta a ação, apesar de regularmente citado ou, ainda, quando a apresenta, mas esta é intempestiva[12].

Os efeitos apresentados pelo mencionado artigo, entretanto, não ocorrerão nas hipóteses dos incisos do art. 345 do CPC (havendo pluralidade de réus, se um contestar – litisconsórcio passivo; versando o litígio sobre direitos indisponíveis, como a investigação de paternidade; se a inicial não estiver acompanhada de instrumento público que a lei considere indispensável para o ato, como o contrato por escritura pública de compra e venda de bem imóvel cujo valor seja superior a 30 vezes o

---

12 PINHO, Humberto Dalla Bernardina de. *Direito processual civil contemporâneo* cit., p. 148.

salário mínimo – art. 108 do CC) e, por último, quando as alegações de fato formuladas pelo autor forem inverossímeis ou estiverem em contradição com prova constante dos autos. Esse último, uma inovação, certamente pretende coibir atos protelatórios e má-fé processual.

O Código continua com algumas regras e disposições simples que se podem compreender facilmente no art. 346 e seu parágrafo único. Neste item reside o ponto mais importante: o revel poderá intervir no processo em qualquer fase, recebendo-o no estado em que se encontrar, inclusive, pode produzir prova nos termos do inovador e claro art. 349 do CPC, dando concretude ao parágrafo único do art. 346.

Na sequência o Código trata em capítulo próprio das providências preliminares: o efeito da revelia (art. 348), da obrigatória oitiva do autor quando o réu apresenta fatos impeditivos, modificativos ou extintivos do pedido (art. 350), da oitiva do autor sobre alegações do réu relacionadas com as preliminares (art. 351) o que deverá ser feito em 15 dias após intimado, permitindo-lhe também produção de provas em razão da réplica efetuada.

Se as providências preliminares forem cumpridas, ou quando desnecessárias, o juiz proferirá o julgamento conforme o estado do processo (art. 353 do CPC). "O art. 353 repete a previsão do art. 328 do CPC atual, conduzindo o magistrado a manifestar-se em consonância com cada uma das hipóteses previstas no que o CPC, preservando a tradição, chama de "julgamento conforme o estado do processo": extinção do processo (art. 354), julgamento antecipado do mérito (art. 355), o novel julgamento antecipado parcial do mérito (art. 356), ou, ainda, o hipertrofiado saneamento e organização do processo (art. 357)"[13].

Segundo o art. 354 do CPC, ocorrendo qualquer das hipóteses dos arts. 485 e 487, II e III, o juiz proferirá sentença, inclusive, tal decisão pode dizer respeito a apenas parcela do processo – como disciplina neste ponto o art. 356 do CPC, caso em que será impugnável por agravo de instrumento, e não por apelação.

Observe tais artigos mencionados (485 e 487):

Art. 485. O juiz não resolverá o mérito quando:

I – indeferir a petição inicial;

---

13 BUENO, Cassio Scarpinella. *Novo Código de Processo Civil anotado* cit., p. 263.

II – o processo ficar parado durante mais de 1 (um) ano por negligência das partes;

III – por não promover os atos e as diligências que lhe incumbir, o autor abandonar a causa por mais de 30 (trinta) dias;

IV – verificar a ausência de pressupostos de constituição e de desenvolvimento válido e regular do processo;

V – reconhecer a existência de perempção, de litispendência ou de coisa julgada;

VI – verificar ausência de legitimidade ou de interesse processual;

VII – acolher a alegação de existência de convenção de arbitragem ou quando o juízo arbitral reconhecer sua competência;

VIII – homologar a desistência da ação;

IX – em caso de morte da parte, a ação for considerada intransmissível por disposição legal; e

X – nos demais casos prescritos neste Código.

§ 1º Nas hipóteses descritas nos incisos II e III, a parte será intimada pessoalmente para suprir a falta no prazo de 5 (cinco) dias.

§ 2º No caso do § 1º, quanto ao inciso II, as partes pagarão proporcionalmente as custas, e, quanto ao inciso III, o autor será condenado ao pagamento das despesas e dos honorários de advogado.

§ 3º O juiz conhecerá de ofício da matéria constante dos incisos IV, V, VI e IX, em qualquer tempo e grau de jurisdição, enquanto não ocorrer o trânsito em julgado.

§ 4º Oferecida a contestação, o autor não poderá, sem o consentimento do réu, desistir da ação.

§ 5º A desistência da ação pode ser apresentada até a sentença.

§ 6º Oferecida a contestação, a extinção do processo por abandono da causa pelo autor depende de requerimento do réu.

§ 7º Interposta a apelação em qualquer dos casos de que tratam os incisos deste artigo, o juiz terá 5 (cinco) dias para retratar-se.

Art. 486. O pronunciamento judicial que não resolve o mérito não obsta a que a parte proponha de novo a ação.

§ 1º No caso de extinção em razão de litispendência e nos casos dos incisos I, IV, VI e VII do art. 485, a propositura da nova ação depende da correção do vício que levou à sentença sem resolução do mérito.

§ 2º A petição inicial, todavia, não será despachada sem a prova do pagamento ou do depósito das custas e dos honorários de advogado.

§ 3º Se o autor der causa, por 3 (três) vezes, a sentença fundada em abandono da causa, não poderá propor nova ação contra o réu com o mesmo objeto, ficando-lhe ressalvada, entretanto, a possibilidade de alegar em defesa o seu direito.

Art. 487. Haverá resolução de mérito quando o juiz:

I – acolher ou rejeitar o pedido formulado na ação ou na reconvenção;

II – decidir, de ofício ou a requerimento, sobre a ocorrência de decadência ou prescrição;

III – homologar:

a) o reconhecimento da procedência do pedido formulado na ação ou na reconvenção;

b) a transação;

c) a renúncia à pretensão formulada na ação ou na reconvenção.

Parágrafo único. Ressalvada a hipótese do § 1º do art. 332, a prescrição e a decadência não serão reconhecidas sem que antes seja dada às partes oportunidade de manifestar-se.

Art. 488. Desde que possível, o juiz resolverá o mérito sempre que a decisão for favorável à parte a quem aproveitaria eventual pronunciamento nos termos do art. 485.

Por fim, antes de entrar nas modalidades probatórias, o art. 357 do CPC trata do que chamamos de "despacho saneador" na seção denominada "do saneamento e da organização do processo". Ele surgirá, na prática, diante da não aplicação das causas de revelia e providências preliminares. O juiz verificará se o feito está em ordem para ser instruído, para firmar seu convencimento, já que não ocorreu isso na fase inicial. O juízo resolverá as questões processuais eventualmente pendentes, delimitará os pontos controvertidos sobre os quais deverá recair a produção de provas, determinará a distribuição do ônus da prova, determinando questões de direito complexas que porventura interfiram na decisão e, se necessário, designará audiência de instrução e julgamento. Sobre tal despacho as partes podem se manifestar em 5 dias para exigir esclarecimentos ou ajustes. Inclusive, se a causa for muito complexa o juiz poderá designar audiência apenas para que o saneamento seja feito de forma cooperada entre as partes. Se for o caso de oitiva de testemunhas as partes terão prazo não superior a 15 dias para apresentar rol.

Aqui se observa a importância da petição inicial e da contestação do ponto de vista da abertura da fase instrutória do processo civil. Definição de pontos controvertidos ou não, aplicação da regra do ônus probatório etc. são temas processuais que aparecerão e serão significativos com a análise daquilo que se apontou, postulou e comprovou inicialmente com as manifestações das partes, autor e réu. Mais do que isso, no CPC, a administração e a gestão que o magistrado deverá fazer com as informações do processo serão realmente maiores do que se conhecia no antigo CPC, para fins de saneamento, o que exigirá redobrada atenção, também, dos advogados.

A partir desse despacho o processo abre as portas para a instrução processual. Depois de instruído o feito, o processo entra na fase decisória, de julgamento e, então, abre-se a oportunidade para os recursos. Vamos, agora, aos modelos de petições concernentes à resposta do réu.

5 Modelos de petições relacionadas à resposta do réu

A principal razão de consultar modelos de petições está na necessidade de reconhecer, retomar ou aperfeiçoar, do ponto de vista técnico, a estrutura e as partes da petição, o modo de escrita e a lógica textual adequada. Reitero que não há problemas na consulta de modelos, seja pelo aluno na faculdade, seja pelo advogado no escritório, pois é natural que busquemos neles o aprendizado.

O que deve ser extirpado do cotidiano daqueles que querem aprender e ter sucesso profissional é a cópia pela cópia. Então, utilize-se do modelo, mas compreenda o necessário para fazer "a sua petição" e, com o tempo, verá que o modelo se torna desnecessário e você poderá certamente criticá-lo em busca de aperfeiçoamento.

Abaixo lançaremos mão de petições utilizadas pelo autor no cotidiano da prática profissional. O Exame da OAB em suas inúmeras edições exigiu poucas vezes a elaboração de peças dessa natureza, razão pela qual o conteúdo abaixo é extraído de situações hipotéticas e do banco de petições do escritório de advocacia do autor.

Tentaremos explorar várias hipóteses dentre aqueles trechos possíveis de serem inseridos na contestação, tentando esgotar os exemplos práticos dos modelos. Não houve preocupação em manter unilineares todas as formas e conteúdos, mas em atender ao que a prática forense exige e cotidianamente aplica em tais petições. Com os quadros facilitadores e os modelos, o leitor terá o necessário para construir as petições em sua vida profissional ou então aperfeiçoar o que já elabora no seu cotidiano. Os modelos poderão ser utilizados pelo leitor de modo a compreender a estrutura, a lógica textual, a organização e o conteúdo dos pedidos etc. A partir disso e sempre acompanhado do Código de Processo Civil, o leitor poderá adaptar aos seus casos concretos.

5.1 Contestação sem preliminar

EXCELENTÍSSIMO SENHOR DOUTOR JUIZ DE DIREITO DA 1ª VARA CÍVEL DA COMARCA DE PARANAPIACABA – SP.

Processo n.: XXXXXXXXXXX

Fulano, já qualificado nos presentes autos, por intermédio de seus procuradores que a esta subscrevem, nos termos da procuração anexa, vem perante Vossa Excelência, nesta Ação de Indenização pelo rito comum que lhe move Beltrano, também já devidamente qualificado nos autos em epígrafe, oferecer CONTESTAÇÃO pelos motivos de fato e de direito a seguir deduzidos, para que a presente ação seja julgada improcedente, conforme abaixo se requer.

Dos Fatos

Alega o Autor, sem indicar na petição inicial o mínimo de detalhes fáticos, que em 30 de janeiro de 2006 se envolveu em um acidente de trânsito quando trafegava com sua bicicleta e fora interceptado por um veículo conduzido pelo Réu. Alega superficialmente que em decorrência do acidente sofreu lesões de natureza grave e gravíssima, cujas sequelas são irreversíveis, e que por conta de tais sequelas, aposentou-se por invalidez junto ao INSS (Instituto Nacional do Seguro Social).

O acidente ocorreu, mas ausente está a culpa que se pretende atribuir ao Réu. Esse não foi o causador do referido acidente, que se deu por culpa exclusiva da vítima, conforme veremos. Segundo consta no Boletim de Ocorrência (juntado pelo próprio Autor sem qualquer ressalva) ele próprio teve uma conduta negligente que ensejou o acidente, quando de repente avançou à frente do veículo do Réu que, embora tenha freado, não conseguiu evitar o acidente.

Tanto no Boletim de Ocorrência quanto na peça inicial não se menciona em momento algum qual teria sido a conduta culposa do Réu, justamente porque inexistiu. A não ser que configure uma conduta culposa o simples fato de o Réu estar naquela avenida naquele horário dirigindo seu veículo de forma atenta e diligente.

Com simples análise do Boletim de Ocorrência e pela experiência comum a todo cidadão motorista de trânsito, no meio de uma avenida, se um ciclista é abalroado por um veículo dirigido com cautela e em velocidade adequada no leito carroçável, certamente o é porque o ciclista adentrou em local inadequado e perigoso, de forma repentina, tal qual ocorreu com o presente caso.

Realmente, observa-se neste caso que o local da colisão é um espaço de fluxo livre de veículos por ser uma avenida acompanhada pela linha férrea e com poucos cruzamentos. Sendo assim, se a colisão ocorreu no leito carroçável, o foi porque o ciclista adentrou este espaço reservado para os veículos e, por ter feito isto repentinamente, impediu qualquer atitude defensiva do Réu, que apesar de frear não conseguiu evitar a colisão.

Se o ciclista, Autor, pretendia atravessar a avenida, cruzando-a de um lado a outro, deveria fazê-lo de modo adequado e seguro, o que não ocorreu. E, certamente, esta era sua intenção, porque se não se tratou de colisão em cruzamento, a única situação seria ou um descuido do ciclista ao adentrar no leito da pista, ou sua intenção de ir para o outro lado da mesma, sendo certo que nas duas situações ele não teria observado os cuidados necessários, dando causa ao acidente.

Nem um documento acostado aos autos tende a apontar a culpa do Réu, em qualquer que seja das modalidades previstas no Código Civil. Ao contrário, os documentos juntados pelo Autor demonstram que não houve culpa do Réu no acidente, sendo essenciais a descrição e comprovação da culpa para surtir o dever de indenizar, como veremos no item seguinte.

Dos Fundamentos Jurídicos

Entende-se por responsabilidade subjetiva aquela onde a presença do elemento culpa é essencial para se fechar o trinômio dano – culpa – nexo causal que enseja o dever de indenizar, nos termos do disposto no *caput* do art. 927 do Código Civil.

A questão litigiosa, portanto, reside na apuração da culpa no evento acidentário. A petição inicial sequer se manifestou sobre isso; deixando de descrever em que residiu a ação ou omissão culposa do agente, deixou de descrever qual a imprudência ou negligência do Réu, ao contrário, fez apontamentos genéricos, o que por si só enfraquece sua tese.

O Réu estava em velocidade compatível com o local e o horário. Dirigia cautelosamente e, ao perceber que o Autor ingressou em sua frente, tratou de frear o veículo. Contudo, a entrada no leito carroçável foi tão repentina e rápida que, apesar de utilizar os freios, foi impossível evitar a colisão. E, vale ressaltar, os danos graves ou gravíssimos somente ocorreram porque, apesar da pouca força do choque da colisão, o Autor bateu a cabeça no capô do motor do carro (e estava sem capacete, que é de uso obrigatório para ciclistas).

A comprovação de que o veículo dirigido pelo Réu estava em velocidade compatível e que ele freou antes da colisão está em que não houve danos graves ou gravíssimos nas pernas ou pés do Autor, nem mesmo na frente do automóvel, o que certamente não ocorreria se a batida frontal fosse violenta. Sendo assim, como o choque em si entre a frente do veículo e a lateral da bicicleta não foi tão violento, demonstrado está que o Réu conduzia-se com cautela e adequação.

Assim, estamos diante de uma situação onde não houve culpa do Réu no evento acidentário, seja porque não descrito na inicial, seja porque não há prova neste sentido, seja porque o Réu agiu de forma prudente e cautelosa, evitando, inclusive, um embate fatal. Por outro lado, a vítima tem culpa exclusiva pelo resultado do evento que a vitimou, fato que retira totalmente do Réu a responsabilização pelos danos sofridos pelo Autor, como veremos a seguir.

Além da ausência de culpa do Réu, houve culpa exclusiva da vítima. Segundo consta no Boletim de Ocorrência, Autor e Réu trafegavam na mesma mão de direção quando o Autor de repente adentrou a pista de rolamento, cruzando a frente do veículo conduzido pelo Réu, que, embora tenha tido tempo de frear, não conseguiu desviar ou evitar o embate, muito embora trafegasse em velocidade compatível com o local.

As bicicletas são, pelo Código de Trânsito Brasileiro, consideradas veículos de propulsão humana e de transporte de passageiros, e, como veículos, devem obedecer às normas de conduta impostas por este Código. Dentre elas, o art. 105, inciso VI, indica ser equipamento obrigatório das bicicletas a campainha, sinalização noturna dianteira, traseira, lateral e nos pedais, e espelho retrovisor do lado esquerdo. A bicicleta do autor não tinha tais equipamentos, conforme laudo realizado pela polícia técnica.

Se possuísse tal equipamento, e se tivesse sido devidamente utilizado pelo Autor, o mesmo jamais adentraria a frente do veículo conduzido pelo Réu como fez, pois que uma simples olhada no espelho lhe mostraria que aquele não era o momento de intentar a transposição de faixas.

Tais equipamentos são obrigatórios em todas as bicicletas, exceto as utilizadas para a prática de esportes, desde 1º de janeiro de 2000, como se observa no texto da Resolução n. 46/98 do CONTRAN, que se apresenta anexo, ou seja, 6 anos antes do acidente, tempo suficiente para o Autor se adaptar às exigências da lei. É essa mais uma demonstração de que tão só o Autor é o único responsável pelo acidente e, em consequência disso, responsável também pelos danos que suportou.

Dessa forma, o acidente jamais teria acontecido, pois o Autor, após verificar e certificar-se de que não era o momento para cruzar a frente do veículo conduzido pelo Réu, se manteria em sua faixa e o Réu seguiria seu destino sem nenhum embate.

Se o Autor tivesse adotado a diligência necessária, como, por exemplo, parar e olhar as condições do trânsito, teria visto que o veículo estava próximo demais e que a travessia naquele momento seria arriscada. Mas não foi o que aconteceu. A vítima, Autor, simplesmente cruzou a frente do veículo, sem nenhuma cautela ou preocupação, como se trafegasse sozinho naquela via, o que, por não ser verdade, levou-o de encontro ao veículo conduzido pelo Réu.

Observa-se, portanto, que tão só o Autor foi o responsável pelo resultado danoso desse evento quando não agiu com a cautela necessária esperada de um ciclista que assume os riscos de trafegar junto aos veículos automotores. A culpa exclusiva da vítima retira do agente causador do evento o dever de indenizar.

É nesse sentido o exemplo da jurisprudência do Tribunal de Justiça do Estado do Rio Grande do Sul, que já se posicionou em um caso muito semelhante: "APELAÇÃO. ACIDENTE DE TRÂNSITO. ATROPELAMENTO. CICLISTA. LESÕES CORPORAIS. Culpa EXCLUSIVA DA VÍTIMA. ISENÇÃO DE RESPONSABILIDADE. AUSÊNCIA DE LIAME CAUSAL. 1. A prova colhida nos autos indica que o ciclista inadvertidamente cortou a frente do veículo de propriedade da demandada, surpreendendo o condutor, tornando inevitável o acidente. Inobservância do art. 58 do Código de Trânsito. (...) 3. A parte autora não comprovou a imprudência ou imperícia do condutor da camioneta Ford/F100, cujo ônus lhe cabia e do qual a postulante não se desincumbiu. Inteligência do art. 333, I, do CPC. Conduta ilícita não caracterizada. 4. Culpa exclusiva da vítima pelo evento danoso e consequente isenção da responsabilidade da proprietária do veículo, não havendo que se falar em reparação de danos, a que alude o art. 186 do novel Código Civil, quando ausente o nexo de causalidade. Negado provimento ao apelo" (ApCv 70020932695).

Sendo assim, não há que se falar em responsabilidade do Réu pelos danos suportados pelo Autor. Definitivamente, a conduta negligente do Autor é a única responsável pelo acidente que sofreu.

Das Indenizações Requeridas

Conforme a petição inicial, o pedido do Autor se resume em: condenação do Réu ao pagamento de danos morais no valor de R$ 100.000,00 (cem mil reais) e danos materiais emergentes no importe de R$ 5.000,00 (cinco mil reais).

No presente caso, além de já ter sido indenizado pelo seguro DPVAT (o que permite a compensação), não há nos autos qualquer menção ou mesmo documentos que possam sugerir danos de ordem material, razão pela qual o pedido deve ser afastado e julgado improcedente. Além disso, danos não comprovados quanto à existência e extensão não podem ser indenizados, razão pela qual todos os pedidos deverão ser julgados improcedentes.

Quanto ao dano moral, neste caso, não pode ser presumido. As lesões físicas e/ou corporais não são incapacitantes para o trabalho e não trouxeram ao Autor qualquer afeamento ou sequelas que prejudiquem sua honra ou sua moral. Desta feita, o simples fato do acidente e de ter permanecido internado por alguns dias, com o devido atendimento médico e recuperação, não são fatores que sugerem o dever de indenizar danos morais, ainda mais naquela quantia exagerada solicitada, razão pela qual tal pedido deve ser afastado e julgado improcedente ou, no mínimo, eventual valor de condenação deverá ser condizente com os danos suportados.

Conclui-se que não houve culpa do Réu no presente caso e que, ao contrário, está presente uma excludente de responsabilidade, qual seja a culpa exclusiva da vítima. Além disso, na hipótese de procedência, vislumbra-se que não há prova dos danos alegados, sejam materiais ou morais, razão pela qual são também improcedentes.

Pedidos

Por todo o exposto, requer seja a presente demanda julgada totalmente improcedente, em todos os seus termos e, ainda, que o Autor seja condenado ao pagamento das custas, despesas e honorários advocatícios de sucumbência, nos termos da legislação em vigor.

Protesta provar o alegado por todos os meios de provas em direito admitidas, principalmente as provas documentais e oitiva de testemunhas.

Termos em que,
Pede deferimento.
Local, data.
Advogado
OAB n.

5.2 Contestação com preliminar

EXCELENTÍSSIMO SENHOR DOUTOR JUIZ DE DIREITO DA 2ª VARA CÍVEL DA COMARCA DE PARANAPIACABA – SP.

Processo n. XXXXXXXXXXXXX

Fulano vem, perante Vossa Excelência, por intermédio de seus procuradores signatários, nos termos da procuração anexa, nesta ação de indenização que lhe move Beltrano, ambos já devidamente qualificados nos presentes autos, apresentar CONTESTAÇÃO pelos motivos de fato e de direito a seguir deduzidos, para que a presente ação seja julgada improcedente, por ser medida de justiça.

1. Preliminarmente

Da Prescrição

Considerando que da data do acidente (10-1-2005) até a data da distribuição desta ação (12-8-2009) se passaram mais de três anos, conforme documentação anexa, e tendo em vista o prazo prescricional aplicado para as ações de indenização a título de responsabilidade civil, verifica-se que a pretensão da Autora prescreveu.

Diante disso, requer-se a extinção do feito, nos moldes do art. 487, inciso II, do Código de Processo Civil, com resolução do mérito, em virtude da prescrição, sem prejuízo do que se alega e pede abaixo, pelo princípio da eventualidade processual.

Da Denunciação à Lide

O veículo dirigido pela Ré apresenta seguro particular, além do obrigatório. Desta forma, fica nítido que eventual condenação neste processo importará em responsabilidade da seguradora, razão pela qual a denunciação é de rigor, na forma do art. 125, II, do Código de Processo Civil, o que se requer.

Conforme cópia do cartão de seguro anexo, a Seguradora "Tudo em Cima Seguros" deverá ser citada conforme dados dos documentos anexos, para que adote as providências processuais necessárias e que, ao final, seja condenada ao pagamento dos valores a que, eventualmente, incorrer a Ré.

2. No mérito

Fatos e Fundamentos da Defesa

Ao contrário do que foi descrito na petição inicial pela Autora, a Ré não teve qualquer atitude culposa que possa gerar o dever de indenizar. A própria petição inicial baseia-se em suposições ao dizer: "pelo fato de estar supostamente falando ao celular ou estar desatenta e por estar em velocidade incompatível com o local". A Autora não sabe declinar em que residiria a eventual culpa, justamente porque esta não existiu.

A Ré trafegava normalmente num trecho de costume, voltando do trabalho, por volta das 19h00, quando foi subitamente surpreendida por dois adolescentes adentrando no leito carroçável da rodovia. Isso forçou uma movimentação brusca do volante, primeiro, para evitar o atropelamento, em atitude de reflexo, e, segundo, porque havia nítida possibilidade de ocorrência de assalto naquela região.

A Ré perdeu o controle do veículo, adentrando na faixa externa da rodovia, quando atingiu, num ato de grande infelicidade, o esposo da Autora, que trafegava no mesmo local dos primeiros pedestres, um pouco mais à frente, em local escondido pela vegetação do acostamento.

Frise-se que o local onde todos estavam não era adequado e seguro para o trânsito de pedestres – tanto que o Laudo da Polícia Técnica, que consta do Inquérito Policial, afirma que "não foi observado no local faixa para a travessia de pedestres (...) bem como não se observou algum local apropriado para a realização da travessia de pedestres". A testemunha ouvida no Inquérito Policial, G. F., adverte que pouco antes do acidente avistou "dois rapazes, com idade aproximada de quatorze anos, passarem nas margens da rodovia" e que logo depois só ouviu o barulho e o acidente.

Em nenhum momento qualquer testemunha relatou imprudência ou imperícia da motorista, ao contrário, confirmou a presença dos adolescentes em ponto anterior e confessou que estavam na beira da pista, aguardando para atravessar, em local que a perícia determinou não haver acostamento e com vegetação alta.

Verifica-se nas fotos do Laudo da Polícia Técnica que no local dos fatos não há acostamento e que a vítima estava em local inadequado, de difícil visualização, notadamente perigoso. Vale ainda ressaltar que a Ré imediatamente se prontificou, mesmo sem que isso lhe fosse exigido, a realizar o exame de dosagem alcoólica, comprovando-se que nada havia ingerido. E, ainda, ela própria solicitou socorro e acompanhou os trabalhos de resgate e da polícia científica, colaborando com o necessário.

A petição inicial em nenhum momento considerou todos esses fatores, que demonstram que não houve conduta negligente ou imprudente da Ré, ao contrário, estava dirigindo de forma cautelosa e por culpa de terceiros acabou perdendo a direção do veículo, pelo risco de atropelar os primeiros pedestres que surgiram e pelo receio que ficou de ser vítima de assalto na rodovia. Mais que isso, avançou sob espaço onde a vítima não deveria estar, tendo ela assumido o próprio risco ao se colocar numa posição de perigo naquela rodovia. Enfim, diante deste cenário fático, pode-se concluir que onde não há culpa, não há dever de indenizar (art. 927, *caput*, do Código Civil), pelo que a ação deve ser julgada improcedente.

Por outro lado, percebemos que houve nítida culpa de terceiros e da própria vítima no acidente. Os adolescentes que desceram da propriedade, saindo do matagal ao lado da pista de rolamento, adentrando de repente no meio da pista, assustaram a Ré, fazendo-a perder a direção do veículo, até mesmo porque poderia atropelá-los ou poderia ser vítima de assalto, o que é comum naquela região.

Sendo assim, verifica-se que a culpa de terceiro foi o verdadeiro motivo que acabou permitindo a ocorrência do resultado morte no acidente. Se os adolescentes não tivessem invadido a pista de rolamento de repente, nada teria ocorrido. A conduta de terceiros afasta a conduta imprudente e/ou negligente do causador direto do dano, excluindo-se a responsabilidade da Ré.

E, também, além da ausência de conduta culposa, além da culpa de terceiros, fica nítido que a vítima contribuiu essencialmente para o resultado. Estava em local inapropriado, sem tomar qualquer cautela. Houve culpa exclusiva da vítima.

Vê-se nas fotos que às margens da Rodovia a vítima poderia trafegar pelo imóvel rural, por dentro ou por fora da cerca, em local distante e alto o suficiente para evitar que estivesse numa pista de rolamento sem acostamento, como ficou provado pela Perícia Técnica. Mas, como dito pela própria testemunha, pretendiam atravessar a pista naquele local, inadequado e, por isso, não estavam por dentro da propriedade rural. A conduta da vítima foi determinante, de forma exclusiva, para a ocorrência do resultado. A culpa exclusiva da vítima exclui o nexo causal, afastando também o dever de indenizar, razão pela qual a ação deve ser julgada improcedente.

Quanto aos pedidos da petição inicial, não há nela pedido outro senão o de danos morais. Contudo, para evitar o enriquecimento sem causa, na longínqua hipótese de condenação, é necessário que eventuais valores condenatórios sejam fixados com prudência e cautela, ainda mais considerando o quadro fático do acidente, a conduta proativa da Ré na busca por socorro da vítima, as características socioeconômicas e culturais das partes etc.

O Código Civil prevê um motivo de redução do valor indenizatório para os casos em que houver uma grande desproporção entre o grau de culpa e o resultado danoso, o que também deve ser observado, conforme o art. 944.

E, ainda, a Autora recebeu valor a título de seguro DPVAT, inclusive, porque prontamente foi atendida pela Ré, mas não informou isso na petição inicial. Tal valor deve ser abatido de eventual condenação.

Podemos concluir que houve culpa exclusiva da vítima e culpa de terceiros, sendo certo que não há qualquer conduta culposa a ser atribuída à Ré, razão pela qual a ação deve ser julgada totalmente improcedente. Eventual condenação deverá considerar a denunciação efetuada, bem como a redução de valores diante de todo o quadro fático narrado e, ainda, que a Autora já foi devidamente indenizada com o valor recebido a título de seguro.

Pedidos

Diante do exposto, reitera a preliminar de prescrição, para que a ação seja extinta nos termos do art. 487 do CPC, bem como o pedido de denunciação à lide, nos termos acima indicados e, ainda, no mérito, requer que a presente ação seja ao final julgada totalmente improcedente, por ser medida de justiça, condenando a Autora no pagamento das custas e despesas processuais, bem como nos honorários advocatícios de sucumbência.

Requer, também, a concessão dos benefícios da gratuidade da justiça, nos termos da legislação apropriada, conforme declaração de próprio punho anexa e demais documentos que comprovam sua condição.

Protesta provar o alegado por todos os meios de prova em direito admitidos, inclusive prova documental, expedição de ofícios, prova oral, com a oitiva das testemunhas já qualificadas no Inquérito Policial.

Nestes termos,
Pede deferimento.
Local, data.
Advogado.
OAB n.

5.3 Contestação com preliminar – XVI Exame da OAB

■ **ENUNCIADO:** João andava pela calçada da rua onde morava, no Rio de Janeiro, quando foi atingido na cabeça por um pote de vidro lançado da janela do apartamento 601 do edifício do Condomínio Bosque das Araras, cujo síndico é o Sr. Marcelo Rodrigues. João desmaiou com o impacto, sendo socorrido por transeuntes que contataram o Corpo de Bombeiros, que o transferiu, de imediato, via ambulância, para o Hospital Municipal X. Lá chegando, João foi internado e submetido a exames e, em seguida, a uma cirurgia para estagnar a hemorragia interna sofrida. João, caminhoneiro autônomo que tem como principal fonte de renda a contratação de fretes, permaneceu internado por 30 dias, deixando de executar contratos já negociados. A internação de João, nesse período, causou uma perda de R$ 20 mil. Após sua alta, ele retomou sua função como caminhoneiro, realizando novos fretes. Contudo, 20 dias após seu retorno às atividades laborais, João, sentindo-se mal, voltou ao Hospital X. Foi constatada a necessidade de realização de nova cirurgia, em decorrência de uma infecção no crânio causada por uma gaze cirúrgica deixada no seu corpo por ocasião da primeira cirurgia. João ficou mais 30 dias internado, deixando de realizar outros contratos. A internação de João, por este novo período, causou uma perda de R$ 10 mil. João ingressa com ação indenizatória perante a 2ª Vara Cível da Comarca da Capital contra o Condomínio Bosque das Araras, requerendo a compensação dos danos sofridos, alegando que a integralidade dos danos é consequência da queda do pote de vidro do condomínio, no valor total de R$ 30 mil, a título de lucros cessantes, e 50 salários mínimos a título de danos morais, pela violação de sua integridade física. Citado, o Condomínio Bosque das Araras, por meio de seu síndico, procura você para que, na qualidade de advogado(a), busque a tutela adequada de seu direito.

- **Questão:** Elabore a peça processual cabível no caso, indicando os seus requisitos e fundamentos, nos termos da legislação vigente. Responda justificadamente, empregando os argumentos jurídicos apropriados e a fundamentação legal pertinente ao caso.

EXCELENTÍSSIMO SENHOR DOUTOR JUIZ DE DIREITO DA 2A VARA CÍVEL DA COMARCA DO RIO DE JANEIRO – RJ.

Processo n. XXXX.XXXX.XX-XX

Condomínio Bosque das Araras, ente despersonalizado, devidamente qualificado na petição inicial, neste ato representado pelo síndico Marcelo Rodrigues, devidamente qualificado na documentação anexa, por intermédio de seu bastante procurador signatário, com inscrição na OAB n., vem, perante Vossa Excelência, com todo o acatamento e respeito apresentar sua CONTESTAÇÃO em face da ação de indenização que lhe move João, também já qualificado nos presentes autos, pelos motivos de fato e de direito a seguir deduzidos.

Preliminarmente

Carência de Ação por Ilegitimidade Passiva

Verifica-se no teor da petição inicial e nos documentos apresentados, que o Autor foi atingido por um pote de vidro, sendo certo que é conhecido o proprietário condômino que é dono do referido objeto que causou os danos ao Autor (proprietário do apartamento de número 601). Há perfeita identificação de quem é o responsável pelo objeto, nos termos do art. 938 do CC, e isso revela a ilegitimidade passiva do Réu, pois o condomínio não pode responder pelos atos isolados e de responsabilidade exclusiva dos condôminos, sobretudo, quando se é possível determinar exatamente o responsável pelo fato danoso.

No mesmo sentido, a documentação apresentada com a inicial revela categoricamente que houve erro dos funcionários do hospital onde o Autor foi atendido. Sendo assim, o Réu, condomínio não pode ser responsabilizado pelos danos causados por terceiro, sendo que é ausente o nexo de causalidade direito e imediato exigível como elemento da obrigação de reparar o dano advindo do teor do art. 403 do CC. O dano resultante da segunda cirurgia não está relacionado com a queda do pote de forma direta, portanto, o Réu não pode ser responsabilizado, sendo parte ilegítima para compor o presente feito. Somente as consequências danosas do primeiro evento é que seriam exigíveis do Réu.

Sendo assim, a título de preliminar, nos termos do art. 337, XI, do CPC, o Autor é, nos pontos acima, carecedor da ação, sendo o Réu parte ilegítima para compor o polo passivo da presente demanda, devendo tal preliminar ser acatada e extinto o processo nos termos do art. 485, VI, do CPC, o que se requer.

No mérito

Ausência de Responsabilidade do Réu

Do mesmo modo que apontado acima a título de preliminar, torna-se obvio que, no mérito, também, o réu não é responsável pelos danos causados. Realmente a responsabilidade civil tem regras claras que não podem ser abandonadas no presente caso. Considerando o caso narrado torna-se claro e cristalino que o pote caiu e causou os supostos danos ao Autor de exato e determinado apartamento. Estando identificada a unidade autônoma em relação ao condomínio, como sendo o apartamento de n. 601 e sendo certo quem é seu proprietário e possuidor (habitante), verifica-se que, conforme a regra do art. 938 do CC, este é quem deverá suportar a responsabilidade pela queda do objeto e não o condomínio.

No mesmo sentido, o Réu não é responsável por qualquer dano, seja material, seja moral, advindo de tal fato. Igualmente, de forma mais específica, também não pode ser obrigado a ressarcir prejuízos advindos do erro médico atribuído e comprovado pelos documentos que foram juntados com a petição inicial ao Hospital Municipal X. Realmente, mesmo na remota hipótese de responsabilizar o Réu pelos danos causados pela queda do objeto, não existe nexo de causalidade entre os danos alegados como consequência da segunda cirurgia, pois que decorrentes do erro médico e não decorrentes de forma direta da queda do objeto e, isso se justifica, pela simples análise do conteúdo do art. 403 do CC que revelou como aplicável ao direito civil a causalidade direta ou imediata. Sendo assim, o causador do dano, quando o caso, só responde pelos danos diretos e imediatos causados pela sua conduta.

Por fim, é claramente inexistente o dano moral alegado, pois não se trata de dano indenizável, se trata de mero aborrecimento e abalo do cotidiano que não se reveste de violação efetiva de qualquer direito da personalidade do Autor que justificasse a presença do dano moral, o que então deve ser considerado e afastado o pedido. Logicamente, apenas pelo princípio da eventualidade, caso seja o Réu condenado, torna-se evidente que o valor a ser fixado deve ser pautado pela jurisprudência dos Tribunais Superiores, em valor muito menor do que aquele pleiteado pelo Autor, em nítido exagero e dissidente dos casos análogos que podemos encontrar na jurisprudência, o que também se requer seja observado.

Pedidos

Diante do exposto é a presente para requerer:

a) A extinção do feito a partir do acatamento das preliminares arguidas, que ora se reiteram, pela carência da ação decorrente da ilegitimidade passiva do Réu, nos termos dos arts. 337 e 485 do CPC;

b) A improcedência total dos pedidos formulados na inicial, pelas razões de fato e direito acima elencados, ou, no mínimo, na hipótese de condenação e procedência, que o valor definido a título de danos morais seja fixado em valor compatível com a jurisprudência, reduzindo-se o valor pleiteado pelo Autor, por medida de Justiça;

c) A condenação do Autor no pagamento de custas, despesas e honorários advocatícios de sucumbência, nos moldes da legislação processual.

Protesta-se provar o alegado por todos os meios de prova admitidos, inclusive, a prova testemunhal e pericial.

Nestes Termos,
Pede Deferimento.
Local, data.
Advogado.
OAB n.

CAPÍTULO III
Do processo nos Tribunais

1 Noções processuais

Sabemos que uma decisão judicial, seja definitiva, resolvendo o mérito ou não, seja interlocutória, pode não agradar uma das partes no processo, pode realmente exigir que seja ela revista, revisada e, se o caso, modificada por algum órgão julgador. São vícios que muitas vezes precisam ser sanados. "Os recursos são os remédios processuais de que se podem valer as partes, o Ministério Público e eventuais terceiros prejudicados para submeter uma decisão judicial a nova apreciação, em regra por um órgão diferente daquele que a proferiu. Têm por finalidade modificar, invalidar, esclarecer ou complementar a decisão"[1].

Como temos salientado ao longo desta obra o objetivo não é traçarmos uma recapitulação teórica completa e detalhada, o que obviamente é obtido por meio dos manuais e cursos de direito processual civil. Nosso objetivo é indicar os pontos específicos que revelam no sistema processual civil as questões que refletem na prática processual, sobretudo na elaboração de petições das diversas espécies de procedimentos perante os Tribunais. Trataremos de aspectos genéricos como a ação rescisória, o incidente de resolução de demandas repetitivas e a reclamação, bem como ao final as diversas espécies de recursos.

2 Características gerais dos recursos

O recurso é ato processual, voluntário. Desenvolve-se no mesmo processo e tem como finalidades: reformar, invalidar, esclarecer ou integrar decisões judiciais[2].

---

1 GONÇALVES, Marcus Vinicius Rios. *Novo curso de direito processual civil*. 11. ed. São Paulo: Saraiva, 2015. p. 105.
2 BUENO, Cassio Scarpinella. *Manual de direito processual civil* cit., p. 785.

Podemos inicialmente destacar algumas características gerais dos recursos, mesmo antecipando que existem exceções que deverão ser avaliadas em cada cenário concreto. Sendo assim, em regra[3]:

- os recursos são interpostos na mesma relação processual e não possuem natureza jurídica de ação, bem como são apresentados no mesmo processo em que ocorreu a decisão atacada (observa-se que ao contrário a ação rescisória não segue tal regra – trata-se de verdadeira ação tanto que não possui natureza recursal apesar de ser alocada nesta parte do CPC; e o mesmo acontece com o agravo de instrumento, pois considerando que é interposto diretamente no Tribunal é preciso que seja formado um conjunto de peças do processo originário, um instrumento, portanto não são apresentados no mesmo processo em que ocorreu a decisão atacada);
- a interposição do recurso impede ou retarda a preclusão ou coisa julgada, ou seja, enquanto há recursos a decisão não é, em regra, definitiva ou imutável (na prática, segundo o CPC, os recursos não suspendem o andamento e os efeitos da decisão atacada (permitindo a execução fundada em título provisório), salvo tal efeito suspensivo seja concedido pelo juízo diante de requerimento feito pela parte e em virtude dos requisitos de perigo na demora e fumaça do bom direito).

A regra geral é a ausência do efeito suspensivo, salvo no caso da apelação, onde se terá sempre o duplo efeito, devolutivo e suspensivo, com as exceções do art. 1.012 do CPC.

Vejamos o comentário da doutrina sobre o CPC: "No que toca às disposições gerais, que inauguram o título relacionado aos recursos, como primeira modificação destacamos a regra de que 'os recursos não impedem a eficácia da decisão, salvo disposição legal ou decisão judicial em sentido diverso', norma complementada com a previsão de que 'a eficácia da decisão recorrida poderá ser suspensa por decisão do relator, se da imediata produção de seus efeitos houver risco de dano grave, de

---

3 GONÇALVES, Marcus Vinicius Rios. *Novo curso de direito processual civil* cit., v. 3, p. 106.

difícil ou impossível reparação, e ficar demonstrada a probabilidade de provimento do recurso'"[4].

- os recursos servem para corrigir erros de forma e de conteúdo, sendo que a parte busca que isso ocorra por pronunciamento de um órgão diferente daquele que proferiu a decisão atacada, uma verdadeira revisão e correção é o que se busca (somente os embargos de declaração é que não acompanham esta regra, pois tal pretende apenas aclarar e complementar a decisão, pelo próprio órgão que a proferiu);

- como regra não é possível inovar na fase recursal, portanto, matérias não discutidas anteriormente não podem ser levadas para o recurso (salvo algumas exceções, como a existência de fato novo modificativo, constitutivo ou extintivo do direito da parte que poderá ser levado até mesmo na fase recursal para ser avaliado; ou quando a parte provar que por força maior não pode levar aqueles argumentos às fases processuais anteriores; ou ainda quando o código permitir que o tema se discuta em qualquer instancia ou grau de jurisdição, como acontece com a prescrição e matérias de ordem pública);

- os recursos são interpostos, em regra, perante o órgão *a quo*, ou seja, perante o mesmo órgão que proferiu a decisão que, depois encaminhará ao órgão *ad quem*, pois que a decisão do recurso caberá a um órgão diferente do que proferiu a primeira decisão (há exceções, pois os embargos de declaração são apresentados e julgados pelo órgão *a quo*; e também porque o agravo de instrumento é apresentado e julgado pelo órgão *ad quem*);

- o acórdão proferido pelo órgão *ad quem*, que mantém ou reforma a sentença, a substitui (salvo o acórdão apenas dê provimento ao recurso para anular a sentença ou a decisão, quando então outra deverá ser proferida pelo órgão *a quo*).

Podemos também afirmar que são decisões recorríveis apenas aquelas decisões do juízo que tenham algum conteúdo decisório, em

---

4 MONTENEGRO FILHO, Misael. *Novo Código de Processo Civil*: modificações substanciais cit., p. 106-109.

tese: sentenças, decisões interlocutórias e despachos, cujo conceito e aplicação podem ser percebidos no próprio CPC:

Art. 203. Os pronunciamentos do juiz consistirão em sentenças, decisões interlocutórias e despachos.

§ 1º Ressalvadas as disposições expressas dos procedimentos especiais, sentença é o pronunciamento por meio do qual o juiz, com fundamento nos arts. 485 e 487, põe fim à fase cognitiva do procedimento comum, bem como extingue a execução.

§ 2º Decisão interlocutória é todo pronunciamento judicial de natureza decisória que não se enquadre no § 1º.

§ 3º São despachos todos os demais pronunciamentos do juiz praticados no processo, de ofício ou a requerimento da parte.

§ 4º Os atos meramente ordinatórios, como a juntada e a vista obrigatória, independem de despacho, devendo ser praticados de ofício pelo servidor e revistos pelo juiz quando necessário.

Algumas observações são importantes oriundas da reforma do sistema processual. Isso pode ser facilmente observado na doutrina: "O CPC de 2015 traz importantes novidades a respeito dos atos sujeitos a recurso. A sentença, que volta a ser conceituada pela aptidão de pôr fim ao processo ou à fase cognitiva, continua sujeita à apelação. Mas as decisões interlocutórias, em regra, não serão mais recorríveis. Extingue-se o agravo retido, e o agravo de instrumento só caberá contra determinadas decisões, expressamente previstas no art. 1.015. Se a decisão interlocutória proferida for uma daquelas enumeradas nesse dispositivo, contra ela caberá agravo de instrumento, sob pena de preclusão. Mas se ela não integrar o rol daquele artigo, será irrecorrível. Porém, não precluirá, e a parte interessada poderá solicitar ao órgão *ad quem* que a reexamine, devendo fazê-lo como preliminar em apelação ou nas contrarrazões. Portanto, no CPC, em primeiro grau, só são recorríveis as sentenças e algumas decisões interlocutórias, indicadas expressamente no art. 1.015"[5].

---

5   GONÇALVES, Marcus Vinicius Rios. *Novo curso de direito processual civil*. 11. ed. São Paulo: Saraiva, 2015. v. 2.

3 Juízo de admissibilidade, requisitos, princípios e efeitos dos recursos

Todo recurso precisa ser admitido antes de seu mérito ser apreciado. Os pressupostos de ADMISSIBILIDADE são definidos pela legislação e pelas normativas dos Tribunais. A verificação do prazo de interposição, o recolhimento de custas e de porte de remessa e de retorno, a juntada de cópias obrigatórias no agravo de instrumento, o apontamento do prequestionamento em recursos perante os Tribunais Superiores etc., são exemplos de pontos que são avaliados previamente, antes de efetivamente o recurso ser admitido. É matéria de ordem pública e pode realmente impedir o prosseguimento e a análise do recurso.

A doutrina aponta que o direito de recorrer é uma extensão do direito de ação no processo. "É por essa razão que o direito ao recurso depende da análise de diversos pressupostos que querem verificar não só a sua existência mas também a regularidade de seu exercício"[6].

Sobre os elementos do juízo de admissibilidade, continua o autor citado, explicando-os um a um:

> (i) cabimento (constatação de qual é o recurso cabível para a decisão considerada concretamente); (ii) legitimidade (quem tem legitimidade para apresentar o recurso); (iii) interesse (demonstração da necessidade de interpor um recurso para a invalidação, reforma, esclarecimento ou integração a decisão, sem o que estas utilidades não podem ser alcançadas; (iv) tempestividade (o recurso precisa ser interposto no prazo a ele reservado); (v) regularidade formal (há regras formais mínimas – nunca formalismos –, a serem observados para garantir, inclusive, a compreensão da postulação recursal); (vi) preparo (recolhimento de valores que, como regra, são exigíveis para a interposição do recurso), e (vii) inexistência do fato impeditivo ou extintivo (o exercício do direito de recorrer não pode colidir com fato futuro que o esvazie ou que o comprometa)[7].

Devemos aqui considerar que é muito comum que, nas petições de interposição dos recursos, os advogados, na prática processual, utilizem as terminologias acima para indicar que estão presentes os itens de admissibilidade do recurso apresentado.

---

6   BUENO, Cassio Scarpinella. *Manual de direito processual civil* cit., p. 791.
7   Idem, ibidem, p. 791.

Nos recursos encontramos REQUISITOS intrínsecos (cabimento do recurso, legitimidade para recorrer, interesse de recorrer) e extrínsecos (tempestividade, regularidade formal e a inexistência de causa de impedimento ou de extinção da possibilidade de recorrer e o preparo). Na prática processual é sempre interessante, inclusive, quando o caso, na petição de interposição, destacar que se está cumprindo com tais pressupostos, o que facilitará a análise dos mesmos, por exemplo, abrindo um parágrafo para mencionar o recolhimento do preparo e destacar a tempestividade.

Vale ressaltar que "No CPC de 2015, os recursos não passarão mais por um duplo juízo de admissibilidade, já que não caberá mais ao órgão *a quo* fazê-lo, mas apenas ao órgão *ad quem* (arts. 1.010, § 3º, e 1.030, parágrafo único)"[8].

Atenção: Cabe uma importante ressalva! A Lei n. 13.256/2016, que alterou o CPC/2015, manteve uma regra do CPC/73 para que o juízo de admissibilidade seja feito pelos tribunais inferiores e não pelo STJ ou pelo STF quando se tratar de recursos de sua alçada. Isso sob a justificativa de que remeter para que tal juízo de admissibilidade seja lá verificado poderia tumultuar e acumular ainda mais serviços burocráticos em dois tribunais que estão sobrecarregados por toda a carga recursal que analisam. Outro ponto da mudança que foi implantada a partir de tal *alteração* é a retirada da ordem obrigatória cronológica de julgamento, para que seja transformada em ordem preferencial. Igualmente, pretendem retirar a possibilidade de julgamento eletrônico (virtual) de recursos nos Tribunais Superiores, permitindo-se o julgamento presencial e com possibilidade de sustentação oral em todas as esferas e situações. Nos dois casos o objetivo é que se reflita mais sobre temas de mudança significativa na cultura jurídica dos recursos. Na data desta edição somente faltava a sanção presidencial para convalidar tais alterações.

Entre os PRINCÍPIOS que precisamos recordar dos estudos do direito processual civil destacamos:

- **taxatividade** (o rol de recursos é taxativo, só existem os previstos em lei – consulte o art. 994 do CPC, e não se esqueça de

---

8 GONÇALVES, Marcus Vinicius Rios. *Novo curso de direito processual civil* cit., 11. ed., p. 112.

avaliar alguns fenômenos que ocorrem na fase recursal, mas não são recursos como o reexame necessário, atualmente denominado remessa necessária, o pedido de reconsideração e a correição parcial);

- **singularidade ou unirrecorribilidade** (estabelece que para cada ato judicial será cabível e adequado sempre um único tipo de recurso);
- **fungibilidade** (permitindo ao juiz quando houver dúvida considerável, controvérsia efetiva sobre a decisão a se recorrer, receber um recurso por outro);
- **proibição da *reformatio in pejus*** (os julgadores só apreciarão o conteúdo que foi objeto do recurso, somente o conteúdo em que o recorrente sucumbiu, não sendo possível avaliar outros tópicos da decisão recorrida, salvo se trate de matérias de ordem pública como a falta da condição da ação, por exemplo).

Quando um recurso é interposto, imagina-se que alguns *efeitos* devem surgir a partir disso. A determinação de quais são os efeitos dos recursos é da lei, não é do juízo, sendo matéria de ordem pública.

Por efeitos entendem-se as consequências jurídicas que resultam, para o processo, da interposição do recurso. Os dois efeitos tradicionais são o devolutivo, que todo recurso tem, e que consiste na restituição ao órgão *ad quem* do conhecimento da matéria impugnada, e o suspensivo, que impede a decisão de produzir seus efeitos até que ele seja apreciado[9].

São os principais efeitos dos recursos:
- **devolutivo** (é da essência do recurso que o conteúdo de uma decisão seja reapreciado conforme impugnado, devolvendo ao órgão *ad quem* o conhecimento da matéria impugnada – veja de forma ilustrativa, na apelação, o que dispõe o art. 1.013 do CPC);
- **suspensivo** (alguns recursos possuem a qualidade de impedir que a decisão atacada adquira força e eficácia jurídica, pelo menos até que o recurso seja julgado, ou seja, o conteúdo decisório não será cumprido enquanto estiver sob a análise recursal – no CPC com exceção da apelação os demais recursos não possuem

---

9 GONÇALVES, Marcus Vinicius Rios. *Novo curso de direito processual civil* cit., v. 3, p. 290.

o efeito suspensivo como regra – leia sobre o tema o conteúdo do art. 1.012 do CPC);

- **translativo** (é a aptidão que os recursos possuem de permitir que o juízo *ad quem* possa reavaliar questões de ordem pública, como vícios e nulidades absolutas do processo, por exemplo, sendo controvertido o tema quando se trata de recursos perante o STF e o STJ);

- **expansivo** (em alguns casos o juízo *ad quem* pode determinar que sua decisão atingisse partes que não recorreram daquela decisão, sobretudo, quando a matéria que for alegada pelo recorrente for comum aos demais sujeitos do processo e, no mesmo sentido, pode também abranger pedidos outros do processo que não foram objeto do recurso, mas que guardam com estas questões de prejudicialidade, como por exemplo, pedidos subsidiários e alternativos);

- **regressivo** (é a permissão que os recursos criam para autorizar que o juízo *a quo* reveja e reconsidere sua decisão, dispensando a decisão do juízo *ad quem*, geralmente, ocorre na hipótese de agravo de instrumento).

4 Dos recursos em espécie

A partir deste ponto faremos uma análise prática de conceito, aplicabilidade e outras características específicas de cada modalidade recursal, de modo a, na sequência, apontarmos modelos específicos para cada petição.

Verifique que o prazo é de 15 dias para interposição dos recursos em geral, com exceção dos embargos de declaração que terão prazo de 5 dias para interposição (art. 1.003, § 5º, do CPC), sendo que serão contados em dias úteis a partir da data da intimação da decisão (art. 219 do CPC).

4.1 Apelação

Conceito e aplicação: O *art. 1.009 do CPC* diz que "da sentença cabe apelação". "A apelação é o recurso que cabe contra sentença, definida como o ato que põe fim ao processo, ou à fase condenatória. (...) No CPC de 2015, sentença é considerada como o pronunciamento por meio do qual o juiz, com fundamento nos arts. 485 e 487 (sem e com resolução de mérito), põe fim à fase cognitiva do procedimento comum, bem como extingue a execução, ressalvadas disposições expressas nos procedimentos especiais"[10].

Estrutura e forma da petição: A apelação deverá ser interposta por petição de interposição do recurso dirigida ao juiz de primeiro grau e conterá: os nomes e as qualificações das partes; a exposição do fato e do direito; as razões do pedido de reforma ou de decretação da nulidade; o pedido de nova decisão (*art. 1.010 do CPC*). Perceba que o recurso de apelação é apresentado, então, em duas petições: a petição de interposição e as razões de apelação. As duas terão "começo, meio e fim", acabando sempre com o pedido, o local, a data e a assinatura do advogado. Na primeira dirigida ao juiz de primeiro grau simplesmente o que se pede é que o recurso seja recebido e processado nos termos da legislação, para que as razões que seguirão anexas sejam encaminhadas ao Tribunal competente. Na segunda, dirigida ao Tribunal, deverá constar a exposição do fato e do direito (acerca dos pontos sobre os quais reside o inconformismo), as razões do pedido de reforma ou de decretação de nulidade (explicação do inconformismo e motivos para que a decisão atacada seja alterada) e por fim o pedido (onde se declinará a pretensão de reforma da decisão atacada). O endereçamento na primeira petição, de interposição, é elaborado tal qual o de uma petição intermediária, seguido de preâmbulo e um pedido para que o recurso seja recebido e processado na forma da lei visando a reforma da decisão conforme razões que seguirão anexas. Na segunda petição, que contempla as razões da apelação, o endereçamento é diferenciado, foge das regras das petições em geral, devendo ser praticado conforme os costumes do local ou tribunal e, geralmente, são iniciados no topo com o item "Razões de Apelação", seguido de cumprimentos dirigidos aos desembargadores: "Egrégio Tribunal, Colenda Câmara, Ínclitos julgadores".

O *caput* do art. 1.010 do Código de Processo Civil estabelece os requisitos necessários para a elaboração das razões do recurso de apelação, as quais devem ser apresentadas no prazo de quinze dias úteis. Esse prazo é contado a partir da intimação da sentença e deve ser observado perante o juízo que a proferiu, respeitando-se as disposições

---

10 GONÇALVES, Marcus Vinicius Rios. *Direito processual civil esquematizado*. 5. ed. São Paulo: Saraiva, 2015. p. 573.

locais quanto ao local de protocolo dos documentos, conforme prevê o art. 1.003, § 3º, do CPC.

Além disso, caso existam feriados que possam interferir na contagem do prazo para interposição do recurso, cabe ao apelante a responsabilidade de comprovar sua ocorrência de imediato, como exige o art. 1.003, § 6º. Caso não comprove, será intimado para corrigir o vício formal ou será desconsiderado se já constar prova no processo sobre tal fato. Outro requisito importante é a comprovação do recolhimento das custas processuais e do porte de remessa e retorno dos autos, conforme dispõe o art. 1.007. A observância desses requisitos é essencial para garantir a regularidade da apelação e evitar eventuais indeferimentos ou prejuízos ao direito de recorrer.

Modelo: É muito importante se atentar para a terminologia utilizada, o modo de escrita visando explicar o conteúdo do processo, destacar onde reside o inconformismo do apelante, onde se situa o erro da decisão atacada e determinar exatamente no que consiste o pedido de reforma de tal decisão. Organize a sua petição nas partes que estão delineadas pelo próprio *art. 1.010 do CPC*: exposição do fato e do direito, razões do pedido de reforma, o pedido de nova decisão. Veja os modelos, o primeiro de petição de interposição, o segundo das razões de apelação, sendo que os dois serão apresentados para o juiz *a quo*, a segunda petição como anexo da primeira.

EXCELENTÍSSIMO SENHOR DOUTOR JUIZ DE DIREITO DA 6A VARA CÍVEL DO FÓRUM REGIONAL III – JABAQUARA – COMARCA DE SÃO PAULO – SP.

Proc. n. xxxxx.xxxxx.xx.xxx

JOÃO JOSÉ JOAQUIM, já devidamente qualificado nos autos desta ação que move em face de VIDA ÚTIL Companhia de Seguros Saúde, por seu advogado e bastante procurador signatário, vem respeitosa e tempestivamente à presença de Vossa Excelência apresentar, nos termos dos arts. 1.009 e seguintes do Código de Processo Civil, seu RECURSO DE APELAÇÃO, visando a modificação da respeitável sentença proferida nestes autos, conforme razões de fato e de direito expostas anexo.

Outrossim, requer-se a Vossa Excelência se digne receber o presente reclamo, eis que tempestivo e bem preparado (conforme valor inserto na certidão de fls. xx), processando-o na forma da lei, para que, ao final, seja reformada a respeitável sentença proferida.

Termos em que,
Pede Deferimento.
Local, data.
Advogado.
OAB n.

RAZÕES DA APELAÇÃO

Apelante: João José Joaquim
Apelado: Vida útil Companhia de Seguros de Saúde
Processo de Origem: xxxxx.xxx.xxx.xxxx

JUÍZO DE ORIGEM: 6ª VARA CÍVEL DO FÓRUM REGIONAL III – JABAQUARA – COMARCA DE SÃO PAULO – SP.

Egrégio Tribunal de Justiça,
  Colenda Câmara,
    Nobres Desembargadores!

Breve exposição do fato e do direito

Os autos tratam da internação do Apelante e a negativa de cobertura por parte da Apelada, contrariando os direitos daquele, enquanto beneficiário do plano de saúde administrado por ela. O presente recurso pretende atingir a sentença que julgou o fato da negativa de cobertura do tratamento médico emergencial do Apelante perante o Hospital XXXXX.

Em breve síntese, o Apelante passou mal, foi encontrado inconsciente, e esteve em estado de coma internado naquela instituição hospitalar onde lhe foram prestados os atendimentos de emergência e, dois dias depois, após ter sido diagnosticado e verificado o tratamento necessário a Apelada negou a cobertura dos procedimentos necessários para salvar sua vida.

A intervenção cirúrgica foi realizada, considerando que o Apelante estava em coma e sua família ainda não havia sido contatada.

Praticamente tudo corria bem, o Apelante se recuperava bem, mas foi surpreendido enquanto ainda internado com a cobrança dos valores que havia gasto no hospital. Isso porque, como foi internado de forma inconsciente e o tratamento foi realizado enquanto inconsciente, nada lhe foi questionado, solicitado ou perguntado. O Apelante tentou apresentar sua carteira para que o débito fosse computado em face da Apelada. Contudo, ele foi informado pelo hospital que a Apelada justificou que aquele hospital não fazia parte da sua rede de atendimento.

Ajuizada a ação, considerando a ausência de urgência, não foi concedida a liminar, e após a apresentação de defesa houve o julgamento conforme o estado do processo, pois o juízo *a quo* apontou que se tratava de mera questão de fato, comprovado com a defesa da Apelada. Com isso, julgou a ação improcedente, conforme se depreende da sentença de fls., sob a alegação de que a instituição hospitalar não fazia parte do convênio da Apelada, portanto, apontou que a recusa em efetuar a cobertura do tratamento era justificada.

Das Razões do Pedido de Reforma

Ao contrário do que apontou a sentença há nos autos documento onde consta a lista dos hospitais conveniados da Apelada, sendo nele de CLARA PERCEPÇÃO que o Hospital XXXXX é umas das instituições hospitalares conveniadas ao plano de saúde do Apelante. O equívoco praticado pelo r. juízo *a quo* está em que não se atentou ao fato de que apenas houve recente mudança da sua razão social e o site da Apelada não foi alterado neste sentido.

Inclusive, mesmo com a oferta de Embargos de Declaração às fls., a r. sentença não foi reformada, tendo sido negado o efeito modificativo aos embargos às fls., em nítida contradição com a prova documental constante do processo. Outra saída não houve senão a interposição desta apelação para que referido erro seja corrigido.

Diferentemente do que menciona a sentença guerreada às fls., o Hospital XXXX faz parte da rede de hospitais abrangidos pelo plano de saúde do Apelante. Tanto na petição inicial quanto nos embargos de declaração opostos por este Apelante, fora demonstrado de forma clara que o hospital no qual ele fora atendido em situação de urgência, compõe o quadro de instituições cobertas por seu convênio, apesar de ter alterado sua razão social e seu nome fantasia recentemente conforme documentos apresentados com a inicial às fls.

Contudo, a respeitável sentença alvejada não observou devidamente o documento de fls., afirmando de forma equivocada às fls.: "Com relação à cobertura do plano de saúde no Hospital XXXXX, a parte autora não demonstrou a existência de convênio da ré com tal hospital, pois que não consta na lista de hospitais conveniados".

Desta forma, torna-se impossível a perpetuação da respeitável sentença, uma vez que os documentos acostados à inicial listam de forma clara e incontestável a relação daquele hospital conveniado com a Apelada. A partir disso, torna-se inquestionável o dever de a Apelada garantir de forma completa o pagamento do tratamento recebido pelo Apelante naquele hospital, conforme pedido inicial de procedência da ação.

Diante o arrazoado, deve ser reconhecido o *error in judicando* na sentença atacada, devendo a mesma ser reformada julgando o pedido de cobertura pelo plano de saúde da Apelada procedente, nos exatos termos da petição inicial.

Do Pedido de Nova Decisão

Ante o exposto, requer-se à Vossas Excelências, POR MEDIDA DE JUSTIÇA, que o presente Recurso de Apelação seja CONHECIDO E TOTALMENTE PROVIDO para JULGAR PROCEDENTE a pretensão do Apelante, conforme fundamentação supra e nos exatos termos da petição inicial para que a Apelada seja obrigada a cobrir todo o tratamento realizado pelo Apelante no Hospital XXXX, condenando a Apelada no pagamento das verbas de sucumbência.

Termos em que,
Pede Deferimento.
Local, data.
Advogado.
OAB n.

4.2 Agravo de instrumento

Conceito e aplicação: É a única figura de agravo no CPC, pois foi abolida a figura do agravo retido do antigo CPC. As decisões que antes eram atacadas pelo agravo retido e hoje não comportam ataque pelo agravo de instrumento deverão ser levadas no recurso de apelação, na forma de preliminares.

Sobre a utilidade e o cabimento do agravo de instrumento: "A regra do CPC é que as decisões interlocutórias de maneira geral sejam irrecorríveis em separado. Excepcionalmente, nos casos previstos em lei, admitir-se-á o recurso de agravo de instrumento. A lei o admite contra decisões que, se não reexaminadas desde logo, poderiam causar prejuízo irreparável ao litigante, à marcha do processo ou ao provimento jurisdicional"[11].

O termo "instrumento" está relacionado com o fato de que este recurso é levado diretamente ao Tribunal, ao juízo *ad quem*, e por essa razão precisa ser instruído com peças do processo que permitam a revisão da decisão atacada, já que os autos do processo permanecerão no juízo *a quo*. Diz-se que, então, é preciso montar um instrumento, um conjunto de petições para que o juízo *ad quem* possa avaliar e julgar. "O instrumento deverá documentar suficientemente o que gosto de chamar de contexto decisório.[12]"O agravo de instrumento tem cabimento, em primeira instância, contra as decisões interlocutórias proferidas pelo juiz, ou seja, contra atos que possuem cunho decisório, mas não colocam fim ao processo. O *art. 1.015 do CPC* aponta que caberá agravo de instrumento contra as decisões que versarem sobre: tutelas provisórias, mérito do processo, rejeição de alegação de convenção de arbitragem, incidente de desconsideração da personalidade jurídica, rejeição do pedido de gratuidade da justiça ou acolhimento do pedido de sua revogação, exibição ou posse de documento ou coisa, exclusão de litisconsorte, rejeição do pedido de limitação do litisconsórcio, admissão ou inadmissão de intervenção de terceiros, concessão, modificação ou revogação do efeito suspensivo aos embargos à execução, redistribuição do ônus da prova nos termos do art. 373, § 1º, outros casos expressamente referidos em lei. Diz o parágrafo único do artigo que também caberá agravo de instrumento contra decisões interlocutórias proferidas na fase de liquidação de sentença ou de cumprimento de sentença, no processo de execução e no processo de inventário.

11　GONÇALVES, Marcus Vinicius Rios. *Novo curso de direito processual civil* cit., v. 3, p. 315.

12　BUENO, Cassio Scarpinella. *Manual de direito processual civil* cit., p. 815.

Sobre a figura do rol previsto no artigo 1.015 permitir ampliação, veja o que vem dizendo a doutrina: "Para evitar que a impugnação de decisão interlocutória por mandado de segurança se popularize em demasia, a melhor doutrina vem defendendo uma interpretação ampliativa das hipóteses de cabimento do agravo de instrumento, com utilização de raciocínio analógico para tornar recorríveis por agravo de instrumento decisões interlocutórias que não estão expressamente previstas no rol legal"[13]. A partir disso o Superior Tribunal de Justiça, através do Tema 988, adotou como precedente o seguinte: *"O rol do art. 1.015 do CPC é de taxatividade mitigada, por isso admite a interposição de agravo de instrumento quando verificada a urgência decorrente da inutilidade do julgamento da questão no recurso de apelação"*.

Estrutura e forma da petição: *O art. 1.016 do CPC* determina a estrutura da petição, sendo que, como dito acima, o agravo será interposto diretamente no tribunal. Confira o que diz referido artigo: o agravo de instrumento será dirigido diretamente ao tribunal competente, por meio de petição com os seguintes requisitos: – os nomes das partes, – a exposição do fato e do direito, – as razões do pedido de reforma ou de invalidação da decisão e o próprio pedido, – o nome e o endereço completo dos advogados constantes do processo. O *art. 1.017 do CPC* indica que a petição será instruída obrigatoriamente com determinadas peças do processo de origem, bem como aponta que a petição deverá vir acompanhada com comprovante de pagamento de custas. Confira:

I – obrigatoriamente, com cópias da petição inicial, da contestação, da petição que ensejou a decisão agravada, da própria decisão agravada, da certidão da respectiva intimação ou outro documento oficial que comprove a tempestividade e das procurações outorgadas aos advogados do agravante e do agravado;

II – com declaração de inexistência de qualquer dos documentos referidos no inciso I, feita pelo advogado do agravante, sob pena de sua responsabilidade pessoal;

---

13 NEVES, Daniel Amorim Assumpção. *Código de Processo Civil comentado*. 4. ed. São Paulo: JusPodium, 2019. p. 1863.

III – facultativamente, com outras peças que o agravante reputar úteis.

§ 1º Acompanhará a petição o comprovante do pagamento das respectivas custas e do porte de retorno, quando devidos, conforme tabela publicada pelos tribunais.

O mesmo art. 1.017 lança regras de forma de interposição, protocolo e regras específicas de dispensa de cópias quando o processo for eletrônico. Confira:

§ 2º No prazo do recurso, o agravo será interposto por:

I – protocolo realizado diretamente no tribunal competente para julgá-lo;

II – protocolo realizado na própria comarca, seção ou subseção judiciárias;

III – postagem, sob registro, com aviso de recebimento;

IV – transmissão de dados tipo fac-símile, nos termos da lei;

V – outra forma prevista em lei.

§ 3º Na falta da cópia de qualquer peça ou no caso de algum outro vício que comprometa a admissibilidade do agravo de instrumento, deve o relator aplicar o disposto no art. 932, parágrafo único.

§ 4º Se o recurso for interposto por sistema de transmissão de dados tipo fac-símile ou similar, as peças devem ser juntadas no momento de protocolo da petição original.

§ 5º Sendo eletrônicos os autos do processo, dispensam-se as peças referidas nos incisos I e II do *caput*, facultando-se ao agravante anexar outros documentos que entender úteis para a compreensão da controvérsia.

Ainda sobre a petição: "As razões devem indicar: (i) os nomes das partes (agravante e agravado); (ii) a exposição do fato e do direito; (iii) as razões do pedido de reforma ou de invalidação da decisão e o próprio pedido; e (iv) o nome e o endereço completo dos procuradores constantes do processo"[14].

---

14 BUENO, Cassio Scarpinella. *Manual de direito processual civil* cit., p. 814.

O *art. 1.018 do CPC* aponta que o agravante *poderá* juntar aos autos do processo da cópia da petição do agravo, o que era obrigatório no CPC antigo, para permitir que o juízo recorrido, se o caso, reavalie e mude sua decisão.

Modelo: É muito importante se atentar para a terminologia utilizada, o modo de escrita visando explicar o conteúdo do processo, destacar onde reside o inconformismo do apelante, onde se situa o erro da decisão atacada e determinar exatamente no que consiste o pedido de reforma de tal decisão. Organize a sua petição nas partes que estão delineadas pelo próprio *art. 1.016 do CPC*: os nomes das partes, a exposição do fato e do direito, as razões do pedido de reforma ou de invalidação da decisão e o próprio pedido, o nome e o endereço completo dos advogados constantes do processo. Veja os modelos, o primeiro de petição de interposição, o segundo das razões do agravo de instrumento, sendo que os dois serão apresentados para o juiz *ad quem*, a segunda petição como anexo da primeira.

EXCELENTÍSSIMO SENHOR DOUTOR PRESIDENTE DO TRIBUNAL DE JUSTIÇA DO ESTADO DE SÃO PAULO

CATAPULTA SERVIÇOS LTDA., pessoa jurídica de direito privado, devidamente inscrita no CNPJ sob n., com sede na Rua, número, Bairro, Cidade, Estado, por seu advogado e bastante procurador que esta subscreve, vem respeitosa e tempestivamente à presença de Vossa Excelência, com fundamento no art. 1.015, parágrafo único, do Código de Processo Civil interpor o presente **Agravo de Instrumento com pedido de efeito suspensivo** em razão da decisão interlocutória proferida mediante despacho de fls. xx, nos autos da Ação de Execução ajuizada por **TROCATUDO CONSULTORIA LTDA.**, pessoa jurídica de direito privado, devidamente inscrita no CNPJ sob n., com sede na Rua, número, Bairro, Cidade, Estado, Processo 0002875-56.2014.8.26.0323, que determinou a conexão do processo de execução em epígrafe com relação a outros processos com as mesmas partes, ordenando a citação da Agravante *na pessoa de seu advogado*, sem poderes para tanto, o que é juridicamente inválido, pelas razões de fato e de direito expostas na minuta anexa.

A Agravante informa os dados dos procuradores das partes conforme exigência do art. 1.016, inciso IV do CPC, inclusive, com as procurações juntadas no anexo:

Pela Agravante: ADVOGADO, OAB, Endereço.

Pela Agravada: ADVOGADO, OAB, Endereço.

Por fim, requer a juntada das guias de recolhimento das custas devidas pela interposição deste recurso, bem como informa que está apresentando no anexo cópia integral dos autos onde repousa a decisão agravada às fls. xx e a certidão de sua intimação às fls. xx, cumprindo integralmente com as exigências do art. 1.017 do CPC.

Termos em que,
Pede deferimento.
Local, data.
Advogado
OAB n.

RAZÕES DE AGRAVO DE INSTRUMENTO

Processo de Origem: XXXXXX-XX.XXXX.X.XX.XXX
Agravante: *CATAPULTA SERVIÇOS LTDA.*
Agravado: *TROCATUDO CONSULTORIA LTDA.*
Juízo de Origem: 5ª Vara Cível, Foro Regional XI – Pinheiros, São Paulo/SP
Egrégio Tribunal de Justiça,
Colenda Câmara,
Ínclitos Julgadores!

Da Tempestividade

Comprova-se a tempestividade do presente Agravo de Instrumento mediante certidão de publicação da decisão agravada, fls. XX, conforme cópia anexa, onde consta que a publicação no Diário Oficial correu no dia xx.xx.xxxx, iniciando-se o prazo no dia xx.xx.xxxx, sendo, portanto, o dia xx.xx.xxxx o último dia do prazo. Desta forma, resta comprovada a tempestividade da presente medida, visando garantir seu devido conhecimento, e posterior provimento, conforme o mérito a diante exposto.

Da Concessão do Efeito Suspensivo Ativo

Em resumo, a decisão atacada determinou a reunião, por conexão, de dois processos de execução que envolve as mesmas partes e o mesmo contrato supostamente inadimplido, DISPENSANDO A CITAÇÃO PESSOAL DA DEVEDORA, pois que o despacho determinou a citação da Agravante por meio do Diário Oficial, na pessoa do seu advogado, permitindo que, com isso, sejam possivelmente aniquilados os direitos de defesa naquele processo, permitindo-se nulidades e prejuízos outros que devem ser evitados.

Realmente, a decisão atacada determinou que a CITAÇÃO da Agravante fosse feita por intermédio de simples publicação no Diário Oficial, com a INTIMAÇÃO dos seus procuradores, como se tratasse de procedimento do art. 523 do CPC (cumprimento de sentença), o que é inaceitável e viola princípios basilares, como veremos detalhadamente nestas razões de recurso.

Então, primeiramente é imperioso registrar que esta medida recursal visa aniquilar o despacho que determinou a citação da Agravante, Executada, por intimação de seus procuradores pela imprensa oficial, portanto, pela latente nulidade de citação existente e os prejuízos decorrentes da via inadequada utilizada pelo *r. juízo a quo*. É perfeitamente concebível a atribuição do efeito suspensivo ao presente Agravo, nos termos dos arts. 1.019, I, e 995 do Código de Processo Civil, eis que presentes os requisitos autorizadores de tal medida.

Resta nitidamente evidenciado, que se porventura não for concedido o efeito suspensivo ao presente recurso, poderá ensejar o aperfeiçoamento processual da decisão interlocutória atacada e, consequentemente, o regular trâmite do processo de execução, com nítido prejuízo à Agravante, como veremos.

É certo que a celeridade do trâmite de processo de execução, se comparada à presente medida, indiscutivelmente acarretará a constrição judicial e desenvolvimento dos atos processuais correspondentes à celeuma, os quais, inclusive, poderão vir a ser anulados por este Egrégio Tribunal, sendo assim, por cautela, é preferível evitar que a constrição patrimonial aconteça, bem como que se produzam atos anuláveis que futuramente terão que ser refeitos.

Ante o exposto, requer-se a concessão do efeito suspensivo ao presente Agravo de Instrumento de modo a paralisar qualquer andamento decorrente da decisão agravada, até final julgamento do presente recurso, resguardando os direitos de ampla defesa, contraditório e devido processo legal atribuível pelo nosso ordenamento jurídico.

Da Exposição do Fato e do Direito

A Agravante está inconformada com a r. decisão de fls. xx que determinou a conexão entre os processos de execução xxxxxx-xx.xxxx.x.xx.xxx e xxxxxxx-xx.xxxx.x.xx.xxxx, com trâmite junto à 5ª Vara Cível, da comarca de São Paulo/SP, principalmente, porque no referido despacho se determinou a citação da Agravante no segundo processo mediante simples intimação pela imprensa oficial, razões pelas quais apresenta a presente medida para sanar os vícios provenientes do *juízo a quo*.

Num dos processos executa-se um contrato de confissão de dívida exteriorizado por trinta e seis notas promissórias, dentre as quais estariam notas pagas, vencidas e vincendas. Noutro processo a Agravada demanda a execução de apenas doze notas promissórias vencidas, cujo processo já encontra-se na fase de constrição judicial, avançada portanto.

O inconformismo reside no fato de que o despacho que determinou a conexão dos dois processos declinou que a Agravante deveria ser citada por meio da intimação do seu advogado no Diário Oficial, dispensando-se, de forma irregular, a necessária intimação pessoal do devedor prevista para o rito em apreço, qual seja a execução de quantia certa.

Sem considerar que os patronos da Agravante não possuem poderes na procuração para receber citações, bem como ainda não haviam sido constituídos como procuradores da Agravante naquele novo processo, tornando ainda mais visível a nulidade perpetrada.

Por estas razões, e principalmente pela inconteste violação literal à lei federal, a Agravante vem atacar a decisão proferida pelo *juízo a quo*, carecedora de legalidade, sem qualquer fundamento, sendo manifesta a sua nulidade.

Das Razões do Pedido de Reforma e da Nulidade da Decisão Atacada

É certo que a Agravada poderia se valer da mesma medida executiva para processamento de todas as notas promissórias atinentes ao contrato de confissão de dívida firmado. Contudo, a Agravada optou pela distribuição de um novo processo para executar novas notas promissórias. Por consequência, gerou-se um novo vínculo processual entre as partes, devendo, portanto, referido novo processo percorrer todos os trâmites processuais relacionados. Em caráter basilar dos preceitos processualistas, para a formação do processo se faz necessária a "válida" citação para gerar os efeitos pertinentes, assim como dispõe o art. 240 do CPC.

A Agravada se utiliza de mecanismos processuais inaplicáveis, busca inovar a legislação processual e em sua companhia veio o r. despacho atacado! O entendimento deste E. *Tribunal* converge na questão de ser declarada nula a citação realizada na pessoa do patrono sem poderes expressos na procuração:

COMPROMISSO DE COMPRA E VENDA – REVISÃO/RESCISÃO CONTRATUAL CUMULADA COM REINTEGRAÇÃO DE POSSE – Improcedência da primeira e procedência da segunda (revelia) – Nulidade de citação nos autos da ação de rescisão contratual – Ocorrência – Determinada a citação, pela imprensa, na pessoa do advogado da cooperada ("por medida de economia") – Descabimento – Causídico que não detém poderes expressos para citação (conforme procuração outorgada nos autos da ação revisional) – Revelia decretada – Descabimento – Nulidade insanável – Inteligência dos arts. 38 e 215, ambos do CPC [1973] – Reunião das ações (conexão) que não faz presumir inequívoca a ciência do réu de uma delas, tampouco supre a falta de citação regular – Autos que devem tornar à origem, anulando-se a sentença e o processo desde aquele ato – Sentença anulada – Recurso provido. (TJ/SP – Agravo de Instrumento: 0524172.4/0-00 (994.07.025173-3), Relator: Salles Rossi, Data de Julgamento: 27/10/2010, 8ª Câmara de Direito Privado do Tribunal de Justiça do Estado de São Paulo).

Não é concebível que a medida citatória na pessoa do procurador da Agravante produza efeitos pela simples "economia processual" ou pela conexão em razão da identidade dos processos. Não se presume, portanto, que a ciência dos patronos da Agravante mediante imprensa seja suficiente para gerar todos os efeitos decorrentes da citação.

Diante todo o exposto, visando sanar o erro *in judiciando*, em busca da justiça para o presente caso, requer-se o provimento deste Agravo para que seja reformado o r. despacho de fls., para que seja determinada a expedição de mandato citatório da Agravante na pessoa de seu representante legal, inclusive, declarando nulos todos os atos praticados sem a referida providência de regularização da citação válida nos termos da lei.

Dos Pedidos

Por todo o exposto, a Agravante requer-se que:

a) A concessão do efeito suspensivo ativo, nos moldes acima requeridos, para que o processo seja suspenso, para evitar que atos processuais nitidamente nulos sejam praticados, considerando que o segundo processo de execução exige citação pessoal e regular da Agravante;

b) Ao final o presente Agravo de Instrumento seja CONHECIDO e PROVIDO, a fim de que seja reformada a r. decisão agravada de fls. xx, para sejam declarados nulos os atos praticados em razão do referido despacho e com a consequente determinação de que seja expedido regular mandado citatório, abrindo-se novamente os prazos de defesa, conforme os argumentos anteriormente dispostos, sendo esta a única forma de se restabelecer a JUSTIÇA!

Termos em que,
Pede deferimento.
Local, data.
Advogado.
OAB n.

4.3 Agravo interno

Conceito e aplicação: Diz o art. 1.021 do CPC: "Contra decisão proferida pelo relator caberá agravo interno para o respectivo órgão colegiado, observadas, quanto ao processamento, as regras do regimento interno do tribunal". O relator de um órgão colegiado pode avaliar previamente a peça recursal e não admitir o processamento do recurso, negar provimento etc., ou seja, poderá adotar uma decisão monocrática nos termos do regimento interno e do CPC. Contra tal decisão caberá o agravo interno, com o objetivo de "destrancar" o recurso e submeter à avalição de tal decisão monocrática ao órgão colegiado respectivo, por isso também chamado de "agravo de colegiamento". Segundo o Enunciado 142 do FPPC (Fórum Permanente de Processualistas Civis), da decisão monocrática do relator que concede ou nega o efeito suspensivo ao agravo de instrumento, caberá agravo interno.

Estrutura e forma da petição: Na petição de agravo interno o recorrente impugnará especificadamente os fundamentos da decisão agravada, segundo o § 1º do art. 1.021 citado acima. Ou seja, deverá endereçar a petição ao relator, indicando o seu ponto de inconformismo e os motivos que ensejam a reforma da decisão. Trata-se da aplicação do princípio da "dialeticidade recursal"[15]. O prazo é de 15 dias, sendo que o agravado será intimado para se manifestar em igual prazo e, se não houver retratação, o relator deve encaminhar ao julgamento pelo órgão colegiado. Caso seja avaliado como manifestamente inadmissível ou com manifesta improcedência será possível aplicar multa ao agravante (§ 4º do art. 1.021).

Modelo: É muito importante se atentar para a terminologia utilizada, o modo de escrita visando explicar o conteúdo do processo, destacar onde reside o inconformismo do apelante, onde se situa o erro da decisão atacada e determinar exatamente no que consiste o pedido de reforma de tal decisão. Organize a sua petição nas partes que estão delineadas pelo art. 1.021, *caput* e § 1º, do CPC: o recorrente impugnará em petição direcionada ao órgão colegiado, de forma especificada, os fundamentos da decisão atacada. Veja o modelo da questão mais comum, visando que o recurso indigitado seja recebido ou, como dizemos "destrancado" para seguimento e julgamento. Neste caso, também há petição de interposição, seguida de razões recursais, conforme modelo que segue.

EXCELENTÍSSIMO SENHOR DOUTOR JUIZ DESEMBARGADOR RELATOR DA XXª CÂMARA CÍVEL DO TRIBUNAL DE JUSTIÇA DO ESTADO DO RIO DE JANEIRO – RJ.

Recurso de origem: APELAÇÃO CÍVEL N. 0189191-33.2012.8.19.0004 VIDAMANSA VIAGENS E TURISMO LTDA., já devidamente qualificada nos autos em epígrafe, com trâmite atual perante esta Egrégia Câmara Cível, originário de uma Ação Indenizatória da Xª Vara Cível da Comarca de Volta Redonda – RJ, movida por JOÃO JOSÉ JOAQUIM, por intermédio de seu advogado e bastante procurador signatário, inconformada com a r. decisão monocrática de fls. XXX/XXX, que negou provimento ao recurso de Apelação, vem respeitosamente à presença de Vossa Excelência, interpor AGRAVO REGIMENTAL com fulcro no

---

[15] BUENO, Cassio Scarpinella. *Novo Código de Processo Civil anotado* cit., p. 658.

art. 1.021 do CPC e nos dispositivos do Regimento Interno do Egrégio Tribunal de Justiça do Estado do Rio de Janeiro, pelas razões a seguir expostas, para ao final requerer o quanto segue nas razões anexas.

Termos em que,
pede Deferimento.
Local, data.
Advogado.
OAB n.

RAZÕES DO AGRAVO

Agravante: VIDA MANSA VIAGENS E TURISMO LTDA.
Agravado: JOÃO JOSÉ JOAQUIM
Processo de Origem: xxxxxx-xx.xxxx.x.xx.xxxx
Juízo de Origem: Xª Vara Cível da Comarca de Volta Redonda/RJ

Egrégio Tribunal,
   Colenda Câmara,
      Ínclitos Desembargadores!

Da Tempestividade e Cabimento

Inicialmente, cumpre salientar que o presente recurso possui cabimento consoante disposto no Regimento Interno desta Colenda Corte, conforme dispõe o art. xxx do Regimento Interno do TJ/RJ.

No que tange a r. decisão monocrática que negou provimento à apelação interposta por esta Agravante, culminando na manutenção da r. sentença apelada, contrariando a tese sustentada de que é inaplicável a solidariedade entre agências de turismo e companhias aéreas, por falha no serviço de transporte aéreo de exclusiva responsabilidade desta, é cabível a interposição do presente agravo com o fito de que o E. Desembargador se retrate, e, se for caso, leve o julgamento do recurso de apelação ao crivo desta Colenda Turma.

Cumpre destacar também que o recurso também é tempestivo, uma vez que a ora Agravante tomou conhecimento da decisão de fls. xxx, mediante intimação no Diário de Justiça do Tribunal de Justiça do Rio de Janeiro, do dia xx.xx.xxxx, sendo de cinco dias o prazo para sua interposição e, por conseguinte, tem seu término no dia xx.xx.xxxx, restando comprovada a tempestividade.

Do Breve Resumo do Curso Processual

O presente recurso se destaca de uma ação de indenização movida pelo Agravado, a qual fora julgada procedente, condenando esta Agravante ao pagamento de danos materiais no importe de R$ 4.000,00 (quatro mil reais).

Inconformada com a sentença, esta Agravante interpôs recurso de apelação, buscando a reforma da r. sentença. Contudo, monocraticamente, o Relator Desembargador entendeu que o conjunto probatório apresentado por esta Agravante jamais afastaria a posição do Agravado.

Por esta razão, em que pese a r. decisão monocrática possuir um caráter de compatibilizar as decisões judiciais proferidas, neste caso, verifica-se que tal decisão não teve fundamentação pautada na confrontação de súmula ou jurisprudência dominante do Supremos Tribunal Federal, ou de Tribunal Superior, até mesmo porque não fora fundamentada neste sentido, contrariando o que prevê a legislação em vigor.

Desta feita, resta evidente que, cabe agravo, no prazo de cinco dias, ao órgão competente para julgamento do recurso, nos termos do art. 1.021 do CPC e do Regimento Interno do Tribunal de Justiça do Estado do Rio de Janeiro.

Da Decisão Agravada

A r. decisão monocrática que manteve a r. sentença apelada teve sua ementa publicada conforme se verifica às fls. xxx.

Ocorre que a decisão monocrática manteve a sentença basicamente pelos argumentos da mesma, traduzindo apenas o entendimento unilateral e não fundamentado do Desembargador Relator sobre a matéria, não levando em conta a posição da Câmara Julgadora.

Importante salientar que a matéria veiculada no recurso de apelação trata da inaplicabilidade da solidariedade entre agências de turismo e companhias aéreas, isso quando restar claro que somente a companhia aérea é a responsável pelos danos causados ao passageiro, pois que o defeito no serviço de transporte é de responsabilidade única do transportador.

No presente caso, a Agravada apenas intermediou a venda de um bilhete aéreo. Ocorreu cancelamento de voo imposto pela companhia aérea, sendo certo que contratualmente já havia se esgotado a responsabilidade de intermediação da Agravante que também jamais poderia intervir no serviço de transporte que não é de sua responsabilidade. Quando o defeito é exclusivo do serviço de transporte aéreo inexiste dúvida de que não houve defeito no serviço de agenciamento que é, apenas, aproximar de forma útil as partes para efetuar a venda das passagens.

Sob este prisma o presente Agravo Regimental deve ser conhecido e provido, levando em consideração que não existe na decisão monocrática confronto com súmula ou com jurisprudência dominante, devendo, por consequência, o recurso de apelação ser julgado por todos os Desembargadores que integram esta Câmara Cível, os quais deverão reformar a decisão proferida monocraticamente, por inteira certeza na prevalência do Direito e da Justiça.

Do Pedido de Reforma

Em face de todo o exposto, requer a ora Agravante que, este Egrégio Tribunal de Justiça, especialmente, o Nobre Desembargador Relator, conheça e dê provimento ao presente recurso, para reformar, totalmente, a decisão de fls. 172/179 (doc. anexo).

Caso este não seja o entendimento de Vossa Excelência, alternativamente, que o recurso de apelação interposto pelo Agravado seja julgado por todos os Desembargadores que compõem esta Egrégia Câmara Cível, os quais por certo darão provimento ao citado reclamo interposto, por todos seus argumentos.

Termos em que,
Pede Deferimento.
Local, data.
Advogado.
OAB n.

4.4 Embargos de declaração

Conceito e aplicação: O art. 994 do CPC tem rol taxativo e prevê os embargos de declaração como espécie de recurso no inciso IV. Entretanto, a finalidade dos embargos de declaração é bem distinta da finalidade dos demais recursos, pois estes, em regra, apontam para a sujeição do conteúdo da decisão a uma nova apreciação do Poder Judiciário.

"A finalidade dos Embargos de Declaração é distinta. Servem não para modificar a decisão, mas para integrá-la, e sanar os vícios de obscuridade, contradição ou omissão que ela contenha. Sua função é complementar ou esclarecer a decisão. Por isso, eles não são apreciados por um órgão diferente, mas pelo órgão que a prolatou"[16].

O seu cabimento está indicado pelo art. 1.022 do CPC sendo oponíveis contra qualquer decisão judicial para: I – esclarecer obscuridade ou eliminar contradição; II – suprir omissão de ponto ou questão sobre o qual devia se pronunciar o juiz de ofício ou a requerimento; III – corrigir erro material. O parágrafo único do referido artigo conceitua e especifica o que vem a ser uma decisão omissa. O prazo para sua interposição é de 5 dias, mesmo prazo que terá o embargado para se manifestar caso seu acolhimento implique a modificação da decisão embargada (art. 1.023 do CPC). Então, o embargado só será ouvido quando os embargos de declaração estiverem propensos a ter efeitos modificativos, permitindo-se o exercício dos direitos constitucionais amplos de defesa e contraditório. Caso o órgão julgador reconhecer que o recurso a ser interposto seria o Agravo de Instrumento e não os Embargos de Declaração, intimará o embargante para complementar as razões recursais conforme exigências do recurso correto (§ 3º do art. 1.024).

Sobre prequestionamento visando acesso a recursos perante o tribunal superior veja o art. 1.025 do CPC, inclusive, consulte também a Súmula 211 do STJ que trata do mesmo assunto e é anterior ao texto inovador do citado artigo. Quanto aos efeitos os embargos de declaração não possuem efeito suspensivo, mas interrompem o prazo para eventual recurso a ser interposto em face da mesma decisão atacada (art. 1.026 do CPC, *caput*). Mas, havendo "probabilidade de provimento do recurso ou, sendo relevante a fundamentação, se houver risco de dano grave ou de difícil reparação" a eficácia da decisão atacada poderá ser suspensa (§ 1º do art. 1.026). Os §§ 2º a 4º do art. 1.026 tratam das hipóteses de embargos protelatórios e forma de punição do embargante assim considerado. Não há preparo para este recurso. É o único recurso com prazo menor, de apenas 5 dias, atenção! Igualmente, atente-se para o fato de que o art. 1.065 do CPC alterou também o art. 50 da Lei n. 9.099/95 (Juizados Especiais) no sentido de indicar que a oposição dos embargos

---

16 GONÇALVES, Marcus Vinicius Rios. *Novo curso de direito processual civil* cit., 11. ed., p. 196.

de declaração interrompe o prazo para a interposição de recurso (e não mais suspendem, como constava no texto anterior).

Tome cuidado com o uso indevido deste recurso. "A interrupção do prazo para a interposição de outros recursos – salvo a hipótese de intempestividade – pode levar as partes menos afeitas aos princípios da ética e boa-fé processual ao ingresso dos embargos de declaração somente para aumentar o seu prazo para a interposição de outros recursos contra a decisão. Para evitar o abuso na interposição desse recurso o legislador prevê como sanção a multa de até 2% sobre o valor atualizado da causa"[17].

Estrutura e forma da petição: Trata-se de uma petição muito simples, como uma petição intermediária, dirigida diretamente ao respectivo magistrado que prolatou referida decisão, com indicação expressa e clara do erro, obscuridade, contradição ou omissão. Logicamente, o pedido é para que a autoridade regularize a decisão, resolvendo as questões apontadas com uma nova decisão, inclusive, se o caso, com pedido de efeito modificativo da decisão e para que, neste caso, intime o agravo para se manifestar.

Modelo: É muito importante se atentar para a terminologia utilizada, o modo de escrita visando explicar o conteúdo do processo, destacar onde reside o inconformismo do apelante, onde se situa o erro da decisão atacada e determinar exatamente no que consiste o pedido de reforma de tal decisão. Organize a sua petição nas partes que estão delineadas pelo próprio *art. 1.023 do CPC*: petição dirigida ao próprio juiz que proferiu a decisão atacada, com indicação do erro, obscuridade, contradição ou omissão, com pedido de esclarecimento da obscuridade, eliminação da contradição ou supressão da omissão, ou correção do erro material praticado (conforme o art. 1.022 do CPC). Confira o modelo abaixo.

EXCELENTÍSSIMO SENHOR DOUTOR JUIZ DA 4ª VARA CÍVEL DO FORO REGIONAL III, JABAQUARA, COMARCA DE SÃO PAULO/SP.

Proc. xxxx-xx.xxxx.x.xx.xxxx

CARLITOS, já devidamente qualificado nos autos em epígrafe, que move em face de SEGURO CERTO COMPANHIA DE SEGURO SAÚDE,

---

17 NEVES, Daniel Amorim Assumpção. *Código de Processo Civil comentado*. 4. ed. São Paulo: JusPodium, 2019. p. 1863.

com trâmite por este respeitável Juízo e cartório, por seu advogado e bastante procurador que a esta subscreve, vem respeitosamente à presença de Vossa Excelência, nos termos dos arts. 1.022 e seguintes do Código de Processo Civil, interpor os presentes

Embargos de Declaração

Em face da respeitável decisão de fls. xxx, disponibilizada no diário oficial eletrônico dia 6 de julho de 2015, portanto, tempestivamente, porquanto em seu dispositivo final há contradição com o que dos autos consta no que diz respeito à cobertura do plano de saúde, pelos motivos a seguir delineados.

Das Razões do Recurso

Primeiramente, cumpre salientar a pertinência dos presentes embargos, nos termos do que determina o art. 1.022 e seus incisos do CPC, haja vista que a respeitável decisão proferida nestes autos deliberou de forma contraditória com a prova dos autos.

Vejamos. Foi proposta Ação de obrigação de fazer com pedido de tutela antecipada, em face da Ré, ora Embargada, diante da negativa deste em cobrir as despesas médicas e hospitalares devidas ao Embargante, obrigações estas advindas de contrato de plano de saúde, entabulado entre as partes.

Nos autos restou provada, por prova documental, consistente na juntada da relação de convênio entre o plano de saúde e o hospital no qual o Embargado fora atendido em situação de urgência, Hospital BELA VISTA, conforme ESTÁ CLARO no documento de fls. xxxx, juntado com a petição inicial e agora, novamente juntado, como forma de garantir sua observação.

Contudo, a r. sentença não se ateve a essa circunstância documentalmente comprovada ao afirmar, equivocadamente, que: "Diante da alegação de cobertura do plano de saúde no Hospital Bela Vista, a parte autora não demonstrou nenhum documento que evidencie o convênio da ré com tal hospital" (fls. xxx).

Ora, de acordo com os documentos acostados à inicial, o Hospital para o qual o Embargante fora encaminhado encontra-se listado na relação daqueles conveniados com a Embargada, o que torna inequívoca a existência do vínculo e injustificável a negativa. Inclusive, tal fato não foi objeto da defesa da Embargada, justamente porque documentalmente comprovado o convênio, ao contrário do que apontou a r. sentença.

Deste modo, torna-se inquestionável que existe uma contradição na r. sentença que precisa ser suprida, recebendo-se, inclusive, os embargos de declaração em seus efeitos MODIFICATIVOS, pois, diante da previsão documentalmente comprovada da existência do convênio entre a Embargada e o Hospital Bela Vista, deve-se dar total provimento a ação movida pelo Embargado, conforme os pedidos iniciais, modificando-se a r. decisão, por ser medida de Justiça.

Sendo assim, é contraditório o argumento que afasta a responsabilidade da Embargada de responder pelo período de internação e tratamento naquele Hospital, pois, conforme demonstrado, resta inequívoca a comprovação da vinculação entre estes, e deste modo, enseja a procedência da ação.

Pedido

Diante do exposto, requer de Vossa Excelência:

a) O recebimento dos presentes embargos, face sua tempestividade e admissibilidade;

b) A interrupção do prazo para interposição de eventual recurso (art. 1.026 do CPC);

c) A intimação da Embargada, tendo em vista os efeitos modificativos pretendidos, nos termos do art. 1.023, § 2º, do CPC;

d) O conhecimento total dos presentes embargos para sanar as questões apontadas, eliminando a contradição apontada, julgando assim procedente a presente ação, com efeito modificativo, porquanto comprovado documentalmente nos autos a cobertura do plano junto ao aludido Hospital, inclusive, contra o que não se opôs a contestação apresentada.

Local, data.
Advogado.
OAB n.

4.5 Dos recursos para o STF e para o STJ

4.5.1 Do recurso ordinário

Conceito e aplicação: Dentro os recursos aplicáveis aos referidos tribunais, existe o ordinário, o especial e o extraordinário. O recurso ordinário é o recurso cabível para que o interessado possa obter o reexame das decisões que são de competência originária dos tribunais superiores. Assim, se uma ação deve ser promovida diretamente num tribunal superior (STJ ou STF), não há previsão de possível direito de apelação, mas o interessado poderá solicitar o reexame da matéria decidida, como uma "segunda instância". É dirigido, então, ao próprio STJ ou STF. O cabimento e a competência estão definidos pelos arts. 102, II, e 105, II, da CF (indicamos a consulta à lei seca). O art. 1.027 do CPC aponta também regras sobre a competência, determinando como serão julgados os recursos ordinários, apontando no inciso I as hipóteses destinadas ao STF e no inciso II as destinadas ao STJ. Segue a regra geral de prazo de recursos, de 15 dias. Sobre os requisitos de admissibilidade e ao procedimento seguem-se as regras de apelação e do regimento interno do STJ (art. 1.028, *caput*).

Estrutura e forma da petição: Pela ausência de dispositivo legal que defina exatamente a estrutura e a forma da petição, devemos utilizar como paradigma, por analogia, a estrutura e a forma relacionadas pela apelação (em virtude do que dispõe o art. 1.028, *caput*). Por esta mesma razão, deixamos de apresentar modelo específico para o caso.

4.5.2 Do recurso extraordinário e do recurso especial

Conceito e aplicação: os recursos podem ser divididos em ordinários e extraordinários. Os ordinários visam discutir a correção ou a justiça de uma determinada decisão, diante do inconformismo do interessado. Os extraordinários visam impedir que as decisões judiciais contrariassem a CF ou as leis federais, para manter a uniformidade nas decisões, inclusive, ressaltando a aplicação do princípio da segurança jurídica. Na primeira hipótese existe uma insatisfação com a injustiça da decisão, na segunda, a insatisfação está com a incorreta aplicação da CF ou das leis federais e, neste caso, só cabem quando preenchidas as condições estabelecidas na CF (são o especial, o extraordinário e os embargos de divergência).

O CPC organiza o tratamento desses recursos da seguinte forma:

Disposições gerais: arts. 1.029 a 1.035
Julgamento dos recursos extraordinário e especial repetitivos: arts. 1.036 a 1.041
Agravo em recurso especial e em recurso extraordinário: art. 1.042
Embargos de divergência: arts. 1.043 e 1.044

Os **requisitos** indicados aos recursos extraordinários são mais rigorosos que os exigidos para os recursos comuns. Obviamente para assegurar que toda a matéria foi plenamente decidida nas instâncias anteriores, que todos os pontos foram atacados anteriormente, mantendo-se aos extraordinários apenas e tão somente as discussões relacionadas com seus objetivos precípuos. São requisitos comuns aos recursos ordinários e extraordinários: tempestividade, preparo, bem como legitimidade, interesse, regularidade formal e inexistência de fato impeditivo ou extintivo. São requisitos aplicáveis apenas aos extraordinários (especial e extraordinário):

- o esgotamento dos recursos nas vias ordinárias, – que sejam interpostos contra decisão de única ou última instância;
- que não visem rediscutir matéria de fato (Súmulas 279 e 454 do STF, e Súmulas 5 e 7 do STJ);
- que o conteúdo tenha sido efetivamente decidido pela instância anterior por meio do instituto do prequestionamento (o art. 1.025 do CPC alinhou essa questão determinando que o prequestionamento poder ser ficto, não se exigindo que seja real e efetivo, portanto, alinhou-se à Súmula 356 do STF, deixando de lado a Súmula 211 do STJ). O cabimento do recurso extraordinário e do recurso especial é e continua sendo matéria de ordem constitucional (arts. 102, III, e 105, III, respectivamente, da CF).

Estrutura e forma da petição: As regras de procedimento de interposição e admissão dos recursos especial e extraordinário são comuns e estão delineadas nos arts. 1.029 até 1.035 ("disposições gerais"). A petição deve conter: a exposição do fato e do direito; a demonstração de cabimento do recurso interposto; e as razões do pedido de reforma ou de invalidação da decisão recorrida. Observar que o § 1º do art. 1.029, além de fixar os três pontos acima, indica regras específicas e detalhadas sobre o procedimento, por exemplo, quando estiver fundado em dissídio jurisprudencial O § 2º do referido artigo foi revogado pela Lei n. 13.256/2016 que alterou alguns trechos do CPC. Do ponto de vista crítico a revogação retirou uma regra que poderia evitar decisões genéricas, pois impedia que o tribunal inadmitisse o recurso com fundamentação genérica sempre que ele estivesse fundamentado em dissídio jurisprudencial, exigindo que fosse explicada detalhadamente eventual distinção entre os julgados.

Surge com o § 3º do mesmo artigo a possibilidade de o tribunal desconsiderar vício formal de recurso tempestivo, ou determinar sua correção, desde que não o repute grave. "Trata-se da aplicação, com infeliz e restritiva ressalva (afinal o que é erro grave?), da regra contida no parágrafo único do art. 945 para os recursos em geral. Não há razão nenhuma, a não ser o texto do dispositivo, que justifique o tratamento diferente. É o caso de propugnar como não escrita a referida ressalva"[18].

Os §§ 4º e 5º tratam do reflexo do processamento de incidente de resolução de demandas repetitivas e a possibilidade de suspensão de processos que discutam tais questões, inclusive, com a possibilidade de estender a suspensão em todo o território nacional considerando razões de segurança jurídica ou de excepcional interesse social. O recorrido será intimado para contrarrazoar o recurso em 15 dias (art. 1.030 do CPC). Por fim, os arts. 1.032 e 1.033 estabelecem uma espécie de conversibilidade entre o recurso especial e o recurso extraordinário, apontando de que forma o relator deverá proceder para regularizar tal situação.

Modelo: RECURSO ESPECIAL (baseado no XV Exame de Ordem Unificado)

- **Questão:** João utiliza todos os dias, para retornar do trabalho para sua casa, no Rio de Janeiro, o ônibus da linha "A", operado por Ômega Transportes Rodoviários Ltda. Certo dia, o ônibus em que João era passageiro colidiu frontalmente com uma árvore. A perícia concluiu que o acidente foi provocado pelo motorista da sociedade empresária, que dirigia embriagado. Diante disso, João propôs ação de indenização por danos materiais e morais em face de Ômega Transportes Rodoviários Ltda. O Juiz julgou procedentes os pedidos para condenar a ré a pagar a João a quantia de R$ 5.000,00 (cinco mil reais), a título de danos materiais, e mais R$ 2.500,00 (dois mil e quinhentos reais) para compensar os danos morais sofridos. Na fase de cumprimento de sentença, constatada a insolvência da pessoa jurídica para o pagamento de suas obrigações, o Juiz deferiu o pedido de desconsideração da personalidade jurídica, procedendo à penhora, que recaiu sobre o patrimônio dos sócios Y e Z. Diante disso, os sócios de Ômega Transportes Rodoviários Ltda. interpuseram agravo de instrumento, ao qual o Tribunal de Justiça, por unanimidade, deu provimento para reformar a decisão

---

18 BUENO, Cassio Scarpinella. *Novo Código de Processo Civil anotado* cit., p. 667.

interlocutória e indeferir o requerimento, com fundamento nos arts. 2º e 28 do CDC (Lei n. 8.078/90), por não haver prova da existência de desvio de finalidade ou de confusão patrimonial. O acórdão foi disponibilizado no *DJe* em 5 de maio de 2014 (segunda-feira), considerando-se publicado no dia 6 de maio de 2014. Inconformado com o teor do acórdão no agravo de instrumento proferido pelo TJ/RJ, João pede a você, na qualidade de advogado, a adoção das providências cabíveis.

Sendo assim, redija o recurso cabível (excluída a hipótese de embargos de declaração), no último dia do prazo, tendo por premissa que todas as datas acima indicadas são dias úteis, assim como o último dia para interposição do recurso. (Valor: 5,00)

■ **Gabarito:** A peça processual cabível é o recurso especial para o STJ, nos termos do art. 105, III, *a*, da CF/88, bem como do art. 541 e seguintes do CPC. Deverá ser interposto por João perante o Presidente ou o 3º Vice-Presidente do TJ/RJ, para o juízo prévio de admissibilidade, indicando os sócios Y e Z, da pessoa jurídica, como recorridos. Os fundamentos do recurso são a violação dos arts. 2º e 28 do CDC, eis que, tratando-se de relação de consumo (art. 2º do CDC), a desconsideração da personalidade jurídica é regida pela teoria menor (art. 28 do CDC), que dispensa a prova da existência de desvio de finalidade ou de confusão patrimonial, bastando a constatação da insolvência da pessoa jurídica para o pagamento de suas obrigações. Deve ser enfatizado que tais artigos da legislação federal foram devidamente prequestionados pelo TJ/RJ. O pedido formulado deverá ser no sentido de que o STJ conheça do recurso e a ele dê provimento para sanar violação aos dispositivos de Lei Federal e, consequentemente, reformar o acórdão do TJ/RJ, a fim de manter, na íntegra, a decisão proferida pelo juízo de primeiro grau, autorizando, assim, a desconsideração da personalidade jurídica.

EXCELENTÍSSIMO SENHOR DOUTOR DESEMBARGADOR VICE-PRESIDENTE DO SUPERIOR TRIBUNAL DE JUSTIÇA.

Agravo de Instrumento n. XXXXX.XX-XX.XXXX.XXXX

JOÃO, devidamente qualificado nos autos do Agravo de Instrumento de numeração em epígrafe, por seu advogado devidamente constituído, vem à presença de Vossa Excelência, com todo o acatamento e respeito, interpor o presente RECURSO ESPECIAL ao Egrégio Superior Tribunal de Justiça, com fundamento no art. 105, III, *a*, da Constituição Federal de 1988 e art. 1.029 do CPC, pelos motivos de fato e de direito a seguir expostos, requerendo desde já seja o presente recebido e processado para, ao final, ser provido em sua totalidade.

Requer ainda a juntada das inclusas guias de preparo recursal, em consonância com as normas desta Egrégia Corte.

Termos em que,
Pede Deferimento.
Local, data.
Advogado.
OAB n.

RAZÕES DE RECURSO ESPECIAL

Recorrente: JOÃO
Recorridos: Y e Z
Origem: Tribunal de Justiça do Rio de Janeiro
Nobre Corte,
  Colenda Câmara,
    Ínclitos Ministros,

Exposição do Fato e do Direito

O Recorrente propôs ação de indenização em face da empresa Ômega Transportes Rodoviários Ltda. sendo certo que referida ação foi julgada procedente (fls.), condenando-se a ré ao pagamento de diversas verbas de ordem material e moral. Na fase de cumprimento de sentença (fls.), a ré foi considerada insolvente, sendo deferido de forma devidamente fundamentada pelo juízo a desconsideração da personalidade jurídica (fls.), procedendo a penhora de bens dos sócios, ora Recorridos.

Diante deste cenário processual os Recorridos interpuseram agravo de instrumento dirigido ao Tribunal de Justiça do Rio de Janeiro, sendo que aquela corte deu provimento ao mesmo, reformando a decisão interlocutória e indeferindo o requerimento de desconsideração da personalidade jurídica, com fundamento nos arts. 2º e 28 do CDC (Lei n. 8.078/90), por não haver prova da existência de desvio de finalidade ou confusão patrimonial (fls.).

Obviamente, referida decisão, ora atacada, viola direito do Recorrente, devendo ser reformada, conforme abaixo se verificará.

Do Cabimento do Recurso Especial

A decisão atacada viola princípios e regras previstas em legislação federal, no caso o Código de Defesa do Consumidor. Desta forma, outra saída não há ao Recorrente senão buscar nesta Nobre Corte a alteração do julgado, pela violação ao conteúdo dos arts. 2º e 28 do Código de Defesa do Consumidor, pois há contrariedade a Lei Federal, recurso este consubstanciado no art. 105 da Constituição Federal de 1988.

Outrossim, houve o questionamento dos pontos abordados, sobretudo, acerca da correta aplicação dos artigos mencionados acima, de forma clara e exaustiva, nas contrarrazões de agravo de instrumento apresentados pelo Recorrente, onde se reiterou que a aplicação dos referidos artigos deveria ser levada a efeito conforme prevê maciça jurisprudência sobre o assunto, entretanto, isso não ocorreu, dando lugar ao cabimento do presente recurso.

Portanto, presentes estão os requisitos de admissibilidade do Recurso Especial, devendo ser recebido, conhecido e no mérito provido, conforme será demonstrado nas linhas a seguir.

Das Razões do Pedido de Reforma

Houve erro na aplicação da norma infraconstitucional. Ora, tratando-se de relação de consumo (art. 2º do CDC) é certo que a desconsideração da personalidade jurídica é regida pela chamada "teoria menor", prevista no art. 28 do CDC, ou seja, é dispensada a prova da existência de desvio de finalidade ou de confusão patrimonial, bastando a constatação da insolvência da pessoa jurídica para o pagamento de suas obrigações.

Sendo assim, verifica-se que o Tribunal de Justiça do Rio de Janeiro, ao julgar o Agravo de Instrumento, contrariou o conteúdo dos referidos artigos da lei federal apontada, sendo que, ao contrário, deveria ter negado provimento, pela razão teórica supra.

Por fim, deve-se ressaltar que não se trata, neste caso, de reavaliação das provas produzidas, mas efetivamente mera matéria de direito acerca da aplicação equivocada deste instituto, portanto, não é suscetível de aplicação a Súmula 7 deste Colendo STJ.

O que se pretende não é o reexame de provas, mas a avaliação e correta aplicação dos dispositivos apontados acima visando a aplicação da Justiça no presente caso, razão pela qual é necessária a reforma do acórdão exarado.

Do Pedido

Diante do exposto, clara a ocorrência de admissibilidade do presente recurso especial, com fundamento no art. 105, III, *a*, da Constituição Federal, pelo que requer o Recorrente o conhecimento deste Recurso Especial e o seu posterior provimento, diante da manifesta afronta aos arts. 2º e 28 do Código de Defesa do Consumidor, reformando a decisão do colegiado do Tribunal de Justiça do Rio de Janeiro, a fim de manter na íntegra a decisão proferida pelo juízo de primeiro grau, autorizando, assim, a desconsideração da personalidade jurídica, conforme fundamentado.

Nestes Termos,
Pede Deferimento.
Local, data.
Advogado.
OAB n.

CAPÍTULO IV
Como se preparar para a prova da 2ª fase da OAB

Muito mais do que trazer modelos de respostas de peças e questões, decidi que seria importante fazer isso organizado da seguinte forma: criar um capítulo específico voltado para dicas para a segunda fase e para os modelos de peças e respostas das questões da segunda fase. Assim, neste espaço, dedicado ao aluno ainda não aprovado na OAB, teremos um conteúdo direcionado, específico, com dicas preciosas, modelos e gabaritos para que sua aprovação seja certa!

Quais dicas você vai encontrar neste capítulo?

1. Gostar da disciplina é imprescindível.

2. Fazer simulados da disciplina pretendida antes de escolher é fundamental.

3. Ouvir a experiência de amigos é válido, mas faça a sua escolha.

1 A escolha da disciplina

Vamos começar "do começo". Muitos textos, muitos professores e muitos livros tentam justificar e demonstrar o melhor caminho para escolher a disciplina ideal para a segunda fase da OAB. Todos os critérios, entretanto, são direcionados para o seguinte: **é bom escolher uma disciplina que você goste e esse é o principal critério.** Você passará muito tempo estudando para a segunda fase, portanto, deixe de lado escolhas que tenham como critério "a disciplina mais fácil", "a que tem menor número de peças" etc. O primeiro critério é esse. E é indispensável.

O segundo critério importante é para quem fez estágio durante a faculdade. Realmente, **se você tem contato com alguma área do direito durante a faculdade na prática real** talvez também seja importante refletir sobre isso. Salvo exista uma razão bem fundamentada é importante aproveitar este conhecimento prático do estágio para a prova da OAB. Logicamente que o conhecimento acumulado no estágio fará diferença na hora de estudar e na hora da prova, tenha certeza.

Por fim, o terceiro critério é relevante. **Qual disciplina você tem mais domínio?** Qual disciplina realmente te traz maior segurança na hora de realizar petições e/ou simulados? Qual disciplina gerava maior confiança nas provas da faculdade? Realmente, não devemos nos esquecer disso. Muito mais que estudar, confiar no seu estudo é fundamental. Ter domínio e saber disso gera confiança, e na segunda fase da OAB, confiança é mais que tudo.

Então, neste primeiro ponto, leve em conta três critérios: **gostar da disciplina, ter feito estágio com a disciplina e ter domínio sobre a disciplina.** Foco nos três para escolher e estudar para passar, pois com isso é fácil passar.

2 Estudar de modo direcionado e focado é fundamental

A primeira dica é **conhecer as regras do jogo!** Conheça os critérios de correção antes de começar a estudar. Visite o site de quem prepara os exames (atualmente FGV) e busque os gabaritos dos exames anteriores, os espelhos de correção das peças, para que você conheça as regras antes de treinar para o jogo! Isso é fundamental, tão importante quanto estudar.

A segunda dica é que **não basta estudar peças, realizar peças.** É preciso estudar o direito material e processual. É preciso também responder questões subjetivas dos últimos exames. É essencial fazer simulados, seja por sua conta, seja pela organização do "cursinho" que você frequenta. A prova vale 10 pontos. A peça vale 5 pontos. As questões, mais 5 pontos. A aprovação depende de 6 pontos. Então, dedique-se para tudo, não conte com a sorte ou com uma confiança exagerada! Estude e treine, esse é o caminho.

Terceira dica! Aposte em **utilizar o material mais atualizado possível**, pois é comum que nas peças e questões o gabarito exija conhecimento de súmulas e legislação atualizada. Cuidado com a apostila de cursinhos e o material de colegas que fizeram provas anteriores, pois podem estar desatualizados. Vale investir num material de primeira, inclusive, na compra do Vade Mecum mais atualizado possível. Gaste o Vade Mecum de tanto o usar para estudar!

A quarta dica: **é preciso usar nos treinos o material que será utilizado no dia da prova.** É preciso treinar o mais próximo possível da realidade. Então, foque em adquirir um Vade Mecum Saraiva – OAB e Concursos atualizado e usá-lo nos estudos, para que você possa conhecer como lidar com ele, manuseá-lo com confiança, conhecer o índice e o seu sistema de remissões etc. Também é preciso treinar o tempo e o espaço para a peça e as respostas. Então, quando for organizar um simulado, tenha em mente manter as mesmas condições de tempo de prova do dia do exame.

Realmente, crie condições semelhantes ao dia da prova! Igualmente, essa é a quinta dica! Use o material da prova, imprima os cadernos de prova do exame anterior e utilize-os nos seus treinos (não faça peças em papel almaço, não faça peças em computador!). Ficar sentado por 4 ou 5 horas no simulado vai treinar seu corpo e sua mente, isso vai deixá-lo preparado de corpo e alma para a prova. Com estas dicas você treinará a letra, o uso do espaço, o uso do rascunho, o gerenciamento do tempo de prova etc. Isso é tão ou mais importante do que o conhecimento jurídico aplicado, acredite!

O treino deve ser organizado, planejado e programado. Crie uma rotina de estudos. Treinar peças e a redação vai ser a rotina diária do candidato, aliando isso a estudo de direito material e processual. Isso é muito relevante. Muitos cursinhos oferecem uma planilha de estudos e até oferecem monitores ou professores para auxiliar na montagem desta programação, use isso! A organização é fundamental! Cumprir com as metas é fundamental! Estabeleça um plano de estudos. Deixe momentos de intervalos e um dia de descanso. A segunda fase é a última porta para a aprovação, não perca tempo e nem fique perdido, organize-se! Se você não é muito disso, peça ajuda para alguém, certamente, haverá interessados em ajudar neste momento tão importante da sua vida!

3 Na hora da prova

Primeiro: não chegue atrasado, antecipe-se ao máximo para não ter contratempos e evitar que eles possam desviar sua atenção, cansá-lo psicologicamente etc. Foco na hora! Chegue cedo! O edital pede que se chegue a torno de uma hora e meio antes do início, concentre-se em chegar duas horas antes!

Segundo: bateu o olho numa questão fácil, responda logo! É importante que você faça uma leitura geral da prova, do começo ao fim, antes de iniciar a resolução. Caso encontre alguma questão muito fácil, com segurança, inicie por ela, mate esse assunto e ganhe tempo. Isso também lhe trará confiança, por ter conseguido esse feito! Depois de ter feito a(s) questão(ões) mais fácil(eis) volte para a peça, faça a peça e, depois, ao fim, termine com as questões.

Terceiro: responda todas as questões, não deixe nada em branco. Um simples 0,15 numa questão resolvida pela metade pode ser sua garantia de fazer 6 pontos na prova e atingir a aprovação! Portanto, quebre a cabeça, encontre artigos no código, responda tudo de forma a tentar garantir alguma pontuação, mesmo que mínima.

Quarto: na hora de elaborar a peça, use e reuse o rascunho. Deixe para passar a limpo apenas quando a peça estiver totalmente encaminhada. Fique sempre de olho no relógio, para não ter pressa ou não faltar tempo ao final. Use o mesmo estilo de letra do começo ao fim da peça, mantenha um padrão. Respeite os espaços da folha. Se errar a palavra, siga o edital, e apenas risque a palavra errada de forma suave e continue seu texto. Elabore um texto limpo, organizado, bem distribuído na folha, destaque partes ou palavras com CAIXA ALTA se for preciso ou então com sublinhado. O nome da ação deve ser bem destacado após a qualificação do autor e deve ser seguido do fundamento processual que justifique a escolha. Não se preocupe em transcrever artigos de lei ou súmulas, apenas cite-os e destaque a citação para facilitar a leitura do examinador (isso economiza tempo e atende os requisitos do gabarito).

Quinto: atenção na resposta das questões! É importante manter a resposta organizada, dar destaque aos artigos do código usados na fundamentação, mencionar a que trecho se refere o texto da resposta (parte A do enunciado, parte B do enunciado, por exemplo). Lembre-se que é preciso indicar textualmente a aplicação do artigo de lei naquele caso da pergunta, pois o edital é claro no sentido de que "a mera indicação do artigo não pontua".

Sexto: sobre o material a ser utilizado na prova todo cuidado é pouco! Leia sempre o edital do exame que você está fazendo, pois sempre há algum detalhe novo. No edital há um anexo que dá todos os detalhes sobre "materiais e procedimentos permitidos para a consulta na prova prático-profissional", consulte! No geral os últimos exames permitem o uso de Vade Mecum (lei seca) mesmo com grifos, marca texto, post-its e remissão simples a artigo de lei. O que nunca é possível é adotar qualquer anotação ou estratégia para criar um padrão de estrutura das peças, isso é motivo de perder o material para o fiscal de prova ou até de reprovação.

4 Conheça o gabarito de exames anteriores

Muitos alunos treinam, treinam e não visitam a página da FGV, quem atualmente elabora os exames. Isso é importante! Conhecer o gabarito das peças e o gabarito das questões é fundamental para se ter uma ideia de como o examinador pretende que você elabore sua peça e suas respostas. Veja, por exemplo, a peça prática e a primeira questão da prova aplicada no dia 13 de setembro de 2015 na área do Direito Civil. Depois, visite outras provas e aprenda um pouco mais!

PROVA PRÁTICO-PROFISSIONAL

Aplicada em 13 de setembro de 2015   **ÁREA:** DIREITO CIVIL

"O gabarito preliminar da prova prático-profissional corresponde apenas a uma expectativa de resposta, podendo ser alterado até a divulgação do padrão de respostas definitivo." Qualquer semelhança nominal e/ou situacional presente nos enunciados das questões é mera coincidência.

PADRÃO DE RESPOSTA – PEÇA PROFISSIONAL

Enunciado

Mário e Henrique celebraram contrato de compra e venda, tendo por objeto uma máquina de cortar grama, ficando ajustado o preço de R$ 1.000,00 e definido o foro da comarca da capital do Rio de Janeiro para dirimir quaisquer conflitos. Ficou acordado, ainda, que o cheque n. 007, da Agência n. 507, do Banco X, emitido por Mário para o pagamento da dívida, seria pós-datado para ser depositado em 30 dias. Ocorre, porém, que, nesse ínterim, Mário ficou desempregado. Decorrido o prazo convencionado, Henrique efetuou a apresentação do cheque, que foi devolvido por insuficiência de fundos. Mesmo após reapresentá-lo, o cheque não foi compensado pelo mesmo motivo, acarretando a inclusão do nome de Mário nos cadastros de inadimplentes. Passados dez meses, Mário conseguiu um novo emprego e, diante da inércia de

Henrique, que permanece de posse do cheque, em cobrar a dívida, procurou-o a fim de quitar o débito. Entretanto, Henrique havia se mudado e Mário não conseguiu informações sobre seu paradeiro, o que inviabilizou o contato pela via postal. Mário, querendo saldar a dívida e restabelecer seu crédito perante as instituições financeiras procura um advogado para que sejam adotadas as providências cabíveis. Com base no caso apresentado, elabore a peça processual adequada. (Valor: 5,00) Obs.: o examinando deve fundamentar suas respostas. A mera citação do dispositivo legal não confere pontuação.

Gabarito Comentado

A peça cabível consiste em uma Ação de Consignação em Pagamento, nos termos dos arts. 890 a 900 do CPC [arts. 539 a 549 do CPC] e dos arts. 334 e 345 do Código Civil. A demanda deverá ser proposta perante uma das Varas Cíveis da Comarca do Rio de Janeiro. Deverá Mário figurar no polo ativo e Henrique no polo passivo, atendendo-se aos requisitos previstos no art. 282 do CPC [art. 319 do CPC]. Na abordagem dos fatos e fundamentos, deve o examinando salientar a existência de relação jurídica contratual entre as partes, destacar a existência de dívida pendente e a pretensão de liberar-se da obrigação pelo pagamento, o que não ocorreu em virtude do fato de que o credor reside em local desconhecido, o que autoriza a consignação. Deverá, ainda, requerer o depósito da quantia devida, pedindo-se a antecipação dos efeitos de tutela jurisdicional, com determinação da retirada do nome de Mário dos cadastros de inadimplentes, a citação por edital do réu para levantar a quantia depositada ou oferecer resposta, deduzir pretensão declaratória de extinção da obrigação pelo pagamento, a condenação em custas e os honorários advocatícios e a produção de prova por todos os meios admitidos. Ao final, deve o examinando indicar o endereço do advogado, o valor da causa, o local, a data e a assinatura do advogado, além de comprovar o pagamento das custas.

PADRÃO DE RESPOSTA – QUESTÃO 1

Enunciado

Josué, que não tinha lugar para morar com a família, ocupou determinada área urbana de 500 metros quadrados. Como ignorava a titularidade do imóvel, o qual se encontrava sem demarcação e aparentemente abandonado, nele construiu uma casa de alvenaria, com três quartos, furou um poço, plantou grama, e, como não possuía outro imóvel, fixou residência com a mulher e os cinco filhos, por cerca de dois anos, sem ser molestado. Matusalém, proprietário do imóvel, ao tomar conhecimento da ocupação, ajuizou ação de reintegração de posse em face de Josué. Diante de tal situação, responda, fundamentadamente, às seguintes indagações a seguir. A) Na contestação, Josué poderia requerer a indenização pelas benfeitorias realizadas? (Valor: 0,65) B) Qual seria o prazo necessário para que pudesse arguir a usucapião em seu favor e qual a sua espécie? (Valor: 0,60) Obs.: o examinando deve fundamentar suas respostas. A mera citação do dispositivo legal não confere pontuação.

Gabarito comentado

A) Josué, por ser possuidor de boa-fé, poderá suscitar, em contestação, o direito à indenização por benfeitorias necessárias e úteis, nos termos do art. 1.219 do Código Civil.

B) Josué teria que ter a posse mansa e pacífica do imóvel por 10 (dez) anos para a aquisição da propriedade pela usucapião extraordinária, nos termos do art. 1.238, parágrafo único, do Código Civil.

5 Aprovação

Sempre apresento para meus alunos a seguinte observação que ouvi em certa palestra. A preparação do aluno para exames e concursos depende de vários fatores, até da sorte. Contudo, o principal que nos leva à aprovação é ter o domínio sobre três fatores principais: estudo, treino, confiança. Quem estuda, somente, e não treina para aquele determinado tipo de prova, certamente, terá surpresas desagradáveis. Então, não basta estudar o conteúdo, é preciso treinar aquele estilo de prova, é preciso conhecer a regra do jogo e treinar como manda o figurino! Quem estuda e treina gera naturalmente confiança. Esse elemento psicológico é sem dúvida o mais importante, está no topo da pirâmide e só aparece quando a base e o meio da pirâmide estão bem preenchidos. Portanto, dedique-se ao estudo e ao treino, ganhe confiança, e seja aprovado!

Realmente, você passou da primeira fase. Agora, a segunda, depende mais de você e do seu treino do que de qualquer outro fator. Dê o melhor de si desde a preparação. Não basta estudar feito um louco, é preciso que o estudo seja organizado e planejado. Depois de organizar e planejar lembre-se que é a última etapa e dedique-se como nunca aos estudos! A aprovação é certa!

Agora, pretendemos apresentar a resolução dos Exames da OAB – Prova Prático-Profissional de Direito Civil (questões e peças). Será um guia referencial, será um guia de consulta, será um caminho para sua aprovação! Não deixe, entretanto, de acompanhar outras peças, outras rotinas de estudo em complemento ao conteúdo deste livro.

Antes disso, entretanto, vamos trazer uma abordagem provocativa e inovadora baseada na prática do Visual Law, como comentamos em tópico anterior desta obra. A decisão pela inclusão deste capítulo está relacionada com a vivência real do autor no contencioso administrativo e judicial. Verifica-se que realmente a comunicação técnica jurídica precisa ser revista e transformada, atualizada e aprimorada para os dias atuais. Um caminho cauteloso, mas necessário, conforme se lerá no capítulo seguinte. Logo depois, vamos para os modelos e resolução dos Exames da OAB!

CAPÍTULO V
VISUAL LAW: uma mudança necessária que deve ser adotada com equilíbrio

1 Introdução

A arte de comunicar-se efetivamente sempre foi crucial no campo do Direito. O Direito, sendo uma disciplina construída em cima de linguagem, retórica e interpretação, evoluiu ao longo dos anos, adaptando-se às necessidades e avanços da sociedade. Em meio a uma era de sobrecarga informativa e avanços tecnológicos, surge a técnica de Visual Law (Direito Visual), destinada a facilitar a compreensão e aprimorar a eficácia da comunicação jurídica. Este breve capítulo buscará introduzir o conceito, seu histórico e a importância crescente da visualização no universo jurídico.

Desde tempos antigos, seres humanos utilizam imagens e símbolos para transmitir ideias, narrar histórias e registrar informações. No contexto jurídico, contudo, prevaleceu por muito tempo uma dependência quase exclusiva do texto escrito. Leis, contratos, decisões judiciais e doutrinas foram tradicionalmente transmitidos através de palavras, em uma linguagem muitas vezes rebuscada e complexa. No entanto, o cenário globalizado e digital trouxe consigo uma torrente de informações que, muitas vezes, dificulta a rápida assimilação dos conteúdos.

É nesse panorama que o Visual Law emerge como uma ferramenta valiosa. A técnica, que pode ser definida como a representação visual de informações jurídicas, busca combinar os princípios do *design*, tecnologia e direito para tornar as informações mais acessíveis, compreensíveis e memoráveis. Embora não seja uma invenção recente, seu uso ganhou destaque nas últimas décadas, acompanhando o movimento global de simplificação e humanização da informação.

No Brasil, país com um sistema jurídico complexo e um volume massivo de processos judiciais, a técnica de Visual Law pode ser uma chave para otimizar a compreensão e agilizar as tomadas de decisão. Os operadores do direito, sejam advogados, magistrados ou acadêmicos, encontram no Direito Visual uma forma de trazer clareza a argumentos, leis e decisões, tornando-as mais palatáveis para todos os envolvidos, incluindo as partes, o juízo e a sociedade em geral.

A crescente importância da visualização no Direito não é mero capricho estético. "Uma imagem vale mais do que mil palavras"! Estudos demonstram que o ser humano processa informações visuais 60.000 vezes mais rápido do que textos. Matérias veiculam diversas vantagens na captação visual[1]. Quando informações são apresentadas visualmente, a retenção e compreensão do conteúdo tendem a ser significativamente maiores. Portanto, integrar técnicas visuais no campo jurídico é uma resposta lógica às demandas por eficiência e clareza.

Contudo, vale ressaltar que a transição para uma abordagem mais visual no Direito não implica diminuir a relevância do texto. Pelo contrário, trata-se de uma união sinérgica entre texto e imagem, onde cada um potencializa o outro. O objetivo é oferecer uma narrativa mais rica e diversificada, que atenda às necessidades de uma sociedade cada vez mais visual.

O Visual Law representa uma evolução na forma como o Direito é comunicado e compreendido. Sua aplicação no contencioso processual civil, em particular, tem o potencial de revolucionar a prática jurídica, tornando-a mais eficaz, compreensível e, em última análise, mais justa. Ao longo deste capítulo, exploraremos as diversas facetas dessa técnica e seus impactos no cenário jurídico brasileiro.

2 Definição de Visual Law

O Direito, tradicionalmente ancorado em textos e palavras, enfrenta hoje um desafio contemporâneo: adaptar-se a uma sociedade cada vez mais visual. Aqui, nos aprofundaremos no conceito de Visual Law, na intersecção entre *design*, tecnologia e direito e na capacidade da visualização de potencializar a compreensão e persuasão no cenário jurídico.

---

1 https://www.direitonews.com.br/2020/07/data-visual-law-28-valor-direito.html. Acesso em: 04/11/2023.

Direito Visual refere-se ao uso de elementos visuais para explicar, ilustrar ou complementar informações jurídicas. Ao invés de páginas e mais páginas de textos densos, ele busca sintetizar, através de gráficos, imagens e diagramas, informações que, de outra forma, poderiam ser difíceis de compreender. Não se trata de uma substituição do texto, mas sim de uma complementação, uma ferramenta adicional na caixa de ferramentas do operador do direito.

A interseção entre *design*, tecnologia e direito é o que torna o Visual Law tão fascinante. O *design* entra em cena para tornar as informações esteticamente agradáveis e organizadas, facilitando a leitura e compreensão. Já a tecnologia amplia as possibilidades, permitindo a criação de infográficos interativos, apresentações dinâmicas e até mesmo simulações, que podem ser especialmente úteis em litígios complexos. O direito, como base, fornece o conteúdo a ser transformado, adaptando-se a essa nova linguagem para se tornar mais acessível.

Dentre os diversos benefícios do Direito Visual, destaca-se a capacidade de tornar argumentos e conceitos jurídicos mais palpáveis. O cérebro humano tem uma propensão natural para processar imagens mais rapidamente e retê-las por mais tempo do que textos. Assim, ao visualizar um gráfico ou diagrama que explique, por exemplo, o fluxo de um processo judicial ou a cadeia de eventos em um caso específico, torna-se mais fácil para magistrados, advogados e partes envolvidas entenderem e lembrarem dos detalhes essenciais.

Além disso, o Direito Visual pode ser uma ferramenta poderosa de persuasão. Em situações de contencioso, por exemplo, apresentar argumentos de forma visual pode reforçar a posição de uma parte, tornando seus pontos mais claros e convincentes. Especialmente em casos que envolvam grandes volumes de dados ou sequências complexas de eventos, uma representação visual bem elaborada pode ser determinante para o desfecho do processo.

Por outro lado, o Visual Law não deve ser visto como uma solução mágica. Sua eficácia depende da qualidade do *design*, da relevância da informação apresentada e, principalmente, da integridade com que é utilizado. Há o risco, se mal-empregado, de que a visualização distorça ou simplifique excessivamente informações, levando a conclusões errôneas. Por isso, é fundamental que a aplicação do Direito Visual seja feita com responsabilidade e expertise.

Essa abordagem representa uma evolução na maneira de comunicar o Direito, refletindo a natureza cada vez mais visual da nossa sociedade. Ao combinar *design*, tecnologia e direito, essa técnica oferece uma nova perspectiva sobre como tornar a informação jurídica mais acessível, compreensível e persuasiva. E, à medida que o mundo jurídico se adapta a essa nova realidade, as possibilidades são infinitas.

3 Breve Histórico e Desenvolvimento do Visual Law

A visualização da informação tem raízes ancestrais na história humana. Desde as pinturas rupestres até os mapas antigos, a humanidade sempre buscou maneiras visuais de representar e comunicar informações. No contexto jurídico, a fusão de princípios de *design* com conteúdo legal é uma evolução mais recente, mas igualmente poderosa.

Globalmente, a tendência de combinar *design* e direito começou a ganhar tração nas últimas décadas do século XX. Com o advento da era digital e o aumento exponencial na produção e consumo de dados, tornou-se evidente a necessidade de apresentar informações de maneira mais condensada e visual.

A necessidade de tornar o direito mais acessível ao público em geral, e não apenas aos profissionais da área, impulsionou o surgimento de iniciativas voltadas para o *design* de serviços jurídicos. Esses projetos buscavam simplificar e desmistificar processos legais, tornando-os mais compreensíveis para o cidadão comum. Foi nesse contexto que o termo Visual Law começou a ser amplamente adotado.

Percebo, inclusive, na prática, que, no Brasil, a introdução do Visual Law tem sido mais gradativa, mas não menos significativa. Em um sistema jurídico marcado pela complexidade e pelo volume massivo de processos, a clareza e a eficiência são primordiais. Nas últimas duas décadas (me formei em 2000) observou-se uma gradativa incorporação de técnicas visuais em diversas esferas do direito brasileiro. Desde a utilização de infográficos em peças processuais, até a reformulação visual de contratos para torná-los mais amigáveis e compreensíveis, o

Direito Visual tem encontrado espaço e relevância em território nacional. Isso tem tomado maior volume na atual década.

Além disso, instituições de ensino têm promovido cursos, *workshops* e seminários focados em Visual Law, formando profissionais mais preparados para atender às demandas de uma sociedade em constante transformação digital. Há empresas especializadas no assunto.

Todavia, é válido mencionar que, apesar de seus benefícios inegáveis, o Direito Visual também encontrou resistências. Alguns profissionais mais tradicionalistas veem com ceticismo a introdução de elementos visuais em um domínio historicamente textual. Há temores, em alguns círculos, de que a simplificação excessiva possa comprometer a precisão e a profundidade do conteúdo jurídico.

No entanto, quando empregado com discernimento e habilidade, o Visual Law tem o potencial de enriquecer, e não diminuir, a comunicação jurídica. O desafio está em encontrar o equilíbrio certo, utilizando as ferramentas visuais como complemento, e não substituto, do texto.

O Visual Law representa uma confluência de tradição e inovação. Sua trajetória reflete a busca contínua por métodos mais eficazes e humanizados de comunicar o direito, atendendo às demandas de uma sociedade em constante evolução.

4 A Importância do Visual Law no Contencioso Processual

O contencioso processual é uma das áreas do direito em que a clareza e precisão na comunicação são vitais. Aqui, cada argumento apresentado e cada detalhe evidenciado podem fazer a diferença entre uma sentença favorável ou desfavorável. Nesse contexto, o Visual Law emerge como uma ferramenta valiosa, capaz de realçar argumentos, simplificar compreensões e potencializar a eficácia da advocacia. Juízes nem sempre possuem tempo e ou qualidade de tempo para a boa leitura e percepção do que está "escrito". Precisamos reconhecer isso como uma questão estrutural e, para alguns, inevitável. Portanto, como comunicar ao juízo adequadamente? Precisamos responder a essa pergunta. Se queremos mudar o resultado é preciso que tenhamos atitudes diferentes!

Para começar, é fundamental entender que o contencioso processual envolve uma variedade de atores – juízes, advogados, partes envolvidas e, por vezes, até a opinião pública. Cada um desses atores necessita compreender claramente os fatos, as alegações e as provas apresentadas. Em muitos casos, especialmente aqueles de natureza técnica ou que envolvam uma sequência complexa de eventos, a narrativa pode ser difícil de acompanhar apenas com base em textos densos e extensos.

É nesse cenário que o Visual Law brilha. Ao transformar informações jurídicas em representações visuais, é possível tornar o conteúdo mais digestível e imediatamente compreensível. Um gráfico comparativo pode destacar discrepâncias em argumentos opostos. Uma linha do tempo visual pode esclarecer a sequência de eventos em um caso de responsabilidade civil. Um diagrama pode elucidar as relações entre diversas partes em um litígio empresarial.

Além da clareza, o Direito Visual no contencioso também tem o potencial de ser altamente persuasivo. Uma imagem, muitas vezes, pode transmitir uma mensagem mais poderosa e duradoura do que mil palavras. Ao apresentar argumentos de forma visual, os advogados podem apelar não apenas para a razão dos magistrados, mas também para sua intuição e emoção. Uma representação gráfica bem elaborada pode, de maneira sutil, guiar o receptor a uma conclusão específica, amplificando a força do argumento legal subjacente.

No Brasil, onde o sistema judiciário enfrenta um volume massivo de processos, a eficiência na comunicação é ainda mais crítica. O tempo que um juiz pode dedicar a cada caso é limitado. Nesse contexto, apresentações visuais claras e concisas podem fazer toda a diferença, permitindo que os magistrados compreendam rapidamente a essência de uma alegação e avaliem seus méritos de forma mais eficaz.

No contencioso processual, onde as apostas são altas e a precisão é primordial, o Visual Law oferece uma nova dimensão na prática da advocacia. Ele permite que advogados comuniquem de forma mais clara, persuasiva e eficiente, garantindo que os méritos de cada caso sejam plenamente apreciados e entendidos. E, à medida que essa técnica continua a ganhar tração, é provável que seu impacto no cenário jurídico brasileiro só cresça.

5 Benefícios do Visual Law para os Resultados dos Processos Judiciais

O Direito, em sua essência, é uma ferramenta de comunicação. O sucesso ou fracasso de um caso frequentemente depende da capacidade das partes em comunicar seus argumentos, evidências e posições de maneira clara e persuasiva. O Visual Law potencializa essa comunicação, e traz uma série de benefícios concretos para os resultados dos processos judiciais. Vamos explorar esses benefícios mais profundamente.

1. **Aumento da Compreensibilidade:** Independentemente da complexidade do caso, as informações precisam ser compreendidas por todos os envolvidos. Ao apresentar dados ou sequências de eventos de forma visual, as partes e o juiz podem captar rapidamente a essência da disputa. Diagramas, infográficos e outros recursos gráficos convertem conteúdo complexo em informações facilmente digeríveis.

2. **Persuasão Acentuada:** Como mencionado anteriormente, uma imagem pode ser mais impactante do que mil palavras. Visualizações bem elaboradas podem ressoar de forma emocional, tornando argumentos mais convincentes. Ao apelar tanto para o intelecto quanto para a emoção, o Visual Law pode inclinar a balança em favor da parte que o emprega eficazmente.

3. **Economia de Tempo:** Em um sistema judiciário sobrecarregado, como o brasileiro, a economia de tempo é inestimável. Representações visuais permitem que juízes e outros profissionais jurídicos compreendam rapidamente os pontos-chave, acelerando a tomada de decisões e a resolução de litígios.

4. **Memória Reforçada:** Estudos demonstram que o cérebro humano retém informações visuais mais eficazmente do que textuais. Ao utilizar o Visual Law, as partes podem garantir que seus argumentos e evidências sejam mais facilmente lembrados ao longo do processo.

Contudo, vale ressaltar que o sucesso do Visual Law depende de sua aplicação correta. Não se trata apenas de adicionar imagens aleatórias a um documento. A escolha de quando e como usar representações visuais deve ser estratégica, baseada em uma análise cuidadosa do caso e do público-alvo.

O Visual Law representa uma revolução na maneira como o direito é praticado e entendido. Seus benefícios para os resultados dos processos judiciais são palpáveis, e sua adoção pode ser a chave para uma advocacia mais eficaz e justa no século XXI.

6 Exemplos Práticos de Uso do Visual Law: Imagens, Figuras e Desenhos em Cenários Complexos

O Visual Law não é apenas uma teoria ou tendência emergente; é uma prática que está sendo ativamente incorporada ao cotidiano jurídico. Em cenários complexos, especialmente no contencioso processual, a visualização de informações torna-se uma ferramenta indispensável. Vamos explorar alguns exemplos práticos de como imagens, figuras e desenhos podem ser empregados para ilustrar e esclarecer tópicos intrincados.

1. **Infográficos:** Imagine um processo envolvendo danos ambientais causados por uma empresa. Em vez de apresentar páginas e mais páginas de dados sobre poluição, impacto na flora e fauna, e consequências para a comunidade local, um infográfico pode consolidar todas essas informações. Um gráfico colorido que mostre níveis de poluição ao longo do tempo, áreas afetadas e a correlação com as atividades da empresa pode tornar o argumento incontestável.

2. **Linha do Tempo:** Em casos de litígio que envolvem uma série de eventos ao longo de um período prolongado, como disputas contratuais ou contendas familiares, uma linha do tempo visual é inestimável. Ao mostrar quando cada evento ocorreu, como se relacionam e quais foram suas consequências, a linha do tempo oferece uma visão clara e sequencial que pode ser difícil de contestar.

3. **Fluxogramas:** Em casos que envolvem processos ou sistemas, como disputas corporativas ou casos de *compliance*, um fluxograma pode ser usado para detalhar como um processo deveria funcionar *versus* como realmente funcionou. Por exemplo, em um caso de fraude corporativa, um fluxograma pode mostrar como os controles internos foram burlados, facilitando a compreensão do juiz e das partes envolvidas.

4. **Diagramas de Relacionamento:** Em litígios que envolvem várias partes, como disputas de propriedade intelectual ou contendas societárias, um diagrama pode esclarecer como cada

entidade ou indivíduo está relacionado. Isso pode ser particularmente útil para mostrar conflitos de interesse, relações de poder ou fluxos financeiros.

5. **Ilustrações de Conceitos Técnicos:** Em casos que envolvem questões técnicas, como patentes ou disputas relacionadas à construção civil, ilustrações detalhadas podem ser usadas para explicar como uma invenção funciona ou como um erro de engenharia ocorreu. Essas ilustrações tornam o conteúdo técnico acessível para leigos, permitindo que tomem decisões informadas.

6. **Mapas:** Em litígios territoriais ou em casos que envolvem questões geográficas, como desapropriações ou disputas de limites, um mapa visual pode esclarecer a extensão da área em questão, os pontos de controvérsia e os impactos potenciais para as partes envolvidas.

Entendo que o Visual Law fornece uma gama de ferramentas que podem transformar a forma como os casos são apresentados e compreendidos. Ao empregar essas ferramentas de forma estratégica e ética, os profissionais do direito podem melhorar significativamente suas chances de sucesso.

7 Desafios e Cuidados na Aplicação do Visual Law

Apesar dos muitos benefícios do Visual Law, como qualquer ferramenta, seu uso vem com responsabilidades e desafios. A transição de uma abordagem tradicionalmente textual para uma que integra o visual requer uma série de considerações e cuidados. Vamos examinar esses pontos para que a aplicação do Visual Law seja feita de maneira ética e eficaz.

1. **Sobrecarga Visual:** Enquanto a visualização pode simplificar informações complexas, é possível exagerar. O excesso de gráficos, animações ou cores pode confundir mais do que esclarecer. A chave é equilíbrio e pertinência.

2. **A Necessidade de Especialização:** A criação de materiais visuais jurídicos eficazes pode requerer habilidades que vão além da formação tradicional de um advogado. Você pode (deve) passar a estudar isso, uma verdadeira nova habilidade para o profissional do Direito! Em outros cenários, isso pode envolver a colaboração com *designers* gráficos, especialistas em animação ou profissionais de tecnologia da informação.

3. **Evolução Tecnológica:** O campo do Visual Law está em constante evolução, com novas ferramentas e tecnologias emergindo regularmente. Isso significa que os advogados precisam se manter atualizados, não apenas em relação ao direito, mas também em relação às melhores práticas e ferramentas de visualização.

Concluir que o Visual Law, enquanto poderoso, não é uma panaceia. Requer discernimento, prudência e uma abordagem centrada na ética. No entanto, quando aplicado corretamente, ele tem o potencial de transformar a prática jurídica, tornando-a mais acessível, compreensível e, em última análise, mais justa. É uma ferramenta que, usada com cuidado, pode verdadeiramente melhorar a comunicação e compreensão no domínio jurídico.

A tecnologia, no entanto, impacta a carreira jurídica de uma forma muito mais significativa do que se imagina, sobretudo, na atualidade, com o advento da Inteligência Artificial regenerativa. Precisamos estar atentos. Precisamos entender, aprender, compreender e desenvolver a capacidade e a habilidade de usar a tecnologia, inclusive, a inteligência artificial regenerativa. Isso é, não apenas faz parte da atualidade. Este texto foi produzido pelo autor desta obra com a ferramenta CHATGPT4.0 da OPEN.A.I. (https://chat.openai.com/). O *prompt* inicial de comando, posteriormente readequado até a produção final do texto, foi este: *"Atue como um doutrinador no Brasil, Professor Universitário e escritor de livros de processo civil e prática processual. Sua primeira missão é elaborar um roteiro para o capítulo de um livro de prática processual civil. Este capítulo será escrito depois a partir do roteiro que você criará. O capítulo deverá versar sobre a técnica de visual law, sua aplicação na advocacia focada no contencioso processual e os benefícios que isso pode trazer para os resultados dos processos judiciais. Está clara sua missão?".*

Registro que estou estudando o impacto da inteligência artificial na advocacia e no ensino jurídico, na próxima edição, vamos ampliar a aplicação do Visual Law na atividade contenciosa da advocacia e quem sabe trazer algumas boas práticas sobre o uso da Inteligência Artificial por aqui! Como advogado que atua efetivamente há mais de 20 anos no mercado trarei experiências reais destes dois roteiros para enriquecer nossa jornada profissional!

CAPÍTULO VI
IA GENERATIVA: uma ferramenta que propicia aumento de produtividade e de abrangência na advocacia

Introdução

A Inteligência Artificial (IA) tem se consolidado como uma ferramenta indispensável em diversos setores, e o campo jurídico não é exceção. Especificamente, a IA Generativa oferece recursos poderosos que podem revolucionar a forma como advogados elaboram petições no contencioso civil. Este capítulo tem como objetivo explorar detalhadamente como aproveitar essas tecnologias para ganhar tempo, ampliar a abrangência do trabalho jurídico e aumentar a eficiência profissional.

1 IA Generativa no Contexto Jurídico

1.1 O que é IA Generativa?

A IA Generativa refere-se a sistemas de inteligência artificial capazes de criar conteúdo original, como textos, imagens ou sons, a partir de grandes volumes de dados. Diferentemente dos sistemas tradicionais, que apenas processam informações preexistentes, a IA Generativa pode produzir novas informações com base em padrões aprendidos. Isso é possível graças a algoritmos avançados de aprendizado de máquina, especialmente as redes neurais profundas.

No contexto jurídico, isso significa utilizar modelos de linguagem avançados, como o ChatGPT, para auxiliar na criação de documentos legais. Essas ferramentas podem sugerir redações, estruturar argumentos, identificar precedentes relevantes e até mesmo adaptar o tom e o estilo de escrita conforme necessário. Além disso, podem ajudar na tradução de termos jurídicos complexos para uma linguagem mais acessível, facilitando a comunicação com clientes.

1.2 Evolução da IA no Direito

A aplicação da IA no direito não é totalmente nova. Inicialmente, a tecnologia foi utilizada para tarefas como pesquisa jurídica, gerenciamento de documentos e automação de formulários. Com o avanço da IA Generativa, agora é possível ir além, participando ativamente da elaboração de peças processuais, análises preditivas e até mesmo da resolução alternativa de disputas.

Essa evolução permite que advogados otimizem seu tempo, concentrando-se em aspectos mais estratégicos do caso, enquanto a IA auxilia nas tarefas mais repetitivas ou que demandam um grande volume de informação. Além disso, a IA pode ajudar na identificação de riscos legais e na recomendação de estratégias baseadas em dados históricos.

1.3 Benefícios da IA Generativa

- **Ganho de Tempo**: ao automatizar tarefas rotineiras, a IA libera o advogado para focar em atividades que exigem maior expertise humana, como a definição de estratégias jurídicas e a análise crítica de argumentos. Isso pode resultar em uma redução significativa no tempo de elaboração de documentos.
- **Abrangência**: com acesso a uma vasta base de dados, a IA pode trazer à tona jurisprudências, doutrinas e legislações que poderiam passar despercebidas em uma pesquisa manual. Isso enriquece o conteúdo das petições e aumenta as chances de sucesso.
- **Consistência e Qualidade**: a IA ajuda a manter um padrão elevado de qualidade nos documentos, reduzindo erros e garantindo que todos os pontos relevantes sejam abordados. Isso é particularmente útil em escritórios com grandes volumes de casos.
- **Personalização**: as ferramentas de IA podem ser ajustadas para refletir o estilo de escrita do advogado ou do escritório,

mantendo a identidade profissional. Isso permite uma comunicação mais eficaz e alinhada com a marca do escritório.
- **Acesso Democrático à Informação**: a IA pode nivelar o campo de atuação para escritórios menores ou advogados individuais, proporcionando acesso a recursos que antes eram exclusivos de grandes firmas.

2 Técnicas de Utilização da IA na Elaboração de Petições

Para aproveitar ao máximo os benefícios da IA Generativa, é fundamental entender como interagir efetivamente com essas ferramentas. A seguir, são apresentadas técnicas práticas para otimizar seu uso.

2.1 Definição Clara do Objetivo

Antes de iniciar a interação com a IA, é crucial ter uma compreensão clara do que se pretende alcançar. Isso envolve:
- **Identificar o Tipo de Petição**: saber se é uma petição inicial, contestação, recurso, entre outros, direciona a estrutura e o conteúdo que a IA irá gerar. Cada tipo de documento possui características e requisitos específicos.
- **Especificar o Assunto Principal**: detalhar a área do direito envolvida (por exemplo, direito do consumidor, responsabilidade civil, direito de família) e as questões específicas do caso. Isso ajuda a IA a contextualizar as informações.
- **Destacar os Pontos-Chave**: listar os fatos relevantes, os argumentos jurídicos que devem ser abordados e quaisquer precedentes ou legislações específicas que precisam ser considerados. Isso garante que nenhum aspecto crucial seja negligenciado.
- **Determinar o Público-Alvo**: considerar quem irá ler a petição (juiz, partes envolvidas) pode influenciar o tom e a linguagem a serem utilizados.

Essa preparação garante que a IA receba informações suficientes para produzir um conteúdo relevante e alinhado com as necessidades do caso.

2.2 Elaboração de "Prompts" Eficazes

Os *prompts* são as instruções ou perguntas que você fornece à IA. A qualidade do resultado gerado pela IA está diretamente relacionada à clareza e precisão do *prompt*. Algumas dicas para elaborá-los incluem:

- **Ser Específico e Detalhado**: quanto mais informações relevantes você fornecer, melhor será o resultado. Inclua detalhes como datas, nomes de partes envolvidas (mantendo a confidencialidade quando necessário) e circunstâncias específicas.
- **Usar Linguagem Clara e Objetiva**: evite termos ambíguos ou jargões que possam ser interpretados de forma incorreta pela IA. Se necessário, explique termos técnicos ou contextos específicos.
- **Dividir o Trabalho em Etapas**: para documentos mais complexos, considere solicitar que a IA gere cada seção separadamente, como introdução, fatos, fundamentação jurídica e pedidos. Isso facilita o controle sobre o conteúdo.
- **Orientar o Tom e o Estilo**: se desejar um tom mais formal, técnico ou persuasivo, informe isso no *prompt*. A IA pode ajustar a linguagem de acordo com a necessidade.
- **Incluir Exemplos**: se possível, forneça exemplos de textos que se aproximem do que você espera. Isso ajuda a IA a entender melhor suas expectativas.

Exemplo de "Prompt":

"Elabore a fundamentação jurídica de uma petição inicial em um caso de responsabilidade civil por dano moral, onde o autor, um professor universitário, sofreu difamação em redes sociais por parte de um ex-aluno. A difamação afetou sua reputação profissional e causou danos psicológicos. Inclua jurisprudência recente do STJ sobre difamação em ambiente virtual. O tom deve ser formal e persuasivo".

2.3 Revisão e Adaptação do Conteúdo Gerado

Após a IA gerar o conteúdo, é essencial realizar uma revisão minuciosa:

- **Verificação Jurídica**: confirme se os argumentos estão corretos juridicamente, se as citações legais são precisas e se a

jurisprudência está atualizada e aplicável ao caso. Lembre-se de que a IA não substitui o conhecimento jurídico do profissional.
- **Personalização do Texto**: ajuste o texto para refletir o estilo do seu escritório ou as preferências do cliente. Adapte expressões e linguagem para garantir que estejam adequadas ao contexto cultural e regional.
- **Coerência e Coesão**: certifique-se de que o texto flui de maneira lógica, com transições adequadas entre os parágrafos e seções. Verifique se todos os argumentos estão conectados e se sustentam a tese principal.
- **Correção de Erros**: verifique ortografia, gramática e pontuação. Embora a IA seja avançada, podem ocorrer erros que precisam ser corrigidos.
- **Inserção de Informações Adicionais**: se necessário, inclua dados ou argumentos que a IA possa ter omitido, mas que sejam relevantes para o caso.

Lembre-se de que a IA é uma ferramenta auxiliar e não substitui o trabalho crítico do advogado. A responsabilidade final pelo documento é sempre do profissional.

2.4 Considerações Éticas e de Confidencialidade

O uso da IA no campo jurídico levanta questões importantes sobre ética e confidencialidade:
- **Proteção de Dados Sensíveis**: evite inserir informações confidenciais ou identificáveis nos *prompts*. Sempre anonimize dados pessoais e circunstâncias específicas que possam comprometer a privacidade das partes envolvidas. Isso é essencial para cumprir a Lei Geral de Proteção de Dados (LGPD).
- **Conformidade com Normas Profissionais**: verifique se o uso da IA está em conformidade com o Código de Ética da OAB e outras regulamentações pertinentes. Esteja atento a possíveis conflitos de interesse e responsabilidades profissionais.
- **Transparência com o Cliente**: considere informar ao cliente sobre o uso de ferramentas de IA, especialmente se isso impactar

a forma como os honorários são calculados ou o serviço é prestado. A transparência fortalece a relação de confiança.

- **Responsabilidade pelas Informações**: mesmo com o auxílio da IA, o advogado deve assegurar-se da veracidade e precisão das informações apresentadas. Qualquer erro ou omissão pode ter consequências legais e éticas.

3 Dicas Práticas para Maximizar os Benefícios

Para aproveitar plenamente as vantagens da IA Generativa, é importante adotar práticas que potencializem seu uso.

3.1 Familiarize-se com a Ferramenta

- **Exploração das Funcionalidades**: dedique tempo para conhecer todos os recursos oferecidos pela ferramenta de IA. Alguns modelos permitem ajustar o nível de formalidade, o comprimento das respostas e outros parâmetros. Conhecer essas opções pode melhorar significativamente a qualidade do conteúdo gerado.
- **Experimentação**: utilize a ferramenta para diferentes tipos de documentos e propósitos. Isso ajudará a entender como a IA responde a diferentes tipos de *prompts* e situações.
- **Customização**: alguns sistemas permitem treinar o modelo com exemplos específicos do seu campo de atuação, melhorando a relevância das respostas. Isso pode incluir a inserção de documentos anteriores ou modelos-padrão do seu escritório.
- **Suporte e Atualizações**: mantenha-se em contato com o suporte da ferramenta para esclarecer dúvidas e obter informações sobre atualizações que possam melhorar o desempenho.

3.2 Atualização Contínua e Aprendizado

- **Acompanhe as Evoluções Tecnológicas**: a IA está em constante evolução. Mantenha-se informado sobre as últimas atualizações e novidades no campo, como novos modelos ou funcionalidades que podem beneficiar o seu trabalho.

- **Participação em Comunidades**: engaje-se em fóruns e grupos de discussão com outros profissionais que utilizam IA no direito. Compartilhar experiências pode trazer *insights* valiosos e soluções para desafios comuns.
- **Investimento em Formação**: considere participar de cursos, *workshops* e treinamentos especializados que ensinam técnicas avançadas de utilização da IA. Isso pode incluir desde a elaboração de *prompts* mais eficazes até a compreensão de aspectos técnicos da tecnologia.
- **Leitura de Publicações Especializadas**: acompanhe revistas, *blogs* e outros meios que discutem a aplicação da IA no direito. Isso amplia o conhecimento e ajuda a antecipar tendências.

3.3 Integração com Fluxos de Trabalho Existentes

- **Ferramentas Complementares**: combine a IA com outros *softwares* jurídicos, como sistemas de gestão de casos, bancos de dados de jurisprudência e plataformas de colaboração. Isso cria um ecossistema integrado que aumenta a eficiência.
- **Colaboração em Equipe**: incentive colegas de escritório a utilizarem a IA e compartilhem boas práticas. A colaboração pode levar a uma adoção mais eficaz da tecnologia em toda a organização e melhorar a qualidade geral do trabalho.
- **Avaliação de Desempenho**: periodicamente, avalie o impacto da IA nos seus processos. Isso pode incluir métricas como redução de tempo na elaboração de documentos, aumento na satisfação dos clientes ou melhoria na qualidade das petições.
- **Adaptação de Processos**: esteja disposto a ajustar processos internos para acomodar as novas ferramentas. Isso pode envolver a revisão de procedimentos, treinamento de pessoal e atualização de políticas internas.

3.4 Gestão do Tempo e Produtividade

- **Planejamento**: use a IA para agilizar tarefas preparatórias, como esboçar estruturas de documentos, criar listas de verificação ou identificar questões legais relevantes. Isso ajuda na organização e eficiência.

- **Automatização de Tarefas Repetitivas**: identifique atividades que são rotineiras e veja como a IA pode automatizá-las. Isso libera tempo para focar em aspectos mais estratégicos e de maior valor agregado.
- **Organização de Informações**: utilize a IA para resumir documentos extensos, organizar informações complexas ou até mesmo para monitorar atualizações legislativas. Isso facilita a compreensão e a tomada de decisões.
- **Melhoria na Comunicação**: a IA pode auxiliar na elaboração de e-mails, relatórios e outros documentos de comunicação, garantindo clareza e profissionalismo.

Conclusão

A IA Generativa está redefinindo a forma como os profissionais do direito abordam a elaboração de petições no contencioso civil. Ao dominar as técnicas de utilização dessas ferramentas, os advogados podem não apenas ganhar tempo, mas também aumentar a qualidade e a efetividade de seus documentos.

É importante lembrar que, apesar dos avanços tecnológicos, o papel do advogado como estrategista e intérprete da lei permanece insubstituível. A IA deve ser vista como uma aliada que potencializa as habilidades humanas, e não como um substituto. A combinação da expertise jurídica com as capacidades da IA resulta em um serviço mais robusto e eficiente.

Para aqueles interessados em aprofundar seus conhecimentos e utilizar a IA de forma ainda mais eficaz, é altamente recomendável buscar cursos e treinamentos especializados. Essas oportunidades de aprendizado podem fornecer *insights* sobre práticas avançadas, ajudar a evitar armadilhas comuns e garantir que você esteja na vanguarda desta emocionante interseção entre tecnologia e direito.

Em suma, a adoção da IA Generativa no campo jurídico representa não apenas uma tendência, mas uma evolução natural da profissão. Os advogados que abraçarem essa tecnologia estarão mais bem posicionados para atender às demandas crescentes do mercado, oferecendo serviços mais rápidos, abrangentes e de alta qualidade a seus clientes.

Próximos Passos:

- **Busca por Formação Especializada**: investigue cursos e *workshops* que abordam o uso da IA no direito. Instituições renomadas e plataformas *on-line* oferecem programas que podem ser ajustados à sua agenda.
- **Implementação Gradual**: comece a integrar a IA em projetos menores para se familiarizar com a ferramenta antes de aplicá-la em casos mais complexos.
- **"Feedback" Contínuo**: solicite *feedback* de colegas e clientes sobre as melhorias percebidas após a adoção da IA. Use essas informações para ajustar sua abordagem.
- **Exploração de Novas Aplicações**: além da elaboração de petições, considere outras áreas onde a IA pode ser útil, como análise de contratos, *due diligence* e até mesmo em atividades de *compliance*.

Ao adotar essas estratégias, você estará não apenas aprimorando sua prática profissional, mas também contribuindo para a modernização e eficiência do sistema jurídico como um todo.

Observação final: este texto é criação original do autor, contudo este se valeu de recursos da IA Generativa (ChatGPT na sua função o1-preview) para conduzir a elaboração do presente capítulo.

CAPÍTULO VII
Resolução de Exames da OAB (peças e questões)

A resolução de Exames da OAB é sem dúvida uma das principais ferramentas de estudo para o advogado que inicia sua carreira ou ao aluno que pretende prestar o Exame e enfrentar a 2ª fase do mesmo! Por isso, nesta obra, em capítulo específico, dedicamos ao leitor um conjunto de Exames Unificados da Ordem, elaborados pela FGV (Fundação Getúlio Vargas).

Além das peças dos Exames Unificados da Ordem abaixo indicados (Exames VII a XX) você percebeu que diversas outras petições fazem parte do acervo do presente livro, inclusive, petições baseadas nas provas da Ordem quando ainda realizadas por cada Estado, no caso, de São Paulo, bem como as petições concernentes aos últimos Exames Unificados (XIV a XVI).

Veja que os Exames abaixo estão organizados com **a peça prática profissional** seguida do gabarito oficial publicado pela própria OAB ("gabarito comentado"), a pontuação que o gabarito considerou para a correção da peça elaborada pelo candidato ("distribuição dos pontos") e na sequência, você encontrará um modelo de petição elaborada pelo autor segundo o gabarito e segundo o CPC.

Além disso, para cada um dos Exames, depois das peças, estão incluídas **as questões discursivas** do mesmo Exame, acompanhadas das respectivas respostas que também foram elaboradas com base no gabarito oficial publicado pela OAB.

Para os **estudantes** que estão estudando a disciplina de prática processual civil, ou então, estão estudando para o Exame da OAB, é importante somente consultar o gabarito depois de elaborar a peça ou responder as questões. O treino é a chave do sucesso na segunda fase!

Para os **advogados** a consulta aos modelos das petições ajudará e muito na sistematização das novas regras baseadas no CPC! Algumas regras mudaram e com isso a estruturas das petições, também! A atualização é primordial para aprimorar sua atuação profissional!

CPC/2015! Muita atenção! Os Exames abaixo foram aplicados sob a égide do CPC de 1973. O gabarito oficial da OAB também foi elaborado com base em tal ordenamento vigente. Contudo, este livro foi escrito com foco no CPC em vigor. Portanto, fique atento para as possíveis adaptações, correções e informações que possam ser úteis para compreender as mudanças e como elas impactaram nas peças e nas respostas a seguir. Perceba que logo após o gabarito oficial publicado pela OAB/FGV existe um quadro de distribuição de pontos no qual você poderá perceber exatamente como foi avaliado cada item da petição e qual a pontuação mínima e máxima de cada item da petição. No mesmo sentido, não se esqueça, referidos gabaritos e quadros de pontuação são oficiais e foram montados com base no CPC/73 (portanto, ao estudar, verifique o artigo correspondente no CPC/2015).

1 X EXAME DE ORDEM UNIFICADO

PEÇA PROFISSIONAL

■ **ENUNCIADO:** José Afonso, engenheiro, solteiro, adquiriu de Lúcia Maria, enfermeira, solteira, residente na Avenida dos Bandeirantes, 555, São Paulo/SP, pelo valor de R$ 100.000,00 (cem mil reais), uma casa para sua moradia, situada na cidade de Mucurici/ES, Rua Central, n. 123, bairro Funcionários. O instrumento particular de compromisso de compra e venda, sem cláusula de arrependimento, foi assinado pelas partes em 2 de maio de 2011. O valor ajustado foi quitado por meio de depósito bancário em uma única parcela. Dez meses após a aquisição do imóvel onde passou a residir, ao fazer o levantamento de certidões necessárias à lavratura de escritura pública de compra e venda e respectivo registro, José Afonso toma ciência da existência de penhora sobre o imóvel, determinada pelo Juízo da 4ª Vara Cível de Itaperuna/RJ, nos autos da execução de título extrajudicial n. 6.002/2011, ajuizada por Carlos Batista, contador, solteiro, residente à Rua Rio Branco, 600, Itaperuna/RJ, em face de Lúcia Maria, visando receber valor representado por cheque emitido e vencido quatro meses após a venda do imóvel. A determinação de penhora do imóvel ocorreu em razão de expresso requerimento formulado na inicial da execução por Carlos Batista, tendo o credor desprezado a existência de outros imóveis livres e desimpedidos de titularidade de Lúcia Maria, cidadã de posses na cidade onde reside. Elabore a peça processual prevista pela legislação processual, apta a afastar a constrição judicial invasiva sobre o imóvel adquirido por José Afonso.

■ **GABARITO COMENTADO: (Atenção: o conteúdo está baseado no CPC de 1973)**

Trata-se da hipótese em que o examinando deverá se valer de ação de Embargos de Terceiro. O foro competente é o da 4ª Vara Cível de Itaperuna/RJ, devendo o feito ser distribuído por dependência aos autos da Execução n. 6.002/2011, na forma do art. 1.049, do CPC. José Afonso figurará como autor dos embargos de terceiro, tendo Carlos Batista como requerido, devendo as partes estar devidamente qualificadas. A legitimidade de Carlos Batista decorre da aplicação do princípio da causalidade, eis que a penhora do imóvel foi formulada após requerimento do credor que desprezou a existência de outros bens livres e desimpedidos em nome de Lúcia Maria. O examinando deverá indicar como fundamento legal o art. 1.046, do Código de Processo Civil, e/ou art. 1.210, do CC, bem como a Súmula 84 do STJ. O examinando deve formular estruturadamente a petição escrita, observando os requisitos do art. 282 do CPC, fazendo descrição dos fatos e dos fundamentos jurídicos com riqueza na argumentação, coerência e raciocínio jurídico, caracterizando:

– Aquisição do imóvel mediante compromisso de compra e venda;

– Anterioridade da aquisição do imóvel em relação a dívida;

– A existência da posse do imóvel;

– A turbação decorrente da penhora efetivada;

– Existência de outros imóveis livres e desimpedidos.

O examinando deverá requer, no mérito, o pedido de desconstituição da penhora OU manutenção da posse do imóvel. O examinando deve requerer:

– Citação/Intimação do embargado para responder aos embargos de terceiro (art. 1.050, § 3º, do CPC);

– Condenação de honorários sucumbenciais e custas;

– Protesto pela produção de provas.

Por fim, deve indicar o valor da causa e inserir indicativos de data e local e assinatura do causídico.

Distribuição dos pontos

Quesito avaliado	Valores
O foro competente é da 4ª Vara Cível de Itaperuna/RJ.	0,00/0,20
Distribuição por dependência ao juízo da execução.	0,00/0,30
Identificação da ação (Embargos de terceiro).	0,00/0,40
Indicação correta dos polos ativo (José Afonso) (0,10) e passivo (Carlos Batista) (0,30) com qualificação do polo ativo (0,10) e do polo passivo. (0,10)	0,00/0,10/0,20/0,300,40/ 0,50/0,60
Estrutura da peça (fatos, fundamentos e pedido – 0,20 para cada um).	0,00/0,20/0,40/0,60
Descrição dos fatos e dos fundamentos jurídicos com riqueza na argumentação, coerência e raciocínio jurídico, caracterizando: Aquisição do imóvel mediante compromisso de compra e venda; (0,20) Anterioridade da aquisição do imóvel em relação a dívida; (0,20) A existência da posse do imóvel; (0,20) A turbação decorrente da penhora efetivada; (0,20) Existência de outros imóveis livres e desimpedidos. (0,20)	0,00/0,20/0,40/0,60/ 0,80/1,00
Dispositivos correlatos ao tema: – Art. 1.046, do CPC, e/ou art. 1.210, do CC; (0,30) – Súmula 84 do STJ. (0,20)	0,00/0,20/0,30/0,50
Formular corretamente o pedido de desconstituição da penhora ou manutenção da posse do imóvel. (0,60)	0,00/0,60

Quesito avaliado	Valores
Requerimentos: – Citação/Intimação do embargado para responder aos embargos de terceiro (art. 1.050, § 3º, do CPC). (0,20) – Condenação de honorários sucumbenciais (0,10) e custas. (0,10) – Protesto pela produção de provas. (0,10)	0,00/0,10/0,20/0,30/0,40/0,50
Indicação do valor da causa: R$ 100.000,00 (valor do imóvel penhorado). (0,20)	0,00/0,20
Indicar a inserção de data e assinatura.	0,00/0,10

MODELO

EXCELENTÍSSIMO SENHOR DOUTOR JUIZ DE DIREITO DA 4ª VARA CÍVEL DA COMARCA DE ITAPERUNA – RJ.

Autos n. XXXX.XX-X.XXXX.XXXX.XX (ação de execução)

Distribuição por dependência (art. 676 do CPC)

JOSÉ AFONSO, estado civil, profissão, portador do RG n. e do CPF n., endereço eletrônico, domicílio e residência na Rua n., Cidade, Estado, por intermédio de seu bastante procurador signatário, conforme instrumento de procuração anexo, portador da carteira profissional n., vem, perante Vossa Excelência, com todo o acatamento e respeito, com fundamento nos arts. 674 e seguintes do Código de Processo Civil, propor os presentes

Embargos de Terceiro

Diante de **CARLOS BATISTA**, estado civil, profissão, portador do RG n. e do CPF n., endereço eletrônico, com domicílio e residência na Rua n., Cidade, Estado, pelos motivos de fato e de direito a seguir deduzidos.

Fatos

O autor adquiriu de Lúcia Maria um imóvel do tipo casa, onde estabeleceria a partir daquele momento a moradia sua e de sua família. A compra ocorreu pelo preço de R$ 100.000,00 (cem mil reais), por instrumento particular de compromisso de compra e venda, sem cláusula de arrependimento, tendo sido assinado pelas partes em 2 de maio de 2011, sendo certo que o preço foi quitado numa única parcela mediante depósito bancário, tudo conforme comprovam os documentos anexos.

Depois da aquisição do imóvel e de ter passado a residir no mesmo o autor iniciou o levantamento de documentos e informações para regularizar a escritura pública e o registro imobiliário quando percebeu que recaia sobre o imóvel uma penhora determinada por este juízo (4ª Vara Cível) nos autos da Execução 6.002/2011 promovida por Carlos Batista em face de Maria Lúcia, visando receber valor representado por cheque emitido e vencido quatro meses após a venda do imóvel.

Compulsando os autos da execução é possível verificar que a penhora recaiu sobre o imóvel em razão de expresso requerimento formulado na inicial pelo réu, tendo, entretanto, o credor daqueles autos desprezado a existência de outros bens imóveis livres e desimpedidos de titularidade de Lúcia Maria, como se depreende dos documentos comprobatórios anexos.

Diante da constrição judicial invasiva e contrária aos direitos do autor, tornou-se necessária a propositura da presente demanda, conforme fundamentos que seguem.

Fundamento Jurídico

Diante dos fatos narrados, verifica-se que a aquisição do imóvel ocorreu mediante compromisso de compra e venda devidamente assinado e quitado em data muito anterior à emissão do cheque objeto da ação de execução. O direito de aquisição da propriedade está comprovado pelos documentos anexos, inclusive, as datas da assinatura e do pagamento também.

O autor é possuidor do imóvel e referido direito é protegido pelo art. 1.210 do CC. Inclusive, tal direito está sendo prejudicado pela penhora realizada nos autos da ação de execução. Sendo possuidor, tem direito de ser mantido na sua posse, sem qualquer turbação. Tal direito lhe permite solicitar o levantamento da penhora e a liberação total do bem constrito, como delimita o direito processual.

Realmente, o art. 674 do CPC revela que aquele que não faz parte do processo e que venha a sofrer constrição ou ameaça de constrição sobre bens que possui ou sobre os quais tenha direito incompatível com o ato constritivo, pode requerer seu desfazimento ou sua inibição. Inclusive, tal direito é assegurado ao promitente comprador ainda que desprovido de registro o seu direito, nos termos da Súmula 84 do STJ.

Por fim, está comprovada a posse de anos exercida sobre o bem, a qualidade de terceiro em relação ao débito exequendo, o que poderá ser comprovado não somente pelos documentos anexos como, se o caso, por testemunhas, conforme o art. 677 do CPC. Então, a desconstituição e o levantamento da penhora é direito do autor, como abaixo se requer.

Pedidos

Diante do exposto, requer a Vossa Excelência:

a) a distribuição por dependência aos autos do processo de execução n. 6.002/2011, anotando-se o que for necessário;

b) a desconstituição e o levantamento da penhora, com a manutenção da posse do imóvel descrito nos documentos anexos em favor do autor, expedindo-se os respectivos ofícios para que seja devidamente averbado junto à matrícula do imóvel;

c) que a presente ação seja julgada totalmente procedente, nos termos requeridos, condenando-se ainda o Réu ao pagamento das custas, despesas e honorários advocatícios de sucumbência.

Requer-se a designação da audiência de conciliação nos termos do art. 319, inciso VII, do Código de Processo Civil.

Protesta provar o alegado por todos os meios de prova em direito admitidos, principalmente juntada de novos documentos e prova oral, cujo rol será oportunamente apresentado.

Dá-se à presente causa o valor de R$ 100.000,00 (cem mil reais).

Nestes termos,
Pede deferimento.
Local, data.
Advogado.
OAB n.

X EXAME DA OAB – QUESTÕES

■ **QUESTÃO 1:** Joaquim estava irresignado porque não encontrava mais seu vinho favorito à venda. Conversando com Manuel, dono de um estabelecimento comercial perto de sua residência, o mesmo lhe informou que aquele vinho não era mais entregue pelo fornecedor, mas que vendia outro muito bom, melhor que o apreciado por Joaquim. O vinho não possuía qualquer informação no rótulo além de seu nome, mas, Joaquim resolveu comprá-lo diante dos elogios feitos por Manuel. Chegando à sua residência, ao tentar abrir a bebida, o vidro se estilhaça e atinge o olho de Joaquim, causando-lhe uma lesão irreparável na córnea. Joaquim tenta, então, conversar com Manuel sobre o ocorrido, mas o mesmo afirma que não possui qualquer responsabilidade. Ajuíza, então, ação em face de Manuel, pleiteando reparação por danos materiais. Oferecida a defesa, Manuel alega que não possui qualquer responsabilidade e que não seria parte legítima, por ser apenas o vendedor do produto. A respeito desta hipótese, responda, fundamentadamente:

A) Merecem prosperar as alegações de Manuel? (Valor: 0,75)

B) Se Joaquim falecesse no curso do processo, como os herdeiros poderiam pleitear inclusão na relação processual? (Valor: 0,50)

A simples menção ou transcrição do dispositivo legal não pontua.

▪ RESPOSTAS

A) Pela análise do problema é possível observar que ocorreu o que o CDC define como "fato do produto" e não "vício do produto", pois no caso o produto apresenta um risco não esperado que aumenta a ocorrência do dano. As alegações de Manoel não devem prosperar. Isso porque não há informação sobre o produtor da bebida, então, Manuel, como comerciante será o responsável civilmente pelo ocorrido tudo conforme o art. 12, § 1º, II, c/c o art. 13, I ou II, ambos do CDC.

B) Caso Joaquim viesse a falecer durante o processo os herdeiros poderiam pleitear a inclusão na relação processual. Deverão requerer processualmente a sua habilitação no processo de reparação de danos que tenha sido movido em face de Manuel, comprovando a qualidade de herdeiros com a juntada da certidão de óbito, nos termos do art. 1.060 do CPC/73 que corresponde ao 689 do CPC/2015.

▪ **QUESTÃO 2:** Luzia sempre desconfiou que seu neto Ricardo, fruto do casamento do seu filho Antônio com e Josefa, não era filho biológico de Antônio, ante as características físicas por ele exibidas. Vindo Antonio a falecer, Luzia pretende ajuizar uma ação negatória de paternidade. A respeito do fato apresentado, responda aos seguintes itens.

A) Tem Luzia legitimidade para propor a referida ação? (Valor: 0,50)

B) Caso Antonio tivesse proposto a ação negatória e falecido no curso do processo, poderia Luzia prosseguir com a demanda? Qual o instituto processual aplicável ao caso? (Valor: 0,75)

A simples menção ou transcrição do dispositivo legal não pontua.

■ **RESPOSTAS**

A) Diante dos fatos narrados no enunciado podemos afirmar que Luzia não tem legitimidade para propor a ação negatória de paternidade, pois se trata de ação personalíssima, nos termos do que acentua o art. 1.601, *caput*, do Código Civil. Trata-se de ato que, se o caso, deveria ter sido praticado por Antonio e não se transmitiria a outrem.

B) Luzia poderia prosseguir com a ação negatória de paternidade ajuizada por seu filho, caso este viesse a falecer no curso da demanda por sucessão processual§. Ou seja, caso ele tivesse ingressado com a ação teria iniciado o procedimento e seria apenas substituído processualmente por Luzia. Isso com fundamento nos arts. 1.601, parágrafo único, do CC, e/ou arts. 6º, 43, 1.055, 1.056 e 1.060 do CPC/73 que correspondem aos arts. 18, 110, 687 e 689 do CPC/2015.

■ **QUESTÃO 3:** COMUNICADO: Questão anulada.

■ **QUESTÃO 4:** COMUNICADO: Questão anulada.

2 XI EXAME DE ORDEM UNIFICADO

PEÇA PROFISSIONAL

■ **ENUNCIADO:** Jorge, professor de ensino fundamental, depois de longos 20 anos de magistério, poupou quantia suficiente para comprar um pequeno imóvel à vista. Para tanto, procurou Max com objetivo de adquirir o apartamento que ele colocara à venda na cidade de Teresópolis/RJ. Depois de visitar o imóvel, tendo ficado satisfeito com o que lhe foi apresentado, soube que este se encontrava ocupado por

Miranda, que reside no imóvel na qualidade de locatária há dois anos. O contrato de locação celebrado com Miranda não possuía cláusula de manutenção da locação em caso de venda e foi oportunizado à locatária o exercício do direito de preferência, mediante notificação extrajudicial, certificada a entrega a Miranda. Jorge firmou contrato de compra e venda por meio de documento devidamente registrado no Registro de Imóveis, tendo adquirido sua propriedade e notificou a locadora a respeito da sua saída. Contudo, ao tentar ingressar no imóvel, para sua surpresa, Miranda ali permanecia instalada. Questionada, respondeu que não havia recebido qualquer notificação de Max, que seu contrato foi concretizado com Max e que, em virtude disso, somente devia satisfação a ele, dizendo, por fim, que dali só sairia a seu pedido. Indignado, Jorge conta o ocorrido a Max, que diz lamentar a situação, acrescentando que Miranda sempre foi uma locatária de trato difícil. Disse, por fim, que como Jorge é o atual proprietário cabe a ele lidar com o problema, não tendo mais qualquer responsabilidade sobre essa relação. Com isso, Jorge procura o advogado, que o orienta a denunciar o contrato de locação, o que é feito ainda na mesma semana. Diante da situação apresentada, na qualidade de advogado constituído por Jorge, proponha a medida judicial adequada para a proteção dos interesses de seu cliente para que adquira a posse do apartamento comprado, abordando todos os aspectos de direito material e processual pertinentes. (1 conforme errata, leia-se "locatária"). A simples menção ou transcrição do dispositivo legal não pontua.

■ **GABARITO COMENTADO:** A peça cabível consiste em uma AÇÃO DE DESPEJO COM PEDIDO DE ANTECIPAÇÃO DE TUTELA. Deverá ser proposta no foro da situação do imóvel (art. 58, II, da Lei n. 8.245/91). Jorge deve figurar no polo ativo e Miranda deve figurar no polo passivo, ambos qualificados, atendendo ao disposto no art. 282, do CPC. Ao explicitar os fatos, deve o examinando destacar a existência de relação jurídica material entre as partes decorrente da sub-rogação de Jorge nos direitos de propriedade, bem como no preceito legal disposto no art. 8º da Lei n. 8.245/91, que autoriza a alienação de imóvel durante o prazo da locação, concedendo o prazo de 90 dias para a desocupação do imóvel pelo locatário, após a denunciação do contrato. Deverá formular pedido de antecipação de tutela alegando presentes a verossimilhança e o *periculum in mora*, na forma do art. 273, do CPC, já que não se trata das hipóteses do art. 59, § 1º, da Lei n. 8.245/91. O pedido de antecipação de tutela (art. 273 do CPC) é norma geral, aplicável a qualquer processo de conhecimento, e como tal não pode ser afastada da ação de despejo, que se submete ao rito ordinário. Ao final, deverá formular pedido de concessão da antecipação de tutela, liminarmente, para o despejo da locatária, seguido do pedido de confirmação dos seus efeitos com a imissão definitiva do autor na posse do imóvel, além de custas e honorários de advogado[1].

MODELO DA PEÇA

EXCELENTÍSSIMO SENHOR DOUTOR JUIZ DE DIREITO DE UMA DAS VARAS CÍVEIS DA COMARCA DE TERESÓPOLIS – ESTADO DO RJ.

JORGE, estado civil, professor, portador do RG n. e do CPF n., endereço eletrônico, domicílio e residência na Rua X., Cidade, Estado, por intermédio de seu bastante procurador signatário, conforme instrumento de procuração anexo, portador da carteira profissional n., vem, perante Vossa Excelência, com todo o acatamento e respeito, com fundamento nos arts. 59 e seguintes da Lei n. 8.245/91 combinado com o art. 319 e seguintes do Código de Processo Civil, propor a presente

Ação de Despejo com Pedido de Tutela de Urgência

Diante de **MIRANDA**, brasileira, estado civil, profissão, endereço eletrônico, portadora do RG n. e do CPF n., residente e domiciliada na Rua X., Cidade, Estado, pelos motivos de fato e de direito a seguir deduzidos.

Fatos

A ré é inquilina do imóvel que o autor adquiriu do anterior proprietário, Max, conforme comprovam os documentos anexos (contrato de

---

[1] Por fim, devemos considerar que no procedimento em apreço é possível aplicar o quanto previsto nos arts. 294 e seguintes do CPC, inclusive, conforme justifica o Enunciado 28 do Fórum Permanente de Processualistas Civis ao apontar que "Tutela antecipada é uma técnica de julgamento que serve para adiantar efeitos de qualquer tipo de provimento, de natureza cautelar ou satisfativa, de conhecimento ou executiva".

locação e escritura pública de compra e venda). Quando adquiriu o imóvel o autor sabia da existência do contrato de locação, contudo, verificou que inexistia restrição no direito de alienação.

Ato contínuo, após adquirir o imóvel, notificou a ré para que o desocupasse, pois ele pretendia se mudar para o mesmo. Para sua surpresa a ré informou que o seu contrato não era com o autor e sim com Max e que, por conta disso, não desocuparia o imóvel ou então só desocuparia se fosse notificada por ele.

O autor procurou Max que simplesmente apontou que não era mais seu o problema e que o autor deveria buscar realizar seu direito na Justiça, na qualidade de atual proprietário do bem. Na sequência, o autor notificou a ré, denunciando o contrato de locação existente e destacando que havia sucedido os direitos de Max no referido contrato de locação e que agora é o atual proprietário. Infelizmente, não houve desocupação voluntária, mesmo ultrapassados os 90 dias fixados na legislação.

Fundamento Jurídico

Diante dos fatos acima narrados torna-se incontroverso que a ré mantém-se irregularmente na posse e uso do imóvel, mesmo transcorrido o prazo da notificação que denunciou o contrato. O autor sub-rogou-se nos direitos contratuais da locação a partir do momento que adquiriu a propriedade de Max, inclusive, além disso, o direito de denunciar o contrato e obter a posse do imóvel está previsto claramente no art. 8º da Lei de Locações.

Da Tutela de Urgência

A ordem de despejo é de rigor. Além disso, deve ser concedida como tutela antecipada, na forma liminar, tendo em vista que está tudo alicerçado em documentos que comprovam de maneira nítida seu direito. Realmente, há fumaça do bom direito, bem como existe perigo na demora, pois se aguardar o desfecho do processo terá amargurado prejuízos financeiros, bem como verá prejudicado o livre exercício do seu direito de propriedade e posse.

Apesar de não estar presente nenhum dos requisitos do art. 59, § 1º, da Lei de Locações, é certo que estão presentes os requisitos dos arts. 300 e 303 do CPC que, aqui, se aplicam de forma complementar e subsidiária, pois se trata de norma geral a ser observada nos procedimentos judiciais como um todo, inclusive, porque a ação de despejo segue o rito comum do CPC e, com isso, está sujeita ao pedido de tutela provisória.

Assim, outra solução não há senão determinar de forma antecipada a imissão na posse do imóvel, com a decretação do despejo imediato da ré, diante da presença dos requisitos legais, conforme abaixo se requer, por ser medida de Justiça.

Pedidos

Diante do exposto, requer a Vossa Excelência:

a) a concessão da tutela antecipada, na forma liminar, sem oitiva da ré, conforme o art. 300, § 1º, do CPC, para que seja o autor imitido na posse do imóvel por meio da decretação do despejo da ré, emitindo-se o competente mandado;

b) que a presente ação seja julgada totalmente procedente para que seja concedida a imissão na posse e o despejo requerido, confirmando-se a tutela concedida com efeitos definitivos.

Protesta provar o alegado por todos os meios de prova em direito admitidos, principalmente juntada de novos documentos e prova oral.

Dá-se à presente causa o valor de R$ (valor por extenso).

Nestes termos,
Pede deferimento.
Local, data.
Advogado.
OAB n.

XI EXAME DE ORDEM UNIFICADO – QUESTÕES

■ **QUESTÃO 1:** Suzana namorou Paulo durante 2 anos, vindo a engravidar dele. Não tendo condições de suportar as despesas durante a gravidez, Suzana vai ao seu escritório de advocacia para lhe solicitar as providências cabíveis. Diante do caso apresentado, responda apontando o fundamento legal:

A) Qual a ação a ser proposta e qual o prazo para resposta? (Valor: 0,75)

B) Quem ostenta a legitimidade ativa para esta demanda? (Valor: 0,50)

A simples menção ou transcrição do dispositivo legal não pontua.

■ **RESPOSTAS**

A) Considerando que Suzana está grávida e que possivelmente não tem condições de arcar com as responsabilidades financeiras da gravidez, bem como, considerando que o namorado é responsável pela concepção, a ação a ser proposta seria a de "alimentos gravídicos" e o prazo para resposta do réu seria de 5 (cinco) dias, nos termos do art. 7º da Lei n. 11.804/2008 que trata do tema.

B) A legitimidade ativa para a propositura de tal ação é da mulher grávida, no caso, de Suzana, nos termos dos arts. 1º e 6º da mesma lei citada, 11.804/2008.

■ **QUESTÃO 2:** Humberto celebrou contrato de corretagem com Renata, inserindo cláusula de exclusividade pelo prazo de 6 (seis) meses, a fim de que esta mediasse a venda de seu imóvel. Passados três meses, Renata, embora diligente, não conseguiu o resultado pretendido. Por sua vez, Humberto, caminhando pela praia, encontrou um velho amigo, Álvaro, que se interessou pelo imóvel, vindo a efetivar a compra do bem. Renata, ao saber do negócio jurídico celebrado, ajuizou ação indenizatória em face de Humberto, cobrando-lhe o percentual ajustado sobre o valor da venda do imóvel a título de corretagem. Nessa situação, indaga-se:

A) Tem Humberto o dever jurídico de indenizar Renata por inadimplemento de obrigação contratual? Fundamente. (Valor: 0,65)

B) Na hipótese de Renata ter aproximado as partes e o negócio não ter se realizado por arrependimento de Humberto, seria devida a corretagem? (Valor: 0,60)

A simples menção ou transcrição do dispositivo legal não pontua.

■ **RESPOSTAS**

A) Humberto tem o dever de indenizar Renata por inadimplemento da obrigação contratual, ou seja, deve pagar o percentual ajustado a título de corretagem (remuneração do corretor). Isso porque, em existindo cláusula de exclusividade, ainda que concluído o negócio diretamente entre as partes sem a intermediação da corretora, o corretor terá direito à remuneração integral prevista no contrato, salvo se comprovada sua inércia ou ociosidade, tudo conforme dispõe o art. 726 do CC.

B) No mesmo sentido, também faria jus Renata à sua remuneração caso tivesse aproximado de forma efetiva as partes e Humberto viesse a se arrepender. A remuneração, neste caso, será devida conforme o art. 725 do CC, pois o objetivo do contrato de corretagem é a aproximação útil das partes.

■ **QUESTÃO 3:** Dr. João, médico clínico geral, atende em seu consultório há vinte anos, sem ter constituído qualquer empresa, atuando, portanto, como profissional liberal. Levando-se em conta a responsabilização civil dos profissionais liberais, responda, de forma justificada, aos itens a seguir.

A) A relação de Dr. João com seus pacientes ostenta a natureza jurídica de relação de consumo? (Valor: 0,65)

B) Neste caso, a responsabilidade civil do Dr. João deve ser subjetiva ou objetiva? (Valor: 0,25)

C) Em eventual demanda envolvendo Dr. João e um paciente seu, poderia ser aplicada a inversão do ônus da prova fundada na teoria da carga dinâmica da prova? (Valor: 0,35)

■ **RESPOSTAS**

A) A relação é de consumo, pois o médico no caso em análise presta serviços de forma final aos seus pacientes e então se enquadra no conceito do art. 3º do CDC, sendo certo que seus pacientes revelam a natureza jurídica de consumidores nos termos do art. 2º do mesmo código.

B) Apesar de se tratar de relação de consumo a responsabilidade civil no caso é subjetiva, como uma exceção à regra geral do CDC que é objetiva. Isso é o que se encontra destacado no § 4º do art. 14 do CDC, impondo ao possível vitimado a obrigação de comprovar a culpa do profissional liberal, se o caso.

C) Seria possível aplicar a inversão do ônus da prova desde que presentes os requisitos indicados no art. 6º, VIII, do CDC, pois se trata de direito básico do consumidor e não é afastado pela natureza subjetiva da responsabilidade civil.

■ **QUESTÃO 4:** Álvaro e Lia se casaram no dia 10 de maio de 2011, sob o regime de comunhão parcial de bens. Após dois anos de união e sem filhos em comum, resolveram se divorciar. Na constância do casamento, o casal adquiriu um apartamento avaliado em

R$ 500.000,00 (quinhentos mil reais) onde residem. Considerando o caso narrado e as normas de direito, responda aos itens a seguir.

A) Quais os requisitos legais para que Álvaro e Lia possam se divorciar administrativamente? Fundamente. (Valor: 0,60)

B) Considerando que Álvaro tenha adquirido um tapete persa TabrizMahi de lã e seda sobre algodão, avaliado em R$ 45.000,00 (quarenta e cinco mil reais), mas não reste demonstrada a data em que Álvaro efetuou a referida compra, será presumido como adquirido na constância do casamento? Fundamente. (Valor: 0,65)

A simples menção ou transcrição do dispositivo legal não pontua.

- **RESPOSTAS**

A) O divórcio na esfera administrativa depende do preenchimento dos requisitos expostos no art. 1.124 A, *caput*, e seu § 2º, do CPC/73 que corresponde com o art. 733 do CPC. Em tese, são os seguintes: consenso sobre todas as questões envolvidas, inexistência de filhos menores ou incapazes, disposição na escritura pública sobre partilha de bens, pensão e utilização do nome, lavratura de tal escritura por tabelião de notas, assistência de advogado ou defensor público.

B) Considerando que Álvaro e Lia se casaram sob o regime de comunhão parcial de bens e não houve comprovação da data da aquisição do tapete (que se adquire pela simples tradição), haverá presunção de que o bem foi adquirido na constância do casamento (art. 1.662 do CC).

3 XII EXAME DE ORDEM UNIFICADO

PEÇA PROFISSIONAL

- **ENUNCIADO:** Maria de Fátima, viúva, com idade de 92 (noventa e dois anos), reside no bairro "X", da cidade "Z", com sua filha Clarice, a qual lhe presta toda a assistência material necessária. Maria de Fátima, em virtude da idade avançada, possui diversas limitações mentais, necessitando do auxílio de sua filha para lhe dar banho, alimentá-la e ministrar-lhe os vários remédios que controlam sua depressão, mal de Alzheimer e outras patologias psíquicas, conforme relatórios médicos emitidos por Hospital Público Municipal. Ao ponto de não ter mais condições de exercer pessoalmente os atos da vida civil, a pensão que recebe do INSS é fundamental para cobrir as despesas com medicamentos, ficando as demais despesas suportadas por sua filha Clarice. Recentemente, chegou à sua residência, correspondência do INSS comunicando que Maria de Fátima deveria comparecer ao posto da autarquia mais próximo para recadastramento e retirada de novo cartão de benefício previdenciário, sob pena de ser suspenso o pagamento. Diante disso, Clarice, desejando regularizar a administração dos bens de sua mãe e atender à exigência do INSS, a fim de evitar a supressão da pensão, o procura em seu escritório solicitando providências. Diante dos fatos narrados, elabore a peça processual cabível. (Valor: 5,0)

■ **GABARITO COMENTADO:** Deverá Clarice ajuizar ação de interdição com pedido de antecipação de tutela, em face de Maria de Fátima, perante o juízo comum estadual, nos termos dos arts. 1.767 a 1.783, do Código Civil e arts. 1.177 a 1.198, do Código de Processo Civil. Para tanto, deverá descrever as graves limitações psíquicas de sua genitora em razão da idade avançada que a impedem de gerir-se e administrar seus bens. Requererá a antecipação de tutela com o deferimento de curatela provisória, a citação da interditanda para comparecer à audiência especial, a produção de provas, sobretudo a pericial, a intimação do Ministério Público e, ao final, pedirá a procedência do pedido para decretar a interdição de Maria de Fátima.

Distribuição dos pontos

Item	Pontuação
Foro e juízo competente – justiça comum estadual.	0,00 – 0,20
Pedido de prioridade com fundamento no Estatuto do Idoso e / ou art. 1.211, *a*, do CPC.	0,00 – 0,10
Indicação correta do polo ativo (Clarice) (0,10) e sua qualificação (0,10) e passivo (Maria de Fátima) (0,10) e sua qualificação. (0,10)	0,00 – 0,10 – 0,20 – 0,30 – 0,40

Item	Pontuação
Fundamentação para a concessão da tutela de urgência (art. 273, CPC), explicitando os motivos respectivos.	0,00 – 0,40
Fatos e fundamentos jurídicos com riqueza de argumentação, coerência e raciocínio jurídico; descrição dos fatos que revelam a limitação psíquica para exercer os atos da vida civil; a incapacidade da interditanda para reger-se e administrar os seus bens; demonstração da legitimidade da autora para requerer a interdição; impossibilidade da ré em atender pessoalmente as exigências do INSS.	0,00 – 0,40 – 0,80 – 1,20 – 1,60
Fundamento Legal – CC, art. 3º ou art. 4º. – CC, do art. 1.767 ao art. 1.783. – CPC, do art. 1.177 ao art. 1.198.	0,00 – 0,20 – 0,40 – 0,60
Pedidos – concessão de antecipação de tutela, nomeando-se a autora curadora provisória; – nomeação de Clarice como curadora em caráter definitivo; – citação da ré; – intimação do Ministério Público; – decretação da interdição.	0,00 – 0,20 – 0,40 – 0,60 – 0,80 – 1,00
Pedido de concessão do benefício da Justiça gratuita ou indicação do recolhimento de custas.	0,00 – 0,20
Pedido específico produção de provas pericial. (0,30) Obs.: se o examinado fizer o pedido genérico de produção de provas. (0,10)	0,00 – 0,10 – 0,30
Valor da causa.	0,00 – 0,20

MODELO DA PEÇA

EXCELENTÍSSIMO SENHOR DOUTOR JUIZ DE DIREITO DE UMA DAS VARAS CÍVEIS DA COMARCA DE Z – ESTADO DE ZZ.

CLARICE, estado civil, profissão, portadora do RG n. e do CPF n., endereço eletrônico, domicílio e residência na Rua X., Cidade, Estado, por intermédio de seu bastante procurador signatário, conforme instrumento de procuração anexo, portador da carteira profissional n., vem, perante Vossa Excelência, com todo o acatamento e respeito, com fundamento nos arts. 747 e seguintes do Código de Processo Civil, propor a presente

Ação de interdição com pedido de tutela de urgência

Diante de **MARIA DE FÁTIMA**, brasileira, viúva, do lar, portadora do RG n. e do CPF n., residente e domiciliada na Rua X., Cidade, Estado, pelos motivos de fato e de direito a seguir deduzidos.

Fatos

A autora é filha da ré. Esta é viúva, possui 92 (noventa e dois) anos de idade e reside com a autora que, na verdade, é quem cuida da mesma para todos os fins, prestando-lhe toda a assistência necessária. A ré, em virtude da idade e conforme comprovam os documentos médicos anexos, possui diversas limitações mentais e físicas, necessitando do auxílio pessoal e direto da autora para lhe dar banho, alimentar e ministrar medicamentos que visam controlar suas patologias atestadas por relatórios médicos emitidos pelo Hospital Público deste município.

E, diante das circunstâncias acima, a ré não possui nenhuma condição de exercer os atos da vida civil, inclusive, não tendo condições de receber a pensão que percebe do INSS que é essencial e vital para garantir e cobrir as despesas com medicamentos, ficando as demais despesas suportadas pela autora em quase todos os meses, conforme comprovam os diversos documentos anexos.

Ocorre que recentemente chegou à residência da ré correspondência do INSS comunicando que a ré deveria comparecer ao posto da autarquia mais próximo para recadastramento e retirada de novo cartão de benefício previdenciário (documento anexo), sob pena de ser suspenso o seu pagamento, tornando-se imprescindível a regularização da situação da forma mais urgente possível, conforme abaixo se apontará.

Fundamento Jurídico

Diante dos fatos acima narrados torna-se incontroverso que a ré não possui condições mínimas de gerir e administrar seus próprios interesses, em virtude das doenças e da idade avançada, tornando-se necessária a formalização judicial da interdição e nomeação de curatela. Verifica-se que estão preenchidos os requisitos do art. 747, inciso I e parágrafo único, do Código de Processo Civil, pois a autora é filha da ré conforme documentação que acompanha a inicial (certidão de nascimento).

No mesmo sentido, está evidente e comprovado por documentos que a situação exige a interdição da ré, nos moldes do que apontam os arts. 749 e 750 do CPC, inclusive, estando perfeitamente justificada acima a urgência necessária à nomeação de curatela provisória nos moldes do parágrafo único do referido art. 749, pelo menos, para providenciar o que for necessário diante da autarquia que efetua os pagamentos do benefício previdenciário da ré que é essencial à sua sobrevivência e cuja suspensão de pagamento é eminente.

Da Tutela de Urgência

A interdição é de rigor. A documentação apresentada comprova a situação fática narrada. A urgência está também comprovada por documentos que acompanham a inicial. Existe probabilidade do direito e perigo da demora, pois realmente, além da prova documental contundente (fumaça do bom direito) caso não seja concedida a tutela antecipada na forma liminar, sem oitiva da parte contrária, o risco é de prejuízo à própria saúde e vida da ré que ficará sem pagamento e, com isso, sem o necessário para manter-se e cuidar-se.

Assim, outra solução não há senão determinar de forma antecipada a nomeação da curatela provisória, nos moldes do art. 749, parágrafo único, do CPC, conforme abaixo se requer, por ser medida de Justiça.

Pedidos

Diante do exposto, requer a Vossa Excelência:

a) a concessão da tutela antecipada, na forma liminar, sem oitiva da ré, conforme o art. 300, § 2º, do CPC, para que seja a autora nomeada curadora provisória da ré, pelo menos, para a prática do ato relacionado com os fatos da demanda;

b) que a presente ação seja julgada totalmente procedente para que seja decretada a interdição da ré, confirmando-se a tutela concedida, nomeando-se definitivamente a autora como curadora da ré, inclusive, com respeito ao que dispõe o art. 755 e incisos do CPC;

Requer-se a intimação do Ministério Público, para que, se quiser, acompanhe o feito nos termos da lei.

Requer-se a concessão do benefício da gratuidade de justiça, diante da declaração anexa, nos termos da legislação especial aplicável.

Protesta provar o alegado por todos os meios de prova em direito admitidos, principalmente juntada de novos documentos e prova pericial.

Dá-se à presente causa o valor de R$ 2.000,00 (dois mil reais) para fins de alçada.

Nestes termos,
Pede deferimento.
Local, data.
Advogado.
OAB n.

XII EXAME DE ORDEM UNIFICADO – QUESTÕES

■ **QUESTÃO 1:** Martha foi convidada para participar, como palestrante, de um Congresso que ocorreria no Uruguai. Após confirmar a sua participação no evento, Martha decide comprar suas passagens pela Internet no site de uma famosa companhia aérea. Como não possuía voo direto que a levasse de Goiás para o Uruguai, Martha adquire um voo com escala em São Paulo. No dia da viagem, ao chegar a São Paulo, lugar onde teria que fazer a troca de aeronave, a passageira é informada a respeito do cancelamento de seu voo para o Uruguai. Preocupada, Martha indaga se seria possível realocá-la em outra aeronave, mas recebe a notícia de que somente decolariam novos voos para o Uruguai no dia seguinte, ou seja, após o evento do qual participaria. Inconformada com a perda do Congresso, Martha propõe uma ação no juizado especial cível de seu domicílio, postulando a reparação por danos morais e materiais em face da sociedade empresária. Em sede de contestação, a referida sociedade empresária alega não possuir culpa, não havendo, portanto, responsabilidade. Com base no exposto, responda, fundamentadamente, aos itens a seguir.

A) O argumento utilizado pela sociedade empresária em sede de contestação está correto? (Valor: 0,65)

B) Suponha que Martha, ciente da data da audiência de instrução e julgamento, não compareça e não comprove que a sua ausência decorreu por motivo de força maior. Nesse caso, qual atitude deve ser tomada pelo juiz? (Valor: 0,60)

■ RESPOSTAS

A) O argumento utilizado em contestação não está correto e não impedirá o julgamento de procedência dos pedidos. Isso porque se trata de responsabilidade civil objetiva, portanto, a responsabilidade surge independente de culpa, pois a questão é tratada como relação de consumo, portanto, guiada pelo CDC. Realmente, é o que dispõe o art. 14 do CDC, pois o fornecedor de serviços responde independente de culpa, pela reparação dos danos causados aos consumidores por defeitos relativos à prestação dos serviços. E, ainda, podemos destacar a falha decorrente da violação do dever de informação (art. 6º, III, do CDC). Sem prejuízo disso, é bom destacar que no CC o art. 734 também trata as empresas de transporte como responsável objetivamente pelos danos causados, o que reforça a tese de procedência dos pedidos.

B) Consoante regra especialíssima da legislação que rege o procedimento perante o Juizado Especial Cível, diante da ausência da autora, deverá ocorrer a extinção do processo sem resolução do mérito, consoante estabelece o art. 51, inciso I, da referida Lei 9.099/95. Inclusive, considerando que a ausência da autora não foi justificada, deverá ser condenada ao pagamento de custas conforme o § 2º do art. 51 do mesmo diploma legal.

■ **QUESTÃO 2:** José, proprietário de imóvel situado na Av. Itália, n. 120, na cidade de Salvador/BA, concluiu a edificação de 100 baias destinadas à criação de porcos, sem a observância de lei municipal que proíbe a atividade em bairro residencial. Não bastasse o descumprimento da lei municipal, a malcheirosa atividade vem atraindo ratos e moscas para a residência de João, vizinho contíguo. Diante da situação, João pretende ajuizar demanda em face de José. Com base em tal situação, responda aos itens a seguir, utilizando os argumentos jurídicos apropriados e a fundamentação legal pertinente ao caso.

A) A partir dos elementos de direito material constantes no enunciado, a pretensão de João será cabível? (Valor: 0,65)

B) Caso o não atendimento da lei municipal fosse detectado pelo Município de Salvador durante a edificação das baias, qual solução jurídica processual típica poderia ser requerida? (Valor: 0,60)

■ **RESPOSTAS**

A) Analisando os fatos narrados e os dispositivos do CC é possível afirmar que a pretensão de João é cabível. Realmente, na qualidade de vizinho, João pode pleitear a cessação da interferência prejudicial à saúde dos que habitam seu imóvel com base no § 1º do art. 1.228 ou no art. 1.277 ou ainda art. 1.280 do CC. Outrossim, processualmente, poderá se valer da ferramenta do art. 461 do CPC/73 que corresponde ao art. 497 do CPC, pois o uso anormal da propriedade exige medidas urgentes sob pena de multa diária.

B) Se fosse considerando que a obra não estava finalizada, seria possível ajuizar ação de nunciação de obra nova (art. 934 do CPC/73, sem correspondente no CPC), demonstrando que obra em curso contraria a legislação municipal e ofende o direito do vizinho, pois causa interferência inaceitável. Caso a obra estivesse finalizada seria possível buscar solução numa demanda de obrigação de fazer, inclusive, se o caso, com pedido demolitório.

■ **QUESTÃO 3:** Joana cuida de sua neta Maria desde que a menor tinha três anos de idade. Os pais de Maria nunca lhe deram atenção emocional ou prestaram recursos financeiros, sendo poucos os momentos de contato. Maria atualmente está com quinze anos de idade e se refere publicamente a sua avó como mãe. Depois de longas conversas com seus outros netos e filhos, que anuíram com a decisão, Joana, que é viúva, decide adotar sua neta Maria. Partindo da temática "adoção", responda, fundamentalmente, às indagações a seguir, apontando, inclusive, os dispositivos legais correlatos.

A) A legislação vigente admite a adoção de pessoa maior de dezoito anos? (Valor: 0,70)

B) Considerando a situação narrada no enunciado, existe a possibilidade legal de Maria ser adotada por sua avó Joana? (Valor: 0,55)

■ **RESPOSTAS**

A) A adoção de maior de 18 anos é possível, contudo, a regra aplicável não é a do Estatuto da Criança e do Adolescente, pois se aplicará o que dispõe sobre o assunto no CC, art. 1.619. Aplicar-se-ão as normas da Lei ECA apenas de forma subsidiária.

B) Existe uma proibição expressa aplicável ao caso em análise. Sendo assim, não é possível a adoção na situação narrada no enunciado diante do que dispõe o art. 42, § 1º, da Lei n. 8.069/90 (ECA): ascendentes não podem adotar descendentes. Ou seja, Maria não pode ser adotada por sua avó Joana.

■ **QUESTÃO 4:** "Y" figura como executado em ação movida por "Z". Devidamente citado para o pagamento da quantia obrigacional, o demandado deixa de proceder com o pagamento no prazo legal, motivo pelo qual o Oficial de Justiça procedeu à penhora e à avaliação de bens, lavrou o respectivo auto e intimou o executado de tais atos, nos exatos termos da lei. A penhora recaiu sobre uma vaga de garagem que possuía matrícula própria no Registro de Imóveis e que fora indicada pelo credor na inicial da ação de execução. Y opôs embargos do devedor, quinze dias após a juntada do mandado da respectiva intimação aos autos, por meio do qual arguiu que o objeto da penhora constituía bem de família, estando insuscetível ao ato constritivo. Considerando a situação apresentada, responda, fundamentadamente, aos itens a seguir.

A) O embargante está correto nas suas razões? (Valor: 0,65)

B) Considerando o aspecto processual, analise os embargos opostos e exponha as consequências jurídicas. (Valor: 0,60)

■ **RESPOSTAS**

A) A vaga de garagem, no caso, por ter registro imobiliário autônomo, não se confunde com o apartamento, ou seja, com a unidade privativa que certamente possui registro imobiliário próprio. Sendo assim, não assiste razão ao embargante e a garagem pode ser penhorada, por não ser bem de família. No mesmo sentido é o que se depreende da análise da Súmula 449 do STJ.

B) A rejeição dos embargos é de rigor, por dois motivos: O primeiro, pela intempestividade (art. 739, I, do CPC/73 que corresponde ao art. 918, I, do CPC/2015) considerando que o prazo de 15 dias corre da juntada do mandado de citação e não da intimação (art. 738 do CPC/73 que corresponde ao art. 915 do CPC/2015); o segundo, pois o conteúdo é nitidamente protelatório ao contrariar texto expresso de súmula do STJ (art. 739, III, do CPC/73 que corresponde ao art. 918, III, do CPC/2015).

4 XIII EXAME DE ORDEM UNIFICADO

PEÇA PROFISSIONAL

■ **ENUNCIADO:** Em 15 de janeiro de 2013, Marcelo, engenheiro, domiciliado no Rio de Janeiro, efetuou a compra de um aparelho de ar condicionado fabricado pela "G" S. A., empresa sediada em São Paulo. Ocorre que o referido produto, apesar de devidamente entregue, desde o momento de sua instalação, passou a apresentar problemas, desarmando e não refrigerando o ambiente. Em virtude dos problemas apresentados, Marcelo, no dia 25 de janeiro de 2013, entrou em contato com o fornecedor, que prestou devidamente o serviço de assistência técnica. Nessa oportunidade, foi trocado o termostato do aparelho. Todavia, apesar disso, o problema persistiu, razão pela qual Marcelo, por diversas outras vezes, entrou em contato com a "G" S. A. a fim de tentar resolver a questão amigavelmente. Porém, tendo transcorrido o prazo de 30 (trinta) dias sem a resolução do defeito pelo fornecedor, Marcelo requereu a substituição do produto. Ocorre que, para a surpresa de Marcelo, a empresa negou a substituição do mesmo, afirmando que enviaria um novo técnico à sua residência para analisar novamente o produto. Sem embargo, a assistência técnica somente poderia ser realizada após 15 (quinze) dias, devido à grande quantidade de demandas no período do verão. Registre-se, ainda, que, em pleno verão, a troca do aparelho de ar condicionado se faz uma medida urgente, posto que as temperaturas atingem níveis cada vez mais alarmantes. Ademais, Marcelo comprou o produto justamente em função da chegada do verão. Inconformado, Marcelo o procura, para que, na qualidade de advogado, proponha a medida judicial adequada para a troca do aparelho, abordando todos os aspectos de direito material e processual pertinentes. (Valor: 5,00)

■ **GABARITO COMENTADO:** A peça cabível será uma ação de obrigação de fazer com pedido de tutela antecipada direcionada a um dos Juizados Especiais Cíveis da Comarca do Rio de Janeiro ou, ainda, ao Juízo de uma das Varas Cíveis também da Comarca do Rio de Janeiro (foro de domicílio do autor, nos termos do art. 101, I, do CDC). A ação poderá ser proposta ainda na Comarca de São Paulo (foro de domicílio do réu), seguindo a regra geral do CPC. O candidato deve destacar que se trata de uma relação de consumo, nos termos do disposto nos arts. 2º e/ou 3º do CDC. O candidato deve indicar, como fundamento, que o produto adquirido possui vícios de qualidade que o torne impróprio ou inadequado ao consumo a que se destina ou lhe diminua o valor, nos termos do que dispõe o art. 18, *caput*, do CDC. Além disso, deve indicar que o vício não foi sanado no prazo máximo de trinta dias, podendo o consumidor exigir a substituição do produto por outro da mesma espécie, em perfeitas condições de uso, nos termos do § 1º do art. 18 do CDC ou demonstrar que, em razão da extensão do vício, a substituição das partes viciadas compromete a qualidade ou características do produto ou se trata de produto essencial, nos termos do § 3º do art. 18 do CDC.

Por fim, o pedido de tutela antecipada deve ser feito com fundamento nos arts. 273 e/ou 461, § 3º, do CPC, ou no art. 84, § 3º, da Lei n. 8.078/90.

Distribuição dos pontos

Item	Pontuação
Endereçamento ao juízo correto: Juizados Especiais Cíveis da Comarca do Rio de Janeiro OU ao Juízo de uma das Varas Cíveis da Comarca do Rio de Janeiro (foro de domicílio do autor, nos termos do art. 101, I, do CDC).	0,00 – 0,20
Nome (0,20) e qualificação das partes. (0,20)	0,00 – 0,10 – 0,20 – 0,30 – 0,40
Estruturar a peça corretamente: fatos/fundamentos/pedidos.	0,00 – 0,30
Fundamentação Jurídica/Legal (1) Demonstração da existência de relação de consumo (0,30), nos termos do disposto nos arts. 2º e/ou 3º do CDC. (0,10)	0,00 – 0,30 – 0,40
(2) O produto adquirido possui vícios de qualidade que o torne impróprio ou inadequado ao consumo a que se destina ou lhe diminua o valor (0,55), nos termos do que dispõe o art. 18, *caput* do CDC. (0,15) Obs.: A simples menção ao dispositivo não pontua.	0,00 – 0,55 – 0,70

Item	Pontuação
(3) Como o vício não foi sanado no prazo máximo de trinta dias, pode o consumidor exigir a substituição do produto por outro da mesma espécie, em perfeitas condições de uso (0,55), nos termos do § 1º do art. 18 do CDC (0,15). OU Demonstração de que, em razão da extensão do vício, a substituição das partes viciadas compromete a qualidade ou características do produto ou se trata de produto essencial (0,55), nos termos do § 3º do art. 18 do CDC. (0,15) Obs.: A simples menção ao dispositivo não pontua.	0,00 – 0,55 – 0,70
Demonstração do cumprimento dos requisitos da tutela antecipada (0,45), nos termos do disposto no art. 273 OU art. 461, § 3º, do CPC OU § 3º do art. 84 do CDC. (0,15) Obs.: A simples menção ao dispositivo não pontua.	0,00 – 0,45 – 0,60
Formular corretamente os pedidos: (a) Concessão de tutela antecipada;	0,00 – 0,30
(b) Citação do réu;	0,00 – 0,30
(c) Julgamento de procedência com confirmação da tutela antecipada, devendo o réu ser condenado a efetuar a troca do produto;	0,00 – 0,35
(d) Condenação em custas e honorários (em caso de Vara Cível). Obs.: Se a petição inicial for dirigida aos Juizados Especiais Cíveis da Comarca do Rio de Janeiro, a omissão em relação à formulação do pedido pontua.	0,00 – 0,15
Protesto pela produção de provas.	0,00 – 0,25
Requerimento de gratuidade de justiça ou juntada do comprovante de custas (em caso de Vara Cível). Obs.: Se a petição inicial for dirigida aos Juizados Especiais Cíveis da Comarca do Rio de Janeiro, a omissão em relação à formulação do pedido pontua.	0,00 – 0,15
Valor da causa.	0,00 – 0,10
Fechamento da Peça (Indicar a inserção de data e assinatura).	0,00 – 0,10

MODELO DA PEÇA

EXCELENTÍSSIMO SENHOR DOUTOR JUIZ DE DIREITO DE UMA DAS VARAS CÍVEIS DA COMARCA DO RIO DE JANEIRO – RJ.

MARCELO, estado civil, engenheiro, portador do RG n. e do CPF n., endereço eletrônico, domicílio e residência na Rua n., Rio de Janeiro, RJ, por intermédio de seu bastante procurador signatário, conforme instrumento de procuração anexo, portador da carteira profissional n., vem, perante Vossa Excelência, com todo o acatamento e respeito, com fundamento nos arts. 318 e seguintes do Código de Processo Civil, propor a presente

Ação de obrigação de fazer com pedido de tutela de urgência

Diante de **G. S. A.**, empresa privada, devidamente inscrita no CNPJ n., endereço eletrônico, com sede na Rua n., São Paulo, SP, pelos motivos de fato e de direito a seguir deduzidos.

Fatos

Em janeiro de ANO, o autor efetuou a compra de um aparelho de ar condicionado fabricado pela ré. O produto foi devidamente entregue, contudo, desde o momento da instalação, passou a apresentar problemas diversos, desarmando e não refrigerando o ambiente. No mesmo mês de janeiro, conforme comprovação documental anexa, o Autor entrou em contato com o fornecedor que prestou naquele momento o serviço de assistência técnica quando então foi trocado o termostato do aparelho, conforme comprova o documento anexo emitido pela própria pessoa da assistência técnica que fez o atendimento.

Entretanto, logo no dia seguinte, novamente, o problema persistiu e com isso novamente o autor fez diversos contatos com a ré que, apesar de sempre atender aos telefonemas, deixou transcorrer 30 dias sem resolver o defeito no produto. Diante disso o autor passou a requerer a substituição do produto por um novo o que foi negado pela ré, que insistia em dizer que enviaria um técnico para analisar novamente o produto, contudo, que só poderia realizar agendamento dali a 15 dias diante da grande quantidade de demandas do período de verão.

Inclusive, naquele período, as temperaturas atingiam altos e elevados índices e o autor pretendia justamente melhorar a qualidade de seu sono, razão pela qual a substituição do aparelho se revelava, naquele momento, uma medida necessária e urgente, o que foi ignorado pela ré. Como não houve nenhum sinal de possível composição amigável, a única alternativa do autor foi a propositura da presente ação, sendo justo que seus direitos sejam aqui garantidos, conforme abaixo se apontará.

Fundamento Jurídico

Diante dos fatos acima narrados torna-se incontroverso que existe entre as partes uma relação de consumo, perfeitamente caracterizada conforme os arts. 2º e 3º do CDC. Por outro lado, está nítida a existência de um defeito no produto adquirido pelo autor, pois o mesmo possui vícios de qualidade que o tornam impróprio e inadequado, principalmente, para o consumo a que se destina, já que não o aparelho não está refrigerando, configurando a hipótese legal prevista no art. 18 do CDC.

Ademais, o vício do produto não foi sanado no prazo legalmente estipulado, ou seja, de 30 dias, razão pela qual é direito do autor, ora consumidor, requerer a substituição do produto por outro da mesma espécie em perfeitas condições de uso, nos termos do § 1º daquele mesmo art. 18.

Do mesmo modo, diante das circunstâncias fáticas apontadas é possível verificar que existe uma necessidade na utilização do produto, pois o autor o adquiriu para melhorar a sua vida por meio da melhoria das condições de seu sono, podendo neste caso ser equiparado a produto essencial diante do § 3º daquele mesmo art. 18.

Da tutela de urgência

Inicialmente, então, é direito do autor receber um novo produto, contudo, isso precisa ocorrer com urgência, trata-se mesmo de hipótese que se enquadra no art. 84, § 3º, do CDC, tanto quando na hipótese prevista no art. 300 do CC.

Realmente, o direito é provável, a prova é documental e torna inequívoco o direito do autor, bem como existe perigo na demora, diante das razões que foram destacadas acima. Estão preenchidos os requisitos necessários à concessão da medida, inclusive, na sua forma liminar, sem a oitiva da parte contrária, conforme prevê o § 2º do referido art. 300 do CC.

Ora, considerando que a ré teve a oportunidade de regularizar a situação e não o fez, apesar das inúmeras insistências e oportunidades, outra solução não há senão determinar de forma antecipada que cumpra com o direito do autor, conforme abaixo se requer, por ser medida de Justiça.

Pedidos

Diante do exposto, requer a Vossa Excelência:

a) a concessão da tutela antecipada, na forma liminar, sem oitiva da ré, conforme o art. 300, § 2º, do CPC, para que seja obrigada a substituir o produto num prazo máximo de 5 dias úteis, sob pena de multa diária a ser fixada por Vossa Excelência;

b) que ao final a ré seja condenada a substituir o produto adquirido por outro em perfeito estado de funcionamento, confirmando-se a tutela concedida, inclusive, com pena de multa diária para o caso de descumprimento;

c) que a presente ação seja julgada totalmente procedente, nos termos requeridos, condenando-se ainda a ré ao pagamento das custas, despesas e honorários advocatícios de sucumbência.

Requer-se a designação da audiência de conciliação nos termos do art. 319, inciso VII, do Código de Processo Civil.

Protesta provar o alegado por todos os meios de prova em direito admitidos, principalmente juntada de novos documentos e prova oral, cujo rol será oportunamente apresentado.

Dá-se à presente causa o valor de R$ 2.000,00 (dois mil reais).

Nestes termos,
Pede deferimento.
Local, data.
Advogado.
OAB n.

XIII EXAME DE ORDEM UNIFICADO – QUESTÕES

■ **QUESTÃO 1:** João celebrou contrato de locação residencial, por escrito, com Miguel, relativamente ao imóvel situado na Av. Ataulfo de Paiva, n. 10.000 – Leblon/RJ, ficando ajustado o valor para pagamento do aluguel mensal em R$ 5.000,00. Por serem velhos amigos, João dispensou Miguel de apresentar um fiador ou qualquer outra garantia da locação. Sucede que, decorridos 10 meses de vigência do contrato,

Miguel passou a não mais honrar sua obrigação quanto ao pagamento dos aluguéis e acessórios. Com base em tal situação, responda aos itens a seguir, utilizando os argumentos jurídicos apropriados e a fundamentação legal pertinente ao caso.

A) Caso João venha a ajuizar a ação de despejo por falta de pagamento, qual deverá ser o valor atribuído à causa? (Valor: 0,25)

B) O que poderá João pleitear em tal situação a fim de que Miguel desocupe imediatamente o imóvel? (Valor: 0,50)

C) Indique os procedimentos que Miguel deverá adotar para evitar a rescisão do contrato. (Valor: 0,50)

A simples indicação do dispositivo legal não pontua.

■ **RESPOSTAS**

A) O valor da causa na ação de despejo por falta de pagamento é de 12 vezes o valor do aluguel conforme o art. 58, inciso III, da Lei de Locações.

B) João poderá pleitear a desocupação imediata, o chamado despejo liminar, que deverá ocorrer em 15 dias, sem a oitiva da parte contrária desde que preste caução no valor de 3 aluguéis. Isso pelo fato da ausência de garantia contratual, pela ausência de fiador, por exemplo, tudo conforme determina o art. 59, § 1º, inciso IX, da Lei de Locações.

C) Para evitar a rescisão do contrato e impedir o despejo Miguel deverá, dentro dos 15 dias concedidos para a desocupação do imóvel e independentemente de cálculo, efetuar o depósito judicial que contemple todos os valores devidos (art. 59, § 3º, ou art. 62, ambos da Lei n. 8.245/91).

■ **QUESTÃO 2:** Julieta possui dois filhos, Pedro e Miguel. Ao longo da vida, amealhou patrimônio no valor de R$ 1.000.000,00 (um milhão de reais). Diante da idade avançada, Julieta resolveu doar ao seu filho Pedro – o qual sempre foi mais atencioso com a mãe – a quantia de R$ 600.000,00. Miguel, indignado, procura você na qualidade de advogado, solicitando providências. Diante do caso narrado, responda às seguintes indagações, fundamentadamente:

A) É válido o contrato de doação? (Valor: 0,65)

B) Qual medida judicial poderá Miguel propor e com que finalidade? (Valor: 0,60)

A simples menção ou transcrição do dispositivo legal não pontua.

- **RESPOSTAS**

A) Analisando o patrimônio da doadora é possível afirmar que o contrato de doação não é válido na totalidade. Isso porque a doação somente é válida na parte que não ultrapasse o valor disponível, que, no caso, será 50% do patrimônio do doador. Diante disso, podemos afirmar que se trata da chamada doação inoficiosa. Tal resposta tem fundamento nos arts. 549, 1.789 ou 1.846 ou 2.007, § 3º, todos do CC.

B) Diante do cenário de irregularidade da doação, Miguel poderá propor ação ordinária para obter judicialmente a redução da doação inoficiosa, objetivando a nulidade parcial do contrato de doação no que tange ao valor de R$ 100.000,00 (cem mil reais).

- **QUESTÃO 3:** Retornando de um campeonato em Las Vegas, Tobias, lutador de artes marciais, surpreende-se ao ver sua foto estampada em álbum de figurinhas intitulado "Os Maiores Lutadores de Todos os Tempos", à venda nas bancas de todo o Brasil. Assessorado por um advogado de sua confiança, Tobias propõe em face da editora responsável pela publicação ação judicial de indenização por danos morais decorrentes do uso não autorizado de sua imagem. A editora contesta a ação argumentando que a obra não expõe Tobias ao desprezo público nem acarreta qualquer prejuízo à sua honra, tratando-se, muito ao contrário, de uma homenagem ao lutador, por apontá-lo como um dos maiores lutadores de todos os tempos. De fato, sob a foto de Tobias, aparecem expressões como "grande guerreiro" e "excepcional gladiador", além de outros elogios à sua atuação nos ringues e arenas. Diante do exposto, responda de forma fundamentada:

A) É cabível a indenização pleiteada por Tobias no caso narrado acima? (Valor: 0,75)

B) Caso Tobias tivesse falecido antes da publicação do álbum, seus descendentes poderiam propor a referida ação indenizatória? (Valor: 0,50)

A simples menção ou transcrição do dispositivo legal não pontua.

- **RESPOSTAS**

A) No direito brasileiro o uso não autorizado da imagem, no caso, para publicação destinada para fins comerciais, permite sem sombra de dúvida o cabimento de indenização, sobretudo, pela exploração econômica da imagem alheia, mesmo quando não ocorra deturpação ou prejuízo à vítima. É o que se encontra claro no art. 20 do CC ou na Súmula 403 do STJ.

B) A imagem, no caso, mesmo após o falecimento de Tobias, estaria também violada e permitiria aos herdeiros proporem a ação cabível. Portanto, os herdeiros são, no caso, partes legítimas para propor tal ação e requerer as proteções legais daí advindas, com base no mesmo art. 20 do CC.

■ **QUESTÃO 4:** Marcelo ajuizou ação de cobrança, pelo rito ordinário, em face de Diogo. Os autos foram distribuídos para a 2ª Vara Cível da Comarca 'X', do Estado 'Y', tramitando pelo sistema digital. Considerando o caso apresentado e as regras sobre o processo judicial eletrônico, responda aos itens a seguir, apontando o fundamento legal.

A) Caso o patrono de Diogo não consiga enviar sua contestação, no último dia do prazo, por indisponibilidade do sistema devido a motivos técnicos, haverá preclusão temporal? Fundamente. (Valor: 0,65)

B) Indique o procedimento que o advogado de Diogo deve adotar, caso os documentos, a serem juntados aos autos, sejam ilegíveis e, por isso, inviável a digitalização. Fundamente. (Valor: 0,60)

A simples menção ou transcrição do dispositivo legal não pontua.

■ **RESPOSTAS**

A) Ocorrerá prorrogação automática do prazo para o primeiro dia útil seguinte à resolução do problema técnico, ou seja, não haverá preclusão temporal. Então, a contestação poderia ser ofertada oportunamente, diante do problema técnico do sistema, conforme o art. 10, § 2º, da Lei n. 11.419/2006.

B) Diante da ilegibilidade dos documentos o advogado deverá comunicar por meio de petição referida ocorrência e apresentar os documentos em cartório ou na secretaria do Fórum respectivo no prazo de 10 dias a partir do envio da petição mencionada. Isso conforme o art. 11, § 5º, da Lei n. 11.419/2006.

5 XIV EXAME DE ORDEM UNIFICADO

PEÇA PROFISSIONAL

■ **ENUNCIADO:** Pedro, brasileiro, solteiro, jogador de futebol profissional, residente no Rio de Janeiro/RJ, legítimo proprietário de um imóvel situado em Juiz de Fora/MG, celebrou, em 1º de outubro de 2012, contrato por escrito de locação com João, brasileiro, solteiro, professor, pelo prazo de 48 (quarenta e oito) meses, ficando acordado que o valor do aluguel seria de R$ 3.000,00 (três mil reais) e que, dentre outras obrigações, João não poderia lhe dar destinação diversa da residencial. Ofertou fiador idôneo. Após um ano de regular cumprimento da avença, o locatário passou a enfrentar dificuldades financeiras. Pedro, depois de quatro meses sem receber o que lhe era devido, ajuizou ação de despejo cumulada com cobrança de aluguéis perante a 2ª Vara Cível da Comarca de Juiz de Fora/MG, requerendo, ainda, antecipação de tutela para que o réu/locatário fosse despejado liminarmente, uma vez que desejava alugar o mesmo imóvel para Francisco. O magistrado recebe a petição inicial, regularmente instruída e distribuída, e defere a medida liminar pleiteada, concedendo o prazo de 72 (setenta e duas) horas para João desocupar o imóvel, sob pena de multa diária de R$ 2.000,00 (dois mil reais). Desesperado, João o procura, para que, na qualidade de seu advogado, interponha o recurso adequado (excluídos os embargos declaratórios) para se manter no imóvel, abordando todos os aspectos de direito material e processual pertinentes. (Valor: 5,00)

■ **GABARITO COMENTADO: (Atenção:** gabarito prejudicado com a vigência do CPC). Trata-se de decisão interlocutória proferida em ação de despejo fundada em falta de pagamento no qual o magistrado, contrariando o que prevê o art. 62, II, da Lei n. 8.245/91, observado, ainda, o art. 59, § 1º, IX, da mesma Lei, determinou a desocupação do imóvel *inaudita altera parte*, sem conceder ao locatário o direito de, em 15 (quinze) dias, purgar a mora. Ademais, a utilização das astreintes para o despejo é claramente descabida, na medida em que bastaria, para tanto, a determinação de remoção de pessoas e/ou coisas (art. 461, §§ 4º e 5º, do CPC). Assim sendo, o examinando deve elaborar um recurso de agravo de instrumento (art. 522, CPC), demonstrando o seu cabimento ("lesão grave e de difícil ou incerta reparação"), requerendo a antecipação de tutela recursal (art. 527, III, c/c o art. 558 do CPC), a fim de que a decisão recorrida tenha sua eficácia suspensa até o julgamento final do recurso. Cabe, ainda, ao candidato demonstrar a presença dos requisitos de admissibilidade (art. 525 do CPC) e requerer, ao final, o provimento recursal (arts. 522 e seguintes do CPC).

Distribuição de pontos

Quesito avaliado	Faixa de valores
Endereçamento ao juízo correto (Tribunal de Justiça de Minas Gerais, cf. art. 524, I, CPC).	0,00 / 0,10
Abordar corretamente as legitimidades ativa (João e qualificação) (0,20) e passiva (Pedro e qualificação) (0,20), bem como nome e endereço completo dos advogados constantes do processo (0,20).	0,00 / 0,20 / 0,40 / 0,60
Demonstração do cabimento do agravo de instrumento, abordando a urgência que afasta a hipótese de agravo retido (0,40) (art. 522 do CPC) (0,10).	0,00 / 0,40 / 0,50
Demonstração articulada dos fatos, dos fundamentos jurídicos e dos pedidos (0,50).	0,00 / 0,50
Quesito avaliado	**Faixa de valores**
Mérito: fundamentar (0,50) a não observância dos arts. 62, II, ou 59, § 1º, IX, ambos da Lei n. 8.245/91; (0,10) e descabida a utilização das astreintes (0,50) (art. 461, § 5º, do CPC) (0,10).	0,00 / 0,50 / 0,60 / 1,00 / 1,10 / 1,20
Demonstração do cumprimento dos requisitos da antecipação de tutela recursal (efeito suspensivo) (0,40): art. 527, III, (0,10) c/c art. 558 (0,10), ambos do CPC.	0,00 / 0,40 / 0,50 / 0,60
Formular corretamente os pedidos e requerimentos:	
a) Intimação do Agravado, na pessoa do seu advogado, para responder ao recurso (art. 527, V, do CPC).	0,00 / 0,20
b) Concessão de tutela antecipada recursal para suspender a decisão judicial proferida pelo juízo *a quo*.	0,00 / 0,30
c) Requerimento de gratuidade de justiça ou juntada do comprovante de preparo.	0,00 / 0,20

d) Ratificação da tutela antecipada (0,15) e provimento do recurso, com a reforma da decisão agravada (0,25).	0,00 / 0,15 / 0,25 / 0,40
Informar a juntada das cópias obrigatórias (formação do instrumento).	0,00 / 0,30
Indicar a inserção de data, local e assinatura.	0,00 / 0,10

MODELO DE PEÇA

EXCELENTÍSSIMO SENHOR DOUTOR DESEMBARGADOR PRESIDENTE DO TRIBUNAL DE JUSTIÇA DO ESTADO DE MINAS GERAIS.

JOÃO, nacionalidade, estado civil, naturalidade, portador da cédula de identidade de n., CPF n., por seu advogado, n. OAB, com escritório estabelecido na Rua, vem, respeitosamente, à presença de Vossa Excelência, com fundamento no art. 1.015 do Código de Processo Civil, interpor

Agravo de Instrumento com Pedido de Tutela Antecipada

em face da decisão proferida nos autos de n., que lhe move Pedro (qualificação completa), pelas razões a seguir expostas.

Do Cabimento

Inicialmente cumpre destacar que fora proferida pelo respeitável juízo de primeira instância injusta decisão interlocutória que versa sobre tutela provisória, devendo a mesma ser reformada, razão pela qual, com esteio no art. 1.015, interpõe-se o presente recurso.

Salienta-se que, em cumprimento ao quanto disposto no art. 1.017 do Código de Processo Civil, seguem acostadas as peça processuais necessárias para apreciação da lide, quais sejam: (i) cópias da petição inicial, (ii) da contestação, (iii) da petição que ensejou a decisão agravada, (iv) da própria decisão agravada, (v) da certidão da respectiva intimação e (vi) das procurações outorgadas aos advogados do agravante e do agravado.

Por fim, em anexo estão as guias de preparo devidamente recolhidas.

Deste modo, cumprido com os requisitos necessários, faz-se necessária a apreciação do quanto ventilado no presente recurso a fim de que seja reformada a decisão interlocutória proferida pelo juízo de primeiro grau, a fim de que não seja o Agravante compelido a desocupar o imóvel em que atualmente reside, nem arcar com astreintes, tudo conforme abaixo se fundamentará e requererá.

Breve Síntese dos Fatos

As partes firmaram em outubro de 2012 um contrato de locação, no qual figura como locatário o Agravante que em virtude de dificuldades financeiras não adimpliu com o pagamento de 04 (quatro) meses de aluguel, o que culminou no ajuizamento, por parte do Agravado, de Ação de Despejo cumulada com cobrança de alugueres com pedido de tutela antecipada.

Em continuidade, o magistrado deferiu a medida liminar pleiteada, concedendo o prazo de 72 (setenta e duas) horas para o Agravante desocupar o imóvel, sob pena de multa diária de R$ 2.000,00 (dois mil reais), decisão esta que culminou na interposição do presente recurso, vez que, conforme restará comprovado, a decisão proferida encontra-se em total desacordo com a atual legislação vigente.

Dos Fundamentos

Inicialmente cumpre destacar que ao Agravante não fora concedida a oportunidade de evitar a rescisão do contrato nos moldes do quanto previsto pelo art. 62, inciso II, da Lei n. 8.245/91, tendo em vista que não lhe fora concedido o prazo de 15 dias posteriores à citação, o que era plenamente exigível no presente caso. O direito do Agravante não foi respeitado e por isso é necessário o provimento do presente recurso, modificando-se a decisão atacada.

Ademais, inconcebível a aplicabilidade das astreintes no presente caso, vez que não é aplicável o conteúdo do art. 536, § 1º, do CPC ao caso em apreço, pois que essa seria uma medida extrema não prevista na Lei do Inquilinato, que é a legislação especial aplicável ao caso.

Do Efeito Suspensivo

Em atendimento ao quanto disposto no art. 1.019, I, do Código de Processo Civil, requer-se que seja atribuído ao presente recurso o efeito suspensivo, a fim de suspender os efeitos da decisão proferida pelo juízo de primeira instância, vez que presentes os requisitos de verossimilhança, traduzida em todo arcabouço legal supramencionado, e perigo de dano, qual seja a ameaça de não ter onde morar o Agravante. Por isso, deve-se conceder o efeito liminar ao presente recurso, sobretudo porque a submissão à espera pelo julgamento do mérito poderá acarretar injustos e irreparáveis prejuízos.

Dos Pedidos

Diante do exposto, requer:

I – A concessão de tutela antecipada recursal, com efeito suspensivo ativo da decisão agravada, a fim de que seja suspensa a decisão proferida pelo juízo de primeira instância que determinou a desocupação do imóvel sob pena de aplicação de multa diária.

II – O provimento final do agravo para que seja concedido o prazo de 15 dias para o Agravante efetuar o pagamento do débito atualizado, independentemente de cálculo e mediante depósito judicial.

III – A intimação do advogado da parte contrária para contrarrazões.

IV – Informar o endereço profissional do advogado da Agravante (endereço completo) e do Agravado (endereço completo).

V – Informar que se acostam ao presente recurso as peças processuais que se fazem necessárias, quais sejam cópias da petição inicial, da contestação, da petição que ensejou a decisão agravada, da própria decisão agravada, da certidão da respectiva intimação ou outro documento oficial que comprove a tempestividade e das procurações outorgadas aos advogados do agravante e do agravado.

Termos em que,
Pede provimento.
Local, data,
Advogado (a) OAB/ n.

XIV EXAME DE ORDEM UNIFICADO – QUESTÕES

■ **QUESTÃO 1:** Ester, artesã, maior e capaz, entregou a Diogo, empresário, maior e capaz, oitenta esculturas de argila para que fossem vendidas em sua loja. Ficou ajustado no contrato, ainda, que, decorridos dois meses, Diogo pagaria a Ester o valor de vinte reais por escultura vendida, cabendo-lhe restituir à artesã as esculturas que porventura não tivessem sido vendidas no referido prazo. Decorrido um mês, Diogo constatou que estava encontrando grandes dificuldades para vender as esculturas, o que o levou a promover uma liquidação em sua loja, alienando cada escultura por dez reais. A liquidação foi bem-sucedida, ocasionando a venda de setenta e cinco esculturas. Transcorrido o prazo previsto no contrato, Ester procura Diogo, solicitando que ele pague o preço ajustado relativo às esculturas vendidas, bem como que restitua aquelas remanescentes. Diante disso, Diogo decide consultar um advogado. Na condição de advogado(a) consultado(a) por Diogo, responda aos itens a seguir, utilizando os argumentos jurídicos apropriados e a fundamentação legal pertinente ao caso.

A) Deverá Diogo pagar a Ester o preço inicialmente ajustado por cada escultura vendida? (Valor: 0,65)

B) Independentemente da resposta ao item anterior, Diogo pode deduzir do preço inicialmente ajustado o valor por ele pago referente aos custos regulares de conservação das esculturas durante o período em que as colocou à venda? (Valor: 0,60)

■ **RESPOSTAS**

A) Sim, conforme o art. 534 do CC/2002. Por se tratar de contrato estimatório (de consignação), cabe a Diogo pagar a Ester R$ 20,00 (vinte reais) por escultura alienada, independentemente do valor de venda das esculturas a terceiros.

B) Não, pois de acordo com os arts. 400 ou 535 do CC/2002, no contrato estimatório, por ser dever do consignatário restituir a coisa não vendida, cabe a ele arcar com as despesas necessárias à sua conservação, sem deduzi-las do preço a ser pago à consignante.

■ **QUESTÃO 2:** Maria e o irmão João, representados por sua mãe, com quem residem, ajuizaram ação de alimentos em face de seus avós paternos, Eriberto e Cleunice, alegando, em síntese, que, após o divórcio de seus pais, ficou acordado que o seu genitor pagaria, a título de pensão alimentícia, 30% (trinta por cento) da remuneração por ele auferida. Os avós maternos de Maria e de seu irmão João moram ao lado de sua casa, numa vila, e vivem com parcos recursos financeiros. Narram na inicial que, desde o divórcio, o pai, espontaneamente, parou de trabalhar e, por isso, nunca pagou os alimentos devidos. Afirmam que ele vive, desde então, sustentado pelos avós paternos dos autores, ora réus, tendo em vista que estes possuem ótima situação financeira. Eles sustentam, ainda, que esgotaram todas as tentativas de cobrar do pai a pensão fixada na sentença que decretou o divórcio, razão pela qual os avós paternos têm, segundo a atual legislação civil, a obrigação de arcar com tal prestação. Com base em tal situação, responda aos itens a seguir, utilizando os argumentos jurídicos apropriados e a fundamentação legal pertinente ao caso.

A) Indique as alegações que seriam apresentadas na defesa dos interesses de seus clientes (avós paternos). (Valor: 0,75)

B) Qual o momento oportuno para a apresentação da resposta? (Valor: 0,50)

■ **RESPOSTAS**

A) Os avós maternos deverão ser chamados a integrar a lide com fundamento no art. 1.698 do CC/2002. No caso, a responsabilidade dos ascendentes é complementar e subsidiária, devendo a obrigação conjunta e divisível ser diluída entre todos os avós na proporção de seus recursos.

B) De acordo com o art. 9º da Lei 5.478/68, que trata de rito especial previsto em legislação especial, a resposta deve ser apresentada na audiência de conciliação, instrução e julgamento.

■ **QUESTÃO 3:** Em julho de 2011, Rufus, taxista, adquiriu um automóvel seminovo, obrigando-se perante Jonas, vendedor, a pagar o preço em 30 (trinta) prestações mensais de R$ 2.000,00 (dois mil reais). No contrato de compra e venda, constou expressamente que o atraso de mais de 5 (cinco) dias no pagamento de qualquer das parcelas provocaria a resolução automática do contrato, com a perda das parcelas pagas. Em novembro de 2013, Rufus, enfrentando dificuldade financeira, deixou de efetuar o pagamento da parcela devida. Passados 12 (doze) dias do vencimento, Rufus oferece a Jonas dois relógios no valor de R$ 1.000,00 cada um. Jonas recusa a oferta e propõe, em seguida, ação judicial de resolução do contrato, com pedido liminar de busca e apreensão do veículo. Responda, fundamentadamente, aos itens a seguir.

A) A ação de resolução do contrato deve ter seu pedido julgado procedente? (Valor: 0,75)

B) Jonas é obrigado a aceitar os relógios? (Valor: 0,50)

■ **RESPOSTAS**

A) Não. Considerando que em novembro de 2013 já terão sido pagas quase todas as parcelas, aplica-se a teoria do adimplemento substancial que, embora não prevista expressamente, é amplamente aceita pela doutrina e pela jurisprudência pátria. Assim, não seria exercível o direito de resolver o contrato, justamente porque seria abusivo diante do cumprimento de quase a totalidade das parcelas obrigacionais.

B) Não. Credor algum é obrigado a receber prestação diferente daquela que foi convencionada entre as partes, mesmo que mais valiosa. Então, Jonas não é obrigado a aceitar os relógios. Caso viesse a aceitar se trataria da dação em pagamento, instituto jurídico negocial que exige o consentimento do credor (CC, art. 356). Jonas pode continuar cobrando a dívida.

■ **QUESTÃO 4:** Em 10 de abril de 2013, Paula adquiriu em uma loja de eletrodomésticos um secador de cabelos de última geração. Ao tentar utilizá-lo pela primeira vez, o aparelho explodiu, causando-lhe queimaduras severas na mão direita, que empunhava o secador. Em 10 de setembro de 2013, Paula propôs ação judicial em face de Dryhair S/A, fabricante do aparelho, postulando a reparação de danos extrapatrimoniais. Em sua defesa, a fabricante invocou o transcurso do prazo decadencial de 90 dias para a reclamação de vícios de produtos duráveis. Diante da situação descrita acima, responda, fundamentadamente, aos itens a seguir.

A) A alegação de decadência é procedente? (Valor: 0,75)

B) Se as partes tivessem estabelecido no contrato de aquisição do produto um limite de R$ 30.000,00 para eventuais indenizações, tal cláusula seria válida no direito brasileiro? (Valor: 0,50)

■ **RESPOSTAS**

A) Não é procedente a alegação de decadência. Estamos diante de danos decorrentes de "fato do produto". Então, o prazo prescricional aplicável à hipótese é quinquenal previsto no art. 27 do Código de Proteção e Defesa do Consumidor.

B) Não. A cláusula de não indenizar ou mesmo aquela que limita a responsabilidade por fato ou vício do produto perante consumidor pessoa natural é inválida (Código de Proteção e Defesa do Consumidor, arts. 25 e 51, I).

6 XV EXAME DE ORDEM UNIFICADO

PEÇA PROFISSIONAL

■ **ENUNCIADO:** João utiliza todos os dias, para retornar do trabalho para sua casa, no Rio de Janeiro, o ônibus da linha "A", operado por Ômega Transportes Rodoviários Ltda. Certo dia, o ônibus em que João era passageiro colidiu frontalmente com uma árvore. A perícia concluiu que o acidente foi provocado pelo motorista da sociedade empresária, que dirigia embriagado. Diante disso, João propôs ação de indenização por danos materiais e morais em face de Ômega Transportes Rodoviários Ltda. O Juiz julgou procedentes os pedidos para condenar a ré a pagar a João a quantia de R$ 5.000,00 (cinco mil reais), a título de danos materiais, e mais R$ 2.500,00 (dois mil e quinhentos reais) para compensar os danos morais sofridos. Na fase de cumprimento de sentença, constatada a insolvência da pessoa jurídica para o pagamento de suas obrigações, o Juiz deferiu o pedido de desconsideração da personalidade jurídica, procedendo à penhora, que recaiu sobre o patrimônio dos sócios Y e Z. Diante disso, os sócios de Ômega Transportes Rodoviários Ltda. interpuseram agravo de instrumento, ao qual o Tribunal de Justiça, por unanimidade, deu provimento para reformar a decisão interlocutória e indeferir o requerimento, com fundamento nos arts. 2º e 28 do CDC (Lei n. 8.078/90), por não haver prova da existência de desvio de finalidade ou de confusão patrimonial. O acórdão foi disponibilizado no *DJe* em 5-5-2014 (segunda-feira), considerando-se publicado no dia 6-5-2014. Inconformado com o teor do acórdão no agravo de instrumento proferido pelo TJ/RJ, João pede a você, na qualidade de advogado, a adoção das providências cabíveis. Sendo assim, redija o recurso cabível (excluída a hipótese de embargos de declaração), no último dia do prazo, tendo por premissa que todas as datas acima indicadas são dias úteis, assim como o último dia para interposição do recurso. (Valor: 5,00)

■ **GABARITO COMENTADO:** (**Atenção:** gabarito prejudicado com a vigência do CPC, porém a peça modelo abaixo está perfeitamente adaptada). A peça processual cabível é o recurso especial para o STJ, nos termos do art. 105, III, *a*, da CF/88, bem como dos arts. 541 e seguintes do CPC. Deverá ser interposto por João perante o Presidente ou o 3º Vice-Presidente do TJ/RJ, para o juízo prévio de admissibilidade, indicando os sócios Y e Z, da pessoa jurídica, como recorridos. Os fundamentos do recurso são a violação dos arts. 2º e 28 do CDC, eis que, tratando-se de relação de consumo (art. 2º do CDC), a desconsideração da personalidade jurídica é regida pela teoria menor (art. 28 do CDC), que dispensa a prova da existência de desvio de finalidade ou de confusão patrimonial, bastando a constatação da insolvência da pessoa jurídica para o pagamento de suas obrigações. Deve ser enfatizado que tais artigos da legislação federal foram devidamente prequestionados pelo TJ/RJ.

Distribuição de pontos

Quesito avaliado	Faixa de valores
Endereçamento na peça de interposição – dirigido ao Presidente/Vice-Presidente do TJ/RJ (0,10)	0,00/0,10
Identificação correta do recorrente (João) (0,10) e dos recorridos (sócios Y e Z, da pessoa jurídica) (0,10)	0,00/0,10/0,20
Pedido de admissão e remessa ao STJ (0,20)	0,00/0,20
Pedido de intimação do recorrido para, querendo, apresentar contrarrazões (0,20)	0,00/0,20
– Indicação de data – último dia do prazo – 21/05/2014 (0,20)	0,00/0,20
Endereçamento das razões recursais – dirigido ao Superior Tribunal de Justiça (STJ) (0,10)	0,00/0,10
Pressupostos de admissibilidade	
a) fundamento legal: art. 105, III, *a*, CF/88 ou art. 541 do CPC (0,10)	0,00/0,10
b) tempestividade (prazo de 15 dias) (0,20)	0,00/0,20
c) preparo OU gratuidade de justiça (0,30) OBS.: Não será considerada apenas a referência a porte de remessa e de retorno	0,00/0,30
d) prequestionamento (0,30)	0,00/0,30
Fundamentos do recurso	
a) violação literal de dispositivo de lei federal art. 2º, do CDC (0,20) – existência de relação de consumo (0,20)	0,00/0,20/0,40

Quesito avaliado	Faixa de valores
b1) Ofensa ao art. 28, do CDC (0,20), em face da insolvência da sociedade empresária Ômega Transportes Rodoviários Ltda. (0,30)	0,00/0,20/0,30/0,50
b2) A desconsideração da personalidade jurídica no CDC é regida pela teoria menor (0,30), que dispensa a prova da existência de desvio de finalidade ou de confusão patrimonial. (0,40)	0,00/0,30/0,40/0,70
Demonstração articulada dos fatos e dos fundamentos jurídicos do pedido	0,00/0,50
Pedidos	
a) conhecimento do recurso; (0,30)	0,00/0,30
b) provimento do recurso para sanar a violação aos dispositivos da Lei Federal apontada, a fim de reformar o acórdão do TJ/RJ (0,30), para desconsiderar a personalidade jurídica, com base nos arts. 2º e 28, do CDC. (0,30)	0,00/0,30/0,60

MODELO DE PEÇA

EXCELENTÍSSIMO SENHOR DOUTOR DESEMBARGADOR PRESIDENTE DO EGRÉGIO TRIBUNAL DE JUSTIÇA DO ESTADO DO RIO DE JANEIRO.

Agravo de Instrumento n....

JOÃO, devidamente qualificado nos autos do Agravo de Instrumento de numeração em epígrafe, por seu advogado devidamente constituído, vem à presença de Vossa Excelência, com todo acatamento e respeito, interpor o presente

Recurso Especial

ao Egrégio Superior Tribunal de Justiça, com fundamento no art. 105, III, *a*, da Constituição Federal e art. 1.029 do CPC, pelos motivos de fato e de direito a seguir expostos, requerendo desde já seja o presente recebido e processado para, ao final, ser provido em sua totalidade.

Requer ainda a juntada das inclusas guias de preparo recursal, em consonância com as normas desta Egrégia Corte.

Termos em que,
Pede Deferimento.
Local, data.
Advogado.
OAB n.

RAZÕES DE RECURSO ESPECIAL

RECORRENTE: João
RECORRIDOS: Y e Z
Origem: Tribunal de Justiça do Rio de Janeiro
Nobre Corte,
Colenda Câmara,
Ínclitos Ministros,

Exposição do Fato e do Direito

O Recorrente propôs ação de indenização em face da Empresa Ômega Transportes Rodoviários Ltda., sendo certo de que referida ação foi julgada procedente, condenando-se a Ré ao pagamento de diversas verbas de ordem material e moral. Na fase de cumprimento de sentença (fls.) A Ré fora considerada insolvente, sendo deferida de forma devidamente fundamentada pelo Juízo a desconsideração da personalidade jurídica, procedendo-se a penhora de bens dos sócios, ora Recorridos.

Diante deste cenário processual, os Recorridos interpuseram agravo de instrumento dirigido ao Tribunal de Justiça do Rio de Janeiro, sendo que aquela corte deu provimento ao mesmo, reformando a decisão interlocutória e indeferindo o requerimento de desconsideração da personalidade jurídica, com fundamento nos arts. 2º e 28 do Código de Defesa do Consumidor (Lei 8.078/90), por não haver prova da existência de desvio de finalidade ou confusão patrimonial (fls.).

Do Cabimento do Recurso Especial

A decisão atacada viola os princípios e regras previstas em legislação federal, no caso o Código de Defesa do Consumidor. Desta forma, outra saída não há ao Recorrente senão buscar nesta sobre Corte a alteração do julgado, pela violação ao conteúdo dos arts. 2º e 28 do Código de Defesa do Consumidor, pois há manifesta contrariedade à Lei Federal, estando o recurso consubstanciado no art. 105 da Constituição Federal.

Houve o questionamento dos pontos abordados, sobretudo acerca da correta aplicação dos artigos supramencionados, de forma clara e exaustiva, inclusive, expressamente feito nas contrarrazões de agravo de instrumento apresentados pelo Recorrente, onde se reiterou que a aplicação dos referidos artigos deveria ser levada a efeito conforme prevê maciça jurisprudência sobre o assunto, entretanto, isso não ocorreu, dando lugar ao cabimento do presente recurso.

Portanto, presentes os requisitos de admissibilidade do Recurso Especial, devendo ser recebido, conhecido e no mérito provido, conforme abaixo comprovado.

Das Razões do Pedido de Reforma

Houve erro na aplicação da norma infraconstitucional. Ora, tratando-se de relação de consumo (art. 2º do CDC) torna-se certo que a desconsideração da personalidade jurídica é regida pela chamada "teoria menor", prevista no art. 28 do CDC, ou seja, é dispensada a prova da existência de desvio de finalidade ou de confusão patrimonial, bastando constatação da insolvência da pessoa jurídica para o pagamento de suas obrigações.

Sendo assim, verifica-se que o Tribunal de Justiça do Rio de Janeiro, ao julgar o Agravo de Instrumento, contrariou o conteúdo dos referidos artigos da lei federal apontada, sendo que, ao contrário, deveria ter negado provimento, pela razão teórica supra. Então, o que se pretende com o presente recurso é que seja permitida a desconsideração da personalidade jurídica diante da insolvência da pessoa jurídica devedora, reformando-se a decisão do Agravo de Instrumento e retomando-se o feito a partir disso.

Por fim, deve-se ressaltar que não se trata, neste caso, de reavaliação das provas produzidas, mas efetivamente mera matéria de direito acerca da aplicação equivocada deste instituto, portanto, não é suscetível de aplicação a Súmula 07 deste Colendo STJ.

O que se pretende não é reexame de provas, mas a avaliação e correta aplicação dos dispositivos apontados acima visando à aplicação da justiça no presente caso, razão pela qual é necessária a reforma do acórdão exarado.

Do Pedido

Diante do exposto, clara a ocorrência de admissibilidade do presente recurso especial, com fundamento no art. 105, inciso III, alínea "a", da Constituição Federal, pelo que requer o Recorrente o conhecimento deste Recurso Especial e o seu posterior provimento, diante da manifesta afronta aos arts. 2º e 28 do Código de Defesa do Consumidor, reformando a decisão do colegiado do Tribunal de Justiça do Rio de Janeiro, a fim de manter na íntegra a decisão proferida pelo juízo de primeiro grau, autorizando, assim, a desconsideração da personalidade jurídica, conforme fundamentado.

Nestes termos,
Pede deferimento.
Local e data
Advogado, OAB n....

XV EXAME DE ORDEM UNIFICADO – QUESTÕES

■ **QUESTÃO 1:** Heitor, residente em Porto Alegre/RS, firmou, em 10/05/2010, com a Sociedade W S/A, sediada na cidade de São Paulo/SP, contrato de seguro de seu veículo automotor. A apólice prevê cobertura para sinistros ocorridos em todo o país. Em 18/12/2010, Heitor, passeando pela cidade de Salvador/BA, teve seu veículo furtado no estacionamento gratuito do Shopping B. Com base em tal situação, responda aos itens a seguir, utilizando os argumentos jurídicos apropriados e a fundamentação legal pertinente ao caso.

A) Caso Heitor acione a Sociedade W S/A, visando a receber o valor do bem segurado, e a seguradora se negue a cobrir os danos sofridos, alegando não haver cobertura securitária para o infortúnio, poderá Heitor demandar a seguradora na Comarca de Porto Alegre/RS? (Valor: 0,60)

B) O Shopping B possui o dever de ressarcir Heitor pelo furto de seu veículo? Fundamente. (Valor: 0,65)

O examinando deve fundamentar suas respostas. A mera citação do dispositivo legal não confere pontuação.

■ **RESPOSTAS**

A) Heitor poderá ajuizar ação de cobrança em face da Seguradora na Comarca de Porto Alegre/RS, em razão da regra de foro especial para o autor da demanda, nos termos do art. 101, inciso I, do CDC ou art. 100, parágrafo único, do CPC/73 (atualmente art. 53, V, do CPC/2015) excetuando a regra consagrada no art. 94, do CPC/73 (atualmente art. 46 do CPC/2015).

B) O oferecimento de estacionamento privativo é uma vantagem comercial, sendo certo que a jurisprudência do Superior Tribunal de Justiça acomodou o entendimento de que, mesmo quando gratuito, torna a empresa responsável pela segurança tanto do veículo quanto do cliente (obrigação de garantia). Nos termos do art. 14 do Código de Defesa do Consumidor e conforme a Súmula n. 130 do STJ, o shopping responderá objetivamente pela reparação dos danos acarretados a Heitor. Nestes casos, há falha no fornecimento da segurança, não cumprida a obrigação de garantia, havendo responsabilidade do shopping pelo fato ou defeito do serviço. O fato do assalto não permite aplicar a regra de exclusão de responsabilidade baseada na força maior (inevitável, pela força da natureza).

■ **QUESTÃO 2:** João e José celebraram contrato de locação, por dois anos, de um veículo de propriedade de José, que seria utilizado por João para fazer passeios turísticos com seus clientes. No contrato de locação, foi estipulada cláusula penal de 10% do valor total do contrato para o caso de resolução por quaisquer das partes, em especial, a decorrente do não pagamento de dois aluguéis. Diante de tal previsão, caso João tivesse incorrido em mora, dando causa à resolução, responda aos itens a seguir.

A) Para a execução da cláusula penal, José tem que comprovar a existência de prejuízo equivalente ao seu montante? (Valor: 0,65)

B) Caso José consiga comprovar que o prejuízo excede ao valor da cláusula penal, poderia cobrar a cláusula penal e a indenização suplementar? (Valor: 0,60)

O examinando deve fundamentar suas respostas. A mera citação do dispositivo legal não confere pontuação.

■ **RESPOSTAS**

A) A cláusula penal, como prevista no enunciado, independe de ocorrência e ou de comprovação da ocorrência de prejuízo, nos termos do art. 416, *caput*, do Código Civil.

B) A indenização suplementar, por outro lado, só poderá ser requerida se houver disposição contratual expressa autorizando, nos termos do mesmo artigo, em seu parágrafo único. Se o contrato contemplar tal previsão, o valor da cláusula penal servirá de princípio indenizatório (indenização mínima) e será complementada pela indenização suplementar até o valor total do dano.

■ **QUESTÃO 3:** João, pai de Eduardo e Mônica, após se divorciar de sua esposa, obrigou-se a pagar, por meio de uma ação de alimentos, o percentual de 15% (quinze por cento) da sua remuneração para cada um de seus filhos, até que atingissem a maioridade ou terminassem curso superior, ou, ao menos, estivessem estudando. Após atingirem a maioridade, Mônica continuou estudando, regularmente matriculada em um curso de medicina. Eduardo, no entanto, abandonou os estudos e resolveu trabalhar, abrindo um comércio lucrativo em seu bairro, que já possibilitava o seu sustento a ponto de estar noivo de Maria Lúcia. Diante de tais fatos, João resolve deixar de pagar os alimentos para seus dois filhos. A partir da hipótese formulada, responda aos itens a seguir.

A) João, ao deixar de pagar os alimentos a Eduardo, procedeu de forma correta? (Valor: 0,65)

B) Como advogado de Mônica, qual atitude você tomaria para compelir João a pagar os alimentos em atraso há dois meses? (Valor: 0,60)

O examinando deve fundamentar suas respostas. A mera citação do dispositivo legal não confere pontuação.

■ **RESPOSTAS**

A) João não agiu corretamente. Ele deveria, judicialmente, buscar a exoneração de alimentos (art. 1.699 do CC/2002 e art. 15 da Lei 5.478/68) com relação ao filho Eduardo, comprovando a maioridade e a desnecessidade de se pagar alimentos ao mesmo, pois está trabalhando, com renda própria, o que altera a situação do binômio necessidade/possibilidade do art. 1.694, § 1º, do CC/2002, bem como apontando que o mesmo não estaria frequentando curso regular de ensino.

B) Considerando o atraso de dois meses, seria possível ajuizar ação de execução de alimentos, inclusive, com pena de prisão. No antigo CPC conforme o art. 733 (atual art. 528 do CPC).

■ **QUESTÃO 4:** Bruno ajuizou ação revisional em face do Banco ZB S/A, asseverando que o contrato de financiamento com garantia em alienação fiduciária celebrado está eivado de cláusulas abusivas, sendo necessária sua revisão. O banco não apresentou contestação. Em sentença, os pedidos formulados por Bruno foram julgados totalmente procedentes. Em sede de recurso de apelação, o banco compareceu em juízo, alegando nulidade processual por ausência de citação válida, vez que não foram observadas as prescrições legais. Considerando o caso apresentado e as regras previstas no Código de Processo Civil sobre teoria das nulidades, responda aos itens a seguir.

A) A alegação do Banco ZB S/A, de ausência de citação válida, constitui hipótese de nulidade processual relativa ou absoluta? Fundamente. (Valor: 0,60)

B) A nulidade da citação está sujeita aos efeitos da preclusão? Fundamente. (Valor: 0,65)

O examinando deve fundamentar suas respostas. A mera citação do dispositivo legal não confere pontuação.

■ **RESPOSTAS**

A) A ausência de citação válida é causa de nulidade absoluta, e não relativa. Trata-se de pressuposto de validade da constituição e formação do processo em relação ao réu e requisito de validade dos atos processuais seguintes conforme arts. 214 e 263 do CPC/73 (atuais arts. 239 e 312 do CPC/2015). Então, o vício é insanável, não pode ser regularizado, sendo causa de nulidade absoluta conforme o art. 247 do CPC/73 (atual art. 280 do CPC/2015).

B) A nulidade da citação não está sujeita à preclusão, podendo ser reconhecida a qualquer tempo e grau de jurisdição, ultrapassando, inclusive, a barreira da coisa julgada, visto que, sem citação regular e/ou comparecimento espontâneo da parte, não se pode sequer cogitar em processo, conforme prescrevem o art. 267, § 3º, e o art. 245, parágrafo único, do CPC (atuais arts. 485, § 3º, e 278, parágrafo único, estes do CPC).

7 XVI EXAME DE ORDEM UNIFICADO

PEÇA PROFISSIONAL

■ **ENUNCIADO:** João andava pela calçada da rua onde morava, no Rio de Janeiro, quando foi atingido na cabeça por um pote de vidro lançado da janela do apartamento 601 do edifício do Condomínio Bosque das Araras, cujo síndico é o Sr. Marcelo Rodrigues. João desmaiou com o impacto, sendo socorrido por transeuntes que contataram o Corpo de Bombeiros, que o transferiu, de imediato, via ambulância, para o Hospital Municipal X. Lá chegando, João foi internado e submetido a exames e, em seguida, a uma cirurgia para estagnar a hemorragia interna sofrida. João, caminhoneiro autônomo que tem como principal fonte de renda a contratação de fretes, permaneceu internado por 30 dias, deixando de executar contratos já negociados. A internação de João, nesse período, causou uma perda de R$ 20 mil. Após sua alta, ele retomou sua função como caminhoneiro, realizando novos fretes. Contudo, 20 dias após seu retorno às atividades laborais, João, sentindo-se mal, voltou ao Hospital X. Foi constatada a necessidade de realização de nova cirurgia, em decorrência de uma infecção no crânio causada por uma gaze cirúrgica deixada no seu corpo por ocasião da primeira cirurgia. João ficou mais 30 dias internado, deixando de realizar outros contratos. A internação de João, por este novo período, causou uma perda de R$ 10 mil. João ingressa com ação indenizatória perante a 2ª Vara Cível da Comarca da Capital contra o Condomínio Bosque das Araras, requerendo a compensação dos danos sofridos, alegando que a integralidade dos danos é consequência da queda do pote de vidro do condomínio, no valor total de R$ 30 mil, a título de lucros cessantes, e 50 salários mínimos a título de danos morais, pela violação de sua integridade física. Citado, o Condomínio Bosque das Araras, por meio de seu síndico, procura você para que, na qualidade de advogado(a), busque a tutela adequada de seu direito. Elabore a peça processual cabível no caso, indicando os seus requisitos e fundamentos, nos termos da legislação vigente. (Valor: 5,00)

■ **GABARITO COMENTADO:** (**Atenção:** gabarito prejudicado com a vigência do CPC/2015, porém a peça modelo produzida está totalmente adequada ao CPC). A peça a ser formulada é uma contestação à ação indenizatória proposta por João. O Condomínio deverá defender a sua ilegitimidade passiva pelo fato de, em relação à queda do pote de vidro, ser identificado o condômino e, com relação ao erro médico, ser responsabilidade do Hospital Municipal X. O Condomínio deverá arguir improcedência do pedido de indenização em relação à primeira cirurgia, tendo em vista que o pote de vidro foi lançado de apartamento individualizado – 601 –, isto é, de unidade autônoma reconhecida. De acordo com o art. 938 do Código Civil, "aquele que habitar prédio, ou parte dele, responde pelo dano proveniente das coisas que dele caírem ou forem lançadas em lugar indevido". Assim, o habitante (proprietário, locatário, comodatário, usufrutuário ou mero possuidor) da unidade autônoma é o responsável pela prática do ato danoso, e não o Condomínio. Outrossim, deverá o Condomínio arguir que não há obrigação de indenizar de sua parte em relação aos danos decorrentes da segunda cirurgia sofrida por João, na medida em que o dano é resultado de erro médico cometido pela equipe cirúrgica do Hospital Municipal X, não da queda do pote de vidro. Ainda que materialmente relacionado ao evento, a queda do pote de vidro do edifício somente se pode atribuir a consequências danosas do primeiro evento, de acordo com o art. 403 do CC: "Ainda que a inexecução resulte de dolo do devedor, as perdas e danos só incluem os prejuízos efetivos e os lucros cessantes por efeito dela direto e imediato, sem prejuízo do disposto na lei processual". Por fim, deverá defender a inexistência de danos morais a serem indenizados e, caso seja diferente o entendimento do juízo, que o valor a ser fixado a título de indenização seja inferior àquele pedido pelo autor.

Distribuição de pontos

Quesito avaliado	Faixa de valores
Endereçamento ao Juízo da 2ª Vara Cível da Comarca da Capital do Rio de Janeiro (0,10).	0,00/0,10
Indicação correta das partes: réu – Condomínio Bosque das Araras (0,10), representado por seu síndico Marcelo Rodrigues (0,10) – oferecendo a contestação. Autor – João (0,10).	0,00/0,10/0,20/0,30

Quesito avaliado	Faixa de valores
Fundamentação Jurídica/Legal:	
(1) Arguição de carência de ação por ilegitimidade passiva em razão da identificação da unidade autônoma de onde foi lançado o pote de vidro (0,30). Arguição de carência de ação por ilegitimidade passiva em razão da identificação do erro causado pelos médicos do Hospital Municipal X (0,30).	0,00/0,30/0,60
(2) Desenvolver a impugnação quanto à atribuição da responsabilidade civil ao Condomínio, argumentando que: tendo em vista a identificação da unidade autônoma de onde foi lançado o pote de vidro, é ao seu habitante que deve ser imputado o dever de indenizar (0,50), na forma do art. 938 do CC (0,10).	0,00/0,50/0,60
(3) Impugnar a pretensão de indenização por danos materiais (lucros cessantes), em especial, aqueles verificados no período de 30 dias após a segunda cirurgia, já que inexistente nexo de causalidade direto e imediato entre a queda do pote de vidro e tais danos, que foram experimentados em decorrência de falha do primeiro procedimento cirúrgico. (0,50). Citar art. 403 do CC (0,10).	0,00/0,50/0,60
(4) Impugnar a alegação relativa à existência de dano moral indenizável – a fim de atender ao ônus da impugnação especificada (0,50), e subsidiariamente a sua fixação em valor inferior àquele pedido na inicial (0,10).	0,00/0,10/0,50/0,60
Formular corretamente os pedidos e requerimentos:	
Extinção do processo, sem resolução do mérito (0,20), pelo acolhimento da(s) preliminar(es) de ilegitimidade (0,20), com indicação do art. 3º E/OU art. 267, inciso VI, do CPC (0,10).	0,00/0,20/0,30/ 0,40/0,50
Improcedência dos pedidos formulados na inicial (0,30), com indicação do art. 269, I, do CPC (0,10) e, eventualmente, fixação de indenização por danos morais em valor inferior àquele sugerido na petição inicial (0,10).	0,00/0,10/0,30/ 0,40/0,50
Condenação em custas e honorários (0,30).	0,00/0,30
Protesto pela produção de provas (0,30).	0,00/0,30
Fechamento da Peça (Indicar a inserção de data e assinatura) (0,10).	0,00/0,10

MODELO DE PEÇA

EXCELENTÍSSIMO SR. DR. JUIZ DE DIREITO DA 2ª VARA CÍVEL DA COMARCA DO RIO DE JANEIRO, CAPITAL.

Processo n.

CONDOMÍNIO BOSQUE DAS ARARAS, neste ato, representado pelo seu síndico, MARCELO RODRIGUES, já devidamente qualificado nos autos em epígrafe que lhe move JOÃO, vem por seu procurador que esta subscreve nos termos da procuração anexa, perante Vossa Excelência, com todo o acatamento e respeito, oferecer

Contestação

pelos motivos de fato e de direito a seguir deduzidos, para que a presente ação seja julgada improcedente, conforme abaixo se requer.

Dos Fatos

Aduz o Auto na peça vestibular que ao andar pela rua em que morava fora atingido por um pote de vidro lançado do apartamento de n. 601 do Condomínio Bosque das Araras, tendo sido socorrido e encaminhado ao Hospital X, onde fora submetido a procedimentos médicos.

Decorridos alguns dias, após se sentir mal o Autor fora encaminhado novamente ao Hospital, oportunidade na qual descobriu que em virtude de erro médico ocorrido no primeiro atendimento, fora esquecida gaze no interior de seu corpo.

Em virtude dos fatos narrados, pleiteia o Autor indenização a título de lucros cessantes pelo período posterior tanto à primeira quanto à segunda cirurgia, bem como pretende o recebimento de 50 salários mínimos a título de danos morais.

Preliminares

Inicialmente, faz-se necessário destacar que o Réu não é parte legítima para figurar no polo passivo da presente demanda, vez que em nenhuma das eventualidades que acometeram o Autor se relacionam a condutas ou omissões por parte do Réu.

Em análise à primeira situação, qual seja a queda do objeto, há de se considerar que o lançamento ocorrera de parte individualizada do prédio, do apartamento 601, e por essa razão, com esteio no art. 938 do Código Civil, deverá o habitante daquela unidade responsabilizar-se pelos danos causados.

Superada esta questão, deve-se salientar que com relação ao segundo episódio, a imperícia médica que culminou no esquecimento de gaze no interior do corpo do Autor, também não guarda qualquer relação com o Réu, que não teve, nem poderia ter qualquer controle sobre a situação, tratando-se única e exclusivamente de erro médico, pelo qual o profissional e o hospital devem ser responsabilizados.

Portanto, resta evidenciada a ilegitimidade passiva do Réu para figurar no polo passivo da presente demanda, vez que os danos sofridos pelo Autor não guardam qualquer relação ou vínculo com condutas do Réu, ausentes a conduta ilícita e o nexo causal do Réu, que são elementos imprescindíveis à formação do dever de indenizar.

Do Mérito

Inconcebível a pretensão do Autor em imputar ao Réu o pagamento de indenização por danos materiais (lucros cessantes), sobretudo, aqueles verificados no período de 30 dias após a segunda cirurgia, tendo em vista que inexiste nexo de causalidade direto e imediato entre a queda do pote de vidro e tais danos, que só foram experimentados em decorrência de falha do primeiro procedimento cirúrgico.

Portanto, em consonância com o quanto preceituado no art. 403 do Código Civil, não há falar em responsabilização do Réu pelos danos materiais oriundos do erro médico, vez que inexiste efeito direto e imediato entre o prejuízo material e a conduta do Réu.

Por fim, faz-se necessário apontar que inexiste dano moral com relação à queda do objeto, vez que o Autor fora prontamente socorrido e atendido logo após o ocorrido, tendo recebido o zeloso tratamento adequado. Não se trata de dano moral presumido (*in re ipsa*) e não há qualquer sofrimento intenso e duradouro que justificasse tal pleito, devendo ser julgado improcedente.

Ademais, pretende o Autor, com o pedido, uma vultosa cifra, a qual apenas lhe garantirá o enriquecimento sem causa, devendo, caso seja aplicada, ser adequada à realidade fática. Realmente, o enriquecimento sem causa é vedado pelo ordenamento civil, o que deverá ser considerado em possível condenação.

Dos Pedidos

Por todo o exposto, requer-se de Vossa Excelência:

a) Que seja determinada a extinção do processo sem a resolução do mérito com o acolhimento da preliminar de ilegitimidade passiva, nos termos do art. 485, inciso VI, do Código de Processo Civil.

b) Que o feito seja julgado improcedente, com a improcedência dos pedidos formulados na inicial, nos termos do art. 487, I, do CPC e, eventualmente, no caso de possível condenação, a fixação de indenização por danos morais em valor inferior àquele sugerido na petição inicial com base em julgamentos dos Tribunais.

c) Sendo a ação improcedente com relação ao mérito, ainda que devidamente constatada a ilegitimidade e reconhecida pelo respeitável juízo, seja a presente ação julgada com resolução de mérito, nos termos do art. 488 do Código de Processo Civil.

d) E, ainda, a condenação do Autor ao pagamento dos honorários sucumbenciais, despesas e custas processuais de sucumbência.

Protesta-se provar o alegado por todos os meios de prova em direitos admitidos.

Termos em que,
Pede Deferimento.
Local, data.
Advogado.
OAB n.

XVI EXAME DE ORDEM UNIFICADO – QUESTÕES

■ **QUESTÃO 1:** Após o período de relacionamento amoroso de dois anos, Mário Alberto, jovem com 17 anos de idade, e Cristina, com apenas 15 anos, decidem casar. A mãe de Mário, que detém a sua guarda, autoriza o casamento, apesar da discordância de seu pai. Já os pais de Cristina consentem com o casamento. Com base na situação apresentada, responda aos itens a seguir.

A) É possível o casamento entre Mário Alberto e Cristina? (Valor: 0,60)

B) Caso os jovens se casem, quais os efeitos desse casamento? Há alguma providência judicial ou extrajudicial a ser tomada pelos jovens? (Valor: 0,65)

Responda justificadamente, empregando os argumentos jurídicos apropriados e a fundamentação legal pertinente ao caso.

■ **RESPOSTAS**

A) Não é possível o casamento, pois Cristina não tem idade núbil, ou seja, não tem capacidade matrimonial. E ainda, Alberto precisaria do consentimento de ambos os pais, uma vez que o consentimento para o casamento é atributo do poder familiar inerente a ambos em igualdade de condições, independentemente do regime de guarda estabelecido. Caso um dos genitores se recuse injustificadamente, ele poderá buscar o suprimento judicial.

B) O casamento é anulável pelas razões acima expostas na letra (A). As providências a serem adotadas seriam a ação anulatória do casamento pela via judicial com fundamento no art. 1.555 do CC/2002 ou a confirmação do casamento, com base no art. 1.553 do CC/2002.

■ **QUESTÃO 2:** A famosa entrevistadora Emília Juris anunciou, em seu programa, estar grávida de uma menina. Contudo, na semana seguinte, seu marido afirmou que não podia ter filhos, comprovando, por laudo médico de infertilidade, sua afirmativa. Em rede nacional, acusou-a de adultério. Diante da notícia avassaladora, Etanael Castro publicou texto no seu blog ofendendo Emília com palavrões e expressões chulas, principalmente no âmbito sexual, atingindo-a intensamente em sua honra, e, em relação à futura filha da entrevistadora, usou os mesmos termos, até de forma mais grosseira. Emília procura um advogado para assisti-la na defesa de seus direitos, questionando-o, inclusive, quanto aos direitos de sua filha que já foi ofendida mesmo antes de nascer. Diante da situação narrada, responda aos itens a seguir, fundamentando-as com os dispositivos pertinentes.

A) Mesmo antes da criança nascer, Emília pode reclamar direitos do nascituro? (Valor: 0,45)

B) Emília possui legitimidade para ajuizar ação em seu nome e do nascituro? (Valor: 0,80)

Obs.: responda justificadamente, empregando os argumentos jurídicos apropriados e a fundamentação legal pertinente ao caso.

- **RESPOSTAS**

A) O art. 2º do CC/2002 indica que a personalidade civil tem início do nascimento com vida, mas põe a salvo, desde a concepção, os direitos do nascituro. Então, a filha de Emília, ainda que na condição de nascituro, pode ter violado seu direito à personalidade e, portanto, tutelado pelo ordenamento, permitindo que Emília assim reclame seus direitos por intermédio de sua genitora.

B) Sim. Como o objeto litigioso diz respeito tanto a Emília quanto à sua filha, Emília reunirá as situações jurídicas de legitimado ordinário e extraordinário.

No caso da filha, trata-se de representação processual por parte de Emília para defender os direitos da filha, já que estará em juízo em nome alheio, defendendo interesse alheio, na forma do que dispõem os arts. 6º e 8º do Código de Processo Civil de 1973 (atualmente arts. 18 e 71 do CPC).

- **QUESTÃO 3:** Roberval não possuía filhos e seus pais já eram falecidos. Seu único parente era seu irmão Ângelo, sendo certo que tanto Roberval quanto Ângelo jamais se casaram ou viveram em união estável. Roberval, que tinha um imóvel na Tijuca e outro menor no Flamengo, decidiu beneficiar Caio, seu melhor amigo, em sua sucessão, razão pela qual estabeleceu em seu testamento que, por ocasião de sua morte, o imóvel da Tijuca deveria ser destinado a Caio, passando para os filhos de Caio quando do falecimento deste. Quando Roberval faleceu, Caio já tinha um filho de 05 anos. Com base no enunciado acima, responda aos itens a seguir.

A) Roberval poderia beneficiar seu amigo Caio em sua sucessão? (Valor: 0,45)

B) Descreva a sucessão de Roberval e como deverá ser dividida a sua herança, consistente nos seus dois imóveis, a saber, o da Tijuca e o do Flamengo. (Valor: 0,80)

Responda justificadamente, empregando os argumentos jurídicos apropriados e a fundamentação legal pertinente ao caso.

- **RESPOSTAS**

A) Sim, ele poderia beneficiar o amigo Caio. Isso porque Roberval tinha como parente apenas seu irmão Ângelo, que não é herdeiro necessário. Então, consoante o disposto nos arts. 1.845 e 1.850 do

CC/2002, Roberval poderia beneficiar Caio em sua sucessão sem qualquer limite quantitativo.

B) O imóvel da Tijuca caberá ao filho de Caio em nua propriedade e a Caio em usufruto, conforme o disposto no parágrafo único do art. 1.952 do CC/2002. O imóvel do Flamengo caberá ao único parente e herdeiro legítimo de Roberval, o irmão Ângelo (art. 1.829, IV, do CC).

■ **QUESTÃO 4:** João e Maurício são proprietários e moradores de imóveis vizinhos, situados na Cidade do Rio de Janeiro. Embora o seu imóvel disponha de acesso próprio à via pública, há mais de vinte anos João atravessa diariamente o terreno de Maurício para chegar ao ponto de ônibus mais próximo da sua moradia, pois esse é o trajeto mais curto existente. Ademais, o caminho utilizado por João é pavimentado e conta com sistema de drenagem para as águas pluviais. Além disso, na cerca que separa os dois imóveis, há uma porteira, de onde tem início o caminho. Determinado dia, Maurício decide impedir João de continuar a atravessar o seu terreno. Com esse intuito, instala uma grade no lugar da porteira existente na cerca que separa os dois imóveis. Inconformado, João decide consultar um advogado. Na condição de advogado(a) consultado(a) por João, responda aos itens a seguir.

A) Tem João direito a constranger Maurício a lhe dar passagem forçada, de modo a continuar a usar o caminho existente no terreno de Maurício? (Valor: 0,60)

B) Independentemente da resposta ao item anterior, pode João ingressar em juízo para que seja reconhecida a aquisição de direito real de servidão de passagem, por meio de usucapião? (Valor: 0,65)

Responda justificadamente, empregando os argumentos jurídicos apropriados e a fundamentação legal pertinente ao caso.

■ **RESPOSTAS**

A) Não. João tem acesso à via pública a partir do seu imóvel, sendo que somente o dono do prédio que não possui nenhum acesso à via pública poderá exigir passagem forçada (art. 1.285 do CC/2002).

B) Sim, João possui tal direito. Diante do contexto fático do enunciado é possível afirmar que João possui "servidão de trânsito", que proporciona utilidade para o prédio dominante de João e grava o prédio serviente pertencente a Maurício. Isso se convalida com a presença dos requisitos previstos no art. 1.379 do CC/2002, *caput* e parágrafo único, para a aquisição de direito real de servidão por meio de usucapião. A servidão é aparente, tendo em vista a presença de obras exteriores (pavimentação, sistema de drenagem e porteira) e houve o exercício contínuo e inconteste da servidão por vinte anos (prazo estabelecido no art. 1.379, parágrafo único, do CC/2002).

8 XVII EXAME DE ORDEM UNIFICADO

PEÇA PROFISSIONAL

■ **ENUNCIADO:** Mário e Henrique celebraram contrato de compra e venda, tendo por objeto uma máquina de cortar grama, ficando ajustado o preço de R$ 1.000,00 e definido o foro da comarca da capital do Rio de Janeiro para dirimir quaisquer conflitos. Ficou acordado, ainda, que o cheque n. 007, da Agência n. 507, do Banco X, emitido por Mário para o pagamento da dívida, seria pós-datado para ser depositado em 30 dias. Ocorre, porém, que, nesse ínterim, Mário ficou desempregado. Decorrido o prazo convencionado, Henrique efetuou a apresentação do cheque, que foi devolvido por insuficiência de fundos. Mesmo após reapresentá-lo, o cheque não foi compensado pelo mesmo motivo, acarretando a inclusão do nome de Mário nos cadastros de inadimplentes. Passados dez meses, Mário conseguiu um novo emprego e, diante da inércia de Henrique, que permanece de posse do cheque, em cobrar a dívida, procurou-o a fim de quitar o débito. Entretanto, Henrique havia se mudado e Mário não conseguiu informações sobre seu paradeiro, o que inviabilizou o contato pela via postal. Mário, querendo saldar a dívida e restabelecer seu crédito perante as instituições financeiras procura um advogado para que sejam adotadas as providências cabíveis. Com base no caso apresentado, elabore a peça processual adequada. (Valor: 5,00)

■ **GABARITO COMENTADO:** (**Atenção:** gabarito prejudicado com a vigência do CPC, porém a peça foi elaborada totalmente conforme o CPC) A peça cabível consiste em uma Ação de Consignação em Pagamento, nos termos dos arts. 890 a 900 do CPC e dos arts. 334 a 345 do Código Civil. A demanda deverá ser proposta perante uma das Varas Cíveis da Comarca do Rio de Janeiro.

Deverá Mário figurar no polo ativo e Henrique no polo passivo, atendendo-se aos requisitos previstos no art. 282 do CPC. Na abordagem dos fatos e fundamentos, deve o examinando salientar a existência de relação jurídica contratual entre as partes, destacar a existência de dívida pendente e a pretensão de liberar-se da obrigação pelo pagamento, o que não ocorreu em virtude do fato de que o credor reside em local desconhecido, o que autoriza a consignação. Deverá, ainda, requerer o depósito da quantia devida, pedindo-se a antecipação dos efeitos de tutela jurisdicional, com determinação da retirada do nome de Mário dos cadastros de inadimplentes, a citação por edital do réu para levantar a quantia depositada ou oferecer resposta, deduzir pretensão declaratória de extinção da obrigação pelo pagamento, a condenação em custas e os honorários advocatícios e a produção de prova por todos os meios admitidos. Ao final, deve o examinando indicar o endereço do advogado, o valor da causa, o local, a data e a assinatura do advogado, além de comprovar o pagamento das custas.

Distribuição de pontos

Quesito avaliado	Faixa de valores
Endereçamento ao juízo correto: Juízo de uma das Varas Cíveis da comarca da capital do Rio de Janeiro (0,10)	0,00 / 0,10
Indicação correta do polo ativo (0,10) com qualificação (0,10) e passivo (0,10) com qualificação (0,10)	0,00 / 0,10 / 0,20 / 0,30 / 0,40
Fundamentos legais: CPC, arts. 890 a 900 **OU** CC, arts. 334 a 345 (0,20) *Obs.: A simples menção ao dispositivo não pontua*	0,00 / 0,20
Fundamentação: 1 – afirmação de existência da relação contratual; (0,20) 2 – existência de dívida pendente e o interesse em quitá-la; (0,20) 3 – não localização da residência do credor para receber o pagamento. (0,20)	0,00 / 0,20 / 0,40 / 0,60 /

Quesito avaliado	Faixa de valores
Demonstração do cumprimento dos requisitos da tutela antecipada (0,45), nos termos do disposto no art. 273 do CPC. (0,15) Obs.: A simples menção ao dispositivo não pontua	0,00 / 0,45 / 0,60
Pedidos: 1 – depósito da quantia devida; (0,30)	0,00 / 0,30 /
2 – citação do réu (0,10) **por edital** (0,10) para levantar o depósito ou oferecer resposta; (0,10)	0,00 / 0,10 / 0,20 / 0,30
3 – concessão de tutela antecipada, com determinação da retirada do nome de Mário dos cadastros de inadimplentes; (0,30)	0,00 / 0,30 /
4 – procedência da ação (0,20), conforme o art. 269, I, do CPC (0,15), para confirmar a antecipação de tutela (0,20) e declarar extinta a obrigação pelo pagamento; (0,20)	0,00 / 0,20 / 0,35 / 0,40 / 0,55 / 0,60 / 0,75
5 – condenação do réu ao pagamento de custas (0,15) e honorários advocatícios. (0,15)	0,00 / 0,15 / 0,30
Protesto pela produção de provas (art. 282 do CPC) (0,20)	0,00 / 0,20
Indicação de pagamento de custas processuais ou pedido de gratuidade de justiça (0,10)	0,00 / 0,10
Estruturação adequada da peça: Fato (0,10), fundamento (0,20) e pedido (0,25)	0,00 / 0,10 / 0,20 / 0,25, / 0,30 / 0,35 / 0,45 / 0,55
Valor da Causa (art. 282 do CPC) (0,20)	0,00 / 0,20
Local, data, assinatura e OAB do advogado (0,10)	0,00 / 0,10

MODELO DE PEÇA

EXCELENTÍSSIMO SENHOR DOUTOR JUIZ DE DIREITO DA 2ª VARA CÍVEL DA COMARCA DO RIO DE JANEIRO/RJ.

MÁRIO, nacionalidade, estado civil, portador da cédula de identidade de n. e do CPF n., residente e domiciliado na Rua, Cidade, Estado, por intermédio de seu procurador signatário, conforme instrumento de procuração anexo, portador da carteira de profissional n., vem perante Vossa Excelência, com todo acatamento e respeito, com fundamento no art. 539 e seguintes do Código de Processo Civil, propor a presente

Ação de Consignação em Pagamento com Pedido de Tutela Antecipada

em face de Henrique, nacionalidade, estado civil, portador da cédula de identidade de n. e do CPF n., residente e domiciliado na Rua, Cidade, Estado, pelas razões de fato e de direito a seguir aduzidas.

Dos Fatos

As partes celebraram contrato de compra e venda, o qual tinha por objeto a aquisição de uma máquina de cortar grama, no valor de R$ 1.000,00 (mil reais).

Ocorre que o Autor ficara desempregado, o que impediu que o mesmo viesse a adimplir com suas obrigações, o que culminou na negativação de seu nome junto aos sistemas e cadastros de proteção ao crédito.

Decorridos 10 (dez) meses do fato do inadimplemento e economicamente estabilizado, pretendeu o Autor quitar seu débito, entretanto, não localizou o Réu para tanto, apesar de suas inúmeras tentativas comprovadas em anexo, fato este que ensejou a propositura da presente demanda.

Do Direito

Inicialmente cumpre destacar a existência de relação contratual que envolve as partes, qual seja o contrato de compra e venda que restara inadimplido pelo Autor, que pretende por meio desta demanda, saldar a dívida existente, tendo em vista que se encontra impossibilitado de fazê-lo de forma extrajudicial, vez que desconhece a atual localização do credor, ora Réu.

Deste modo, de acordo com o art. 334 do Código Civil, pretende o Autor extinguir o débito existente por meio da realização de consignação judicial da dívida, sendo cabível, no presente caso em razão da incerteza de onde se encontra o credor, conforme previsto pelo art. 335, inciso III, do Código Civil. O devedor tem o direito de pagar a sua dívida e com isso extinguir o vínculo obrigacional existente, inclusive, com isso, retirar os seus dados do cadastro de negativação.

Da Tutela de Urgência

Dispõe o art. 300 do Código de Processo Civil que, presentes os requisitos da verossimilhança e perigo de dano ou risco ao resultado útil do processo, poderá ser concedida tutela antecipada de urgência.

Neste ínterim, é de hialina clareza que ao presente caso se aplica a concessão de tutela antecipada de urgência, vez que a verossimilhança das alegações traduz-se no contrato entabulado entre as partes que segue acostado a esta petição, bem como o registro de negativação existente nos serviços de proteção ao crédito (documento anexo). O Autor necessita da liberação de seu cadastro, com o levantamento da negativação, para que possa adquirir sua casa própria, mediante financiamento bancário, conforme documento anexo.

De outra senda, o perigo de dano pode ser verificado na limitação ao poder de compra do Autor, que encontra impedimentos em realizar atividades comerciais em virtude das restrições existentes, subsistindo ainda mácula a sua honra subjetiva, vez que pode ser visto pela sociedade como "mau pagador", mesmo tendo pagado sua dívida com todos os acréscimos legais, que é o objetivo final da presente demanda.

Deste modo, presentes os requisitos autorizadores, faz-se necessária a concessão de tutela antecipada de urgência, a fim de se retirar o nome do Autor do cadastro de inadimplentes e evitar maiores prejuízos ao mesmo, considerando que a dívida está paga através desta ação de consignação.

Do Pedido

Diante dos fatos narrados, requer-se de Vossa Excelência:

a) A autorização do depósito da quantia devida, no valor de R$, no prazo de 05 dias, nos termos do art. 542, inciso I, do CPC.

b) A concessão de tutela antecipada, com determinação da retirada do nome do Autor dos cadastros de inadimplentes assim que for depositado o valor acima indicado.

c) A citação do Réu por edital para levantar o depósito ou oferecer contestação, sob as penas da lei.

d) A procedência da ação para confirmar a antecipação de tutela e declarar extinta a obrigação pelo pagamento nos termos do art. 546 do CPC, com a condenação do Réu nas despesas e custas processuais, bem como nos honorários advocatícios de sucumbência.

Pretende-se provar o alegado com todas as formas de provas admitidas em direito.

Dá-se à presente causa o valor de R$ 1.000,00 (mil reais).

Termos em que,
Pede deferimento.
Local, data.
Advogado.
OAB n.

XVII EXAME DE ORDEM UNIFICADO – QUESTÕES

■ **QUESTÃO 1:** Josué, que não tinha lugar para morar com a família, ocupou determinada área urbana de 500 metros quadrados. Como ignorava a titularidade do imóvel, o qual se encontrava sem demarcação e aparentemente abandonado, nele construiu uma casa de alvenaria, com três quartos, furou um poço, plantou grama, e, como não possuía outro imóvel, fixou residência com a mulher e os cinco filhos, por cerca de dois anos, sem ser molestado. Matusalém, proprietário do imóvel, ao tomar conhecimento da ocupação, ajuizou ação de reintegração de posse em face de Josué. Diante de tal situação, responda, fundamentadamente, às seguintes indagações a seguir.

A) Na contestação, Josué poderia requerer a indenização pelas benfeitorias realizadas? (Valor: 0,65)

B) Qual seria o prazo necessário para que pudesse arguir a usucapião em seu favor e qual a sua espécie? (Valor: 0,60)

Obs.: o examinando deve fundamentar suas respostas. A mera citação do dispositivo legal não confere pontuação.

■ **RESPOSTAS**

A) Considerando que Josué é possuidor de boa-fé (ignora os vícios de sua posse), poderá se utilizar, em contestação, do direito à indenização por benfeitorias necessárias e úteis, nos termos do art. 1.219 do CC/2002.

B) Visando adquirir a propriedade, Josué teria que ter a posse mansa e pacífica do imóvel por 10 (dez) anos ininterruptos para a aquisição da propriedade pela usucapião extraordinária (art. 1.238, parágrafo único, do CC/2002).

■ **QUESTÃO 2:** Adalberto e Marieta foram casados pelo regime de comunhão parcial de bens por oito anos. Estão separados de fato há vinte anos e possuem dois filhos maiores e capazes. O casal mantém patrimônio conjunto e ingressou com ação de divórcio. Ocorre que, tão logo ajuizaram a ação para a dissolução do vínculo conjugal, o advogado de ambos ficou impossibilitado de representá-los em juízo, motivo pelo qual outro advogado assumiu a causa e informou a Adalberto e Marieta que o divórcio poderia ter sido realizado em cartório, pela via extrajudicial. Diante do caso apresentado, responda aos itens a seguir, apontando o fundamento legal.

A) É possível a convolação da ação de divórcio em divórcio por escritura pública? Como devem proceder para realizar o divórcio em cartório extrajudicial? (Valor: 0,75)

B) Caso Adalberto e Marieta pretendam manter os bens comuns do casal em condomínio, é possível a dissolução da sociedade conjugal sem a realização da partilha? (Valor: 0,50)

Obs.: o examinando deve fundamentar suas respostas. A mera citação do dispositivo legal não confere pontuação.

■ **RESPOSTAS**

A) Não é possível transformar a ação judicial em divórcio administrativo. O Poder Judiciário deve extinguir o processo por meio de sentença, mesmo que homologatória de desistência da ação e, as partes, posteriormente, ingressarem com procedimento administrativo com fundamento (art. 1.124-A do antigo CPC/73, atualmente art. 733 do CPC/2015).

B) Sim, conforme o art. 1.581 do CC/2002 é possível a realização do divórcio sem prévia partilha dos bens, podendo manter os bens comuns do casal em regime de condomínio.

■ **QUESTÃO 3:** Eduardo, jovem engenheiro, pouco depois de graduar-se e conseguir o seu primeiro emprego, deixou a casa do pai, alugando de José um pequeno apartamento próximo ao seu trabalho. O contrato de locação foi celebrado por instrumento escrito, estabelecendo prazo determinado de trinta meses. Rodrigo, viúvo, pai de Eduardo, interveio no contrato na qualidade de fiador do locatário, renunciando ao benefício de ordem e declarando-se solidariamente responsável pelas obrigações assumidas pelo afiançado. Pouco tempo depois, Ana, namorada de Eduardo, passa a residir com ele no imóvel alugado, tendo ambos o objetivo de constituir família. A união, porém, durou apenas dois anos, o que levou Eduardo a deixar o lar familiar quando ainda faltavam oito meses para o término do prazo contratualmente ajustado. Diante do fato apresentado, utilizando os argumentos jurídicos apropriados e a fundamentação legal pertinente ao caso, responda aos itens a seguir.

A) Com a saída de Eduardo de casa, Ana pode continuar residindo no imóvel locado? Que providências ela deve tomar se tiver interesse em permanecer no imóvel locado? (Valor: 0,50)

B) A partir do momento em que Eduardo deixou o lar, seu pai, Rodrigo, não tendo mais interesse em continuar garantindo a locação, pode, de alguma forma, desvincular-se da fiança? (Valor: 0,50)

C) O que José pode fazer para evitar que o contrato fique sem garantia? (Valor: 0,25)

Obs.: o examinando deve fundamentar suas respostas. A mera citação do dispositivo legal não confere pontuação.

■ RESPOSTAS

A) Considerando a existência de união estável entre o inquilino e Ana ela pode, na qualidade de sucessora contratual do locatário, permanecer no imóvel a partir da dissolução da união estável, conforme permite o art. 12 da Lei de Locações (8.245/91), bastando que ela comunique por escrito o locador e o fiador da ocorrência da sub-rogação, conforme parágrafo único do referido artigo.

B) O fiador pode exonerar-se, desde que o faça no prazo de trinta dias, contados do recebimento da notificação oferecida por Ana. Ainda assim, contudo, continuará responsável pelos efeitos da fiança durante 120 dias após a notificação ao locador (§ 2º do art. 12 da Lei de Locações).

C) O locador pode exigir que Ana ofereça nova modalidade de garantia ou indique novo fiador no prazo de trinta dias, sob pena de rompimento do contrato (art. 40, inciso IV e o parágrafo único, da Lei de Locações).

■ **QUESTÃO 4:** O famoso atleta José da Silva, campeão pan-americano da prova de 200 m no atletismo, inscreveu-se para a Copa Rio de Atletismo – RJ, 2015. O torneio previa, como premiação aos campeões de cada modalidade, a soma de R$ 20.000,00. Todos os especialistas no esporte estimavam a chance de vitória de José superior a 80%. Na semana que antecedeu a competição, o atleta, domiciliado no estado de Minas Gerais, viajou para a cidade do Rio de Janeiro para treinamento e reconhecimento dos locais de prova. Na véspera do evento esportivo, José sofreu um grave acidente, tendo sido atropelado por um ônibus executivo da sociedade empresária D Ltda., com sede em São Paulo. O serviço de transporte executivo é explorado pela sociedade empresária D Ltda. de forma habitual, organizada profissionalmente e remunerada. Restou evidente que o acidente ocorreu devido à distração do condutor do ônibus. Em virtude do ocorrido, José não pôde competir no aludido torneio. O atleta precisou de atendimento médico-hospitalar de emergência, tendo realizado duas cirurgias e usado medicamentos. No processo de reabilitação, fez fisioterapia para recuperar a amplitude de movimento das pernas e dos quadris. Sobre a situação descrita, responda aos itens a seguir.

A) Que legislação deve ser aplicada ao caso e como deverá responder a sociedade empresária D Ltda.? Quais os danos sofridos por José? (Valor: 0,85)

B) Qual o prazo para o ajuizamento da demanda reparatória? É possível fixar a competência do juízo em Minas Gerais? (Valor: 0,40)

Obs.: o examinando deve fundamentar suas respostas. A mera citação do dispositivo legal não confere pontuação.

■ **RESPOSTAS**

A1) Aplica-se o CDC. A vítima é consumidor por equiparação. Trata-se de uma relação de consumo, pois o mesmo é considerado vítima de acidente de consumo, conforme o art. 17 do CDC. A sociedade empresária D Ltda. enquadra-se na condição de fornecedora de serviços conforme o art. 3º, § 2º, do CDC. A responsabilidade civil será objetiva (art. 14 do CDC), bem como no art. 37, § 6º, da Constituição da República, por tratar-se de prestadora de serviço público.

A2) Quanto aos danos suportados pelo corredor, verifica-se a ocorrência da "teoria da perda de uma chance", em virtude da frustração da probabilidade de obter o prêmio da "Copa Rio de Atletismo". A chance se revestia de seriedade e realidade, e, assim, deverá ser reparada. Além da perda da chance, deverão ser indenizados os danos morais pela violação da integridade física e os danos emergentes decorrentes dos tratamentos médicos (perdas e danos, art. 402 do CC).

B) O prazo prescricional será de cinco anos (art. 27 do CDC). Poderá optar por ajuizar a ação em MG, pois o regime de consumo autoriza o ajuizamento da ação no domicílio do autor, conforme previsto no art. 101, I, do CDC.

9 XVIII EXAME DE ORDEM UNIFICADO

PEÇA PROFISSIONAL

ENUNCIADO: Fernando e Lara se conheceram em 31-12-2011 e, em 2-5-2014, celebraram seu casamento civil pelo regime de comunhão parcial de bens. Em 9-7-2014, Ronaldo e Luciano celebraram contrato escrito de compra e venda de bem móvel obrigando-se Ronaldo a entregar o bem em 10-7-2014 e Luciano a pagar a quantia de R$ 200.000,00 (duzentos mil reais) em 12-7-2014. O contrato foi assinado pelos seguintes sujeitos: Ronaldo, Luciano, duas testemunhas (Flávia e Vanessa) e Fernando, uma vez que do contrato constou cláusula com a seguinte redação: "pela presente cláusula, fica estabelecida fiança, com renúncia expressa ao benefício de ordem, a qual tem como afiançado o Sr. Luciano e, como fiador, o Sr. Fernando, brasileiro, casado pelo regime de comunhão parcial de bens, economista, portador da identidade X, do CPF-MF Y, residente e domiciliado no endereço Z". No dia 10-7-2014, Ronaldo entregou o bem móvel, enquanto Luciano deixou de realizar o pagamento em 12-7-2014. Em 15-7-2014, Ronaldo iniciou execução de título extrajudicial apenas em face do fiador, Fernando, distribuída automaticamente ao juízo da MM. 2ª Vara Cível da Comarca da Capital do Estado do Rio de Janeiro. O executado é citado para realizar o pagamento em 03 dias. Fernando apresentou embargos, os quais são rejeitados liminarmente, porquanto manifestamente improcedentes. Não foi interposto recurso contra a decisão dos embargos. A execução prosseguiu, vindo o juiz a determinar, em 8-11-2014, a penhora de bens, a serem escolhidos pelo Oficial de Justiça, para que, uma vez penhorados e avaliados, sejam vendidos em hasta pública, a ser realizada em 1º-3-2015. Em 11-12-2014, foi penhorado o único apartamento no qual Fernando e Lara residem – avaliado, naquela data, em R$ 150.000,00 (cento e cinquenta mil reais) –, bem imóvel esse adquirido exclusivamente por Lara em 1º-3-2000. Na mesma data da penhora, Fernando e Lara foram intimados, por Oficial de Justiça, sobre a penhora do bem e sobre a data fixada para a expropriação (1º-3-2015). Em 12-12-2014, Lara compareceu ao seu Escritório de Advocacia, solicitando aconselhamento jurídico. Na qualidade de advogado(a) de Lara, elabore a peça processual cabível para a defesa dos interesses de sua cliente, indicando seus requisitos e fundamentos nos termos da legislação vigente. (Valor: 5,00)

■ **GABARITO COMENTADO:** (**Atenção:** gabarito prejudicado com a vigência do CPC, porém a peça modelo foi totalmente elaborada com base no CPC). A peça processual cabível é a de Embargos de Terceiro, nos termos do art. 1.046, *caput* e §§ 1º e 3º, do CPC/73, direcionada à 2ª Vara Cível da Comarca da Capital do Estado do Rio de Janeiro, por dependência, na forma do disposto no art. 1.049 do CPC. Como Lara e Fernando são casados pelo regime da comunhão parcial de bens, uma de suas consequências é a não comunicação dos bens anteriores à união matrimonial, permanecendo seus respectivos bens como de sua propriedade exclusiva (art. 1.658 do CC). Sendo assim, penhorado indevidamente bem exclusivo – que não se comunica pelo regime de bens do casamento – de cônjuge de fiador que não anuiu ao contrato de fiança (Lara), faz-se cabível o ajuizamento de embargos de terceiros, por parte do cônjuge de fiador em face exclusivamente do exequente, Ronaldo, cujo termo final do prazo é até 05 dias após arrematação, adjudicação ou remição, mas antes da assinatura da respectiva carta, na forma do art. 1.048 do CPC/73. O pedido formulado nos embargos deve ser o de suspensão do processo principal quanto aos atos de expropriação do bem imóvel de sua propriedade, na forma do art. 1.053 do CPC/73, com a consequente desconstituição da penhora.

Quesito avaliado	Faixa de valores
Endereçamento ao juízo da 2ª Vara Cível da Comarca da Capital do Estado do Rio de Janeiro (0,10).	0,00 / 0,10
Distribuição por dependência aos autos da execução (0,30).	0,00 / 0,30
Indicação correta das partes: embargante Lara e qualificação (0,10); embargado Ronaldo e qualificação (0,10).	0,00 / 0.10 / 0,20
Fundamentação Jurídica/Legal:	

Quesito avaliado	Faixa de valores
(1) Demonstrar que o imóvel penhorado é de propriedade exclusiva de Lara (0,50), excluído do grupo de bens que se comunicam pelo casamento pela comunhão parcial, pois anterior ao casamento (0,50). art. 1.658 **OU** art. 1.659, I, ambos do CC (0,10). **OU** Alegar a impenhorabilidade do imóvel (1,00). Conforme o art. 1º c/c 5º da Lei n. 8.009/90 (0,10). **OU** Alegar a ineficácia da garantia (1,00). Conforme Súmula 332 do STJ OU art. 1.647, III, do CC. (0,10).	0,00 / 0,50 / 0,60 / 1,00/ 1,10
(2) Indicar a juntada de documentos essenciais para a comprovação dos fatos alegados (0,40). Art. 1.050 do CPC/73 (0,10).	0,00 / 0,40 / 0,50
(3) Demonstrar ou justificar suficientemente a posse para o pedido liminar (0,40). Art. 1.051 do CPC (0,10).	0,00 / 0,40 / 0,50
Formular corretamente os pedidos:	
(a) Pedido liminar com relação à expropriação do imóvel (0,20).	0,00 / 0,20
(b) citação do embargado (0,10).	0,00 / 0,10
(c) no mérito, sejam os embargos julgados totalmente procedentes (0,30) para determinar a desconstituição da penhora (desfazimento do ato de constrição) do bem imóvel de propriedade exclusiva de Lara (0,60).	0,00 / 0,30 / 0,60 / 0,90
(d) condenação do embargado nos ônus da sucumbência (despesas processuais e honorários advocatícios) (0,20).	0,00 / 0,20
(e) protesto pela produção de todas as provas admitidas em direito (0,10).	0,00 / 0,10
Quesito avaliado	**Faixa de valores**
(f) juntada do comprovante de recolhimento das despesas processuais ou do pedido de gratuidade de Justiça (0,10).	0,00 / 0,10
(g) indicação de valor da causa correspondente ao valor do bem imóvel indevidamente penhorado: R$ 150.000,00 (0,10).	0,00 / 0,10
Estruturar a peça corretamente: fatos (0,10), fundamentos (0,20) e pedidos (0,20).	0,00 / 0,10 / 0,20 / 0,30 / 0,40 / 0,50
Fechamento da peça (Indicar a inserção de local, data e assinatura) (0,10).	0,00 / 0,10

MODELO DE PEÇA

EXCELENTÍSSIMO SENHOR DOUTOR JUIZ DE DIREITO DA 2ª VARA CÍVEL DA COMARCA DO RIO DE JANEIRO/RJ.

Processo de n. ...
Distribuição por dependência

Lara, nacionalidade, casada, portadora da cédula de identidade de n. e do CPF n., residente e domiciliada na Rua, Cidade, Estado, por intermédio de seu procurador signatário, conforme instrumento de procuração anexo, portador da carteira de profissional n., vem perante Vossa Excelência, com todo acatamento e respeito, com fundamento no art. 674 do Código de Processo Civil, propor os presentes

Embargos de Terceiro

em face de Ronaldo, nacionalidade, estado civil, portador da cédula de identidade de n. e do CPF n., residente e domiciliado na Rua, Cidade, Estado, pelas razões de fato e de direito a seguir aduzidas.

Dos Fatos

No dia 2-5-2014 a Embargante casou-se com Fernando sob o regime de comunhão parcial de bens.

Decorridos dois meses após a celebração do matrimônio, Fernando prestou fiança a Luciano em contrato de compra e venda que este viera celebrar com o Embargado, tendo sido o documento validado por duas testemunhas, contendo cláusula expressa acerca da renúncia do fiador ao benefício de ordem.

Ocorre que Luciano deixou de adimplir com suas obrigações contratuais, o que culminou no ajuizamento de ação de execução em face de Fernando, por meio da qual foram realizados atos de constrição que vieram a incidir sobre em único apartamento em que reside a Embargante juntamente com seu cônjuge, adquirido pela mesma no ano 2000, ou seja, antes de contrair matrimônio, sendo, portanto, patrimônio particular que não se comunica em razão do regime de bens adotado pelo casal.

Dos Fundamentos

Inicialmente cumpre destacar que o bem sobre o qual recaiu o ato de constrição é de propriedade exclusiva da Embargante, vez que adquirido antes do matrimônio, mais precisamente, quatorze anos anteriores à celebração do casamento, conforme se verifica em escritura pública anexa.

Deste modo, em se tratando de bem particular, adquirido antes da constância do casamento, e considerando que o regime de bens adotado pelo casal é o da comunhão parcial de bens (certidão de casamento anexa), por força do art. 1.658 do Código Civil, o bem pertence exclusivamente à Embargante, não se comunicando ao seu cônjuge, razão pela qual ilegítima a penhora efetuada.

Ainda neste sentido, corrobora o art. 1.659, inciso I, do *Codex* Civilista, ao dispor que no regime da comunhão parcial de bens, excluem da comunhão os bens que cada cônjuge possuir ao casar, e os que lhe sobrevierem, na constância do casamento, por doação ou sucessão, e os sub-rogados em seu lugar.

Cumpre ainda destacar que o imóvel sobre o qual recaiu o ato de constrição é o único imóvel utilizado pelo casal para moradia permanente, razão pela qual se apresenta impenhorável nos termos dos arts. 1º e 5º da Lei n. 8.009/90.

Derradeiramente, há de se considerar que a fiança prestada não produz efeitos, vez que, sendo o fiador casado em comunhão parcial de bens, sua validade está condicionada à outorga uxória, conforme dispõe o art. 1.647, III, do Código Civil e entendimento sumular firmado pelo STJ (Súmula 332).

Deste modo, considerando que o bem sobre qual recaiu o ato de constrição é bem particular da Embargante, apresenta finalidade de moradia e permanência familiar e ainda, diante da ineficácia da fiança prestada, ilegítima e injusta se apresenta a penhora realizada, devendo a mesma ser imediatamente levantada.

Da Liminar

Considerando que a Embargante é legítima proprietária e possuidora do bem, tendo em vista que reside e desenvolve sua vida familiar no imóvel desde o ano 2000, tendo lá estabelecido a moradia da família, faz-se necessária a imediata suspensão dos atos de expropriação relativos ao imóvel que lhe pertence, com o levantamento e desconstituição da penhora realizada, nos termos do art. 1.051 do Código de Processo Civil.

Do Pedido

Diante do exposto requer a Vossa Excelência:

a) A concessão de medida liminar para que se suspendam imediatamente os atos de bloqueio e expropriação relativos ao bem pertencente à Embargante.

b) Seja confirmada a liminar concedida, sendo julgada TOTALMENTE PROCEDENTE a demanda para que seja determinada a desconstituição da penhora efetivada sobre o bem pertencente à Embargante.

c) A condenação do Embargado aos ônus da sucumbência, inclusive, no pagamento das despesas processuais e de honorários advocatícios.

d) Aporta-se aos autos as competentes guias judiciais necessárias para a distribuição da presente demanda.

Protesta-se provar o alegado por todos os meios de prova em direito admitidos, principalmente juntada de novos documentos, prova oral, cujo rol será oportunamente apresentado.

Dá-se a causa o valor de R$ 150.000,00 (cento e cinquenta mil reais).

Termos em que,

Pede deferimento.

Rio de Janeiro, data.

Advogado, OAB n.

XVIII EXAME DE ORDEM UNIFICADO – QUESTÕES

■ **QUESTÃO 1:** Guilherme efetuou a compra do televisor de seu amigo Marcelo, que estava em dificuldades financeiras. Todavia, após 02 (dois) meses de uso por Guilherme, o referido bem passou a apresentar problemas. Registre-se, ainda, que, no momento da venda, Marcelo já tinha ciência da existência do problema, tendo-se omitido quanto ao fato, eis que sabia que o mesmo só seria conhecido por Guilherme em momento posterior. Em face da situação apresentada, responda, de forma fundamentada, aos itens a seguir.

A) Quais as medidas cabíveis na presente hipótese e quais as pretensões que poderão ser deduzidas em juízo por Guilherme? (Valor: 0,65)

B) Suponha que Guilherme tenha ingressado com a medida judicial cabível logo após o aparelho apresentar defeito e que Marcelo, ao apresentar contestação, alegue a decadência do direito invocado por

Guilherme, uma vez que foi ultrapassado o prazo de 30 (trinta) dias previsto no Código Civil. No caso ora analisado, o argumento de Marcelo procede? (Valor: 0,60)

Obs.: o examinando deve fundamentar suas respostas. A mera citação do dispositivo legal não confere pontuação.

■ RESPOSTAS

A) Trata-se de vício redibitório (art. 441 do CC/2002). O adquirente poderá rejeitar a coisa, redibindo o contrato (ação de rescisão), ou, ainda, poderá reclamar o abatimento do preço (ação *quanti minoris*) (art. 442 do CC/2002). É possível pedir perdas e danos caso o adquirente opte pela devolução do dinheiro, conforme o art. 443 do CC/2002, tendo em vista que o vendedor sabia do vício e omitiu a informação.

B) O argumento de defesa não é aplicável no caso, por se tratar de vício oculto que somente poderia ser conhecido mais tarde, razão pela qual Guilherme tem o prazo de 180 dias, contados a partir do descobrimento do vício, para o ajuizamento da ação cabível (art. 445 do CC/2002).

■ **QUESTÃO 2:** Em ação petitória ajuizada por Marlon em face de Ana, o juiz titular da Vara Cível de Iúna/ES concluiu a audiência de instrução e julgamento, estando o processo pronto para julgamento. Na referida audiência, Ana comprovou por meio da oitiva do perito do juízo, ter ocorrido o desprendimento de porção considerável de terra situada às margens de rio não navegável, que faz divisa das fazendas das partes, vindo a, natural e subitamente, se juntar ao imóvel da requerida há, aproximadamente, um ano e oito meses. No dia seguinte à conclusão dos autos para prolatação de sentença, o advogado Juliano, filho do juiz titular, requereu a juntada de substabelecimento sem reservas assinado pelo então advogado de Marlon, com o propósito de passar a figurar como novo e exclusivo advogado deste no feito. Diante do caso apresentado, responda aos itens a seguir, apresentando o fundamento legal.

A) Existe impedimento do juiz em proferir sentença? (Valor: 0,60)

B) Verificado o desprendimento da porção de terras, Ana terá direito a permanecer com a porção acrescida mediante pagamento de indenização a Marlon? (Valor: 0,65)

Obs.: o examinando deve fundamentar suas respostas. A mera citação do dispositivo legal não confere pontuação.

■ **RESPOSTAS**

A) Não. O art. 134, parágrafo único, do CPC/73 (atualmente, a redação não é a mesma, do art. 144, § 1º, do CPC, o que prejudicaria a resposta) diz que é vedado ao advogado apresentar petição nos autos onde seu genitor figure como juiz. Assim, é vedada a juntada de substabelecimento aos autos, de modo a restringir a intencional posterior criação de impedimento do juiz.

B) Ela será titular da área em razão da avulsão, sendo que não será necessária a indenização por parte de Ana, pois decorrido o prazo de um ano para que tal fosse exigido por Marlon (art. 1.251 do CC/2002).

■ **QUESTÃO 3:** Suzana Carvalho, viúva, tinha como únicos parentes vivos sua irmã Clara Pereira e seu sobrinho Alberto, filho de Clara. Em 2010, Suzana elaborou testamento público nomeando como sua herdeira universal sua amiga Marta de Araújo. Em 2012, Suzana mudou de ideia sobre o destino de seus bens e lavrou testamento cerrado, no qual contemplou com todo o seu patrimônio seu sobrinho Alberto Pereira. No final de 2013, Alberto faleceu num trágico acidente. Suzana faleceu há um mês. Clara Pereira e Marta de Araújo disputam a sua herança. Marta alega que não ocorreu a revogação do testamento de Suzana lavrado em 2010, vez que um testamento público só pode ser revogado por outro testamento público. Clara procura você como advogado e indaga a quem deve caber a herança de Suzana. Diante disso, com base nos dispositivos legais pertinentes à matéria, responda aos itens a seguir.

A) Suzana podia dispor de todo o seu patrimônio por meio de testamento? (Valor: 0,40)

B) Um testamento cerrado pode revogar um testamento público? (Valor: 0,30)

C) Com o falecimento de Alberto, quem deve suceder à Suzana? (Valor: 0,55)

Obs.: o examinando deve fundamentar suas respostas. A mera citação do dispositivo legal não confere pontuação.

■ **RESPOSTAS**

A) Suzana podia dispor de todo o seu patrimônio. Isso porque não tinha herdeiros necessários e os colaterais são herdeiros facultativos, conforme o art. 1.850 do CC/2002.

B) O testamento público pode ser revogado por qualquer outra forma de testamento, pois não existe hierarquia entre as formas de testamento, dependendo a revogação de um testamento da validade do testamento revogatório (art. 1.969 do CC/2002).

C) A sucessão obedecerá às regras da sucessão legítima, cabendo toda a herança de Suzana à sua irmã Clara Pereira (art. 1.829, inciso IV, do CC/2002).

■ **QUESTÃO 4:** João, 38 anos, solteiro e sem filhos, possui um patrimônio de cinco milhões de reais. Preocupado com o desenvolvimento da cultura no Brasil, resolve, por meio de escritura pública, destinar 50% de todos os seus bens à promoção das Artes Plásticas no país, constituindo a Fundação "Pintando o Sete" que, 120 dias depois, é devidamente registrada, sendo a ela transferidos os bens. Ocorre, todavia, que João era devedor em mora de três milhões e quinhentos mil reais a diversos credores, dentre eles o Banco Lucro S/A, a quem devia um milhão e quinhentos mil reais em virtude de empréstimo contraído com garantia hipotecária de um imóvel avaliado em dois milhões de reais. Outros credores de João, preocupados com a constituição da referida Fundação, o procuram para aconselhamento jurídico. Considerando os fatos narrados como verdadeiros, responda aos itens a seguir.

A) O ato de destinação de 50% dos bens de João para a criação da Fundação pode ser invalidado? O Banco Lucro S/A poderia tomar alguma medida nesse sentido? (Valor: 0,75)

B) Na eventual possibilidade de propositura de uma ação buscando a invalidação da doação dos bens destinados à criação da Fundação, quem deveria figurar no polo passivo? (Valor: 0,50)

Obs.: o examinando deve fundamentar suas respostas. A mera citação do dispositivo legal não confere pontuação.

■ **RESPOSTAS**

A) É possível afirmar que a doação de 50% do patrimônio de João para a constituição da Fundação gerou a "fraude contra credores", defeito do negócio jurídico previsto nos arts. 158 e 159 do CC/2002, portanto, causa de anulação via ação judicial (ação pauliana). O objetivo de tal declaração de nulidade teria como foco buscar a disponibilização aos credores do patrimônio transferido à Fundação consoante o art. 165 do CC/2002. Protege-se assim o interesse de seus credores, desde que quirografários ou aqueles cuja garantia se revele insuficiente (art. 158, § 1º, do CC/2002). Contudo, o Banco Lucro S/A é um credor hipotecário com garantia real suficiente à satisfação de seu crédito, não estando legitimado, portanto, a mover ação pauliana.

B) A transferência do patrimônio à Fundação configura uma alienação patrimonial gratuita que reduz o devedor à insolvência, hipótese de configuração da fraude contra credores (art. 158). Trata-se de litisconsórcio passivo necessário, então João e a Fundação devem figurar no polo passivo da "ação pauliana" (art. 47 do CPC/73 ou atual art. 144 do CPC/2015).

10 XIX EXAME DE ORDEM UNIFICADO

PEÇA PROFISSIONAL

■ **ENUNCIADO:** Antônio Augusto, ao se mudar para seu novo apartamento, recém-comprado, adquiriu, em 20-10-2015, diversos eletrodomésticos de última geração, dentre os quais uma TV de LED com sessenta polegadas, acesso à Internet e outras facilidades, pelo preço de R$ 5.000,00 (cinco mil reais). Depois de funcionar perfeitamente por trinta dias, a TV apresentou superaquecimento que levou à explosão da fonte de energia do equipamento, provocando danos irreparáveis a todos os aparelhos eletrônicos que estavam conectados ao televisor. Não obstante a reclamação que lhes foi apresentada em 25-11-2015, tanto o fabricante (MaxTV S.A.) quanto o comerciante de quem o produto fora adquirido (Lojas de Eletrodomésticos Ltda.) permaneceram inertes, deixando de oferecer qualquer solução. Diante disso, em 10-3-2016, Antônio Augusto propôs ação perante Vara Cível em face tanto da fábrica do aparelho quanto da loja em que o adquiriu, requerendo: (i) a substituição do televisor por outro do mesmo modelo ou superior, em perfeito estado; (ii) indenização de aproximadamente trinta e cinco mil reais, correspondente ao valor dos demais aparelhos danificados; e (iii) indenização por danos morais, em virtude de a situação não ter sido solucionada em tempo razoável, motivo pelo qual a família ficou, durante algum tempo, sem usar a TV. O juiz, porém, acolheu preliminar de ilegitimidade passiva arguida, em contestação, pela loja que havia alienado a televisão ao autor, excluindo-a do polo passivo, com fundamento nos arts. 12 e 13 do Código de Defesa do Consumidor. Além disso, reconheceu a decadência do direito do autor, alegada em contestação pela fabricante do produto, com fundamento no art. 26, II, do CDC, considerando que decorreram mais de noventa dias entre a data do surgimento do defeito e a do ajuizamento da ação. A sentença não transitou em julgado. Na qualidade de advogado(a) do autor da ação, indique o meio processual adequado à tutela do seu direito, elaborando a peça processual cabível no caso, excluindo-se a hipótese de embargos de declaração, indicando os seus requisitos e fundamentos nos termos da legislação vigente. (Valor: 5,00)

■ **GABARITO COMENTADO:** (**Atenção:** gabarito prejudicado com a vigência do CPC, porém a peça modelo foi elaborada totalmente conforme o CPC). A decisão em questão tem natureza jurídica de sentença, na forma do art. 162, § 1º, do art. 267, inciso VI, do art. 269, inciso IV, e do art. 459, todos do Código de Processo Civil. Com efeito, extinguiu-se o processo, sem resolução do mérito, quanto ao comerciante, acolhendo-se a sua ilegitimidade passiva, e com resolução do mérito, no tocante ao fabricante, em cujo favor se reconheceu a decadência. Em virtude disso, o meio processual adequado à impugnação do provimento judicial, a fim de evitar que faça coisa julgada, é o recurso de apelação, de acordo com o art. 513 do CPC. Deve-se, para buscar a tutela integral ao interesse do autor, impugnar cada um dos capítulos da sentença, isto é, tanto a ilegitimidade do comerciante quanto a decadência que aproveitou ao fabricante. Quanto ao primeiro ponto, deve-se sustentar a solidariedade entre o varejista, que efetuou a venda do produto, e o seu fabricante, admitindo-se a propositura da ação em face de ambos na qualidade de litisconsortes passivos (art. 7º, parágrafo único, do CDC). A responsabilidade do comerciante, em relação ao primeiro pedido deduzido da petição inicial, qual seja, o de substituição do produto, encontra fundamento no art. 3º, CDC, que conceitua os fornecedores, e no art. 18 do CDC, que trata de hipótese de vício do produto. Quanto ao segundo capítulo da sentença, deve-se pretender o afastamento da decadência. No que concerne ao primeiro pedido, referente à substituição do produto, a pretensão recursal deve basear-se na existência de reclamação oportuna do consumidor, a obstar o prazo decadencial, na forma do art. 26, § 2º, inciso I, do CDC. Já no tocante aos demais pedidos formulados (indenização por danos patrimoniais e morais), há responsabilidade civil por fato do produto, haja vista os danos sofridos pelo autor da ação, a atrair a incidência dos arts. 12 e 27 do CDC. Deste modo, a pretensão autoral à indenização dos danos não se submete a prazo decadencial, mas ao prazo prescricional de cinco anos, estipulado no art. 27 do CDC. Nessa linha, deve-se requerer a reforma da sentença para que o pedido seja apreciado, mediante o reconhecimento da legitimidade passiva do comerciante, e o afastamento da decadência, determinando-se o retorno dos autos ao juízo de primeira instância, para prosseguimento do feito.

Distribuição dos pontos

Quesito avaliado	Faixa de valores
Endereçamento correto: o recurso deve ser interposto perante o juízo sentenciante, Vara Cível, com as respectivas razões (0,10).	0,00 / 0,10
Indicação do apelante (0,10) e dos apelados MAX TV SA (0,10) e LOJA DE ELETRODOMÉSTICOS LTDA. (0,10).	0,00 / 0,10 / 0,20 / 0,30
Fundamentação Jurídica/Legal:	
Demonstrar a existência de responsabilidade solidária do comerciante (0,70), em relação ao primeiro pedido formulado (substituição do televisor), com base no art. 7º, parágrafo único, do CDC **OU** art. 25, § 1º, do CDC **OU** art. 18 do CDC (0,10).	0,00 / 0,70 / 0,80
Demonstrar a inexistência de decadência quanto ao pedido de substituição do produto defeituoso (0,30), em virtude de reclamação tempestiva formulada pelo autor (0,20), configurando causa obstativa da contagem do prazo decadencial (0,20), prevista no art. 26, § 2º, I, do CDC (0,10).	0,00 / 0,20 / 0,30 / 0,40 / 0,50 / 0,60 / 0,70 / 0,80

Quesito avaliado	Faixa de valores
Em relação aos pedidos de indenização formulados, demonstrar que seu fundamento é o fato do produto (0,30), sujeito a prazo prescricional (0,20), previsto no art. 27, do CDC (0,10).	0,00 / 0,20 / 0,30 / 0,40 / 0,50 / 0,60
Formular corretamente os pedidos:	
Deduzir pedido de afastamento do acolhimento de decadência (0,40), por se tratar de responsabilidade pelo fato do produto (0,20).	0,00 / 0,20 / 0,40 / 0,60
Deduzir pedido de inclusão do comerciante no polo passivo (0,40).	0,00 / 0,40
Reforma da decisão (0,40) para julgar procedentes os pedidos deduzidos na inicial (0,20)	0,00 / 0,20 / 0,40 / 0,60
Intimação dos apelados para apresentar contrarrazões (0,10)	0,00 / 0,10
Demonstrar o recolhimento do preparo (0,10).	0,00 / 0,10
Estruturar a peça corretamente: fatos (0,20); fundamentos (0,20); pedidos recursais (0,10).	0,00 / 0,10/ 0,20 / 0,30 / 0,40 /0,50
Fechamento da Peça (Indicar a inserção de local, data, assinatura e OAB) (0,10).	0,00 / 0,10

MODELO DE PEÇA

EXCELENTÍSSIMO SENHOR JUIZ DE DIREITO DA VARA ___ CÍVEL DA COMARCA DE ___, UF.

Proc. n.

Antônio Augusto, já devidamente qualificado nos presentes autos desta ação que move em face de MAX TV SA e LOJA DE ELETRODOMÉSTICOS LTDA., por seu advogado e bastante procurador signatário, vem respeitosa e tempestivamente à presença de Vossa Excelência, interpor o presente

Recurso de Apelação

com base no art. 1.009 do Código de Processo Civil, visando à modificação da respeitável sentença proferida nestes autos, conforme razões de fato e de direito expostas anexo.

Requer-se que seja o Apelado intimado para, querendo, ofereça as contrarrazões e, ato contínuo, sejam os autos, com as razões anexas, remetidos ao Egrégio Tribunal de Justiça do Estado de XXX para o seu devido processamento.

Termos em que,

Pede deferimento.

Local e data.

Advogado (a)

OAB n.

RAZÕES RECURSAIS

Apelante: Antônio Augusto

Apelada: MAX TV SA e LOJA DE ELETRODOMÉSTICOS LTDA.

Origem: processo n. _____, Vara Cível, Comarca

Egrégio Tribunal de Justiça,

Colenda Turma,

Nobres julgadores!

Breve Histórico Processual

O Apelante promovera ação em face dos Apelados visando a substituição de produtos defeituosos que adquiriu dos mesmos, bem como pleiteou o ressarcimento por danos materiais e morais sofridos em virtude da explosão das mercadorias adquiridas.

Entretanto, equivocamente entendeu o respeitável juízo de primeira instância que a loja que efetuou a venda, no caso, a Apelada DE ELETRODOMÉSTICOS LTDA., não era parte legítima na ação, excluindo-a da demanda, bem como reconheceu a decadência do direito do autor, alegada em contestação pela fabricante do produto, com fundamento no art. 26, inciso II, do CDC, considerando que teria decorrido mais de noventa dias entre a data do surgimento do defeito e a do ajuizamento da ação.

Todavia, conforme restará comprovado, não merece prosperar a decisão proferida, devendo ser reformulada a sentença, com o julgamento de procedência dos pedidos para que condene os Apelados ao pagamento dos danos materiais e morais suportados pelo Apelante.

Do Cabimento

Inicialmente cumpre destacar que o presente recurso visa a reforma de sentença, portanto, adequado nos termos do art. 1.009 do Código de Processo Civil, bem como apresenta-se tempestivo nos termos do art. 1.003, § 5º, e devidamente preparado conforme guias judiciais anexas.

Das Razões do Pedido de Reforma

Diferentemente do quanto aduzido na sentença proferida, são ambos os Apelados responsáveis pelos danos suportados pelo Apelante, não havendo que se falar em ilegitimidade passiva, pois, conforme dispõe o art. 7º, parágrafo único, do Código de Defesa do Consumidor, havendo mais de um autor da ofensa, todos responderão solidariamente pela reparação dos danos previstos nas normas de consumo.

Corroborando ainda com a responsabilização solidária dos Apelados, preceitua o art. 18 do Código de Defesa do Consumidor que os fornecedores de produtos duráveis ou não duráveis respondem solidariamente pelos vícios de qualidade e quantidade que os tornem impróprios ou inadequados ao consumo a que se destinam ou lhes diminuam o valor, conforme verificado no caso em tela.

Ainda neste sentido, há de se destacar o art. 25, parágrafo primeiro, do *Codex* consumerista, pelo qual havendo mais de um responsável pela causação do dano, todos responderão solidariamente pela reparação prevista nesta e nas seções anteriores.

Portanto, resta mais do que demonstrada a responsabilidade solidária dos Apelados em virtude dos danos que os produtos que forneceram causaram ao Apelante, devendo ambos ser condenados ao pagamento devido.

De outro lado, há de destacar que a sentença não merece prosperar ainda no que se refere à decadência do direito do Apelante em substituir o produto, simplesmente porque esta não se operou no caso em tela, pois fora realizada reclamação tempestiva que veio a obstar a contagem do prazo decadencial, nos termos do art. 26, § 2º, inciso I, do Código de Defesa do Consumidor.

Ademais, a responsabilização dos Apelantes decorre do fato do produto e, portanto, o prazo prescricional aplicado à indenização devida é de cinco anos nos termos do art. 27 do Código de Defesa do Consumidor, razão pela qual não há qualquer óbice na indenização pleiteada, vez que não decorrera nem um ano desde a data da compra.

Deste modo, restando clara a responsabilidade solidária das partes bem como o direito do autor em pleitear indenização pelos prejuízos suportados, deve a sentença proferida ser reformada, condenando os Apelados ao pagamento do montante devido a título de danos materiais e morais bem como a substituição do produto.

Do Pedido de Nova Decisão

Ante o exposto, requer-se a Vossas excelências, POR MEDIDA DE JUSTIÇA, que o presente Recurso de Apelação seja CONHECIDO E TOTALMENTE PROVIDO para julgar PROCEDENTE a pretensão do Apelante, conforme fundamentação supra e nos exatos termos da petição inicial para que os Apelados sejam condenados a proceder com a substituição do televisor por outro do mesmo modelo ou superior, em perfeito estado; ao pagamento de indenização descrita no pedido inicial, correspondente ao valor dos demais aparelhos danificados; e a indenização por danos morais, em virtude de a situação não ter sido solucionada em tempo razoável.

Termos em que,

Pede deferimento.

Local, data.

Advogado OAB n.

XIX EXAME DE ORDEM UNIFICADO – QUESTÕES

■ **QUESTÃO 1:** No dia 14/07/2015, João, estando em São Caetano do Sul (SP) interessado em vender seu carro usado, enviou mensagem via celular para Maria, na qual indicava o preço mínimo do bem (quinze mil reais, com pagamento à vista), as condições físicas do automóvel e a informação sobre a inexistência de ônus sobre o objeto do negócio jurídico. Maria, em Birigui (SP), tendo recebido e lido de pronto a mensagem de João e, sem que houvesse prazo específico para a aceitação da proposta, deixa de respondê-la imediatamente. No dia 16/07/2015, Maria responde a João, via mensagem por celular, informando ter interesse em comprar o veículo, desde que o preço fosse parcelado em sete vezes. Contudo, João informa a Maria que o veículo fora vendido na véspera. Tendo em vista o enunciado, responda aos itens a seguir.

A) A oferta de João foi feita entre pessoas presentes ou ausentes? (Valor: 0,65)

B) A resposta de Maria, a partir do momento em que envia mensagem via celular a João alterando as condições do que fora originalmente ofertado, poderia qualificá-la como mera proposta? (Valor: 0,60)

Obs.: o examinando deve fundamentar suas respostas. A mera citação do dispositivo legal não confere pontuação.

■ RESPOSTAS

A) Mesmo considerando que as partes estavam em locais distintos fisicamente, a troca de mensagens revela uma proposta feita entre pessoas juridicamente "presentes", visto que a tecnologia permitiu que a oferta fosse conhecida com a possibilidade de resposta imediata.

B) A alteração do escopo da oferta original revela uma nova proposta. Então, quando Maria alterou a oferta original em sua resposta, saiu do papel de proposta para se tornar proponente de uma contraproposta (art. 431 do CC/2002).

■ **QUESTÃO 2:** Marina e José casaram-se e, após alguns anos poupando dinheiro, conseguiram comprar, à vista, o primeiro imóvel em Jacarepaguá, na cidade do Rio de Janeiro. Dois meses depois de se mudarem para o novo apartamento, José ficou desempregado e, por isso, a família deixou de ter renda suficiente para pagar suas despesas. O casal, então, resolveu alugar o imóvel e utilizar o valor auferido com a locação para complementar a renda necessária à manutenção da própria subsistência, inclusive o pagamento do aluguel de outro apartamento menor, para onde se mudou. Em virtude das dificuldades financeiras pelas quais passou, o casal deixou de cumprir algumas obrigações contraídas no supermercado do bairro, uma das quais ensejou o ajuizamento de execução, com a determinação judicial de penhora do imóvel. Marina e José, regularmente citados, não efetuaram o pagamento. No dia seguinte à intimação da penhora, decorridos apenas 05 (cinco) dias da juntada dos mandados de citação aos autos, Marina e José foram ao seu escritório, desesperados, porque temiam perder o único imóvel de sua propriedade. Tendo em vista essa situação hipotética, responda aos itens a seguir.

A) Que medida judicial pode ser adotada para a defesa do casal e em que prazo? (Valor: 0,60)

B) O que poderão alegar os devedores para liberar o bem da penhora? (Valor: 0,65)

Obs.: o examinando deve fundamentar suas respostas. A mera citação do dispositivo legal não confere pontuação.

- **RESPOSTAS**

A) Os devedores poderão oferecer embargos à execução, no prazo de 15 dias, a contar da juntada aos autos do mandado de citação (art. 738 do antigo CPC/73). Atualmente, conforme o art. 915 do CPC, a contagem do prazo se faz conforme regras do art. 231 do CPC.

B) Poderão alegar a impenhorabilidade do bem de família, por se tratar de seu único imóvel, ainda que locado a terceiros, tendo em vista que a renda obtida com o valor da locação é revertida para a subsistência da família, estando amparados pelo art. 1º da Lei n. 8.009/90 e pelo conteúdo da Súmula n. 486 do STJ.

- **QUESTÃO 3:** Antônia, estudante de Jornalismo, foi contratada por Cristina, jornalista reconhecida nacionalmente, para transcrever os áudios de entrevistas gravadas em razão de estudo inédito sobre a corrupção na América Latina, sendo o sigilo sobre as informações parte de obrigação prevista expressamente no contrato. O trabalho contratado duraria cinco anos, mas, no curso do segundo ano, Cristina descobriu, em conversa com alguns colegas, que Antônia franqueara a uma amiga o acesso ao material de áudio. Inconformada, Cristina ajuizou ação de resolução contratual, cumulada com indenizatória, em face de Antônia, que, em contestação, alegou: i) que o contrato por ela assinado não vedava a subcontratação, e ii) que não teve alternativa senão delegar o trabalho a uma amiga, em razão de ter sido vítima de acidente automobilístico que a impossibilitou de usar o computador por quase três meses, sendo o caso, portanto, de força maior. Com base na situação apresentada, utilizando os argumentos jurídicos apropriados e a fundamentação legal pertinente ao caso, responda aos itens a seguir.

A) As alegações de Antônia em contestação configuram um justo motivo para o inadimplemento contratual, a evitar sua condenação ao pagamento de indenização? (Valor: 0,75)

B) Nessa hipótese, pode o juiz, independentemente de dilação probatória, após a contestação apresentada por Antônia, conhecer diretamente do pedido e proferir sentença? (Valor: 0,50)

Obs.: o examinando deve fundamentar suas respostas. A mera citação do dispositivo legal não confere pontuação.

■ **RESPOSTAS**

A) A subcontratação de serviços, como reza o art. 605 do CC/2002, é vedada neste caso. Portanto, Antônia descumpriu expressa disposição legal e deverá ser condenada. Antônia não pode alegar força maior nesse caso para eximir-se da responsabilidade, a força maior guarda nexo causal com o acidente, mas não com a quebra de sigilo, que decorreu de ato voluntário da contratada.

B) Considerando que a ré confessou a subcontratação o juiz pode conhecer diretamente do pedido e julgar a lide antecipadamente, na forma do art. 330, I, do CPC/73 (atual art. 335, I, do CPC) porque não há necessidade de produção de provas por se tratar de questão de direito.

■ **QUESTÃO 4:** Júlia e André, casados há quinze anos, são pais de Marcos, maior de idade e capaz. Em janeiro de 2015, quando um forte temporal assolava a cidade em que moravam, André saiu de casa para receber aluguel do imóvel que herdara de sua mãe, não voltando para casa ao fim do dia. Após 6 meses do desaparecimento de André, que não deixou procurador ou informação sobre o seu paradeiro, Júlia procura aconselhamento jurídico sobre os itens a seguir.

A) De acordo com o caso, independentemente de qualquer outra providência, será possível obter a declaração de morte presumida de André? (Valor: 0,70)

B) Dos personagens descritos no caso, quem detém a legitimidade ativa para requerer a sucessão definitiva dos bens de André? Qual é o prazo para esse requerimento? (Valor: 0,55)

Obs.: o examinando deve fundamentar suas respostas. A mera citação do dispositivo legal não confere pontuação.

■ **RESPOSTAS**

A) O problema revela o fato da ausência de André. A regra do CC (art. 37) diz que não é possível declarar morte presumida sem decretação prévia de ausência. Seria possível obter a declaração de morte presumida nas hipóteses de risco de vida (art. 7º do CC/2002), o que não se caracteriza no cenário fático do enunciado.

B) A sucessão definitiva dos bens do ausente poderá ser requerida, nos termos do art. 1.167 do CPC/73 (atualmente art. 745 do CPC) e do art. 37 do CC/2002, dez anos depois de passada em julgado a sentença de abertura da sucessão provisória. Os legitimados para requererem a abertura da sucessão definitiva são os mesmos que podem requerer a sucessão provisória, ou seja, Júlia ou o filho deles, Marcos, de acordo com o art. 1.163, § 1º, do CPC/73 (sem correspondência direta no atual CPC).

11 XX EXAME DE ORDEM UNIFICADO

(a partir deste exame incidência do CPC/2015)

PEÇA PROFISSIONAL

■ **ENUNCIADO:** Em 2015, Rafaela, menor impúbere, representada por sua mãe Melina, ajuizou Ação de Alimentos em Comarca onde não foi implantado o processo judicial eletrônico, em face de Emerson, suposto pai. Apesar de o nome de Emerson não constar da Certidão de Nascimento de Rafaela, ele realizou, em 2014, voluntária e extrajudicialmente, a pedido de sua ex-esposa Melina, exame de DNA, no qual foi apontada a existência de paternidade de Emerson em relação à Rafaela. Na petição inicial, a autora informou ao juízo que sua genitora encontrava-se desempregada e que o réu, por seu turno, não exercia emprego formal, mas vivia de "bicos" e serviços prestados autônoma e informalmente, razão pela qual pediu a fixação de pensão alimentícia no valor de 30% (trinta por cento) de 01 (um) salário mínimo. A Ação de Alimentos foi instruída com os seguintes documentos: cópias do laudo do exame de DNA, da certidão de nascimento de Rafaela, da identidade, do CPF e do comprovante de residência de Melina, além de procuração e declaração de hipossuficiência para fins de gratuidade. Recebida a inicial, o juízo da 1ª Vara de Família da Comarca da Capital do Estado Y indeferiu o pedido de tutela antecipada inaudita altera parte, rejeitando o pedido de fixação de alimentos provisórios com base em dois fundamentos: (i) inexistência de verossimilhança da paternidade, uma vez que o nome de Emerson não constava da certidão de nascimento e que o exame de DNA juntado era uma prova extrajudicial, colhida sem o devido processo legal, sendo, portanto, inservível; e (ii) inexistência de "possibilidade" por parte do réu, que não tinha como pagar pensão alimentícia pelo fato de não exercer emprego formal, como confessado pela própria autora. A referida decisão, que negou o pedido de tutela antecipada para fixação de alimentos provisórios, foi publicada no Diário da Justiça Eletrônico em 01/12/2015, segunda-feira. Considere-se que não há feriados no período. Na qualidade de advogado (a) de Rafaela, elabore a peça processual cabível para a defesa imediata dos interesses de sua cliente, indicando seus requisitos e fundamentos nos termos da legislação vigente. (Valor: 5,00). Obs.: o examinando deve fundamentar suas respostas. A mera citação do dispositivo legal não confere pontuação.

▪ **GABARITO COMENTADO:** Em Ação de Alimentos, é plenamente possível a fixação liminar de alimentos provisórios, medida que desfruta da natureza jurídica de tutela provisória de urgência antecipada. Para a concessão de alimentos provisórios, embora a necessidade do menor seja presumida, deve ser apontada a presença necessária a comprovação de dois requisitos ("verossimilhança da alegação" e "risco de dano irreparável") a respeito do dever alimentar (presunção de paternidade por meio de realização de prova extrajudicial) o binômio necessidade-possibilidade (necessidade pelo alimentando e possibilidade de pagamento pelo alimentante). No caso vertente, há verossimilhança do dever de prestar alimentos, uma vez que foi apresentado exame de DNA realizado extrajudicialmente, que apontou o réu como o pai da autora, menor. Há, ainda, possibilidade de pagamento de alimentos pelo réu (que, apesar de não ter emprego formal, realiza atividade informal remunerada) e risco de dano irreparável (necessidade de percepção de alimentos pela autora, que vive com a mãe, desempregada). A decisão do juiz, que indefere o pedido de tutela provisória de urgência antecipada para fixação dos alimentos provisórios, tem natureza de decisão interlocutória, a qual deve ser recorrida por agravo de instrumento. Deve a autora interpor recurso de agravo de instrumento, com pedido de tutela antecipada recursal ("efeito suspensivo ativo") por parte do relator, a fim de ser reformada a decisão que indeferiu o pagamento de alimentos provisórios, até que venha a ser proferida a decisão final, colegiada, pelo órgão julgador do agravo, confirmando a reforma do conteúdo da decisão agravada, para que seja mantido o deferimento de pensão alimentícia provisória.

Distribuição de pontos

Quesito avaliado	Faixa de valores
Endereçamento ao juízo correto: Câmara Cível do **Tribunal de Justiça** do Estado Y (0,10).	0,00 / 0,10
Indicação correta das partes: Agravante Rafaela, representada por sua mãe Melina (0,10); Agravado Emerson (0,10).	0,00 / 0,10 / 0,20
Identificação do preparo ou pedido de gratuidade de justiça (0,20).	0,00 / 0,20
Identificação do rol de peças/documentos cuja cópia é de juntada obrigatória (0,30).	0,00 / 0,30
1) Demonstração de que há presunção sobre a paternidade biológica, tendo em vista que foi realizado, extrajudicialmente, exame de DNA, apontando que o agravado-réu seria o pai de agravante-autora (0,80).	0,00 / 0.80
2) Identificação de que embora a necessidade do menor seja presumida, deve ser apontada a **presença do binômio** *"necessidade-possibilidade"* (0,80).	0,00 / 0.80
3) Asseverar o direito da agravante ao recebimento de alimentos provisórios (0,80).	0,00 / 0.80
Formular corretamente os pedidos:	
a) pedido de deferimento de tutela antecipada recursal (*"efeito suspensivo ativo"*), a fim de que sejam fixados alimentos provisórios (0,70).	0,00 / 0,70
b) pedido de provimento final do agravo **OU** da reforma integral da decisão (0,40), para que sejam fixados alimentos provisórios em favor da agravante (0,30).	0,00 / 0,30 / 0,40 / 0,70
c) pedido de intimação do advogado da parte contrária para contrarrazões (0,20)	0,00 / 0,20
d) requerimento de intimação do MP (0,10)	0,00 / 0,10
Fechamento da Peça: Indicar a inserção de local, data e assinatura por advogado (0,10).	0,00 / 0,10

MODELO DE PEÇA

EXCELENTÍSSIMO SENHOR DOUTOR DESEMBARGADOR PRESIDENTE DO TRIBUNAL DE JUSTIÇA DO ESTADO YYYY.

Rafaela, nacionalidade, estado civil, naturalidade, menor impúbere, representada por sua genitora, Melina (qualificação completa), por seu advogado, n. OAB, com escritório estabelecido na Rua, vem, respeitosamente, à presença de Vossa Excelência, com fundamento no art. 1.015 do Código de Processo Civil, interpor

Agravo de Instrumento com Pedido de Tutela Antecipada

em face da decisão proferida nos autos de n., movido em face de Emerson (qualificação completa), pelas razões a seguir expostas.

Do Cabimento

Inicialmente cumpre destacar que fora proferida pelo respeitável juízo de primeira instância injusta decisão interlocutória que versa sobre tutela provisória, devendo a mesma ser reformada, razão pela qual, com apoio no art. 1.015 do CPC/2015, interpõe-se o presente recurso.

Salienta-se que em cumprimento ao quanto disposto no art. 1.017 do Código de Processo Civil seguem acostadas as peças processuais necessárias para apreciação da lide, quais sejam cópias: (i) da petição inicial, (ii) da contestação, (iii) da petição que ensejou a decisão agravada, (iv) da própria decisão agravada, (v) da certidão da respectiva intimação e (vi) das procurações outorgadas aos advogados do agravante e do agravado.

Igualmente, para fins de recebimento do recurso, estão anexas as guias de preparo devidamente recolhidas.

Deste modo, cumprindo com os requisitos, faz-se necessária a apreciação do quanto ventilado no presente recurso a fim de que seja reformada a decisão interlocutória proferida pelo juízo de primeiro grau, a fim de que sejam fixados os alimentos provisórios em benefício da Agravante.

Breve Síntese dos Fatos

A Agravante promovera Ação de Alimentos em face do Agravado tendo instruído os autos com cópias do laudo do exame de DNA realizado voluntariamente pelo Agravado, por meio do qual se comprova a paternidade e cópia da certidão de nascimento da agravante, na qual se comprova que não consta o nome do Agravado.

A genitora da Agravante encontra-se desempregada, não podendo prover com o sustento daquela, razão pela qual, diante de urgência e verossimilhança, pleiteou-se tutela provisória, vez que ciente de que o pai da Agravante vive de "bicos" e serviços prestados de forma autônoma, tendo requerido a fixação de pensão alimentícia provisória no valor de 30% (trinta por cento) sob o salário mínimo.

Entretanto, o juiz de primeiro grau da 1ª Vara de Família da Comarca da Capital do Estado Y **INDEFERIU** o pedido de tutela antecipada, rejeitando o pedido de fixação dos alimentos provisórios, sustentando que (i) inexiste verossimilhança da paternidade, uma vez que o nome de Emerson não constava na Certidão de Nascimento e que o exame de DNA juntado era uma prova extrajudicial, colhida sem o devido processo legal, sendo, portanto, inservível; e (ii) impossibilidade por parte do réu de pagar pensão alimentícia pelo fato de não exercer emprego formal.

Dos Fundamentos

Ao contrário do que apontou a decisão recorrida, faz jus a Agravante à tutela pleiteada, vez que estão presentes os requisitos necessários para tanto, quais sejam a verossimilhança das alegações e o perigo de dano.

A verossimilhança resta comprovada pelo exame de DNA realizado, tendo em vista que, diferentemente do quanto sustentado pelo juízo de primeira instância, o mesmo possui o condão de comprovar a paternidade do Agravado com relação à Agravante, ainda que realizado extrajudicialmente, ainda mais porque realizado pelo Agravado de forma voluntária.

Há de se destacar ainda que o desempenho de atividade informal não exime o dever de arcar com as verbas de natureza alimentícia, devendo o Agravado ser compelido ao pagamento das mesmas, dentro de suas possibilidades, vez que inequívoca apresenta-se a necessidade por parte da Agravante.

De outro lado o perigo de dano é mais do que evidente, vez que caso não seja concedida a tutela é possível afirmar que a sobrevivência e o desenvolvimento da menor serão prejudicados, vez que a genitora da mesma não possui recursos para lhe garantir atendimento de suas necessidades básicas.

Deste modo, subsistindo prova inequívoca da verossimilhança do pedido de alimentos, fundado no receio de dano irreparável à agravante, presentes, portanto, os requisitos legais, tem-se plenamente viável a concessão da tutela antecipada dos alimentos provisórios, a serem pagos pelo agravado em favor da agravante, merecendo ser reformada, pois a decisão de indeferimento prolatada pelo juízo de primeiro grau.

Do Efeito Suspensivo Ativo

Em atendimento ao quanto disposto no art. 1.019, inciso I, do Código de Processo Civil, requer-se que seja atribuído ao presente recurso efeito suspensivo ativo a fim de que sejam assegurados os alimentos provisórios à Agravante, vez que, presentes os requisitos verossimilhança e perigo de dano, a espera pelo julgamento do mérito poderá lhe acarretar injustos e irreparáveis prejuízos.

Dos Pedidos

Diante do exposto, requer:

I – A concessão de tutela antecipada recursal, com efeito suspensivo ativo da decisão agravada, a fim de que sejam fixados em favor da agravante alimentos provisórios no importe de 30% sobre o salário mínimo, a serem suportados pelo agravado.

II – O provimento final do agravo para que sejam fixados os alimentos provisórios pleiteados.

III – A intimação do advogado da parte contrária para contrarrazões.

IV – A intimação do Ministério Público para os fins previstos na lei.

V – Informar o endereço profissional do advogado da Agravante (endereço completo) e do Agravado (endereço completo).

VI – Informar que se acostam ao presente recurso as peças processuais que se fazem necessárias, quais sejam cópias da petição inicial, da contestação, da petição que ensejou a decisão agravada, da própria decisão agravada, da certidão da respectiva intimação ou outro documento oficial que comprove a tempestividade e das procurações outorgadas aos advogados do agravante e do agravado.

Termos em que,
Pede provimento.
Local, data,
Advogado (a) OAB/ n.

XX EXAME DE ORDEM UNIFICADO – QUESTÕES

■ **QUESTÃO 1:** Jair é representante comercial nascido em Recife. Em virtude da natureza de sua profissão, por vezes passa meses na estrada efetuando entregas em todo o Brasil. Seus pais moram em Manaus, sua esposa e seu filho moram em Salvador. Com dificuldades financeiras, Jair, na condição de mutuário, realizou contrato de empréstimo com Juca, na condição de mutuante, no valor de R$ 10.000,00. No entanto, na data avençada no contrato para a restituição do valor acordado, Jair não cumpre sua obrigação. Precisando urgentemente da importância emprestada, Juca, domiciliado em Macapá, obtém um inventário dos clientes de Jair e, de posse de tal lista, localiza-o em Belém. Considerados os fatos narrados, pergunta-se:

A) Qual é o domicílio de Jair para todos os fins legais? (Valor: 0,65)

B) Caso Juca decida ajuizar uma ação em face de Jair enquanto este se encontrar em Belém/PA, onde aquela poderá ser proposta? (Valor: 0,60)

Obs.: o examinando deve fundamentar suas respostas. A mera citação do dispositivo legal não confere pontuação.

■ **RESPOSTAS**

A) Pela característica profissional envolver viagens constantes, o domicílio de Jair para todos os fins legais é o local onde for encontrado (art. 73 do CC/2002).

B) A ação poderá ser proposta em Macapá OU em Belém, nos termos do art. 46, § 2º, do CPC, em razão dos mesmos motivos fáticos acima.

■ **QUESTÃO 2:** Daniel, 30 anos, amealhou ao longo da vida um patrimônio considerável. Era solteiro e decidira não ter filhos. Seus pais já eram falecidos e Daniel tinha apenas um irmão bilateral, Alexandre, e um irmão unilateral, Rafael. Após 30 dias em coma induzido em razão de grave acidente de carro, Daniel veio a falecer em 30 de agosto de 2014. Diante do exposto, responda aos itens a seguir.

A) Como deverá ser partilhada a herança entre os irmãos de Daniel? (Valor: 0,60)

B) Se depois de três anos do falecimento de Daniel, e já realizada a partilha de seus bens, aparecesse mais um irmão unilateral, até então ignorado pelos demais, que ação judicial poderia intentar para receber parte dos bens da herança? Qual o prazo para ajuizamento? (Valor: 0,65)

Obs.: o examinando deve fundamentar suas respostas. A mera citação do dispositivo legal não confere pontuação.

■ RESPOSTAS

A) O art. 1.841 do CC/2002 estabelece: "Concorrendo à herança do falecido irmãos bilaterais com irmãos unilaterais, cada um destes herdará metade do que cada um daqueles herdar". Então é possível afirmar que Rafael (irmão unilateral) herdará somente metade do que Alexandre herdar.

B) Em virtude do que estabelece o art. 1.824 do CC/2002, esse irmão teria direito ao seu quinhão hereditário, sendo que a ação judicial cabível seria a de "petição de herança", cujo prazo prescricional é de dez anos (art. 205 do CC/2002).

■ QUESTÃO 3:
Em 15 de janeiro de 2015, a Financeira X celebrou instrumento particular de contrato de mútuo com Rafael para financiar a aquisição, por este último, de veículo automotor vendido pela Concessionária B. De acordo com o contrato de mútuo, Rafael deveria pagar 30 (trinta) prestações mensais à Financeira X, no valor de R$ 2.000,00 cada, com vencimento no quinto dia útil do mês. Por meio do correspondente instrumento particular, devidamente anotado no certificado de registro do veículo, a propriedade deste último é alienada fiduciariamente à Financeira X, em garantia do pagamento do mútuo.

Rafael, contudo, inadimpliu a 4ª prestação, tendo sido devidamente constituído em mora pela Financeira X. Com base na situação apresentada, responda aos itens a seguir.

A) O inadimplemento da 4ª prestação autoriza o vencimento antecipado das prestações posteriores (da 5ª à 30ª prestação)? (Valor: 0,65)

B) Para consolidar o domínio do veículo em seu nome e autorizar a alienação extrajudicial para a satisfação da dívida, qual o tipo de ação judicial que a financeira X deve mover? (Valor: 0,60)

Obs.: O examinando deve fundamentar suas respostas. A mera citação do dispositivo legal não confere pontuação.

■ **RESPOSTAS**

A) Sim. O art. 2º, § 3º, do Decreto-Lei n. 911/69 estabelece: "A mora e o inadimplemento de obrigações contratuais garantidas por alienação fiduciária, ou a ocorrência legal ou convencional de algum dos casos de antecipação de vencimento da dívida facultarão ao credor considerar, de pleno direito, vencidas todas as obrigações contratuais, independentemente de aviso ou notificação judicial ou extrajudicial". Então, considera-se vencida a dívida desde quando as prestações não forem pontualmente quitadas.

B) Em virtude do que dispõem os arts. 2º e 3º do Decreto-Lei n. 911/69, a ação cabível para o fim de consolidar o domínio do veículo em nome do credor e autorizar a alienação extrajudicial em pagamento da dívida é a "ação de busca e apreensão".

■ **QUESTÃO 4:** Patrícia e sua vizinha Luiza estão sempre em conflito, pois Nick, o cachorro de Luiza, frequentemente pula a cerca entre os imóveis e invade o quintal de Patrícia, causando diversos danos à sua horta. Patrícia já declarou inúmeras vezes que deseja construir uma divisória para evitar as constantes invasões de Nick, mas não quer assumir sozinha o custo da alteração, ao passo que Luiza se recusa a concordar com a mudança da cerca limítrofe entre os terrenos. Em determinado dia, Nick acabou preso no quintal de Patrícia que, bastante irritada com toda a situação, recusou-se a devolvê-lo e não permitiu que Luiza entrasse em seu terreno para resgatá-lo. Sobre a situação descrita, responda aos itens a seguir.

A) Tendo se recusado a devolvê-lo, pode Patrícia impedir a entrada de Luiza em sua propriedade com o intuito de resgatar o cachorro? (Valor: 0,50)

B) Com relação ao pleito de Patrícia acerca da divisória entre os imóveis, é possível exigir de Luiza a concordância com a alteração da cerca? Em caso positivo, de quem seriam os custos da colocação da nova divisória? (Valor: 0,75)

Obs.: o examinando deve fundamentar suas respostas. A mera citação do dispositivo legal não confere pontuação.

■ RESPOSTAS

A) O assunto envolve a questão do limite entre prédios, o direito de tapagem e no geral as regras de direito de vizinhança. Patrícia não pode impedir que Luiza ingresse em seu terreno, desde que o faça mediante aviso prévio, com a finalidade de resgatar o animal (art. 1.313, II, do CC/2002).

B) Patrícia pode exigir que Luiza altere a divisória, criando tapume que impeça a passagem de animais de pequeno porte, sendo que o responsável por isso é o vizinho que provocou tal necessidade, no caso, Luiza (art. 1.279, § 3º, do CC/2002).

12 XXI EXAME DE ORDEM UNIFICADO

PEÇA PROFISSIONAL

■ **ENUNCIADO:** Em junho de 2009, Soraia, adolescente de 13 anos, perde a visão do olho direito após explosão de aparelho de televisão, que atingiu superaquecimento após permanecer 24 horas ligado ininterruptamente. A TV, da marca Eletrônicos S/A, fora comprada dois meses antes pela mãe da vítima. Exatos sete anos depois do ocorrido, em junho de 2016, a vítima propõe ação de indenização por danos morais e estéticos em face da fabricante do produto. Na petição inicial, a autora alegou que sofreu dano moral e estético em razão do acidente de consumo, atraindo a responsabilidade pelo fato do produto, sendo dispensada a prova da culpa, razão pela qual requer a condenação da ré ao pagamento da quantia de R$ 50.000,00 (cinquenta mil reais) a título de danos morais e R$ 50.000,00 (cinquenta mil reais) pelos danos estéticos sofridos. No mais, realizou a juntada de todas as provas documentais que pretende produzir, inclusive laudo Pericial elaborado na época, apontando o defeito do produto, destacando, desde já, a desnecessidade de dilação probatória. Recebida a inicial, o magistrado da 1ª Vara Cível da Comarca Y, determinou a citação da ré e após oferecida a contestação, na qual não se requereu produção de provas, decidiu proferir julgamento antecipado, decretando a improcedência dos pedidos da autora, com base em dois fundamentos: (i) inexistência de relação de consumo, com consequente inaplicabilidade do Código de Defesa do Consumidor, pois a vítima/autora da ação já alegou, em sua inicial, que não participou da relação contratual com a ré, visto que foi sua mãe quem adquiriu o produto na época; e (ii) prescrição da pretensão autoral em razão do transcurso do prazo de três anos, previsto no art. 206, § 3º, inciso V, do Código Civil. Na qualidade de advogado(a) de Soraia, elabore a peça processual cabível para a defesa imediata dos interesses de sua cliente, no último dia do prazo recursal, indicando seus requisitos e fundamentos nos termos da legislação vigente. Não deve ser considerada a hipótese de embargos de declaração. (Valor: 5,00)

Obs.: a peça deve abranger todos os fundamentos de Direito que possam ser utilizados para dar respaldo à pretensão. A simples menção ou transcrição do dispositivo legal não confere pontuação.

■ **GABARITO COMENTADO:** A decisão em questão tem natureza jurídica de sentença, na forma do art. 203, § 1º, do art. 487, incisos I e II, e do art. 490, todos do CPC. Com efeito, extinguiu-se o processo, com resolução do mérito, rejeitando o pedido de indenização pelo fato do produto, ao entender que a vítima não se qualificava como consumidora, na forma da lei, decidindo, também, de ofício, pelo reconhecimento da prescrição da pretensão autoral. Em virtude disso, o meio processual adequado à impugnação do pronunciamento jurisdicional, a fim de evitar que faça coisa julgada, é o recurso de apelação, de acordo com o art. 1.009 do CPC. Deve-se, para buscar a tutela integral ao interesse da autora, impugnar cada um dos capítulos da sentença, isto é, tanto a inexistência da relação de consumo quanto o reconhecimento de ofício da prescrição. Ademais, como a autora já produziu toda a prova pré-constituída que julga adequada, deve devolver toda a matéria, pugnando pelo provimento total do recurso de apelação, para que o Tribunal examine as demais questões, sem determinar o retorno do processo ao juízo de primeiro grau, na forma do art. 1.013, § 4º, do CPC. Quanto ao primeiro ponto, deve-se sustentar a existência de relação de consumo entre a autora da ação, vítima de acidente de consumo, e a ré, fabricante do produto defeituoso que lhe causou dano moral e estético. Nesse caso, a despeito de não ter participado como parte da relação contratual de compra e venda do produto a autora é qualificada como consumidora, pois, nas hipóteses de responsabilidade pelo fato do produto, "equiparam-se aos consumidores todas as vítimas do evento" (art. 17 do CDC). Presente a relação de consumo, deve-se postular pelo julgamento do mérito, sem necessidade de retorno dos autos à instância inferior, alegando que a fabricante responde, independentemente de culpa, pelos danos causados por defeitos de fabricação de produtos que ponham em risco a segurança dos consumidores, como ocorreu no caso vertente (art. 12, *caput* e § 1º, do CDC). Quanto ao segundo capítulo da sentença, deve-se pretender o afastamento da prescrição. Isso porque não corre prescrição contra absolutamente incapaz (art. 198, inciso I, do CC), razão pela qual o termo inicial de contagem do prazo prescricional de 5 anos (art. 27 do CDC) efetivou-se apenas em 2012, quando a autora completou 16 anos, tornando-se relativamente capaz. Dessa forma, a prescrição de sua pretensão ocorreria apenas em 2017. Nessa linha, deve-se requerer a reforma da sentença para que o pedido seja julgado, desde logo, procedente, mediante o reconhecimento da relação de consumo e o afastamento da prescrição, dando provimento integral ao recurso de apelação, com o julgamento do mérito da demanda, na medida em que o feito se encontra maduro para julgamento.

Distribuição dos pontos

Item	Pontuação
Endereçamento	
O recurso deve ser interposto perante o juízo sentenciante (0,10). 1ª Vara Cível da Comarca Y, com as respectivas razões endereçadas ao Tribunal (0,10).	0,00 / 0,10 / 0,20
Partes	
Indicação da apelante, Soraia (0,10) e da apelada, Eletrônicos S/A (0,10).	0,00 / 0,10 / 0,20
Cabimento	
Recurso cabível, com fundamento no art. 1.009, *caput*, do CPC (0,10).	0,00 / 0,70 / 0,80
Fundamentação Jurídica/Legal	
Demonstrar a relação de consumo, ao indicar a autora da ação como consumidora, por utilizar o produto como destinatária final, **OU** por equiparação (0,70), na forma do art. 2º, *caput*, do CDC **OU** do art. 17 do CDC (0,10).	0,00 / 0,70 / 0,80
Demonstrar que a ré responde objetivamente pelo dano causado pelo defeito do produto (0,70), na forma do art. 12, *caput*, do CDC (0,10).	0,00 / 0,70 / 0,80
Demonstrar que o prazo prescricional é de 5 anos (0,70), na forma do art. 27 do CDC (0,10).	0,00 / 0,70 / 0,80
Demonstrar que o termo inicial de contagem do prazo prescricional se efetiva com a cessação da incapacidade absoluta (0,70), na forma do art. 198, inciso I, do CC (0,10).	0,00 / 0,70 / 0,80
Formular corretamente os pedidos	
Deduzir pedido de afastamento da prescrição reconhecida pelo juízo *a quo* (0,30).	0,00 / 0,30
Pleitear que haja o julgamento pelo Tribunal sem o retorno do processo ao Juízo de primeiro grau (0,30), na forma do art. 1.013, § 4º, do CPC (0,10).	0,00 / 0,30 / 0,40
Conhecimento (admissibilidade) (0,20) e provimento do recurso **OU** reforma da decisão para julgar procedentes os pedidos deduzidos na inicial (0,20).	0,00 / 0,20 / 0,40
Demonstrar o recolhimento do preparo (0,10).	0,00 / 0,10
Fechamento da Peça (indicar a inserção de local, data, assinatura e OAB) (0,10).	0,00 / 0,10

MODELO DE PEÇA

EXCELENTÍSSIMO SENHOR JUIZ DE DIREITO DA VARA 1ª CÍVEL DA COMARCA Y, UF

Proc. n.

Soraia, já devidamente qualificada nos presentes autos desta ação que move em face de Eletrônicos S/A, por seu advogado e bastante procurador signatário, vem respeitosa e tempestivamente à presença de Vossa Excelência, interpor o presente

Recurso de Apelação

com base no art. 1.009 do Código de Processo Civil, visando à modificação da respeitável sentença proferida nestes autos, conforme razões de fato e de direito expostas anexo.

Outrossim, requer-se que seja o Apelado intimado para, querendo, oferecer as contrarrazões e, ato contínuo, sejam os autos, com as razões anexas, remetidos ao Egrégio Tribunal de Justiça para os fins de mister.

Termos em que,

Pede deferimento.

Local e data.

Advogado(a)

OAB n.

Razões Recursais

Apelante: Soraia

Apelada: Eletrônicos S/A

Origem: Processo n. 1ª Vara Cível da Comarca Y

Egrégio Tribunal de Justiça,

Colenda Turma,

Nobres julgadores!

I – Breve Histórico Processual

A Apelante promovera ação visando receber indenização a título de danos moral e estético em razão da perda de sua visão ocasionada pela explosão decorrente do superaquecimento de TV fabricada pela Apelada e comprada por sua mãe.

Entretanto, decidiu o respeitável juízo de primeira instância pela inexistência de relação de consumo, com consequente inaplicabilidade do Código de Defesa do Consumidor, entendendo que a Apelante não participou da relação contratual com a Apelada, visto que foi sua mãe quem adquiriu o produto na época, bem como entendeu pela operação da prescrição da pretensão em razão do transcurso do prazo de três anos previsto no art. 206, § 3º, inciso V, do Código Civil.

Todavia, conforme restará demonstrado abaixo, não merece prosperar a decisão proferida, devendo ser reformulada a sentença para que condene a Apelada ao pagamento dos danos materiais e morais suportados pela Apelante.

II – Do Cabimento

Inicialmente cumpre destacar que o presente recurso visa a reforma de sentença, portanto, adequado nos termos do art. 1.009 do Código de Processo Civil, bem como apresenta-se tempestivo nos termos do art. 1.003, § 5º, e devidamente preparado conforme guias judiciais anexas.

III – Das Razões do Pedido de Reforma

Diferentemente do quanto aduzido na sentença proferida, a relação sobre a qual se pauta a lide apresenta natureza consumerista, vez que, embora a Apelante de não tenha participado, como parte, da relação contratual de compra e venda do produto, a mesma é considerada consumidora por equiparação nos termos do art. 17 do CDC, tendo em vista que fora a Apelante vítima do evento danoso, respondendo, portanto, a Apelada, pelas consequências advindas do fato.

Neste ínterim, superada a discussão acerca da relação entre as partes, importa sublinhar que responde o fabricante, independentemente de culpa, pelos danos causados por defeitos de fabricação de produtos que ponham em risco a segurança dos consumidores, como ocorreu no caso vertente (art. 12, *caput* e § 1º, do CDC), inclusive, consumidores por equiparação como é o caso da Apelante.

Com isso, o mérito deve ser julgado, com a condenação da Apelada e a procedência total dos pedidos da Apelante, pois o direito de pleitear a indenização em questão não está prescrito, como veremos.

Realmente, a sentença não merece prosperar ainda no que se refere à prescrição, vez que não corre prescrição contra absolutamente incapaz (art. 198, inciso I, do CC), razão pela qual o termo inicial de contagem do prazo prescricional de 5 anos (art. 27 do CDC) efetivou-se apenas em 2012, quando a autora completou 16 anos, tornando-se relativamente capaz. Dessa forma, a prescrição de sua pretensão ocorreria apenas em 2017, diferentemente do quanto sustenta o respeitável juízo de primeira instância.

Por fim, sublinha-se que, diante da inoperância de prescrição no caso em tela, evidenciada a relação de consumo por equiparação e considerando que fora produzida toda prova pré-constituída adequada, com a comprovação do dano e do nexo causal, deve o Tribunal proceder com o julgamento imediato do feito, prescindindo o retorno dos autos à instância inferior, conforme prevê o art. 1.013, § 4º, do CPC, estando a causa pronta e madura para o julgamento.

Deste modo, deve a sentença proferida ser reformada, condenando a Apelada ao pagamento do montante devido a título de danos morais e estéticos ocasionados pelo defeito do produto fabricado pela mesma, conforme pedidos constantes da petição inicial.

IV – Do Pedido de Nova Decisão

Ante o exposto, requer-se a Vossas Excelências, POR MEDIDA DE JUSTIÇA, que o presente Recurso de Apelação seja CONHECIDO E TOTALMENTE PROVIDO para julgar PROCEDENTE toda a pretensão inicial da Apelante, conforme fundamentação supra e nos exatos termos da petição inicial para que a Apelada seja condenada ao pagamento de indenização na quantia de R$ 50.000,00 (cinquenta mil reais) a título de danos morais e R$ 50.000,00 (cinquenta mil reais) pelos danos estéticos sofridos.

Termos em que,

Pede deferimento.

Local, data.

Advogado OAB n.

XXI EXAME DE ORDEM UNIFICADO – QUESTÕES

■ **QUESTÃO 1:** Ana, menor impúbere, é filha de José e Maria, ambos com apenas 18 (dezoito) anos de idade, desempregados e recém-aprovados para ingresso na Faculdade de Direito Alfa. As respectivas famílias do casal possuem considerável poder aquisitivo, porém se recusam a ajudá-los no sustento da pequena Ana, em razão de desentendimentos recíprocos. Destaca-se, por fim, que todos os avós são vivos e exercem profissões de destaque. Com esteio na hipótese proposta, responda aos itens a seguir.

A) Os avós são obrigados a prestar alimentos em favor de sua neta? Em hipótese positiva, cuida-se de obrigação solidária? (Valor: 0,65)

B) A ação de alimentos pode ser proposta por Ana, representada por seus pais, sem incluir necessariamente todos os avós no polo passivo da demanda? (Valor: 0,60)

■ **RESPOSTAS**

A) A questão envolve os denominados "alimentos suplementares" regulados pelo art. 1.698 do CC. Nesse cenário, diante da insuficiência econômica dos pais, os avós são obrigados a prestar alimentos em favor de sua neta. Trata-se de obrigação subsidiária e não de obrigação solidária conforme a disposição do art. 264 do CC, devendo teoricamente o montante ser dividido, se o caso, entre avós paternos e maternos, na medida de seus recursos, diante da divisibilidade e possibilidade de fracionamento da quantia pecuniária.

B) É possível o exercício da pretensão alimentar contra um ou mais avós. Com efeito, a obrigação alimentar por parte dos avós guarda caracteres de divisibilidade e não há solidariedade, afastando o litisconsórcio necessário. A exegese do art. 1.698 do CC explicita tratar-se de litisconsórcio facultativo (impróprio), bastando que haja a opção por um dos avós que suportará o encargo nos limites de suas possibilidades e da fração que lhe couber.

■ **QUESTÃO 2:** Miguel e Joana, irmãos, figuram respectivamente como locatário e fiadora em contrato de locação residencial celebrado com Antônio, no qual consta cláusula em que Joana renuncia ao benefício de ordem. Diante da ausência de pagamento dos valores acordados, Antônio promoveu ação de execução por título extrajudicial em face de ambos os devedores. Miguel foi citado cinco dias úteis antes de Joana, sendo que o comprovante de citação de Joana foi juntado aos autos vinte dias úteis após o de Miguel. Diante do exposto, responda aos itens a seguir.

A) Opostos embargos à execução por Joana, esta pleiteia que primeiro sejam penhorados os bens de Miguel. Deve ser acolhida essa alegação? (Valor: 0,50)

B) O prazo para Miguel apresentar embargos à execução findou antes ou depois de iniciar o prazo para Joana embargar a execução? (Valor: 0,40)

C) O prazo para oposição de embargos seria de 15 dias, contados em dobro, se Miguel e Joana possuíssem advogados distintos? (Valor: 0,35)

■ **RESPOSTAS**

A) A alegação não deve ser acolhida. Tendo em vista a cláusula expressa em que Joana renunciou ao benefício de ordem, ela não tem direito de exigir que primeiro sejam penhorados os bens do afiançado, conforme previsto no art. 828, inciso I, do CC e no art. 794, § 3º, do CPC.

B) O prazo dele findou antes. Quando houver mais de um executado, o prazo para cada um deles embargar é contado a partir da juntada do seu respectivo comprovante da citação. O prazo para Miguel apresentar embargos terminou 15 dias úteis após a juntada de seu comprovante de citação, o que ocorreu antes da juntada do comprovante de citação de Joana, nos termos do art. 915, § 1º, do CPC.

C) A afirmação não é verdadeira. Conforme prevê o art. 915, § 3º, do CPC, não se aplica o disposto no art. 229 do CPC em relação ao prazo para oferecimento dos embargos à execução.

■ **QUESTÃO 3:** A sociedade empresária Y, de Porto Alegre, e a sociedade empresária X, com sede em Salvador e filial em São Paulo, ambas de grande porte, firmaram contrato de parceria para desenvolvimento de um programa de instalação de máquinas subterrâneas, que seguiu um modelo de instrumento contratual elaborado pela sociedade empresária X, com cláusula de eleição de foro em São Paulo, local de instalação das máquinas. Após os primeiros meses de relação contratual, contudo, as sociedades empresárias começaram a encontrar dificuldades para a realização dos serviços, de modo que a sociedade empresária X suspendeu o cumprimento de suas obrigações. Em razão disso, a sociedade empresária Y ajuizou ação de obrigação de fazer perante a Comarca de Porto Alegre, afirmando que a cláusula de eleição de foro, por estar contida em contrato de adesão, não seria válida. Com base em tais afirmativas, responda aos itens a seguir.

A) É válida a eleição de foro constante do contrato firmado entre as sociedades empresárias Y e X? (Valor: 0,60)

B) O juízo de Porto Alegre poderia reconhecer de ofício sua incompetência? (Valor: 0,65)

■ RESPOSTAS

A) No caso em análise, a cláusula de eleição de foro é válida. A ação deve tramitar perante a Comarca de São Paulo. Apesar de ser um contrato pré-elaborado, há paridade na relação contratual, não se tratando de relação consumerista, afastando a proteção prevista na Lei n. 8.078/90. Além disso, embora seja possível decretar a nulidade de cláusula contida em contrato de adesão em relações não consumeristas (art. 424 do CC), apenas são nulas as cláusulas que estipulem a renúncia antecipada a direito resultante da natureza do negócio, o que não é a hipótese de criação de foro contratual.

B) Não poderia. Por se tratar de hipótese de incompetência territorial, devemos considerar que esta é relativa e não pode ser declinada de ofício pelo magistrado (arts. 64, § 1º, e 65 do CPC), devendo ser alegada em preliminar de contestação (art. 337, II, do CPC).

■ **QUESTÃO 4:** Ronaldo tem um crédito de R$ 20.000,00 com Celso. O referido crédito foi proveniente de contrato de mútuo celebrado entre as partes, subscrito por duas testemunhas. Apesar do vencimento da obrigação, Celso não cumpre o avençado. Ronaldo propõe ação de execução para o adimplemento da obrigação, restando evidenciado que Celso efetivamente doou seus dois únicos bens (automóveis) para Jorge antes da propositura da ação. De acordo com as informações constantes no caso, responda aos itens a seguir.

A) É possível identificar algum vício na doação dos bens (automóveis)? (Valor: 0,60)

B) Indique o instrumento processual do qual Ronaldo pode se valer para permitir que os bens doados possam ser expropriados na execução proposta. Fundamente a resposta com os dispositivos legais pertinentes. (Valor: 0,65)

RESPOSTAS

A) No caso, pode-se identificar a presença do instituto da fraude contra credores, prevista nos arts. 158 e 159 do Código Civil, pois a doação dos bens ocorreu antes da propositura da ação de execução e teve como objetivo tornar o devedor insolvente.

B) Para que o credor prejudicado consiga perseguir os bens alienados em fraude contra credores, terá de se valer de Ação Pauliana, prevista no art. 161 do Código Civil, com o objetivo de anular a venda e fazer com que os bens retornem ao patrimônio do devedor para que possam, assim, garantir os interesses do credor.

13 XXII EXAME DE ORDEM UNIFICADO

PEÇA PROFISSIONAL

ENUNCIADO: A editora Cruzeiro lançou uma biografia da cantora Jaqueline, que fez grande sucesso nas décadas de 1980 e 1990, e, por conta do consumo exagerado de drogas, dentre outros excessos, acabou por se afastar da vida artística, vivendo reclusa em uma chácara no interior de Minas Gerais, há quase vinte anos. Poucos dias após o início da venda dos livros, e alguns dias antes de um evento nacional organizado para sua divulgação, por meio de oficial de justiça, a editora foi citada para responder a uma ação de indenização por danos morais cumulada com obrigação de fazer, ajuizada por Jaqueline. No mesmo mandado, a editora foi intimada a cumprir decisão do Juízo da 1ª Vara Cível da Comarca da Capital do Estado de São Paulo, que deferiu a antecipação de tutela para condenar a ré a não mais vender exemplares da biografia, bem como a recolher todos aqueles que já tivessem sido remetidos a pontos de venda e ainda não tivessem sido comprados, no prazo de setenta e duas horas, sob pena de multa diária de cinquenta mil reais. A decisão acolheu os fundamentos da petição inicial, no sentido de que a obra revela fatos da imagem e da vida privada da cantora sem que tenha havido sua autorização prévia, o que gera lesão à sua personalidade e dano moral, nos termos dos arts. 20 e 21 do Código Civil, e que, sem a imediata interrupção da divulgação da biografia, essa lesão se ampliaria e se consumaria de forma definitiva, revelando o perigo de dano irreparável e o risco ao resultado útil do processo. A editora procura você como advogado(a), informando que foi intimada da decisão há três dias (mas o mandado somente foi juntado aos autos no dia de hoje) e que pretende dela recorrer, pois entende que não se justifica a censura à sua atividade, por tratar-se de informações verdadeiras sobre a vida de uma celebridade, e a firma que o recolhimento dos livros lhe causará significativos prejuízos, especialmente com o cancelamento do evento de divulgação programado para ser realizado em trinta dias. Na qualidade de advogado(a) da editora Cruzeiro, elabore o recurso cabível voltado a impugnar a decisão que deferiu a antecipação da tutela descrita no enunciado, afastados embargos de declaração. (Valor: 5,00)

Obs.: a peça deve abranger todos os fundamentos de Direito que possam ser utilizados para dar respaldo à pretensão. A simples menção ou transcrição do dispositivo legal não confere pontuação.

■ **GABARITO COMENTADO:** A decisão impugnada é uma decisão interlocutória que concedeu tutela provisória, razão pela qual o recurso cabível para sua impugnação é o agravo de instrumento (art. 1.015, inciso I, do CPC), cuja interposição deve ocorrer dentro dos próximos 15 dias úteis (art. 1.003, § 5º, do CPC), já que se contam da data da juntada aos autos do mandado de intimação (art. 231, inciso II, do CPC). No mérito, deve ser impugnada a probabilidade do direito, de acordo com a interpretação conforme à Constituição dada aos arts. 20 e 21 do CC pela jurisprudência superior, no sentido de ser inexigível autorização de pessoa biografada. A ponderação, nesta hipótese, deve privilegiar a liberdade de expressão, assegurada pelo art. 5º, IX, da Constituição da República, especialmente em se tratando de pessoa notória, cabível somente, em caso de abuso, a responsabilização posterior, mas não a censura prévia. Deve ser deduzido pedido de concessão de efeito suspensivo ao agravo, de forma a evitar risco de dano grave, na forma do art. 995, parágrafo único, e/ou art. 1.019, I, ambos do CPC.

Distribuição dos pontos

Item	Pontuação
Endereçamento: A petição deve ser endereçada ao Tribunal de Justiça do Estado de São Paulo (0,10).	0,00 / 0,10
Nome e qualificação das partes: Editora Cruzeiro (0,10); agravada Jaqueline (0,10).	0,00 / 0,10 / 0,20
Indicação dos nomes e endereços dos Advogados (art. 1.016, IV, do CPC) (0,10).	0,00 / 0,10
Cabimento: indicar que a decisão agravada é interlocutória e concessiva de tutela provisória (0,40), segundo o art. 1.015, inciso I, do CPC (0,10).	0,00 / 0,40 / 0,50
Tempestividade: indicar que o recurso foi interposto em até quinze dias (0,20) úteis, conforme o art. 1.003, § 5º, do CPC (0,10), contados da data da juntada aos autos do mandado de intimação (0,20), conforme o art. 231, inciso II, do CPC (0,10).	0,00 / 0,20 / 0,30 / 0,40 / 0,50 / 0,60
Fundamentação Jurídica/Legal:	
A – Afirmar a ausência de probabilidade do direito (0,30).	0,00 / 0,30
A.1 – por ser desnecessária a autorização prévia do biografado (0,40), em razão de interpretação conforme a Constituição dada aos arts. 20 e 21 do CC (0,20).	0,00 / 0,20 / 0,40 / 0,60
A.2 – em razão do exercício regular da liberdade de expressão (0,40), conforme o art. 5º, IX, da Constituição da República (0,10).	0,00 / 0,40 / 0,50
A.3 – por se tratar de fatos verdadeiros (0,30) e pessoa notória ou pública (0,20).	0,00 / 0,20 / 0,30 / 0,50
Fundamentação do efeito suspensivo: Demonstrar os danos graves ou de difícil reparação que a manutenção da decisão ocasionará (0,30) e a probabilidade de provimento do recurso (0,30), na forma do art. 995, parágrafo único, OU art. 1.019, I, do CPC (0,10).	0,00 / 0,30 / 0,40 / 0,60 / 0,70
Pedidos:	
Pedido de atribuição de efeito suspensivo ao recurso (0,30).	0,00 / 0,30
Pedido de provimento do recurso (0,10) para reformar da decisão OU indeferir a tutela provisória (0,30).	0,00 / 0,10 / 0,30 / 0,40
Juntada do comprovante de recolhimento de custas ou pedido de gratuidade de justiça (0,10).	0,00 / 0,10
Fechamento da peça: local, data e assinatura (0,10).	0,00 / 0,10

MODELO DE PEÇA

EXCELENTÍSSIMO SENHOR DOUTOR DESEMBARGADOR PRESIDENTE DO TRIBUNAL DE JUSTIÇA DO ESTADO DE SÃO PAULO

Editora Cruzeiro, pessoa jurídica de direito privado, inscrita no CNPJ sob o n. ..., (qualificação completa), por seu advogado, n. OAB, com escritório estabelecido na Rua..., (local onde receberá as intimações), vem, respeitosamente, à presença de Vossa Excelência, com fundamento no artigo no art. 1.015, inciso I, do Código de Processo Civil (Lei n. 13.105/2015), interpor

Agravo de Instrumento com Pedido de Efeito Suspensivo

em face da decisão proferida nos autos de n. ..., movido por Jaqueline (qualificação completa), pelas razões a seguir expostas.

I – Do Cabimento

Inicialmente, cumpre destacar que fora proferida pelo respeitável juízo de primeira instância, injusta decisão interlocutória que versa sobre tutela provisória, devendo a mesma ser reformada, razão pela qual, com esteio no art. 1.015, I, do CPC interpõe-se o presente recurso.

Há de se observar que a medida se apresenta tempestiva, tendo em vista que a presente interposição está ocorrendo dentro dos 15 dias úteis posteriores à juntada aos autos do mandado de intimação nos termos do art. 1.003, § 5º, cumulado com o art. 231, inciso II, ambos do CPC.

Salienta-se que em cumprimento ao quanto disposto no art. 1.017 do Código de Processo Civil, seguem acostadas as peças processuais necessárias para apreciação da lide, neste caso: cópia da petição inicial e documentos que a instruíram, da própria decisão agravada, da certidão da respectiva intimação ou outro documento oficial que comprove a tempestividade e das procurações outorgadas aos advogados do agravante e do agravado.

Por fim, coligem-se as guias de preparo devidamente recolhidas.

Deste modo, cumprido com os requisitos processuais, faz-se necessária a apreciação do quanto ventilado no presente recurso a fim de que seja reformada a decisão interlocutória proferida pelo juízo de primeiro grau, conforme abaixo se requer.

II – Breve Síntese dos Fatos

A Agravada promovera Ação de Ação de indenização por danos morais cumulada com obrigação de fazer com pedido de Tutela Antecipada, em face da Agravante, editora que publicou e promoveu a venda de biografia não autorizada a seu respeito, conforme cópias anexas.

O juiz de primeiro grau da 1ª Vara Cível da Comarca da Capital do Estado de São Paulo DEFERIU o pedido de tutela antecipada *inaudita altera parte* poucos dias após o início da venda dos livros, e alguns dias antes de um evento nacional organizado para sua divulgação, determinando a paralisação da venda de exemplares da biografia, bem como o recolhimento de todos aqueles que já tivessem sido remetidos a pontos de venda e ainda não tivessem sido comprados, no prazo de setenta e duas horas, sob pena de multa diária. A decisão deve ser reformada.

III – Dos Fundamentos

A Agravada não comprovou a presença da probabilidade dos direitos que alega. Não estão presentes os requisitos ensejadores da concessão da tutela provisória na forma antecipada, razão pela qual a concessão não deveria se efetivar. Ausentes, portanto, os requisitos legais que autorizariam a concessão da tutela provisória, torna-se plenamente inviável a concessão da tutela antecipada nos termos do quanto proferido pelo juízo de primeira instância. Não está presente a fumaça do bom direito e o perigo na demora, pois que a autora não comprova que os conteúdos lhe são ofensivos e ou que extrapolam o direito de liberdade de expressão da Agravante.

De outro lado, a interpretação do conteúdo dos arts. 20 e 21 do Código Civil deve considerar o direito constitucional da liberdade de expressão, o que foi ignorado e equivocamente interpretado pelo juízo de primeira instância. Realmente, inexiste qualquer exigência de autorização de pessoa biografada para a publicação de sua biografia, sobretudo em consideração ao direito de liberdade de expressão esculpido no art. 5º, IX, da Constituição da Federal. Impedir a veiculação das obras é cercear esse direito constitucional.

Além disso, a história de vida da Agravada é pública, ela é uma figura pública e o conteúdo divulgado é verdadeiro. O conteúdo veiculado na obra que está sendo censurado é baseado em fatos verdadeiros que no fundo são baseados na figura pública e notória da Agravada, nada justificando sua intenção de proibir referida publicação. Permitir que a obra não seja veiculada é efetuar verdadeira censura prévia, o que deve ser evitado.

Deste modo, diante da ausência dos pressupostos que ensejam a concessão da tutela antecipada bem como diante da inexistência de exigência de prévia autorização para a publicação de biografia e em respeito ao direito à liberdade de expressão, deve a decisão prolatada ser reformada.

IV – Do Efeito Suspensivo

Em atendimento ao quanto disposto no art. 1.019, I, do Código de Processo Civil, requer-se que seja atribuído ao presente recurso o efeito suspensivo, com o objetivo de se evitar injustos prejuízos à Agravante, que investiu montante significativo em sua atividade empresarial e possui evento agendado para venda de seu produto e consequente recuperação do valor investido, que pode vir a ser injustamente prejudicado.

V – Dos Pedidos

Diante do exposto, requer:

I – A concessão do efeito suspensivo da decisão agravada, a fim de que possa a Agravante proceder com a venda dos exemplares publicados e cumprir com o evento agendado.

II – O provimento final do agravo com a reforma da decisão agravada ou no mínimo sua alteração para que possa a Agravante proceder com as vendas dos exemplares e garantir a realização do evento agendado, reformando-se por definitivo a respeitável decisão agravada.

III – A intimação do advogado da parte contrária para contrarrazões conforme previsto no Código de Processo Civil, inclusive, conforme endereços profissionais indicados nesta petição.

IV – A juntada ao presente recurso as peças processuais que se fazem necessárias conforme listado anteriormente e as guias que comprovam o recolhimento das custas referentes ao agravo.

Termos em que,

Pede provimento.

Local, data,

Advogado (a) OAB/ n.

XXII EXAME DE ORDEM UNIFICADO – QUESTÕES

■ **QUESTÃO 1:** Poucos anos antes de morrer, Silas vendeu, no ano de 2012, por dois milhões e reais, a cobertura luxuosa onde residia. Com o dinheiro da venda, comprou, no mesmo ano, dois apartamentos em um mesmo prédio, cada um avaliado em trezentos mil reais, e mudou-se para um deles. Doou o outro imóvel para sua filha Laura e seu genro Hélio, local onde o casal passou a morar. Mesmo sem o consentimento dos demais herdeiros, Silas fez questão de registrar, na escritura de doação, que a liberalidade era feita em favor do casal, não mencionando, todavia, se seria ou não adiantamento de legítima. Silas morreu no dia 20 de março de 2016 e deixou, além de Laura, dois outros herdeiros: Mauro e Noel, netos oriundos do casamento de um filho pré-morto, Wagner. O processo de inventário foi iniciado poucos dias depois de sua morte. Laura foi nomeada inventariante e apresentou as primeiras declarações em setembro de 2016, sem mencionar o imóvel em que residia. Diante desses fatos, responda aos itens a seguir.

A) A doação realizada é válida? (Valor: 0,65)

B) Há fundamento no direito processual que obrigue Laura a declarar o imóvel? (Valor: 0,60)

■ **RESPOSTAS**

A) A doação é válida na forma como foi realizada. Em relação ao genro Hélio porque o valor do imóvel não ultrapassa a metade do patrimônio de Silas (conforme permite o art. 549 do CC) e, em relação à filha Laura porque traduz adiantamento de legítima, pois não necessita da anuência dos demais herdeiros (conforme prevê o art. 544 do CC).

B) Laura está obrigada a declarar o bem que recebeu por liberalidade não só pelo fato de ser herdeira (art. 639 do CPC), mas também por ser inventariante (art. 620, inciso IV, do CPC).

■ **QUESTÃO 2:** Em 10 de maio de 2016, Pedro, comprador, celebrou contrato de compra e venda com Bruno, vendedor, cujo objeto era uma motocicleta seminova (ano 2013), modelo X, pelo preço de R$ 10.000,00, pagos à vista. Em setembro de 2016, Pedro foi citado para responder a ação na qual Anderson alegava ser proprietário da referida moto. Sem entender a situação e com receio de perder o bem, Pedro ligou imediatamente para Bruno, que lhe respondeu não conhecer

Anderson e não ter nenhuma relação com o problema, pois se trata de fato posterior à venda da moto, ainda afirmando que "Pedro resolva diretamente com Anderson e procure seus direitos na justiça". Com base nos fatos narrados, responda aos itens a seguir.

A) Qual a responsabilidade de Bruno caso Pedro venha a perder o bem por sentença judicial? Fundamente com o instituto de Direito Civil adequado, indicando as verbas do ressarcimento devido. (Valor: 0,80)

B) Como Pedro deverá proceder caso queira discutir a responsabilidade de Bruno na própria ação reivindicatória ajuizada por Anderson? Fundamente com o instituto de direito processual adequado. (Valor: 0,45)

■ **RESPOSTAS**

A) Bruno responde pela evicção caso Pedro perca o bem (moto) por sentença judicial em favor de Anderson, conforme o art. 447 do Código Civil. Além da restituição integral do preço, Pedro deverá ser indenizado por Bruno das despesas do contrato e de outros prejuízos que diretamente resultem da evicção, além das custas judiciais e dos honorários advocatícios, nos termos do art. 450 do CC.

B) Para exercer os direitos oriundos da evicção na própria ação reivindicatória, Pedro deverá denunciar a lide, nos termos do art. 125, inciso I, do CPC. Com isso, uma única sentença resolverá as duas questões litigiosas, inclusive, a evicção.

■ **QUESTÃO 3:** Jorge, menor com 12 anos de idade, está sem receber a pensão alimentícia de seu pai, Carlos, há cinco anos, apesar de decisão judicial transitada em julgado. Jorge, representado por sua mãe, Fátima, promove ação de execução de alimentos, no valor de R$ 200.000,00 (duzentos mil reais), pelos alimentos pretéritos, devidamente corrigidos. Para pagamento da dívida, fora determinada penhora do imóvel em que Carlos e Carmem, sua atual companheira, residem. O imóvel, avaliado em R$ 300.000,00 (trezentos mil reais), é o único do casal e foi adquirido onerosamente por ambos após a constituição de união estável. Considerando que a penhora recaiu apenas sobre a parte que cabe a Carlos, responda aos itens a seguir.

A) Há fundamento para penhora do bem descrito? (Valor: 0,70)

B) Como fica a situação de Carmem na hipótese de alienação judicial do bem descrito? (Valor: 0,55)

■ **RESPOSTAS**

A) Sim, a penhora é possível, havendo fundamento legal para tanto. Embora seja bem de família, o referido imóvel pode ser penhorado e alienado, pois na execução de alimentos ocorre exceção à regra geral de impenhorabilidade do imóvel destinado à residência, consoante dispõe o art. 3º, inciso III, da Lei n. 8.009/90.

B) Diante da indivisibilidade do bem, a quota-parte que cabe à Carmem será reservada no produto da alienação (art. 843, *caput*, do CPC), garantindo que a parte de seu patrimônio decorrente dos direitos da união estável lhe seja resguardada.

■ **QUESTÃO 4:** Danilo ajuizou ação cominatória com pedido de reparação por danos morais contra a financeira Boa Vida S/A, alegando ter sofrido dano extrapatrimonial em virtude da negativação equivocada de seu nome nos bancos de dados de proteção ao crédito. Danilo sustenta e comprova que nunca atrasou uma parcela sequer do financiamento do seu veículo, motivo pelo qual a negativação de seu nome causou-lhe dano moral indenizável, requerendo, liminarmente, a retirada de seu nome dos bancos de dados e a condenação da ré à indenização por danos morais no valor de R$ 5.000,00. O juiz concedeu tutela provisória com relação à obrigação de fazer, apesar de reconhecer que não foi vislumbrado perigo de dano ou risco ao resultado útil do processo; contudo, verificou que a petição inicial foi instruída com prova documental suficiente dos fatos constitutivos do direito do autor, não havendo oposição do réu capaz de gerar dúvida razoável. Em sentença, o juiz julgou parcialmente procedentes os pedidos, condenando a ré à obrigação de retirar o nome do autor dos bancos de dados de proteção ao crédito, confirmando a tutela provisória, mas julgando improcedente o pedido de indenização, pois se constatou que o autor já estava com o nome negativado em virtude de anotações legítimas de dívidas preexistentes com instituições diversas, sendo um devedor contumaz. Em face do exposto, responda aos itens a seguir.

A) À luz da jurisprudência dos tribunais superiores, é correta a decisão do juiz que julgou improcedente o pedido de indenização por danos morais? (Valor: 0,65)

B) Poderia o advogado requerer a tutela provisória mesmo constatando-se a inexistência de perigo de dano ou de risco ao resultado útil do processo? (Valor: 0,60)

- **RESPOSTAS**

A) Sim a decisão está correta. É o que prevê a jurisprudência consolidada no Superior Tribunal de Justiça, na Súmula 385, que diz: "da anotação irregular em cadastro de proteção ao crédito, não cabe indenização por dano moral quando preexistente legítima inscrição, ressalvado o direito ao cancelamento".

B) Sim. Trata-se de tutela provisória de evidência, que dispensa a prova de perigo de dano ou de risco ao resultado útil do processo, quando "a petição inicial for instruída com prova documental suficiente dos fatos constitutivos do direito do autor, a que o réu não oponha prova capaz de gerar dúvida razoável", nos termos do art. 311, inciso IV, do CPC.

14 XXIII EXAME DE ORDEM UNIFICADO

PEÇA PROFISSIONAL

- **ENUNCIADO:** Ricardo, cantor amador, contrata Luiz, motorista de uma grande empresa, para transportá-lo, no dia 2 de março de 2017, do Município Canto Distante, pequena cidade no interior do Estado do Rio de Janeiro onde ambos são domiciliados, até a capital do Estado. No referido dia, será realizada, na cidade do Rio de Janeiro, a primeira pré-seleção de candidatos para participação de um concurso televisivo de talentos musicais, com cerca de vinte mil inscritos. Os mil melhores candidatos pré-selecionados na primeira fase ainda passarão por duas outras etapas eliminatórias, até que vinte sejam escolhidos para participar do programa de televisão. Luiz costuma fazer o transporte de amigos nas horas vagas, em seu veículo particular, para complementar sua renda; assim, prontamente aceita o pagamento antecipado feito por Ricardo. No dia 2 de março de 2017, Luiz se recorda de que se esquecera de fazer a manutenção periódica de seu veículo, motivo pelo qual não considera seguro pegar a estrada. Assim, comunica a Ricardo que não poderá transportá-lo naquele dia, devolvendo-lhe o valor que lhe fora pago. Ricardo acaba não realizando a viagem até o Rio de Janeiro e, assim, não participa da pré-seleção do concurso. Inconformado, Ricardo ingressa com ação indenizatória em face de Luiz menos de um mês após o ocorrido, pretendendo perdas e danos pelo inadimplemento do contrato de transporte e indenização pela perda de uma chance de participar do concurso. A ação foi regularmente distribuída para a Vara Cível da Comarca de Canto Distante do Estado do Rio de Janeiro. Citado, o réu alegou em contestação que Ricardo errou ao não tomar um ônibus na rodoviária da cidade, o que resolveria sua necessidade de transporte. Ao final da instrução processual, é proferida sentença de total procedência do pleito autoral, tendo o juízo fundamentado sua decisão nos seguintes argumentos: i) o inadimplemento contratual culposo foi confessado por Luiz, devendo ele arcar com perdas e danos, nos termos do art. 475 do Código Civil, arbitrados no montante de cinco vezes o valor da contraprestação originalmente acordada pelas partes; ii) o fato de Ricardo não ter contratado outro tipo de transporte para o Rio de Janeiro não interrompe o nexo causal entre o inadimplemento do contrato por Luiz e os danos sofridos; iii) Ricardo sofreu evidente perda da chance de participar do concurso, motivo pelo qual deve ser indenizado em montante arbitrado pelo juízo em um quarto do prêmio final que seria pago ao vencedor do certame. Na qualidade de advogado(a) de Luiz, indique o meio processual adequado à tutela integral do seu direito, elaborando a peça processual cabível no caso, excluindo-se a hipótese de embargos de declaração, indicando os seus requisitos e fundamentos nos termos da legislação vigente. (Valor: 5,00) Obs.: a peça deve abranger todos os fundamentos de Direito que possam ser utilizados para dar respaldo à pretensão. A simples menção ou transcrição do dispositivo legal não confere pontuação.

■ **GABARITO COMENTADO:** A decisão tem natureza jurídica de sentença, na forma dos arts. 203, § 1º, 487, inciso I, e 490, todos do CPC. Com efeito, extinguiu-se o processo, com resolução do mérito, para deferir integralmente os pedidos formulados na ação. Em virtude disso, o meio processual adequado à impugnação do provimento judicial, a fim de evitar que faça coisa julgada, é o Recurso de Apelação, segundo o art. 1.009 do CPC. Deve-se buscar a tutela integral do interesse do réu, pugnando-se ao final pela integral reforma da sentença. O recurso deve impugnar especificamente os três fundamentos da sentença, nos seguintes termos: i) A hipótese é de responsabilidade contratual, isto é, oriunda do inadimplemento do negócio firmado entre as partes, motivo pelo qual o art. 475 do Código Civil reconhece ao credor inadimplido o direito de pedir a resolução e cobrar perdas e danos. No entanto, essa indenização depende da demonstração de algum prejuízo efetivamente sofrido pelo credor, não decorrendo do simples fato da resolução. Não se justifica, assim, o arbitramento realizado pelo juízo sentenciante, desamparado por qualquer elemento probatório, até porque Ricardo aceitou espontaneamente o preço pago como forma de resolução do contrato. ii) O fato de Ricardo não ter tomado nenhuma medida para, minorando as consequências do inadimplemento, realizar a viagem para o Rio de Janeiro configura fato concorrente da vítima, nos termos do art. 945 do Código Civil. Assim, caso se reconheça algum dano imputável a Luiz, o montante indenizatório deverá ser reduzido proporcionalmente ao fato concorrente de Ricardo. iii) Nos moldes de seu desenvolvimento doutrinário e jurisprudencial, a figura da perda de uma chance exige, para a sua configuração, que exista a probabilidade séria e real de obtenção de um benefício, o que não restou demonstrado no presente caso, tendo em vista que não havia certeza mínima sequer quanto à participação de Ricardo do concurso televisivo. Por fim, o fechamento da peça: local, data, assinatura e OAB.

Distribuição dos pontos

Item	Pontuação
Endereçamento: o recurso deve ser interposto perante o Juízo da Vara Cível da Comarca de Canto Distante no Estado do Rio de Janeiro, com as respectivas razões (0,10).	0,00 / 0,10
Indicação da apelante (0,10) e do apelado (0,10).	0,00 / 0,10 / 0,20
Endereçamento das razões recursais ao Tribunal de Justiça do Rio de Janeiro (0,10).	0,00 / 0,10
Recolhimento do preparo ou de gratuidade da justiça (0,10) e tempestividade (0,10).	0,00 / 0,10 / 0,20
Cabimento do recurso: art. 1.009 do CPC (0,10).	0,00 / 0,10

Item	Pontuação
Fundamentação jurídica:	
i-a) A hipótese é de responsabilidade contratual (0,50), motivo pelo qual o art. 475 do Código Civil reconhece o direito do credor inadimplido a resolver o contrato e cobrar perdas e danos (0,10).	0,00 / 0,50 / 0,60
i-b) Essa indenização depende da demonstração de algum prejuízo efetivamente sofrido por Ricardo, não decorrendo do simples fato da resolução (0,50).	0,00 / 0,50
ii-a) O fato de Ricardo não ter tomado nenhuma medida para realizar a viagem para o Rio de Janeiro configura fato concorrente da vítima (0,50), nos termos do art. 945 do Código Civil (0,10).	0,00 / 0,50 / 0,60
ii-b) Caso se reconheça algum dano imputável a Luiz, o montante indenizatório deverá ser deduzido proporcionalmente (0,50).	0,00 / 0,50
iii) A figura da perda de uma chance exige, para a sua configuração, que exista a probabilidade séria e real de obtenção de um benefício (0,60), o que não restou demonstrado no presente caso, tendo em vista que não havia certeza mínima sequer quanto à participação de Ricardo do concurso televisivo (0,60).	0,00 / 0,60 / 1,20
Formular corretamente os pedidos:	
Reforma da sentença (0,40) para julgar improcedentes os pedidos deduzidos na inicial (0,40).	0,00 / 0,40 / 0,80
Fechamento da peça: local, data, assinatura e OAB (0,10).	0,00 / 0,10

MODELO DE PEÇA

EXCELENTÍSSIMO SENHOR JUIZ DE DIREITO DA VARA CÍVEL DA COMARCA DE CANTO DISTANTE/RJ

Proc. n.

Luiz, já devidamente qualificado nos presentes autos desta ação que move em face de Eletrônicos S/A, por seu advogado e bastante procurador signatário, vem respeitosa e tempestivamente à presença de Vossa Excelência, interpor o presente

Recurso de Apelação

com base no art. 1.009 do Código de Processo Civil, visando à modificação da respeitável sentença proferida nestes autos, conforme razões de fato e de direito expostas anexo.

Outrossim, requer-se que seja o Apelado intimado para, querendo, ofereça as contrarrazões e, ato contínuo, sejam os autos, com as razões anexas, remetidos ao Egrégio Tribunal de Justiça para os fins de mister.

Termos em que,

Pede deferimento.

Local e data.

Advogado (a)

OAB n.

Razões Recursais

Apelante: Luiz

Apelado: Ricardo

Origem: Processo n. ..., Vara Cível, Comarca de Canto Distante/RJ

Egrégio Tribunal de Justiça,

Colenda Turma,

Nobres julgadores!

I – Breve Histórico Processual

O Apelado promovera ação visando à indenização das perdas e danos em razão do suposto inadimplemento por parte do Apelante de contrato de transporte entabulado entre as partes, alegando que o fato lhe acarretou a perda de uma chance de participar de determinado concurso.

O Apelante, por sua vez, alegou em sede de contestação que o Apelado foi responsável por não participar do concurso ao não tomar um ônibus na rodoviária da cidade, o que resolveria sua necessidade de transporte, já que foi avisado com tempo suficiente para tanto.

Encerrada a instrução probatória, decidiu erroneamente o respeitável juízo de primeira instância pela total procedência da ação, sob o argumento de que o inadimplemento contratual culposo foi confessado pelo Apelante, devendo ele arcar com perdas e danos, nos termos do art. 475 do Código Civil, arbitrados no montante de cinco vezes o valor da contraprestação originalmente acordada pelas partes.

Entendeu ainda que subsiste o nexo de causalidade entre o inadimplemento do contrato por parte do Apelante e os danos sofridos pelo Apelado, bem como reconheceu a perda da chance de participar do concurso, motivo pelo qual fixou a indenização em montante de um quarto do prêmio final que seria pago ao vencedor do concurso.

Todavia, conforme restará comprovado, não merece prosperara a decisão proferida, devendo ser reformulada a respeitável sentença, julgando totalmente improcedentes os pedidos do Apelado, pelas razões abaixo indicadas.

II – Do Cabimento

O presente recurso visa à reforma de sentença, portanto, adequado nos termos do art. 1.009 do Código de Processo Civil, bem como apresenta-se tempestivo nos termos do art. 1.003, § 5º, e devidamente preparado conforme guias judiciais anexas.

III – Das Razões do Pedido de Reforma

Inicialmente há de se observar que a responsabilidade oriunda de inadimplemento contratual prevista no art. 475 do Código Civil está condicionada à demonstração de prejuízo efetivamente sofrido pelo credor, o que não se verifica no caso em tela, vez que houve apenas e tão somente resolução contratual, o que por si só não gera qualquer dever de indenizar. Se não há prova do prejuízo decorrente do inadimplemento, não há o que ser indenizado.

Realmente, a hipótese é de responsabilidade contratual (e não extracontratual) oriunda do inadimplemento do negócio firmado entre as partes. Neste caso, então, o art. 475 do Código Civil reconhece ao Apelado o direito de pedir a resolução e cobrar perdas e danos. Contudo, esse direito de ressarcimento de prejuízos depende da demonstração de algum prejuízo efetivamente sofrido pelo credor, não decorrendo do simples fato da resolução. Por isso, não se justifica o arbitramento realizado pelo juízo sentenciante, desamparado por qualquer elemento probatório, até porque o Apelado aceitou espontaneamente a devolução do preço pago como forma de resolução do contrato.

Neste ínterim, desarrozoado se apresenta o arbitramento realizado pelo juízo de primeira instância, pois, se de um lado inexistem provas do dano que o Apelado sustenta ter sofrido, de outo, há de se considerar que o próprio aceitou espontaneamente o preço pago como forma de resolução do contrato, ou seja, anuiu com a resolução e posteriormente a combateu judicialmente, agindo de maneira contraditória.

Há de se observar ainda que o Apelado não realizara qualquer medida visando minorar as consequências do inadimplemento, vez que mesmo antecipadamente ciente da impossibilidade realizar a viagem para o Rio de Janeiro não procurou outros meios de fazê-lo, tendo concorrido para o fato.

O fato de o Apelado não ter tomado nenhuma iniciativa para realizar a viagem para o Rio de Janeiro de outra forma, pois havia tempo para isso, configura a chamada culpa concorrente da vítima (art. 945 do Código Civil). Assim, caso se reconheça algum dano imputável ao Apelante, o montante indenizatório deverá ser reduzido proporcionalmente ao fato concorrente do Apelado.

Por fim, destaca-se que, nos moldes de seu desenvolvimento doutrinário e jurisprudencial, a figura da perda de uma chance exige, para a sua configuração, que exista a probabilidade séria e real de obtenção de um benefício, o que não restou demonstrado no presente caso, tendo em vista que não havia certeza mínima sequer quanto à participação de Ricardo do concurso televisivo. O referido concurso estava em sua fase inicial e não há prova de que a chance de vencer é séria e real, razão pela qual o pedido neste item é também improcedente, merecendo a reforma da sentença atacada.

Deste modo, deve a sentença proferida ser reformada, julgando totalmente improcedentes os pedidos formulados na Exordial.

IV – Do Pedido de Nova Decisão

Ante o exposto, requer-se a Vossa Excelência, POR MEDIDA DE JUSTIÇA, que o presente Recurso de Apelação seja CONHECIDO E TOTALMENTE PROVIDO para julgar IMPROCEDENTES os pedidos do Apelado, conforme fundamentação supra, reconhecendo a inexistência de responsabilidade contratual por parte do Apelante, tampouco do consequente dever de indenizar ou, subsidiariamente, a redução do quantum indenizatório conforme fundamentações destas razões recursais.

Termos em que,

Pede deferimento.

Local, data.
Advogado OAB n.

XXIII EXAME DE ORDEM UNIFICADO – QUESTÕES

■ **QUESTÃO 1:** Após sofrer acidente automobilístico, Vinícius, adolescente de 15 anos, necessita realizar cirurgia no joelho direito para reconstruir os ligamentos rompidos, conforme apontam os exames de imagem. Contudo, ao realizar a intervenção cirúrgica no Hospital Boa Saúde S/A, o paciente percebe que o médico realizou o procedimento no seu joelho esquerdo, que estava intacto. Ressalta-se que o profissional não mantém relação de trabalho com o hospital, utilizando sua estrutura mediante vínculo de comodato, sem relação de subordinação. Após realizar nova cirurgia no joelho correto, Vinícius, representado por sua mãe, decide ajuizar ação indenizatória em face do Hospital Boa Saúde S/A e do médico que realizou o primeiro procedimento. Em face do exposto, responda aos itens a seguir.

A) Na apuração da responsabilidade do hospital, dispensa-se a prova da culpa médica? (Valor: 0,75)

B) O procedimento do juizado especial cível é cabível? (Valor: 0,50)

■ **RESPOSTAS**

A) Não é dispensada a prova da culpa da médica. A responsabilidade pessoal do profissional liberal "será apurada mediante a verificação da culpa" como prevê o art. 14, § 4º, do CDC. A inclusão do hospital, que responde objetivamente, na forma do art. 14, *caput*, do referido diploma, não tem o condão de dispensar a prova da culpa médica. Desse modo, o hospital responde solidária e objetivamente, dispensado a prova de sua culpa na causa do dano, mas depende da comprovação da culpa do médico, na forma do art. 14, § 4º, da Lei n. 8.087/90.

B) Não. Na forma do art. 8º, *caput*, da Lei n. 9.099/95, "não poderão ser partes, no processo instituído por esta Lei, o incapaz, o preso, as pessoas jurídicas de direito público, as empresas públicas da União, a massa falida e o insolvente civil". Como o autor da ação é um adolescente de 15 anos, trata-se de pessoa absolutamente incapaz, na forma do art. 3º do CC, motivo pelo qual deve buscar a Justiça Comum para o ajuizamento da demanda.

■ **QUESTÃO 2:** Dalva, viúva, capaz e sem filhos, decide vender para sua amiga Lorena um apartamento de 350 m² que tinha com o marido em área urbana, o qual não visitava havia cerca de sete anos. Após a celebração do negócio, Lorena, a nova proprietária, é surpreendida com a presença de Roberto, um estranho, morando no imóvel. Este, por sua vez, explica para Lorena que "já se considera proprietário da casa" pela usucapião, pois, "conforme estudou", apesar de morar ali apenas há 6 meses, "seus falecidos pais já moravam no local há mais de 5 anos", o que seria suficiente, desde que a antiga proprietária "havia abandonado o imóvel". Lorena, por sua vez, foi aconselhada por um vizinho a ajuizar uma ação pleiteando a sua imissão na posse para retirar Roberto da sua casa. Diante do exposto, responda aos itens a seguir.

A) Roberto tem razão ao alegar que já usucapiu o imóvel? (Valor: 0,50)

B) Está correta a sugestão feita pelo vizinho de Lorena? Por quê? Qual a ação judicial mais recomendável na hipótese? (Valor: 0,75)

■ **RESPOSTAS**

A) Não, pois o prazo de 5 anos só seria suficiente se a área usucapida tivesse no máximo 250 metros quadrados de área e também se ele tivesse estabelecido moradia no local e exercido a posse útil do bem nesse sentido durante todo o período aquisitivo (art. 183 da CF e art. 1.240). A ausência do tempo e da qualidade da posse afasta sua pretensão.

B) Considerando-se que Roberto não tem qualquer vínculo jurídico com Dalva a ação de imissão na posse é incabível. A medida recomendável é a ação pelo procedimento comum (art. 318 do CPC) com pedido reivindicatório (art. 1.228 do CC).

■ **QUESTÃO 3:** Luiz, viúvo, residente e domiciliado em Maceió, tinha três filhos: Jorge, Clarissa e Joana, e nenhum neto. Jorge, enciumado com o tratamento preferencial que Luiz dispensava às suas irmãs, tenta matar seu pai desferindo-lhe dois tiros, dos quais, por sorte, Luiz consegue escapar ileso. Dois anos antes, este registrara testamento público, estipulando que seu patrimônio disponível deveria ser herdado por Jorge e Joana. Luiz vem a falecer durante viagem a Salvador, em 2017, deixando como herança líquida o montante de R$ 2.000.000,00 (dois milhões de reais). Com base na hipótese apresentada, responda aos itens a seguir.

A) Qual medida judicial poderá ser utilizada por Joana para evitar que Jorge venha a suceder Luis? Há algum prazo limite para isso? (Valor: 0,85)

B) Qual o foro competente para processar e julgar o inventário de Luiz? (Valor: 0,40)

■ **RESPOSTAS**

A) Joana deve ajuizar demanda objetivando a declaração de indignidade de Jorge, fundamentada no art. 1.814, inciso I do Código Civil, pois o herdeiro Jorge foi autor de tentativa de homicídio contra Luis, pessoa de cuja sucessão se trata. Com o reconhecimento judicial da indignidade de Jorge, este será excluído da sucessão de Luis. O prazo para o ajuizamento da demanda é de 4 anos da abertura da sucessão, segundo o art. 1.815, parágrafo único, do Código Civil.

B) O foro competente é o da cidade de Maceió, nos termos do art. 48 do CPC, já que ali era domiciliado o autor da herança.

■ **QUESTÃO 4:** Tiago, servidor público federal, e Marcel, advogado, mantiveram convivência pública, contínua e duradoura, com o objetivo de constituir família, durante 15 anos. Em virtude do falecimento de Tiago decorrente de acidente de trânsito, Marcel ajuizou ação em face da União, pleiteando a concessão de pensão por morte, sob o fundamento da ocorrência de união estável com o falecido. A juíza federal da 6ª Vara, por ter entendido configurada a relação de companheirismo, julgou procedente o pedido, concedendo a pensão a Marcel. Não foi interposta apelação, tampouco houve a incidência de reexame necessário, pelo que ocorreu o trânsito em julgado da decisão concessiva da pensão. Diante do acolhimento de sua pretensão no âmbito da Justiça Federal, Marcel, a fim de resguardar seus direitos sucessórios, ajuizou, perante a Justiça Estadual, ação declaratória de união estável, buscando o reconhecimento da relação de companheirismo mantida com Tiago. O juiz de direito da 3ª Vara de Família julgou improcedente o pedido, sob o fundamento de que o requisito da coabitação para o reconhecimento de união estável não se encontrava preenchido. Sobre tais fatos, responda aos itens a seguir.

A) O fundamento da decisão proferida pela Justiça Estadual está correto? Por quê? (Valor: 0,50)

B) O reconhecimento da união estável pela Justiça Federal vincula a decisão a ser proferida pela Justiça Estadual? Por quê? (Valor: 0,75)

■ **RESPOSTAS**

A) Não, pois o art. 1.723 do Código Civil não prevê a coabitação como requisito para a configuração da união estável.

B) Não. O reconhecimento da união estável pela Justiça Federal se deu incidentalmente como questão prejudicial. Considerando que a Justiça Federal não é competente para decidir como questão principal acerca da ocorrência de união estável, sua apreciação não é apta a fazer coisa julgada, nos termos do art. 503, § 1º, inciso III, do CPC. Em consequência, a Justiça Estadual poderá decidir de maneira diversa a respeito da configuração da relação de companheirismo.

15 XXIV EXAME DE ORDEM UNIFICADO

PEÇA PROFISSIONAL

■ **ENUNCIADO:** Marilene procura você, como advogado(a), assustada, porque, há duas semanas, recebeu a visita de um Oficial de Justiça, que entregou a ela um Mandado de Citação e Intimação. O Mandado refere-se à ação de execução de título extrajudicial ajuizada por Breno, distribuída para a 1ª Vara Cível da Comarca da Capital do Estado de São Paulo, em que é pretendida a satisfação de crédito de R$ 15.000,00 (quinze mil reais), consubstanciado em instrumento particular de confissão de dívida, subscrito por Marilene e duas testemunhas, e vencido há mais de um mês. Breno indicou à penhora valores que Marilene tem em três contas bancárias, um carro e o imóvel em que reside com sua família. Alegou ainda que a executada estaria buscando desfazer-se dos bens, razão pela qual o juízo deferiu de plano a indisponibilidade dos ativos financeiros de Marilene pelo sistema eletrônico gerido pela autoridade supervisora do sistema financeiro nacional. Pelo andamento processual no sítio do Tribunal de Justiça do Estado de São Paulo, você verifica que o mandado de citação e intimação positivo foi juntado aos autos há dois dias. Marilene, muito nervosa, relata que manteve relacionamento com Breno, durante o qual ele insistiu que ela assinasse alguns papéis, informando se tratar de documentos necessários para que ele pudesse receber um benefício previdenciário acumulado. Ela, sem muito estudo, assinou, acreditando estar apenas declarando que ele, Breno, ainda não tinha recebido R$ 15.000,00 (quinze mil reais), aos quais alegava fazer jus frente ao INSS. Informa, inclusive, que uma das pessoas que assinou como testemunha é uma vizinha sua, que sabe que ele a induziu a acreditar que estava assinando apenas uma declaração para que ele obtivesse o benefício. Esclarece que, quando o relacionamento acabou, Breno se tornou agressivo e afirmou que tomaria dela as economias que sabia ter em uma poupança, mas, na época, ela achou que era uma ameaça vazia de um homem ressentido. Ela está especialmente preocupada em resguardar sua moradia e os valores que tem em uma de suas contas bancárias, que é uma poupança, que se tornou fundamental para a subsistência da família, já que sua mãe está se submetendo a um tratamento médico que pode vir a demandar a utilização dessas economias, informando que, em caso de necessidade, preferia ficar sem o carro que sem o dinheiro. Gostaria, todavia, de impugnar o processo executivo como um todo, para não mais sofrer nas mãos de Breno. Na qualidade de advogado(a) de Marilene, elabore a defesa cabível voltada a impugnar a execução que foi ajuizada, desconsiderando a impugnação prevista no art. 854, § 3º, do CPC/15. (Valor: 5,00) Obs.: a peça deve abranger todos os fundamentos de Direito que possam ser utilizados para dar respaldo à pretensão. A simples menção ou transcrição do dispositivo legal não confere pontuação.

■ **GABARITO COMENTADO:** Tendo em vista que está instaurado o processo executivo e que se busca impugnar a validade do negócio jurídico que gerou o título executivo e também os atos de penhora atuais e futuros, a medida cabível são os embargos do devedor à execução, regulamentados nos arts. 914 e seguintes do CPC/15. A petição deve ser endereçada ao mesmo juízo competente para a execução (1ª Vara Cível da Comarca da Capital do Estado de São Paulo), conforme o art. 61 do CPC/15, identificando Marilene como embargante executada e Breno como embargado exequente. O prazo para apresentação dos embargos é de quinze dias, conforme o art. 915 do CPC/15. O prazo se conta da data da juntada do mandado, conforme o art. 231 do CPC/15. (Nota do autor: atenção para a nova redação ampliativa do art. 231, segundo a qual o prazo pode se iniciar a partir do recebimento da mensagem de citação por meio eletrônico [e-mail], o que agora passará a ser adotado como mecanismo principal – sugere-se leitura do art. 246 do CPC, reformulado pela Lei n. 14.195, de 26 de agosto de 2021.) Os embargos devem pleitear a desconstituição do título executivo, com base no art. 917, I ou VI, do CPC/15, em razão de se basear em negócio jurídico viciado por dolo, conforme o art. 145 do Código Civil. Marilene foi induzida em erro por Breno, que a levou a crer que estava realizando uma declaração de que ele não tinha recebido um benefício previdenciário quando, na verdade, estava subscrevendo uma confissão de dívida. Tendo sido vítima de artifício para a celebração de negócio jurídico que, se ciente da realidade dos fatos, não realizaria, ela tem direito à anulação do negócio e, consequentemente, à desconstituição do título executivo em que se baseia o processo. Os embargos devem pleitear também o reconhecimento da impenhorabilidade da conta poupança de Marilene, até o valor de 40 salários mínimos, com base no art. 833, X, do CPC/15, bem como do imóvel em que reside com sua família, por se tratar de bem de família, com base no art. 1º da Lei n. 8.009/90. Deve ser pleiteada a suspensão do processo executivo, tendo em vista a presença dos requisitos do *periculum in mora*, decorrente da necessidade dos valores para o tratamento médico da mãe, bem como está garantido o juízo pela penhora dos valores existentes nas demais contas, conforme exigido no art. 919, § 1º, do CPC/15. Deve ser requerida a produção de prova testemunhal para a oitiva de sua vizinha, que pode corroborar a existência do vício no negócio, a juntada do comprovante de recolhimento de custas ou o pedido de gratuidade de justiça e das cópias relevantes do processo executivo, já que os embargos constituirão autos apartados. Deve-se pedir a desconstituição do título executivo, com a anulação da confissão de dívida, bem como a extinção do processo executivo, com julgamento de mérito, dando-se à causa o valor exequendo, ou seja, R$15.000,00 (quinze mil reais). Por fim, o fechamento, com a indicação de local, data, assinatura e inscrição OAB.

Distribuição dos pontos

Item	Pontuação
I – Endereçamento:	
a) a petição deve ser endereçada à 1ª Vara Cível da Comarca da Capital do Estado de São Paulo (0,10)	0,00 / 0,10

Item	Pontuação
b) Distribuição por dependência (0,10)	0,00 / 0,10
II – Nome e qualificação das partes: embargante: Marilene, qualificação (0,10); embargado: Breno, qualificação (0,10)	0,00 / 0,10 / 0,20
III – Tempestividade:	
a) indicar que a petição foi protocolada no prazo de 15 (quinze) dias (0,10), conforme o art. 915 do CPC/15 (0,10)	0,00 / 0,10 / 0,20
b) O prazo deve ser contado da data da juntada aos autos do mandado de citação (0,10), conforme o art. 231 do CPC/15 (0,10)	0,00 / 0,10 / 0,20
IV – Fundamentação jurídica/legal:	
a) demonstração da necessidade de desconstituição do título executivo (0,20), com base no art. 917, I ou VI, do CPC/15 (0,10)	0,00 / 0,20 / 0,30
b) existência de vício de consentimento (dolo) (0,40), conforme o art. 145 do Código Civil (0,10)	0,00 / 0,40 / 0,50
c) reconhecimento da impenhorabilidade da poupança (0,40), até o valor de 40 salários mínimos (0,20), com base no art. 833, X, do CPC/15 (0,10)	0,00 / 0,40 / 0,50 / 0,60 / 0,70
d) reconhecimento da impenhorabilidade do imóvel (0,40), por se tratar de bem de família (0,20), com base no art. 1º da Lei n. 8.009/90 (0,10)	0,00 / 0,40 / 0,50 / 0,60 / 0,70
V – Pedido de recebimento dos embargos com atribuição de efeito suspensivo (0,10), com fundamento no art. 919, § 1º, do CPC/15 (0,10).	0,00 / 0,10 / 0,20
a) presente o *periculum in mora* decorrente do risco de dano pelo prosseguimento da execução com a indisponibilidade dos bens da executada (0,20)	0,00 / 0,20
b) presente o *fumus boni iuris* consistente na plausibilidade da tese apresentada pela embargante (0,20)	0,00 / 0,20
c) demonstração de garantia do juízo pela penhora dos bens (0,10)	0,00 / 0,10
VI – Pedidos	
a) desconstituição do título executivo (0,25), com anulação da confissão de dívida (0,15)	0,00 / 0,15 / 0,25 / 0,40
b) pedido de extinção do processo executivo (0,20)	0,00 / 0,20
c) pedido de produção de prova testemunhal (0,10)	0,00 / 0,10

Item	Pontuação
d) juntada do comprovante de recolhimento de custas ou pedido de gratuidade de justiça (0,10)	0,00 / 0,10
e) condenação e custas (0,10) e honorários advocatícios (0,10)	0,00 / 0,10 / 0,20
Indicação do valor da causa (0,10)	0,00 / 0,10
Juntar as cópias relevantes (0,10)	0,00 / 0,10

MODELO DE PEÇA

EXCELENTÍSSIMO SENHOR JUIZ DE DIREITO DA 1ª VARA CÍVEL DA COMARCA DE SÃO PAULO, CAPITAL.

Proc. n.

Marilene, estado civil, profissão, devidamente inscrita no CPF n., RG n., residente e domiciliada na Rua, número, bairro, cidade, com endereço eletrônico, por seu advogado e bastante procurador que esta subscreve, instrumento de mandato anexo, vem respeitosamente perante Vossa Excelência, nos autos desta EXECUÇÃO DE TÍTULO EXTRAJUDICIAL, com fundamento nos arts. 914 e seguintes do CPC, opor os presentes

EMBARGOS DO DEVEDOR À EXECUÇÃO

em face de Breno, já devidamente qualificado nos autos em epígrafe, pelas razões de fato e de direito a seguir expostas:

I – Da Tempestividade

Os presentes Embargos do Devedor à Execução são devidamente tempestivos, uma vez que a presente peça está sendo protocolizada tempestivamente, no prazo de 15 (quinze) dias, conforme prevê o art. 915, do CPC.

II – Breve Resumo dos Fatos

O embargado promoveu a presente Execução de Título Extrajudicial em face da embargante, alegando que ela lhe devia a quantia de R$ 15.000,00 (quinze mil) reais.

Como documento probatório, utilizou um instrumento particular de confissão de dívida, subscrito pela embargante e assinado por duas testemunhas.

Além do mais, indicou à penhora valores que a embargante teria em três contas bancárias, seu único carro e a casa em que reside com a sua família. Alegou ainda que ela estaria se desfazendo dos seus bens, razão pela qual o r. Juízo deferiu o plano de indisponibilidade de seus ativos financeiros pelo sistema eletrônico gerido pela autoridade supervisora do sistema financeiro nacional.

Nesse sentido, não resta outra saída a não ser impugnar a validade do negócio jurídico que gerou o título executivo, bem como os atos de penhora atuais e futuros, o que se requer desde já, que sejam invalidados.

III – Dos Fundamentos Jurídicos

Diante do quanto apresentado, constatou-se que a embargante, um tempo atrás, manteve relacionamento com o embargado. Entretanto, este, no curso do relacionamento, apresentou um documento no valor de R$ 15.000,00 (quinze) mil reais, alegando que se tratava de um benefício que teria que receber da Previdência Social.

A embargante, sem muito estudo e, confiante nas palavras do seu namorado (à época), atendeu seu pedido e assinou o documento.

Tal fato pode ser comprovado por sua vizinha, que também assinou o documento como testemunha, a pedido do embargado.

Assim, requer-se desde já a oitiva da referida testemunha, como prova fundamental para o deslinde processual.

Nesse sentido, constatou-se que a embargante foi enganada pelo embargado, que agora a está cobrando deslealmente.

Com base no quanto exposto, a embargante requer que seja desconsiderado o título executivo, com base no art. 917, do CPC, em razão de se basear em negócio jurídico viciado por dolo, conforme o art. 145 do CC.

A embargante foi induzida a erro, uma vez lhe fora informado pelo embargado que se tratava de documento referente a benefício a ser recebido pela Previdência Social, quando na verdade estava subscrevendo uma confissão de dívida. A mesma foi vítima de uma celebração forçada de negócio jurídico, uma vez que, se ciente da realidade dos fatos, não realizaria tal ato.

Assim, ela tem direito à anulação do negócio e, consequentemente, à desconstituição do título executivo em que se baseia o processo.

Ademais, requer-se o reconhecimento da impenhorabilidade da conta poupança da embargante, até o valor de 40 (quarenta) salários mínimos, conforme prevê o art. 833, X, do CPC, bem como do imóvel em que reside sua família, por se tratar de bem familiar, com base no art. 1º da Lei n. 8.009/90.

É imperioso salientar que a mãe da embargante está passando por tratamento médico, o que faz com que os valores de sua conta poupança sejam fundamentais para a subsistência da família. Logo, requer-se a suspensão do processo executivo, tendo em vista a presença dos requisitos do *periculum in mora*, decorrentes das necessidades do valor, uma vez que está garantida pelo juízo a penhora nas demais contas, conforme o art. 919, § 1º, do CPC.

Assim, diante do explicitado, a presente execução não deve prosperar, por haver vício e dolo, além de causar grave risco à embargante.

IV – Dos Pedidos

Requer-se a Vossa Excelência:

a) A extinção do Processo Executivo de Título Extrajudicial com julgamento do mérito;

b) A desconstituição do título executivo, bem como a anulação da confissão de dívida;

c) A juntada da declaração de hipossuficiência, com o consequente pedido de deferimento da justiça gratuita e

d) Que o embargado seja condenado ao pagamento das custas e honorários sucumbenciais.

Protesta provar o alegado por todos os meios de provas, especialmente pela oitiva da testemunha mencionada nos autos, uma vez que seu depoimento será essencial para o deslinde do processo.

Por fim, requer-se a juntada aos autos das cópias relevantes do processo executivo, já que os embargos constituirão autos apartados.

Dá-se à causa o valor de R$ 15.000,00 (quinze mil reais).

Termos em que,

Pede deferimento

Local e data

Advogado(a)

OAB n.

XXIV EXAME DE ORDEM UNIFICADO – QUESTÕES

■ **QUESTÃO 1:** Maria Clara e Jorge tiveram uma filha, Catarina, a qual foi registrada sob filiação de ambos. Apesar de nunca terem se casado, Maria Clara e Jorge contribuíam paritariamente com o sustento da criança, que vivia com Maria Clara. Quando Catarina fez dois anos de idade, Jorge ficou desempregado, situação que perdura até hoje. Em razão disso, não possui qualquer condição de prover a subsistência de Catarina, que não consegue contar apenas com a renda de sua mãe, Maria Clara, filha única de seus genitores, já falecidos. Jorge reside com sua mãe, Olívia, que trabalha e possui excelente condição financeira. Além disso, Catarina possui um irmão mais velho, Marcos, capaz e com 26 anos, fruto do primeiro casamento de Jorge, que também tem sólida situação financeira. Com base em tais fatos, responda aos itens a seguir, justificando e fundamentando a resposta.

A) Olivia e Marcos podem ser chamados a contribuir com a subsistência de Catarina? A obrigação deve recair em Olivia e Marcos de forma paritária? (Valor: 0,65)

B) Quais as medidas judiciais cabíveis para resguardar o direito de subsistência de Catarina, considerando a necessidade de obter com urgência provimento que garanta esse direito? (Valor: 0,60)

■ **RESPOSTAS**

A) O direito à prestação de alimentos se estende aos ascendentes, nos termos do art. 1.696 do CC. Embora os parentes em linha colateral possam ser chamados a responder pelos alimentos, essa responsabilidade apenas incide na falta dos ascendentes (art. 1.697 do CC), sendo subsidiária, e devida na proporção dos seus recursos. Como Olívia possui condições financeiras, será a responsável pelos alimentos que seriam devidos por Jorge. Assim, havendo possibilidade de alimentos avoengos, não subsiste responsabilidade de Marcos, colateral.

B) Catarina, representada por sua mãe, pode propor ação de alimentos em face de Olívia, postulando a concessão de alimentos provisórios, com base nos arts. 1º a 3º da Lei n. 5.478/68 e no art. 693, parágrafo único, do CPC/15. Catarina também pode propor tutela provisória de urgência em caráter antecedente, visando à obtenção dos alimentos, com base no art. 303 do CPC/15.

■ **QUESTÃO 2:** Marcos estacionou seu automóvel diante de um prédio de apartamentos. Pouco depois, um vaso de plantas caiu da janela de uma das unidades e atingiu o veículo, danificando o para-brisa e parte da lataria. Não foi possível identificar de qual das unidades caiu o objeto. O automóvel era importado, de modo que seu reparo foi custoso e demorou cerca de dez meses. Dois anos e meio depois da saída do automóvel da oficina, Marcos ajuíza ação indenizatória em face do condomínio do edifício. De acordo com o caso acima narrado, responda fundamentadamente às questões a seguir.

A) Considerando que o vaso de plantas caiu da janela de apenas um dos apartamentos, pode o condomínio alegar fato exclusivo de terceiro para se eximir do dever de indenizar? (Valor: 0,60)

B) Após a contestação, ao perceber que a pretensão de Marcos está prescrita, pode o juiz conhecer de ofício dessa prescrição se nenhuma das partes tiver se manifestado a respeito? (Valor: 0,65)

■ **RESPOSTAS**

A) Trata-se de hipótese da chamada causalidade alternativa, em que é possível saber que um ou alguns dos membros de um grupo determinado de pessoas deu causa ao dano, mas não é possível identificar o efetivo causador. No caso específico, não sendo possível identificar, desde logo, o apartamento de onde efetivamente caiu o objeto, o legislador autoriza expressamente a responsabilização de todos os condôminos, nos termos do art. 938 do Código Civil, ao prever a imputabilidade não apenas de um morador único do prédio, como também do morador de parte da edificação.

B) A pretensão encontra-se prescrita, aplicando-se à hipótese o prazo trienal previsto pelo art. 206, § 3º, V, do Código Civil, contado da data do evento danoso. Trata-se de matéria que pode ser conhecida de ofício pelo julgador (art. 487, II, do CPC/15). No entanto, após a contestação da lide pelo réu, não se autoriza ao juiz conhecer da prescrição sem antes oportunizar a manifestação das partes, em homenagem ao princípio da não surpresa (art. 10 ou art. 487, parágrafo único, ambos do CPC/15).

■ **QUESTÃO 3:** Após se aposentar, Álvaro, que mora com sua esposa em Brasília, adquiriu de Valério um imóvel, hipotecado, localizado na cidade do Rio de Janeiro, por meio de escritura pública de cessão de direitos e obrigações. Com a intenção de extinguir a hipoteca, Álvaro pretende pagar a dívida de Valério, mas encontra obstáculos para realizar o seu desejo, já que a instituição credora hipotecária não participou da aquisição do imóvel e alega que o pagamento não pode ser realizado por pessoa estranha ao vínculo obrigacional. Diante dessa situação, responda aos itens a seguir.

A) Qual é a medida judicial mais adequada para assegurar o interesse de Álvaro? (Valor: 0,85)

B) Qual o foro competente para processar e julgar a referida medida? (Valor: 0,40)

■ **RESPOSTAS**

A) Álvaro é terceiro interessado no pagamento desta dívida, sendo, portanto, parte legítima para ingressar com uma ação de consignação em pagamento, meio mais adequado conducente à exoneração do devedor, nos termos do art. 304 do Código Civil.

B) O foro competente é o da cidade do Rio de Janeiro, o lugar do pagamento, como prescreve o art. 540 do CPC/15.

■ **QUESTÃO 4:** Pedro, maior com 30 (trinta) anos de idade, é filho biológico de Paulo, que nunca reconheceu a filiação no registro de Pedro. Em 2016, Paulo morreu sem deixar testamento, solteiro, sem ascendentes e descendentes, e com dois irmãos sobreviventes, que estão na posse dos bens da herança. Diante da situação apresentada, responda aos itens a seguir.

A) Qual o prazo para propositura da ação de investigação de paternidade e da petição de herança? (Valor: 0,85)

B) É possível cumular os pedidos de reconhecimento da paternidade e do direito hereditário no mesmo processo? (Valor: 0,40)

■ **RESPOSTAS**

A) A ação de investigação de paternidade é imprescritível, como prevê o art. 27 do ECA, enquanto que a petição de herança se submete ao prazo prescricional de 10 (dez) anos, por se tratar de maior prazo previsto em lei, consoante dispõe o art. 205 do Código Civil. A questão foi sintetizada no enunciado da Súmula 149 do Supremo Tribunal Federal.

B) Cabe a cumulação de pedidos no mesmo processo, uma vez que a investigação de paternidade, bem como a petição de herança observam os requisitos de admissibilidade previstos no art. 327, § 1º, do CPC. Na medida em que os pedidos são compatíveis entre si, a competência é do mesmo juízo, e o mesmo procedimento é adequado a ambos.

16 XXV EXAME DE ORDEM UNIFICADO

PEÇA PROFISSIONAL

■ **ENUNCIADO:** Em uma determinada ação indenizatória que tramita na capital do Rio de Janeiro, o promitente comprador de um imóvel, Serafim, pleiteia da promitente vendedora, Incorporadora X, sua condenação ao pagamento de quantias indenizatórias a título de (i) lucros cessantes em razão da demora exacerbada na entrega da unidade imobiliária e (ii) danos morais. Todas as provas pertinentes e relevantes dos fatos constitutivos do direito do autor foram carreadas nos autos. Na contestação, a ré suscitou preliminar de ilegitimidade passiva, apontando como devedora de eventual indenização a sociedade Construtora Y contratada para a execução da obra. Alegou, no mérito, o descabimento de danos morais por mero inadimplemento contratual e, ainda, aduziu que a situação casuística não demonstrou a ocorrência dos lucros cessantes alegados pelo autor. O juízo de primeira instância, transcorridos regularmente os atos processuais sob o rito comum, acolheu a preliminar de ilegitimidade passiva. Da sentença proferida já à luz da vigência do CPC/15, o autor interpôs recurso de apelação, mas o acórdão no Tribunal de

Justiça correspondente manteve integralmente a decisão pelos seus próprios fundamentos, sem motivar específica e casuisticamente a decisão. O autor, diante disso, opôs embargos de declaração por entender que havia omissão no Acórdão, para prequestionar a violação de norma federal aplicável ao caso em tela. No julgamento dos embargos declaratórios, embora tenha enfrentado os dispositivos legais aplicáveis à espécie, o Tribunal negou provimento ao recurso e também aplicou a multa prevista na lei para a hipótese de embargos meramente protelatórios. Na qualidade de advogado(a) de Serafim, indique o meio processual adequado para a tutela integral do seu direito em face do acórdão do Tribunal, elaborando a peça processual cabível no caso, excluindo-se a hipótese de novos embargos de declaração, indicando os seus requisitos e fundamentos nos termos da legislação vigente. (Valor: 5,00) Obs.: a peça deve abranger todos os fundamentos de Direito que possam ser utilizados para dar respaldo à pretensão. A simples menção ou transcrição do dispositivo legal não confere pontuação.

▪ **GABARITO COMENTADO:** A medida cabível para Serafim, em seu processo, é a interposição do Recurso Especial para o STJ, cujas razões recursais devem rechaçar a ilegitimidade passiva da incorporadora imobiliária, visto que é ela responsável solidária pelos danos ocasionados, na forma do art. 25, § 1º, do Código de Defesa do Consumidor, do art. 942 do Código Civil ou do art. 30 da Lei n. 4.591/64. Além disso, o examinando deve abordar a prática do ilícito contratual e os danos sofridos. Ao final, o pedido recursal deve ser no sentido de obter a anulação do acórdão em razão da falta de fundamentação específica e, caso o STJ entenda que a invalidação será excessivamente prejudicial ao recorrente, deve ser pedida reforma integral do julgado, com base no art. 282, § 2º, do CPC. Em relação à multa aplicada em razão do entendimento do tribunal (embargos protelatórios), esta também deve ser rechaçada pelo examinando, por se tratar de recurso com finalidade de prequestionamento, o que resulta na inaplicabilidade do art. 1.026, § 2º, do CPC/15 e na violação ao enunciado de Súmula de Jurisprudência predominante do STJ (Súmula 98).

Distribuição dos pontos

Item	Pontuação
Endereçamento	
O recurso deverá ser interposto perante o Presidente ou o Vice-Presidente do Tribunal recorrido (Rio de Janeiro) (0,10)	0,00 / 0,10
Indicação do recorrente (0,10) e do recorrido (0,10)	0,00 / 0,10 / 0,20
Interposição no prazo de 15 dias (0,10), na forma do art. 1.003, § 5º, do CPC/15 (0,10)	0,00 / 0,10 / 0,20
Preparo ou gratuidade de justiça (0,10)	0,00 / 0,10
Cabimento	
1. Decisão advinda de Tribunal (0,20) e decisão proferida em última instância (0,20)	0,00 / 0,20 / 0,40
2. Requisito específico de violação à Lei Federal (0,40)	0,00 / 0,40
3. Fundamento legal: art. 105, III, *a*, da CRFB/88 OU art. 1.029, do CPC/15 (0,10) *Obs.: a pontuação do fundamento legal somente será considerada se mencionado qualquer dos itens acima que tratam do cabimento*	0,00 / 0,10
Fundamentação	
Prequestionamento realizado pela via dos embargos de declaração (0,50), nos termos do art. 1.025, do CPC/15 (0,10)	0,00 / 0,50 / 0,60
Ausência de fundamentação específica do acórdão recorrido (0,20), violando o disposto no art. 489, § 1º, do CPC/15 (0,10)	0,00 / 0,20 / 0,30
Legitimidade passiva da Incorporadora porque não observada a responsabilidade solidária prevista (0,60)	0,00 / 0,60
Indicação de violação do disposto no art. 7, parágrafo único, OU art. 25, § 1º, do CDC, OU art. 942, do CC OU art. 30 da Lei n. 4.591/64 (0,10) OBS.: a pontuação do fundamento legal somente será considerada se mencionado o item anterior que trata da fundamentação	0,00 / 0,10
Alegação da prática do ilícito contratual (0,20)	0,00 / 0,20
Identificação dos danos sofridos: lucros cessantes (0,20) e dano moral (0,20)	0,00 / 0,20 / 0,40

Item	Pontuação
Aplicação de multa indevida nos embargos declaratórios por se tratar de recurso com finalidade de prequestionamento (0,50), que resulta na inaplicabilidade do art. 1.026, § 2º, do CPC/15 (0,10)	0,00 /0,50 / 0,60
Pedidos	
1. de admissão do recurso (0,10)	0,00 / 0,10
2. de provimento para anular o acórdão do tribunal local (0,20)	0,00 / 0,20
3. eventual, para reforma integral da decisão recorrida (0,10)	0,00 / 0,10
4. eventual, provimento parcial para afastar a aplicação da multa (0,20)	0,00 / 0,20
Fechamento	
Local, data, assinatura e OAB (0,10)	0,00 / 0,10

MODELO DE PEÇA

EXCELENTÍSSIMO SENHOR DOUTOR DESEMBARGADOR PRESIDENTE DO EGRÉGIO TRIBUNAL DE JUSTIÇA DO RIO DE JANEIRO.

Proc. n.

Serafim, já devidamente qualificado nos presentes autos desta ação que move em face de Incorporadora X, por seu advogado e bastante procurador signatário, vem respeitosa e tempestivamente à presença de Vossa Excelência interpor o presente

Recurso Especial

com base no art. 1.029 do Código de Processo Civil, visando à anulação do respeitável acórdão proferido nestes autos, conforme razões de fato e de direito expostas anexas.

Outrossim, requer-se que seja o recorrido intimado para, querendo, ofereça as contrarrazões e, ato contínuo, sejam os autos, com as razões anexas, remetidos ao Egrégio Superior Tribunal de Justiça para os fins de mister.

Termos em que,

Pede deferimento.
Local e data.
Advogado(a)
OAB n.

Razões Recursais

Recorrente: Serafim
Recorrido: Incorporadora X
Origem: Processo n. ..., Vara Cível, Comarca/RJ
Egrégio Superior Tribunal de Justiça,
Colenda Turma,
Nobres julgadores!

I – Breve Histórico Processual

O recorrente promoveu a ação visando à condenação do recorrido ao pagamento de quantias indenizatórias a título de lucros cessantes em razão da demora exacerbada na entrega da unidade imobiliária e danos morais.

O recorrido, por sua vez, suscitou preliminar de ilegitimidade passiva, indicando como devedora de eventual indenização a Sociedade Construtora Y, contratada para execução da obra.

O juízo de primeira instância acolheu a preliminar de ilegitimidade passiva. O recorrente, por sua vez, interpôs o Recurso de Apelação, mas o acórdão do r. Tribunal de Justiça manteve a decisão por seus próprios fundamentos, sem motivar específica e casuisticamente a decisão.

Para sanar a omissão, o recorrente opôs embargos declaratórios, que foram negados pelo Tribunal, além de ter sido aplicada multa por ser considerado meramente protelatório.

Todavia, conforme restará comprovado, não merece prosperar a decisão proferida, devendo ser anulado o respeitável acórdão, pelas razões abaixo indicadas.

II – Do Cabimento

O presente recurso visa à anulação do acórdão, portanto, adequado nos termos do art. 105, III, *a*, da Constituição Federal, bem como apresenta-se tempestivo nos termos do art. 1.003, § 5º, e devidamente preparado conforme guias judiciais anexas.

III – Das Razões do Pedido de Anulação

Inicialmente há de se observar que no referido caso houve uma afronta ao disposto no art. 489, § 1º, do CPC, uma vez que o acórdão não foi fundamentado, devendo ser anulado. Ademais, caso essa Nobre Corte entenda que a invalidação será excessivamente prejudicial ao recorrente, requer-se a reforma integral do julgado, com base no art. 282, § 2º, do CPC.

Diante da omissão do acórdão, o recorrente utilizou-se dos embargos declaratórios com o intuito de prequestionar violação a norma federal aplicável ao caso em tela. Entretanto, o r. Tribunal inadmitiu-o, bem como aplicou multa por considerá-lo meramente protelatório.

Nesse caso, houve violação ao disposto no art. 1.025, do CPC, uma vez que deveriam ser incluídos no acórdão os elementos suscitados pelo recorrente, ainda que os embargos sejam inadmitidos ou rejeitados, caso o Tribunal Superior considere presente erro, omissão, contradição ou obscuridade.

Assim, constatou-se que a aplicação da multa ocorreu de forma indevida, vez que os embargos declaratórios possuem a finalidade de prequestionamento, o que resulta na inaplicabilidade do art. 1.026, § 2º, do CPC. A própria Súmula 98 do STJ destaca que os embargos com notório propósito de prequestionamento não têm caráter protelatório.

A Incorporadora X é responsável solidária pelos danos causados, conforme explicita o art. 942, do CC, uma vez que, quando houver mais de um autor responsável pela ofensa ou violação do direito de outrem, todos responderão solidariamente.

Ocorreu também a prática de ilícito contratual, tendo em vista que o imóvel não fora entregue tempestivamente, conforme previa o contrato, havendo uma demora exacerbada para a entrega da unidade imobiliária.

Logo, inclina-se para que sejam reconhecidos os lucros cessantes e os danos morais causados ao recorrente.

Deste modo, o acórdão proferido pelo Tribunal deve ser anulado.

IV – Do Pedido de Anulação e Eventual Nova Decisão

Ante o exposto, requer-se a Vossa Excelência, POR MEDIDA DE JUSTIÇA, que o presente Recurso Especial seja CONHECIDO E TOTALMENTE PROVIDO para ANULAR o r. acórdão proferido pelo Tribunal local, conforme fundamentação supra e, eventualmente, que seja reformada a decisão recorrida, bem como afastada a aplicação da multa.

Termos em que,
Pede deferimento.
Local, data.
Advogado OAB n.

XXV EXAME DE ORDEM UNIFICADO – QUESTÕES

■ **QUESTÃO 1:** Em abril de 2016, Flávio, que não tinha qualquer parente até quarto grau, elaborou seu testamento, deixando todos os seus bens para sua amiga Clara. Em janeiro de 2017, Flávio descobriu que era pai de Laura, uma criança de 10 anos, e reconheceu de pronto a paternidade. Em abril de 2017, Flávio faleceu, sem, contudo, revogar o testamento elaborado em 2016. Sobre os fatos narrados, responda aos itens a seguir.

A) A sucessão de Flávio observará sua última vontade escrita no testamento? (Valor: 0,80)

B) O inventário e a partilha dos bens de Flávio poderão ser feitos extrajudicialmente? (Valor: 0,45)

■ **RESPOSTAS**

A) Dentre as hipóteses de rompimento do testamento, o art. 1.973 do Código Civil prevê justamente a situação descrita: superveniência de descendente sucessível ao testador, que não o conhecia quando testou. Logo, tendo em vista o rompimento do testamento, Laura receberá 100% do patrimônio do falecido pai, na forma do art. 1.845 do CC.

B) No direito brasileiro, o inventário deverá ser judicial quando houver herdeiro menor e/ou testamento, conforme o art. 610, *caput*, do CPC/15.

■ **QUESTÃO 2:** A sociedade empresária Madeira Certificada Ltda. firmou com Só Móveis Ltda. um contrato de fornecimento de material, visando ao abastecimento de suas indústrias moveleiras. Depois de dois anos de relação contratual, Só Móveis deixou de pagar as notas fiscais emitidas por Madeira Certificada, alegando dificuldades financeiras, o que levou à rescisão do contrato, restando em aberto os pagamentos do fornecimento de material dos meses de outubro, novembro e dezembro de 2015. Madeira Certificada, de posse do contrato, firmado por duas testemunhas, das notas fiscais e de declaração subscrita pela sociedade reconhecendo a existência da dívida, ajuizou execução de título extrajudicial em 1º-4-2016. Citada, a sociedade empresária Só Móveis não efetuou o pagamento, e a tentativa de penhora *on-line* de dinheiro e de bens imóveis foi infrutífera, não tendo sido localizado patrimônio para satisfação do crédito. Madeira Certificada constatou, contudo, que um dos sócios administradores da Só Móveis havia tido um acréscimo substancial de patrimônio nos últimos dois anos, passando a ser proprietário de imóvel e carros, utilizados, inclusive, pela devedora. Diante de tal situação, responda aos itens a seguir.

A) O que a sociedade empresária Madeira Certificada deve alegar para fundamentar a extensão da responsabilidade patrimonial e possibilitar a satisfação do crédito? (Valor: 0,70)

B) Com base em tal alegação, qual seria a medida processual incidental adequada para estender a responsabilidade patrimonial e possibilitar a satisfação do crédito? (Valor: 0,55)

■ **RESPOSTAS**

A) Madeira Certificada deve alegar que a ocorrência de confusão patrimonial evidencia abuso da personalidade jurídica, com o objetivo de que seja desconsiderada a personalidade jurídica, e de que os bens do sócio administrador respondam pelas dívidas da sociedade Só Móveis, nos termos do art. 50 do Código Civil.

B) A medida processual para que os bens do responsável fiquem sujeitos à execução, no caso de abuso da personalidade jurídica (art. 790, VII, do CPC/15), é o incidente de desconsideração da personalidade jurídica (art. 795, § 4º, do CPC/15), previsto no art. 134 do CPC/15, aplicável à execução.

■ **QUESTÃO 3:** Nivaldo e Bárbara casaram-se em 2008. Ocorre que Bárbara, ao conhecer o sogro, Ricardo, que até então estava morando no exterior a trabalho, apaixonou-se por ele. Como Ricardo era viúvo, Bárbara se divorciou de Nivaldo e foi morar com o ex-sogro em uma pequenina cidade no Acre, onde ninguém os conhecia. Lá, casaram-se há cerca de cinco anos. Um dia, avisado por um amigo, Nivaldo, que vivia na capital do estado do Amazonas, descobriu o casamento do pai com sua ex-esposa. De imediato, consultou um advogado para saber o que poderia fazer para invalidar o casamento. Diante dessas circunstâncias, responda aos itens a seguir.

A) Qual a ação cabível para a invalidação do casamento e qual o fundamento dela? (Valor: 0,70)

B) Identifique o litisconsórcio existente entre Bárbara e Ricardo. (Valor: 0,55)

■ **RESPOSTAS**

A) Bárbara e Ricardo têm parentesco por afinidade (nora e sogro, respectivamente), que se formou pelo casamento e não é extinto pelo rompimento do vínculo matrimonial, conforme o art. 1.595, § 2º, do Código Civil. Assim, estão impedidos de se casar, segundo o art. 1.521, II, do Código Civil. O casamento é nulo por infringência de impedimento, a teor do art. 1.548, II, do Código Civil. Logo, a ação cabível é a ação de nulidade de casamento.

B) O litisconsórcio entre Bárbara e Ricardo é unitário, pois o juiz deve decidir o mérito de modo uniforme para ambos, conforme dispõe o art. 116 do CPC/2015.

■ **QUESTÃO 4:** Ana Flávia dirigia seu carro em direção à sua casa de praia quando, no caminho, envolveu-se em um acidente grave diante da imprudência de outro veículo, dirigido por Sávio, que realizou ultrapassagem proibida. Como consequência do acidente, ela permaneceu no hospital por três dias, ausentando-se de seu consultório médico, além de ter ficado com uma cicatriz no rosto. Como apenas o hospital particular da cidade oferecia o tratamento adequado e ela não possuía plano de saúde, arcou com as despesas hospitalares. Ciente de que o automóvel de Sávio está segurado junto à seguradora Fique Seguro Ltda., com cobertura de danos materiais, Ana Flávia ajuizou ação em face de ambos. Sávio e a seguradora apresentaram contestação, esta alegando a culpa exclusiva de Ana Flávia e a impossibilidade de figurar no polo passivo. Em seguida, o juízo determinou a exclusão da seguradora do polo passivo e o prosseguimento da demanda exclusivamente em face de Sávio. Tendo em vista o caso exposto, responda aos itens a seguir.

A) Qual o recurso cabível contra a decisão? Qual o seu fundamento? (Valor: 0,65)

B) Além do prejuízo material, quais outros danos Ana Flávia poderia ter pedido para garantir a maior extensão da reparação? (Valor: 0,60)

■ **RESPOSTAS**

A) O recurso cabível em face da decisão que determinou a exclusão de litisconsorte é o agravo de instrumento (art. 1.015, VII, do CPC/15). Conforme entendimento consolidado do STJ, é possível o ajuizamento direto em face do causador do dano e da seguradora. Não é necessário aguardar que o causador do dano denuncie a lide em face da seguradora. O que não se admite é o ajuizamento exclusivamente em face da seguradora, uma vez que não possui legitimidade para figurar no polo passivo isoladamente (Súmula 529 do STJ, REsp 943.440/SP e julgado sob o regime de repetitivo: REsp 962.230/RS).

B) Ana Flávia poderia ter deduzido pedido de indenização por danos morais (art. 186 do Código Civil ou art. 5º, V ou X, da CRFB/88) e dano estético (Súmula 387 do STJ), sendo este em razão da cicatriz.

17 XXVI EXAME DE ORDEM UNIFICADO

PEÇA PROFISSIONAL

■ **ENUNCIADO:** Aline é proprietária de uma pequena casa situada na cidade de São Paulo, residindo no imóvel há cerca de 5 anos, em terreno constituído pela acessão e por um pequeno pomar. Pouco antes de iniciar obras no imóvel, Aline precisou fazer uma viagem de emergência para o interior de Minas Gerais, a fim de auxiliar sua mãe que se encontrava gravemente doente, com previsão de retornar dois meses depois a São Paulo. Aline comentou a viagem com vários vizinhos, dentre os quais, João Paulo, Nice, Marcos e Alexandre, pedindo que "olhassem" o imóvel no período. Ao retornar da viagem, Aline encontrou o imóvel ocupado por João Paulo e Nice, que nele ingressaram para fixar moradia, acreditando que Aline não retornaria a São Paulo. No período, João Paulo e Nice danificaram o telhado da casa ao instalar uma antena "pirata" de televisão a cabo, o que, devido às fortes chuvas que caíram sobre a cidade, provocou graves infiltrações no imóvel, gerando um dano estimado em R$ 6.000,00 (seis mil reais). Além disso, os ocupantes vêm colhendo e vendendo boa parte da produção de laranjas do pomar, causando um prejuízo estimado em R$ 19.000,00 (dezenove mil reais) até a data em que Aline, 15 dias após tomar ciência do ocorrido, procura você, como advogado. Na qualidade de advogado(a) de Aline, elabore a peça processual cabível voltada a permitir a retomada do imóvel e a composição dos danos sofridos no bem. (Valor: 5,00) Obs.: a peça deve abranger todos os fundamentos de Direito que possam ser utilizados para dar respaldo à pretensão. A simples menção ou transcrição do dispositivo legal não confere pontuação.

■ **GABARITO COMENTADO:** A peça processual cabível na espécie é uma Petição Inicial. Considerando que ocorreu esbulho possessório, na forma do art. 1.210 do CC, deve ser proposta Ação de Reintegração de Posse. Como o esbulho ocorreu há menos de ano e dia da propositura da demanda (art. 558 do CPC), pois Aline tomou conhecimento do esbulho dentro deste prazo, deve ser requerida a adoção do procedimento previsto nos arts. 560 e seguintes do CPC. A peça deve ser endereçada a um dos juízos cíveis da Comarca de São Paulo, considerando a competência absoluta do foro de situação do imóvel para a ação possessória imobiliária (art. 47, § 2º, do CPC). No mérito, deve ser afirmada a existência de esbulho possessório, bem como a caracterização da posse de João Paulo e Nice como posse de má-fé, nos termos do art. 1.201 do CC, considerando sua clandestinidade. Também deve ser demonstrada a extensão dos danos sofridos no imóvel. Deve ser formulado requerimento de concessão de liminar em ação possessória, na forma do art. 562 do CPC, eis que preenchidos os requisitos do art. 561 do CPC. Deve ser requerida, além da reintegração de posse, a condenação dos réus ao pagamento de indenização por perdas e danos e pelos frutos colhidos, na forma do art. 1.216 e do art. 1.218, ambos do CC, considerando a caracterização da posse como posse de má-fé. Tal cumulação objetiva é possível com fulcro no art. 555, *caput*, incisos I e II, do CPC/15. Quanto às provas, deve ser requerida a produção de prova testemunhal, a fim de demonstrar a clandestinidade da posse. Da mesma forma, deve ser requerida a produção de prova pericial, para comprovação da ocorrência dos danos sofridos no imóvel, e em razão da coleta e alienação dos frutos naturais do imóvel. O valor da causa deve corresponder a R$ 25.000,00 (vinte e cinco mil reais), nos termos do art. 292, inciso VI, do CPC. Por fim, o fechamento, com a indicação de local, data, assinatura e inscrição OAB.

Distribuição dos pontos

Item	Pontuação
Endereçamento	
A petição deve ser endereçada a um dos juízos cíveis da Comarca de São Paulo (0,10)	0,00 / 0,10
Nome e qualificação das partes: autora Aline (0,10); réus João Paulo e Nice (0,10)	0,00 / 0,10 /0,20
Cabimento da Ação Possessória	
Indicar que é uma ação de reintegração de posse (0,30), com base no art. 560 do CPC OU no art. 1.210 do CC (0,10)	0,00/0,30/0,40
Adoção do procedimento especial para a tutela da posse, pois o esbulho ocorreu há menos de ano e dia (0,30), segundo o art. 558 do CPC (0,10)	0,00 /0,30/ 0,40
Fundamentação	
Afirmação de esbulho possessório OU perda da posse OU que Aline era possuidora do bem anteriormente (0,40), cumprindo-se o disposto no art. 561 do CPC (0,10)	0,00 / 0,40 / 0,50
Direito à reintegração na posse (0,20) em razão da posse de má-fé dos réus (0,40), nos termos do art. 1.201 do CC (0,10) OU injusta (0,40), nos termos do art. 1.200 do CC (0,10)	0,00/0,20/0,40/0,50/ 0,60/0,70
Direito à indenização pela ocorrência dos danos ao imóvel e sua indicação (0,30), na forma do art. 1.218 do CC (0,10)	0,00 /0,30/0,40
Direito à indenização pela perda dos frutos (0,30), por força do art. 1.216 do CC (0,10)	0,00/0,30/0,40
Direito à reintegração provisória liminar na posse (0,40), com base no art. 562 do CPC (0,10)	0,00/0,40/0,50
Pedidos	
Pedido de concessão de liminar em ação possessória, determinando a reintegração provisória de Aline na posse do imóvel (0,30)	0,00/0,30

Item	Pontuação
Pedido de produção de prova testemunhal (0,10)	0,00/0,10
Pedido de produção de prova pericial (0,10)	0,00/0,10
Pedido de reintegração definitiva na posse do imóvel (0,30)	0,00/0,30
Pedido de condenação dos réus ao pagamento de indenização de R$ 6.000,00 em razão dos danos materiais ocasionados ao telhado do imóvel (0,20)	0,00/0,20
Pedido de condenação dos réus ao pagamento de indenização de R$19.000,00, pelos frutos colhidos e percebidos (0,20)	0,00/0,20
Dar à causa o valor de R$ 25.000,00 (vinte e cinco mil reais) (0,10)	0,00/0,10
Fechamento	
Local, data, assinatura e OAB (0,10)	0,00/0,10

MODELO DE PEÇA

EXCELENTÍSSIMO SENHOR DOUTOR JUIZ DE DIREITO DE UMA DAS VARAS CÍVEIS DA COMARCA DE SÃO PAULO, CAPITAL.

Aline, brasileira, estado civil, profissão, devidamente inscrita no CPF n. e RG n., domiciliada no endereço, São Paulo/SP, com endereço eletrônico, por seu advogado e bastante procurador que esta subscreve, instrumento de mandato anexo, vêm respeitosamente perante Vossa Excelência, com fundamento no art. 560 do Código de Processo Civil, propor

Ação Possessória

Em face de João Paulo, brasileiro, estado civil, profissão, devidamente inscrito no CPF n. e RG n., com endereço eletrônico e Nice, brasileira, estado civil, profissão, devidamente inscrita no CPF n. e RG n., com endereço eletrônico, ambos, domiciliados no endereço, São Paulo/SP, pelos motivos de fato e de direito a seguir expostos.

Do Pedido Liminar

Tendo em vista que o presente esbulho possessório ocorreu a menos de ano e dia, o procedimento de manutenção e reintegração de posse ocorrerá pelo rito especial, conforme preceitua o art. 558 do Código de Processo Civil, o que se requer seja observado por Vossa Excelência.

Está comprovada a posse justa e titulada da Autora, inclusive, direito este anterior à posse dos Réus. Está também demonstrado pelos documentos anexos que a posse dos Réus foi obtida de forma irregular, mediante ato clandestino, tornando a sua posse injusta e de má-fé. A posse dos Réus é considerada "posse nova", pois o esbulho é datado de menos de ano e dia. Além da comprovação documental dos fatos alegados, temos que existe perigo na demora de uma decisão judicial, pois que o imóvel será ainda mais deteriorado e igualmente os frutos do pomar continuarão a ser vendidos irregularmente, tudo isso em detrimento ao direito da Autora, exigindo-se uma decisão judicial imediata a fazer cessar referidos danos.

Diante de tudo isso e ainda considerando que a presente petição inicial está devidamente instruída com a exposição dos fatos e a demonstração documental necessária a comprovar o quanto alegado pela Autora (conforme itens abaixo) requer-se de Vossa Excelência a expedição de mandado liminar de reintegração de posse, sem a oitiva dos Réus, com fundamento no art. 562 do Código de Processo Civil.

Dos Fatos

A Autora é proprietária de uma casa situada na cidade de São Paulo, sendo que reside no imóvel por mais de 5 (cinco) anos, em terreno constituído por acessão e por um pequeno pomar de onde retira frutos para a venda.

Um pouco antes de iniciar obras no seu imóvel, a Autora teve que viajar com emergência para o interior de Minas Gerais, uma vez que sua mãe estava gravemente doente. Ela pretendia ficar fora de casa pelo período de 2 (dois) meses. Assim, resolveu avisar seus vizinhos João Paulo, Nice, Marcos e Alexandre, com o intuito de que os mesmos olhassem o imóvel nesse período, vigiando-o contra ato de terceiros.

O fato é que, ao retornar de viagem, a Autora encontrou seu imóvel ocupado por João Paulo e Nice, que ingressaram nele acreditando que a Autora não retornaria. No período em que estiveram na casa foi possível constatar que os Réus danificaram o imóvel, uma vez que instalaram antena pirata no telhado do imóvel, causando estrago e, com as fortes chuvas ocorridas, acarretou infiltração na casa. O dano gerado é estimado em R$ 6.000,00 (seis mil reais), conforme documentos anexos relacionados a orçamentos realizados pela Autora.

Além do mais, desde que invadiram irregularmente e passaram a ocupar o imóvel os Réus estão colhendo e vendendo boa parte da produção de laranjas do pomar, gerando prejuízo de R$ 19.000,00 (dezenove mil reais) até a presente data. Os Réus colheram e perceberam os rendimentos da venda dos referidos frutos.

Os Réus se recusam a desocupar o imóvel e a reparar os prejuízos que causaram. Com isso, não resta alternativa para a Autora a não ser acionar o Poder Judiciário para que se possa fazer JUSTIÇA, com a retomada da posse do bem e a indenização dos prejuízos causados pela conduta ilícita dos Réus.

Dos Fundamentos Jurídicos

No presente caso está comprovada a ocorrência de esbulho possessório, pois se verifica que a Autora perdeu a posse de seu bem para os Réus, de forma clandestina e ilegal, conforme descreve o art. 561 do Código de Processo Civil. A Autora tem o direito de ser imediatamente reintegrada na posse de seu imóvel, em razão dos Réus terem agido com má-fé ao se apropriarem do imóvel em questão, nos termos do que dispõe o art. 1.200 do Código Civil.

Ademais, temos que os Réus danificaram o imóvel ao instalar antena pirata no telhado, danificando-o, o que acarretou graves infiltrações na casa, devido às fortes chuvas ocorridas nesse período, gerando a posse ilícita que exercem um dano efetivo e imediato ao patrimônio da Autora, o que deve ser reparado. Diante desse cenário, conforme a documentação anexa, temos um dano estimado em R$ 6.000,00 (seis mil reais) que deverá ser devidamente ressarcido pelos Réus a título de indenização por danos materiais emergentes.

E a situação não está apenas na posse irregular e nos danos causados ao imóvel, pois, além disso, os ocupantes estão auferindo vantagem com a venda de boa parte da colheita de laranjas do pomar do imóvel, o que já causou prejuízo de R$ 19.000,00 (dezenove mil reais) à Autora, a título de danos materiais do tipo lucros cessantes.

Logo, além do dever de devolução imediata do bem, tem-se que os Réus devem responder pela deterioração do imóvel, causado pela imprudência e má conservação praticada por eles, com fundamento no art. 1.218 do Código Civil, bem como pela perda que ocasionaram, a título de lucros cessantes, com a venda dos frutos do pomar, isso com fundamento no art. 1.216 também do Código Civil.

Dos Pedidos

Diante o exposto, requer-se à Vossa Excelência:

A concessão da liminar, sem a oitiva da parte contrária, para reintegração de posse provisória da Autora, com fundamento no art. 562, do Código de Processo Civil conforme fundamentação *supra*;

A condenação dos Réus ao pagamento de indenização a título de danos materiais emergentes na quantia de R$ 6.000,00 (seis mil reais), devidamente acrescidos dos efeitos da mora nos termos da legislação civil;

A condenação dos Réus ao pagamento de indenização a título de danos materiais do tipo lucros cessantes pelos frutos colhidos e percebidos na quantia de R$ 19.000,00 (dezenove mil reais), pelos frutos colhidos e vendidos, devidamente acrescidos dos efeitos da mora nos termos da legislação civil;

A procedência total dos pedidos da Autora, inclusive, confirmando-se a tutela liminar, no sentido de reintegrar a Autora na posse do imóvel de forma definitiva e ainda condenar os Réus ao pagamento das indenizações devidas, bem como a condenação dos mesmos no pagamento das custas e despesas processuais decorrentes da sucumbência, inclusive honorários, com fundamento no art. 85 do Código de Processo Civil.

Requer-se a juntada do comprovante de pagamento de custas processuais, com fundamento no art. 82, § 1º, do Código de Processo Civil.

Protesta provar o alegado, por todos os meios de prova em direito admitidos, em especial prova testemunhal e pericial.

Dá-se a causa o valor de R$ 25.000,00 (vinte e cinco mil reais).

Termos em que,

Pede deferimento

Local, data

Advogado OAB n.

XXVI EXAME DE ORDEM UNIFICADO – QUESTÕES

■ **QUESTÃO 1:** Jonas, médico dermatologista, atende a seus pacientes em um consultório particular em sua cidade. Ana Maria, após se consultar com Jonas, passou a utilizar uma pomada indicada para o tratamento de micoses, prescrita pelo médico. Em decorrência de uma alergia imprevisível, sequer descrita na literatura médica, a pele de Ana Maria desenvolveu uma grave reação à pomada, o que acarretou uma mancha avermelhada permanente e de grandes proporções em seu antebraço direito. Indignada com a lesão estética permanente que sofreu, Ana Maria decidiu ajuizar ação indenizatória em face de Jonas. Tomando conhecimento, contudo, de que Jonas havia contratado previamente seguro de responsabilidade civil que cobria danos materiais, morais e estéticos causados aos seus pacientes, Ana Maria optou por ajuizar a ação apenas em face da seguradora. A respeito do caso narrado, responda, fundamentadamente, aos itens a seguir.

A) Provada a ausência de culpa de Jonas, poderia Ana Maria ser indenizada? (Valor: 0,65)

B) A demanda proposta por Ana Maria em face da seguradora preenche elementos suficientes para ter seu mérito apreciado? (Valor: 0,60)

■ **RESPOSTAS**

A) Não. A responsabilidade dos profissionais liberais é subjetiva, logo depende da demonstração de culpa do causador do dano, conforme o art. 951 do CC OU o art. 14, § 4º, do CDC.

B) Não. Pois no presente caso está ausente os elementos/condição da ação, a saber, a legitimidade passiva, prevista pelo art. 17 do CPC. No seguro de responsabilidade civil facultativo, o segurador garante o pagamento de perdas e danos devidos pelo segurado ao terceiro, conforme o art. 787 do CC ou a Súmula 529 do STJ.

■ **QUESTÃO 2:** A sociedade empresária Fictícia Produções Ltda. (fictícia) vendeu um imóvel de sua propriedade à Diversão Produções Artísticas Ltda. (DPA), que passou a funcionar no local. Dois meses após o registro da compra no cartório de registro de imóveis e início das atividades da DPA, a nova proprietária é surpreendida por uma ação de cobrança de cotas condominiais anteriores à aquisição e não pagas pela Fictícia. Inconformado com o fato, e diante da previsão contratual na qual a sociedade empresária Fictícia se responsabiliza por débitos relativos ao período anterior à imissão na posse de sua empresa, o diretor Ronaldo procura uma orientação jurídica especializada. Sobre a hipótese narrada, responda aos itens a seguir.

A) As cotas condominiais anteriores à aquisição são devidas pela atual proprietária do imóvel? (Valor: 0,60)

B) Qual a medida processual mais célere, econômica e adequada para exigir da sociedade empresária Fictícia, nos mesmos autos, a responsabilização pela dívida? (Valor: 0,65)

■ **RESPOSTAS**

Sim, tendo em vista o caráter *propter rem* da obrigação, podemos afirmar que a transmissão da obrigação é automática. Assim, a DPA é devedora das cotas, conforme o art. 1.345 do CC.

B) A medida processual mais célere é a denunciação da lide (art. 125, inciso II, do CPC), a fim de obter da sociedade empresária Fictícia Produções os valores que eventualmente tiver que arcar com o processo em razão da responsabilidade contratual.

■ **QUESTÃO 3:** Em 10 de dezembro de 2016, Roberto alienou para seu filho André um imóvel de sua propriedade, por valor inferior ao preço de venda de imóveis situados na mesma região. José, que também é filho de Roberto e não consentiu com a venda, ajuizou ação, em 11 de dezembro de 2017, com o objetivo de anular o contrato de compra e venda celebrado entre seu pai e André. No âmbito da referida ação, José formulou pedido cautelar para que o juiz suspendesse os efeitos da alienação do imóvel até a decisão final da demanda, o que foi deferido pelo magistrado por meio de decisão contra a qual não foram interpostos recursos. O juiz, após a apresentação de contestação pelos réus e da produção das provas, proferiu sentença julgando improcedente o pedido deduzido por José, sob o fundamento de que a pretensão de anulação do contrato de compra e venda se encontraria prescrita. Como consequência, revogou a decisão cautelar que anteriormente havia suspendido os efeitos da compra e venda celebrada entre Roberto e André. A respeito dessa situação hipotética, responda aos itens a seguir.

A) Caso resolva apelar da sentença, como José poderá obter, de forma imediata, novamente a suspensão dos efeitos da compra e venda? Quais os requisitos para tanto? (Valor: 0,80)

B) Qual é o fundamento da ação ajuizada por José para obter a anulação da compra e venda? Esclareça se a sentença proferida pelo juiz de primeira instância, que reconheceu a prescrição da pretensão, está correta. (Valor: 0,45)

■ **RESPOSTAS**

A) Na hipótese, o recurso de apelação de José não será dotado de efeito suspensivo, uma vez que a sentença revogou a decisão que havia deferido o pedido cautelar. O art. 1.012, § 1º, inciso V, do CPC estabelece que "além de outras hipóteses previstas em lei, começa a produzir efeitos imediatamente após a sua publicação a sentença que: V – confirma, concede ou revoga tutela provisória". Assim, a sentença que julgou improcedente o pedido produz efeitos desde logo. Para obter novamente a suspensão dos efeitos da compra e venda, José deverá formular o pedido cautelar ou de efeito suspensivo ativo, que poderá ser deduzido em petição autônoma ou no próprio recurso de apelação, dependendo se a Apelação já foi distribuída ou não. O requerimento deverá ser dirigido ao tribunal, se o recurso já foi distribuído, ou ao relator do recurso, caso já tenha ocorrido sua distribuição, na forma do art. 1.012, § 3º, do CPC. Para tanto, deverá José demonstrar ao relator ou ao tribunal a probabilidade de provimento do recurso de apelação ou, sendo relevante a fundamentação (*fumus boni iuris*), a existência de risco de dano grave ou de difícil reparação (*periculum in mora*), consoante o art. 1.012, § 4º, o art. 995, parágrafo único, e o art. 300, todos do CPC.

B) O fundamento da ação ajuizada por José é o de que se afigura anulável a venda de ascendente a descendente, exceto quando os outros descendentes e o cônjuge alienante consentem expressamente, na forma do art. 496 do CC. Por outro lado, o juiz de primeira instância se equivocou ao reconhecer a prescrição da pretensão de José, pois se trata de prazo decadencial e a ação foi proposta dentro do prazo de 2 anos, previsto no art. 179 do CC.

■ **QUESTÃO 4:** José Carlos é locatário de um apartamento situado no Condomínio Morar Feliz, situado na cidade do Rio de Janeiro. O imóvel pertence a André Luiz. O contrato de locação possui vigência de 1º-5-2015 a 1º-5-2019 e contém cláusula de vigência. O referido contrato se encontra averbado à matrícula do imóvel no Registro Geral de Imóveis da respectiva circunscrição desde 7-6-2015. Em 15-5-2018, José Carlos recebe uma notificação de João Pedro, informando-o de que adquiriu o imóvel de André Luiz através de contrato de compra e venda, a qual foi registrada em 30-1-2018 e averbada à matrícula do imóvel no mesmo dia, e solicitando a desocupação do imóvel no prazo de 90 dias. José Carlos não fora informado por André Luiz a respeito da alienação do apartamento. Em 5-6-2018, ao se dirigir até o local pactuado contratualmente para o pagamento dos alugueres, José Carlos é informado por João Pedro que não irá receber o pagamento de nenhum valor a título de aluguel, solicitando novamente a desocupação do imóvel. Diante do cenário descrito, responda aos itens a seguir.

A) Qual(is) argumento(s) de defesa José Carlos poderá arguir em face da pretensão de João Pedro em desocupar o imóvel? (Valor: 0,80)

B) Diante da recusa de João Pedro em receber os alugueres, de que(quais) instrumento(s) o locatário dispõe para adimplir sua prestação e se exonerar dos efeitos da mora? (Valor: 0,45)

▪ RESPOSTAS

A) José Carlos poderá alegar que a locação possui prazo determinado, cláusula de vigência e se encontra averbada junto à matrícula do imóvel. Desta forma, João Pedro não pode, validamente, denunciar o contrato de locação como dispõe o art. 8º, *caput*, da Lei n. 8.245/91. Além disso, a denúncia foi exercida após o prazo de 90 dias a contar do registro da compra e venda, o que atrai a incidência do art. 8º, § 2º, da Lei n. 8.245/91, que prevê tal prazo decadencial. Por fim, houve desrespeito ao direito de preferência assegurado pelo art. 27 da mesma Lei.

B) Diante da recusa do credor em receber o pagamento, o mesmo poderá ser feito através da ação de consignação em pagamento. No caso, João Pedro poderá ajuizar a ação, observando o disposto no art. 67 da Lei n. 8.245/91 e no art. 534 do CPC, ou realizar consignação extrajudicial em pagamento, por se tratar de obrigação em dinheiro, na forma do art. 539, § 1º, do CPC.

18 XXVII EXAME DE ORDEM UNIFICADO

PEÇA PROFISSIONAL

■ **ENUNCIADO:** Paulo e Kátia se conheceram em 2010, quando trabalhavam para a sociedade empresária Voz, e se tornaram amigos desde então. Na época, Paulo era casado com Beatriz e tinha um filho, Glauco, de um ano; Kátia estava noiva de Fábio. Passado certo tempo, Kátia terminou o noivado com Fábio e se aproximou ainda mais de Paulo, que acabou se separando de sua esposa, Beatriz. Em 2015, Paulo e Kátia casaram-se no regime da comunhão universal de bens e, em 2017, Paulo se desfez dos imóveis que possuía para adquirir um novo imóvel para residirem. Com a crise que se instalou no país, em 2018, Paulo ficou desempregado e começou a ter dificuldades para pagar a pensão alimentícia de seu filho, Glauco, menor impúbere, tendo, por fim, deixado de quitá-la. Em razão de tais fatos, Beatriz, ex-esposa de Paulo, ajuíza uma demanda de execução de alimentos para garantir os direitos de seu filho. Durante o trâmite da execução de alimentos, que tramita perante a 15ª Vara Cível da Cidade do Rio de Janeiro, o imóvel adquirido por Kátia e Paulo é penhorado. Kátia fica muito apreensiva com a situação, pois se trata do único imóvel do casal. Na qualidade de advogado(a) de Kátia, elabore a defesa cabível voltada a impugnar a execução que foi ajuizada. (Valor: 5,00) Obs.: o(a) examinando(a) deve fundamentar suas respostas. A mera citação do dispositivo legal não confere pontuação.

■ **GABARITO COMENTADO:** Tendo em vista estar instaurado o processo executivo e que se busca impugnar a penhora do imóvel, a medida cabível são os Embargos de Terceiro, regulamentados nos arts. 674 e seguintes do CPC/15. A petição deve ser endereçada ao mesmo juízo competente para a execução (15ª Vara Cível da Comarca da Capital do Estado do Rio de Janeiro), conforme o art. 61 do CPC/15, identificando Kátia como embargante e Beatriz como embargada. Deve ser declarada a tempestividade dos embargos, informando que os mesmos foram interpostos antes da adjudicação, da alienação por iniciativa particular ou da arrematação. Os embargos devem pleitear a desconstituição da penhora, tendo em vista que Kátia e Paulo estão casados no regime de comunhão universal de bens, ditado pelos arts. 1.667 do CC e seguintes. Daí decorre o fato de que todos os bens presentes e futuros são comunicados entre os cônjuges, tal qual o imóvel que Paulo adquiriu para residirem. Ainda deve ser frisado que a nova redação do art. 3º, inciso III, da Lei n. 8.009/90 afirma que, apesar de a dívida decorrente de pensão alimentícia ser exceção aos casos de impenhorabilidade, devem ser resguardados os direitos, sobre o bem, do seu coproprietário que, com o devedor, integre união estável ou conjugal. Importante ressaltar que Katia é parte legítima para ajuizar a medida em razão da sua condição de terceira, na forma do art. 674, § 2º, I, do CPC e da Súmula 134 do STJ. Deve ser pleiteada a ineficácia da penhora em relação à meação, em razão da prova da propriedade e da posse, bem como da qualidade de terceiro, por Kátia, na forma do art. 678 do CPC.

Distribuição dos pontos

Item	Pontuação
Endereçamento	
15ª Vara Cível do Rio de Janeiro (0,10)	0,00 / 0,10
Distribuição por dependência (0,10)	0,00 / 0,10
Nome e qualificação das partes: Kátia (embargante) (0,10) e Beatriz (embargada) OU Glauco, representado por Beatriz (embargado) (0,10)	0,00/0,10/0,20
Tempestividade	
Indicar que a ação foi proposta antes da adjudicação, da alienação por iniciativa particular ou da arrematação (0,30), nos termos do art. 675 do CPC (0,10)	0,00/0,30/0,40
Fundamentação	
Legitimidade para interpor os embargos por se tratar de terceira (0,50), na forma do art. 674, § 2º, I, do CPC OU da Súmula 134 do STJ (0,10)	0,00/0,50/0,60
Demonstrar que a embargante é meeira do imóvel objeto da execução (0,50), em razão do regime de comunhão universal de bens (0,20), conforme o art. 1.667 do CC (0,10)	0,00/0,50/0,60/0,70/0,80

Item	Pontuação
Caracterização do imóvel como bem de família (0,50), nos termos do art. 1º da Lei n. 8.009/90 (0,10)	0,00/0,50/0,60
Os direitos do cônjuge devem ser resguardados quando da penhora do imóvel (0,70), de acordo com o art. 3º, inciso III, da Lei n. 8.009/90 (0,10)	0,00/0,70/0,80
Pedidos	
Demonstração do recolhimento de custas OU indicação de dispensa legal do seu recolhimento OU pedido de gratuidade de Justiça (0,10)	0,00/0,10
Juntada da prova sumária da posse ou do domínio e da qualidade de terceira OU juntada de documentos, nos termos do art. 677 do CPC (0,30)	0,00/0,30
Produção de todos os meios de prova cabíveis (0,10)	0,00/0,10
Procedência dos embargos de terceiro para, em relação à meação da embargante, declarar a ineficácia da penhora OU para desconstituir a penhora OU para resguardar os direitos da embargante enquanto cônjuge (0,50)	0,00/0,50
Condenação em custas (0,10) e honorários advocatícios (0,10) OU condenação nos ônus da sucumbência (0,20)	0,00/0,10/0,20
Indicação do Valor da Causa (0,10)	0,00/0,10
Fechamento	
Local, data, assinatura e OAB (0,10)	0,00/0,10

MODELO DE PEÇA

EXCELENTÍSSIMO SENHOR DOUTOR JUIZ DE DIREITO DA 15ª VARA CÍVEL DA COMARCA DO RIO DE JANEIRO, CAPITAL.

Processo n.

Distribuição por Dependência

Kátia, brasileira, casada, profissão, devidamente inscrita no CPF n. e portadora do RG n., domiciliada no endereço, Rio de Janeiro/RJ, com endereço eletrônico, por seu advogado e bastante procurador que esta subscreve, conforme instrumento de mandato anexo, vem respeitosamente perante Vossa Excelência, com fundamento nos arts. 674 e seguintes do Código de Processo Civil, interpor

Embargos de Terceiros

Em face de Beatriz, já devidamente qualificada nos autos em epígrafe, pelos motivos de fato e de direito a seguir expostos.

Da Tempestividade

Os presentes Embargos de Terceiro foram propostos de forma tempestiva, uma vez que o mesmo fora interposto antes da adjudicação, da alienação por iniciativa particular ou da arrematação, tudo conforme dispõe o art. 674, § 2º, do Código de Processo Civil.

Dos Fatos

A Embargante é casada com Paulo – Executado nos presentes autos de Execução de Alimentos, sob o regime de comunhão universal de bens (conforme comprova o documento anexo). Entretanto, Paulo, no passado, manteve vínculo conjugal com a Embargada, e da referida relação tiveram um filho, Glauco, a quem fixaram alimentos a serem pagos pelo pai, mantendo-se a guarda com a genitora.

O fato é que, em 2018 o Executado ficou desempregado e começou a passar por dificuldades financeiras (documentos anexos), inclusive para pagar pensão alimentícia para seu filho. Diante disto, irredutível aos argumentos e de forma intransigente e sem diálogo, a Embargada ajuizou a "Ação de Execução de Alimentos". Durante seu trâmite, o imóvel adquirido pela Embargante e pelo Executado (documentos anexos) foi penhorado, sendo que se trata de único imóvel do casal, residência e lar da família.

A execução, portanto, atinge direito da Embargante. Assim, não resta alternativa senão a interposição dos presentes Embargos de Terceiro, com o intuito de garantir o direito sobre o imóvel que também é de propriedade da Embargante, ainda mais por se tratar de bem de família, como veremos.

Dos Fundamentos Jurídicos

No presente caso, está claro que a penhora atingiu o direito da Embargante, terceira não vinculada ao processo de execução. Está comprovado por documentos que a Embargante é meeira do imóvel, objeto da penhora na ação de execução, uma vez que contraiu núpcias com o Executado sob o regime de comunhão universal de bens.

Nesse sentido, com fundamento no art. 1.667 do Código Civil, temos que a comunhão universal importa comunicar entre os cônjuges todos os bens, presentes e futuros, adquiridos pelos cônjuges. Assim, no presente caso temos que o bem penhorado também é de propriedade da Embargante, não podendo ser executado.

Por outro lado, além do direito de propriedade em si, decorrente do regime de casamento, temos que o imóvel residencial próprio do casal é impenhorável e não pode ser responsabilizado por qualquer tipo de dívida contraída pelos cônjuges, pois se trata de bem de família, conforme dispõe o art. 1º da Lei n. 8.009/90.

Por fim, apesar da exceção da impenhorabilidade que recai sobre o bem de família em virtude de crédito oriundo de pensão alimentícia, com fundamento no art. 3º, III, da Lei n. 8.009/90, temos que o direito da Embargante sobre o bem deve ser resguardado em relação ao interesse de penhora sobre o imóvel, uma vez que possui união conjugal com o devedor Executado.

Dos Pedidos

Diante o exposto requer-se à Vossa Excelência:

A procedência da presente ação com a declaração da impenhorabilidade sobre a meação que recai no bem penhorado nos autos principais, bem como com o levantamento e a desconstituição da penhora realizada, condenando-se ainda a Embargada no pagamento das custas e despesas processuais, incluindo honorários advocatícios de sucumbência, na forma do art. 85 da lei processual.

A juntada aos autos do comprovante de recolhimento de custas, conforme o art. 82, § 1º, do Código de Processo Civil.

A juntada aos autos dos documentos que comprovem a posse e o domínio do bem pela Embargante, conforme o art. 677 do Código de Processo Civil.

Protesta provar o alegado, por todos os meios de prova em direito admitidos.

Dá-se a causa o valor de R$ (valor do imóvel).

Rio de Janeiro, data.

Advogado OAB n.

XXVII EXAME DE ORDEM UNIFICADO – QUESTÕES

QUESTÃO 1: Luiza ajuizou ação porque, embora há muitos anos se apresente socialmente com esse nome e com aparência feminina, foi registrada no nascimento sob o nome de Luis Roberto, do gênero masculino. Aduz na inicial que, embora nascida com características biológicas e cromossômicas masculinas, desde adolescente compreendeu-se transexual e, ao constatar a incompatibilidade com sua morfologia corporal, passou a adotar a identidade feminina, vestindo-se e apresentando-se socialmente como mulher. Nunca se submeteu à cirurgia de transgenitalização, por receio dos riscos da cirurgia e por entender que isso não a impede de ser mulher. Diante disso, formula pedidos para que seja alterado não somente o seu registro de nome, mas também o registro de gênero, cujo conteúdo lhe causa profundo constrangimento. Demanda que passe a constar o prenome Luiza no lugar de Luis Roberto e o gênero feminino no lugar de masculino. A sentença, contudo, julgou improcedente o pedido, limitando-se a afirmar que o pleito, sem a prévia cirurgia de transgenitalização, fere os bons costumes. Sobre o caso, responda aos itens a seguir.

A) A sentença pode ser considerada adequadamente fundamentada? Justifique. (Valor: 0,65)

B) No mérito, os dois pedidos de Luiza devem ser acolhidos? Justifique. (Valor: 0,60)

RESPOSTAS

A) Ao indicar, como fundamentação para a improcedência, a referência ao conceito jurídico de "bons costumes", sem explicar as razões concretas para sua incidência no caso concreto, a sentença violou o disposto no art. 489, § 1º, inciso II, do CPC OU a sentença violou o disposto no art. 489, § 1º, inciso VI, do CPC, pois o juiz não apontou distinção com o julgamento proferido pelo STF na ADI 4.275 e no RE 670.422, objeto de repercussão geral. Considera-se, por conta disso, que a sentença não foi fundamentada e, consequentemente, é inválida.

B) No mérito, tanto o pedido de retificação do registro de nome como o pedido de retificação do pedido de gênero devem ser acolhidos, pois conforme o entendimento manifestado pelo STF no julgamento da ADI 4.275 e do RE 670.422, objeto de repercussão geral, em casos de transexualidade a alteração registral pode ocorrer independentemente de cirurgia de transgenitalização.

■ **QUESTÃO 2:** Mariana comprou de Roberto um imóvel por um preço bastante favorável, tendo em vista que Roberto foi transferido para outra cidade. Ao contratar empreiteiros para realizar obras necessárias no local, algumas semanas depois da aquisição, Mariana foi acionada judicialmente por Almir, que sustenta ser o real proprietário do imóvel, o qual lhe teria sido injustamente usurpado por Roberto. Mariana não tem elementos para se defender no processo relativo a um fato ocorrido antes da sua aquisição e, resignada a perder o bem, precisaria ao menos recuperar o dinheiro que por ele pagou, bem como as despesas que efetuou para a realização de obras no local, pois, embora estas não tenham sido efetuadas, ela não pôde reaver o sinal pago aos empreiteiros. Sobre o caso, responda aos itens a seguir.

A) Qual medida processual deve ser tomada por Mariana para poder reaver o preço pago pelo imóvel no mesmo processo em que é acionada por Almir? Justifique. (Valor: 0,70)

B) Além do preço pago, pode Mariana exigir o reembolso das despesas efetuadas com o objetivo de realizar obras no local? Justifique sua resposta. (Valor: 0,55)

■ **RESPOSTAS**

A) Trata-se de hipótese de evicção, já que Mariana está sendo privada judicialmente de sua propriedade em razão de direito de terceiro (Almir) anterior à sua aquisição. Para exercer seu direito à indenização decorrente da evicção no mesmo processo, Mariana deve recorrer à denunciação da lide em face de Roberto, seu alienante imediato (art. 125, I, do CPC).

B) O direito à indenização, por sua vez, abrange não apenas o valor do bem, mas igualmente a indenização pelas despesas dos contratos e pelos prejuízos que diretamente resultarem da evicção, o que inclui as despesas efetuadas com o objetivo de realizar obras necessárias no local (art. 450, II, do CC).

■ **QUESTÃO 3:** Marcela firmou com Catarina um contrato de mútuo, obtendo empréstimo de R$ 50.000,00, no qual figurou como fiador seu amigo, Jorge, sem renúncia aos benefícios legais. Todos residem no Município de São Carlos, SP. Vencida a obrigação de pagamento, Marcela não efetuou o depósito do valor devido a Catarina, de modo que Catarina ajuizou execução de título extrajudicial, indicando como executados Marcela e Jorge. Jorge, citado, procurou seu advogado, com o objetivo de proteger seu patrimônio, já que sabe que Marcela possui dois imóveis próprios, situados no Município de São Carlos, suficientes para satisfação do crédito. Diante de tal situação, responda aos itens a seguir.

A) Jorge tem direito a ver executados primeiramente os bens de Marcela? Apresente o embasamento jurídico pertinente. (Valor: 0,50)

B) Poderia Catarina ter incluído Jorge como executado? Uma vez citado, como Jorge deve proceder no âmbito do processo de execução, em defesa de seus bens? (Valor: 0,75)

■ **RESPOSTAS**

A) Sim, pois os bens de Marcela podem ser executados até que haja satisfação da dívida, conforme o art. 827 do CC e o art. 794 do CPC. Isso ocorre porque, não tendo ocorrido renúncia ao benefício de ordem (art. 828, I, do CC), a responsabilidade de Jorge é subsidiária, e seu patrimônio apenas será atingido caso os bens de Marcela sejam insuficientes.

B) Sim, com fundamento no art. 779, IV, do CPC. No entanto, uma vez citado, Jorge pode nomear à penhora os bens de Marcela, indicando-os pormenorizadamente, conforme o art. 794 do CPC OU o art. 827, parágrafo único, do CC, para que seus bens apenas sejam atingidos caso não seja possível satisfazer o crédito pela excussão dos bens de Marcela.

■ **QUESTÃO 4:** Marcos, por negligência, colidiu seu carro com o automóvel de Paulo, que é taxista e estava trabalhando no momento. Em razão do acidente, Paulo teve que passar por uma cirurgia para a reconstrução de parte de seu braço, arcando com os custos correlatos. A cirurgia foi bem-sucedida, embora Paulo tenha ficado com algumas cicatrizes. Após ficar de repouso em casa por quatro meses, por recomendação médica, no período pós-operatório, Paulo resolveu ajuizar ação contra Marcos, com o objetivo de obter indenização por perdas e danos sofridos em razão do acidente. No curso da ação,

Marcos, que tinha contratado seguro contra terceiros para seu veículo, requereu a denunciação da lide da Seguradora X, tendo o juiz, no entanto, indeferido o pedido. Nessa situação hipotética, responda aos itens a seguir.

A) Especifique os danos sofridos por Paulo e indique os fundamentos que justificam sua pretensão. (Valor: 0,60)

B) Qual a medida processual cabível para Marcos impugnar a decisão que indeferiu o pedido de denunciação da lide? Esclareça se Marcos poderá exercer futuramente o direito de regresso contra a Seguradora X, caso seja mantida a decisão que indeferiu o pedido de denunciação da lide. (Valor: 0,65)

■ **RESPOSTAS**

A) Paulo sofreu danos materiais emergentes (danos ocasionados no veículo e despesas médicas e hospitalares) e lucros cessantes (pelo período em que ficou sem trabalhar). Além disso, terá direito a uma indenização a título de dano moral, pela violação de sua integridade corporal e por todo o abalo decorrente, bem como indenização a título de dano estético, decorrente da cicatriz permanente que ficou após a cirurgia, causando-lhe afeamento. Como fundamento de sua pretensão, Paulo poderá alegar que Marcos cometeu um ato ilícito e que, portanto, fica responsável por reparar o dano sofrido, na forma do art. 186 e do art. 927, ambos do CC. Poderá argumentar, que o dever de indenizar abrange reparação do dano estético e do dano material emergente, além dos lucros cessantes, na forma do art. 402 do Código Civil.

B) A medida cabível é o agravo de instrumento. Com efeito, o art. 1.015, IX, do CPC estabelece que o agravo de instrumento é cabível contra decisões interlocutórias que versem sobre a admissão ou inadmissão de intervenções de terceiros. Por outro lado, mesmo que seja mantido o indeferimento da denunciação da lide, Marcos poderá exercer futuramente o direito de regresso em face da Seguradora X. Isso porque o art. 125, § 1º, do CPC permite que o direito regressivo seja exercido por ação autônoma quando a denunciação da lide for indeferida. Assim, caso Marcos venha a ser condenado na ação movida por Paulo, poderá ajuizar demanda autônoma contra a Seguradora X para obter o ressarcimento do que pagou.

19 XXVIII EXAME DE ORDEM UNIFICADO

PEÇA PROFISSIONAL

■ **ENUNCIADO:** Julia dirigia seu veículo na Rua 001, na cidade do Rio de Janeiro, quando sofreu uma batida, na qual também se envolveu o veículo de Marcos. O acidente lhe gerou danos materiais estimados em R$ 40.000,00 (quarenta mil reais), equivalentes ao conserto de seu automóvel. Marcos, por sua vez, também teve parte de seu carro destruído, gastando R$ 30.000,00 (trinta mil reais) para o conserto. Diante do ocorrido, Julia pagou as custas pertinentes e ajuizou ação condenatória em face de Marcos, autuada sob o n. 11111111111 e distribuída para a 8ª Vara Cível da Comarca da Capital do Estado do Rio de Janeiro, com o objetivo de obter indenização pelo valor equivalente ao conserto de seu automóvel, alegando que Marcos teria sido responsável pelo acidente, por dirigir acima da velocidade permitida. Julia informou, em sua petição inicial, que não tinha interesse na designação de audiência de conciliação, inclusive porque já havia feito contato extrajudicial com Marcos, sem obter êxito nas negociações. Julia deu à causa o valor de R$ 1.000,00 (mil reais). Marcos recebeu a carta de citação do processo pelo correio, no qual fora dispensada a audiência inicial de conciliação, e procurou um advogado para representar seus interesses, dado que entende que a responsabilidade pelo acidente foi de Julia, que estava dirigindo embriagada, como atestou o boletim de ocorrência, e que ultrapassou o sinal vermelho. Entende que, no pior cenário, ambos concorreram para o acidente, porque, apesar de estar 5% acima do limite de velocidade, Julia teve maior responsabilidade, pelos motivos expostos. Aproveitando a oportunidade, Marcos pretende obter de Julia indenização em valor equivalente ao que dispendeu pelo conserto do veículo. Marcos não tem interesse na realização de conciliação. Na qualidade de advogado(a) de Marcos, elabore a peça processual cabível para defender seus interesses, indicando seus requisitos e fundamentos, nos termos da legislação vigente. Considere que o aviso de recebimento da carta de citação de Marcos foi juntado aos autos no dia 4-2-2019 (segunda-feira), e que não há feriados no mês de fevereiro. (Valor: 5,00) Obs.: a peça deve abranger todos os fundamentos de Direito que possam ser utilizados para dar respaldo à pretensão. A simples menção ou transcrição do dispositivo legal não confere pontuação.

■ **GABARITO COMENTADO:** A peça processual cabível é uma contestação (art. 335 do CPC), com reconvenção (art. 343 do CPC), apresentada no prazo de 15 dias úteis (art. 219 do CPC) a partir da juntada do AR relativo à carta de citação (art. 335 e art. 231, inciso I, ambos do CPC) ou seja, até 25-2-2019. O examinando deverá apresentar a contestação dirigida ao Processo n. 11111111111, para a 8ª Vara Cível da Comarca da Capital do Estado do Rio de Janeiro. Na contestação, deverá alegar, em preliminar, incorreção do valor da causa, que deve corresponder ao proveito econômico pretendido por Julia, nos termos do art. 292, inciso V, do CPC (ou seja, R$ 40.000,00). No mérito da contestação, deverá indicar como os fatos ocorreram, defendendo a ausência de responsabilidade pelo acidente, porque não praticou ilícito (art. 927 e art. 186 do Código Civil), imputando à Julia a responsabilidade exclusiva pelo acidente. Subsidiariamente, deve defender a responsabilidade concorrente de Julia (art. 945 do CC). Na reconvenção, deverá reiterar a responsabilidade de Julia, e demonstrar os prejuízos sofridos com o conserto de seu veículo, comprovando-o com notas fiscais e comprovantes de pagamento dos R$ 30.000,00, para comprovar a extensão do dano (art. 944 do Código Civil). Ao final, deve requerer a improcedência do pedido de Julia, ou subsidiariamente, o reconhecimento de culpa concorrente, reduzindo-se o valor da indenização. Deve requerer também a procedência do pedido reconvencional.

Distribuição dos pontos

Item	Pontuação
Endereçamento	
Petição endereçada à 8ª Vara Cível da Comarca da Capital do Estado do Rio de Janeiro (0,10), indicando o número da ação de origem (0,10)	0,00/0,10/0,20
Nomes de Marcos (0,10) e Julia (0,10) e qualificação, ou indicação de que as partes já estão qualificadas	0,00/0,10/0,20

Item	Pontuação
Preliminar de Contestação	
Alegar a incorreção do valor da causa (0,20), nos termos do art. 337, III, do CPC (0,10)	0,00/0,20/0,30
Indicar que o valor da causa deve ser o proveito econômico pretendido (0,20), conforme o art. 292, inciso V, do CPC (0,10)	0,00/0,20/0,30
Mérito da Contestação/Reconvenção	
Exposição dos fatos – explorar a dinâmica do acidente, indicando que Julia estava embriagada (0,10) e ultrapassou o sinal vermelho (0,10)	0,00/0,10/0,20
Defender a ausência de responsabilidade pelo acidente, porque não praticou ilícito (0,50), segundo o art. 927 OU o art. 186, ambos do Código Civil (0,10)	0,00/0,50/0,60
Imputar a Julia a responsabilidade exclusiva pelo acidente (0,50)	0,00/0,50
Subsidiariamente, deve defender a responsabilidade concorrente de Julia (0,50), segundo o art. 945 do Código Civil (0,10)	0,00/0,50/0,60
Na reconvenção, diante da responsabilidade de Julia, demonstrar os prejuízos sofridos com o conserto de seu veículo (0,50), nos termos do art. 944 do Código Civil (0,10)	0,00/0,50/0,60
Pedidos	
Requerer o acolhimento da preliminar (0,10) e a improcedência dos pedidos formulados por Julia (0,20)	0,00/0,10/0,20/0,30
Subsidiariamente, requerer a procedência parcial em razão da responsabilidade concorrente (0,20)	0,00/0,20
Requerer a procedência do pedido reconvencional, para condenação da autora-reconvinda ao pagamento da indenização no valor de R$30.000,00 (0,20)	0,00/0,20
Condenação em custas (0,10) e honorários advocatícios (0,10) OU condenação nos ônus da sucumbência (0,20)	0,00/0,10/0,20

Item	Pontuação
Juntada das notas fiscais e comprovantes de pagamento dos R$30.000,00 (0,10)	0,00/0,10
Juntada do boletim de ocorrência (0,10)	0,00/0,10
Protesto pela produção das provas em direito admitidas (0,10)	0,00/0,10
Indicação de data dentro do prazo de 15 dias úteis a partir da juntada do AR relativo à carta de citação, ou seja, até 25-2-2019 (0,10)	0,00/0,10
Fechamento	
Indicação de valor da causa para a reconvenção (R$30.000,00) (0,10)	0,00/0,10
Local, data, assinatura e OAB (0,10)	0,00/0,10

MODELO DE PEÇA

EXCELENTÍSSIMO SENHOR DOUTOR JUIZ DE DIREITO DA 8ª VARA CÍVEL DA COMARCA DO RIO DE JANEIRO, CAPITAL.

Processo n. 11111111111

MARCOS, brasileiro, estado civil, profissão, devidamente inscrito no CPF n. e no RG n., domiciliado na Rua, Cidade, com endereço eletrônico, por seu advogado e bastante procurador que esta subscreve, conforme instrumento de mandato anexo, vem respeitosamente à presença de Vossa Excelência, apresentar

Contestação Com Reconvenção

nesta ação de indenização promovida por JULIA, devidamente qualificada na petição inicial, com fundamento nos arts. 335 e 343 do Código de Processo Civil, pelos motivos de fato e de direito a seguir expostos.

Dos Fatos

A Autora dirigia em alta velocidade na Rua 001 na cidade do Rio de Janeiro, quando por essa razão envolveu-se num acidente e ocasionou uma batida, envolvendo nesta o veículo do Réu que dirigia de forma prudente e adequada. O acidente gerou danos materiais na quantia de R$ 40.000,00 (quarenta mil reais) segundo a Autora, sendo que para o Réu os danos são de R$ 30.000,00 (trinta mil reais), tudo conforme documentos anexos.

Em razão do acidente e dos danos sofridos a Autora ingressou em juízo com a presente ação no intuito de obter indenização do Réu, alegando que o mesmo teria sido o responsável pelo acidente, uma vez que dirigia acima da velocidade permitida. Ao final, depois dos pedidos, deu a causa o valor de R$ 1.000,00 (mil reais). Contudo, como veremos, a responsabilidade no acidente toca à Autora e esta deve suportar seus prejuízos e indenizar os danos sofridos pelo Réu, como adiante se requererá.

Da Preliminar

A presente ação versa sobre pedido indenizatório por danos materiais decorrentes de acidente de trânsito. Contudo, ao avaliar os danos requeridos pela Autora podemos afirmar que há verdadeira incorreção do valor da causa, conforme simples análise do art. 337, III, do Código de Processo Civil.

No presente caso o valor da causa foi apontado como sendo a quantia de R$ 1.000,00 (mil reais), o que está incorreto, uma vez que o valor da causa deverá ser igual ao valor dos danos materiais pleiteado pela Autora, ou seja, R$ 40.000,00 (quarenta mil reais).

Desse modo, nos termos do art. 292, V, do Código de Processo Civil, o valor da causa mencionado deve ser o pretendido pela Autora em sua petição, o que requer-se seja acolhido a título de preliminar, retificando-se o valor da causa e exigindo da Autora o recolhimento de custas complementares, sob pena de extinção do processo.

Dos Fundamentos da Contestação

Inicialmente é imperioso salientar que o acidente ocorreu somente porque a Autora estava dirigindo embriagada, motivo pelo qual ultrapassou o sinal vermelho, sem a atenção necessária e revelando imprudência e negligência da sua parte.

Nesse sentido, não há que se falar em responsabilização por parte do Réu pelo acidente, uma vez que o mesmo não praticou ato ilícito, tampouco agiu com imprudência, sendo que o resultado do acidente se deu pelo estado de embriaguez da Autora. Se esta estivesse atenta teria parado no sinal vermelho e o acidente não teria ocorrido, independente, inclusive, da velocidade do Réu. Então, o Réu não praticou ato ilícito, tampouco foi imprudente, uma vez que o acidente se deu única e exclusivamente por culpa da Autora, que ultrapassou o sinal vermelho.

A autora praticou conduta ilícita, culposa e com isso causou dano ao patrimônio do Réu. Ela deverá ser responsabilizada pelos danos que causou na forma do que prevê o art. 186 combinado com o art. 927, ambos do Código Civil. Ao contrário, o Réu não pode ser responsabilizado pelo acidente, uma vez que não concorreu para o devido fato, não havendo da sua parte ocorrência de culpa.

Por fim, caso esse não seja o entendimento de Vossa Excelência, subsidiariamente, requer-se a responsabilidade concorrente da Autora, com fundamento no art. 945 do Código Civil. Realmente, em sendo julgada procedente a pretensão da Autora, no mínimo, de forma subsidiária e alternativa, a culpa deverá ser avaliada como concorrente, fracionando-se o dever de indenizar na proporção da culpa de cada um dos envolvidos.

Da Reconvenção

Diante da responsabilidade da Autora Reconvinda no acidente ocorrido, temos que o Réu Reconvinte suportou por culpa daquela os danos materiais referentes ao conserto de seu veículo na quantia de R$ 30.000,00 (trinta mil reais), conforme comprovantes anexos.

Assim, além da comprovação da existência do prejuízo, alicerçada nos documentos anexos, podemos afirmar que a indenização é medida pela extensão do dano com fundamento no art. 944 do Código Civil. A extensão está devidamente comprovada nos autos por robusta prova documental.

Nessa esteira, a Reconvinda, culpada pelo acidente, deve ser condenada a restituir os danos causados ao patrimônio do Reconvinte na quantia de R$ 30.000,00 (trinta mil reais).

Dos Pedidos

Diante de todo o exposto requer-se:

Que seja recebida e acatada a preliminar de impugnação ao valor da causa, para corrigir referido valor, anotando-se o necessário e exigindo que a Autora recolha custas complementares na forma da lei processual.

Que a ação apresentada pela Autora seja julgada totalmente improcedente, condenando-a ainda ao pagamento das verbas de sucumbência, incluindo custas, despesas e honorários advocatícios.

No caso de hipotética procedência da ação, que subsidiariamente seja reconhecida a culpa concorrente das partes no referido acidente, repartindo-se proporcionalmente entre as mesmas o dever de indenizar, na forma do art. 945 do Código Civil.

Que a reconvenção seja julgada totalmente procedente, condenando-se a Autora Reconvinda ao pagamento de indenização por danos materiais em favor do Réu Reconvinte na quantia de R$ 30.000,00 (trinta mil reais) devidamente acrescidos dos efeitos da mora, nos termos da legislação processual civil, bem como com a condenação da Reconvinda no pagamento das custas e honorários advocatícios, conforme os arts. 82, § 2º, e 85, § 1º, ambos do Código de Processo Civil.

A juntada aos autos das notas fiscais e comprovantes de pagamento das despesas realizadas pelo Reconvinte, bem como do Boletim de Ocorrência e outros documentos pertinentes.

Protesta provar o alegado por todos os meios de provas em direito admitidos.

A intimação da Reconvinda, na pessoa de seu advogado para apresentar resposta em 15 (quinze) dias, conforme o art. 343, § 1º, do Código de Processo Civil.

Dá-se à reconvenção o valor de R$ 30.000,00 (trinta mil reais).

Termos em que,
Pede deferimento
Rio de Janeiro, 25 de fevereiro de 2019
Advogado OAB n.

XXVIII EXAME DE ORDEM UNIFICADO – QUESTÕES

■ **QUESTÃO 1:** A sociedade empresária A, do ramo de confecções, firmou contrato com a sociedade empresária B, para que esta última fornecesse o tecido necessário para uma nova linha de vestuário, mediante o pagamento de R$ 10.000,00 (dez mil reais). Nesse contrato havia uma cláusula expressa de eleição de foro, que previa a competência territorial do juízo do domicílio da sociedade A para a solução de eventual controvérsia oriunda daquele negócio jurídico. Embora tenha cumprido a obrigação que lhe competia, a sociedade B não recebeu o valor avençado. Passado 1 (um) ano contado da data do vencimento, a sociedade B, orientada por seu advogado, notificou extrajudicialmente a sociedade A, para que esta efetuasse o pagamento. O administrador da sociedade A, pedindo desculpas pelo atraso e reconhecendo o equívoco, comprometeu-se a efetuar o pagamento. Passados seis meses sem que tenha havido o pagamento prometido, a sociedade B ajuizou uma ação, no juízo do seu próprio domicílio, em face da sociedade A, cobrando o valor devido de acordo com o contrato. Com base em tais fatos e considerando que não há vulnerabilidade ou hipossuficiência técnica entre as partes envolvidas, responda, fundamentadamente, às seguintes indagações.

A) Qual é o prazo prescricional aplicável à espécie? O reconhecimento do equívoco, pelo administrador da sociedade A, produz algum efeito sobre a contagem desse prazo? (Valor: 0,65)

B) Considerando a cláusula de eleição de foro, de que maneira poderá o réu tornar eficaz a previsão nela contida? (Valor: 0,60)

■ **RESPOSTAS**

A) O prazo prescricional para a cobrança de dívidas líquidas é de 5 (cinco) anos, nos termos do art. 206, § 5º, inciso I, do CC. Com o reconhecimento do direito pelo devedor houve a interrupção da prescrição, nos termos do art. 202, inciso VI, do CC.

B) O réu deve alegar a incompetência relativa na contestação, nos termos do art. 337, inciso II, do CPC.

■ **QUESTÃO 2:** José e Maria casaram-se no regime da comunhão parcial de bens. Após separação de fato há seis meses, Maria ingressa com ação de divórcio em face de José. Na petição inicial, Maria afirma que os bens comuns já foram partilhados e requer a decretação do divórcio e a homologação da partilha realizada. José, por sua vez, alega que, durante o casamento, Maria ganhou na loteria o valor de R$ 6.000.000,00 (seis milhões de reais), que não foram partilhados. Considerando essas informações, responda aos itens a seguir.

A) O prêmio auferido em loteria oficial é bem comum? (Valor: 0,60)

B) Poderia o julgador dividir o mérito, decretar desde logo o divórcio e prosseguir com o processo para julgamento da partilha? (Valor: 0,65)

■ **RESPOSTAS**

A) O prêmio auferido em loteria oficial se qualifica como bem comum nos termos do art. 1.660, inciso II, do CC.

B) Por se tratar de pedido incontroverso, pode o magistrado julgar antecipada e parcialmente o mérito, consoante prevê o art. 356, inciso I, do CPC c/c o art. 1.581 do CC.

■ **QUESTÃO 3:** Alex celebrou contrato de financiamento imobiliário com o Banco Brasileiro S/A, assinado pelas partes e duas testemunhas. Em decorrência de dificuldades financeiras, Alex não conseguiu honrar o pagamento das prestações, o que levou o credor a ajuizar ação de execução por título extrajudicial, a fim de cobrar a dívida, no montante de R$ 75.000,00 (setenta e cinco mil reais). Citado, Alex opôs embargos à execução, no qual alegou excesso de execução, sob o fundamento de que o valor cobrado a título de juros remuneratórios era superior ao devido, sem, contudo, indicar o valor que entende correto. Sustentou, também, a nulidade da cláusula que atribuiu ao credor indicar livremente qual índice de correção monetária seria aplicável ao contrato. Recebidos os embargos, o exequente apresentou impugnação, na qual sustentou que os embargos deveriam ter sido liminarmente rejeitados, por não ter o embargante apresentado o montante que considera correto. Alegou, no mérito, não ser abusiva a cláusula impugnada. Diante do exposto, responda aos itens a seguir.

A) Assiste razão ao exequente quanto à necessidade de rejeição liminar dos embargos? (Valor: 0,75)

B) Assiste razão ao embargado quanto à validade da cláusula impugnada? (Valor: 0,50)

■ **RESPOSTAS**

A) Não. Os embargos devem ser processados, mas apenas será examinada a alegação de invalidade da cláusula (art. 917, § 4º, inciso II, do CPC), uma vez que o embargante deveria ter declarado na petição inicial o valor que entende correto, apresentando demonstrativo discriminado e atualizado de seu cálculo (art. 917, § 3º, do CPC).

B) Não. A cláusula é nula de pleno direito, por permitir ao fornecedor a variação do preço, nos termos do art. 51, inciso X, do CDC.

■ **QUESTÃO 4:** Jonas estava hospedado no Hotel Grande Vereda, onde passava suas férias, quando esbarrou acidentalmente em Lucas, um funcionário contratado havia apenas 20 dias pelo hotel. Lucas, furioso, começou a ofender Jonas, aos gritos, diante de todos os hóspedes e funcionários, com insultos e palavras de baixo calão. Logo depois, evadiu-se do local. A gerência do hotel, prontamente, procedeu a um pedido público de desculpas e informou que a principal recomendação dada aos funcionários (inclusive a Lucas) é a de que adotassem um tratamento cordial para com os hóspedes. O gerente, de modo a evidenciar a diligência do estabelecimento, mostrou a gravação do curso de capacitação de empregados ao ofendido. Indignado, Jonas conseguiu obter, junto à recepção do hotel, o nome completo e alguns dados pessoais de Lucas, mas não seu endereço residencial, porque sua ficha cadastral não estava completa. Em seguida, Jonas ajuizou ação indenizatória por danos morais em face de Lucas e do Hotel Grande Vereda. Ao receber a petição inicial, o juízo da causa determinou, desde logo, a citação de Lucas por edital. Decorrido o prazo legal após a publicação do edital, foi decretada a revelia de Lucas e nomeado curador especial, o qual alegou nulidade da citação. Com base no caso narrado, responda, fundamentadamente, aos itens a seguir.

A) Deve o hotel responder pelo ato de Lucas, que agiu por conta própria e em manifesta contrariedade à orientação do estabelecimento? (Valor: 0,70)

B) É procedente a alegação de nulidade da citação suscitada pelo curador? (Valor: 0,55)

■ RESPOSTAS

A) Sim. Os empregadores respondem civilmente pelos atos lesivos de seus prepostos no exercício de suas funções. Trata-se de uma hipótese de responsabilidade civil por ato de terceiros, prevista no art. 932, inciso III, do Código Civil. A responsabilidade do hotel é objetiva, nos termos do art. 933 do Código Civil. Além do mais, segundo o CDC, o fornecedor (hotel) tem responsabilidade objetiva pela falha na prestação do serviço, conforme o art. 14 do CDC.

B) Sim. Nesse caso, para que ocorresse a citação por edital, dependeria de que restasse evidenciado a impossibilidade de se encontrar o réu (art. 256, inciso II, do Código de Processo Civil). Para tanto, é necessário que, antes, sejam realizadas tentativas de localização do réu, inclusive mediante requisição de informações sobre seu endereço nos cadastros de órgãos públicos ou de concessionárias de serviços públicos, conforme o art. 256, § 3º, do Código de Processo Civil, e que essas tentativas restem infrutíferas.

20 XXIX EXAME DE ORDEM UNIFICADO

PEÇA PROFISSIONAL

■ **ENUNCIADO:** Joana adquiriu, na condição de consumidora final, um automóvel em uma das concessionárias da sociedade empresária Carros S.A., com pagamento parcelado, e a sociedade empresária passou a debitar, mês a mês, o triplo do valor pactuado para cada parcela, o que ficou comprovado pela simples análise dos contratos e dos seus extratos bancários, com o débito dos valores em triplo. Joana tentou resolver a questão diretamente com a sociedade empresária, mas o funcionário da concessionária apenas afirmou que poderia ter ocorrido um erro no sistema, sem dar qualquer justificativa razoável, e afirmou que não havia o que fazer para corrigir a cobrança. Joana então procurou você, como advogado(a), para ajuizar ação em face da sociedade empresária Carros S.A. com pedidos de obrigação de não fazer, para que a sociedade parasse de realizar as cobranças em excesso, e condenatório, para devolução em dobro dos valores cobrados em excesso, com atualização monetárias e juros legais, e para indenização por danos morais pelos transtornos causados a Joana. Distribuída a ação para uma das varas cíveis da Comarca de São Paulo, houve contestação pela Carros S.A. apenas informando que havia agido corretamente, e o pedido foi julgado improcedente. Não houve recurso, e o trânsito em julgado da sentença ocorreu em 19-2-2019. Algumas semanas depois, você e Joana tomaram conhecimento de que o juiz, que prolatou a sentença, era casado com a advogada que assinou a contestação e única advogada constituída pela Carros S.A. no referido processo. Agora, pretendem novamente discutir a questão em juízo, para que haja reanálise dos mesmos pedidos formulados e julgados improcedentes, porque as cobranças ainda estão sendo realizadas, em excesso. Na condição de advogado(a) de Joana, elabore a peça processual cabível para a defesa dos interesses de sua cliente, indicando seus requisitos e fundamentos, assim como a data limite para o ajuizamento, nos termos da legislação vigente. (Valor: 5,00) Obs.: a peça deve abranger todos os fundamentos de Direito que possam ser utilizados para dar respaldo à pretensão. A simples menção ou transcrição do dispositivo legal não confere pontuação.

■ **GABARITO COMENTADO:** A peça processual cabível é a petição inicial de Ação Rescisória (arts. 966 e seguintes do CPC), fundada no art. 966, inciso II, do CPC, considerando que restou configurado o impedimento do magistrado, por força da previsão constante do art. 144, inciso III, do CPC. A peça deve ser dirigida ao Tribunal de Justiça de São Paulo, no prazo máximo de dois anos contados do trânsito em julgado, ou seja, até 19-2-2021. Na petição, que deve conter os requisitos do art. 319 do CPC, Joana deve: (i) alegar impedimento do magistrado, nos termos do art. 144, inciso III, do CPC, e, por consequência, ser hipótese de ajuizamento de Rescisória (art. 966, inciso II, do CPC), requerendo a rescisão do julgado; (ii) cumular ao pedido de rescisão o de novo julgamento dos pedidos antes formulados, expondo que: a) É consumidora, nos termos do art. 2º do CDC; b) A cobrança em triplo está em excesso, considerando o próprio valor pactuado no contrato, de modo que a prática deve ser coibida e os valores cobrados em excesso devolvidos em dobro, com correção monetária e juros legais, na forma do art. 42, parágrafo único, do CDC; c) Por fim, deve pedir a condenação a indenizar Joana por danos morais (art. 6º, inciso VI, do CDC, OU art. 186 e art. 927, ambos do CC). Joana também deve depositar ou requerer o depósito da importância de 5% do valor da causa (art. 968, inciso II, do CPC). Deve indicar a opção, ou não, de realização da audiência de conciliação ou de mediação (art. 319, inciso VII, CPC) Deve requerer a condenação, ao final, do pagamento dos ônus sucumbenciais pela ré. Por fim, deve-se apontar o valor da causa, fechando-se a peça com a indicação do local, da data (até 19-2-2021), da assinatura e da inscrição OAB.

Distribuição dos pontos

Item	Pontuação
Endereçamento	
1. A peça deve ser encaminhada ao Tribunal de Justiça de São Paulo (0,10).	0,00/0,10
Partes	
2. Nome e qualificação de Joana (autora) (0,10) e Carros S.A. (ré) (0,10).	0,00/0,10/0,20

Item	Pontuação
Tempestividade	
3. Indicar a data limite para o ajuizamento (19-2-2021) OU respeito ao prazo decadencial de 2 anos do trânsito em julgado (0,40), conforme o art. 975 do CPC (0,10).	0,00/0,40/0,50
Fundamentos Jurídicos	
4. Cabimento da ação rescisória em razão do impedimento do magistrado (0,40), na forma do art. 966, inciso II, do CPC (0,10).	0,00/0,40/0,50
5. Impedimento em razão do casamento do magistrado com a advogada da parte (0,20), nos termos do art. 144, inciso III, do CPC (0,10).	0,00/0,20/0,30
6. Afirmar que Joana é consumidora (0,50), nos termos do art. 2º do CDC (0,10).	0,00/0,50/0,60
7. Os valores cobrados em excesso devem ser devolvidos em dobro (0,50), na forma do art. 42, parágrafo único, do CDC (0,10).	0,00/0,50/0,60
8. É devida a indenização por danos morais pelos transtornos causados (0,50), com base no art. 6º, inciso VI, do CDC, OU no art. 927 do CC (0,10).	0,00/0,50/0,60
Pedidos	
9. Rescisão do julgado (0,40).	0,00/0,40
10. Novo julgamento, com a procedência de todos os pedidos antes formulados (0,40) (obrigação de não fazer, para que a sociedade parasse de realizar as cobranças em excesso, e condenatório, para devolução em dobro dos valores cobrados em excesso e para indenização por danos morais).	0,00/0,40
11. Depósito do valor de 5% do valor da causa (0,20), segundo o art. 968, inciso II, do CPC (0,10) OU benefício da gratuidade da justiça (0,20), nos termos do art. 968, § 1º, do CPC (0,10).	0,00/0,20/0,30
12. Condenação da ré ao pagamento dos ônus sucumbenciais (0,20) OU condenação da ré ao ressarcimento das custas (0,10) e ao pagamento dos honorários advocatícios (0,10).	0,00/0,10/0,20
13. Requerimento de produção de provas (0,10).	
14. Valor da causa (0,10).	
Fechamento	
15. Local, data, assinatura e inscrição OAB (0,10).	0,00/0,10

MODELO DE PEÇA

EXCELENTÍSSIMO SENHOR DESEMBARGADOR PRESIDENTE DO TRIBUNAL DE JUSTIÇA DO ESTADO DE SÃO PAULO – SÃO PAULO – SP.

Joana, nacionalidade, estado civil, profissão, portadora do RG n., inscrita no CPF sob o número, residente e domiciliada no endereço, cidade, estado, CEP, por intermédio de seu procurador signatário, conforme procuração anexa, vem perante Vossa Excelência, com todo o acatamento e respeito, com base nos artigos 318 e seguintes combinados com o artigo 966, inciso II, todos do Código de Processo Civil, propor a presente

AÇÃO RESCISÓRIA

Em face de CARROS S.A., pessoa jurídica de direito privado, registrada no o CNPJ n., com sede no endereço, cidade, estado, CEP, pelos motivos de fato e de direito a seguir deduzidos.

Da tempestividade

Cumpre destacar que a presente ação está sendo distribuída de forma tempestiva, antes de 19-2-2021, com respeito ao prazo decadencial de 2 (dois) anos contados a partir do trânsito em julgado da decisão atacada, apontamento este que se faz pela simples análise da data do trânsito em julgado da decisão atacada por esta ação rescisória e pelo que dispõe o Código de Processo Civil Brasileiro, sobretudo, o artigo 975 deste referido código.

Do cabimento da ação rescisória

A Autora tomou conhecimento após o transito em julgado da decisão atacada que o MM. Juiz que prolatou a sentença do processo de origem era casado com a advogada que assinou a contestação em nome da Ré, inclusive, a única profissional indicada como patrona desta no referido processo (em anexo está a certidão de casamento referida).

Então, há cabimento da ação rescisória na forma do que dispõe o artigo 966, inciso II, do Código de Processo Civil em razão do impedimento do magistrado, tal qual delineado pelo artigo 144, inciso III, do mesmo Código. Realmente, o respeitável magistrado é impedido, nos termos da lei, e jamais poderia ter atuado e decidido no processo, exigindo-se a rescisão daquela sentença, pelos motivos indicados abaixo, o que desde já se requer.

Do fundamento jurídico

Conforme está devidamente comprovado nos autos de origem, é possível afirmar e não resta dúvida de que a Autora é consumidora nos termos dos artigos 2º e seguintes do Código de Defesa do Consumidor.

O valor que continua sendo praticado pela Ré é manifestamente excessivo e está em desacordo com o que prevê o contrato celebrado entre as partes, conforme prova documental já apresentada. Pela simples conferência do contrato e dos extratos bancários da Autora é possível confirmar que há descontos em sua conta corrente excessivos e indevidos.

Sendo assim, está nítida a presença da cobrança indevida, exigindo-se não somente que seja revista a sentença para determinar que a cobrança excessiva cesse, mas também para condenar a empresa Ré à devolução em dobro das parcelas cobradas excessivamente, conforme dispõe o artigo 42, parágrafo único, do Código de Defesa do Consumidor.

A prática abusiva deve ser corrigida, rescindindo-se a decisão atacada, mesmo tendo transitada em julgado, pelos motivos supraindicados, para que as cobranças em excesso deixem de ser praticadas e sem prejuízo disso deve a Ré ser penalizada por sua atitude.

Realmente, ao sustentar a tese e manter a cobrança dos valores excessivos até o momento torna-se nítida a conduta irregular da Ré, cobrando do consumidor valor efetivamente indevido, inclusive, mesmo tendo sido alertada de forma extrajudicial, pela Autora, mediante documentos apresentados, bem como tendo sido notificada da abusividade nos termos da contestação e documentos apresentados pela Autora no processo de origem, ou seja, há e sempre houve má fé na cobrança, sendo que a Ré locupletou-se durante o período de forma irregular e ilícita, devendo responder pela sua conduta.

Além disso, ou seja, da cobrança indevida que exige a devolução dos valores em dobro, devemos afirmar que todo o transtorno causado desde o início da cobrança excessiva, gera sofrimento e abalo na vida e no cotidiano da Autora passíveis de configurar dano moral, que deve ser indenizado, de forma autônoma e individualizada.

Realmente, o dano moral neste caso decorre do fato de que a cobrança é excessiva, viola o direito da Autora como consumidora e desde o início do contrato, apesar de documentalmente comprovado, está lhe privando de valor financeiro que lhe faz falta no cotidiano seu e de sua família, trazendo-lhe transtorno e abalo que justifica a indenização de natureza extrapatrimonial, inclusive, nos termos do que dispõem os artigos 927 do Código Civil e 6º, inciso VI, do Código de Defesa do Consumidor.

Dos pedidos

Diante de todo o exposto, requer-se:

a) a rescisão do julgado guerreado, considerando a tempestividade desta ação e o cabimento do pedido rescisório por força dos artigos 966, inciso III, e 144, inciso III, ambos do Código de Processo Civil;

b) a prolação de novo julgamento, com a procedência de todos os pedidos da Autora, inclusive:

b.1) a condenação da Ré na obrigação de não fazer consistente na obrigação de deixar de efetuar as cobranças excessivas, sob pena do pagamento de multa diária;

b.2) a condenação da Ré na obrigação de devolver todos os valores excessivos cobrados até a presente data em dobro, nos termos do artigo 42, parágrafo único, do Código de Defesa do Consumidor, com os acréscimos legais decorrentes da legislação, principalmente, correção monetária e juros legais;

b.3) a condenação da Ré na obrigação de pagar uma indenização a título de danos morais no valor já descrito e requerido na petição inicial do processo de origem (R$), também sobre o qual devemos aplicar todos os efeitos do atraso, conforme apontamentos da legislação;

b.4) a condenação da Ré no pagamento das verbas de sucumbência, incluindo custas, despesas e honorários advocatícios, nos termos da legislação processual civil.

Requer-se seja recebido o depósito, conforme guia própria em anexo, do valor de 5% sobre o valor da causa principal, segundo dispõe o artigo 968, inciso II, do Código de Processo Civil.

Requer-se a designação de audiência de conciliação e mediação nos termos do artigo 319 do Código de Processo Civil.

Protesta-se provar o alegado sob todos os meios de prova em direito admitidos, sem exceção, inclusive, aquelas produzidas na ação de origem.

Atribui-se à presente o valor de R$00,00 (000).

Local, 15 de agosto de 2019.

Advogado, OAB.

XXIX EXAME DE ORDEM UNIFICADO – QUESTÕES

■ **QUESTÃO 1:** Roberto está interessado em adquirir um carro novo, mas constata que os juros associados aos financiamentos bancários estão muito além da sua capacidade de pagamento. Sendo assim, ele recorre ao seu melhor amigo, Lúcio, um pequeno comerciante. Lúcio e Roberto celebram, então, um contrato de mútuo, no valor de R$ 10.000,00, sem prazo expresso de vencimento. Com esse dinheiro, Roberto compra, na mesma data, o tão desejado automóvel. Passados 20 (vinte) dias, Lúcio toma conhecimento de que Roberto perdeu sua única fonte de renda e observa que o amigo começa a se desfazer imediatamente de todos os seus bens. Sabendo disso, Lúcio procura Roberto, no intuito de conversar e dele exigir alguma espécie de garantia do pagamento do empréstimo. Roberto, porém, mostra-se extremamente ofendido com essa requisição e se recusa a atender ao pedido de Lúcio, alegando que o contrato não alcançou seu termo final. Lúcio, então, muito nervoso, procura o seu escritório de advocacia, na esperança de que você forneça alguma solução. Com base nesse cenário, responda aos itens a seguir.

A) A obrigação estava vencida na data em que Lúcio entrou em contato com Roberto? Lúcio poderia ter exigido a apresentação de garantia por parte de Roberto? (Valor: 0,80)

B) Qual espécie de tutela poderia ser requerida por Lúcio para evitar a frustração do processo judicial? (Valor: 0,45)

A simples menção ou transcrição do dispositivo legal não pontua.

■ **RESPOSTAS**

A) A obrigação não estava vencida quando Lúcio entrou em contato com Roberto. Isso por que nos termos do art. 592, inciso II, do CC, não havendo previsão expressa, o prazo do mútuo de dinheiro será de pelo menos trinta dias. No entanto, avaliando-se a modificação visível da situação econômica de Roberto, inclusive, do seu patrimônio, o art. 590 do CC admite que Lúcio exija dele alguma garantia da restituição do valor emprestado, mesmo antes do vencimento da obrigação.

B) Diante do cenário narrado, o credor poderia requerer uma tutela provisória de urgência, na forma cautelar e em caráter antecedente, nos termos do art. 301 do CPC OU do art. 305 do CPC, como forma de proteger a concretização do seu direito à restituição do valor devido, evitando-se a dilapidação do patrimônio e a insolvência do devedor.

- **QUESTÃO 2:** Augusto dirigia seu automóvel muito acima do limite de velocidade, quando foi surpreendido por Lúcia, que, naquele momento, atravessava a rua. Não conseguindo frear a tempo, Augusto atropelou Lúcia, causando-lhe graves fraturas. Após meses em recuperação, Lúcia, que não permaneceu com nenhuma sequela física, ingressou com ação indenizatória por danos materiais e morais em face de Augusto. Este, porém, pretende alegar, em sua defesa, que Lúcia também foi responsável pelo acidente, pois atravessou a via pública falando distraidamente ao celular e desrespeitando uma placa que expressamente proibia a travessia de pedestres no local. A partir do caso narrado, responda aos itens a seguir.

A) Augusto poderá eximir-se do dever de indenizar, invocando a conduta negligente de Lúcia? (Valor: 0,65)

B) Caso Augusto, em contestação, deixe de alegar os fatos concorrentes da vítima, poderá fazê-lo posteriormente? (Valor: 0,60)

A simples menção ou transcrição do dispositivo legal não pontua.

- **RESPOSTAS**

A) Como o causador do dano dirigia em alta velocidade ele não se eximirá da responsabilidade de indenizar no presente caso, mesmo que comprove a conduta culposa da vítima. Isso porque o fato concorrente da vítima não interrompe a cadeia causal de produção do dano, também derivada da imprudência do condutor, mas apenas interfere na possível redução do montante indenizatório a ser imposto ao autor do dano, nos termos do art. 945 do CC (tese da culpa concorrente).

B) Caso não alegue em sua defesa processual, no prazo da contestação, não poderá fazer posteriormente, com a ocorrência da preclusão consumativa (art. 342 e seus incisos, do CPC). Não se trata de fatos supervenientes, cognoscíveis de ofício ou cuja alegação posterior seja expressamente autorizada por lei, não estando autorizada a sua alegação senão no momento processual oportuno.

- **QUESTÃO 3:** Sofia era casada no regime da separação de bens com Ricardo há 30 anos, quando se divorciaram. Sofia era dona de casa e estava se recuperando de uma doença grave quando do divórcio. Ricardo, contudo, se negava a prover, consensualmente, alimentos a Sofia, alegando que ela tem curso superior e pode trabalhar para se sustentar. Sofia afirma que tem 55 anos, está doente e nunca exerceu a profissão, pois Ricardo mantinha sua necessidade material. Diante desse quadro, Sofia procura auxílio jurídico e seu advogado ajuíza ação de alimentos.

A este respeito, responda aos itens a seguir.

A) Sofia faz jus a alimentos a serem prestados por Ricardo? (Valor: 0,60)

B) Negado o pedido de alimentos provisórios, qual o recurso cabível? (Valor: 0,65)

A simples menção ou transcrição do dispositivo legal não pontua.

▪ RESPOSTAS

A) O art. 1.694 do CC prevê que os cônjuges ou companheiros podem pedir uns aos outros os alimentos de que necessitem para viver de modo compatível com sua condição social. Então, é cabível o pedido de alimentos entre cônjuges, observado o binômio necessidade-possibilidade, conforme o art. 1.694, § 1º, do CC. Como Sofia não trabalha há 30 anos e está doente, podemos confirmar sua necessidade nos alimentos, e por outro lado, há possibilidade, porque Ricardo era seu provedor durante todo o casamento, estando comprovada a dependência econômica daquela para com este.

B) Nas ações de alimentos, negado o pedido de alimentos provisórios, o recurso cabível é o de Agravo de Instrumento, pois se trata de decisão interlocutória, que não põe fim à fase cognitiva do processo ou extingue a execução (art. 203, § 2º, do CPC) e que no caso versa sobre tutela provisória (art. 1.015, I, do CPC).

▪ **QUESTÃO 4:** José, em 1º-3-2019, ajuizou ação de reintegração de posse com pedido de tutela antecipada em face de Paulo, alegando que este último invadira um imóvel de sua propriedade de 200 metros quadrados, situado em área urbana. Embora a petição inicial não estivesse devidamente instruída com os documentos comprobatórios, o juiz deferiu, antes mesmo de ouvir o réu, o pedido de antecipação de tutela, determinando a expedição do mandado liminar de reintegração. Surpreendido com o ajuizamento da ação e com a decisão proferida pelo juiz, Paulo procura você, como advogado(a), para defendê-lo na ação, afirmando que exerce posse contínua e pacífica sobre o imóvel, desde 1º-3-2017, utilizando o bem para sua moradia, já que não possui qualquer outra propriedade imóvel. Afirma, ainda, que passou a habitar o imóvel após a morte de seu pai, que lá também residia sem qualquer turbação ou esbulho, exercendo posse contínua e pacífica sobre o bem desde 1º-3-2013. Com base em tais fatos, responda, fundamentadamente, às indagações a seguir.

A) O que o(a) advogado(a) de Paulo deverá alegar, como principal matéria de defesa para obter a improcedência dos pedidos deduzidos por José, na ação de reintegração de posse? (Valor: 0,65)

B) Qual recurso o(a) advogado(a) de Paulo deverá interpor para pleitear a reforma da decisão que deferiu o pedido de antecipação de tutela? Qual é o prazo que deverá ser observado para a interposição desse recurso?

A simples menção ou transcrição do dispositivo legal não pontua.

■ **RESPOSTAS**

A) Verifica-se no enunciado que está configurada a posse mansa e pacífica de Paulo. Então, a principal tese de defesa será o argumento de usucapião especial urbana (art. 1.243 do CC). Isso porque o tempo de posse de Paulo, acrescido com o tempo que seu pai residiu no imóvel, atende aos requisitos exigidos pelo art. 1.240 do CC, bem como pelo art. 183 da Constituição Federal e art. 9º da Lei n. 10.257/01, que tratam justamente de tal classe de usucapião, pois que a área é menor do que 250 metros quadrados, o prazo é superior a 5 anos ininterruptos, com uso para moradia e não sendo proprietário de nenhum outro imóvel.

B) Considerando que a decisão proferida pelo Juiz versa sobre o deferimento de tutela provisória, o recurso cabível é o agravo de instrumento, nos termos do art. 1.015, I, do CPC, sendo que o prazo para sua interposição será de 15 (quinze) dias, consoante dispõe o art. 1.003, § 5º, do CPC.

21 XXX EXAME DE ORDEM UNIFICADO

PEÇA PROFISSIONAL

■ **ENUNCIADO:** Priscila comprou um carro de Wagner por R$ 28.000,00 (vinte e oito mil reais). Para tanto Priscila pagou um sinal no valor de R$ 10.000,00 (dez mil reais), tendo sido o restante dividido em nove parcelas sucessivas de R$ 2.000,00 (dois mil reais), a cada 30 dias. As parcelas foram pagas regularmente até a sétima, quando Priscila, por ter sido dispensada de seu emprego, não conseguiu arcar com o valor das duas prestações restantes. Priscila entrou em contato com Wagner, diretamente, explicando a situação e informando que iria tentar conseguir o valor restante para quitar o débito, tendo Wagner mencionado que a mesma não se preocupasse e que aguardaria o pagamento das parcelas, até o vencimento da última. Tal instrução foi transmitida pelo vendedor à compradora por mensagem de texto. Apesar disso, cinco dias antes do vencimento da nona parcela, quando Priscila conseguiu um empréstimo com um amigo para quitar as parcelas, ela não conseguiu encontrar Wagner nos endereços onde comumente dava-se a quitação das prestações, a residência ou o local de trabalho de Wagner, ambos na cidade de São Paulo. Priscila soube, no mesmo dia em que não encontrou Wagner, que estava impossibilitada de trabalhar em uma sociedade empresária, pois o credor incluíra seu nome no Serviço de Proteção ao Crédito (SPC), em virtude da ausência de pagamento das últimas parcelas. Esperando ver-se livre da restrição, quitando seu débito, Priscila efetuou o depósito de R$ 4.000,00 (quatro mil reais) no dia do vencimento da última parcela, em uma agência bancária de estabelecimento oficial na cidade de São Paulo. Cientificado do depósito, Wagner, no quinto dia após a ciência, recusou-o, imotivadamente, mediante carta endereçada ao estabelecimento bancário. Como advogado(a) de Priscila, redija a medida processual mais adequada para que a compradora obtenha a quitação do seu débito e tenha, de imediato, retirado seu nome do cadastro do SPC. (Valor: 5,00) Obs.: a peça deve abranger todos os fundamentos de Direito que possam ser utilizados para dar respaldo à pretensão. A simples menção ou transcrição do dispositivo legal não confere pontuação.

■ **GABARITO COMENTADO:** Priscila deverá ajuizar uma ação de consignação em pagamento, conforme os arts. 539 e seguintes do CPC. A petição inicial deverá obedecer aos requisitos gerais do art. 319 do CPC, sendo dirigida a uma das Varas Cíveis da Comarca de São Paulo, de acordo com o art. 540 do CPC, indicando, no polo ativo, Priscila, e, no polo passivo, Wagner, com a qualificação completa de ambas as partes. Deve ser arguida a tempestividade da presente ação, proposta dentro do prazo de um mês da recusa de recebimento do valor depositado, conforme o art. 539, § 3º, do CPC. O examinando deve mencionar que a inviabilidade do pagamento das duas parcelas decorreu da impossibilidade de localização do réu, no mesmo *modus operandi* que foi utilizado para a realização de todos os pagamentos desde o início. Em seguida, deve o examinando ressaltar o prazo de favor obtido por Priscila, que efetuou o pagamento integral das parcelas remanescentes na data acordada com Wagner. Deve o examinando informar que a autora realizou o depósito bancário, em instituição oficial, tendo o réu além de recusado o pagamento, inserido o nome da autora nos cadastros restritivos de crédito, o que a impossibilitou de conseguir um novo emprego. Deve ser requerida a antecipação dos efeitos da tutela para exclusão do nome de Priscila dos cadastros restritivos de crédito, eis que o valor do débito já se encontra depositado, bem como a negativação está impedindo que Priscila consiga um novo emprego, estando presentes o *fumus boni iuris* e o *periculum in mora*. Nos pedidos, deverá o examinando requerer a citação do réu para levantar o depósito ou contestar, conforme o art. 542, II, do CPC, e a confirmação da quitação do débito, uma vez que o valor já se encontra depositado, com a consequente extinção da obrigação e a confirmação da tutela antecipada. Deve ser mencionada a juntada dos seguintes documentos: contrato de compra e venda, documento do veículo, comprovante do depósito e manifestação por escrito da recusa de recebimento do valor depositado assinada por Wagner. O valor da causa será de R$ 4.000,00, considerando que faltam duas prestações de R$ 2.000,00 cada. Por fim, o fechamento, com a indicação de local, data, assinatura e inscrição OAB.

Distribuição dos pontos

Item	Pontuação
Endereçamento	
1. Vara Cível de São Paulo (0,10)	0,00/0,10
2. Nome e qualificação das partes: Priscila (autora) (0,10) e Wagner (réu) (0,10)	0,00/0,10/0,20

Tempestividade	
3. A ação foi ajuizada dentro do prazo de um mês da recusa do levantamento do depósito pelo réu (0,20), conforme o art. 539, § 3º, do CPC (0,10)	0,00/0,20/0,30
Fundamentos de mérito	
4. Cabimento da consignação em pagamento em razão da impossibilidade de realizar o pagamento (0,40), de acordo com o art. 539, *caput*, do CPC (0,10) E art. 335, inciso I OU inciso III, do CC (0,10)	0,00/0,40/0,50/0,60
5. A caracterização do prazo de favor (0,40)	0,00/0,40
6. O depósito bancário do valor integral restante em instituição oficial (0,35), no vencimento da última parcela (0,15), de acordo com o art. 539, § 1º, do CPC OU art. 334 do CC (0,10)	0,00/0,35/0,45/0,50/0,60
7. A notificação do credor (0,20) e a recusa imotivada do réu em levantar o depósito (0,30)	0,00/0,20/0,30/0,50
Fundamentos da tutela antecipada	
8. *Fumus boni iuris* consistente na ilegalidade da inclusão do nome da autora em cadastro restritivo de crédito (0,30)	0,00/0,30
9. *Periculum in mora* consistente na dificuldade de a autora conseguir emprego (0,30)	0,00/0,30
Pedidos	
10. Concessão da tutela antecipada para a exclusão do nome da autora dos cadastros restritivos de crédito (0,20)	0,00/0,20
11. Citação do réu para levantar o depósito ou contestar a ação (0,20)	0,00/0,20
12. Confirmação da tutela concedida (0,20)	0,00/0,20
13. Extinção da obrigação (0,30), de acordo com o art. 546 do CPC (0,10)	0,00/0,30/0,40
14. Condenação em custas (0,10) e honorários advocatícios (0,10) OU ônus da sucumbência (0,20)	0,00/0,10/0,20
15. Indicação do Valor da Causa: R$ 4.000,00 (0,20)	0,00/0,20
16. Juntada dos documentos (0,10) e protesto pela produção de outras provas (0,10)	0,00/0,10/0,20
Fechamento	
17. Local, data, assinatura e OAB (0,10)	0,00/0,10

MODELO DE PEÇA

EXCELENTÍSSIMO SENHOR DOUTOR JUIZ DE DIREITO DE UMA DAS VARAS CÍVEIS DA COMARCA DE SÃO PAULO – SP.

Priscila, nacionalidade, estado civil, portadora da cédula de identidade de n. e inscrita no CPF sob o n., residente e domiciliada na Rua, Cidade, Estado, por intermédio de seu procurador signatário, conforme instrumento de procuração anexo, portador da carteira profissional n., vem perante Vossa Excelência, com todo acatamento e respeito, com fundamento nos arts. 539 e seguintes do Código de Processo Civil, propor a presente

Ação de Consignação em Pagamento com Pedido de Tutela Antecipada

em face de Wagner, nacionalidade, estado civil, portador da cédula de identidade de n. e inscrito no CPF sob o n., residente e domiciliado na Rua, Cidade, Estado, pelas razões de fato e de direito a seguir aduzidas.

Dos Fatos

A Autora, conforme contrato particular de compra e venda de veículo automotor em anexo, adquiriu um carro (documento anexo) do Réu pelo valor de R$ 28.000,00 (vinte e oito mil reais), pagando um sinal no valor de R$ 10.000,00 (dez mil reais), tendo sido o restante dividido em nove parcelas sucessivas de R$ 2.000,00 (dois mil reais), a cada 30 dias que seriam pagos diretamente ao credor mediante recibo. As parcelas foram pagas regularmente até a sétima, quando a Autora, por ter sido dispensada de seu emprego, não conseguiu arcar com o valor das duas prestações restantes no valor total de R$ 4.000,00 (quatro mil reais).

De forma antecipada e diligente a Autora contatou o Réu, diretamente, explicando a situação e informando que providenciaria o necessário para quitar o débito, tendo o Réu declarado expressamente que a mesma não se preocupasse e que aguardaria o pagamento das parcelas, até o vencimento da última. Tal instrução foi transmitida pelo vendedor à compradora por mensagem de texto (conforme comprova a ata notarial anexa). Assim, a Autora estava autorizada a pagar as duas últimas parcelas sem qualquer acréscimo até o dia do vencimento da última.

Apesar disso, cinco dias antes do vencimento da nona parcela, quando a Autora conseguiu os recursos necessários, ela não conseguiu encontrar o Réu nos endereços onde comumente dava-se a quitação das prestações, a residência ou o local de trabalho do mesmo, ambos na cidade de São Paulo. Isso inviabilizou que o pagamento fosse efetuado, tal qual estava a Autora programada a fazer, sendo que o Réu estava em local incerto e não sabido, deixando também de responder mensagens de celular e de atender o telefone diante das diversas tentativas efetuadas pela Autora.

Devemos ainda considerar que a Autora, com o objetivo de ver-se livre da restrição, bem como para quitar seu débito, efetuou o depósito de R$ 4.000,00 (quatro mil reais) no dia do vencimento da última parcela, em uma agência bancária de estabelecimento oficial na cidade de São Paulo (conforme documentos comprobatórios anexos) e aguardou que o Réu fosse notificado e a partir disso regularizasse toda a situação. Contudo, cientificado do depósito, o Réu, no quinto dia após a ciência, recusou-o, imotivadamente, mediante carta endereçada ao estabelecimento bancário (conforme documento comprobatório anexo preenchido e assinado pelo Réu).

Infelizmente, entretanto, a questão não ficou apenas nisso. A Autora soube, no mesmo dia em que não encontrou o Réu, que estava impossibilitada de trabalhar em uma sociedade empresária, pois ele incluíra seu nome no Serviço de Proteção ao Crédito (SPC), em virtude da ausência de pagamento das últimas parcelas. Ou seja, ela não conseguiu o novo emprego em virtude da negativação indevida, o que precisa ser regularizado de forma urgente como abaixo se requer.

Além de não permitir que o pagamento se realizasse na forma habitual o Réu inseriu indevidamente os dados da Autora no cadastro de devedores e, ainda, mesmo após ser cientificado do depósito efetuado, dentro do prazo e nos termos da legislação, o Réu nada providenciou, fatos estes que ensejaram a propositura da presente ação.

Do Direito

Verifica-se que a presente ação está sendo distribuída dentro do prazo estabelecido pelo art. 539, § 3º, do Código de Processo Civil, ou seja, dentro do prazo de um mês após a recusa de levantamento do depósito por parte do credor.

Verifica-se a existência de relação contratual que envolve as partes, qual seja o contrato de compra e venda do veículo automotor, com a efetiva intenção de pagamento e quitação das últimas duas parcelas por parte da Autora, dentro do prazo aceito e concedido pelo Réu, o que apenas não ocorreu porque este estava em local incerto e não sabido, bem como porque se recusou a levantar o depósito extrajudicial efetuado, sem qualquer motivo ou justificativa.

O pagamento pretendido estava dentro do prazo concedido pelo credor, não havendo motivo algum para a sua recusa, pois a consignação extrajudicial foi legítima e suficiente para o cumprimento da prestação, pois efetuada conforme o art. 539, § 1º, e o art. 334 do Código Civil, justamente no vencimento da última parcela no valor total das duas últimas parcelas devidas, como combinado e autorizado pelo Réu que, devidamente notificado pelo banco apresentou recusa imotivada e deixou de levantar o depósito efetuado.

Diante disso, é direito legítimo da Autora quitar a sua dívida, sendo cabível a consignação em pagamento em razão da impossibilidade de se realizar o pagamento e se obter a devida quitação do contrato, com a extinção do vínculo obrigacional existente, de acordo com o *caput* do art. 539 do Código de Processo Civil, combinado com o art. 335 do Código Civil.

Da Tutela de Urgência

Dispõe o art. 300 do Código de Processo Civil que, presentes os requisitos da verossimilhança e perigo de dano ou risco ao resultado útil do processo, poderá ser concedida tutela antecipada de urgência. A fumaça do bom direito e o perigo da demora estão presentes neste caso, sobretudo, para autorizar que seja levantado de forma imediata e sem a oitiva do Réu, o cadastro dos dados da Autora no serviço de proteção ao crédito. Neste ínterim, é de hialina clareza que ao presente caso se aplica a concessão de tutela antecipada de urgência, vez que a verossimilhança das alegações está sedimentada na vasta prova documental apresentada pela Autora, sobretudo que demonstram a ilegalidade da negativação dos dados da Autora.

A Autora necessita da liberação de seu cadastro, com o levantamento da negativação, para que possa conseguir o seu novo emprego, motivo mais do que justificável. Isso revela o perigo de dano que precisa ser combatido e evitado. A Autora não pode ser prejudicada na busca de um novo emprego por conta de uma negativação indevida de seus dados.

Deste modo, presentes os requisitos autorizadores, faz-se necessária a concessão de tutela antecipada de urgência, a fim de se retirar o nome da Autora do cadastro de inadimplentes e evitar maiores prejuízos à mesma, considerando que sua obrigação foi cumprida integralmente e dentro do prazo contratual.

Do Pedido

Diante dos fatos narrados, requer-se de Vossa Excelência:

a) A concessão de tutela antecipada de urgência, na forma liminar, sem a oitiva da parte contrária, com determinação da retirada imediata do nome da Autora dos cadastros de inadimplentes.

b) A autorização do depósito da quantia devida, no valor de R$4.000,00 (quatro mil reais) no prazo de 05 dias, nos termos do art. 542, I, do CPC.

c) A citação do Réu para levantar o depósito ou oferecer contestação, sob as penas da lei.

d) A procedência da ação para confirmar a antecipação de tutela e declarar extinta a obrigação pelo pagamento nos termos do art. 546 do CPC, com a condenação do Réu nas despesas e custas processuais, bem como nos honorários advocatícios de sucumbência.

Pretende-se provar o alegado com todas as formas de provas admitidas em direito, em especial os documentos que acompanham a inicial.

Dá-se à presente causa o valor de R$ 4.000,00 (quatro mil reais).

Termos em que,
Pede deferimento.
Local, data.
Advogado.
OAB n.

XXX EXAME DE ORDEM UNIFICADO – QUESTÕES

■ **QUESTÃO 1:** Os amigos Gilberto, Tarcísio e Lúcia decidem comprar um pequeno sítio no interior de Minas Gerais, com o objetivo de iniciarem juntos um negócio de produção de queijos artesanais. Após a compra do imóvel, mas antes do início da produção, Tarcísio vende a sua fração ideal para uma amiga de infância, Marta, pois descobre que sua mãe está severamente doente e, morando sozinha em Portugal, precisa agora da ajuda dele durante seu tratamento. Lúcia só toma conhecimento da venda após a sua concretização, e fica profundamente irritada por não ter tido a oportunidade de fazer uma oferta pela parte de Tarcísio. Ao procurar um amigo, ela é informada de que a venda realizada por Tarcísio não pode ser desfeita porque, segundo a orientação dada, o direito de preferência de Lúcia só existiria caso a fração ideal tivesse sido vendida para Gilberto, o que não ocorreu. Inconformada com a interpretação feita pelo amigo, Lúcia procura sua orientação para obter uma segunda opinião sobre o caso.

A) A orientação dada pelo amigo está correta? (Valor: 0,60)

B) O que Lúcia deve fazer para defender o que julga ser seu direito? (Valor: 0,65)

Obs.: o examinando deve fundamentar suas respostas. A mera citação do dispositivo legal não confere pontuação

■ RESPOSTAS

A) A orientação não está correta. Considerando-se que a venda se realizou com terceiro, estranho ao condomínio, devemos afirmar que Tarcísio estava obrigado a oferecer sua fração ideal para Lúcia e Gilberto, para que eles, se quisessem, exercessem o direito de preferência garantido pela legislação para evitar a entrada de estranhos na relação jurídica condominial, nos moldes do art. 504 do CC.

B) Diante do cenário apresentado Lúcia deve propor ação objetivando a adjudicação da fração ideal mediante o depósito do preço, no prazo de 180 dias, sob pena de decadência.

■ **QUESTÃO 2:** Ademar adquiriu um aparelho televisor de última geração da marca Negativa em uma loja da rede Casas Rio Grande, especializada em eletroeletrônicos. Tão logo chegou à sua residência, ligou o aparelho na tomada e foi surpreendido com uma forte fumaça vinda do interior do produto, que, logo em seguida, explodiu, causando-lhe queimaduras severas e, ao final, um dano estético permanente. Inconformado, Ademar ajuizou uma ação indenizatória em face da Negativa Eletrônicos Ltda. e das Casas Rio Grande Ltda., em litisconsórcio passivo. A primeira ré permaneceu revel, ao passo que a segunda ré negou, em contestação, a existência de qualquer defeito no produto. Diante do caso narrado, responda aos itens a seguir.

A) Existe responsabilidade solidária entre as Casas Rio Grande e a Negativa Eletrônicos pelo dever de indenizar o autor? (Valor: 0,55)

B) A defesa apresentada pelas Casas Rio Grande pode beneficiar a primeira ré, a despeito de esta ter permanecido revel? (Valor: 0,70) Obs.: o examinando deve fundamentar suas respostas. A mera citação do dispositivo legal não confere pontuação.

▪ RESPOSTAS

A) A responsabilidade civil dos comerciantes possui regras próprias que excepcionam a regra geral de solidariedade do Código de Defesa do Consumidor. Quanto aos comerciantes, apenas haverá responsabilidade solidária em relação aos demais fornecedores nas hipóteses previstas no art. 13 do CDC, o que não ocorreu na hipótese em exame. Portanto, quanto aos danos causados ao consumidor, não há solidariedade entre a loja e a fabricante no presente caso.

B) A defesa pode beneficiar a primeira ré. A contestação apresentada por uma das partes pode beneficiar a outra no que tange ao fato comum alegado – inexistência de qualquer defeito no produto – nos termos do art. 345, I, do CPC.

▪ **QUESTÃO 3:** Eliana, 21 anos, é filha de Leonora, solteira, e foi criada apenas pela mãe. Até 2018, a jovem não conhecia nenhuma informação sobre seu pai biológico. Porém, em dezembro daquele ano, Leonora revelou à sua filha que Jaime era seu pai. Diante desta situação, Eliana procurou Jaime a fim de estabelecer um diálogo amigável, na esperança do reconhecimento espontâneo de paternidade por ele. Porém, Jaime alegou que Leonora havia se enganado na informação que transmitira à filha e recusou-se não só a efetuar o reconhecimento, mas também afirmou que se negaria a realizar exame de DNA em qualquer hipótese. Após Jaime adotar essa postura, Leonora ajuizou uma Ação de Investigação de Paternidade e Jaime foi citado, pessoalmente, recebendo o mandado de citação sem cópia da petição inicial do processo. Em contestação, alegou nulidade da citação pela ausência da petição inicial e aduziu sua irretratável recusa na realização do exame de DNA. Diante da situação apresentada, responda aos itens a seguir.

A) É de se considerar nula a citação? (Valor: 0,70)

B) Qual o efeito da recusa para a realização do exame? (Valor: 0,55)

Obs.: o examinando deve fundamentar suas respostas. A mera citação do dispositivo legal não confere pontuação.

■ **RESPOSTAS**

A) A citação não é nula, considerando que se trata de ação de família, na forma do art. 693 do CPC. Nestas ações o código de processo civil determina que o mandado de citação deverá estar desacompanhado de cópia da petição inicial, conforme o art. 695 do CPC.

B) Diante da recusa, o efeito será o de aplicação da presunção relativa de paternidade, apreciada com o restante do conjunto probatório da ação de investigação. Isso se deve ao quanto disposto na Súmula 301 do STJ: "Em ação investigatória, a recusa do suposto pai a submeter-se ao exame de DNA induz presunção *juris tantum* de paternidade", bem como, diante do que dispõe o art. 2º-A, parágrafo único, da Lei n. 8.560/92 ("A recusa do réu em se submeter ao exame de código genético - DNA gerará a presunção da paternidade, a ser apreciada em conjunto com o contexto probatório"), e ainda o que dispõe o art. 232 do CC.

■ **QUESTÃO 4:**

Helena, em virtude de dificuldades financeiras, contraiu empréstimo, em 1º-6-2013, com o banco Tudo Azul S/A, mediante contrato assinado por duas testemunhas. Alcançada a data do vencimento em 27-1-2014, o pagamento não foi realizado, o que levou o credor a ajuizar ação de execução por título extrajudicial, em 25-1-2019. Distribuída a ação, o despacho de citação ocorreu em 1º-2-2019, tendo Helena, nos embargos à execução apresentados, alegado a ocorrência de prescrição. Sobre tais fatos, responda aos itens a seguir, desconsiderando qualquer feriado estadual ou municipal.

A) Qual o prazo prescricional para cobrança da dívida em tela? (Valor: 0,50)

B) Deve ser acolhida a alegação de prescrição? Por que? (Valor: 0,75)

Obs.: o examinando deve fundamentar suas respostas. A mera citação do dispositivo legal não confere pontuação.

■ **RESPOSTAS**

A) O prazo prescricional no referido cenário é de cinco anos, nos termos do art. 206, § 5º, I, do Código Civil.

B) Não deve ser acolhida a tese de prescrição. O despacho de citação interrompe a prescrição, retroagindo à data de propositura da ação, ocorrida dentro do prazo prescricional, conforme o art. 802 do Código de Processo Civil.

22 XXXI EXAME DE ORDEM UNIFICADO

PEÇA PROFISSIONAL

■ **ENUNCIADO:** Carla, domiciliada em Porto Alegre, firmou, em sua cidade, com o Banco Só Descontos S/A, sediado no Rio de Janeiro, um contrato de empréstimo, de adesão, subscrito por duas testemunhas, com cláusula de eleição de foro também no Rio de Janeiro, por meio do qual obteve R$ 200.000,00 (duzentos mil reais) para pagar seus estudos na faculdade. O vencimento das parcelas do empréstimo ocorreria em 5-1-2018, 5-5-2018 e 5-9-2018. No primeiro vencimento, tudo correu conforme o programado, e Carla pagou o valor devido ao Banco Só Descontos S/A. Não obstante, na segunda data de vencimento, devido a dificuldades financeiras, Carla não conseguiu realizar o pagamento. O Banco Só Descontos S/A, então, notificou Carla, em junho de 2018, sobre o vencimento antecipado da dívida. Indicou, na referida notificação, que, considerando os encargos remuneratórios e moratórios e outras tarifas, o valor da dívida totalizava R$ 250.000,00, já descontada a parcela paga por Carla. Esta, assustada com o valor e sem condições financeiras, não realizou o pagamento da dívida. Em novembro de 2018, o Banco Só Descontos S/A ajuizou ação de execução em face de Carla, na Comarca do Rio de Janeiro, indicada no contrato de empréstimo como foro de eleição, distribuída para a 1ª Vara Cível e autuada sob o n. 0000-0000XXXX, pelo valor de R$ 350.000,00 (trezentos e cinquenta mil reais), e indicou à penhora o único imóvel de Carla, no qual reside com seu marido, José. Houve decisão, determinando a citação de Carla e postergando a análise sobre o pedido de penhora e constrição de bens para momento futuro. Carla foi citada e o mandado cumprido foi juntado aos autos em 1º-8-2019, uma quinta-feira. Carla procurou seu advogado a fim de analisar qual seria a melhor medida processual para, a um só tempo, afastar a penhora de seu único imóvel, em que reside com seu marido, questionar a tramitação da ação na Comarca do Rio de Janeiro, vez que tem domicílio em

Porto Alegre, e questionar o valor do crédito, que, em sua visão, é excessivo. Relatou Carla que, embora reconheça a existência do contrato de empréstimo, não concorda com o valor indicado pelo Banco Só Descontos S/A, que incluiu no cálculo diversas tarifas não previstas no contrato, além de não terem aplicado na atualização monetária os parâmetros contratados, e sim taxas mais elevadas e abusivas, o que estaria claro na planilha de débito. Após consultar um contador, Carla constatou que a dívida seria equivalente a R$ 180.000,00 (cento e oitenta mil reais), valor muito inferior ao indicado pelo Banco Só Descontos S/A, e que seria comprovado mediante dilação probatória. Ainda quer impedir os atos de bloqueio de seus bens, de modo que pretende contratar seguro garantia para a referida execução. Na qualidade de advogado de Carla, elabore a peça processual cabível para a defesa dos interesses de sua cliente, indicando seus requisitos e fundamentos, assim como a data-limite para o ajuizamento, nos termos da legislação vigente. Considere que não há feriados ou suspensão de expediente forense. (Valor: 5,00) Obs.: a peça deve abranger todos os fundamentos de Direito que possam ser utilizados para dar respaldo à pretensão. A simples menção ou transcrição do dispositivo legal não confere pontuação.

■ **GABARITO COMENTADO:** A peça processual cabível é a de embargos à execução (art. 914 do CPC), que independe de penhora e deve ser dirigida ao Juízo em que tramita a execução, por dependência. O prazo é de 15 (quinze) dias úteis (art. 915 e art. 219, ambos do CPC), a partir da juntada aos autos do mandado cumprido. Considerando que na contagem dos prazos se exclui o dia do começo (art. 224), verifica-se que o prazo se encerraria em 22-8-2019. Nos embargos, que devem ser apresentados, seguindo os requisitos do art. 319 do CPC, Carla pode alegar: (i) incompetência do juízo da execução, invocando a aplicação do Código de Defesa do Consumidor, em razão da abusividade da cláusula de eleição de foro inserta em contrato de adesão (art. 917, V, do CPC c/c o art. 54 do CDC). (ii) impenhorabilidade de seu imóvel, que é bem de família, nos termos do art. 917, II, c/c o art. 833 do CPC e o art. 1º da Lei n. 8.009/90; (iii) excesso de execução (art. 917, § 2º, I, do CPC), indicando o motivo do excesso, ou seja, cobrança de tarifas não previstas no contrato, e aplicação de atualização monetária fora dos parâmetros contratados, e taxas abusivas (art. 6º, IV e V, e art. 51, IV, ambos do CDC), e apontando o valor devido (art. 917, III, § 3º, do CPC), qual seja, de R$ 180.000,00. Deve pedir, portanto, o reconhecimento da incompetência do juízo e a remessa dos autos ao juízo de Porto Alegre, onde reside, a impenhorabilidade de seu imóvel, e, ainda, o excesso de execução, para que a execução prossiga apenas pela quantia de R$ 180.000,00. Considerando que Carla pretende contratar seguro garantia, deve-se formular pedido de concessão de efeito suspensivo aos embargos à execução (art. 919 c/c o art. 845 e o art. 848, todos do CPC), indicando os requisitos da tutela provisória e apresentando o seguro-garantia. Por fim, o fechamento da peça.

Distribuição dos pontos

Item	Pontuação
Endereçamento e Tempestividade	
1. A peça deve ser encaminhada à 1ª Vara Cível da Comarca do Rio de Janeiro (0,10)	0,00/0,10
2. Distribuição por dependência à execução (0,10).	0,00/0,10
3. Preâmbulo – nomes e qualificação: autor (0,10) e réu (0,10).	0,00/0,10/0,20
4. Tempestividade: oferta em 15 dias (0,10), por força do art. 915 do CPC (0,10).	0,00/0,10/0,20
Fundamentos jurídicos	
5. Cabimento dos *Embargos à Execução*, na forma do art. 914 do CPC (0,10).	0,00/0,10
6. Alegar a incidência do CDC na relação de consumo (0,20) conforme art. 2º, *caput*, **OU** art. 3º, *caput*, do CDC (0,10).	0,00/0,20/0,30
7. Incompetência do juízo da execução (0,25) na forma do art. 917, V, do CPC (0,10).	0,00/0,25/0,35
8. Alegar a abusividade da cláusula de eleição de foro inserta em contrato de adesão (0,15), na forma do art. 54 do CDC (0,10).	0,00/0,15/0,25
9. Impenhorabilidade do bem de família (0,40), nos termos do art. 832 do CPC, **OU** art. 1º da Lei n. 8.009/90 (0,10).	0,00/0,40/0,50
10. Excesso de execução (0,25), na forma do art. 917, *caput*, III (0,10), bem como os motivos do excesso (0,15), na forma do art. 917, § 2º, I, do CPC (0,10).	0,00/0,25/0,35/ 0,40/0,50/0,60
11. Indicação do valor devido (0,20). (Art. 917, § 3º, do CPC) (0,10).	0,00/0,20/0,30

Pedidos	
12. Pedido de concessão de efeito suspensivo aos embargos, sujeito à apresentação de seguro garantia (0,20), haja vista a demonstração dos requisitos da tutela provisória (0,30), na forma do art. 919, § 1º, do CPC (0,10).	0,00/0,20/0,30/ 0,40/0,50/0,60
13. Pedido para que haja o reconhecimento da incompetência do juízo da Comarca do Rio de Janeiro (0,15) e a remessa dos autos ao juízo da Comarca de Porto Alegre (0,25).	0,00/0,15/0,25/0,40
14. Pedido de reconhecimento da impenhorabilidade de seu imóvel (0,30).	0,00/0,30
15. Pedido de reconhecimento do excesso de execução no que ultrapassar a quantia de R$ 180.000,00 (0,30).	0,00/0,30
16. Pedido de produção de provas (0,10).	0,00/0,10
17. Condenação do embargado ao pagamento de verbas de sucumbência (0,10).	0,00/0,10
18. Valor da causa: equivalente ao valor controvertido, ou seja, R$ 170.000,00 (0,10).	0,00/0,10
Fechamento	
19. Local, data, assinatura e inscrição OAB (0,10).	0,00/0,10

MODELO DE PEÇA

EXCELENTÍSSIMO SENHOR DOUTOR JUIZ DE DIREITO DA 1ª VARA CÍVEL DA COMARCA DO RIO DE JANEIRO – RJ.

Distribuição por dependência
Autos do Processo n. 0000. 0000.XXXX

Carla de tal, estado civil, profissão, portadora do RG n. e inscrita no CPF sob o n., endereço eletrônico, com domicílio e residência na Rua n., Cidade de Porto Alegre, Estado, representada neste ato por seu bastante procurador, conforme instrumento de procuração anexo, portador da carteira profissional n., vem, perante Vossa Excelência, com todo o acatamento e respeito, com fundamento nos arts. 914 e seguintes do Código de Processo Civil, opor

Embargos à Execução

em face da execução proposta por Banco Só Desconto S/A, pessoa jurídica de direito privado, devidamente inscrita no CNPJ sob o n., endereço eletrônico, com sede na Rua n., Cidade, Estado, pelos motivos de fato e de direito a seguir deduzidos.

Fatos

A Embargante, domiciliada em Porto Alegre, realmente firmou, em sua cidade, com a Embargada, o contrato de empréstimo que originou a execução proposta e ora embargada. Do mesmo modo é certo que as duas últimas parcelas não foram pagas por dificuldades financeiras pessoais da Embargante.

Contudo, a Embargante foi notificada pela Embargada e desde então percebeu abusividade e irregularidade na cobrança dos valores devidos, razão pela qual não pagou a dívida e, com isso, foi distribuída a ação de execução, ora embargada.

O mandado foi juntado aos autos em 1º-8-2019 e os presentes embargos estão sendo distribuídos, portanto, dentro do prazo legal fixado pela legislação processual civil, sendo tempestiva a sua apresentação (arts. 915 e 219 do Código de Processo Civil).

A Embargante reconhece sua dívida, contudo, como veremos, (a) não concorda com a tramitação do feito nesta Comarca, pela abusividade da cláusula de eleição de foro nos contratos de adesão, (b) não concorda com o valor indicado na execução, ocorrendo verdadeiro excesso e abusividade na cobrança de tarifas e cálculo de atualização monetária fora dos parâmetros contratados, conforme documento técnico de contabilidade elaborado por profissional competente e que segue anexo (planilha de cálculo da dívida que aponta a dívida atual como sendo de R$ 180.000,00), bem como (c) não aceita a penhora de seu único imóvel, utilizado para moradia de sua família, conforme prova documental anexa.

Diante disso, outra saída não teve senão a propositura dos presentes embargos à execução.

Fundamentos Jurídicos

A Embargada propôs a ação de execução ora guerreada com o objetivo de receber o valor de R$ 350.000,00 (trezentos e cinquenta mil reais) com base no contrato de empréstimo celebrado entre as partes e pelo fato do atraso no pagamento das duas últimas parcelas.

A ação de execução, entretanto, não atende e viola regras e requisitos estabelecidos em lei, pelo que deve ter seu prosseguimento embargado para, ao final, extinguir-se o pretenso crédito perseguido, conforme fundamentos abaixo e nos termos que se requer ao final.

O primeiro ponto é a efetiva incompetência do juízo da execução, com base no Código de Defesa do Consumidor, pela nítida abusividade da cláusula de eleição de foro inserta no contrato de adesão que origina a dívida, tudo conforme o art. 917, V, do CPC, combinado com o art. 54 do Código de Defesa do Consumidor. Conforme se requer ao final deve ser a incompetência reconhecida e os autos imediatamente remetidos ao juízo competente, na Comarca de Porto Alegre, residência da consumidora, ora embargante.

Em segundo lugar, diante do pedido feito na inicial da ação de execução, deve ser reconhecida a impenhorabilidade do imóvel de propriedade da embargante, pois se trata de bem de família nos exatos termos dos arts. 917, II, e 833 do Código de Processo Civil combinados com o art. 1º da Lei n. 8009/90 que fixa justamente a impenhorabilidade dos bens destinados à moradia da família, como é o caso dos autos. Então, desde já, requer-se seja observada a rega da impenhorabilidade com base nos documentos anexos que demonstram o preenchimento dos requisitos necessários à esta exceção.

Sem prejuízo dos itens anteriores é notório que ocorre excesso de execução, tendo em vista que, conforme memória de cálculo anexa, com base no art. 917, § 2º, I, do Código de Processo Civil, a cobrança efetuada na execução abrange tarifas não previstas e não contratadas, bem como aplica índices de atualização monetária descabidos e fora dos parâmetros contratados, além de aplicar taxas abusivas que devem ser rechaçadas e afastadas, tudo conforme previsão dos arts. 6º, IV e V, e 51, IV, ambos do Código de Defesa do Consumidor. O valor devido e reconhecido, então, pela embargante, em atendimento ao disposto no art. 917, III, § 3º, do Código de Processo Civil, é aquele descrito na planilha anexa, no valor de R$ 180.000,00 (cento e oitenta mil reais).

A prova documental é clara no sentido de que existe e está reconhecida a dívida, bem como de que existem violações nítidas de direitos fundamentais da Embargante, sobretudo, no que tange ao foro competente, à impenhorabilidade de bem de família e ao excesso de execução (probabilidade do direito alegado). Em razão disso e para evitar maiores prejuízos, visando a suspensão da execução, a Embargante oferece seguro-garantia nos moldes do art. 919 c/c os arts. 845 e 848, todos do CPC.

A suspensão da ação de execução evitará prejuízos desnecessários sendo medida de rigor para o caso em apreço. A continuidade da execução, por conta disso, pode gerar sérios prejuízos à Embargante, portanto, existe perigo da demora, razão pela qual a ação de execução deve ser suspensa, como abaixo se requer.

Pedido

Por todo o exposto, requer a Vossa Excelência:

a) Sejam recebidos e encartados aos autos da ação de execução os presentes Embargos à Execução, intimando-se o Embargado para que se manifeste nos termos da lei;

b) Seja reconhecida a incompetência do juízo desta Comarca para o julgamento da ação de execução, com a remessa imediata dos autos para o juízo de Porto Alegre, local da residência da embargante;

c) Seja reconhecida e declarada a impenhorabilidade do imóvel indicado na execução dado se tratar de único imóvel da Embargante e seu uso ser destinado à moradia da sua família;

d) Seja determinada a suspensão do processo de Execução, porquanto, a continuidade do processo executivo pode significar amargos e irreversíveis prejuízos à Embargante, tendo em vista que está presente o perigo da demora e a probabilidade do direito alegado (art. 300 do CPC), sobretudo com base no seguro-garantia apresentado pela Embargante;

e) Sejam acolhidos estes Embargos à Execução com o fito de extinguir o processo de execução, nos termos do art. 485, I, do Código de Processo Civil, ou então, seja reconhecido o excesso de exceção mencionado e devidamente fundamentado acima, nos termos e valores apontados nos documentos anexos, condenando a Embargada ao pagamento das custas processuais e dos honorários advocatícios sucumbenciais.

Protesta-se provar o alegado por todos os meios de prova em direito admitidos, inclusive, documental ulterior, testemunhal e pericial.

Dá-se à causa o valor de R$ 180.000,00 (cento e oitenta mil reais).

Nestes Termos,
Pede Deferimento.
Local, data.
Advogado.
OAB n.

XXXI EXAME DE ORDEM UNIFICADO – QUESTÕES

- **QUESTÃO 1:** Lúcia é viúva, mãe de 5 filhos pequenos e está desempregada. Sem ter onde morar e sem ser proprietária de outro imóvel, adentra, sem violência, à vista de todos, um terreno de 100 m2, vazio e aparentemente abandonado na zona rural de Campo Grande/MS, em 20-1-2013. Com a ajuda de amigos, constrói um pequeno cômodo e começa a plantar para garantir a subsistência da família. Depois de alguns bons resultados na colheita, passa a vender o excedente da sua produção, fazendo da agricultura sua fonte de renda. Em 20-2-2019, Lúcia procura orientação jurídica especializada para saber dos seus direitos sobre o imóvel que ocupa, sem oposição, desde 2013. Ao conversar com Cristina, advogada sensibilizada com sua luta, Lúcia é informada que tem direito de pleitear a usucapião do imóvel, cujo pedido judicial é distribuído em 20-3-2019, acompanhado das certidões de cartórios de registros de imóveis, que efetivamente provam não ser proprietária de outro imóvel. Cristóvão, inscrito no registro como proprietário do terreno, é regularmente citado e oferece contestação, na qual alega que Lúcia deixou de fazer prova da não titularidade de outro imóvel, o que demandaria a anexação de certidões negativas de todos os registros públicos do país. Ao julgar o pedido, o Juízo julga improcedente o pedido de Lúcia, corroborando integralmente o entendimento esboçado na contestação por Cristóvão. Diante do caso narrado, responda aos itens a seguir.

A) Cristina orientou corretamente Lúcia acerca da usucapião? (Valor: 0.50)

B) Qual a medida processual cabível contra a decisão proferida em desfavor de Lúcia? Sob qual fundamento? (Valor: 0,75)

Obs.: o(a) examinando(a) deve fundamentar suas respostas. A mera citação do dispositivo legal não confere pontuação.

- **RESPOSTAS**

A) A orientação foi correta. Lúcia está apta a pleitear a aquisição da propriedade pela usucapião na modalidade especial rural conforme art. 1.239 do CC, sendo que os documentos que apresentou são suficientes.

B) Deve interpor o recurso de apelação (art. 1.009, *caput*, do CPC).

- **QUESTÃO 2:** Joana, completamente apaixonada pelo seu namorado Antônio, com quem divide sua residência há anos, descobre que está grávida deste. Ao dar a notícia a Antônio, este avisa que não assumirá o filho. Joana consulta um advogado que afirma seu direito à percepção de alimentos durante a gestação. Na sequência, Antônio e Joana celebram um acordo extrajudicial, por escrito, para o pagamento de R$ 1.000,00 mensais, a tal título. Sobre a hipótese apresentada, responda aos itens a seguir.

A) A orientação dada pelo advogado a Joana está correta? (Valor: 0,55)

B) Caso o acordo não seja cumprido, há a possibilidade de sua execução? É possível a prisão de Antônio se não pagar a dívida? (Valor: 0,70)

Obs.: o(a) examinando(a) deve fundamentar suas respostas. A mera citação do dispositivo legal não confere pontuação.

- **RESPOSTAS**

A) A orientação foi correta. Joana tem direito a alimentos gravídicos (arts. 1º ou 6º da Lei n. 11.804/08).

B) Sim, é possível a execução de alimentos por título extrajudicial, na forma do art. 911 do CPC. É possível a prisão de Antônio, pois esta é aplicável se o executado não pagar a dívida, na forma dos arts. 911 e 528, § 3º, ambos do CPC.

- **QUESTÃO 3:** Em 30-6-2019, Marcelo ajuizou, com fundamento nos arts. 700 e seguintes do Código de Processo Civil, ação monitória contra Rafael, visando satisfazer crédito no valor de R$ 100.000,00, oriundo de confissão de dívida celebrada pelas partes, em 1º-1-2014. Após ser devidamente citado, Rafael opôs embargos monitórios, nos quais sustentou, preliminarmente, a prescrição da dívida. No mérito, defendeu, com base em farta prova documental, que tinha realizado o pagamento de 50% (cinquenta por cento) do crédito cobrado por Marcelo, razão pela qual haveria excesso na execução. Após a apresentação de réplica, o MM. Juízo da Vara Cível da Comarca da Capital do Rio de Janeiro proferiu decisão na qual rejeitou a preliminar de prescrição arguida por Rafael e intimou as partes a informarem as provas que pretendiam produzir. Com base nesse cenário, responda aos itens a seguir.

A) O MM. Juízo da Vara Cível da Comarca da Capital do Rio de Janeiro acertou em rejeitar a preliminar arguida em contestação? (Valor: 0,60)

B) Qual é o recurso cabível contra a parcela da decisão que rejeitou a preliminar de prescrição? (Valor: 0,65)

Obs.: o examinando deve fundamentar suas respostas. A mera citação do dispositivo legal não confere pontuação

■ **RESPOSTAS**

A) O juiz se equivocou. Tendo em vista que o contrato de confissão de dívida foi celebrado em 1º-1-2014, Marcelo, por força do art. 206, § 5º, do CC, tinha cinco anos para realizar a cobrança do crédito. Como a demanda foi ajuizada em 30-6-2019, ocorreu a prescrição da pretensão da dívida.

B) O recurso cabível é o Agravo de Instrumento, conforme dispõe o art. 487, II, do CPC: "haverá resolução de mérito quando o juiz: (...) decidir, de ofício ou a requerimento, sobre a ocorrência de decadência ou prescrição". Assim, a parcela da decisão que rejeitou a preliminar de prescrição suscitada por Rafael versa sobre o mérito do processo. Por esse motivo, o recurso cabível contra essa parcela da decisão é o Agravo de Instrumento, na forma do art. 1.015, II, do CPC, o qual prevê que "cabe agravo de instrumento contra as decisões interlocutórias que versarem sobre: (...) mérito do processo".

■ **QUESTÃO 4:** Davi foi locatário de um imóvel residencial de propriedade de Ricardo. A locação, por prazo determinado, era garantida por Lucas, que prestara fiança a Ricardo, resguardado seu benefício de ordem. Finda a locação, Lucas ficou sabendo que Davi havia deixado de pagar os aluguéis referentes aos dois últimos meses de permanência no imóvel. Preocupado com as consequências do suposto descumprimento de Davi, Lucas procurou Ricardo e realizou o pagamento dos dois aluguéis, tendo o locador dado plena quitação a ele. Tempos depois, como Davi se recusava a reembolsar Lucas pelos valores pagos, este ingressou com ação de cobrança em face daquele. Na ação, porém, Davi alegou, em contestação, que pagara em dia todos os aluguéis devidos a Ricardo, de modo que Lucas nada deveria ter pago ao locador sem tê-lo consultado. Davi ainda informou ao juiz da causa que já havia ajuizado uma ação declaratória de inexistência de débito em face de Ricardo, a qual ainda estava pendente de julgamento, tramitando perante juízo de outra comarca. A respeito do caso narrado, responda aos itens a seguir.

A) O argumento apresentado por Davi, se vier a ser comprovado, é suficiente para eximi-lo de reembolsar Lucas pelos valores pagos a Ricardo? Justifique. (Valor: 0,65)

B) Diante da necessidade de apurar se o valor dos dois aluguéis era ou não devido por Davi a Ricardo, à luz da informação da propositura de ação declaratória de inexistência de débito, qual providência deve ser adotada pelo juízo da ação de cobrança? Justifique. (Valor: 0,60)

Obs.: o(a) examinando(a) deve fundamentar suas respostas. A mera citação do dispositivo legal não confere pontuação.

■ RESPOSTAS

A) Sim. Lucas atuou, no presente caso, como terceiro interessado, na medida em que realizou pagamento de dívida pela qual poderia vir a ser juridicamente responsabilizado em caso de inadimplemento pelo devedor principal (Davi). Portanto, Lucas realizou pagamento com sub-rogação, nos termos do art. 346, III, do Código Civil. Embora tal modalidade de pagamento justifique que o terceiro se sub-rogue nos direitos do credor em face do devedor principal, o art. 306 do Código Civil determina que o pagamento feito por terceiro com desconhecimento do devedor não obriga a reembolsar aquele que pagou, se o devedor tinha meios de ilidir a ação. Portanto, se restar comprovado que Davi nada mais devia a Ricardo, por já ter quitado integralmente o débito anterior, tal argumento é suficiente para eximí-lo de reembolsar as despesas de Lucas.

B) A declaração de inexistência de débito discutida na ação movida por Davi em face de Ricardo consiste em uma questão prejudicial externa da ação de cobrança movida por Lucas. Não se tratando de hipótese de conexão ou de continência, incumbe ao juízo da ação de cobrança suspender o processo enquanto pendente de julgamento a ação declaratória, nos termos do art. 313, V, *a*, do CPC, que determina o sobrestamento do feito quando a sentença de mérito depender do julgamento de outra causa ou da declaração de existência ou de inexistência de relação jurídica que constitua o objeto principal de outro processo pendente.

23 XXXII EXAME DE ORDEM UNIFICADO

PEÇA PROFISSIONAL

■ **ENUNCIADO:** Acácia celebrou com o Banco XXG contrato de empréstimo, no valor de R$ 480.000,00 (quatrocentos e oitenta mil reais), a ser quitado em 48 parcelas mensais de R$ 10.000,00 (dez mil reais), para aquisição de um apartamento situado na cidade de Vitória, Espírito Santo, concedendo em garantia, mediante alienação fiduciária, o referido apartamento, avaliado em R$ 420.000,00 (quatrocentos e vinte mil reais). Após o pagamento das primeiras 12 parcelas mensais, totalizando R$ 120.000,00 (cento e vinte mil reais), Acácia parou de realizar os pagamentos ao Banco XXG, que iniciou o procedimento de execução extrajudicial da garantia fiduciária, conforme previsto na Lei n. 9.514/97. Acácia foi intimada e não purgou a mora, e o imóvel foi a leilão em duas ocasiões, não havendo propostas para sua aquisição, de modo que houve a consolidação da propriedade do imóvel ao Banco XXG, com a quitação do contrato de financiamento. Acácia ajuizou, em seguida, ação condenatória em face do Banco XXG, distribuída para a 1ª Vara Cível de Vitória e autuada sob o n. 001234, sob a alegação de que, somados os valores do imóvel e das parcelas pagas, o Banco XXG teria recebido R$ 540.000,00 (quinhentos e quarenta mil reais), mais do que o valor concedido a título de empréstimo. Acácia formulou pedido condenatório pretendendo o recebimento da diferença, ou seja, R$ 60.000,00 (sessenta mil reais), assim como postulou a concessão dos benefícios da justiça gratuita, alegando não possuir condições financeiras para arcar com as custas processuais e os honorários sucumbenciais. O Banco XXG, citado, apresentou sua contestação, afirmando que a pretensão não encontraria respaldo jurídico, à luz do regime previsto na Lei n. 9.514/97, requerendo a improcedência da pretensão. Demonstrou que Acácia possuiria 4 (quatro) imóveis, além de participação societária em 3 (três) empresas, e condição financeira apta ao pagamento das custas e dos honorários, requerendo o indeferimento da justiça gratuita à Acácia. O juiz concedeu o benefício da justiça gratuita que havia sido postulado na inicial em decisão interlocutória e, após, julgou procedentes os pedidos, condenando o Banco XXG a restituir o valor de R$ 60.000,00 (sessenta mil reais) e a arcar com as custas processuais e os honorários sucumbenciais em 10% do valor da condenação. A sentença foi publicada em 3-5-2021, segunda-feira, sendo certo que não possui omissão, obscuridade ou contradição. Considerando apenas as informações expostas, elabore, na qualidade de advogado(a) do Banco XXG, a peça processual cabível para defesa dos interesses de seu cliente, que leve o tema à instância superior, indicando seus requisitos e fundamentos, nos termos da legislação vigente. O recurso deverá ser datado no último dia do prazo para apresentação. Desconsidere a existência de feriados nacionais ou locais. (Valor: 5,00)

■ **GABARITO COMENTADO:** A peça processual cabível é o recurso de apelação (art. 1.009 do CPC), interposto no prazo de 15 dias úteis, ou seja, em 24-5-2021. O examinando deverá interpor o recurso em petição dirigida ao juízo de primeiro grau (art. 1.010), contendo o nome e a qualificação das partes, além de requerer a intimação para apresentação de contrarrazões e a remessa ao tribunal independentemente do juízo de admissibilidade.

Nas razões recursais, deverá indicar os fatos ocorridos, bem como fundamentar juridicamente seu pleito.

Inicialmente, caberá formular pedido de revogação do benefício da justiça gratuita (art. 1.009, § 1º), porque não sujeita a recurso de Agravo (art. 1.015). Deverá indicar que Acácia possui 4 imóveis e participação societária em 3 empresas, possuindo condições de arcar com custas e honorários, não sendo hipótese de incidência do art. 98 do CPC.

No mérito, o examinando deverá alegar que o Banco XXG seguiu estritamente o procedimento previsto no art. 26 e no art. 27, ambos da Lei n. 9.514/97, que prevê expressamente o "perdão legal" no art. 27, §§ 5º e 6º, *in verbis*: § 5º Se, no segundo leilão, o maior lance oferecido não for igual ou superior ao valor referido no § 2º, considerar-se-á extinta a dívida e exonerado o credor da obrigação de que trata o § 4º. § 6º Na hipótese de que trata o parágrafo anterior, o credor, no prazo de cinco dias a contar da data do segundo leilão, dará ao devedor quitação da dívida, mediante termo próprio.

O examinando deverá formular o pedido de reforma da decisão que concedeu a justiça gratuita e da sentença, para julgar improcedente o pedido, com a condenação de Acácia ao pagamento integral das custas e honorários, majorados para fase recursal (art. 85 do CPC).

Deve, a seguir, proceder ao encerramento da peça.

Distribuição dos pontos

Item	Pontuação
Endereçamento e Tempestividade	
1. Interposição da apelação por petição dirigida ao juízo da 1ª Vara Cível de Vitória (0,10).	0,00/0,10
2. Endereçamento das razões recursais ao Tribunal de Justiça (0,10).	0,00/0,10
3. Apelante: *Banco XXG*. (0,10); Apelada: Acácia (0,10), número do processo (001234) (0,10).	0,00/0,10/0,20/0,30
4. Cabimento: recurso cabível para reforma de sentença é a apelação (0,10), nos termos do art. 1.009 do CPC (0,10).	0,00/0,10/0,20
5. Tempestividade: apelação interposta tempestivamente, a saber, no dia 24-5-2021, último dia do prazo para recurso (0,20)	0,00/0,20
6. Recolhimento do devido preparo recursal (0,10) conforme art. 1.007 do CPC (0,10)	0,00/0,10/0,20
7. Intimação da Apelada, para, querendo, apresentar contrarrazões (0,10), nos termos do art. 1.010, § 1º, do CPC (0,10);	0,00/0,10/0,20
8. Exposição dos fatos (0,10)	0,00/0,10
Razões Recursais	
9. Revogação da justiça gratuita, considerando a situação financeira de Acácia (0,80), não se enquadrando no benefício da gratuidade, constante do art. 98 do CPC **ou** do art. 5º, inciso LXXIV, da CRFB (0,10).	0,00/0,80/0,90
10. Requerimento de intimação da parte autora para pagamento das custas em virtude da revogação da gratuidade (0,40), sob pena de extinção do processo sem análise do mérito (0,20), na forma do art. 102 do CPC (0,10).	0,00/0,40/0,50/0,60/0,70
11. Fundamentação da improcedência do pedido formulado por Acácia, considerando a ocorrência da extinção da obrigação (0,80), conforme o art. 27, § 5º, da Lei n. 9.514/97 (0,10).	0,00/0,80/0,90
Pedidos	
12. Pedido de reforma da decisão interlocutória que deferiu a justiça gratuita (0,30).	0,00/0,30
13. Pedido de reforma da sentença (0,10), para julgar improcedente o pedido (0,40).	0,00/0,10/0,40/0,50
14. Condenação da recorrida ao pagamento integral das custas processuais (0,10) e honorários de sucumbência (0,10).	0,00/0,10/0,20
Fechamento	
15. Local, data (24-5-2021) e assinatura por advogado (0,10)	0,00/0,10

MODELO DE PEÇA

EXCELENTÍSSIMO SENHOR DOUTOR JUIZ DE DIREITO DA 1ª VARA CÍVEL DE VITÓRIA, ESPÍRITO SANTO.

Proc. n. 001234

Banco XXG, já devidamente qualificado nos autos desta ação movida por Acácia, por seu advogado e bastante procurador signatário, vem respeitosa e tempestivamente à presença de Vossa Excelência apresentar, nos termos dos arts. 1.009 e seguintes do Código de Processo Civil, seu RECURSO DE APELAÇÃO, visando a modificação da respeitável sentença proferida nestes autos, conforme razões de fato e de direito a seguir expostas.

Outrossim, requer-se à Vossa Excelência, que se digne a receber o presente recurso, eis que tempestivo e bem preparado (conforme valar inserto na certidão de fls. x), processando-o na forma da lei, intimando a parte Apelada para a apresentação das contrarrazões e remetendo o presente ao tribunal independentemente do juízo de admissibilidade, para que ao final seja reformada a respeitável sentença proferida.

Termos em que,
Pede deferimento.
Local, data.
Advogado.
OAB n.

RAZÕES DA APELAÇÃO

Apelante: Banco XXG
Apelado: Acácia
Processo de Origem: 001234

Egrégio Tribunal de Justiça,
   Colenda Câmara,
      Nobres Desembargadores!

Breve Exposição do Fato e do Direito

Os autos tratam do contrato de empréstimo de R$ 420.000,00 (quatrocentos e vinte mil reais) celebrado entre as partes, em que a parte Apelada realizou empréstimo para a compra de um apartamento, mas deixou de realizar os pagamentos à Apelante, que por sua vez, iniciou o procedimento de execução extrajudicial da garantia fiduciária, nos termos da Lei n. 9.514/97.

Sendo intimada, a Apelada deixou de purgar a mora, e o imóvel foi a leilão em duas ocasiões. Contudo, por não haverem propostas para sua aquisição, houve a consolidação da propriedade do imóvel ao Banco XXG, com a consequente quitação do respectivo contrato de financiamento.

Inconformada, a Apelada ajuizou, ação condenatória em face da Apelante, alegando que, somados os valores do imóvel e das parcelas pagas, a parte Apelante teria recebido R$ 540.000,00 (quinhentos e quarenta mil reais), mais do que o valor concedido a título de empréstimo. Assim, a Apelada formulou pedido condenatório pretendendo o recebimento da diferença, ou seja, R$ 60.000,00 (sessenta mil reais), e postulou a concessão dos benefícios da justiça gratuita, alegando não possuir condições financeiras para arcar com as custas processuais e os honorários sucumbenciais.

Esta Apelante foi citada e apresentou sua contestação, afirmando que a pretensão não encontraria respaldo jurídico à luz do regime disposto na Lei n. 9.514/97, e requereu a improcedência da pretensão. Ademais, demonstrou que Autora, ora apelada, possuiria 4 (quatro) imóveis, além de participação societária em 3 (três) empresas, e condição financeira apta ao pagamento das custas e dos honorários, motivo pelo qual requereu o indeferimento da justiça gratuita.

Ignorando completamente os fatos trazidos à tona em sede de contestação por esta Apelante, o juiz concedeu o benefício da justiça gratuita que havia sido postulado na inicial em decisão interlocutória e, em seguida, julgou procedentes os pedidos, condenando o Banco XXG a restituir o valor de R$ 60.000,00 (sessenta mil reais) e a arcar com as custas processuais e os honorários sucumbenciais em 10% do valor da condenação.

Das Razões do Pedido de Reforma

Ao contrário do que apontou a sentença, há nos autos documentos comprovatórios de que a Apelada possui 4 imóveis e participação societária em 3 empresas, possuindo plenas condições de arcar com custas e honorários, não se enquadrando na hipótese do art. 98 do Código de Processo Civil, motivo pelo qual o benefício da justiça gratuita deve ser revogado.

Ademais, a decisão proferida extinguiu o processo com resolução do mérito, com conteúdo terminativo. Assim, por se tratar de decisão interlocutória não agravável, não está sujeita ao recurso de Agravo disposto no art. 1.015, mas do recurso de Apelação, nos termos do art. 1.009, § 1º, ambos do Código de Processo Civil.

Por fim, evidente que a Apelante seguiu estritamente o procedimento previsto nos arts. 26 e 27 da Lei n. 9.514/2017, que prevê expressamente o "perdão legal" se no segundo leilão o maior lance oferecido não for igual ou superior ao valor da dívida, a dívida será considerada extinta e o credor será exonerado da obrigação de entregar ao devedor a importância que sobejar.

Desta forma, torna-se impossível a perpetuação da respeitável sentença, uma vez que há a comprovação nos autos de que a Apelada é plenamente capaz de arcar com as custas processuais, e não há valores devidos pela Apelante à Apelada, tendo em vista que o imóvel foi a leilão em duas ocasiões, mas não houve propostas para sua aquisição, de modo que fora consolidada a propriedade do imóvel ao Banco XXG, com a quitação do contrato de financiamento nos termos da Lei n. 9.514/2017.

Diante do arrazoado, deve ser reconhecido o *error in judicando* na sentença atacada, devendo ela ser reformada julgando completamente improcedentes os pedidos feitos pela Apelada na petição inicial.

Do Pedido de Nova Decisão

Ante o exposto, requer-se à Vossas Excelências, POR MEDIDA DE JUSTIÇA, que o presente Recurso de Apelação seja CONHECIDO E TOTALMENTE PROVIDO para JULGAR PROCEDENTE a pretensão do Apelante, conforme fundamentação supra, para julgar totalmente improcedente o pedido formulado na petição inicial, e condenar a Apelada ao pagamento integral das custas e honorários, majorados para a fase recursal, consoante art. 85 do Código de Processo Civil.

Termos em que,
Pede deferimento.
Local, data.
Advogado.
OAB n.

XXXII EXAME DE ORDEM UNIFICADO – QUESTÕES

■ **QUESTÃO 1:** José estava caminhando em um parque em uma noite chuvosa, quando o empregado da sociedade empresária contratada para realizar o serviço de jardinagem do local perdeu o controle do cortador de grama e acabou por decepar parte do pé de José. Percebendo-se culpado, o empregado evadiu-se do local. José foi socorrido por Marcos e Maria, ambos com cerca de 80 anos, únicas testemunhas do ocorrido, que o levaram ao hospital. Em razão da chuva torrencial e do frio que fazia naquela noite, Marcos e Maria contraíram uma forte pneumonia e os médicos consideraram que ambos sofriam grave risco de vida. Após ter recebido alta médica, José procura seu advogado, desejando obter uma indenização pelos danos experimentados. Com base em tais fatos, responda, fundamentadamente, às indagações a seguir.

A) A sociedade empresária de jardinagem pode ser civilmente responsabilizada pelos danos praticados pelo seu empregado? Caso afirmativa a resposta, qual seria a natureza da responsabilidade civil da referida sociedade empresária? (Valor: 0,65)

B) Considerando o iminente risco de óbito de Marcos e Maria, existe algum mecanismo processual que permita a preservação da prova que poderia ser futuramente produzida por José? (Valor: 0,60).

■ **RESPOSTAS**

A) Sim, considerando que o empregador é responsável pela reparação civil decorrente de atos praticados por seus empregados, no exercício do trabalho que lhes competir ou em razão dele, consoante ao art. 932, inciso III, do CC. A sociedade empresária responderá objetivamente, independentemente de culpa, nos termos do art. 933 do CC, OU nos termos do art. 14 do CDC, considerando que a vítima pode ser considerada consumidora por equiparação do serviço prestado, conforme art. 17 do CDC.

B) O art. 381, inciso I, do CPC, dispõe acerca da admissibilidade da produção antecipada de prova quando houver fundado receio de que venha a tornar-se impossível ou muito difícil a verificação de certos fatos na pendência da ação. Assim, considerando o risco iminente de óbito das duas únicas testemunhas do episódio, José poderá valer-se da produção antecipada de prova.

■ **QUESTÃO 2:** Marcos é casado sob regime de comunhão parcial de bens com Amália. Em virtude de desavenças no relacionamento, o casal acabou se distanciando. Com o iminente fim da relação conjugal,

Amália descobriu que Marcos estava prestes a realizar doação de um automóvel adquirido onerosamente por ambos na constância do casamento. Tendo junto motivo para discordar da doação, Amália procurou seu advogado e ingressou com o pedido de tutela cautelar antecedente, com o objetivo de evitar a realização do negócio. A tutela cautelar foi concedida em 12-4-2019, porém, em razão da desídia da autora, não foi efetivada. Nos mesmos autos foi formulado o pedido principal em 19-6-2019, requerendo que fosse declarada a impossibilidade da doação.

Tendo em vista o caso exposto, responda aos itens a seguir.

A) A orientação dada pelo advogado a Joana está correta? (Valor: 0,60)

B) Caso a doação venha a ser efetivada, ela é válida? (Valor: 0,65)

Obs.: o(a) examinando(a) deve fundamentar suas respostas. A mera citação do dispositivo legal não confere pontuação.

■ RESPOSTAS

A) A tutela cautelar concedida perderá a eficácia, tendo em vista que não foi efetivada no prazo de 30 (trinta) dias por desídia da autora, consoante o art. 309, inciso II, do CPC.

B) Em se tratando de bem adquirido na constância do casamento, nenhum dos cônjuges pode fazer doação de bens comuns ou que possam integrar futura meação, como ocorre no caso em tela. Assim, a doação é anulável, nos termos do art. 1.649 do CC, em razão da ausência de anuência do outro cônjuge – outorga conjugal, *vide* art. 1.647, inciso IV, do CC.

■ **QUESTÃO 3:** Augusto celebrou com o Banco Mais Dinheiro contrato de empréstimo, tendo Miguel, seu irmão, atuado na condição de fiador com solidariedade.

Augusto e Miguel, considerando o elevado valor dos reajustes aplicados, ajuizaram ação em face da instituição financeira, questionando os critérios matemáticos utilizados para a atualização da quantia devida. Miguel pleiteou, ainda, a extinção da fiança, sob a alegação de que o réu havia concedido moratória a Augusto, sem o seu consentimento.

Na contestação apresentada, o banco opôs-se à extinção da fiança, unicamente sob a alegação de que a responsabilidade dos devedores era solidária. Afirmou, ainda, não ter provas a produzir quanto ao ponto.

Quanto ao excesso de cobrança alegado, sustentou estarem certos os valores cobrados e requereu a produção de prova pericial para demonstrar o alegado.

Sobre tais fatos, responda aos itens a seguir.

A) Em relação à extinção da fiança, deve ser acolhida a alegação de Miguel ou a do Banco Mais Dinheiro? Justifique. (Valor: 0,65)

B) O juiz poderá examinar o pedido de extinção da fiança antes da produção de prova pericial contábil? Justifique. (Valor: 0,60)

Obs.: o(a) examinando(a) deve fundamentar suas respostas. A mera citação do dispositivo legal não confere pontuação.

■ **RESPOSTAS**

A) A alegação de Miguel deve ser acolhida, tendo em vista que a fiança se extingue se for concedida moratória ao devedor sem seu consentimento, ainda que a responsabilidade seja solidária, nos termos do art. 838, inciso I, do CC.

B) O juiz poderá decidir parcialmente o mérito, julgando o pedido de extinção da fiança antes da produção de prova pericial contábil, pois tal pedido possui condições de imediato julgamento, nos termos do art. 356, inciso II, do CPC.

■ **QUESTÃO 4:** Jane ajuizou ação em face de Cisforme Ltda. pleiteando indenização por danos morais e materiais. Na petição inicial, Jane informa que seu marido, Winston, falecido há dois anos, e cujo inventário já foi concluído e encerrado, foi modelo fotográfico e que o réu vem se utilizando da imagem dele, sem qualquer autorização, para fazer publicidade de seus produtos.

Em contestação, Cisforme Ltda. suscita preliminar de ilegitimidade da parte autora, pois alega que a ação deveria ter sido ajuizada pelo espólio do falecido, e não por sua esposa em nome próprio. No mérito, Cisforme Ltda. alega a ausência de prova de prejuízo material ou moral decorrente da exposição da imagem do falecido.

Sobre o caso, responda aos itens a seguir.

A) A alegação preliminar de ilegitimidade deve ser acolhida? Justifique. (Valor: 0,65)

B) A alegação de mérito referente à ausência de prova de prejuízo deve ser acolhida? Justifique. (Valor: 0,60)

Obs.: o(a) examinando(a) deve fundamentar suas respostas. A mera citação do dispositivo legal não confere pontuação.

■ **RESPOSTAS**

A) Não, pois trata-se de violação de direito da personalidade (imagem) de pessoa falecida. No tocante à alegação preliminar, o Código Civil atribui legitimação ao cônjuge sobrevivente (art. 12, parágrafo único, e art. 20, parágrafo único).

B) Não, pois a indenização por dano moral decorrente da violação do di27 EXAME XXXIII

24 XXXIII EXAME DE ORDEM UNIFICADO

PEÇA PROFISSIONAL

▪ **ENUNCIADO**: João Paulo, residente na cidade do Rio de Janeiro, ao tentar comprar um eletrodoméstico, foi informado pelo estabelecimento vendedor que não seria possível aceitar o pagamento financiado, em virtude de uma negativação de seu nome junto aos cadastros restritivos de crédito pelo Banco XYZ, sediado no Rio de Janeiro. João Paulo ficou surpreso, tendo em vista que nunca contratou com tal banco. Diante do ocorrido, João Paulo buscou informações e verificou que a dívida, origem da negativação, era referente a um contrato de empréstimo de R$ 10.000,00 que ele nunca celebrou, sendo, portanto, fruto de alguma fraude com seu nome. João Paulo dirigiu-se ao banco, pedindo a imediata exclusão de seu nome do cadastro restritivo de crédito, o que foi negado pelo Banco XYZ. Diante desse cenário, João Paulo entra em contato com você, como advogado(a), pois pretende a retirada imediata de seu nome dos cadastros restritivos de crédito, já que nunca contraiu a dívida apontada, além de indenização por danos morais no equivalente a R$ 30.000,00. Na condição de advogado(a) de João Paulo, elabore a peça processual cabível e mais adequada para a tutela integral de todos os pedidos. (Valor: 5,00)

Obs.: a peça deve abranger todos os fundamentos de Direito que possam ser utilizados para dar respaldo à pretensão. A simples menção ou transcrição do dispositivo legal não confere pontuação.

▪ **GABARITO COMENTADO**: Tendo em vista que os objetivos de João Paulo são a retirada imediata de seu nome dos cadastros restritivos de crédito, bem como a declaração de inexistência da dívida, além de indenização por danos morais no equivalente a R$ 30.000,00, a peça cabível é uma petição inicial, de conhecimento, com pedidos de declaração e condenação. A petição deve ser endereçada a uma das Varas ou um dos Juizados Cíveis da Comarca da capital do Estado do

Rio de Janeiro, foro do domicílio do autor consumidor, foro competente nos termos do art. 101, inciso I, do CDC, bem como foro de domicílio do réu, competente com base no art. 46 do CPC. João Paulo deve ser indicado como autor e o Banco XYZ, como réu. Nos fundamentos, deve ser destacado que o autor não celebrou o contrato. João, outrossim, é consumidor por equiparação, na forma do art. 17 ou art. 29, ambos do CDC. Ademais, a existência dos elementos da responsabilidade civil objetiva: o ilícito pelo Banco XYZ, que levou à ocorrência de danos ao autor. Ao lado da informação da impossibilidade de contratação, que causou danos a João Paulo, deve ser defendido que a inclusão do nome do autor, indevidamente, em cadastros restritivos de crédito, leva a dano moral in re ipsa. Diante da necessidade de retirada imediata do nome do autor dos cadastros restritivos de crédito, deve haver pedido de tutela de urgência, com a demonstração da presença de seus requisitos. Deve haver a demonstração dos requisitos para a inversão do ônus da prova, qual seja, a verossimilhança das alegações de João Paulo, por força do art. 6º, inciso VIII, do CDC.

No pedido, devem ser requeridos: (i) a concessão de tutela de urgência liminar sem a oitiva da parte contrária, para a retirada do nome do autor dos cadastros restritivos; (ii) a confirmação da tutela liminar; (iii) a declaração de inexistência da dívida; (iv) a inversão do ônus da prova; (v) a produção de todas as provas em direito admitidas; (vi) o pagamento de indenização por danos morais no montante de R$ 30.000,00; (vii) a condenação ao pagamento das custas e dos honorários de sucumbência ou isenção na hipótese de Juizado Especial. Deve ser atribuído à causa o valor de R$ 40.000,00, consistente no total do benefício econômico envolvido. Por fim, o fechamento, com a indicação de local, data, assinatura e inscrição OAB.

Distribuição dos Pontos

ITEM	PONTUAÇÃO
Endereçamento	
1. Vara Cível ou Juizado Especial Cível da Comarca da capital do Estado do Rio de Janeiro (0,10).	0,00/0,10
2. Nome e qualificação das partes: João Paulo (autor) (0,10) e Banco XYZ (réu) (0,10).	0,00/0,10/0,20

Fundamentos	
3. Exposição fática (0,20)	0,00/0,20
4. João é consumidor por equiparação (0,30), na forma do art. 17 ou art. 29, ambos do CDC (0,10).	0,00/0,30/0,40
5. Ocorrência de ilícito, pela celebração de contrato fraudulento, com inclusão do nome do autor em cadastro restritivo de crédito (0,50), na forma do art. 14, *caput* ou § 1º, do CDC ou art. 186 do CC ou art. 927 do CC (0,10).	0,00/0,50/0,60
6a. Ocorrência de dano moral (0,20).	0,00/0,20
6b. *In re ipsa* ou presumido (0,20).	0,00/0,20
6c. Pela inclusão indevida do nome de João Paulo nos cadastros restritivos de crédito (0,30).	0,00/0,30
7a. Alegação da responsabilidade objetiva (0,20).	0,00/0,20
7b. Existência de nexo causal entre o ilícito e os danos (0,20).	0,00/0,20
8a. Possibilidade de concessão de tutela de urgência sem a oitiva da parte contrária (0,20), na forma do art. 300 do CPC (0,10), diante da presença dos requisitos:	0,00/0,20/0,30
8b. *Fumus boni iuris* (0,10).	0,00/0,10
8c. *Periculum in mora* (0,10).	0,00/0,10
8d. Reversibilidade da medida (0,10).	0,00/0,10
9. Demonstração de que suas alegações são verossímeis, a ensejar a inversão do ônus da prova (0,20), na forma do art. 6º, inciso VIII, do CDC (0,10).	0,00/0,20/0,30
Pedidos	
10. Concessão de tutela liminar sem a oitiva da parte contrária, para retirada do nome dos cadastros restritivos de crédito (0,20).	0,00/0,20
11. Confirmação da tutela liminar (0,20).	0,00/0,20
12. Declaração de inexistência da dívida ou do contrato (0,30).	0,00/0,30
13. Condenação ao pagamento de indenização por danos morais (0,30).	0,00/0,30
14. Condenação em custas e honorários advocatícios ou condenação nos ônus da sucumbência 0,00/0,10 ou isenção de custas e honorários advocatícios no caso de Juizado Especial	(0,10).
15. Pedido de inversão do ônus da prova (0,10).	0,00/0,10
16. Pedido de produção de todas as provas cabíveis (0,10).	0,00/0,10

17. Indicação do valor da causa: R$ 40.000,00 (0,10).	0,00/0,10
Fechamento	
18. Local, data, assinatura e OAB (0,10).	0,00/0,10

MODELO DE PEÇA

EXCELENTÍSSIMO SENHOR DOUTOR JUIZ DE DIREITO DE UMA DAS VARAS CÍVEIS DA COMARCA DO RIO DE JANEIRO – CAPITAL.

PAULO, estado civil, profissão, portador do RG n. e do CPF n., endereço eletrônico, domicílio e residência na Rua n., Rio de Janeiro, RJ, por intermédio de seu bastante procurador signatário, conforme instrumento de procuração anexo, portador da carteira profissional n., vem, perante Vossa Excelência, com todo o acatamento e respeito, com fundamento nos arts. 318 e seguintes do Código de Processo Civil, propor a presente

Ação declaratória de inexistência de débito com pedido de obrigação de fazer e de indenização

Diante de **BANCO XYZ**, empresa privada, devidamente inscrita no CNPJ n., endereço eletrônico, com sede na Rua n., Rio de Janeiro, RJ, pelos motivos de fato e de direito a seguir deduzidos.

Fatos

O Autor buscou os serviços de uma empresa quando, para sua surpresa, teve a recusa fundamentada no fato de que seus dados estavam cadastrados em banco de dados de negativação e proteção de crédito.

Realmente, conforme documentação anexa, ao tentar comprar um eletrodoméstico, foi informado pelo estabelecimento vendedor que não seria possível aceitar o pagamento financiado, em virtude de uma negativação de seu nome junto aos cadastros restritivos de crédito pelo Banco Réu. A maior surpresa reside no fato de que o Autor nunca foi cliente nem nunca contratou com tal banco.

Utilizando-se da boa-fé, diante do ocorrido, o Autor buscou informações e verificou que a dívida, origem da negativação, era referente a um contrato de empréstimo de R$ 10.000,00 (dez mil reais) que ele nunca celebrou, sendo, portanto, fruto de alguma fraude com seu nome.

Assim, o Autor dirigiu-se ao banco Réu, pedindo conforme ofício protocolado (documento anexo) a imediata exclusão de seu nome do cadastro restritivo de crédito, bem como o cancelamento de tal contrato, o que lhe foi negado, mantida a negativação e a recusa, outra saída não houve senão a propositura da presente ação.

Fundamento Jurídico

Diante dos fatos apresentados é certo que o Autor é considerado consumidor dos serviços do Réu, por equiparação, na forma dos artigos 17 e 29 do CDC. Sendo assim, torna-se inevitável e imprescindível que o Autor seja tratado como hipossuficiente e a relação jurídica estabelecida entre as partes seja considerada uma verdadeira relação de consumo.

Ademais, evidencia-se que o contrato que originou a negativação dos dados do Autor não foi por este celebrado, tratando-se de celebração fraudulenta, cujos cuidados de verificação da veracidade das informações e assinatura não foram observados pelo Réu. Sendo assim, configura-se verdadeiro ilícito o fato de que a partir de tal contrato fraudulento ocorreu a negativação indevida dos dados do Autor no cadastro de devedores, ferindo sua honra e sua imagem, direitos da personalidade, seja pela aplicação do artigo 14, *caput*, do CDC, ou mesmo pelos artigos 186 e 927 do CC.

Do mesmo modo, o dano moral decorrente da negativação indevida é presumido, na forma do dano "in re ipsa", tornando-se desnecessária a prova de sua ocorrência, conforme pacificado pelos Tribunais Superiores, sendo justa e necessária fixação de indenização pelo prejuízo moral decorrente do fato narrado e comprovado nestes autos, por nítida ofensa aos direitos da personalidade do Autor.

A responsabilidade pelos dados ocasionados é objetiva, seja pela ótica do CDC ou do CC, sendo certo que existe nexo causal entre a conduta do Réu e o dano ocorrido, na medida em que a celebração do contrato fraudulento seguido da negativação indevida deriva no dano moral que deverá ser indenizado.

Da Tutela de Urgência

Do ponto de vista processual estamos diante da possibilidade de concessão de tutela provisória de urgência, sem a necessidade da oitiva da parte contrária, na forma do que dispõe o artigo 300 do CPC, pois que presentes os requisitos legais da fumaça do bom direito e do perigo da demora, afinal, existe verossimilhança das alegações, pois os documentos demonstram que o contrato não foi celebrado pelo Autor e a manutenção da negativação do seu nome no cadastro de devedores prejudicará ainda mais o Autor, sendo que a medida, se concedida, poderá ser revertida a qualquer momento pelo juízo.

Realmente, o direito é provável, a prova é documental tornando inequívoco o direito do Autor, bem como existe perigo na demora, diante das razões que foram destacadas acima. Estão preenchidos os requisitos necessários à concessão da medida, inclusive, na sua forma liminar, sem a oitiva da parte contrária, conforme prevê o § 2º do referido art. 300 do CC.

Sendo assim, a medida é urgente e outra solução não há senão determinar de forma antecipada que a ré cumpra com o direito do autor, conforme abaixo se requer, por ser medida de Justiça.

Pedidos

Diante do exposto, requer a Vossa Excelência:

a) A concessão da tutela antecipada, na forma liminar, sem oitiva do Réu, conforme o art. 300, § 2º, do CPC, para que seja obrigada a retirar a restrição do nome do Autor dos cadastros de devedores, sob pena de multa diária a ser fixada por Vossa Excelência;

b) Que ao final seja declarada a inexistência da relação jurídica contratual e do débito apontado, bem como a retirada dos dados do autor do cadastro de inadimplentes de forma definitiva, confirmando-se a tutela concedida, inclusive, com pena de multa diária para o caso de descumprimento;

c) Que seja o Réu condenado ao pagamento de uma indenização por dano moral no valor de R$ 30.000,00 (trinta mil reais), acrescido dos efeitos da mora desde a data do ato ilícito;

d) Que a presente ação seja julgada totalmente procedente, nos termos requeridos, condenando-se ainda o Réu ao pagamento das custas, despesas e honorários advocatícios de sucumbência.

Requer-se a inversão do ônus da prova, na forma do artigo 6º do Código de Defesa do Consumidor.

Requer-se a designação da audiência de conciliação nos termos do art. 319, VII, do Código de Processo Civil.

Protesta provar o alegado por todos os meios de prova em direito admitidos, principalmente juntada de novos documentos.

Dá-se à presente causa o valor de R$ 40.000,00 (quarenta mil reais).

Nestes termos,
Pede deferimento.
Local, data.
Advogado.
OAB n.

XXXIII EXAME DE ORDEM UNIFICADO – QUESTÕES

■ **QUESTÃO 1**: Carlos, sócio da sociedade empresária Tecnologia da Comunicação Ltda., negocia com Bárbara, sócia do Hotel Contemporâneo Inc., a implantação de sistema de Internet sem fio avançado na rede de hotéis, assim como o desenvolvimento de um aplicativo multifuncional. Toda a negociação é realizada via e-mail, após contato inicial em uma feira de startup. Após várias tratativas, no dia 31/12/2019, às 15h36min, Bárbara envia, por e-mail, a proposta definitiva de remuneração, com a delimitação dos serviços oferecidos e pagamento de R$ 300.000,00 por ano de contrato. Carlos, que estava de férias, tomou conhecimento da proposta ao olhar os e-mails em seu telefone celular, enviando o aceite, no dia 01/01/2020, à 01h14min. Bárbara, diante disso, faz o depósito imediato, via TED bancária, da primeira anualidade, nas horas iniciais da manhã do dia 02/01/2020. Passadas as festividades, na tarde do dia 02/01/2020, às 15h30min, Carlos relê seus e-mails e percebe, com mais atenção, que ele havia entendido errado a proposta de remuneração, compreendendo equivocadamente que ocorram pagamentos mensais de R$ 300.000,00, ao invés da proposta de remuneração anual. De súbito, Carlos realiza uma ligação para Bárbara e pede para ela desconsiderar a aceitação enviada, pois estava arrependido e preferiria estudar melhor a proposta, antecipando desde já que a recusaria naqueles termos. Bárbara, então, afirma que diante da comunicação escrita, via eletrônica, considerou o contrato como celebrado, dando início à execução, informando inclusive que já realizou o pagamento. Carlos se prontifica a devolver o depósito. Diante deste impasse, Bárbara consulta você, como advogado(a), para orientá-la acerca do caso e da viabilidade de propor uma ação que vise a exigir de Carlos a prestação dos serviços delineados na proposta.

A) O contrato pode ser considerado como celebrado? Justifique. (Valor: 0,65)

B) Independentemente da questão de direito material, é cabível o ajuizamento de ação monitória? Justifique. (Valor: 0,60)

Obs.: o(a) examinando(a) deve fundamentar suas respostas. A mera citação do dispositivo legal não confere pontuação.

■ **RESPOSTAS**

A) Sim. A negociação realizada por correio eletrônico (e-mail) é qualificada como "entre ausentes", diante da ausência de interatividade imediata entre os interlocutores, aplicando-se o disposto no art. 434 do Código Civil, que consagra a "teoria da expedição" como regra, ressalvando as exceções dos incisos I, II e III do aludido artigo. Na hipótese vertente, contudo, a comunicação telefônica, um (1) dia após a aceitação e em momento posterior ao pagamento da prestação da parte contrária, não pode ser considerada como retratação eficaz, consubstanciada no art. 433 c/c. o art. 434, inciso I, do Código Civil. Portanto, segue-se a regra segundo a qual "os contratos entre ausentes tornam-se perfeitos desde que a aceitação é expedida".

B) Sim. Considerando que a troca de e-mails, em que constam a proposta e a aceitação expressa, deve ser considerada como prova escrita, a ação monitória pode ser proposta por aquele que afirmar, com base em prova escrita sem eficácia de título executivo, ter direito de exigir do devedor capaz o adimplemento de obrigação de fazer, nos moldes do art. 700, inciso III, do CPC.

■ **QUESTÃO 2:** Após áspera discussão, cujo tema central era um assunto banal, Pedro foi agredido por João. A agressão lhe causou lesões graves, o que, embora não tenha caracterizado dano estético, impediu que ele exercesse sua atividade laboral (motorista particular) durante o período de 12 meses, 3 dos quais permaneceu internado em hospital particular. Pedro, já recuperado, não consegue trabalhar com a mesma eficiência de antes, o que reduziu sua renda mensal. Mas, como ele necessita de medicação de forma habitual, seus gastos aumentaram, e, para agravar sua situação, não há previsão de término do tratamento. Além disso, já tendo gasto todas as suas economias, Pedro precisa quitar a dívida referente à internação, uma vez que não possui plano de saúde. Diante de tais circunstâncias, Pedro procura um advogado, que o orienta a pleitear judicialmente reparação por danos materiais (que, segundo o causídico, se resumiria ao valor da dívida com o hospital e aos recursos necessários ao tratamento e à compra da medicação habitual pelo autor) e morais em face de João. Deduzidas as pretensões em Juízo, após o transcurso regular do feito, o pedido relacionado aos danos morais é julgado procedente, fixando-se a título de compensação o valor de R$ 20.000,00 (vinte mil reais). Já o pedido referente aos danos materiais é julgado procedente, mas sem a fixação de valor reparatório (quantia ilíquida), ressaltando o magistrado, na sentença, que o montante devido seria objeto de futura liquidação. Nenhuma das partes recorreu, tendo a sentença transitado em julgado. Premido pela necessidade imediata, Pedro pergunta a seu patrono se poderia desde logo iniciar a execução do julgado em relação à quantia já fixada (danos morais). Após consultar o Código de Processo Civil, o advogado responde que, sendo a liquidação de sentença uma etapa autônoma e necessária, deveria ser aguardada a definição de todos os valores devidos antes de se iniciar a fase de cumprimento de sentença, que deve ser una. Diante de tais circunstâncias, responda aos itens a seguir.

A) Em relação ao dano material, além das despesas com internação, tratamento e medicação, poderia ser incluído algum outro valor de reparação na composição da indenização? Qual? (Valor:0,60)

B) A resposta dada pelo advogado à indagação de Pedro está correta, ou haveria alguma medida ou requerimento processual capaz de conferir maior celeridade à cobrança da parcela indenizatória já definida (compensação por danos morais)? (Valor: 0,65)

Obs.: o(a) examinando(a) deve fundamentar suas respostas. A mera citação do dispositivo legal não confere pontuação.

■ **RESPOSTAS**

A questão trata dos temas responsabilidade civil (Direito Civil) e liquidação de sentença (Direito Processual Civil).

A) Sim. A indenização, além das despesas do tratamento e lucros cessantes até ao fim da convalescença, poderia incluir pensão correspondente à importância do trabalho para o qual o autor se inabilitou, ou da depreciação que ele sofreu, nos termos do art. 950 do Código Civil.

B) A resposta do advogado está incorreta, pois seria possível iniciar desde logo a execução do julgado (fase de cumprimento de sentença) em relação à quantia líquida (compensação por danos morais). A solução do caso está prevista expressamente no art. 509, § 1º, do Código de Processo Civil, in verbis: quando na sentença houver uma parte líquida e outra ilíquida, ao credor é lícito promover simultaneamente a execução daquela e, em autos apartados, a liquidação desta.

■ **QUESTÃO 3:** Mariana e Leonardo foram casados, pelo regime da comunhão parcial de bens, durante 10 anos. Desde o início do casamento, Leonardo sempre apresentou comportamento explosivo, e, por diversas ocasiões, agrediu sua esposa de forma verbal e física. Durante o casamento, o casal adquiriu um apartamento, um carro, dois terrenos, e Mariana herdou uma casa de praia do seu pai. Mariana, em determinado dia, arma-se de coragem, vai à delegacia e denuncia Leonardo por violência doméstica. Em seguida, com medo do ex-marido, Mariana deixa seu apartamento no Rio de Janeiro e se muda para o interior do estado, para a cidade de Cabo Frio. Com base em tais fatos, responda, fundamentadamente, aos itens a seguir.

A) Indique como se dará a partilha dos bens, mencionando se algum bem deverá ser excluído. (Valor: 0,65)

B) Onde deve ser ajuizada a ação de divórcio do casal? (Valor: 0,60)

Obs.: o(a) examinando(a) deve fundamentar suas respostas. A mera citação do dispositivo legal não confere pontuação.

■ **RESPOSTAS**

A) No regime da comunhão parcial de bens, os bens que o casal conquistou durante o casamento são divididos de forma igualitária, nos termos do art. 1.658 do CC. Entretanto, a casa de praia herdada por Mariana deve ser excluída da partilha, pois os bens recebidos por sucessão excluem-se da comunhão, na forma do art. 1.659, inciso I, do CC.

B) A ação de divórcio deverá ser ajuizada na cidade de Cabo Frio, pois, nos termos do art. 53, inciso I, alínea "d", do CPC, na ação de divórcio é competente o foro do domicílio da vítima de violência doméstica.

■ **QUESTÃO 4:** Fernando foi casado durante 25 anos com Rose. Como fruto do casamento nasceram Antônio, hoje, com 23 anos, e Eliza, com 18 anos. Como o casamento não ia bem, o casal optou pelo divórcio. Antônio, filho mais velho do casal, não aceitou a separação e se revoltou contra o pai, culpando-o pela situação. Em uma das discussões com o pai, Antônio se exaltou e o agrediu com socos e pontapés, deixando-o com vários hematomas no corpo. Depois do ocorrido, Fernando decide romper o relacionamento com Antônio e fazer um testamento com o objetivo de deserdá-lo. Sobre a hipótese, responda aos itens a seguir.

A) Fernando pode deserdar o filho? Justifique. (Valor: 0,60)

B) Fernando veio a falecer antes de realizar o testamento e seus únicos herdeiros legais são Antônio e Eliza. Os irmãos não querem brigar, estão em consenso e querem realizar o inventário do pai. É possível realizar o procedimento em cartório? Justifique. (Valor: 0,65)

Obs.: o(a) examinando(a) deve fundamentar suas respostas. A mera citação do dispositivo legal não confere pontuação.

▪ RESPOSTAS

A) Sim. A ofensa física autoriza a deserdação do descendente por seu ascendente, nos termos do art. 1.962, inciso I, do CC.

B) Sim. Sendo todos os interessados capazes e concordes com os seus termos, o inventário e a partilha podem ser realizados por escritura pública, nos termos do art. 610, § 1º, do CPC.

25 XXXIV EXAME DE ORDEM UNIFICADO

PEÇA PROFISSIONAL

▪ **ENUNCIADO:** Para adquirir um carro de luxo da marca Tenz, Alexandre aceitou o contrato de compra e venda imposto pela Concessionária Alfa, no qual havia cláusula estipulando que eventual conflito entre as partes seria solucionado por arbitragem. Duas semanas após a aquisição, Alexandre sofreu um acidente decorrente de uma falha no sistema de airbag do veículo, que, por sorte, não lhe custou a vida. Fato é que, três meses após o acidente, a Concessionária Alfa realizou o *recall* de alguns veículos da marca Tenz, dentre os quais estava o veículo adquirido por Alexandre. Assim que soube desse *recall*, Alexandre ajuizou uma ação pelo procedimento comum contra a Concessionária Alfa, visando reaver o valor pago na compra do veículo e uma indenização pelos prejuízos decorrentes do acidente de carro. A Concessionária Alfa apresentou uma contestação genérica, na qual não impugnou os argumentos apresentados por Alexandre, gerando presunção de veracidade sobre esses, e tampouco mencionou a existência de cláusula compromissória no contrato de compra e venda. Após a apresentação de réplica, o MM. Juízo da 5ª Vara Cível de Maceió intimou as partes, de ofício e com fundamento no art. 10 do CPC, para se manifestarem sobre a eventual ausência de jurisdição do Poder Judiciário em virtude de cláusula compromissória existente no contrato de compra e venda. Alexandre não apresentou manifestação, enquanto a Concessionária Alfa defendeu que somente um tribunal arbitral escolhido pelas partes possuiria competência para solucionar a controvérsia *sub judice*. Em seguida, o MM. Juízo da 5ª Vara Cível de Maceió acolheu a preliminar de convenção de arbitragem e extinguiu o processo, sem resolução de mérito, na forma do art. 485, inciso VII, do CPC. A sentença foi publicada em 01/07/2021, quinta-feira, sendo certo que não possui omissão, obscuridade ou contradição.

Considerando apenas as informações expostas, elabore, na qualidade de advogado(a) de Alexandre, a peça processual cabível para defesa dos interesses de seu cliente, que leve o tema à instância superior, indicando seus requisitos e fundamentos, nos termos da legislação vigente. O recurso deverá ser datado no último dia do prazo para apresentação. Desconsidere a existência de feriados nacionais ou locais. (Valor: 5,00)

Obs.: a peça deve abranger todos os fundamentos de Direito que possam ser utilizados para dar respaldo à pretensão. A simples menção ou transcrição do dispositivo legal não confere pontuação.

■ **GABARITO COMENTADO:** A peça processual cabível é o recurso de apelação (art. 1.009 do CPC), interposto no prazo de 15 dias úteis, ou seja, 22/07/2021. O examinando deverá interpor o recurso em petição dirigida ao juízo de primeiro grau (art. 1.010 do CPC), contendo o nome e a qualificação das partes, além de requerer a intimação para apresentação de contrarrazões e a remessa ao tribunal, independentemente do juízo de admissibilidade. Nas razões recursais, deverá indicar os fatos ocorridos, bem como fundamentar juridicamente seu pleito. O examinando deverá alegar que o MM. Juízo da 5ª Vara Cível de Maceió não poderia ter extinguido o processo sem resolução de mérito, porque a ausência de alegação na contestação da Concessionária Alfa sobre a existência da convenção de arbitragem implica a aceitação da jurisdição estatal e renúncia do juízo arbitral, na forma do art. 337, § 6º, do CPC. Além disso, o MM. Juízo da 5ª Vara Cível de Maceió não poderia ter extinguido o processo sem resolução de mérito em virtude da ineficácia da convenção de arbitragem uma vez que, por força do art. 4º, § 2º, da Lei de Arbitragem (Lei n. 9.307/96), esse negócio jurídico celebrado em contrato de adesão somente seria eficaz se Alexandre iniciasse o procedimento arbitral ou concordasse com sua instituição. O examinando deverá invocar o art. 1.013, § 3º, inciso I, do CPC, postulando o imediato julgamento do mérito pelo tribunal, alegando que o defeito no produto fornecido e a responsabilidade da Concessionária Alfa não foram especificamente impugnados. Aplica-se a responsabilidade objetiva da Concessionária Alfa por força do art. 12 do CDC. O examinando deverá formular o pedido de reforma da decisão, inicialmente, com base no art. 1.013, § 3º, inciso I, do CPC, postulando o imediato julgamento do mérito pelo tribunal, na forma do citado dispositivo processual, e, ato contínuo, a procedência do pedido com a condenação da Ré à restituição do valor pago e à fixação de indenização pelos prejuízos decorrentes do acidente. Deve, a seguir, proceder ao encerramento da peça.

Distribuição dos Pontos

ITEM	PONTUAÇÃO
Endereçamento	
1. A apelação deve ser dirigida ao Juízo de Direito da 5ª Vara Cível da Comarca de Maceió (0,10).	0,00/0,10
2. Remessa das razões ao Tribunal de Justiça de Alagoas (0,10).	0,00/0,10
Partes	
3. Nome e qualificação de Alexandre (apelante) (0,10) e da Concessionária Alfa (apelado) (0,10).	0,00/0,10/0,20
Tempestividade	
4. Interposição no prazo de 15 dias (0,10), ou seja, 22/07/21 (0,10), último dia do prazo, na forma do art. 1.003, § 5º, do CPC (0,10).	0,00/0,10/0,20/0,30
Regularidade Formal	
5. Preparo (0,20).	0,00/0,20
6. Intimação do apelado para a oferta de contrarrazões (0,20), na forma do art. 1010, §1º, do CPC (0,10).	0,00/0,20/0,30
7. Exposição dos fatos (0,20).	0,00/0,20

Fundamentação	
8. A ausência de alegação na contestação sobre a existência de convenção de arbitragem (0,20) implica a aceitação da jurisdição estatal e renúncia do juízo arbitral (0,40), na forma do art. 337, § 6º, do CPC (0,10).	0,00/0,20/0,30/0,40/0,50/ 0,60/0,70
9. O negócio jurídico celebrado em contrato de adesão somente seria eficaz se Alexandre iniciasse o procedimento arbitral ou concordasse com sua instituição (0,50), conforme art. 4º, § 2º, da Lei n. 9.307/96 (0,10).	0,00/0,50/0,60
10. Invocar o art. 1.013, § 3º, inciso I, do CPC (0,10), postulando o imediato julgamento do mérito pelo tribunal (0,30), tendo em vista a apresentação de contestação genérica (0,20).	0,00/0,30/0,40/0,50/0,60
11. Alegar que o defeito no produto fornecido e a responsabilidade da Concessionária Alfa não foram especificamente impugnados (0,20).	0,00/0,20
12. Aplica-se a responsabilidade objetiva da Concessionária Alfa (0,50) por força do art. 12 do CDC (0,10).	0,00/0,50/0,60
Pedidos	
13. Pedido de reforma da sentença com julgamento imediato do mérito pelo tribunal (0,20).	0,00/0,20
14. Procedência do pedido (0,20), para que a ré seja condenada à restituição do valor pago e à fixação de indenização pelos prejuízos decorrentes do acidente (0,20).	0,00/0,20/0,40
15. Inversão dos ônus de sucumbência (0,20). OU Condenação do recorrido ao pagamento das custas (0,10) e dos honorários advocatícios (0,10).	0,00/0,10/0,20
Fechamento	
16. Local, data (22/07/21), assinatura e inscrição OAB (0,10).	0,00/0,10

MODELO DE PEÇA

EXCELENTÍSSIMO SENHOR DOUTOR JUIZ DE DIREITO DA 5ª VARA CÍVEL DA COMARCA DE MACEIÓ, ESTADO DE ALAGOAS.

Proc. n. 001234

Alexandre, já devidamente qualificado nos autos desta ação que move em face de Concessionária Alfa, por seu advogado e bastante procurador signatário, vem respeitosa e tempestivamente à presença de Vossa Excelência apresentar, nos termos dos arts. 1.009 e seguintes do Código de Processo Civil, RECURSO DE APELAÇÃO, visando a modificação da respeitável sentença proferida nestes autos, conforme razões de fato e de direito a seguir expostas.

Outrossim, requer-se à Vossa Excelência, que se digne a receber o presente recurso, eis que tempestivo e bem preparado (doc.), processando-o na forma da lei, intimando a Apelada para a apresentação das contrarrazões e remetendo o presente ao Tribunal independentemente do juízo de admissibilidade, para que ao final seja reformada a respeitável sentença proferida.

Termos em que,
Pede deferimento.
Local, data.
Advogado.
OAB n.

RAZÕES DA APELAÇÃO

Apelante: Alexandre
Apelado: Concessionária Alfa
Processo de Origem: 001234

Egrégio Tribunal de Justiça,
　Colenda Câmara,
　　Nobres Desembargadores!

Breve Exposição do Fato e do Direito

O Apelante adquiriu um veículo automotor da marca Tenz na loja da Apelada, sendo certo que conforme comprovação documental realizada com a inicial, duas semanas após a aquisição, sofreu um acidente decorrente de uma falha no sistema de *airbag* do veículo, que, por sorte, não lhe custou a vida. Em seguida, três meses após o acidente, a Apelada realizou o *recall* de veículos do modelo adquirido pelo Apelante.

Diante disso, o Apelante ajuizou a presente ação, visando reaver o valor pago na compra do veículo e uma indenização pelos prejuízos decorrentes do acidente de carro. A contestação apresentada pela Apelada (fls.) foi genérica, sendo certo que não atacou efetivamente os fatos alegados pelo Apelante, gerando presunção de veracidade sobre esses, e tampouco mencionou a existência de cláusula compromissória no contrato de compra e venda (fls.).

Após a apresentação de réplica, o MM. Juízo A Quo, intimou as partes, de ofício e com fundamento no art. 10 do CPC, para se manifestarem sobre a eventual ausência de jurisdição do Poder Judiciário em virtude da existência de cláusula compromissória existente no contrato de compra e venda. O Apelante silenciou e a Apelada defendeu a aplicação da referida cláusula. Em seguida, o MM. Juízo A Quo acolheu a preliminar de convenção de arbitragem e extinguiu o processo, sem resolução de mérito, na forma do art. 485, inciso VII, do CPC.

Em que pesem os argumentos do nobre Juízo A Quo, a sentença não deve prosperar, devendo ser reformada em sua totalidade e, ainda, julgado o feito por este colegiado, tendo em vista que o processo está pronto para o julgamento do mérito, como veremos.

Das razões do pedido de reforma

O processo não poderia ter sido extinto pelo respeitável Juízo A Quo sem resolução do mérito, tendo em vista que a legislação aplicável, sobre as regras de arbitragem, diz claramente que a ausência de alegação na contestação sobre a existência de cláusula de arbitragem implica a aceitação da jurisdição estatal e renúncia do juízo arbitral, na forma do art. 337, § 6º, do CPC.

Além disso, outro motivo justifica a impropriedade da decisão atacada, na medida em que a sentença de primeiro grau não poderia ter extinguido o processo sem resolução do mérito, da forma como fez, em virtude da ineficácia da convenção de arbitragem nos contratos de adesão, nos casos em que o aderente não der início ou não concordar com a instituição do procedimento arbitral, como bem expõe o art. 4º, § 2º, da Lei de Arbitragem (Lei n. 9.307/96).

Então, existem dois motivos jurídicos a justificar e determinar a reforma da decisão atacada, seja porque na contestação a Apelada nada alegou, seja porque o aderente do referido contrato que baseia a decisão não ter iniciado ou aceitado a instauração do procedimento arbitral.

Dito isso, devemos considerar que todos os fatos estão comprovados nos autos. Na forma do art. 1.013, § 3º, inciso I, do CPC, é possível que o mérito deste feito seja imediatamente julgado por Vossas Excelências, inclusive porque o defeito no produto e a responsabilidade da Apelada não foram contestadas, não tendo sido impugnados pela defesa, havendo preclusão e gerando presunção de veracidade de tais argumentos, somando-se a isso o fato da aplicação da responsabilidade civil objetiva ao caso, com base no artigo 12 do CDC.

Do Pedido de Nova Decisão

Ante o exposto, requer-se à Vossas Excelências que o presente Recurso de Apelação seja CONHECIDO E TOTALMENTE PROVIDO para reformar a sentença atacada com o julgamento imediato do mérito pelo Tribunal, para que a Apelada seja condenada à restituição do valor pago e ao pagamento de indenização pelos prejuízos decorrentes do acidente, conforme fundamentação supra, condenando-se ainda a Apelada ao pagamento integral das custas e honorários sucumbenciais.

Termos em que,
Pede deferimento.
Local, data.
Advogado.
OAB n.

XXXIV EXAME DE ORDEM UNIFICADO – QUESTÕES

■ **QUESTÃO 1:** Mário é pai de Julieta – que já alcançou a maioridade, não estuda e vive em união estável com Pedro, com quem tem um filho. Inconformado por ter de pagar alimentos à filha, Mário procura você para, na qualidade de advogado(a), propor uma ação de exoneração de alimentos. Mário afirma que, apesar de estar atravessando uma situação financeira dificílima, continua a pagar os alimentos à filha, mas que deseja, o quanto antes, suspender tais pagamentos, considerando o quadro financeiro por que está passando. Diante da hipótese apresentada, responda aos itens a seguir.

A) Na hipótese de procedência do pedido de exoneração, a partir de quando Mário ficará desobrigado a pagar os alimentos? Se Mário continuar a arcar com tal verba ao longo do processo, os valores pagos deverão ser devolvidos? (Valor: 0,65)

B) Qual é o mecanismo processual mais apto a evitar, o mais rápido possível, que Mário deixe de pagar os alimentos que entende indevidos e sob qual fundamento? (Valor: 0,60)

Obs.: o(a) examinando(a) deve fundamentar suas respostas. A mera citação do dispositivo legal não confere pontuação.

- **RESPOSTAS**

A) Mário fica desobrigado após ser intimado de decisão judicial que determine a exoneração, conforme interpretação do art. 14 da Lei n. 5.478/68, que enuncia que, da sentença, caberá apelação apenas no efeito devolutivo (sem efeito suspensivo). O montante não será devolvido, posto que irrepetível, conforme o verbete sumular n. 621 do STJ.

B) A fim de evitar a não restituição dos valores pagos após a citação, Mário deverá requerer tutela de urgência, fundado na probabilidade do direito (sua filha é maior, não estuda e já vive em união estável) e no risco de dano (sua dificílima situação financeira), na forma do art. 300 do CPC.

- **QUESTÃO 2:** Henrique namorou Clara por muitos anos, até que foi surpreendido com o término do relacionamento por Clara. Em ato de revolta, Henrique publica, em sua rede social, imagens e vídeos de cenas de nudez e atos sexuais com Clara, que haviam sido gravados na constância do relacionamento amoroso e com o consentimento de sua então namorada. Henrique tinha a intenção de chantagear Clara, para que ela não prosseguisse com o pedido de término do relacionamento. A ex-namorada não consentiu a publicação e, visando à remoção imediata do conteúdo, notificou extrajudicialmente a rede social. A notificação foi bem recebida pelos administradores da rede social e continha todos os elementos que permitiam a identificação específica do material apontado como violador da intimidade. Sobre a hipótese, responda aos itens a seguir.

A) A rede social é obrigada a retirar de circulação o material apontado como ofensivo? (Valor: 0,60)

B) Caso o material postado não tenha sido retirado de circulação voluntariamente, e considerando a urgência da demanda, qual mecanismo judicial pode ser requerido ao juízo competente para proteger, de maneira mais rápida e eficaz, os direitos de Clara e quais seriam seus requisitos legais? (Valor: 0,65)

Obs.: o(a) examinando(a) deve fundamentar suas respostas. A mera citação do dispositivo legal não confere pontuação.

■ **RESPOSTAS**

A) O Marco Civil da Internet (Lei n. 12.965/14) institui no art. 19 e no art. 21 a responsabilidade civil dos provedores de aplicação, dando enfoque especial, no art. 21, ao que se denomina pornografia de vingança. O material que veicula pornografia de vingança deve ser removido pelo provedor de aplicações após o recebimento da notificação extrajudicial, conforme previsto no art. 21 da Lei n. 12.965/14, não sendo preciso que a notificação seja necessariamente judicial, diferente do que ocorre para a retirada de circulação de demais conteúdos gerados por terceiros, na forma do art. 19 do Marco Civil da Internet.

B) O caso narrado é hipótese de pornografia de vingança. Deve-se requerer ao juízo competente tutela antecipada de urgência em caráter antecedente, conforme o art. 303 do CPC, sendo requisitos o perigo de dano e a urgência contemporânea à ação ou ação de procedimento comum, com pedido de tutela de urgência antecipada, conforme o art. 300 do CPC, sendo requisitos a probabilidade do direito e o perigo de dano.

■ **QUESTÃO 3:** Em 5 de fevereiro de 2017, Anderson trafegava em alta velocidade pela via pública com sua motocicleta quando, perdendo controle do veículo, saiu da pista e colidiu contra a porta frontal da casa de Alcides. A colisão não apenas destruiu a porta como também causou um abalo estrutural na fachada da casa, cujos reparos foram extremamente custosos para Alcides. Aborrecido com o acontecimento, Alcides permaneceu muito tempo recusando-se a pensar novamente no acontecido. Em 28 de janeiro de 2020, porém, aconselhado por um advogado, Alcides ingressou com uma ação judicial em face de Anderson, reclamando o prejuízo financeiro sofrido. Em 28 de maio de 2020, foi proferido, pelo juízo competente, o despacho de citação do réu, tendo a citação ocorrido em 5 de junho de 2020. A respeito desse caso, responda aos itens a seguir.

A) A pretensão de Alcides ainda era exigível ao tempo do ajuizamento da ação? Justifique. (Valor: 0,65)

B) Tendo em vista a data em que foi proferido, o despacho de citação teve o efeito de interrupção do prazo prescricional em favor do autor? Justifique. (Valor: 0,60)

Obs.: o(a) examinando(a) deve fundamentar suas respostas. A mera citação do dispositivo legal não confere pontuação.

■ RESPOSTAS

A) Sim. A pretensão deduzida por Alcides tem, por fundamento, a prática de ilícito extracontratual por parte de Anderson. Assim, aplica-se ao caso o prazo prescricional previsto pelo art. 206, § 3º, inciso V, do CC, para as pretensões oriundas da responsabilidade civil. Como a ação foi ajuizada antes do decurso do prazo de três anos, a contar da data em que provocado o dano, a pretensão de Alcides ainda era plenamente exigível.

B) Sim. Embora proferido após o decurso do prazo de três anos, a contar do surgimento da pretensão autoral, o despacho de citação teve o condão de provocar a interrupção do prazo prescricional em favor do autor, porque, uma vez ultimada a citação do réu, o efeito interruptivo da prescrição retroage à data de propositura da ação, nos termos do art. 240, § 1º, do CPC. Portanto, no caso em tela, operou-se a interrupção da prescrição em favor de Alcides.

■ **QUESTÃO 4:** Ricardo comprou de Wagner um pequeno imóvel residencial no centro da cidade, objetivando locar o bem a terceiros e fazer dele uma fonte de renda. Poucos meses após a compra, Ricardo celebrou seu primeiro contrato de locação do imóvel, com o inquilino Tiago, pelo prazo determinado de um ano. Nesse mesmo dia, Ricardo foi citado em ação judicial movida contra ele por Valéria. Na ação, a autora reivindica o imóvel (do qual afirma ser a legítima proprietária) e demonstra, já no acervo probatório acostado à petição inicial, que Wagner fraudou documentos para se fazer passar por dono do bem. A surpresa de Ricardo foi enorme, pois jamais suspeitara de qualquer irregularidade na contratação com Wagner. À luz dos fatos descritos, responda aos itens a seguir.

A) Caso venha a perder o imóvel em favor de Valéria, quais valores pode Ricardo exigir de Wagner e a que título? Justifique. (Valor: 0,65)

B) Pode Ricardo exigir de Wagner tais valores no âmbito da própria ação movida por Valéria? Justifique. (Valor: 0,60)

Obs.: o(a) examinando(a) deve fundamentar suas respostas. A mera citação do dispositivo legal não confere pontuação.

■ **RESPOSTAS**

A) Caso venha a sofrer a evicção do imóvel, Ricardo faz jus não apenas à restituição do preço pago pela coisa, mas também à indenização dos lucros cessantes referentes aos aluguéis, que obteria de Tiago pelo prazo de um ano e que deixou de auferir em decorrência da perda da coisa, das despesas de contrato, custas judiciais e honorários advocatícios, conforme o art. 450 do CC.

B) Sim. Faculta-se a Ricardo promover a denunciação da lide a Wagner, alienante imediato do bem, para exercer os direitos que da evicção lhe resultam, nos termos do art. 125 inciso I do CPC.

26 XXXV EXAME DE ORDEM UNIFICADO

PEÇA PROFISSIONAL

■ **ENUNCIADO:** Jorge, empresário, decide delegar a gestão de seus bens imóveis a Miguel. Assim o faz, por via de contrato, no qual outorga poderes gerais a Miguel, de modo a extrair os melhores resultados financeiros na administração dos bens. Estipulou-se que, a cada operação de gestão que resultasse lucrativa, o outorgado teria direito à remuneração de 5% (cinco por cento) sobre a receita gerada. Miguel, então, decide vender um apartamento de Jorge, em nome deste, porque Maria fez uma oferta para pagamento de preço apenas 10% abaixo do mercado, colocando-se à disposição para o pagamento à vista, no valor de R$ 1.000.000,00 (um milhão de reais). Miguel, então, em nome de Jorge, firmou, com Maria, instrumento particular de compromisso de compra e venda, recebendo um sinal de R$ 20.000,00 (vinte mil reais). Ato contínuo, comunicou a Jorge acerca da transação finalizada, informando que irá transferir o valor da venda, com a dedução de sua remuneração, compensando os valores. Revoltado, Jorge esbraveja com Miguel, acusando-o de prometer a venda de um imóvel que não era para ser alienado, ressaltando que os poderes que lhe foram outorgados não abrangiam o direito de alienar imóveis. Pediu-lhe que desfizesse o negócio, deixando claro que ele não tem poder para vender seus imóveis, uma vez que não tem interesse em se desfazer deles. Miguel aceita a crítica, comunicando que conseguiu desfazer a operação contratual com Maria, mas informou que lhe é devido o valor de 5% da venda

(R$ 50.000,00), pelo esforço despendido, fazendo incidir a cláusula de remuneração. Afirma, ainda, que teve de devolver o sinal, em dobro, para Maria, totalizando R$ 40.000,00 (quarenta mil reais). Solicita, assim, o depósito de R$ 90.000,00 (noventa mil reais) em sua conta. Indignado, Jorge não efetua o pagamento, revogando os poderes concedidos a Miguel. Dias depois, recebe mandado de citação da 1ª Vara Cível da Comarca de Curitiba, para integrar o polo passivo da Ação de Cobrança movida por Miguel. Na qualidade de advogado(a) de Jorge, elabore a peça processual cabível para tutelar os interesses de seu cliente, indicando requisitos e fundamentos nos termos da legislação vigente. (Valor: 5,00)

Obs.: a peça deve abranger todos os fundamentos de Direito que possam ser utilizados para dar respaldo à pretensão. A simples menção ou transcrição do dispositivo legal não confere pontuação.

■ **GABARITO COMENTADO:** Cabe a Jorge, na forma do art. 335 do CPC, oferecer contestação, tempestiva e no prazo de 15 dias, com os seguintes fundamentos: O contrato firmado entre Jorge e Miguel é qualificado como contrato de mandato, regulado pelo art. 653 e seguintes do Código Civil. Na hipótese vertente, como Jorge (mandante) outorgou apenas poderes gerais para Miguel (mandatário) gerir seus imóveis, sua representação se limitava aos poderes de administração, como delimita o art. 661, *caput*, do Código Civil. A propósito, o art. 661, § 1º, esclarece que para alienar (...) depende a procuração de poderes especiais e expressos, razão pela qual a ausência de tais poderes – especiais e expressos – importa exercício exorbitante do mandato. O art. 662 do Código Civil prevê que os atos praticados por quem não tenha poderes suficientes são ineficazes em relação àquele em cujo nome foram praticados, salvo se os ratificar. Como Jorge não emitiu ratificação, expressa ou tácita, trata-se de negócio jurídico ineficaz perante o mandante, proprietário do imóvel. Por outro lado, o mandante só tem o dever de pagar a remuneração ao mandatário na conformidade do mandato conferido, segundo o art. 675 ou 676 ambos do CC. Finalmente, incabível o pedido de reembolso do prejuízo que o mandatário teve com a restituição das arras, em dobro, à promitente compradora, na medida em que é do mandatário a obrigação de indenizar qualquer prejuízo causado por sua culpa, como preceitua o art. 667, *caput*, do Código Civil. Portanto, a ação deve ter seus pedidos julgados improcedentes.

Distribuição dos Pontos

ITEM	PONTUAÇÃO
Endereçamento	
1. A peça de defesa deve ser apresentada perante o juízo onde a ação foi distribuída, 1ª Vara Cível da Comarca de Curitiba (0,10).	0,00;0,10
2. Qualificação do réu, Jorge (0,10), e do autor, Miguel (0,10).	0,00;0,10;0,20
Tempestividade	
3. Demonstrar a tempestividade da peça, oferecida dentro do prazo de 15 dias úteis (0,10), na forma do art. 335 do CPC (0,10).	0,00;0,10;0,20
Fundamentação Jurídica/Legal	
4. Qualificar o contrato de mandato (0,50), na forma do art. 653 do CC (0,10).	0,00;0,50;0,60
5. Demonstrar que os poderes gerais outorgados implicam apenas poderes de administração (0,50), nos termos do art. 661, *caput*, do CC (0,10).	0,00;0,50;0,60
6. Destacar que para alienar os imóveis dependeria de procuração com poderes especiais e expressos (0,50), nos moldes do art. 661, § 1º, do CC (0,10).	0,00;0,50;0,60
7. Apontar que o exercício exorbitante do mandato gera a ineficácia do ato em relação àquele em cujo nome foi praticado (0,40), na medida que não houve ratificação do ato praticado (0,20) na forma do art. 662 do CC (0,10).	0,00;0,20;0,30 0,40;0,50;0,60;0,70
8. Asseverar que o mandante só tem o dever de pagar a remuneração ao mandatário nos limites do mandato conferido (0,50), como determina o art. 675 ou o art. 676, ambos do CC (0,10).	0,00;0,50;0,60
9. Indicar que não tem o dever de restituir o prejuízo pelo pagamento das arras em dobro (0,20), porque é do mandatário a obrigação de indenizar qualquer prejuízo causado por culpa sua (0,30), como preceitua o art. 667, *caput*, do CC (0,10).	0,00;0,20;0,30; 0,40;0,50;0,60
Pedidos	
10. Improcedência dos pedidos fixados na inicial (0,30), na forma do art. 487, inciso I, do CPC (0,10).	0,00;0,30;0,40
11. Condenação em custas e/ou despesas processuais (0,10).	0,00;0,10
12. Condenação em honorários de sucumbência (0,10).	0,00;0,10
13. Protesto pela produção de provas (0,10).	0,00;0,10
Fechamento	
14. Local, data, nome e OAB (0,10).	0,00;0,10

PEÇA

EXCELENTÍSSIMO SR. DR. JUIZ DE DIREITO DA 1ª VARA CÍVEL DA COMARCA DE CURITIBA, ESTADO DO PARANÁ.

Processo n.

JORGE, já devidamente qualificado nos autos em epígrafe desta Ação de Cobrança que lhe move MIGUEL, vem por seu procurador que esta subscreve, nos termos da procuração anexa, perante Vossa Excelência, com todo o acatamento e respeito, oferecer

Contestação

pelos motivos de fato e de direito a seguir deduzidos, para que a presente ação seja julgada improcedente, conforme abaixo se requer.

Da Tempestividade

Verifica-se que a presente defesa é apresentada dentro do prazo legal de 15 dias, na forma do art. 335 do CPC, diante da análise da data da intimação e sua certificação realizada nos autos e a data do protocolo desta.

Dos Fatos

Aduz o Autor na peça vestibular que possui procuração para administrar bens imóveis do Réu e que teria alienado um imóvel para terceiro, contudo, por ordem do Réu, desfez o contrato celebrado o que teria lhe causado prejuízos que devem ser ressarcidos e ou indenizados pelo Réu.

Diante disso, além do valor devido a título de sua comissão, pelos gastos que teve, requer lhe seja pago o valor do dobro do sinal recebido que pagou para a pretensa compradora, alegando que os prejuízos advieram por culpa e risco do Réu que não aceitou a realização da venda.

Diz que conseguiu desfazer a operação contratual com Maria, mas informou que lhe é devido o valor de 5% da venda (R$ 50.000,00), pelo esforço despendido, e a restituição do valor que teve de devolver a título de sinal, em dobro, para Maria, totalizando R$ 40.000,00 (quarenta mil reais). Requer ao final seja o Réu condenado ao pagamento de R$ 90.000,00 (noventa mil reais) acrescido dos efeitos legais.

Do Mérito

A pretensão do Autor carece de fundamento jurídico devendo a ação ser julgada totalmente improcedente.

É preciso verificar que as partes celebraram um contrato de mandato, na forma disposta pelo art. 653 do Código Civil, sendo certo que os poderes gerais outorgados pelo Réu ao Autor implicam apenas nos poderes de administrar seus interesses e bens, conforme previsão do art. 661, *caput*, do CC. Para a comprovação basta avaliar o teor da procuração celebrada pelas partes, conforme anexado pelo próprio Autor com sua inicial (doc.).

Sendo assim, torna-se manifesto e induvidoso que o Autor não tinha poderes para alienar bens imóveis, pois para tanto dependeria de poderes e procuração específica, o que é exigível pela legislação, conforme previsão do mesmo art. 661, § 1º, do CC.

Não se questiona o fato de que o Autor celebrou negocio jurídico com terceira pessoa, mas sim a validade deste ato jurídico, pois estamos diante de verdadeiro ato praticado com excesso pelo mandatário. O exercício exorbitante do mandato gera a ineficácia do ato em relação àquele em cujo nome foi praticado, na medida em que não autorizado e não ratificado pelo mandante, o que exigível pelo art. 662 do CC.

Qualquer remuneração devida pelo mandante ao mandatário somente seria devida nos limites do mandato conferido e não no caso de sua extrapolação, como é o caso dos autos, tudo conforme previsto nos arts. 675 e/ou 676 do CC.

Da mesma forma, assim como não é devida qualquer remuneração pelo Réu ao Autor, não é exigível daquele a restituição de valores pagos ao terceiro pretendente comprador a título de sinal, tendo em vista que a obrigação de indenizar o terceiro, neste caso, é do próprio Autor, pois que o prejuízo e tal obrigação foi gerado por sua culpa, dada a ausência de autorização para alienar o imóvel, na forma do art. 667, *caput*, do CC.

Portanto, não estando autorizado o Autor a alienar imóvel do Réu, está comprovado que a promessa de venda realizada e o desfazimento de tal relação contratual, conforme exposto acima, não permitem que o Réu seja cobrado e seja obrigado ao pagamento de qualquer valor a título de remuneração ou indenização, razão pela qual a pretensão autoral é improcedente.

Dos Pedidos

Por todo o exposto, requer-se de Vossa Excelência:

a) Que sejam julgados improcedentes todos os pedidos formulados na inicial, nos termos do art. 487, I, do CPC, com a extinção do feito mediante resolução do mérito.

b) Que seja o Autor condenado ao pagamento dos honorários sucumbenciais, despesas e custas processuais de sucumbência.

Protesta-se provar o alegado por todos os meios de prova em direitos admitidos.

Termos em que,
Pede Deferimento.
Local, data.
Advogado.
OAB n.

XXXV – EXAME DE ORDEM UNIFICADO – QUESTÕES

■ **QUESTÃO 1:** Rafael, ao chegar com seu filho gravemente doente em um hospital particular, concordou em pagar R$ 200.000,00 (duzentos mil reais), valor muito superior ao ordinariamente praticado, para submetê-lo a uma cirurgia cardíaca, imprescindível à manutenção de sua vida. Rafael assinou confissão de dívida no valor acordado, mas, ante a ausência de condições financeiras para cumpri-la, desesperado, ligou para você, como advogado(a), para que avaliasse a possibilidade de ajuizamento de ação judicial, tendo em vista que não possuía o valor acima mencionado. Sobre a situação hipotética apresentada, responda aos itens a seguir.

A) Essa situação caracteriza-se como causa de invalidade do negócio? (Valor: 0,65)

B) Caso Rafael se recuse a efetuar o pagamento, pode ser proposta ação judicial buscando unicamente tutela antecipada que ampare o direito da criança à vida? (Valor: 0,60)

Obs.: o(a) examinando(a) deve fundamentar suas respostas. A mera citação do dispositivo legal não confere pontuação.

■ **RESPOSTAS**

A. Sim, é causa de invalidação do negócio jurídico por se caracterizar o estado de perigo, segundo o art. 156 ou art. 171, II, ambos do CC.

B. Sim, ele pode propor a ação unicamente com o pedido de tutela antecipada antecedente, na forma do art. 303 do CPC.

■ **QUESTÃO 2:** José é casado com Marcela, com quem teve 3 filhos. No dia 24 de dezembro de 2018, José saiu de casa, falando que iria comprar vinho para a ceia de Natal, mas nunca mais voltou. Alguns dias depois, Marcela recebeu a notícia que José fugira com sua amante, Kátia. Marcela, que não possui outro imóvel para morar com seus filhos, permaneceu na residência do casal, um apartamento de 200m² no bairro do Leblon, na cidade do Rio de Janeiro. Sobre o caso, responda aos itens a seguir.

A) Em relação a usucapião familiar, a hipótese narrada preenche os requisitos para seu deferimento? Justifique. (Valor: 0,65)

B) Considere que a ação de usucapião foi julgada procedente e que já transitou em julgado, sendo omissa quanto ao direito dos honorários de sucumbência do advogado de Marcela. Você poderá cobrar os honorários omitidos? (Valor: 0,60)

Obs.: o(a) examinando(a) deve fundamentar suas respostas. A mera citação do dispositivo legal não confere pontuação.

■ **RESPOSTAS:**

A) Sim. No caso em questão, quando José abandonou o lar, Marcela e os filhos ficaram residindo no único imóvel de sua propriedade, de forma ininterrupta e sem oposição, localizado em área urbana, com menos de 250m², por mais de 2 anos, atendendo aos requisitos previstos no art. 1.240-A do CC.

B) Sim. Na forma do art. 85, § 18, do CPC, caso a decisão transitada em julgado seja omissa quanto ao direito aos honorários, é cabível ação autônoma para sua definição e cobrança.

■ **QUESTÃO 3:** Juliana embarcou em um ônibus da empresa ABC Turismo com destino à cidade de São Paulo. O motorista conduzia o veículo em alta velocidade e, em uma curva mais acentuada, o ônibus capotou, deixando vários passageiros feridos – dentre eles Juliana, que sofreu uma violenta queda, que lhe provocou um trauma no punho direito, além de escoriações e hematomas por todo o corpo. Após recuperar-se do acidente, Juliana procura você, como advogado(a), para propor uma ação indenizatória por danos morais, considerando se tratar de uma relação de consumo. Sobre a hipótese narrada, responda aos itens a seguir.

A) A empresa ABC Turismo deve ser responsabilizada pelos danos decorrentes do acidente? Em caso afirmativo, qual seria a natureza da responsabilidade civil da ABC Turismo? (Valor: 0,65)

B) Qual o foro competente para processar a ação indenizatória? (Valor: 0,60)

Obs.: o(a) examinando(a) deve fundamentar suas respostas. A mera citação do dispositivo legal não confere pontuação.

- **RESPOSTAS**

A) Sim. O transportador, na forma do art. 734 do CC ou do art. 14, *caput*, do CDC, responde pelos danos causados às pessoas transportadas. A responsabilidade é objetiva, nos termos do art. 14 do CDC, que determina que o fornecedor de serviços responde, independentemente da existência de culpa, pela reparação dos danos causados aos consumidores por defeitos relativos à prestação dos serviços.

B) Em razão de ser ação que envolva acidente de veículos decorrente de uma relação de consumo, a ação indenizatória poderá ser processada no foro do local do fato ou do domicílio de Juliana, como determina o art. 53, V do CPC ou art. 101, inciso I, do CDC.

- **QUESTÃO 4:** Em 2017, ao ter o vínculo de filiação paterna constituído por sentença, em ação de investigação de paternidade, proposta por seu filho Jorge, Antônio foi condenado a pagar alimentos. A partir de então, Antônio vinha honrando com sua obrigação pontualmente. A sua expectativa era arcar com a obrigação até que seu filho completasse 18 anos, em 21 de dezembro de 2021. Passada a data, Antônio já não realizou mais qualquer pagamento. Jorge terminou o Ensino Médio ao mesmo tempo em que alcançou a maioridade, em dezembro de 2021. Em junho de 2022, Antônio é citado em execução de alimentos, pelo rito da penhora, recusando-se a pagar o saldo devedor, já acumulado em R$ 18.000,00 (dezoito mil reais). Antônio opõe embargos à execução, autuados em apartado, ao argumento principal de que a obrigação alimentar cessou com a maioridade, considerando que, nos meses subsequentes, seu filho já não estava matriculado em qualquer curso, cessando a relação de dependência entre pai e filho. Jorge argumenta, em defesa, que estava se preparando para o vestibular com cursos online, informando que obteve a aprovação recente e já está matriculado no curso de graduação em Engenharia Mecânica, com início em agosto de 2022, sendo devida a obrigação até a conclusão do curso. Por sua vez, nos autos da execução, Jorge indica o único imóvel residencial de Antônio à penhora, cujo valor é suficiente para pagar os alimentos vencidos e vincendos no curso do processo. Diante desses fatos, responda aos itens a seguir.

A) Caso os embargos à execução sejam julgados improcedentes, o juízo pode determinar a penhora do único imóvel residencial de Antônio? Justifique. (Valor: 0,60)

B) Em termos processuais, poderia Antônio cessar o pagamento da obrigação sem prévia autorização judicial? Justifique. (Valor: 0,65)

Obs.: o(a) examinando(a) deve fundamentar suas respostas. A mera citação do dispositivo legal não confere pontuação.

▪ RESPOSTAS

A) Sim. Em regra, o único imóvel residencial do devedor é qualificado como bem de família, dotado do atributo da impenhorabilidade por dívidas civis, comerciais, fiscais, previdenciária ou de qualquer natureza, por força de lei (art. 1º, *caput*, da Lei n. 8.009/90), salvo se a execução for movida, dentre outras exceções, "pelo credor de pensão alimentícia, resguardados os direitos sobre o bem, do seu coproprietário que, com o devedor, integre união estável ou conjugal, observadas as hipóteses em que ambos responderão pela dívida" (art. 3º, inciso III, da Lei n. 8.009/90). Portanto, ainda que se trate de bem de família, cuida-se de bem passível de penhora.

B) Não. A extinção da obrigação alimentar do filho que alcança a maioridade sempre dependerá de decisão judicial, exarada sob o crivo do contraditório, seja em ação autônoma de exoneração de alimentos, seja por via de pedido formulado nos próprios autos, como bem definido pelo verbete de Súmula 358 do Superior Tribunal de Justiça.

27 XXXVI – EXAME DE ORDEM UNIFICADO
PEÇA PROFISSIONAL

■ **ENUNCIADO:** João ajuizou ação monitória em face de Daniel, instruída com instrumento particular de confissão de dívida, assinada por Daniel e sem assinatura de testemunhas, em que Daniel confessa ser devedor da quantia de R$ 200.000,00 em favor de João, resultante de contrato de mútuo anteriormente firmado entre as partes, e assumindo o compromisso de efetuar a quitação integral do débito em 30 dias, a contar da assinatura do instrumento particular de confissão de dívida. João recolheu devidamente as custas judiciais.

Daniel, regularmente citado, opõe embargos monitórios, sustentando como tese defensiva e não instruindo sua defesa com qualquer documento, que o valor pleiteado por João é excessivo, sem indicar o montante que entende correto. Em acréscimo, aponta que João somente lhe disponibilizou R$ 100.000,00, razão pela qual o pagamento do montante de R$ 200.000,00, em seu entender, é indevido.

Em resposta aos embargos, João, preliminarmente, pugnou pelo não conhecimento dos embargos monitórios, ante a falta de indicação do valor que entende correto. Quanto ao mérito, aponta que o valor de R$ 200.000,00, alegadamente excessivo, é resultante da soma da quantia emprestada a Daniel, equivalente a R$ 180.000,00, e R$ 20.000,00 dizem respeito à cláusula penal e aos juros compensatórios que foram pactuados entre as partes na hipótese de descumprimento da avença.

Além disso, João apontou que houve o empréstimo do valor de R$ 180.000,00, instruindo sua resposta com extratos bancários que comprovam a efetiva transferência desta soma para Daniel.

O juízo da 2ª Vara Cível da Comarca do Rio de Janeiro, que não se manifestou na sentença acerca da preliminar levantada e da defesa apresentada por João, julgou procedentes os embargos monitórios, entendendo pela improcedência da pretensão de João, deixando de constituir o título executivo e o condenando ao pagamento das custas e honorários advocatícios. Após a prolação da sentença, foram rejeitados embargos de declaração por decisão publicada em 03/06/2021, quinta-feira.

Na qualidade de advogado de João, elabore a peça processual cabível em defesa de seus interesses. O recurso deverá ser datado no último dia do prazo para sua apresentação. Desconsidere a existência de feriados nacionais ou locais. (Valor: 5,00)

Obs.: a peça deve abranger todos os fundamentos de Direito que possam ser utilizados para dar respaldo à pretensão. A simples menção ou transcrição do dispositivo legal não confere pontuação.

■ **GABARITO COMENTADO:** A peça processual a ser elaborada é a apelação em embargos monitórios (art. 702, § 9º c/c o art. 1.009, ambos do CPC).

A apelação deve ser endereçada ao Juízo de Direito da 2ª Vara Cível da Comarca do Rio de Janeiro. O apelante é João e o apelado é Daniel. Deve ser indicada a tempestividade da peça recursal, na forma do art. 1.003, § 5º, do CPC, e indicar ter efetuado o preparo do recurso, na forma do art. 1.007 do CPC. Tendo em vista que a publicação ocorreu no dia 03/06/2021, quinta-feira, o termo final para apresentação da apelação é o dia 24/06/2021, considerando o prazo de 15 dias.

João, preliminarmente, deve sustentar que a sentença é nula ante a ausência de fundamentação, tendo descumprido o disposto no art. 489, § 1º, inciso IV, do CPC ou art. 11 do CPC ou art. 93, inciso IX, da CF.

Em acréscimo, deve-se apontar que Daniel não indicou o valor que entende correto, violando o art. 702, § 2º, do CPC, tampouco trouxe aos autos demonstrativo discriminado e atualizado da dívida. Tal omissão enseja o não conhecimento/rejeição da alegação de excesso nos embargos monitórios, na forma do art. 702, § 3º, do CPC.

Quanto ao mérito, João deve indicar que, nos termos do art. 586 do CC, o mutuário é obrigado a restituir ao mutuante o que dele recebeu, acrescido dos juros compensatórios e cláusula penal pactuada (art. 408 do CC).

João deve requerer a nulidade da sentença. Além disso, em razão de o processo se encontrar em condições de imediato julgamento, João deve requerer que o Tribunal julgue improcedente o pedido dos embargos monitórios opostos por Daniel, com lastro no art. 488 e no art. 702, §§ 2º e 3º, ambos do CPC, e constitua o título executivo judicial.

Deve-se requerer a inversão dos ônus da sucumbência.

Por fim, local, data (24/06/2021), assinatura e inscrição OAB.

Distribuição dos Pontos

ITEM	PONTUAÇÃO
Endereçamento	
1. A apelação deve ser dirigida ao Juízo de Direito da 2ª Vara Cível da Comarca do Rio de Janeiro (0,10).	0,00;0,10
2. As razões devem ser dirigidas ao Tribunal de Justiça do Rio de Janeiro (0,10).	0,00;0,10
Partes	
3. Nome e qualificação de João (apelante) (0,10) e de Daniel (apelado) (0,10).	0,00;0,10;0,20
Tempestividade	
4. Interposição no prazo de 15 dias (0,10), ou seja, 24/06/21 (0,10), último dia do prazo, na forma do art. 1.003, § 5º, do CPC (0,10).	0,00;0,10;0,20;0,30
Regularidade Formal	
5. Preparo (0,10), na forma do art. 1.007 do CPC (0,10).	0,00;0,10;0,20
6. Intimação do apelado para a oferta de contrarrazões (0,20), na forma do art. 1.010, § 1º, do CPC (0,10).	0,00;0,20;0,30
7. Exposição dos fatos (0,10).	0,00;0,10
Fundamentação Jurídica/Legal	
8. Nulidade da sentença ante a ausência de fundamentação (0,50), tendo descumprido o disposto no art. 489, § 1º, inciso IV, do CPC ou no art. 11 do CPC ou no art. 93, inciso IX, da CF (0,10).	0,00;0,50;0,60
9. O apelado não declarou o valor que entende correto ou apresentou o demonstrativo da dívida (0,50), violando o art. 702, § 2º, do CPC (0,10).	0,00;0,50;0,60
10. A omissão de Daniel enseja o não conhecimento/rejeição da alegação de excesso nos embargos monitórios (0,50), na forma do art. 702, § 3º, do CPC (0,10).	0,00;0,50;0,60
11.a. O mutuário é obrigado a restituir o valor emprestado (0,50), nos termos do art. 586 do CC (0,10).	0,00;0,50;0,60
11.b. Acrescido dos juros compensatórios (0,10).	0,00;0,10
11.c. Acrescido da cláusula penal pactuada (0,10), nos termos do art. 408 do CC (0,10).	0,00;0,10;0,20
Pedidos	
12. Declaração de nulidade da sentença (0,25).	0,00;0,25

13.a. Reforma da sentença (0,20).	0,00;0,20
13.b. Julgamento de improcedência/rejeição do pedido dos embargos monitórios (0,15).	0,00;0,15
13.c. Constituição do título executivo judicial (0,10).	0,00;0,10
14. Inversão dos ônus de sucumbência (0,20). **ou** Condenação do recorrido ao pagamento das custas (0,10) e dos honorários advocatícios (0,10).	0,00;0,10;0,20
Fechamento	
15. Local, data (24/06/2021), assinatura e inscrição OAB (0,10).	0,00;0,10

PEÇA PROFISSIONAL

EXCELENTÍSSIMO SENHOR DOUTOR JUIZ DE DIREITO DA 2ª VARA CÍVEL DA COMARCA DO RIO DE JANEIRO/RJ

Processo n. [número do processo]

JOÃO [sobrenome], [nacionalidade], [estado civil], [profissão], portador do RG n. [número] e inscrito no CPF sob o n. [número], residente e domiciliado à [endereço completo], por seu advogado que esta subscreve (procuração anexa – Doc. 01), inscrito na OAB/[UF] sob o n. [número], com escritório profissional situado à [endereço do escritório], onde recebe intimações, vem, respeitosamente, perante Vossa Excelência, com fundamento no art. 702, § 9º c/c o art. 1.009, ambos do Código de Processo Civil (CPC), interpor

Apelação

em face da sentença proferida nos autos dos embargos monitórios opostos por DANIEL [sobrenome], pelos motivos de fato e de direito a seguir expostos:

I. Da Tempestividade

O presente recurso é tempestivo, considerando que a decisão foi publicada em 03/06/2021 e, conforme o art. 1.003, § 5º, do CPC, o prazo para interposição de apelação é de 15 dias úteis, tornando o último dia para a presente interposição o dia 24/06/2021. Informa-se, outrossim, que foi realizado o devido preparo, conforme determina o art. 1.007 do CPC.

II. Da Nulidade da Sentença por Ausência de Fundamentação

A nulidade da sentença emanada deve ser declarada em razão de sua flagrante ausência de fundamentação, configurando violação direta ao disposto no art. 489, § 1º, inciso IV, do CPC, art. 11 do CPC, e art. 93, inciso IX, da Constituição Federal. A decisão judicial careceu de análise detalhada dos argumentos apresentados na defesa, desconsiderando a prova documental que corroborava a versão dos fatos trazida pelo Apelante.

O magistrado limitou-se a um julgamento superficial, sem adentrar na essência das alegações e provas apresentadas. A fundamentação das decisões judiciais não é mera formalidade processual, mas um direito das partes, garantindo-lhes a compreensão das razões que levaram ao convencimento do julgador, sendo essencial para a validade do ato judicial.

III. Da Violação ao Art. 702 do CPC pelo Apelado

É imperativo ressaltar a inobservância, por parte do Apelado, das normas processuais estipuladas no art. 702, §§ 2º e 3º, do CPC. Ao opor embargos monitórios, o Apelado deveria ter especificado o valor que entendia ser correto, além de apresentar um demonstrativo discriminado e atualizado da dívida, como exige a legislação.

A falta desta especificação é uma violação processual significativa, que compromete a integridade e eficácia dos embargos apresentados. Tal omissão impede a adequada apreciação da questão pelo judiciário, uma vez que não permite ao magistrado e à parte contrária compreenderem completamente a base dos argumentos apresentados pelo devedor, prejudicando assim o contraditório e a ampla defesa.

IV. Do Mérito

No mérito, a obrigação do Apelado em restituir o montante mutuado com os acréscimos legais é incontroversa, nos termos do art. 586 do Código Civil. A documentação apresentada pelo Apelante, consistindo em extratos bancários, demonstra inequivocamente a transferência de R$ 180.000,00, ratificando a existência e a extensão do mútuo.

Ademais, os juros compensatórios e a cláusula penal, que somam R$ 20.000,00, estão de acordo com o art. 408 do Código Civil, e refletem a penalidade pelo inadimplemento do Apelado. Esses acréscimos são práticas comuns em contratos de mútuo e visam a garantir o cumprimento da obrigação assumida, sendo perfeitamente válidos e exigíveis.

Portanto, o montante de R$ 200.000,00 pleiteado não é excessivo, mas sim uma consequência direta e legal dos termos acordados entre as partes.

V. Dos Pedidos

Ante o exposto, requer-se:

a) A declaração de nulidade da sentença por falta de fundamentação, com a consequente anulação dos atos decisórios subsequentes.

b) Subsidiariamente, caso não seja acolhida a preliminar, requer-se o provimento do recurso para que sejam julgados improcedentes os embargos monitórios opostos por Daniel, com fundamento no art. 488 e no art. 702, §§ 2º e 3º, do CPC, e seja constituído o título executivo judicial em favor de João.

c) A inversão do ônus de sucumbência, condenando o apelado ao pagamento das custas processuais e honorários advocatícios.

Termos em que,

Pede deferimento.

Rio de Janeiro/RJ, 24 de junho de 2021.
[Assinatura do advogado]
[Nome do advogado]
OAB/[UF] n. [número]

XXXVI – EXAME DE ORDEM UNIFICADO – QUESTÕES

■ **QUESTÃO 1:** André ajuizou ação pelo procedimento comum em face do Condomínio do Edifício Lotus, com pedido de tutela provisória da evidência, requerendo a condenação deste a se abster de impedir a utilização de áreas comuns do edifício (piscina e garagem) em razão do inadimplemento de cotas condominiais. Há tese firmada em sede de incidente de resolução de demandas repetitivas, julgado pelo

Tribunal de Justiça ao qual o juízo do feito é vinculado, favorável à pretensão de André, e as alegações de fato formuladas pelo autor estão amparadas exclusivamente em prova documental. O juízo, antes da citação do Condomínio do Edifício Lotus, concede tutela provisória da evidência em favor de André, nos termos requeridos na petição inicial. O condomínio, regularmente citado, apresentou contestação três dias após o prazo final de sua defesa, requerendo a produção de prova pericial, com vistas a contrapor alegação formulada por André em sua petição inicial. Na decisão de saneamento e organização do processo, o juízo decretou a revelia do Condomínio do Edifício Lotus, bem como deferiu o pedido de produção de prova pericial. André, então, apresentou pedido de esclarecimento, aduzindo que o réu, por ser revel, não poderia requerer a produção de prova. Responda, de maneira fundamentada, aos itens a seguir.

A) O condomínio pode impedir a utilização de áreas comuns por condômino inadimplente? Justifique. (Valor: 0,65)

B) Ao réu revel, mesmo após decretada sua revelia, é lícita a produção de prova? Justifique. (Valor: 0,60)

Obs.: o(a) examinando(a) deve fundamentar suas respostas. A mera citação do dispositivo legal não confere pontuação.

▪ RESPOSTAS:

A) André possui o direito inerente de utilizar as áreas comuns do condomínio, conforme estabelecido no art. 1335, inciso II, do Código Civil Brasileiro. Esse direito é garantido a todos os condôminos, independentemente da regularidade de seus pagamentos. O instrumento correto para o condomínio coibir inadimplências é exigir o pagamento das cotas condominiais atrasadas, como prescrito no art. 1336, § 1º, do Código Civil. Portanto, não se pode penalizar André impedindo-o de usar as áreas comuns por conta de sua inadimplência. O caminho legalmente adequado é o condomínio buscar as vias judiciais para a cobrança das dívidas pendentes.

B) Sim, mesmo o réu revel pode produzir provas, sobretudo na medida em que serão contrapostas às alegações formuladas pelo autor nos termos do art. 349 do Código de Processo Civil. A exigência é que ele se apresente no momento processual adequado, ou seja, que ainda não tenha sido iniciada a instrução probatória.

■ **QUESTÃO 2:** Ranieri celebra contrato com Marina, por instrumento particular, por via do qual ambas as partes prometem firmar acordo futuro de permuta de seus respectivos imóveis. Os bens de titularidade dos contraentes estão delineados no acordo, com indicação precisa de suas características, incluindo o número da matrícula imobiliária no Cartório de Registro de Imóveis, bem como o valor de mercado de cada um deles. As partes não previram cláusula de arrependimento. Na data indicada para a celebração da avença definitiva, Ranieri não comparece e informa à parte contrária (Marina) que não tem mais interesse na realização da operação contratual. Marina notifica Ranieri exigindo a realização do acordo projetado no contrato anterior, indicando prazo derradeiro de 15 (quinze) dias para o cumprimento da obrigação, sob pena de propositura de ação. Ranieri envia contranotificação mantendo a posição segundo a qual se nega a firmar o contrato definitivo de permuta, ao fundamento de que (i) não pode ser obrigado a contratar, levando-se em conta o princípio da liberdade contratual (autonomia privada), motivo pelo qual eventual ação está fadada ao julgamento de improcedência; (ii) o contrato anteriormente firmado possui vício formal, porque não foi realizado por escritura pública; (iii) não há, sequer, direito a perdas e danos, na medida em que Marina não teve qualquer prejuízo com a frustração de suas expectativas. Marina, assim, propõe ação em face de Ranieri, que contesta com os mesmos argumentos da contranotificação, negando-se a realizar o acordo. Sobre a hipótese apresentada, responda aos itens a seguir.

A) Na condição de advogado de Marina, indique os fundamentos para que ela possa exigir o cumprimento da obrigação de contratar. Justifique. (Valor: 0,65)

B) Nessa espécie de ação, o juiz tem o poder de, em sentença, substituir a vontade do contraente ou caberia apenas discutir a possibilidade de condenação ao pagamento de indenização de eventuais perdas e danos? Justifique. (Valor: 0,60)

Obs.: o(a) examinando(a) deve fundamentar suas respostas. A mera citação do dispositivo legal não confere pontuação.

■ **RESPOSTAS:**

A) A hipótese em análise refere-se ao contrato preliminar, uma modalidade contratual prevista no Código Civil Brasileiro, que estabelece um compromisso entre as partes de celebrarem um contrato definitivo posteriormente. Esse tipo de contrato está disposto no art. 462 do Código Civil, que determina que, exceto em relação à forma, o contrato preliminar deve conter todos os requisitos essenciais ao contrato a ser celebrado posteriormente. É relevante notar que, embora a forma escolhida para o contrato preliminar (documento particular) seja diferente da exigida para o contrato definitivo (escritura pública), o art. 462 do Código Civil não impõe uma forma específica para a celebração do contrato preliminar. Portanto, não há vício formal que comprometa a validade do contrato preliminar celebrado entre as partes. Dado que o contrato preliminar celebrado é válido, firme e não contempla cláusula de arrependimento, Marina possui o direito de exigir o cumprimento da obrigação de se celebrar o contrato definitivo. Esta prerrogativa está respaldada pelo art. 463 do Código Civil, que permite ao interessado exigir judicialmente a celebração do contrato definitivo, caso uma das partes se recuse a cumpri-lo.

B) Em situações em que a parte demandada se recusa a cumprir a obrigação de contratar, o ordenamento jurídico brasileiro prevê mecanismos para proteger a parte prejudicada. De acordo com o art. 464 do Código Civil, se após determinado prazo a parte inadimplente não manifesta sua vontade de contratar, o juiz pode, de maneira excepcional, substituir essa vontade, tornando o contrato preliminar em definitivo. A consequência jurídica desta substituição é que a sentença que reconhece tal procedência, após seu trânsito em julgado, possui a força e os efeitos da declaração original que não foi dada, como previsto no art. 501 do Código de Processo Civil. No tocante a reparação por possíveis prejuízos, o Código Civil estabelece em seu art. 464, parte final, que as perdas e danos são devidas apenas quando se torna inviável o cumprimento da obrigação ou, conforme art. 465, se a parte credora optar por considerar o contrato preliminar desfeito e, ao invés da execução específica, preferir a indenização. No entanto, o cenário proposto evidencia claramente o desejo de Marina em exigir a execução específica da obrigação oriunda do contrato preliminar, e não a busca por indenização.

■ **QUESTÃO 3:** Serafim, viúvo, pai de três filhos, é proprietário de um imóvel residencial e de um automóvel com três anos de uso. Com o claro propósito de proteção, ele doa, com cláusula de usufruto em seu favor, para sua filha caçula, Júlia, com dezenove anos de idade, o imóvel residencial, que corresponde a noventa por cento de todo seu patrimônio. João, filho mais velho de Serafim, solteiro, sentindo-se preterido, entra em contato com você, na qualidade de advogado(a), para que avalie a possibilidade de ajuizamento de ação judicial. Sobre a hipótese apresentada, responda aos itens a seguir.

A) A doação realizada na situação narrada é válida? Justifique. (Valor: 0,60)

B) Em caso de ajuizamento da ação, a demanda pode ser ajuizada somente em face de Serafim? Justifique. (Valor: 0,65)

Obs.: o(a) examinando(a) deve fundamentar suas respostas. A mera citação do dispositivo legal não confere pontuação.

■ **RESPOSTAS:**

A) Não. A doação feita por Serafim a Júlia é considerada inoficiosa, ou seja, ultrapassa o limite do que ele poderia doar sem prejudicar a legítima dos herdeiros necessários. O Código Civil, em seu art. 549, estabelece que a doação de todos os bens sem reserva de parte, ou renda suficiente para a subsistência do doador, é considerada inoficiosa. Portanto, a parte da doação que excede essa reserva torna-se nula, e os herdeiros necessários podem requerer judicialmente a sua anulação.

B) Não. No caso proposto, Júlia, sendo beneficiária direta da doação, tem interesse jurídico na lide, uma vez que a decisão pode afetá-la diretamente. O Código de Processo Civil, em seu art. 114, estabelece que o litisconsórcio será necessário por disposição de lei ou quando, pela natureza da relação jurídica controversa, a eficácia da sentença dependa da citação de todos que devam ser litisconsortes. Portanto, Júlia deverá ser integrada à demanda ao lado de Serafim, formando um litisconsórcio passivo necessário, para que a decisão judicial seja eficaz e abranja todos os envolvidos na questão.

■ **QUESTÃO 4:** Alexandre e Simone são irmãos e figuram como únicos herdeiros em processo de inventário dos bens deixados pela mãe, falecida em 2010. Alexandre vem passando por dificuldades financeiras e, para levantar recursos, decidiu vender sua parte do único imóvel objeto do inventário (três terrenos e uma casa de alvenaria). O imóvel está avaliado em R$ 700.000,00 e Alexandre tem um terceiro interessado na aquisição. Mesmo sabendo que Simone tem interesse em comprar sua parte da herança, em razão de desavenças familiares,

Alexandre prefere vender sua quota para outra pessoa estranha à sucessão. Sobre a situação hipotética, responda os itens a seguir.

A) Alexandre pode vender a sua quota hereditária para o terceiro interessado? Responda justificadamente indicando os respectivos dispositivos legais. Justifique. (Valor: 0,60)

B) Supondo que após o encerramento do inventário Alexandre e Simone descubram a existência de um terreno que não foi arrolado. O que os herdeiros devem fazer para partilhar esse bem? Justifique. (Valor: 0,65)

Obs.: o(a) examinando(a) deve fundamentar suas respostas. A mera citação do dispositivo legal não confere pontuação.

■ **RESPOSTAS:**

A) Não. Simone possui um direito preferencial em relação à compra da parte hereditária de Alexandre. De acordo com o Código Civil Brasileiro, em seu art. 1.794, está estabelecido que um co-herdeiro não pode ceder sua cota hereditária a um terceiro estranho à sucessão, caso outro co-herdeiro demonstre interesse em adquiri-la pelo mesmo preço. Deste modo, se Alexandre deseja vender sua parte e Simone expressa interesse em adquiri-la, ela possui a preferência na compra. Esta regra é estabelecida para proteger os interesses dos co-herdeiros e manter, sempre que possível, o patrimônio dentro do grupo de herdeiros, evitando a fragmentação excessiva da herança. Assim, caso Alexandre ignore esse direito de preferência de Simone e venda sua cota a um terceiro, a venda pode ser anulada e Simone poderá exigir seu direito em juízo.

B) Os herdeiros deverão propor a sobrepartilha desse terreno conforme previsão do art. 669, inciso II, ou art. 670, ambos do CPC.

28 XXXVII – EXAME DE ORDEM UNIFICADO

PEÇA PROFISSIONAL

■ **ENUNCIADO:** Ana celebrou, em 01/03/2022, com a revendedora de automóveis Velocidade, em Maceió, contrato de compra e venda de seu primeiro veículo, pelo valor de R$ 50.000,00. Na data da alienação, foram efetuados o pagamento integral da quantia devida e a entrega do bem, tudo mediante recibo. Em virtude de estar assoberbada de afazeres, Ana somente procurou o Detran/AL para realizar a transferência de registro de propriedade do automóvel em 10/12/2022, tendo sido impedida de fazê-lo por constar uma penhora desse bem, promovida em 20/11/2022 nos autos da Execução por título extrajudicial n. 12.345, em trâmite na 5ª Vara Cível de Maceió. Tal ação havia sido ajuizada em 15/07/2022 pela financeira XYZ em face de Velocidade, na qual a exequente buscava a satisfação de uma dívida de R$10.000,00, contraída em abril de 2022 e não quitada em seu vencimento, fixado para 10/05/2022. Em consulta aos autos da execução, Ana constatou que foi a executada Velocidade quem indicou à penhora o automóvel por ela adquirido. Tendo em vista a constrição existente em seu automóvel e o impedimento de transferência desse bem para seu nome, Ana busca uma solução jurídica para seu caso. Na qualidade de advogado(a) de Ana, elabore a peça processual cabível para a defesa dos interesses de sua cliente, indicando seus requisitos e fundamentos, nos termos da legislação vigente. (Valor: 5,00)

Obs.: a peça deve abranger todos os fundamentos de Direito que possam ser utilizados para dar respaldo à pretensão. A simples menção ou transcrição do dispositivo legal não confere pontuação.

■ **GABARITO COMENTADO:** A peça correta para defender os interesses de Ana é a petição inicial da ação de embargos de terceiro. O foro competente é o da 5ª Vara Cível de Maceió/AL, devendo ser requerida a distribuição por dependência aos autos da Execução n. 12.345, na forma do art. 676 do CPC. Ana deverá figurar como autora dos embargos de terceiro, tendo Velocidade e XYZ como réus. As partes devem estar devidamente qualificadas. A autora deverá indicar a tempestividade dos embargos de terceiro, nos termos do art. 675 do CPC. Ana deverá narrar os fatos em tela, alegando que a loja Velocidade também é legitimada passiva, nos termos do art. 677, § 4º, do CPC, na medida em que indicou à penhora o automóvel adquirido. Na petição inicial, deverá ser sustentado que Ana é a proprietária do automóvel, pois a transferência de propriedade do automóvel se deu com a tradição, na forma do art. 1.267 do CC. Portanto, não há fraude à execução, uma vez que a aquisição do veículo foi anterior à dívida/ação de execução (art. 792, inciso III, do CPC ou Súmula 375 do STJ). Ana deverá fazer a prova sumária de seu domínio e da qualidade de terceiro, mediante a juntada do contrato de compra e venda e do recibo de pagamento, conforme previsto no art. 677, *caput*, do CPC, requerendo a suspensão da penhora, com a manutenção provisória da posse, na forma do art. 678, *caput*, do CPC. Deverá ser formulado o pedido de cancelamento da penhora, com o reconhecimento do domínio do bem pela Autora, consoante o disposto no art. 681 do CPC. Ana deverá requerer a produção de todas as provas em direito admitidas, bem como a condenação dos réus nos ônus da sucumbência. Por fim, deverá ser indicado o valor da causa de R$ 50.000,00, por ser o valor do bem controvertido, encerrando-se a petição com local, data, assinatura e inscrição na OAB.

Distribuição dos Pontos

ITEM	PONTUAÇÃO
Regularidade Formal	
1. A petição inicial deve ser dirigida à 5ª Vara Cível da Comarca de Maceió/AL (0,10).	0,00/0,10
2. Distribuição por dependência à ação de Execução n. 12.345 (0,15), na forma do art. 676 no CPC (0,10).	0,00/0,15/0,25
3. Nome e qualificação das partes: Ana (autora) (0,10); XYZ (réu) (0,10) e *Velocidade* (réu) (0,10).	0,00/0,10/0,20/0,30
4. Tempestividade, nos termos do art. 675, do CPC (0,10).	0,00/0,10
Fatos e Fundamentos Jurídicos	
5. Síntese dos fatos (0,10).	0,00/0,10
6. *Velocidade* é legitimada passiva (0,15), pois indicou à penhora o automóvel adquirido (0,25), nos termos do art. 677, § 4º, do CPC (0,10).	0,00/0,15/0,25/ 0,35/0,40/0,50
7. Alegação de que Ana é a proprietária do automóvel (0,30), pois a transferência de propriedade do automóvel se deu com a tradição (0,20), nos termos do art. 1.267, do CC (0,10).	0,00/0,20/0,30/ 0,40/0,50/0,60
8. A alienação do veículo não configurou fraude à execução (0,30), pois sua aquisição foi anterior à dívida/ação de execução (0,20) (art. 792, do CPC **ou** Súmula 375 do STJ) (0,10).	0,00/0,20/0,30/ 0,40/0,50/0,60
9. Prova Sumária do domínio (0,30), consubstanciada no contrato de compra e venda e no recibo de pagamento (0,20), e da qualidade de terceiro (0,25), conforme previsto no art. 677, *caput*, do CPC (0,10).	0,00/0,25/0,30/0,35/ 0,40/0,50/0,55/0,60/ 0,65/0,75/0,85

Pedidos	
10. Suspensão liminar da penhora (0,25), com a manutenção provisória da posse (0,15), na forma do art. 678, *caput*, do CPC (0,10).	0,00/0,15/0,25/ 0,35/0,40/0,50
11. Procedência do pedido com o cancelamento da penhora (0,25), com o reconhecimento do domínio do bem pela autora (0,15), na forma do art. 681, do CPC (0,10).	0,00/0,15/0,25/ 0,35/0,40/0,50
12. Produção de todas as provas em direito admitidas (0,20).	0,00/0,20
13. Condenação dos réus nos ônus da sucumbência (0,20) **ou** condenação dos réus no pagamento de custas processuais (0,10) e honorários advocatícios (0,10).	0,00/0,10/0,20
Fechamento	
14. Valor da causa: equivalente ao bem controvertido, ou seja, R$ 50.000,00 (0,10).	0,00/0,10
15. Local, data, nome e OAB (0,10).	0,00/0,10

PEÇA

EXCELENTÍSSIMO SENHOR DOUTOR JUIZ DE DIREITO DA 5ª VARA CÍVEL DE MACEIÓ/AL – DISTRIBUIÇÃO POR DEPENDÊNCIA AOS AUTOS DA EXECUÇÃO N. 12.345

ANA [sobrenome], [nacionalidade], [estado civil], [profissão], portadora do RG n. [número] e inscrita no CPF sob o n. [número], residente e domiciliada à [endereço completo], por seu advogado que esta subscreve (procuração anexa), inscrito na OAB/AL sob o n. [número], com escritório profissional situado à [endereço do escritório], onde recebe intimações, vem, respeitosamente, perante Vossa Excelência, com fundamento nos arts. 674 a 681 do Código de Processo Civil, propor

Embargos de Terceiro

em face de VELOCIDADE [nome completo da empresa], [qualificação completa], com sede à [endereço completo], e XYZ [nome completo da financeira], [qualificação completa], com sede à [endereço completo], pelos motivos de fato e de direito a seguir expostos:

I. Dos Fatos

A Embargante, Ana, em 01 de março de 2022, celebrou contrato de compra e venda com a revendedora de automóveis "Velocidade", primeira Embargada, adquirindo seu primeiro veículo pelo valor de R$ 50.000,00 (cinquenta mil). Na referida data, foi efetuado o pagamento integral do montante acordado, sendo a entrega do bem imediatamente realizada, tudo devidamente comprovado por meio de recibo (documento anexo).

No entanto, ao tentar efetivar a transferência de registro de propriedade do automóvel junto ao Detran/AL, em 10 de dezembro de 2022, a Embargante foi surpreendida pela existência de uma penhora sobre o veículo, concretizada em 20 de novembro de 2022.

A penhora foi concretizada nos autos da Execução por título extrajudicial n. 12.345, movida pela financeira "XYZ" (segunda Embargada) contra a primeira Embargada, "Velocidade", visando a satisfação de uma dívida de R$ 10.000,00, originada em abril de 2022 e não quitada no vencimento em 10 de maio de 2022.

Vale ressaltar que a indicação do bem penhorado nos autos da execução foi feito pela própria primeira Embargada e que a dívida pela qual se promoveu a execução é posterior à aquisição do veículo pela Embargante.

II. Da Legitimidade Passiva da Primeira Embargada

A primeira Embargada, ao indicar à penhora o bem adquirido pela Embargante, incorreu em ato que impacta diretamente os direitos desta última, tornando-se assim legitimada passiva nos presentes embargos. Conforme o art. 677, § 4º, do CPC, é cabível a inclusão no polo passivo da parte que deu causa à constrição indevida, neste caso, a empresa "Velocidade".

III. Da Tempestividade

Os embargos foram interpostos de forma tempestiva, respeitando o prazo legal estabelecido pelo art. 675 do CPC. A Embargante tomou conhecimento da penhora em 10 de dezembro de 2022, e dentro do prazo legal de 15 (quinze) dias, conforme prescrição legal, vem a este juízo para exercer seu direito de defesa, conforme pedidos abaixo transcritos.

IV. Da Inexistência de Fraude à Execução

É crucial destacar que a aquisição do veículo pela Embargante precedeu tanto a origem da dívida quanto a data da distribuição da ação de execução. Dessa forma, a alegação de fraude à execução, prevista no art. 792, inciso III, do CPC e na Súmula 375 do STJ, não se sustenta. A Embargante, ao adquirir o veículo, não tinha ciência da dívida posteriormente constituída pela primeira Embargada, descartando a hipótese de conluio para prejudicar credores.

V. Do Direito à Posse e da Propriedade

A transferência da propriedade do veículo, objeto deste litígio, se consumou com a tradição, conforme estabelecido pelo art. 1.267 do Código Civil Brasileiro. Esse artigo assevera que a transferência do domínio das coisas móveis se dá pela tradição, que é o ato de entregar o bem. No caso em tela, a Embargante cumpriu integralmente com sua obrigação contratual, efetuando o pagamento total do valor acordado, e a loja primeira Embargada, por sua vez, realizou a entrega efetiva do veículo, concretizando assim a transferência de propriedade.

A tradição não só simboliza a entrega física do bem, mas também a transferência da responsabilidade e dos direitos inerentes à propriedade. Dessa forma, a partir do momento em que a Embargante tomou posse do veículo, ela adquiriu todos os direitos associados à propriedade do bem.

Portanto, a penhora realizada sobre o bem, após a sua aquisição pela Embargante, fere de maneira flagrante seus direitos enquanto proprietária legítima. A Embargante não pode ser prejudicada por uma dívida contraída posteriormente pela primeira Embargada, especialmente considerando que a dívida da empresa com a segunda Embargada surgiu após a efetivação da compra do veículo pela Embargante.

É imperativo, portanto, que se considere a proteção conferida aos terceiros de boa-fé pelas normativas vigentes. A aplicação do art. 792, inciso III, do Código de Processo Civil, e da Súmula 375 do Superior Tribunal de Justiça, reforça a inexistência de fraude à execução neste caso, visto que a aquisição do veículo foi realizada antes da constituição da dívida que originou a execução.

Diante do exposto, evidencia-se que a Embargante possui o direito líquido e certo à propriedade do veículo, e a constrição judicial em questão, efetivada mediante a penhora, representa uma afronta aos seus direitos enquanto proprietária. Por conseguinte, faz-se mister o reconhecimento da propriedade da Embargante sobre o veículo e o consequente cancelamento da penhora, conforme prescreve o art. 681 do Código de Processo Civil.

VI. Dos Pedidos

Diante do exposto, requer-se:

a) A suspensão da penhora sobre o veículo, com a manutenção provisória da posse pela Embargante, com fundamento no art. 678, *caput*, do CPC.

b) Após o devido processamento, o cancelamento da penhora e o reconhecimento do domínio do bem pela Embargante, nos termos do art. 681 do CPC.

c) A produção de todas as provas admitidas em direito, notadamente a juntada do contrato de compra e venda e do recibo de pagamento integral (documentos anexos).

d) A procedência dos Embargos e seus pedidos com a condenação das Embargadas ao pagamento das custas e despesas processuais, bem como todos os ônus de sucumbência.

Valor da causa: R$ 50.000,00 (cinquenta mil).

Termos em que,
Pede deferimento.
[Maceió/AL], [data].

[Assinatura do advogado]
[Nome do advogado]
OAB/AL n. [número]

XXXVII – EXAME DE ORDEM UNIFICADO – QUESTÕES

■ **QUESTÃO 1:** Adalgisa recebeu atendimento de urgência em um hospital privado, precisando submeter-se a uma cirurgia. Após o procedimento, realizado pelo médico Vitor, ela ficou com uma sequela permanente, consistente na perda parcial de movimento de seu braço esquerdo. Em decorrência disso, ajuizou ação indenizatória por danos materiais e morais apenas em face do médico. Em contestação, Vitor impugnou especificamente todas as alegações da autora, negando a verificação de quaisquer dos requisitos autorizadores do dever de indenizar. Instadas as partes a se manifestarem sobre as provas que pretendiam produzir, pugnou Adalgisa pela produção de prova testemunhal e arrolou como testemunhas os membros da equipe médica que participaram da cirurgia, cuja oitiva seria necessária para demonstrar que o réu aparentava ter consumido bebidas alcoólicas pouco antes de ingressar no centro cirúrgico. Na decisão saneadora, o juiz indeferiu o pedido de prova testemunhal de Adalgisa, por entender que, em se tratando de relação de consumo, a questão fática que a autora pretendia comprovar seria irrelevante para o deslinde da controvérsia. Nessas circunstâncias, responda aos itens a seguir.

A) A questão que a autora pretendia comprovar por meio da prova testemunhal é relevante para a configuração do dever de indenizar imputado ao réu? Justifique. (Valor: 0,65)

B) Restando irrecorrida a decisão que indeferiu o pedido de prova testemunhal de Adalgisa, restará operada a preclusão quanto a essa questão? Justifique. (Valor: 0,60)

Obs.: o(a) examinando(a) deve fundamentar suas respostas. A mera citação do dispositivo legal não confere pontuação.

■ RESPOSTAS

A) Efetivamente, a acusação de que Vitor realizou o procedimento cirúrgico enquanto estava sob influência de álcool é uma alegação grave que pode configurar imprudência médica, caracterizando uma conduta culposa. No contexto da responsabilidade civil médica, mesmo dentro de uma relação de consumo, a responsabilidade é subjetiva. Isso significa que é necessário provar a culpa do profissional para que haja o dever de indenizar. O art. 951 do Código Civil dispõe sobre a responsabilidade do médico em casos de lesão causada no exercício da profissão, e o art. 14, § 4º, do Código de Defesa do Consumidor (CDC) estabelece que a responsabilidade pessoal dos profissionais liberais será apurada mediante a verificação de culpa. Portanto, a alegação mencionada é de suma importância para a fundamentação do direito da autora e para a configuração da responsabilidade civil do médico Vitor.

B) Não. O indeferimento do pedido de prova testemunhal não é uma decisão agravável por meio do agravo de instrumento. Contudo, essa decisão não é definitiva e, por isso, Adalgisa pode arguir a questão em momento posterior. Especificamente, ela pode suscitar a negativa da produção de prova testemunhal como uma preliminar de recurso em sua apelação ou nas contrarrazões de eventual apelação interposta pela parte adversa. O art. 1.009, § 1º, do Código de Processo Civil prevê a possibilidade de se discutir nas razões ou contrarrazões de apelação as decisões interlocutórias que não foram impugnadas de imediato. Assim, Adalgisa terá oportunidade de questionar o indeferimento em sede recursal, visando resguardar seu direito à produção de todas as provas necessárias para a defesa de seus interesses no processo.

- **QUESTÃO 2:** Desde 2010, Rose é proprietária de um terreno de aproximadamente 600 m² na cidade de Niterói/RJ. Apesar de não residir no terreno, mas em Cabo Frio/RJ, Rose sempre exerceu a posse sobre ele. Contudo, no último ano, Mônica invadiu indevidamente o terreno de Rose e nele construiu uma loja de material de construção. Apesar de Rose ter tentado resolver a questão de forma amigável, buscando conversar com Mônica para esclarecer que era a proprietária do terreno, tendo inclusive apresentado a escritura pública de compra e venda do imóvel, devidamente registrada no cartório de Registro Geral de Imóveis competente, a última nada fez, ficando clara e inequívoca sua má-fé desde o momento da invasão do terreno. Sem saída, Rose procura você, como advogado, para ajuizar uma ação de reintegração de posse, para ser reintegrada na posse do imóvel injustamente invadido por Mônica, cumulada com pedido de indenização. Sobre o caso, responda aos itens a seguir.

A) Rose deverá pagar indenização a Mônica pela construção da loja em seu terreno? Justifique. (Valor: 0,65)

B) Na ação de reintegração de posse, Mônica foi citada via Carta Precatória, pois reside na cidade de Cabo Frio/RJ. Quando se inicia o prazo da contestação? Justifique. (Valor: 0,60)

Obs.: o(a) examinando(a) deve fundamentar suas respostas. A mera citação do dispositivo legal não confere pontuação.

- **RESPOSTAS**

A) Não. Conforme o art. 1.255 do Código Civil, aquele que edifica de boa-fé em terreno alheio tem direito à indenização pelas construções e benfeitorias realizadas, bem como à retenção do bem até ser indenizado. No entanto, se a posse for exercida de má-fé, como no caso de Mônica, não há direito a indenização pela edificação realizada no terreno pertencente a Rose. Ademais, a proprietária do terreno, Rose, poderá reaver sua posse sem necessidade de ressarcir Mônica pelos investimentos feitos na construção da loja.

B) O Código de Processo Civil estabelece critérios específicos sobre a contagem do prazo para contestação em caso de citação realizada por meio de carta precatória. O art. 232 do CPC dispõe que, caso haja a comunicação eletrônica entre o juízo que solicitou (juízo deprecante) e o juízo que efetuou a citação (juízo deprecado), a data desta comunicação é que define o início do prazo para contestação. Por outro lado, se não houver tal comunicação eletrônica, o prazo para contestação começa a contar a partir do momento em que a carta precatória, devidamente cumprida, é juntada aos autos do processo no juízo deprecante. Esta última situação é disciplinada pelo art. 231, inciso VI, do CPC.

■ **QUESTÃO 3:** Kátia, residente e domiciliada no município de São José dos Campos, SP, realizou uma obra em sua casa de veraneio no município do Guarujá, SP, que vem gerando goteiras na casa de seu vizinho, Damião. Por diversas vezes, ele procurou Kátia na busca de uma solução, contudo ela permaneceu inerte. Assim, Damião procura você, como advogado(a), no dia de hoje, seis meses após a conclusão da obra, para propor uma ação com a finalidade de solucionar o problema, ou seja, visando ao fim das goteiras. Sobre a hipótese narrada, responda aos itens a seguir.

A) Tendo em vista que já transcorreram seis meses após a conclusão da obra, Damião pode exigir que seja realizado o reparo necessário para findar as goteiras em seu imóvel? Justifique. (Valor: 0,60)

B) Na eventualidade da propositura de uma ação, ela poderá ser ajuizada na comarca (município) de São José dos Campos? Justifique. (Valor: 0,65)

Obs.: o(a) examinando(a) deve fundamentar suas respostas. A mera citação do dispositivo legal não confere pontuação.

■ **RESPOSTAS**

A) De fato, o art. 1.302 do Código Civil Brasileiro determina que, se em até um ano e um dia após a conclusão da obra, manifestarem-se defeitos resultantes do trabalho ou dos materiais empregados, o responsável pela obra prejudicial tem a obrigação de efetuar os devidos reparos. No cenário apresentado, a obra do vizinho foi concluída há seis meses e, devido a esta construção, surgiram goteiras no imóvel de Damião. Portanto, estando dentro do prazo previsto em lei, Damião possui o direito de requerer que o vizinho ou o responsável pela obra vizinha realize as correções necessárias para sanar o problema das goteiras em sua propriedade.

B) Não. A ação versa sobre o direito de vizinhança, então o foro competente é o da situação do imóvel, ou seja, a comarca do Guarujá/SP, sendo competência absoluta, de acordo com o art. 47, *caput*, do Código de Processo Civil.

■ **QUESTÃO 4:** Cíntia é associada da Associação Fora da Cela, que inclui, dentre suas atividades institucionais, a defesa da população carcerária. Recentemente, um jornal de grande circulação publicou reportagem relacionando Cíntia a atos de violência praticados em desfavor de pessoas em situação de rua, o que causou grande comoção. Assim, o presidente da Associação Fora da Cela, sem submeter a decisão à Assembleia-Geral ou à oitiva de Cíntia, determinou sua exclusão sumária do quadro de associados. Inconformada, Cíntia ajuizou ação de conhecimento em face da Associação Fora da Cela, requerendo, a título de tutela provisória antecipada de urgência incidental, a imediata suspensão da decisão da assembleia que determinara sua exclusão, sustentando que houve violação a seu direito de ampla defesa. A tutela foi concedida pelo juízo, nos termos requeridos. Sobre o caso apresentado, responda aos questionamentos a seguir.

A) Assiste razão à pretensão de Cíntia? Justifique. (Valor: 0,65)

B) A tutela provisória de urgência poderá se tornar estável? Justifique. (Valor: 0,60)

Obs.: o(a) examinando(a) deve fundamentar suas respostas. A mera citação do dispositivo legal não confere pontuação.

■ **RESPOSTAS**

A) De fato, a legislação brasileira é bastante clara quanto à necessidade de observar princípios fundamentais ao se considerar a exclusão de um associado de uma entidade associativa. O art. 57 do Código Civil estabelece que a exclusão de um associado, seja de uma associação ou entidade similar, só pode ocorrer quando houver justa causa. Mais ainda, é imperativo que o processo de exclusão assegure ao associado o direito à ampla defesa e ao contraditório, garantindo, assim, que o membro em questão tenha a oportunidade de se manifestar e contestar os motivos que levaram à proposta de sua exclusão. Este procedimento deve ser conduzido de acordo com o que estiver estipulado no estatuto da associação. Qualquer exclusão que não siga esses parâmetros pode ser considerada arbitrária e, portanto, passível de anulação. Assim, é fundamental que as associações atuem em estrita conformidade com o que determina a lei, respeitando os direitos de seus associados e evitando decisões unilaterais ou injustificadas.

B) Conforme previsão do art. 304 do CPC a tutela provisória do caso em análise não poderá se tornar estável, pois somente a tutela provisória concedida em caráter antecedente possui tal aptidão.

29 XXXVIII EXAME DE ORDEM UNIFICADO

PEÇA PROFISSIONAL

■ **ENUNCIADO:** Aurora Rosa, jornalista, domiciliada em São Paulo, é casada com Solano, e costumam compartilhar entre eles conteúdos diversos por meio de plataformas digitais, inclusive fotos e vídeos íntimos, que ficavam armazenados em seus dispositivos. Devido ao furto do seu celular, registrado em boletim de ocorrência, Aurora entrou em contato com a operadora do serviço móvel, dois dias depois do ocorrido, para solicitar o bloqueio do seu aparelho, o que foi imediatamente atendido. Apesar da sua rotina ter sido alterada pela perda do celular, o que a fazia sentir-se insegura com a possível utilização do material íntimo nele contido, Aurora imaginava que o problema estava resolvido. Para sua tristeza, foi surpreendida com mensagens enviadas por seus amigos, informando que seus vídeos e fotos estavam disponíveis em *sites* eróticos, localizados a partir de simples pesquisa por meio da Web Busca, cujo serviço é fornecido pela empresa Web Brasil Internet Ltda., situada em São Paulo. Diante disso, Aurora notificou judicialmente a Web Brasil, explicando detalhadamente o que ocorreu, identificando o material, fornecendo o localizador URL das páginas e solicitando a indisponibilização do conteúdo infringente pelo provedor. No entanto, apesar da notificação realizada por Aurora, nenhuma providência havia sido tomada pelo provedor para a retirada do conteúdo ilícito. Registre-se, ainda, que a recusa injustificada do provedor em atender a notificação judicial e promover a remoção do conteúdo ilícito causou prejuízos materiais à Aurora, que teve um contrato de assessoria de imprensa no valor de R$ 85.000,00 cancelado e, diante da rapidez com que as informações circulam no ambiente digital, teme que esta situação possa afetar ainda mais a sua atividade profissional. Em virtude da medida judicial já adotada, Aurora não demonstra interesse em participar de qualquer outra tentativa conciliatória. Inconformada, Aurora procura você, na qualidade de advogado(a), para propor a medida judicial adequada para a defesa dos seus interesses. Redija a peça processual adequada para a remoção do conteúdo prejudicial à imagem de sua cliente, abordando todos os aspectos de direito material e processual pertinentes. (Valor: 5,00)

Obs.: a peça deve abranger todos os fundamentos de Direito que possam ser utilizados para dar respaldo à pretensão. A simples menção ou transcrição do dispositivo legal não confere pontuação.

■ **GABARITO COMENTADO:** A peça processual a ser proposta é uma petição inicial de ação de indenização por danos materiais e obrigação de fazer, com pedido de tutela antecipada para a remoção de conteúdo virtual, direcionada ao juízo de uma das varas cíveis da comarca de São Paulo. Deve ser destacada a aplicação da Lei n. 12.965/2014, pois se trata de conteúdo gerado na internet. Indicar no polo passivo o provedor de aplicações da internet, a Web Brasil Ltda., que responde subsidiariamente pela disponibilização de conteúdo gerado por terceiro, violando a intimidade decorrente da divulgação, sem autorização dos seus participantes, de imagens, vídeos ou outros materiais contendo cenas de nudez ou atos sexuais de caráter privado quando, após o recebimento de notificação pelo participante, deixa de promover a indisponibilização desse conteúdo, conforme o art. 21, *caput*, da Lei n. 12.965/2014. A responsabilidade subsidiária do provedor de aplicações da internet por conteúdo gerado por terceiro exige, neste caso, que tenha existido apenas o pedido do ofendido para a exclusão do conteúdo e neste caso, fica caraterizada pela omissão na retirada do conteúdo ilícito mesmo após a notificação judicial feita pela autora. A recusa injustificada da remoção do conteúdo após a notificação judicial causou prejuízos a Aurora, gerando o dever de indenizar. Diante da urgência da providência, deve ser requerida tutela de urgência antecipada na forma do art. 300 do CPC ou art. 19, § 4º, da Lei n. 12.965/2014, demonstrando seus requisitos. Por fim, o examinando deve redigir o fechamento.

Distribuição dos pontos

Item	Pontuação
Endereçamento	
1. A peça processual deve ser direcionada ao Juízo da ___ Vara Cível da Comarca de São Paulo (0,10).	0,00/0,10
2. Autor: Aurora Rosa, jornalista, (qualificação) (0,10); réu: *Web Brasil Internet Ltda.*, (qualificação) (0,10).	0,00/0,10/0,20
Fatos	
3. Exposição dos fatos (0,10).	0,00/0,10
Fundamentos Jurídicos	
4. Qualificar a utilização da Lei n. 12.965/2014, em virturde da violação da intimidade decorrente da divulgação de imagens e vídeos íntimos na internet sem a autorização de seus participantes (0,40).	0,00/0,40
5. Demonstrar o descumprimento do dever legal de, após o recebimento de notificação judicial, promover a indisponibilização do conteúdo virtual (0,40), na forma do art. 21, *caput*, da Lei n. 12.965/2014 (0,10).	0,00/0,40/0,50
6. Demonstrar que a autora cumpriu a exigência legal de identificação de forma clara e específica do conteúdo apontado como infrigente, a permitir a localização do material (0,40), nos termos do art. 21, parágrafo único, da Lei n. 12.965/2014 (0,10).	0,00/0,40/0,50
7. Identificar que o réu possui responsabilidade subsidiária (0,30).	0,00/0,30
8. A recusa injustificada em retirar o conteúdo ilícito após a notificação judicial gera o dever de indenizar o dano decorrente da divulgação do material privado (0,30), nos termos do art. 21, *caput*, da Lei n. 12.965/2014 (0,10).	0,00/0,30/0,40
9. Cabimento de tutela de urgência antecipada (0,20), pois presentes a probabilidade do direito (0,15) e o perigo de dano (0,15), segundo o art. 300, *caput*, do CPC, **ou** o art. 19, § 4º, da Lei n. 12.965/2014 (0,10).	0,00/0,20/0,30/0,35/ 0,45/0,50/0,60
Dos Pedidos	
10. A concessão da tutela de urgência antecipada para a remoção do conteúdo ilícito (0,40).	0,00/0,40

11. A procedência do pedido para condenar a ré a remover definitivamente o conteúdo virtual contido nos *sites* indicados pela autora (0,40).	0,00/0,40
12. A procedência do pedido para condenar a ré ao pagamento de indenização por danos materiais no valor de R$ 85.000,00 (0,40).	0,00/0,40
13. A condenação do réu ao pagamento dos ônus sucumbenciais (0,20) **ou** condenação da ré ao ressarcimento das custas (0,10) e honorários advocatícios (0,10).	0,00/0,10/0,20
14. Indicação do desinteresse na realização da audiência de conciliação ou de mediação (0,10), segundo o art. 319, inciso VII, **ou** art. 334, § 5º, ambos do CPC (0,10).	0,00/0,10/0,20
Das Provas	
15. Requerimento de produção de provas (0,10).	0,00/0,10
Fechamento	
16. Valor da causa: R$ 85.000,00 (0,10).	0,00/0,10
17. Local..., data...., advogado(a)..., OAB n. ... (0,10).	0,00/0,10

MODELO DA PEÇA

EXCELENTÍSSIMO SENHOR DOUTOR JUIZ DE DIREITO DE UMA DAS VARAS CÍVEIS DA COMARCA DE SÃO PAULO/SP

AURORA ROSA, [nacionalidade], [estado civil], jornalista, portadora do RG n. [número] e inscrita no CPF sob o n. [número], residente e domiciliada à [endereço completo], por seu advogado que esta subscreve (procuração anexa), inscrito na OAB/SP sob o n. [número], com escritório profissional situado à [endereço do escritório], onde recebe intimações, vem, respeitosamente, perante Vossa Excelência, com fundamento nos artigos 300 e 319 e seguintes do Código de Processo Civil, propor

Ação de Indenização por Danos Materiais e Obrigação de Fazer com Pedido de Tutela Antecipada

contra WEB BRASIL INTERNET LTDA., pessoa jurídica de direito privado, inscrita no CNPJ sob o n. [número], com sede à [endereço completo], pelos motivos de fato e de direito a seguir expostos:

I. Dos Fatos

A Autora, Aurora Rosa, é uma renomada jornalista, com uma carreira consolidada e uma reputação impecável em sua área de atuação. Residindo na vibrante cidade de São Paulo, Aurora, em união estável com Solano, compartilhava uma vida íntima repleta de confiança e privacidade. Dentro dessa esfera privada, o casal costumava trocar conteúdos digitais por meio de plataformas *online*, incluindo fotos e vídeos íntimos, que ficavam armazenados com segurança em seus dispositivos móveis, mais especificamente no celular da Autora.

Em um infeliz incidente, o celular de Aurora foi subtraído por um ato ilícito de furto, conforme comprovação pelo Boletim de Ocorrência (documento anexo). Este evento não apenas representou a perda de um objeto de valor material, mas também a potencial exposição de sua vida privada. Ciente dos riscos, a Autora agiu prontamente, entrando em contato com sua operadora de serviço móvel dois dias após o ocorrido, conseguindo efetivar o bloqueio do aparelho. Aurora, apesar de abalada pelo incidente, acreditava ter mitigado os potenciais danos à sua privacidade.

Contudo, sua sensação de alívio foi abruptamente interrompida. Aurora começou a receber mensagens de amigos e conhecidos, que para seu horror, informavam que seus vídeos e fotos íntimos estavam sendo publicados em diversos *sites* de conteúdo erótico. Estes materiais, que deveriam estar resguardados pela confidencialidade de um relacionamento pessoal, foram expostos sem seu consentimento, e agora estavam acessíveis a qualquer pessoa através de uma simples pesquisa na Web Busca, um serviço de busca na internet fornecido pela empresa Ré, Web Brasil Internet Ltda.

Imediatamente, Aurora Rosa tomou a iniciativa de notificar judicialmente a Web Brasil, fornecendo um relato detalhado dos eventos, identificando o material infrator e apontando as URLs específicas onde este conteúdo estava hospedado. Sua expectativa era que a Ré, ao ser notificada, agisse de acordo com as obrigações legais e éticas, removendo imediatamente o conteúdo ilícito. No entanto, para a surpresa e desgosto da Autora, sua notificação foi completamente ignorada pela Ré, que não tomou nenhuma providência para a remoção do conteúdo, perpetuando a violação da intimidade de Aurora.

Esta omissão da Ré não apenas causou um dano irreparável à imagem e à dignidade da Autora, mas também resultou em consequências materiais significativas. Um contrato de assessoria de imprensa, no qual Aurora iria receber o montante de R$ 85.000,00, foi cancelado em decorrência da exposição indevida de sua imagem. Além disso, a Autora, temendo uma escalada na disseminação do material e os impactos negativos subsequentes em sua carreira jornalística, encontra-se em um estado de constante ansiedade e preocupação.

II. Do Direito

A presente ação encontra respaldo no Marco Civil da Internet, Lei n. 12.965/2014, que configura o arcabouço legal para o uso da internet no Brasil. Notadamente, o art. 21 desta lei estabelece que o provedor de aplicações de internet, responsável por disponibilizar conteúdos gerados por terceiros, deve assegurar a proteção da privacidade e da intimidade dos usuários. O dispositivo legal prevê que, após notificação pelo participante afetado, o provedor deve agir prontamente para tornar indisponível o conteúdo que viole a intimidade do participante, sob pena de responsabilidade subsidiária.

Neste caso, a Autora cumpriu devidamente com sua parte ao notificar judicialmente a Ré, Web Brasil Internet Ltda., fornecendo detalhes claros do ocorrido, incluindo a identificação específica do material e as URLs onde estavam hospedadas. Contudo, a Ré, em flagrante descumprimento da legislação vigente, falhou em promover a remoção do conteúdo, mantendo *online* materiais que afrontam diretamente a intimidade e privacidade da Autora.

Além disso, a jurisprudência brasileira tem reiteradamente entendido que a exposição indevida de imagens íntimas sem consentimento constitui violação grave dos direitos da personalidade, ensejando a obrigação de indenizar. Essa responsabilidade é ampliada quando o provedor de conteúdo, após notificação, mantém o material ilícito disponível, como é o caso da Ré. Portanto, é incontestável a obrigação da Ré em reparar os danos materiais sofridos pela Autora, especialmente considerando o cancelamento de um contrato profissional significativo, bem como os danos morais inerentes à situação vivida por Aurora.

III. Da Tutela de Urgência Antecipada

O pedido de tutela de urgência antecipada para a remoção do conteúdo se justifica plenamente neste caso. O art. 300 do Código de Processo Civil estabelece que a tutela de urgência será concedida quando houver elementos que evidenciem a probabilidade do direito e o perigo de dano ou o risco ao resultado útil do processo. No caso em questão, a probabilidade do direito é demonstrada pela clara violação da Lei n. 12.965/2014 por parte da Ré, que, mesmo após notificação judicial, omitiu-se na remoção do conteúdo que viola a intimidade da Autora.

O perigo de dano, por sua vez, é evidente. A permanência do conteúdo íntimo da Autora na internet agrava diariamente o dano à sua imagem e reputação, podendo resultar em prejuízos irreparáveis, tanto no âmbito pessoal quanto profissional. A jurisprudência contemporânea é categórica ao afirmar que em casos de divulgação indevida de conteúdo íntimo, a agilidade na resposta é crucial para mitigar os danos, reforçando a necessidade da concessão da tutela de urgência.

Ademais, o art. 19, § 4º, da Lei n. 12.965/2014, prevê a possibilidade de requerer judicialmente a indisponibilidade de conteúdos que violem a intimidade do usuário, reforçando o pedido de tutela de urgência antecipada. A situação atual demanda uma resposta imediata do judiciário para cessar a continuidade do dano, justificando a necessidade da concessão da tutela requerida.

IV. Dos Pedidos

Diante do exposto, requer-se:

a) A concessão de tutela de urgência antecipada diante do preenchimento dos requisitos legais para determinar a imediata remoção do conteúdo ofensivo disponibilizado pela Ré, de forma liminar, sem a oitiva da parte contrária e com a fixação de multa diária para o caso de descumprimento da ordem judicial no valor de R$ 1.000,00 (mil).

b) A citação da Ré para, querendo, contestar a presente ação, sob pena de revelia e confissão quanto à matéria de fato.

c) A condenação da Ré ao pagamento de indenização por danos materiais no valor de R$ 85.000,00 (oitenta e cinco mil), além de danos morais no valor de R$ 5.000,00 (cinco mil), devidamente acrescidos dos efeitos da mora, nos termos da lei.

d) A procedência total dos pedidos da ação com a condenação da Ré no dever de pagar custas, despesas e honorários de sucumbência, nos termos da legislação.

A produção de todas as provas admitidas em direito, sem exceção.

Dá-se à causa o valor de R$ 90.000,00 [noventa mil].

Termos em que,
Pede deferimento.

[São Paulo/SP], [data].

[Assinatura do advogado]
[Nome do advogado]
OAB/SP n. [número]

XXXVIII – EXAME DE ORDEM UNIFICADO – QUESTÕES

■ **QUESTÃO 1:** Adalberto é dono de uma casa no litoral, onde ele gosta de passar os feriados com a família. Certa vez, ao chegar em sua casa de praia durante o Carnaval, ele avistou Diogo, morador da casa contígua, pulando o muro divisório entre os dois terrenos e deixando para trás sinais claros de vir utilizando reiteradamente a casa de Adalberto, sem qualquer autorização. A mesma cena se repetiu quando Adalberto foi passar férias na casa no mês seguinte, bem como nos feriados da Páscoa e de Tiradentes. Cansado dessa situação, Adalberto ingressou com ação de manutenção da posse em face de Diogo no final do mês de abril. Instado a se manifestar antes da apreciação do pedido liminar, Diogo limitou-se a alegar que Adalberto não comprovou minimamente nos autos que é o legítimo proprietário da casa. Para piorar a situação, ao visitar novamente a casa no feriado de 1º de maio, Adalberto descobriu que Diogo havia se mudado para lá definitivamente e trocado a fechadura, impedindo seu ingresso no imóvel. A respeito deste caso, responda aos itens a seguir.

A) Considerando verdadeira a alegação deduzida por Diogo nos autos, seria esse fundamento bastante para justificar o indeferimento do pedido liminar? Justifique. (Valor: 0,65)

B) A natureza da ação proposta por Adalberto impede que o juiz da causa determine liminarmente a imediata reintegração da posse em favor dele? Justifique. (Valor: 0,60)

Obs.: o(a) examinando(a) deve fundamentar suas respostas. A mera citação do dispositivo legal não confere pontuação.

■ **RESPOSTAS**

A) Não. Adalberto não necessita provar a propriedade do imóvel para manter ou reintegrar-se na posse, nem mesmo liminarmente, uma vez que o Código Civil, em seu art. 1.210, § 2º, é claro ao estabelecer que a alegação de propriedade ou de qualquer outro direito sobre a coisa não impede a proteção possessória. Assim, a ausência de comprovação da propriedade não seria um empecilho para a concessão da medida liminar em favor de Adalberto, já que estamos tratando de um juízo possessório, e não de um juízo de propriedade. A defesa da posse é independente da titularidade dominial.

B) Não. Adalberto, ainda que tenha inicialmente ingressado com ação de manutenção de posse em virtude de turbação, não fica prejudicado pela superveniência de esbulho no decorrer da lide. Isso ocorre porque as ações possessórias são consideradas fungíveis, conforme estabelece o art. 554 do Código de Processo Civil. Assim, em face dessa superveniência, o magistrado tem a prerrogativa de conceder a medida mais adequada à proteção da posse de Adalberto, ou seja, a reintegração de posse, sem que haja necessidade de uma nova demanda ou alteração do pedido inicial.

■ **QUESTÃO 2:** A sociedade empresária Edison Instalações celebrou contrato de prestação de serviços com o Shopping Andrade e Nascimento. No referido contrato, restou acordado que a sociedade empresária instalaria um sistema de refrigeração no *shopping* e, em contraprestação, este efetuaria certo pagamento. Uma vez cumprido o serviço, contudo, o Shopping Andrade e Nascimento se recusou a efetuar o pagamento à sociedade empresária, sob o fundamento de falta de recursos e corte de despesas. Por essa razão, Edison Instalações ajuizou ação de cobrança em face do *shopping*, tendo seu pedido sido julgado procedente, para condenar o *shopping* a pagar. Na ocasião, a sentença também consignou que o Código de Defesa do Consumidor não se aplicava ao caso concreto, pois a relação travada entre as partes não era de consumo. Em sede de apelação, o Tribunal manteve os termos da sentença e, não interposto recurso por ambas as partes, o acórdão proferido transitou em julgado. Uma vez instaurado cumprimento de sentença pela sociedade empresária Edison Instalações, nenhum bem do *shopping* foi encontrado para arcar com a dívida. Em recente diligência extrajudicial, contudo, a referida sociedade descobriu que o Shopping Andrade e Nascimento faz parte de um grupo econômico formado por diversos *shoppings*. Além disso, também se apurou que inexiste separação de fato entre os patrimônios dos *shoppings* pertencentes ao grupo. Nessa situação hipotética, responda aos itens a seguir.

A) A sociedade empresária Edison Instalações pode fazer uso de algum instituto jurídico do Direito Civil para atingir os bens dos demais *shoppings* pertencentes ao grupo econômico? Justifique. (Valor: 0,65)

B) Qual medida processual cabível pode ser adotada pela sociedade empresária Edison Instalações para atingir os bens dos demais *shoppings* pertencentes ao grupo econômico? Justifique. (Valor: 0,60)

Obs.: o(a) examinando(a) deve fundamentar suas respostas. A mera citação do dispositivo legal não confere pontuação.

■ **RESPOSTAS:**

A) Sim. A sociedade empresária Edison Instalações tem a possibilidade de se valer do instituto da desconsideração da personalidade jurídica, previsto no art. 50 do Código Civil, para atingir bens dos demais *shoppings* que integram o grupo econômico, visando satisfazer seu crédito. Embora o simples fato de existir um grupo econômico não seja suficiente para autorizar a desconsideração da personalidade jurídica (conforme o art. 50, § 4º, do CC), o contexto apresenta uma peculiaridade: a confusão patrimonial entre as pessoas jurídicas do grupo. Esta confusão, verificada pela diligência extrajudicial, é um dos requisitos previstos no art. 50, *caput*, e detalhado no art. 50, § 2º, do CC, para que seja possível desconsiderar a personalidade jurídica. Portanto, dada a situação concreta, é factível que a sociedade empresária Edison Instalações possa pleitear a desconsideração da personalidade jurídica, objetivando satisfazer seu crédito nos demais *shoppings* pertencentes ao grupo econômico em razão da confusão patrimonial apurada.

B) A sociedade empresária Edison Instalações poderá requerer a instauração de incidente de desconsideração da personalidade jurídica previsto nos arts. 133 ou 134 do CPC.

■ **QUESTÃO 3:** Helena, solteira, não convivente em união estável, sem filhos, maior de idade e com pais já falecidos, elaborou testamento particular, respeitando os limites da legítima, o qual foi lido na presença de três testemunhas, visando trazer disposições *post mortem* sobre a destinação de bens integrantes de seu patrimônio. Nele, Helena determinou que o imóvel no qual reside terá sua propriedade transferida a Jorge, seu irmão, a título de fideicomisso, até a data em que Felipe, filho de Jorge, com oito anos de idade, venha a atingir a maioridade. Ainda, seus dois automóveis serão deixados a título de legado em favor da Associação Patinhas do Amor, a qual assumirá o encargo de os utilizar exclusivamente em prol do transporte, recolhimento e cuidado com animais abandonados. Sobre a hipótese apresentada, responda aos itens a seguir.

A) Seria válida a substituição fideicomissária estabelecida por Helena? Justifique. (Valor: 0,60)

B) A Associação Patinhas do Amor poderá requerer o cumprimento do testamento de Helena em juízo? Justifique. (Valor: 0,65)

Obs.: o(a) examinando(a) deve fundamentar suas respostas. A mera citação do dispositivo legal não confere pontuação.

■ **RESPOSTAS**

A) Não. A substituição fideicomissária é considerada inválida quando o fideicomissário já é nascido ao tempo da disposição, e não há indicação de outra pessoa na disposição, nos termos do art. 1.952, *caput*, do Código Civil. Portanto, no caso proposto, a substituição fideicomissária seria ineficaz devido à preexistência do fideicomissário no momento da elaboração do testamento.

B) Sim. Sendo legatária de Helena, a pessoa em questão tem legitimidade ativa concorrente para requerer a abertura de inventário, mesmo que não seja herdeira, conforme dispõe o art. 737, *caput*, do Código de Processo Civil. O "interessado", neste contexto, abrange não só herdeiros, mas também legatários e credores. Logo, por ser legatária, ela possui legitimidade ativa concorrente para fazer tal requerimento.

■ **QUESTÃO 4:** Gabriel, sendo proprietário de um apartamento, resolveu celebrar com Ana, em janeiro de 2020, contrato de locação de imóvel residencial pelo prazo de 30 (trinta) meses. Para tanto, Ana apresentou como fiador seu amigo Rafael, casado em regime de comunhão parcial de bens com Maria desde o ano de 2010. Na época da formalização do contrato principal (locação) e do acessório (fiança), Maria estava em viagem ao exterior, não tendo participado dos atos praticados por Rafael, seu marido. Após alguns meses, a inquilina parou de pagar os aluguéis e, depois de diversas tentativas frustradas de reaver os valores inadimplidos de forma amigável, Gabriel ajuizou ação de execução cujo título constitui contrato de locação, figurando como executados Ana, na qualidade de locatária, e Rafael, na qualidade de fiador. Na referida ação de execução, foram opostos Embargos de Terceiros por Maria, que sofreu constrição em seu patrimônio para pagamento da dívida de Ana, alegando a nulidade da fiança prestada por seu marido. Sobre o caso apresentado, responda aos questionamentos a seguir.

A) Assiste razão à pretensão de Maria? Justifique. (Valor: 0,65)

B) Na eventualidade de o Magistrado acolher o pedido de Maria proferindo decisão favorável e determinando o cancelamento das medidas constritivas sobre o patrimônio objeto dos embargos, qual recurso poderá ser apresentado por Gabriel? Justifique. (Valor: 0,60)

Obs.: o(a) examinando(a) deve fundamentar suas respostas. A mera citação do dispositivo legal não confere pontuação.

▪ RESPOSTAS

A) Sim. A ausência de outorga conjugal torna nulo o ato de disposição de direitos reais sobre imóvel, conforme estabelece o art. 1.647, inciso III, do Código Civil. Além disso, a Súmula 332 do Superior Tribunal de Justiça (STJ) corrobora essa posição, asseverando que a ausência de autorização de um dos cônjuges para alienação de bem imóvel torna nulo o ato, a não ser que o regime de bens seja o da separação absoluta.

B) A decisão que julga os Embargos de Terceiro possui natureza de sentença, assim, contra ela cabe recurso de Apelação. O art. 1.009 do Código de Processo Civil estabelece que da sentença cabe apelação. Logo, Maria, ao se deparar com uma decisão desfavorável em relação aos seus Embargos de Terceiro, tem o direito de recorrer por meio da interposição do recurso de Apelação, buscando a reforma ou invalidação da decisão proferida em primeiro grau.

30 XXXIX EXAME DE ORDEM UNIFICADO

PEÇA PROFISSIONAL

■ **ENUNCIADO:** Olga, domiciliada em Teresina, PI, adquiriu, em janeiro de 2022, uma chapinha de cabelo na loja Casa Mil, sediada em Campo Grande, MS, com o objetivo de fazer um penteado especial para um casamento em que seria madrinha, a se realizar na semana seguinte. No dia da cerimônia, Olga pela primeira vez ligou o produto, que esquentou em excesso e queimou seus longos cabelos. Em consequência, Olga precisou procurar um hospital e não pôde comparecer ao casamento. Olga, então, ajuizou em março de 2023 ação de reparação de danos morais e materiais em face de Casa Mil, objetivando o recebimento de indenização no valor total de R$ 100.000,00 (cem mil reais), tendo sido a petição inicial distribuída à 2ª Vara Cível de Teresina. Em contestação, a Ré sustentou preliminarmente a incompetência do juízo, por não ser o de sua sede. No mérito, sustentou a ocorrência da prescrição em virtude do transcurso de prazo superior a um ano entre a ocorrência do dano e o ajuizamento da ação. Alegou também a ausência de sua responsabilidade, seja porque não restou comprovada sua culpa, seja porque não fabricou o produto alegadamente defeituoso. Em provas, a parte autora requereu a oitiva de testemunhas, o que foi indeferido pela juíza responsável pelo caso, por entender impertinente ao esclarecimento dos fatos, embora Olga entendesse necessária tal prova, em nome de sua ampla defesa. No dia 03/07/2023, segunda-feira, foi publicada a sentença do processo. O pedido foi julgado procedente, com a condenação de Casa Mil ao pagamento da integralidade da indenização pleiteada na inicial. Nenhuma das alegações da ré foi acolhida. Inconformada, Casa Mil apresentou recurso de apelação no dia 24/07/2023. Repisou o alegado em sua contestação, no sentido da incompetência da 2ª Vara de Teresina, bem como da prescrição e da ausência de sua responsabilidade. Pleiteou a reforma da sentença para que o pedido seja julgado improcedente. Em seguida, a parte autora foi intimada a se manifestar sobre a apelação apresentada. Na qualidade de advogado(a) de Olga, elabore a peça processual cabível para a defesa dos interesses de sua cliente, indicando seus requisitos, nos termos da legislação vigente. Considere a ausência de feriados no período. (Valor: 5,00)

Obs.: a peça deve abranger todos os fundamentos de Direito que possam ser utilizados para dar respaldo à pretensão. A simples menção ou transcrição do dispositivo legal não confere pontuação.

■ **GABARITO COMENTADO:** A peça correta para defender os interesses de Olga é a de *contrarrazões*, nos termos do art. 1.010, § 1º, do CPC. A peça deve ser direcionada à 2ª Vara Cível de Teresina/PI, com Olga figurando como apelada e, Casa Mil, como apelante. Nas contrarrazões deverá ser sustentada preliminarmente sua tempestividade, com alegação de interposição dentro do prazo de quinze dias previsto no art. 1.010, § 1º, OU no art. 1.003, § 5º, ambos do CPC. Ainda em sede preliminar, deverá ser suscitada, de forma subsidiária, a nulidade ou a reforma da decisão que indeferiu a produção de prova oral pela parte autora, nos termos do art. 1.009, § 1º, do CPC, sob alegação de ofensa à ampla defesa. Deverá ser feita a exposição dos fatos. No mérito, você deverá sustentar que a relação entre as partes é de consumo, nos termos do art. 2º ou do art. 3º, ambos do Código de Defesa do Consumidor, uma vez que Olga é a destinatária final e a Casa Mil é considerada fornecedora por ter comercializado o produto vendido. Deverá ser sustentada a competência territorial da comarca de Teresina/PI, por ser o domicílio da parte autora, conforme previsto no art. 101, I, do CDC. Você deverá, ainda, alegar que o prazo prescricional aplicável ao caso é o quinquenal, de acordo com o art. 27 do CDC, sendo descabida a alegação de prescrição pela apelante. Também deverá ser sustentado que a responsabilidade da apelante é de natureza objetiva, independendo de culpa (art. 12 do CDC). Ao fim, você deverá formular os seguintes pedidos: a) desprovimento do recurso com a manutenção da sentença apelada; b) acolhimento da preliminar das contrarrazões, caso conhecida a apelação; e c) majoração da condenação da ré em honorários advocatícios. Por fim, deverá ser encerrada a petição com local, data, assinatura e inscrição na OAB.

Distribuição dos pontos:

ITEM	PONTUAÇÃO
Endereçamento	
1. As contrarrazões devem ser dirigidas à 2ª vara cível de Teresina/PI (0,10).	0,00/0,10
2. Nome e qualificação das partes: apelante (Casa Mil) (0,10), Olga (apelada) (0,10).	0,00/0,10/0,20
Alegações Preliminares	
3. Tempestividade das contrarrazões, pois interpostas no prazo de 15 (quinze) dias (0,30), segundo o art. 1.010, § 1º, OU o art. 1.003, § 5º, ambos do CPC (0,10).	0,00/0,30/ 0,40
4. Reforma OU nulidade da decisão que indeferiu a produção de prova oral pela parte autora (0,15), segundo o art. 1.009, § 1º, do CPC (0,10).	0,00/0,15/0,25
Fatos e Alegações de Mérito	
5. Exposição dos fatos (0,10).	0,00/0,10
6. A relação das partes é de natureza consumerista (0,40), uma vez que a Casa Mil é considerada fornecedora por ter comercializado o produto vendido (0,20), segundo o art. 3º do CDC (0,10).	0,00/0,40/0,50/ 0,60/0,70
7. Olga é destinatária final do produto (0,40), nos termos do art. 2º do CDC (0,10).	0,00/0,40/0,50
8. Competência do foro de domicílio dos autores (0,50), segundo o art. 101, I, do CDC (0,10).	0,00/0,50/0,60
9. O prazo prescricional aplicável é o de cinco anos (0,50), segundo o art. 27 do CDC (0,10).	0,00/0,50/0,60
10. A responsabilidade da apelante é de natureza objetiva OU independe de culpa (0,50), segundo o art. 12 do CDC (0,10).	0,00/0,50/0,60
Pedidos	
11. Desprovimento do recurso com manutenção da sentença apelada (0,30).	0,00/0,30
12. Acolhimento da preliminar das contrarrazões, caso conhecida a apelação (0,20).	0,00/0,20
13. Majoração dos honorários advocatícios (0,25), segundo o art. 85, § 11, do CPC (0,10).	0,00/0,25/0,35
Fechamento	
14. Local, data, assinatura e inscrição OAB (0,10).	0,00/0,10

MODELO DE PEÇA

EXCELENTÍSSIMO(A) SENHOR(A) DOUTOR(A) JUIZ(A) DE DIREITO DA 2ª VARA CÍVEL DA COMARCA DE TERESINA /PI

Processo nº XXXXX.XX-XX.XXXX.XXXX

OLGA, já devidamente qualificada nos autos da ação de reparação de danos morais e materiais, movida em face de **CASA MIL**, também qualificada, vem, por meio de seus advogados, nos termos do art. 1.010, § 1º, do Código de Processo Civil, apresentar suas **CONTRARRAZÕES AO RECURSO DE APELAÇÃO** interposto pela Apelante CASA MIL.

Requer-se o recebimento das presentes Contrarrazões, eis que tempestivas, bem como o encaminhamento dos autos ao Egrégio Tribunal de Justiça de Piauí, conforme art. 1.010, § 3º, do Código de Processo Civil.

Termos em que, pede deferimento.
[Cidade /UF], [data].
[Assinatura do advogado] [Nome do advogado] OAB/SP n. [número]

EXCELENTÍSSIMO SENHOR DOUTOR DESEMBARGADOR PRESIDENTE DO TRIBUNAL DE JUSTIÇA DO PIAUÍ

CONTRARRAZÕES DE APELAÇÃO

Apelante: CASA MIL
Apelado: OLGA
Processo n. XXXXX.XX-XX.XXXX.XXXX
Origem: 2ª Vara Cível da Comarca de Teresina/PI

Egrégio Tribunal,
Colenda Câmara,
Nobres Desembargadores!

1. PRELIMINARMENTE

1.1. DA TEMPESTIVIDADE

As presentes Contrarrazões são tempestivas, visto que foram interpostas no prazo de 15 (quinze) dias, em conformidade com o disposto nos arts. 1.010, § 1º, e 1.003, § 5º, ambos do Código de Processo Civil.

1.2. DA NULIDADE DA DECISÃO QUE INDEFERIU A PRODUÇÃO DE PROVA ORAL

No processo de origem, a Apelada requereu a produção de prova consistente na oitiva de testemunhas. Porém, o juízo *a quo* indeferiu o pedido por entender impertinente ao esclarecimento dos fatos (decisão anexa).

Diante da clara ofensa aos princípios do contraditório e da ampla defesa, requer-se a nulidade ou, subsidiariamente, a reforma da decisão proferida pelo juízo *a quo* que indeferiu a produção da prova oral solicitada, nos termos no art. 1.009, § 1º, do Código de Processo Civil, visto que a oitiva das testemunhas requerida era essencial para esclarecer as circunstâncias e os danos experimentados pela Apelada.

2. DOS FATOS

A Apelada Olga adquiriu, em janeiro de 2022, uma chapinha de cabelo na loja Apelante, com o objetivo de fazer um penteado para um casamento em que seria madrinha e se realizaria na semana seguinte.

Ocorre que, no dia da cerimônia, ao ligar o produto pela primeira vez, a chapinha esquentou em excesso e queimou os cabelos da Apelada. Assim, teve que procurar atendimento em um hospital e, consequentemente, não pôde comparecer ao casamento, o que lhe causou diversos prejuízos de âmbito material e moral.

Diante disso, a Apelada ajuizou ação de reparação de danos materiais e morais em face da Apelante, objetivando o recebimento de indenização no valor total de R$ 100.000,00 (cem mil reais). A petição inicial foi distribuída à 2ª Vara Cível de Teresina, domicílio da Apelada.

Em contestação, a Apelante arguiu preliminar de incompetência do juízo, por não ser o de sua sede. No mérito, sustentou a ocorrência da prescrição em razão do transcurso de prazo superior a um ano entre a ocorrência do dano e o ajuizamento da ação, bem como alegou a ausência de sua responsabilidade.

Em provas, a Apelada Olga requereu a oitiva de testemunhas, porém, o pedido foi indeferido pelo juízo *a quo*, que entendeu ser impertinente ao esclarecimento dos fatos.

Após, a sentença foi prolatada e os pedidos da Apelada foram julgados totalmente procedentes, com a condenação da Apelante ao pagamento da integralidade da indenização pleiteada na inicial.

Inconformada com a decisão, a Apelante, então, interpôs o recurso de apelação e reiterou os termos da contestação, no sentido da incompetência da 2ª Vara de Teresina, bem como da prescrição e ausência de sua responsabilidade. Por fim, pleiteou a reforma da sentença para que o pedido da Apelada seja jugado improcedente.

3. DO MÉRITO

A relação das partes é de natureza consumerista, visto que a Apelante é considerada fornecedora por ter comercializado o produto vendido, qual seja, a chapinha.

Notadamente, o art. 3º do Código de Defesa do Consumidor (CDC) conceitua como "fornecedor" toda pessoa física ou jurídica, pública ou privada, nacional ou estrangeira, bem como os entes despersonalizados, que desenvolvem atividade de produção, montagem, criação, construção, transformação, importação, exportação, distribuição ou comercialização de produtos ou prestação de serviços, exatamente o caso da Apelante, que comercializou a chapinha.

Ressalta-se, ainda, que a Apelada Olga, como destinatária final, tem assegurada a competência territorial de seu domicílio, conforme o art. 101, I, do CDC, sendo correta a tramitação na comarca de Teresina/PI, não havendo que se falar em incompetência do juízo.

Esclarece-se, também, que a alegação de prescrição não prospera, pois, conforme o art. 27 do CDC, o prazo prescricional para pleitear indenização é de cinco anos, aplicável a relações de consumo. No presente caso, o dano ocorreu em janeiro de 2022, e a ação foi ajuizada em março de 2023, portanto, dentro do prazo.

Por fim, aponta-se que a Apelante, como fornecedora, possui responsabilidade objetiva pelos danos causados, de acordo com o art. 12 do CDC. Tal responsabilidade independe da comprovação de culpa, bastando a demonstração do defeito no produto e o nexo causal com o dano experimentado pela Apelada, os quais estão devidamente comprovados nos autos.

4. DOS PEDIDOS

Diante do exposto, requer-se:

a) O desprovimento do recurso de apelação, com a manutenção integral da sentença proferida pelo Juízo *a quo*;

b) O acolhimento da preliminar arguida de nulidade da decisão que indeferiu a produção de prova oral, caso conhecida a Apelação; e

c) A majoração da condenação em honorários advocatícios, conforme previsão do art. 85, § 11, do CPC.

Termos em que, pede deferimento.
[Cidade /UF], [data].
[Assinatura do advogado] [Nome do advogado] OAB/SP n. [número]

XXXIX EXAME DE ORDEM UNIFICADO – QUESTÕES

■ **QUESTÃO 1:** João, em 2011, celebra contrato escrito com sua sobrinha Maria (maior e capaz), sem prazo determinado, por via do qual empresta uma loja comercial de 350m², situada em área urbana, transferindo-lhe a posse com a finalidade estrita de dar-lhe oportunidade de explorar atividade empresarial para a sua subsistência. Passados 12 (doze) anos (2023), João descobre que Maria passou a residir no imóvel, desde que desistiu de empreender, há quatro anos (2019), e conseguiu emprego formal na iniciativa privada. Inconformado, João notifica Maria para que ela restitua o bem imóvel no prazo de 30 (trinta) dias, denunciando unilateralmente o contrato. Três semanas depois, recebe citação eletrônica em ação de usucapião promovida por Maria, na qual requer a declaração de usucapião, considerando o uso pacífico e contínuo da posse por mais de 10 (dez) anos, com base na usucapião extraordinária com redução de prazo, considerando o estabelecimento de moradia e serviços de caráter produtivo. Em sua defesa, João afirma que ele é o proprietário do imóvel e Maria é quem está obrigada a restituir-lhe o bem, em razão da extinção do contrato outrora firmado entre as partes. Diante do caso narrado, responda aos itens a seguir.

A) Maria tem direito de usucapir o imóvel? Justifique. (Valor: 0,65)

B) Em contestação, João pode formular pedido de condenação de Maria a restituir o imóvel a seu favor, nos autos da ação de usucapião? Justifique. (Valor: 0,60)

Obs.: o(a) examinando(a) deve fundamentar suas respostas. A mera citação do dispositivo legal não confere pontuação.

■ **RESPOSTAS**

A) Não. Maria não tem direito a obter a declaração de usucapião do bem imóvel em questão, pois, embora tenha preenchido os requisitos do tempo de posse suficiente e adequado ao seu pedido (dez anos, conforme usucapião extraordinária de prazo reduzido, nos termos do art. 1.238, *caput* e parágrafo único, do Código Civil), com a demonstração dos requisitos de moradia e utilização do bem em caráter produtivo, bem como as características objetivas da posse (posse pacífica e ininterrupta), deixou de preencher o requisito subjetivo do *animus domini*. Isso porque havia relação contratual de comodato (empréstimo de coisa infungível), o que reflete a ausência de intenção e consciência da Maria de "possuir a coisa como sua", visto que era sabidamente comodatária.

B) Sim. João pode formular pedido de condenação de Maria a restituir o imóvel a seu favor, nos autos da ação de usucapião, pois a usucapião segue o procedimento comum no Código de Processo Civil (CPC), sendo lícito ao réu, em contestação, propor reconvenção para manifestar pretensão própria, conexa com a ação principal, conforme dispõe o art. 343 do CPC.

■ **QUESTÃO 2:** Desde os 2 (dois) anos, Tália não tem qualquer contato com seus pais biológicos e vem sendo cuidada pelos seus tios, Lúcio e Raquel, que possuem a sua guarda judicial. Atualmente Tália tem 12 (doze) anos, e, como sempre foi tratada como filha do casal, foram constituídos fortes vínculos afetivos. Diante dessa situação já consolidada, Lúcio e Raquel, em conformidade com o desejo de Tália, desejam regularizar a relação de filiação de forma definitiva, inclusive para que na certidão de nascimento de Tália sejam excluídos os nomes dos genitores para incluir seus nomes como pais da infante. Considerando que os pais biológicos de Tália já manifestaram que estão de acordo com a intenção manifestada por Lúcio, Raquel e Tália, responda aos itens a seguir.

A) Indique as providências jurídicas necessárias para a regularização da relação de filiação de forma definitiva, como pretendido por Lúcio, Raquel e Tália, inclusive para exclusão dos nomes dos pais biológicos e inclusão dos nomes de Lúcio e Raquel como pais de Tália em sua certidão de nascimento. Justifique. (Valor: 0,65)

B) Onde deve ser ajuizada a ação judicial? Justifique. (Valor: 0,60)

Obs.: o(a) examinando(a) deve fundamentar suas respostas. A mera citação do dispositivo legal não confere pontuação.

■ **RESPOSTAS**

A) A providência jurídica necessária para a regularização da relação de filiação de forma definitiva é a adoção, nos termos do art. 50, § 13, II, do Estatuto da Criança e do Adolescente (ECA), sendo necessária a prévia destituição do poder familiar dos genitores de Tália, com base no art. 1.635, IV, do Código Civil.

B) A ação deve ser ajuizada no juízo do local onde os responsáveis Lúcio e Raquel, que já detêm a guarda, têm o seu domicílio, de acordo com o art. 147, I, do ECA.

■ **QUESTÃO 3:** Maria cadastrou-se e adquiriu serviço de aprendizagem *on-line* de língua estrangeira na sociedade empresária Hello English Ltda., dando consentimento, informado nos termos de uso e autorização, para tratamento de seus dados pessoais. Após 1 (um) ano de curso, decidiu romper o vínculo, mas continuou recebendo muitas notificações indesejadas da sociedade empresária. Mesmo sem visualizar qualquer ilegalidade quanto ao tratamento de seus dados pessoais, formulou requerimento expresso via canal de comunicação da empresa para (i) retirar o consentimento no tratamento de dados; e (ii) eliminar os seus dados cadastrais em definitivo, para fins de publicidade e marketing. Em resposta, a sociedade empresária informou que não atenderia à solicitação porque a operadora dos dados (SuperData Ltda.) informou que os dados foram tratados dentro da lei, e que Maria não teria direito a pedir a eliminação dos dados para os fins desejados (evitar a publicidade e marketing), considerando que os dados não são sensíveis. Irritada, até porque continuou a receber material publicitário, Maria ajuizou ação judicial contra a sociedade empresária SuperData Ltda., e notificou a Autoridade Nacional de Proteção de Dados (ANPD) sobre a conduta adotada por ambas as empresas. A sociedade empresária ré (SuperData Ltda.) alega que sua responsabilidade é apenas tratar os dados, não sendo ela quem determina a exclusão dos dados, mas somente a controladora (Hello English Ltda.), razão pela qual não responde pelo pedido de Maria, pois nunca recebeu uma ordem da controladora para excluir os dados de Maria. Sobre a hipótese apresentada, responda aos itens a seguir.

A) Maria tem o direito de promover a eliminação de seus dados cadastrais especificamente voltados para as ações de publicidade e marketing? Justifique. (Valor: 0,65)

B) A sociedade empresária SuperData Ltda., na posição de simples operadora de dados pessoais, responde por danos eventualmente causados a Maria? Justifique. (Valor: 0,60)

Obs.: o(a) examinando(a) deve fundamentar suas respostas. A mera citação do dispositivo legal não confere pontuação.

■ RESPOSTAS

A) Sim. O art. 8º, § 5º, da Lei n. 13.709/2018 (LGPD) dispõe que *"O consentimento pode ser revogado a qualquer momento mediante manifestação expressa do titular, por procedimento gratuito e facilitado, ratificados os tratamentos realizados sob amparo do consentimento anteriormente manifestado, enquanto não houver requerimento de eliminação (...)"*. Em razão disso, deve-se operar o término no tratamento de dados (art. 15, III, da LGPD), com a consequente eliminação dos dados cadastrais para os fins especificados (publicidade e marketing), na forma do art. 16, *caput*, da LGPD.

B) Sim. A sociedade empresária SuperData Ltda. responde por danos eventualmente causados a Maria, pois o operador de dados pessoais responde solidariamente com o controlador de dados pessoais pelos danos causados pelo tratamento quando descumprir as obrigações da legislação de proteção de dados, nos termos do art. 42, § 1º, I, da LGPD.

■ **QUESTÃO 4:** Fernanda é dona da loja Obra Mais, que vende material de construção. No mês passado ela fez uma venda de R$ 30.000,00 (trinta mil reais) para José, que pagou o material com cheque. No entanto, ao ser descontado, o cheque não foi pago pelo banco por falta de fundos. A respeito dessa situação, responda aos itens a seguir.

A) Qual a ação mais célere que Fernanda deve adotar para cobrar o valor devido e qual é seu prazo prescricional? Justifique. (Valor: 0,65)

B) Considerando que o único bem localizado para satisfação do débito foi o táxi de José, é possível determinar a penhora do automóvel? Justifique. (Valor: 0,60)

Obs.: o(a) examinando(a) deve fundamentar suas respostas. A mera citação do dispositivo legal não confere pontuação.

■ **RESPOSTAS**

A) A ação mais célere que Fernanda deve adotar é ingressar com uma *execução de título extrajudicial*, por ser o cheque título executivo extrajudicial, na forma do art. 784, I, do Código de Processo Civil (CPC). O prazo prescricional máximo é de 6 meses, contados da expiração do prazo de apresentação, como determina o art. 59 da Lei n. 7.357/85.

B) Não, pois o táxi é instrumento de trabalho de José, e, na forma do art. 833, V, do CPC, os bens necessários ao exercício da profissão são impenhoráveis.

31 XL EXAME DE ORDEM UNIFICADO

PEÇA PROFISSIONAL

■ **ENUNCIADO:** Paulo Cruz, servidor público federal, e Cristina Silva Cruz, autônoma, residentes e domiciliados em Campina Grande, no Estado da Paraíba, contraíram matrimônio sem pacto antenupcial em 2018. Em 16 de dezembro de 2021, nasceu Júlia, a única filha do casal. Não obstante eles tenham sempre mantido um bom relacionamento, concluíram que não mais permaneceriam casados. Paulo e Cristina eram solteiros antes do casamento, portanto, nunca viveram em união estável ou matrimônio com qualquer pessoa, não tendo outros descendentes. Diante da decisão, procuram você, na qualidade de advogado(a) para tomar as providências necessárias para formalizar a extinção do vínculo conjugal e a partilha dos bens, bem como as questões relativas à filha. Em reunião conjunta, informam que decidiram pela guarda compartilhada, mas que Júlia manterá residência fixa com a mãe, tendo o pai direito à convivência em dois dias da semana, além dos finais de semana alternados. Concordaram que não será devida pensão alimentícia entre eles e que as despesas da filha serão igualmente repartidas, pois possuem capacidade financeira semelhante. Acordam ainda que Paulo Cruz pagará R$ 3.000,00 (três mil reais), que corresponde a 20% (vinte por cento) dos seus rendimentos, a título de pensão para a filha menor. Pactuaram, ainda, que alterarão as comemorações de Natal e réveillon, cabendo à mãe os anos pares. Como Cristina é cristã e o pai, ateu, estabeleceram que no feriado de Páscoa,

Júlia passará com a genitora. No que tange aos demais feriados, nada foi estabelecido. O casal deseja realizar a partilha de bens no curso do divórcio. Assim, informaram que o patrimônio deles é constituído de dois imóveis. Um apartamento, residência do casal, localizado em Catolé, um bairro de Campina Grande, no Estado da Paraíba, adquirido onerosamente em janeiro de 2021, no valor atual de R$ 600.000,00 (seiscentos mil reais). Destaca-se que 50% (cinquenta por cento) do valor pago por este imóvel adveio da herança legítima do pai de Cristina, que faleceu em 2019, circunstância reconhecida por Paulo. O outro bem é uma loja comercial, situada a 100 (cem) metros da residência do casal, adquirida por meio de compra e venda em 2022, avaliada em R$ 200.000,00 (duzentos mil reais). Todos os dois bens encontram-se pagos e quitados. Salienta-se que Cristina e Júlia manterão residência no apartamento supracitado, devendo Paulo sair do bem. Por fim, Cristina informa que voltará a usar o nome de solteira, e eles acordam o rateio das despesas processuais. Na qualidade de advogado(a) de Paulo e Cristina, elabore a peça processual cabível para a defesa imediata dos interesses de seus clientes, indicando seus requisitos e fundamentos nos termos da legislação vigente. (Valor: 5,00)

Obs.: a peça deve abranger todos os fundamentos de Direito que possam ser utilizados para dar respaldo à pretensão. A simples menção ou transcrição do dispositivo legal não confere pontuação.

■ **GABARITO COMENTADO:** A peça a ser proposta é uma *petição inicial de divórcio consensual* que inclui uma filha menor e a partilha de bens, conforme os arts. 731 a 734 do Código de Processo Civil (CPC). É direcionada ao Juízo de uma Vara em Campina Grande, no Estado da Paraíba. Como se trata de procedimento de jurisdição voluntária, não haverá autor e réu, mas sim, interessados, que são Paulo Cruz e Cristina Silva Cruz, atendendo-se aos requisitos previstos no art. 319 do CPC. Deve ser destacado que o divórcio, um direito potestativo, pode ser realizado na modalidade consensual, inexistindo requisito prévio. A peça deve indicar a guarda compartilhada com regime de convivência, revezamento nos feriados de fim de ano. Já o feriado de Páscoa deve ser passado, exclusivamente, na companhia da mãe. Como não foi feito pacto antenupcial, o regime matrimonial é da comunhão parcial de bens por força do art. 1.640 do Código Civil. Para a partilha de bens, deve ser considerado que o imóvel comercial pertence ao casal, cabendo a cada um 50% (cinquenta por cento) do bem. O fundamento legal é o art. 1.658 *ou* o art. 1.660, I, ambos do Código Civil. Em relação ao apartamento, 50% (cinquenta por cento) adveio da sub-rogação da herança paterna percebida por Cristina, por força do art. 1.659, I, do Código Civil. Já os outros 50% (cinquenta por cento) entram na comunhão. Portanto, Cristina terá direito a 75% (setenta e cinco por cento) do imóvel, sendo o restante de Paulo. Deve ser fixada a continuação da residência de Júlia e Cristina no apartamento, devendo Paulo deixar de habitar o imóvel. A pensão alimentícia será de R$ 3.000,00 (três mil reais), que corresponde a 20% dos rendimentos de Paulo, a título de pensão para a filha menor. Cristina retornará ao uso do nome de solteira, em razão do art. 1.571 do Código Civil. As despesas processuais serão rateadas igualmente entre as partes. Deverá ser requerida a homologação do acordo com prévia assinatura das partes **OU** apresentação de procuração com poderes específicos. Deverá ser requerida a intimação do Ministério Público. Deverá ser indicado o valor da causa. Por fim, o fechamento, indicando local, data, advogado e OAB.

Distribuição dos pontos:

ITEM	PONTUAÇÃO
Endereçamento	
1. Juízo de Direito da Vara de Campina Grande, PB (0,10).	0,00/0,10
Qualificação dos interessados/requerentes	
2. Nome e qualificação dos interessados, Paulo Cruz, servidor público federal (0,10), e Cristina Silva Cruz, autônoma (0,10).	0,00/0,10/0,20
Procedimento	
3. O divórcio será na modalidade consensual (0,25), sendo aplicado o procedimento de jurisdição voluntária (0,15), com base no art. 731 do Código de Processo Civil (0,10).	0,00/0,15/0,25/ 0,35/0,40/0,50
Fatos	
4. Exposição dos fatos (0,10).	0,00/0,10
Fundamentação	
5. A guarda será compartilhada (0,20), com base no art. 1.584, I, do Código Civil (0,10).	0,00/0,20/0,30
6. Apresentação do plano de convivência (0,30), aplicando-se o disposto no art. 1.583, § 2º, do Código Civil **OU** art. 731, III, do Código de Processo Civil (0,10).	0,00/0,30/0,40

7. O regime de bens é o da comunhão parcial (0,20), devido a inexistência de pacto antenupcial (0,15), de acordo com o art. 1.640 do Código Civil (0,10).	0,00/0,15/0,20/ 0,30/0,35/0,45
8. Para a partilha do imóvel comercial, cada cônjuge terá direito a cinquenta por cento do bem (0,30), pois o bem foi adquirido onerosamente na constância do casamento (0,15), com fundamento no art. 1.658 **OU** no art. 1.660, I, ambos do Código Civil (0,10).	0,00/0,15/0,30/ 0,40/0,45/0,55
9. Para a partilha do apartamento, apenas 50% entram na comunhão (0,30); os outros 50% estão excluídos em razão de advirem da sub-rogação da herança do pai de Cristina (0,15), nos termos do art. 1.659, I, do CC (0,10).	0,00/0,15/0,30/ 0,40/0,45/0,55
10. A residência de Júlia e Cristina continuará sendo o apartamento do casal (0,15), devendo Paulo deixar de habitar o bem (0,10).	0,00/0,10 /0,15/0,25
11. A pensão alimentícia será de R$ 3.000,00 (vinte por cento da remuneração mensal do pai) (0,30).	0,00/0,30
12. Cristina retornará ao uso do nome de solteira (0,20), em razão do art. 1.571 do Código Civil (0,10).	0,00/0,20/0,30
Pedidos	
13. Pedido de homologação judicial do acordo de divórcio consensual (0,20).	0,00/0,20
14. Pedido de intimação do Ministério Público (0,20).	0,00/0,20
15. Produção **OU** juntada de prova documental (0,10).	0,00/0,10
Fechamento	
16. Comprovação do pagamento das custas processuais (0,10).	0,00/0,10
17. Indicação do valor da causa (0,10).	0,00/0,10
18. Assinatura das partes **OU** juntada de procuração com poderes específicos (0,20).	0,00/0,20
19. Local..., Data..., Advogado(a)..., OAB n.... (0,10).	0,00/0,10

MODELO DE PEÇA

EXCELENTÍSSIMO(A) SENHOR(A) DOUTOR(A) JUIZ(A) DE DIREITO DA XX VARA DE FAMÍLIA DA COMARCA DE CAMPINA GRANDE/PB

PAULO CRUZ, [nacionalidade], casado, servidor público federal, portador do RG n. [número] e inscrito no CPF sob o n. [número], e

CRISTINA SILVA CRUZ, [nacionalidade], casada, autônoma, RG n. [número] e inscrita no CPF sob o n. [número], ambos residentes e domiciliados em Campina Grande, no Estado da Paraíba, por seu advogado que esta subscreve (procuração com poderes específicos anexa), inscrito na OAB/SP sob o n. [número], com escritório profissional situado à [endereço do escritório], onde recebe intimações, vêm, respeitosamente, à presença de Vossa Excelência, com fulcro nos arts. 731 a 734 do Código de Processo Civil (CPC), propor a presente

AÇÃO DE DIVÓRCIO CONSENSUAL

pelos motivos de fato e de direito a seguir expostos.

1. DOS FATOS

Paulo Cruz e Cristina Silva Cruz contraíram matrimônio, sem pacto antenupcial, em 2018.

Da união adveio uma filha, Júlia, nascida em 16 de dezembro de 2021.

Ocorre que, não obstante eles tenham sempre mantido um bom relacionamento, as partes decidiram, de comum acordo, pela dissolução do vínculo conjugal, motivo pelo qual ajuizaram a presente ação para formalizar a extinção do vínculo conjugal e a partilha dos bens, bem como as questões relativas à filha.

2. DO DIREITO

2.1. DO DIVÓRCIO

O divórcio é direito potestativo das partes, conforme disposto no art. 1.571, IV, do Código Civil, portanto, pode ser realizado na modalidade consensual, inexistindo requisito prévio. Assim, as partes pleiteiam pela dissolução do vínculo conjugal, decretando-se o divórcio.

Por fim, as partes informam que Cristina retornará ao uso do nome de solteira, nos termos do art. 1.571 do Código Civil.

2.2. DO REGIME DE BENS

Em razão da ausência de pacto antenupcial, o regime de bens a ser aplicado é o da comunhão parcial, nos termos do art. 1.640 do Código

Civil, que dispõe que *"Não havendo convenção, ou sendo ela nula ou ineficaz, vigorará, quanto aos bens entre os cônjuges, o regime da comunhão parcial"*, o que se requer.

2.3. DA PARTILHA DOS BENS

Na constância do casamento, as partes adquiriram um imóvel comercial, cabendo a cada um 50% (cinquenta por cento) do referido bem, nos termos dos arts. 1.658 e 1.660, I, do Código Civil, considerando o regime da comunhão parcial de bens.

Ainda, as partes possuem um apartamento que também deverá ser partilhado.

Quanto ao apartamento, 50% (cinquenta por cento) do valor para aquisição adveio da sub-rogação da herança paterna recebida por Cristina, de modo que tal valor não será partilhado entre as partes, nos termos no art. 1.659, I, do Código Civil, que prevê que *"Excluem-se da comunhão: os bens que cada cônjuge possuir ao casar, e os que lhe sobrevierem, na constância do casamento, por doação ou sucessão, e os sub-rogados em seu lugar"*.

Já os 50% (cinquenta por cento) restantes serão partilhados entre as partes na proporção de 50% (cinquenta por cento) para cada um.

Portanto, caberá a Cristina 75% (setenta e cinco por cento) do apartamento e a Paulo, 25% (vinte e cinco por cento).

Por fim, as partes concordam com a fixação da residência de Cristina e Júlia no apartamento em questão, devendo Paulo deixar de habitar o local.

2.4. DA GUARDA COMPARTILHADA

Quanto à guarda da filha Júlia, as partes concordam com a fixação da guarda compartilhada, com residência fixa com a genitora Cristina, conforme art. 1.583 do Código Civil.

2.5. DO PLANO DE CONVIVÊNCIA

Nos termos do art. 1.583, § 2º, do Código Civil e art. 731, III, do Código de Processo Civil, *"Na guarda compartilhada, o tempo de convívio com os filhos deve ser dividido de forma equilibrada com a mãe e com o pai, sempre tendo em vista as condições fáticas e os interesses dos filhos"*.

Assim, as partes concordam que o genitor Paulo será o detentor do direito de convivência com a filha em dois dias da semana, além dos finais de semana alternados.

As partes alternarão as comemorações de Natal e Réveillon, cabendo à genitora os anos pares e ao genitor os anos ímpares.

Por fim, as partes estabelecem que a filha passará o feriado de Páscoa com a genitora.

2.6. DOS ALIMENTOS

Quanto à pensão alimentícia, as partes concordam com a fixação do valor de R$ 3.000,00 (três mil reais) mensais, que serão pagos pelo genitor Paulo à filha Júlia, valor este que corresponde a 20% (vinte por cento) de seus rendimentos.

2.7. DAS DESPESAS PROCESSUAIS

Por fim, as despesas processuais serão rateadas igualmente entre as partes.

3. DOS PEDIDOS

Diante do exposto, requer-se:

a) A homologação do acordo de divórcio consensual de Paulo Cruz e Cristina Silva Cruz, considerando a procuração com poderes específicos anexa;

b) A partilha dos bens, a fixação da guarda compartilhada e do plano de convivência, bem como a fixação da pensão alimentícia em favor da filha nos termos do acordo;

c) A intimação do Ministério Público para intervir no feito;

d) A produção de todas as provas admitidas em direito, sem exceção, principalmente a produção de prova documental;

e) A juntada da guia e comprovante de pagamento das custas processuais; e

f) A juntada da procuração anexa com poderes específicos.

Dá-se à causa do valor de XXX.

Termos em que, pede deferimento.

[Cidade /UF], [data].

[Assinatura do advogado] [Nome do advogado] OAB/SP n. [número]

XL EXAME DE ORDEM UNIFICADO – QUESTÕES

■ **QUESTÃO 1:** Otávio, no meio da noite, foi acordado por ruidoso estrondo. Imediatamente, levantou-se e conseguiu observar da janela de seu apartamento que dois pesados halteres esportivos haviam caído de outra unidade e atingiram em cheio seu veículo, que estava estacionado no pátio do edifício, resultando no amassamento do teto e no estilhaçamento do vidro frontal. Na manhã seguinte, ao analisar a cena de destruição e as imagens das câmeras de vigilância do prédio, constatou que a única explicação possível e lógica para o acidente fora a de que os halteres haviam caído de uma unidade residencial do edifício em que mora, e que não era possível identificar a origem. Diante dessa não identificação precisa da unidade, Otávio decidiu, então, ingressar com demanda indenizatória por danos materiais em face do condomínio, a qual foi ajuizada no Juizado Especial Cível do local do imóvel. A respeito do caso de Otávio, responda aos itens a seguir.

A) Seria o condomínio responsável pelos danos materiais experimentados por Otávio? Em caso afirmativo, qual a natureza dessa responsabilidade? Justifique. (Valor: 0,65)

B) Considerando que as partes obtenham a conciliação em audiência e o condomínio isente Otávio do pagamento de três cotas condominiais, qual deverá ser o procedimento judicial adotado pelo juízo? Justifique. (Valor: 0,60)

Obs.: o(a) examinando(a) deve fundamentar suas respostas. A mera citação do dispositivo legal não confere pontuação.

■ **RESPOSTAS**

A) Sim. Considerando que não foi possível determinar com exatidão a unidade de onde os halteres caíram, o condomínio responderá de forma objetiva, conforme o art. 938 do Código Civil, que diz que *"Aquele que habitar prédio, ou parte dele, responde pelo dano proveniente das coisas que dele caírem ou forem lançadas em lugar indevido"*.

B) Conforme previsto no art. 22, § 1º, da Lei n. 9.099/95, uma vez obtida a conciliação no curso de audiência, os termos do acordo serão reduzidos a escrito e a conciliação será homologada pelo Juiz togado mediante sentença, que será dotada de natureza e eficácia de título executivo.

■ **QUESTÃO 2:** Maria Lima, 65 anos, aposentada, viúva, não convivente em união estável e sem filhos, celebrou contrato de doação do seu único imóvel, em favor de Thiago Correia Lima, 31 anos, e Beatrice Correia Lima, 29 anos, seus sobrinhos. Pelo referido contrato, Maria Lima doou seu único imóvel para os sobrinhos com reserva de usufruto vitalício, constando que os donatários deveriam realizar alguns reparos na parte elétrica do imóvel em até 45 dias da aceitação da doação. Passados 120 dias da celebração do contrato, Thiago e Beatrice, além de não terem providenciado os reparos devidos, passaram a residir no imóvel, sob a alegação de que eram os proprietários, não obstante os reiterados pedidos de Maria Lima para que não residissem no local enquanto ela lá vivia. Além disso, passaram a dar festas no local, ignorando a presença de Maria na casa, o que a deixou muito aborrecida. Diante da situação, Maria procura Tereza, amiga de infância e pede apoio para a resolução do problema, afirmando que se arrependeu da doação e que deveria ter doado o imóvel para Tereza. Tereza, vendo a aflição da amiga e interessada em ser beneficiada com o imóvel, indica você, na qualidade de advogado(a), para orientá-la sobre o que pode ser feito.

A) Há algo que Maria possa fazer para que o imóvel doado retorne à sua propriedade, não mais beneficiando os sobrinhos? Justifique. (Valor: 0,60)

B) Qual a medida judicial que Maria deverá adotar para que seus sobrinhos não sejam mais os proprietários do bem? Tereza, considerando sua amizade e seu interesse jurídico, pode promover a referida medida judicial, caso Maria não o faça? Justifique. (Valor: 0,65)

Obs.: o(a) examinando(a) deve fundamentar suas respostas. A mera citação do dispositivo legal não confere pontuação.

■ **RESPOSTAS**

A) Sim, Maria pode revogar a doação por descumprimento do encargo, visto que os sobrinhos não providenciaram os reparos devidos, conforme disposto no contrato, nos termos do art. 562 do Código Civil, que diz que *"A doação onerosa pode ser revogada por inexecução do encargo, se o donatário incorrer em mora. Não havendo prazo para o cumprimento, o doador poderá notificar judicialmente o donatário, assinando-lhe prazo razoável para que cumpra a obrigação assumida"*, e do art. 555 do Código Civil, que prevê que a doação pode ser revogada por ingratidão do donatário, ou por inexecução do encargo.

B) Maria deverá promover *ação de revogação da doação*. Não, Tereza não poderá promover a referida medida judicial. Apenas Maria tem legitimidade para promover essa ação por tratar-se de ação personalíssima, nos termos do art. 18 do Código de Processo Civil.

■ **QUESTÃO 3:** Marcela e Carlos são irmãos, ambos maiores de idade e filhos de Dulce, que é viúva há muitos anos. Dulce é uma mulher independente e administra sozinha as locações de sete imóveis que possui, sendo essa sua única fonte de renda. Contudo, depois de completar 75 anos, Dulce passou a apresentar algumas confusões mentais. Preocupados, os filhos a levaram ao médico, que a diagnosticou com a doença de Alzheimer. Apesar de terem iniciado o tratamento médico, o quadro agravou-se rapidamente, e, cerca de três meses depois, a capacidade cognitiva e decisória de Dulce estava totalmente comprometida. Preocupados com o bem-estar e a administração dos bens da mãe, Carlos e Marcela procuram você, como advogado(a), para obter a devida orientação. Sobre o caso, responda, como advogado(a), às questões a seguir.

A) Qual a ação judicial cabível para que Carlos e Marcela possam assumir a administração dos bens de Dulce? O que deverá constar na petição inicial para viabilizar essa administração o mais rápido possível? Justifique. (Valor: 0,65)

B) Considerando que Marcela e Carlos cuidam juntos da mãe, e que não há conflito entre eles, os irmãos questionam se é possível administrar em conjunto os bens de Dulce. Justifique. (Valor: 0,60)

Obs.: o(a) examinando(a) deve fundamentar suas respostas. A mera citação do dispositivo legal não confere pontuação.

■ **RESPOSTAS**

A) Carlos e Marcela deverão ingressar com uma ação, com pedido de curatela provisória em sede de antecipação de tutela, devendo especificar em petição inicial os fatos que demonstram a incapacidade do interditando, Dulce, para administrar seus bens e, se for o caso, para praticar atos da vida civil, bem como o momento em que a incapacidade se revelou, na forma do art. 300 e do art. 749, *caput* e parágrafo único, ambos do Código de Processo Civil.

B) Considerando que não há conflitos entre eles e que cuidam de sua mãe juntos, Marcela e Carlos podem pedir a curatela compartilhada, com base no art. 1.775-A do Código Civil, que prevê que *"Na nomeação de curador para a pessoa com deficiência, o juiz poderá estabelecer curatela compartilhada a mais de uma pessoa".*

■ **QUESTÃO 4:** Beatriz, professora, celebrou contrato com a sociedade empresária Soluções em Arquitetura com o objetivo de realizar, no prazo de seis meses, a reforma completa do apartamento de sua propriedade. O contrato foi assinado na presença de duas testemunhas. Passados oito meses, a reforma ainda não fora concluída, o que levou Beatriz a ajuizar ação de execução de título extrajudicial em face da sociedade. Citada, Soluções em Arquitetura esclarece a você, advogado(a), que Beatriz não forneceu todo o material necessário para a realização da obra, obrigação que constava de cláusula expressa do contrato. Em consequência, não foi possível a finalização da obra no prazo estabelecido. Sobre tais fatos, responda aos itens a seguir.

A) O não cumprimento da obrigação por Beatriz exime a sociedade empresária Soluções em Arquitetura de cumprir o prazo contratualmente previsto para a finalização da obra? Justifique. (Valor: 0,65)

B) Qual instrumento processual deverá ser usado pela sociedade empresária Soluções em Arquitetura para veicular sua defesa e qual o prazo legal para sua apresentação? Justifique. (Valor: 0,60)

Obs.: o(a) examinando(a) deve fundamentar suas respostas. A mera citação do dispositivo legal não confere pontuação.

■ **RESPOSTAS**

A) Sim. Beatriz não pode exigir da sociedade empresária Soluções em Arquitetura o cumprimento da obrigação antes de cumprir a sua, que consistia no fornecimento do material necessário para realizar a obra, o que, inclusive, constava em cláusula expressa do contrato. Isso porque o contrato celebrado entre as partes é de natureza bilateral, nos termos do art. 476 do Código Civil.

B) A sociedade empresária Soluções em Arquitetura deverá ajuizar ação de *embargos à execução*. O prazo para apresentação dos embargos é de 15 (quinze) dias, nos termos do art. 915 do Código de Processo Civil.

32 XLI EXAME DE ORDEM UNIFICADO

PEÇA PROFISSIONAL

■ **ENUNCIADO:** Paulo adquiriu os direitos possessórios sobre uma casa situada na Rua XYZ, n. 99, em Goiânia, GO, por meio de adjudicação em um processo de inventário, com sentença datada de 21/01/2012, transitada em julgado. O imóvel não tem matrícula regular ou registro de propriedade, situando-se em área onde historicamente há problemas de regularização fundiária. Na casa, Cíntia, como cuidadora, morava com José, pai de Paulo, assistindo-o durante toda a sua enfermidade. Depois da morte do pai, Paulo decidiu realizar o desejo dele, que fora manifestado oralmente antes do falecimento, ou seja, permitir que Cíntia, exclusivamente, residisse no imóvel pelo tempo que julgasse necessário, enquanto viva fosse. Assim, em 30/01/2012, poucos dias após a sentença de adjudicação, Paulo e Cíntia se encontraram para a celebração de contrato de comodato, no qual ficou ajustado que ela poderia residir no imóvel pelo tempo que quisesse. Doze anos depois, em 10/01/2024, Paulo foi informado pelo síndico do condomínio de que Cíntia falecera de infarto fulminante no dia anterior, deixando no imóvel o seu filho João. Em 11/01/2024, Paulo notificou João para que, no prazo de 30 (trinta) dias, restituísse o bem, com a entrega das chaves na portaria. Ocorre que João descumpriu a ordem, enviando contranotificação, em 20/01/2024, informando que não reconhecia a posse de Paulo, porque sabe que o imóvel não tem matrícula regular ou registro de propriedade, sendo ele o verdadeiro dono do bem, por força de usucapião. O imóvel está avaliado em R$ 200.000,00 (duzentos mil reais). Na qualidade de advogado(a) de Paulo, elabore a peça processual cabível para a defesa imediata dos interesses de seu cliente, indicando seus requisitos e fundamentos nos termos da legislação vigente. (Valor: 5,00)

Obs.: a peça deve abranger todos os fundamentos de Direito que possam ser utilizados para dar respaldo à pretensão. A simples menção ou transcrição do dispositivo legal não confere pontuação.

■ **GABARITO COMENTADO:** A peça processual adequada é a *petição inicial de ação de reintegração de posse* (art. 560 do Código de Processo Civil). A parte autora (Paulo) deve propor a demanda em face de João (réu), pelo rito especial do art. 560 e pelos seguintes presentes no Código de Processo Civil, em razão da propositura da demanda dentro de ano e dia do esbulho (art. 558 do Código de Processo Civil), distribuindo a ação em uma das Varas Cíveis da Comarca de Goiânia/GO, requerendo gratuidade de justiça ou informando o recolhimento das custas iniciais. No mérito, deve o demandante argumentar, em seus fundamentos jurídicos, que: (i) na qualidade de possuidor do bem, cedeu a posse direta, voluntariamente, à Cíntia, por meio de contrato de comodato, na forma do art. 579 do Código Civil, mantendo a posse indireta sobre o bem, como admite o art. 1.197 do Código Civil; (ii) o contrato se extinguiu pela morte da comodatária (Cíntia), na forma do art. 581 do Código Civil; (iii) a posse de João é injusta, porque precária, na forma do art. 1.200 do Código Civil; (iv) a negativa de João de restituir o bem configura o ato de esbulho possessório, ante a perda do poder sobre o bem, como preceitua o art. 1.223 do Código Civil; (v) em face do esbulho tem o direito a ser reintegrado na posse do bem, como garante o art. 1.210 do Código Civil, não obstando a reintegração a alegação de propriedade (por usucapião) realizada pelo réu, conforme art. 1.210, § 2º, do Código Civil; (vi) o autor faz prova documental (a) da posse anterior de Paulo; (b) do esbulho; (c) da data do esbulho; e (d) da perda da posse, na forma do art. 561 do Código de Processo Civil; (vii) considerando que a inicial está devidamente instruída, o juiz deve deferir, sem ouvir o réu, a medida liminar de reintegração de posse, na forma do art. 562 do Código de Processo Civil. Por tais razões, o autor deve pedir: (i) a concessão da medida liminar, com a expedição do mandado de reintegração de posse; (ii) a procedência do pedido para determinar a reintegração do autor na posse do imóvel; (iii) a condenação do réu ao pagamento de custas e honorários de sucumbência. O autor deve informar o valor da causa em R$ 200.000,00 (duzentos mil reais), aplicando-se analogicamente o disposto no art. 292, IV, do Código de Processo Civil, protestando pela produção de provas. Finalizando a peça, indicar local, data, nome e OAB.

Distribuição dos pontos:

ITEM	PONTUAÇÃO
Endereçamento	
1. A ação deve ser ajuizada perante uma das Varas Cíveis da Comarca de Goiânia/GO (0,10).	0,00/0,10
2. Indicação do autor, Paulo, (0,10) e do réu, João (0,10).	0,00/0,10/0,20
3. Pedido de gratuidade de justiça **OU** recolhimento das custas iniciais (0,10).	0,00/0,10
Fundamentação Jurídica/Legal	
4. Demonstrar que a demanda é proposta dentro de ano e dia do esbulho (0,15), na forma do art. 558 do Código de Processo Civil (0,10), adotando-se o rito especial do art. 560 do Código de Processo Civil (0,10).	0,15/0,25/0,35
5. Exposição dos fatos.	0,00/0,10
6. Argumentar que cedeu a posse a Cíntia, por meio de contrato de comodato (0,20), na forma do art. 579 do Código Civil (0,10).	0,00/0,20/0,30
7. Afirmar que manteve a posse indireta sobre o bem (0,20), como admite o art. 1.197 do Código Civil (0,10).	0,00/0,20/0,30
8. Indicar que o contrato se extinguiu pela morte da comodatária (Cíntia) (0,20), na forma do art. 581 do Código Civil (0,10).	0,00/0,20/0,30
9. Apontar que a posse de João é injusta, porque precária (0,20), na forma do art. 1.200 do Código Civil (0,10).	0,00/0,20/0,30
10. Salientar que a negativa de João de restituir o bem configura o ato de esbulho possessório (0,20), ante a perda do poder sobre o bem (0,10), como preceitua o art. 1.223 do Código Civil (0,10).	0,00/0,20/0,30/0,40
11. Sustentar que, em face do esbulho, tem o direito a ser reintegrado na posse do bem (0,20), nos moldes do art. 1.210 do Código Civil (0,10),	0,00/0,20/0,30
12. A alegação de propriedade (por usucapião) realizada pelo réu não obsta a reintegração (0,20), conforme art. 1.210, § 2º, do Código Civil (0,10).	0,00/0,20/0,30
13. Acentuar que o autor faz prova documental (a) da posse anterior de Paulo; (b) do esbulho; (c) da data do esbulho; e (d) da perda da posse (0,20), cumprindo com os requisitos do art. 561 do Código de Processo Civil (0,10).	0,00/0,20/0,30

14. Aduzir que, estando a inicial devidamente instruída, o juiz deve deferir, sem ouvir o réu, a medida liminar de reintegração de posse (0,20), na forma do art. 562 do Código de Processo Civil (0,10).	0,00/0,20/0,30
Pedidos	
15. Concessão da medida liminar (0,25), com a expedição do mandado de reintegração de posse (0,15).	0,00/0,25/0,40
16. Reintegração do autor na posse do bem (0,25).	0,00/0,25
17. Citação do réu para, querendo, apresentar contestação (0,10), na forma do art. 564 do Código de Processo Civil (0,10).	0,00/0,10/0,20
18. Condenação do réu ao pagamento das custas (0,10) e honorários de advogado (0,10) **OU** no ônus de sucumbência (0,20).	0,00/0,10/0,20
19. Protestar pela produção de provas (0,10).	0,00/0,10
Fechamento	
20. Indicação do valor da causa (R$ 200.000,00) (0,10).	0,00/0,10
21. Local, data, assinatura e OAB (0,10).	0,00/0,10

MODELO DE PEÇA

EXCELENTÍSSIMO(A) SENHOR(A) DOUTOR(A) JUIZ(A) DE DIREITO DA XX VARA CÍVEL DA COMARCA DE GOIÂNIA/GO

PAULO CRUZ, [nacionalidade], [estado civil], [profissão], portador do RG n. [número] e inscrito no CPF sob o n. [número], residente e domiciliado à [endereço completo], por seu advogado que esta subscreve (procuração anexa), inscrito na OAB/SP sob o n. [número], com escritório profissional situado à [endereço do escritório], onde recebe intimações, vem, respeitosamente, à presença de Vossa Excelência, com fulcro no art. 560 e seguintes do Código de Processo Civil (CPC), propor a presente

AÇÃO DE REINTEGRAÇÃO DE POSSE

em face de **JOÃO**, [nacionalidade], [estado civil], [profissão], portador do RG n. [número] e inscrito no CPF sob o n. [número], residente e domiciliado na Rua XYZ, n. 99, Goiânia/GO, pelos motivos de fato e de direito a seguir expostos, requerendo-se, desde já, a juntada da guia e comprovante de pagamento das custas processuais.

1. DOS FATOS

O Autor Paulo adquiriu os direitos possessórios sobre o imóvel situado na Rua XYZ, n. 99, em Goiânia/GO, avaliado em R$ 200.000,00 (avaliação anexa), por meio de adjudicação no processo de inventário n. XXXX, com sentença datada em 21/01/2012, já transitada em julgado, conforme documento anexo.

Ressalta-se que o imóvel em questão não tem matrícula regular ou registro de propriedade, situando-se em área onde historicamente há problemas de regularização fundiária.

No referido imóvel residia José, pai do Autor, juntamente com Cíntia, que trabalhava na residência como cuidadora de José e o assistiu durante toda a sua enfermidade, até o seu falecimento.

Após a morte de seu genitor, o Autor Paulo, desejando realizar o desejo de seu falecido pai que fora manifestado oralmente antes do falecimento, permitiu que Cíntia, exclusivamente, residisse no imóvel pelo tempo que julgasse necessário, enquanto fosse viva.

Assim, no dia 30/01/2021, poucos dias após a sentença de adjudicação, o Autor e Cíntia celebraram um contrato de comodato (documento anexo), no qual ficou ajustado que Cíntia poderia residir no imóvel pelo tempo que quisesse.

Ocorre que, doze anos depois da celebração do contrato, em 10/01/2024, o Autor Paulo foi informado pelo síndico do condomínio que Cíntia havia falecido em razão de um infarto fulminante no dia anterior e que deixou o seu filho João, ora Réu, no imóvel.

Assim, no dia 11/01/2024, o Autor enviou uma notificação para o Réu, para que ele, no prazo de 30 (trinta) dias, restituísse o bem, com a entrega das chaves na portaria.

Porém, o Réu João descumpriu a ordem e enviou contranotificação no dia 20/01/2024, na qual informou que não reconhecia a posse do Autor, que sabia que o imóvel não tinha matrícula regular ou registro de propriedade e afirmou que ele, João, era o verdadeiro proprietário do imóvel, por força de usucapião.

Assim, não restou alternativa ao Autor senão o ajuizamento da presente ação para que seja reintegrado na posse do imóvel.

2. DO DIREITO

De início, aponta-se que a presente demanda é proposta dentro de um ano e dia do esbulho, na forma do art. 558 do Código de Processo Civil, conforme documentos anexos, adotando-se, portanto, o rito especial do art. 560 do Código de Processo Civil.

No presente caso, a posse do Autor sobre o bem restou comprovada pela sentença de adjudicação no processo de inventário. Vê-se que o Autor cedeu a posse direta à Cíntia, genitora falecida do Réu, voluntariamente, por meio de contrato de comodato, celebrado nos termos do art. 579 do Código Civil.

Portanto, o Autor manteve a posse indireta sobre o imóvel após a celebração do contrato de comodato, como admite o art. 1.197 do Código Civil.

Com o falecimento da comodatária, o contrato de comodato se extinguiu, conforme prevê o art. 581 do Código Civil, de modo que, a partir de então, a posse do Réu é injusta e precária, na forma do art. 1.200 do Código Civil.

No caso em tela, vislumbra-se o esbulho da posse do Autor, promovido pela negativa do Réu de restituir o bem mesmo após ter sido notificado para tanto, configurando a perda do poder do Autor sobre o bem, como preceitua o art. 1.223 do Código Civil.

Assim, em face do esbulho, o Autor tem o direito de ser reintegrado na posse do bem, como garante o art. 1.210 do Código Civil, não obstando a reintegração a alegação de propriedade por usucapião realizada pelo Réu, nos termos no art. 1.210, § 2º, do Código Civil.

Ressalta-se que o Autor comprovou documentalmente a posse anterior, o esbulho, a data do esbulho e a perda da posse, conforme determina o art. 561 do Código de Processo Civil, exigindo-se as providências que abaixo se requerem para que seja reintegrado na posse do imóvel.

Por fim, aponta-se que a perda da posse data de menos de ano e dia e que a inicial está devidamente instruída com todos os documentos comprobatórios necessários, permitindo-se a concessão de liminar de reintegração de posse, nos termos do art. 558 do Código de Processo Civil.

3. DOS PEDIDOS

Diante do exposto, requer-se:

a) A concessão da medida liminar, com a expedição de mandado de reintegração de posse, sem oitiva da parte contrária;

b) A procedência do pedido, convertendo-se a decisão liminar em sentença definitiva para determinar a reintegração do autor na posse do imóvel;

c) A citação do réu para, querendo, apresentar contestação, na forma do art. 564 do Código de Processo Civil; e

d) A condenação do Réu ao pagamento das custas e honorários de advogado.

Protesta pela produção de todas as provas em direito admitidas, principalmente pela produção da prova documental e testemunhal.

Dá-se à causa o valor de R$ 200.000,00.

Termos em que, pede deferimento.
[Cidade /UF], [data].
[Assinatura do advogado] [Nome do advogado] OAB/SP n. [número]

XLI EXAME DE ORDEM UNIFICADO – QUESTÕES

■ **QUESTÃO 1:** Joaquim conduzia seu automóvel por avenida movimentada do bairro de Copacabana, no Rio de Janeiro, em velocidade acima da permitida, após consumir elevada dose de bebida alcoólica. Ao tentar desviar de outro veículo, Joaquim perdeu o controle e subiu na calçada, vindo a colidir contra um poste. Maria, que andava pela calçada, viu o momento em que Joaquim perdeu o controle de seu automóvel e, para salvar Joana, que estava ao seu lado, empurrou-a, vindo ambas a caírem em cima da vidraça de uma loja. Na queda, quebraram o vidro e danificaram alguns itens que estavam em exibição na vitrine. Sobre o caso narrado, responda aos itens a seguir.

A) Maria praticou ato ilícito ao empurrar Joana, quebrando o vidro e danificando os itens da vitrine? Justifique. (Valor: 0,65)

B) Maria, uma vez demandada em Juízo pelo dono da loja para ser indenizado pelos danos sofridos, poderá provocar intervenção de terceiros? Caso afirmativo, qual a modalidade e em face de quem? Justifique. (Valor: 0,60)

Obs.: o(a) examinando(a) deve fundamentar suas respostas. A mera citação do dispositivo legal não confere pontuação.

■ **RESPOSTAS**

A) Não. Maria não cometeu ato ilícito ao empurrar Joana, eis que agiu em estado de necessidade, visando proteger a vida de Joana, que seria atingida pelo carro caso não a tivesse empurrado, conforme o art. 188, II, do Código Civil, que dispõe que não constitui ato ilícito *"a deterioração ou destruição da coisa alheia, ou a lesão a pessoa, a fim de remover perigo iminente"*.

B) Sim. Maria poderá denunciar a lide em face de Joaquim, com amparo no art. 125, II, do Código de Processo Civil, pois tem direito de regresso em face deste, conforme o art. 930 do Código Civil, que determina que *"No caso do inciso II do art. 188, se o perigo ocorrer por culpa de terceiro, contra este terá o autor do dano ação regressiva para haver a importância que tiver ressarcido ao lesado"*.

■ **QUESTÃO 2:** O gado Nelore criado por Duarte vem sofrendo de doença desconhecida. Inocêncio, produtor rural, comprometeu-se a ajudá-lo, conseguindo que o melhor veterinário da região e também produtor rural, Matias, concordasse em visitar o rebanho de Duarte em, no máximo, três dias, em virtude da urgência da situação. Matias aceitou o compromisso, mas não compareceu em razão dos seus próprios compromissos em sua fazenda, especialmente por causa do recebimento de duas novas máquinas agrícolas. Na semana seguinte, Matias foi até a fazenda de Duarte e constatou a morte de toda a criação. Duarte, diante disso, acionou Inocêncio e Matias pleiteando indenização pelos danos sofridos. Sobre a hipótese narrada, responda aos itens a seguir.

A) O pedido de perdas e danos em face de Inocêncio merece prosperar? Justifique. (Valor: 0,65)

B) Se Matias for condenado, as duas máquinas agrícolas de sua propriedade poderão ser penhoradas? Justifique. (Valor: 0,60)

Obs.: o(a) examinando(a) deve fundamentar suas respostas. A mera citação do dispositivo legal não confere pontuação.

■ **RESPOSTAS**

A) Não. Trata-se de promessa de fato de terceiro. No caso, Inocêncio se comprometeu a conseguir que Matias, o melhor veterinário da região e produtor rural, visitasse a criação do gado Nelore de Duarte, que padecia de desconhecida doença. Matias aceitou o compromisso, mas não compareceu, o que resultou na morte de toda a criação. O pedido de perdas e danos em face de Inocêncio não merece prosperar, pois Matias se obrigou, exonerando Inocêncio, de acordo com o art. 440 do Código Civil, que dispõe que *"Nenhuma obrigação haverá para quem se comprometer por outrem, se este, depois de se ter obrigado, faltar à prestação".*

B) Não. As máquinas agrícolas de Matias são consideradas necessárias ao exercício da profissão e, por isso, são consideradas impenhoráveis, conforme art. 833, § 3º, do Código de Processo Civil.

■ **QUESTÃO 3:** Iara, atriz famosa por interpretar papéis de protagonista em diversas novelas, descobre que seu nome e sua imagem vêm sendo utilizados, indevidamente e sem sua autorização, por uma clínica de estética, em publicidade anunciando seus serviços. Na publicidade em questão, constava a foto da atriz com uma frase, entre aspas, dizendo que ela só realizava procedimentos estéticos naquela clínica, por considerá-la a melhor do ramo. Ocorre que a atriz nem sequer conhecia a referida clínica e não havia autorizado a utilização de sua imagem. Com receio de perder nova oportunidade de trabalho, já em fase de negociação de exclusividade, Iara procura você, como advogado(a), buscando a proibição da utilização de sua imagem pela clínica. Diante do caso narrado, responda aos itens a seguir.

A) Pode haver a proibição da utilização da imagem da atriz? Justifique. (Valor: 0,60)

B) Para requerer a imediata cessação da divulgação da imagem, antes de eventual sentença de mérito, qual instrumento processual é cabível? Justifique. (Valor: 0,65)

Obs.: o(a) examinando(a) deve fundamentar suas respostas. A mera citação do dispositivo legal não confere pontuação.

■ **RESPOSTAS**

A) Sim. Na hipótese, a atriz poderá requerer que a clínica de estética seja proibida de utilizar a sua imagem, sem a sua autorização, para fins comerciais, nos termos do art. 20 do Código Civil ou do art. 5º, X, da CRFB/88.

B) Para requerer a imediata cessação da divulgação da imagem, o instrumento processual cabível é a *tutela de urgência antecipada, em caráter antecedente ou incidental*, nos termos do art. 294, parágrafo único, do Código de Processo Civil.

■ **QUESTÃO 4:** Antônio, casado com Maria em regime de separação voluntária de bens, desde 2015, celebrou um contrato de seguro de vida em 2017, renovando-o anualmente. Antônio não indicou os beneficiários do seguro de vida quando da celebração do contrato, nem em suas consecutivas renovações. Após seu falecimento, que se deu na vigência do contrato de seguro de vida, sua esposa, Maria, individualmente, e seus dois filhos de um relacionamento anterior, Caetano e Caio, conjuntamente, requereram o pagamento integral do capital estipulado no seguro. Maria alega que, na condição de cônjuge, é, por direito, a beneficiária do seguro. Já os filhos alegam que seu pai, ao optar pelo regime da separação de bens, indicou a intenção de que Maria não participasse de seu patrimônio; sendo assim, ela não poderia ser beneficiária, restando tal condição a eles, filhos. Diante dessa situação, você, na qualidade de advogado(a) do corpo jurídico da seguradora é consultado sobre os itens a seguir.

A) O argumento apresentado por Caetano e Caio é válido? Justifique e indique a quem deve ser pago o capital estipulado no contrato. (Valor: 0,65)

B) Diante do impasse, qual medida processual a seguradora deve adotar para efetuar o pagamento do capital segurado de forma segura? Justifique. (Valor: 0,60)

Obs.: o(a) examinando(a) deve fundamentar suas respostas. A mera citação do dispositivo legal não confere pontuação.

■ **RESPOSTAS**

A) Não, pois o capital estipulado no seguro de vida não integra o patrimônio de Antônio e a herança, nos termos do art. 794 do Código Civil, que dispõe que *"No seguro de vida ou de acidentes pessoais para o caso de morte, o capital estipulado não está sujeito às dívidas do segurado, nem se considera herança para todos os efeitos de direito"*. Assim, na ausência de indicação de beneficiário, o capital estipulado será dividido entre o cônjuge e os herdeiros, segundo ordem de vocação hereditária, nos termos do art. 792 do Código Civil.

B) A seguradora deverá ajuizar *ação de consignação em pagamento*, por haver dúvida sobre quem deve legitimamente receber o pagamento, nos termos do art. 547 ou 539 do Código de Processo Civil, que determina que *"Se ocorrer dúvida sobre quem deva legitimamente receber o pagamento, o autor requererá o depósito e a citação dos possíveis titulares do crédito para provarem o seu direito"*, c/c art. 335, IV, do Código Civil.

Dicas finais para uma petição Nota 10:

1. Escreva apenas o suficiente (menos é mais)!

2. Só copie artigos de lei e trechos de doutrina se for um assunto muito fora do comum! O padrão, o juiz já sabe!

3. Só cite jurisprudência se o assunto for realmente controvertido ou fora do comum! Transcreva apenas a ementa! Inteiro teor vai como anexo!

4. Prefira colocar imagens, gráficos e tabelas como anexo! Cuidado com a poluição visual!

5. Inovações tecnológicas são bem-vindas, mas sem exagero!

Índice remissivo de modelos de petições

(de acordo com a ordem apresentada no livro)

PROCEDIMENTO e PETIÇÃO	Modelo baseado em Exame da OAB	Capítulo e item	Página do livro
PROCESSO DE CONHECIMENTO – rito comum		I – 5.1	**63**
Ação de indenização	-		63
Ação estimatória	125 OAB SP		65
Ação de nunciação de obra nova	125 OAB SP		67
Ação de usucapião	-		71
PROCESSO DE EXECUÇÃO		I – 5.2	**74**
Ação de execução de entrega de coisa certa	-		80
Ação de execução de entrega de coisa incerta	-		82
Ação de execução de obrigação de fazer	-		84
Ação de execução de obrigação de não fazer	-		87
Ação de execução por quantia certa	-		89
Ação de execução contra a Fazenda Pública	-		91
Ação de execução de alimentos	-		93
Ação de embargos à execução	-		96
PROCEDIMENTO DE TUTELA PROVISÓRIA		I – 5.3	**100**
Arresto – procedimento cautelar requerido em caráter antecedente	123 OAB SP		107
Sequestro – procedimento cautelar requerido em caráter antecedente	-		111
Busca e apreensão – procedimento cautelar requerido em caráter antecedente	-		113
Exibição – pedido de tutela provisória	-		117

PROCEDIMENTO e PETIÇÃO	Modelo baseado em Exame da OAB	Capítulo e item	Página do livro
Produção antecipada de provas – procedimento cautelar requerido em caráter antecedente	-		120
PROCEDIMENTOS ESPECIAIS DO CPC		I – 5.4	**124**
Ação de consignação em pagamento	117 OAB SP		126
Ação de exigir contas	118 OAB SP		129
Ação de reintegração de posse	124 OAB SP		132
Ação de manutenção de posse	124 OAB SP		136
Ação de interdito proibitório	129 OAB SP		140
Ação de inventário	-		144
Embargos de terceiro	128 OAB SP		146
Ação monitória	125 OAB SP		150
Ação de investigação de paternidade	117 OAB SP		153
Ação negatória de paternidade	-		157
Ação anulatória de casamento	123 OAB SP		161
PROCEDIMENTOS ESPECIAIS DE LEGISLAÇÃO EXTRAVAGANTE		I – 5.5	**164**
Ação revisional de aluguel	126 OAB SP		164
Ação de despejo	126 OAB SP		167
RESPOSTA DO RÉU		II – 5	**193**
Contestação sem preliminar	-		194
Contestação com preliminar	-		199
Contestação com preliminar	XVI Exame Unificado		203
DOS RECURSOS EM ESPÉCIE		III – 4	**214**
Apelação			214
Agravo de instrumento			219
Agravo interno			228
Embargos de declaração			235
Recurso ordinário			236
Recurso especial	XV Exame Unificado		239

PROCEDIMENTO e PETIÇÃO	Modelo baseado em Exame da OAB	Capítulo e item	Página do livro
RESOLUÇÃO DE EXAMES DA OAB		VII	273
Embargos de terceiro	X Exame Unificado		274
Ação de despejo com pedido de tutela de urgência	XI Exame Unificado		281
Ação de interdição com pedido de tutela de urgência	XII Exame Unificado		288
Ação de obrigação de fazer com pedido de tutela de urgência	XIII Exame Unificado		297
Agravo de instrumento em ação de despejo	XIV Exame Unificado		306
Recurso especial	XV Exame Unificado		314
Contestação com preliminar de ilegitimidade passiva	XVI Exame Unificado		323
Ação de consignação em pagamento em face de devedor não encontrado	XVII Exame Unificado		332
Embargos de terceiro em face de penhora de imóvel da esposa do devedor	XVIII Exame Unificado		341
Apelação	XIX Exame Unificado		350
Agravo de instrumento com pedido de efeito ativo em ação de alimentos	XX Exame Unificado		360
Apelação	XXI Exame Unificado		369
Agravo de instrumento com pedido de efeito suspensivo	XXII Exame Unificado		379
Apelação	XXIII Exame Unificado		388
Embargos do devedor à execução	XXIV Exame Unificado		398
Recurso especial	XXV Exame Unificado		408

PROCEDIMENTO e PETIÇÃO	Modelo baseado em Exame da OAB	Capítulo e item	Página do livro
Ação possessória	XXVI Exame Unificado		417
Embargos de terceiros	XXVII Exame Unificado		428
Contestação com reconvenção	XXVIII Exame Unificado		437
Ação rescisória	XXIX Exame Unificado		447
Ação de consignação em pagamento com pedido de tutela antecipada	XXX Exame Unificado		456
Embargos à execução com pedido de suspensão da ação de execução	XXXI Exame Unificado		467
Apelação em ação condenatória (derivada do resultado de procedimento de execução extrajudicial da garantia fiduciária, nos termos da Lei n. 9.514/97)	XXXII Exame Unificado		477
Ação de conhecimento com pedido de declaração de inexistência de dívida e condenação em indenização por danos morais com pedido liminar	XXXIII Exame Unificado		487
Apelação com pedido de julgamento do mérito perante o Tribunal	XXXIV Exame Unificado		497
Contestação	XXXV Exame Unificado		507
Apelação em embargos monitórios	XXXVI Exame Unificado		516
Embargos de terceiro	XXXVII Exame Unificado		526
Indenização por danos materiais e obrigação de fazer com pedido de tutela antecipada	XXXVIII Exame Unificado		537
Contrarrazões ao recurso de apelação	XXXIX Exame Unificado		549
Ação de divórcio consensual	XL Exame Unificado		559
Ação de reintegração de posse	XLI Exame Unificado		570

Referências

AMENDOEIRA JR., Sidnei. *Manual de direito processual civil*. 2. ed. São Paulo: Saraiva, 2012. v. 1.

BEDAQUE, José Roberto dos Santos. Tutela provisória. *Revista do Advogado*. Ano XXXV, n. 126, São Paulo: AASP, maio 2015.

_____. *O novo Código de Processo Civil*. São Paulo: AASP.

BUENO, Cassio Scarpinella. *Novo Código de Processo Civil anotado*. São Paulo: Saraiva, 2015.

_____. *Manual de direito processual civil*. 4. ed. São Paulo: Saraiva, 2018.

CALANZI, José João. *Sua Excelência, o processo*. Belo Horizonte: Del Rey, 2005.

CASELLA, José Erasmo. *Manual de prática forense*. 5. ed. São Paulo: Saraiva, 2005.

CURIA, Luiz Roberto; CÉSPEDES, Livia; ROCHA, Fabiana Dias da (obra coletiva). *Códigos de Processo Civil comparados* 2015 – 1973. São Paulo: Saraiva, 2015.

DIDIER JR., Fredie; PEIXOTO, Ravi. *Novo Código de Processo Civil. Comparativo com o Código de 1973*. Salvador: JusPodivm, 2015.

GONÇALVES, Marcus Vinicius Rios. *Direito processual civil esquematizado*. 5. ed. São Paulo: Saraiva, 2015.

_____. *Direito processual civil esquematizado*. 9. ed. São Paulo: Saraiva, 2018.

_____. *Novo curso de direito processual civil brasileiro*. 3. ed. São Paulo: Saraiva, 2007. v. 2.

_____. *Novo curso de direito processual civil*. 4. ed. São Paulo: Saraiva, 2007. v. 1.

_____. *Novo curso de direito processual civil*. 8. ed. São Paulo: Saraiva, 2015. v. 3.

_____. *Novo curso de direito processual civil.* 11. ed. São Paulo: Saraiva, 2015. v. 2.

_____. *Novo curso de direito processual civil.* 11. ed. São Paulo: Saraiva, 2018. v. 3.

_____. *Novo curso de direito processual civil.* 12. ed. São Paulo: Saraiva, 2015. v. 1.

_____. *Novo curso de direito processual civil.* 15. ed. São Paulo: Saraiva, 2018. v. 1.

GRECO FILHO, Vicente. *Direito processual civil brasileiro.* 16. ed. São Paulo: Saraiva, 2003. v. 3.

_____. *Direito processual civil brasileiro.* 17. ed. São Paulo: Saraiva, 2003. v. 1.

MONTENEGRO FILHO, Misael. *Novo Código de Processo Civil:* Modificações substanciais. São Paulo: Atlas, 2015.

NEGRÃO, Theotonio. *Código de Processo Civil e legislação processual em vigor.* 39. ed. Atualizado por José Roberto F. Gouvêa. São Paulo: Saraiva, 2007.

_____. *Código de Processo Civil e legislação processual em vigor.* 43. ed. São Paulo: Saraiva, 2001.

NEVES, Daniel Amorim Assumpção. *Código de Processo Civil Comentado.* 4 ed. São Paulo: JusPodium, 2019.

NUNES, Rizzatto. *Modelos jurídicos:* área cível. 2. ed. São Paulo: Saraiva, 2004. CD-ROM.

PINHO, Humberto Dalla Bernardina de. *Direito processual civil contemporâneo.* São Paulo: Saraiva, 2012. v. 2.

REALE, Miguel. *Lições preliminares de direito.* 27. ed. São Paulo: Saraiva, 2003.

SANTOS, Ernani Fidélis dos. *Manual de direito processual civil.* 10. ed. São Paulo: Saraiva, 2006. v. 2.

_____. _____. 11. ed. São Paulo: Saraiva, 2006. v. 1 e 3.